Dieter Fischer

**Ich setzte meinen Fuß in die Luft
- und sie trug**

Band 1

Dieter Fischer

Ich setzte meinen Fuß in die Luft - und sie trug

Leben und Lernen mit behinderten Menschen

Band 1

edition bentheim würzburg 1992

Aquarell (Titelbild) von Wolfgang Woide, Aichtal

Die Deutsche Bibliothek - CIP-Einheitsaufnahme

Fischer, Dieter:
Ich setzte meinen Fuss in die Luft - und sie trug : Leben und
Lernen mit behinderten Menschen / Dieter Fischer. - Würzburg :
Ed. Bentheim.
 ISBN 3-925265-38-4
 Bd. 1 (1992)
  ISBN 3-925265-33-3

(c) edition bentheim, Ohmstr. 7, 8700 Würzburg
Tel. 0931/2092-115, -167 (Vertrieb), Fax -251

Das Buch oder Teile davon dürfen weder fotomechanisch, elektronisch noch in irgendeiner anderen Form ohne schriftliche Genehmigung des Verlages wiedergegeben werden.

Lektorat: W. Drave
Satz: P. Heinrich

Herstellung: city-druck Würzburg

UND

Und Wiesen gibt es noch
und Bäume und
Sonnenuntergänge
und
Meer
und Sterne
und das Wort
das Lied
und Menschen
und

Rose Ausländer

Vorwort   7

TEIL I

GEISTIGBEHINDERTE MENSCHEN und DER VERSUCH, SIE ZU VERSTEHEN

Meine Schülerinnen und Schüler (1991)   13

Geistigbehinderte Menschen fordern uns heraus -
Wir eine Herausforderung für sie (1981)   17

Wie anders sind sie - die geistigbehinderten Kinder? (1976)   35

Thesen zur geistigen Behinderung
im Leben Betroffener (1986)   51

Wie sagt man denn nun wirklich -
"geistig behindert" oder? (1983)   53

Identität und Lebensgeschichte (1988)   57

Ergänzende Anmerkungen zur 'Lebensgeschichte' -
Grundlage für sonderpädagogisches Handeln mit geistigbehinderten
Kindern, Jugendlichen und Erwachsenen (1989)   63

Zum Menschenbild in der pädagogischen Arbeit mit
geistigbehinderten Menschen (1989)   71

TEIL II

GEISTIGBEHINDERTE MENSCHEN und SCHULISCHE BILDUNG

Aspekte der Erziehung und Bildung geistigbehinderter Kinder
und Jugendlicher - konkretisiert im Hinblick auf den Lernbe-
reich 'Sport' (1981)   89

Die Schule für Geistigbehinderte auf der Suche nach
Inhalt und Ziel (1978)   109

Die Schule für Geistigbehinderte -
eine hoffentlich nicht zu kritische Bilanz (1979)   137

Schulische Wirklichkeiten -
Aufgabenfelder für Heilpädagogen? (1990)   147

Thesen zum Selbstverständnis und zur Charakterisierung der
Sonderpädagogischen Arbeit mit geistigbehinderten Menschen (1989)   155

Neue Impulse für die Schule für Geistigbehinderte -
oder: Die Schule für Geistigbehinderte als
"Ort leiblich-sinnlicher Kultur" (1988)   159

Geistigbehinderte Menschen -
Menschen "zweiter Klasse"? (1991)   177

Schule für Geistigbehinderte als Angebotsschule (1991)   207

TEIL III

GEISTIGBEHINDERTE MENSCHEN und DIE GESTALTUNG VON BILDUNG UND ERZIEHUNG

Probleme der Vermittlung - Ein Beitrag zur effektiveren Gestaltung von Unterricht mit geistigbehinderten Menschen (1979)	213
RATINGS-Skala zur Einschätzung von Unterricht mit geistigbehinderten Schülern im Hinblick auf die gezeigte Leistung des/der Unterrichtenden (1979)	227
Lebenspraktische Förderung geistigbehinderter Menschen - Anspruch und Wirklichkeit, Forderung und Überforderung (1980)	231
"Es grünt und blüht im Klassenzimmer" - oder: Was man doch alles "an Hyazinthen" lernen kann! (1986)	253
Einige Überlegungen zum Lernziel "Holzarten und deren Handlungsformen kennen" (1981)	259
Zum Problem der unterschiedlichen Schülerschaft einer Schule für Geistigbehinderte im Hinblick auf die vorgegebenen Lernziele aus den Richtlinien (1982)	265
Mathematische Erziehung geistigbehinderter Schüler - ein unterschätztes und vernachlässigtes Lernfeld in der Schule (1979)	269
Zum Spiel geistigbehinderter Kinder und deren Gestaltung im Unterricht aus sonderpädagogischer Sicht (1977)	285
Bauen - eine Spieltätigkeit - nicht nur für geistigbehinderte Kinder, Jugendliche und Erwachsene (1982)	295
Aus der Praxis - für die Praxis: Beispiel eines "gelenkten Spiels" im Sinne eines Lernspiels mit Materialien (1978/1989/1991)	305
Weitergabe des Glaubens - oder: Warum für (geistig)behinderte Menschen die alt-ehrwürdigen Choräle so wichtig sind (1989)	315
Wie übt man eigentlich ein Lied mit geistigbehinderten Schülern ein? (1981)	321
Schon bald habe ich Musik schätzen und fürchten, lieben und hassen gelernt (1990)	327
Der sich bewegende Mensch - ein bewegter Mensch? (1988)	335
Kunst und (geistige) Behinderung - Widerspruch oder Chance der Annäherung (1988)	359
Quellenverzeichnis	375

Vorwort

Die im *Band I* zusammengefaßten Aufsätze, Vorträge, Unterrichtsskizzen und Essays geben einen Einblick in eine nahezu 25-jährige Arbeit mit und für (geistig)behinderte Menschen; gleichzeitig repräsentieren sie einen Teil der Entwicklung, die die Sonderpädagogik 'vor Ort' im Hinblick auf geistigbehinderte Menschen in diesem Zeitraum genommen hat.

Als junger Lehrer zu Beginn meiner Berufslaufbahn hatte ich es 1966 noch mit Kindern und Jugendlichen zu tun, denen ihre Schulbildungs-Unfähigkeit amtlicherseits bescheinigt war, soweit sie überhaupt behördlich wahrgenommen wurden, und denen eine spätere Entmündigung als nahezu einzige Zukunftsperspektive bevorstand.

Ihr Lebensumfeld war die Pflegestation, vielleicht auch noch die Gruppe im Wohnheim, manchmal ein Versteck in einer gesellschaftlich stigmatisierten Familie.

Das selbstverständliche Anrecht auf Anregung und Bildung, Erziehung und Förderung war für sie nicht vorgesehen. Bevor überhaupt Überlegungen in dieser Richtung einsetzten, hatte man sie schon längst aus dem menschlichen Kontext in ein gesellschaftliches Niemandsland entlassen, wären da nicht hingabe- und zuwendungsbereite Schwestern und Brüder gewesen, immer wieder auch starke Väter und Mütter, vereinzelt auch Lehrer, Heilpädagogen und Erzieher, die sich gegen den Strom des Ausschlusses und der damit verbundenen Verachtung hätten schwimmen trauen.

Schon bald nach meinem Dienstantritt zählte ich selbst zu den Verantwortlichen. Gegen meinen erklärten Willen unterschrieb auch ich in den ersten Jahren meines Tätigseins Anträge zur Ausschulung bzw. zum Ruhen der Schulpflicht, weil mir wegen der Schwere der Behinderung oder wegen extremen Verhaltensweisen dieses oder jenes Kind weder schulisch förderbar noch gruppenfähig erschien. Daß ich meine eigene Unfähigkeit an die betreffenden Kinder und Jugendlichen zurückgab und sie damit gleichzeitig zu den Schuldigen erklärte, wurde mir erst später, dann aber erschreckend bewußt.

Gleichzeitig allerdings versuchten wir im Kollegenkreis täglich neu, die Mauern zwischen uns und unseren schwierigen und gleichzeitig so liebenswerten Schülerinnen und Schülern mühevoll Schicht für Schicht abzutragen, um zu dem vorzustoßen, was sich hinter der oft abweisenden, auch erschreckenden Fassade verbarg: verlassene, vereinsamte und oft unerreichte Menschen - damals meist noch "Pfleglinge" genannt oder als "Dorfdeppen" im Gestrüpp der Tüchtigen und Finger-Zeigenden lebend - Menschen in einem Wartestand.

Dennoch: der Start in ein neues Land mit neuen Perspektiven und neuer Lebensqualität kündigte sich unaufhaltsam an.
 Es wäre allerdings ungerecht, ihn nur als Verdienst der schulischen Sonderpädagogik zu verbuchen. Fast zur gleichen Zeit wurde der Beruf des Heilerziehungspflegers aus der Taufe gehoben und arbeitsrechtlich als originärer Beruf im Zusammenhang mit der Begleitung und Förderung geistigbehinderter Menschen amtlich anerkannt; und die Eltern meldeten ihre Erwartungen und Ansprüche an. Sie wollten nicht länger die Sorge für ihr behindertes Kind dem Staat oder der Kirche überlassen. Sie drängten mit Verve und mit Recht auf ein "normalisiertes", selbstbestimmtes Leben.

Hauptkennzeichen der damals beginnenden Entwicklung war die professionelle Qualifizierung jener vorwiegend aus Liebe geübten Fürsorge; heute stehen wir vor der umgekehrten Aufgabe, die sachlich gekonnte und professionell häufig unterkühlte Arbeit mit (geistig)behinderten Menschen wieder so zu "erwärmen", daß sie anziehend für neue Mitarbeiterinnen und Mitarbeiter wird und sich letztlich Sinn für alle Beteiligten daraus gewinnen läßt.

Wenn in den hier abgedruckten Beiträgen dennoch die schulische Seite überwiegt, dann liegt das zum einen an meiner eigenen Profession, zum anderen aber auch an der Überzeugung, daß die hier stattgefundenen und immer noch stattfindenden Entwicklungen und Veränderungen auch für die anderen Bereiche der Sonder- und Heilpädagogik Initiativkraft mit Symbolcharakter besitzen.

Die größten Veränderungen mußte wohl schon immer *in den Köpfen* stattfinden. Selten fliegen sie einem von außen zu. In unserem Fall galt es, Abstand von den Vorstellungen und Gewohnheiten zu nehmen, die man herkömmlich mit Schule und Unterricht in Verbindung bringt. Die Wortgebundenheit der Lehre versuchten wir nicht nur durch handelndes, erarbeitendes oder experimentierendes Lernen abzulösen, sondern auch durch Erleben und Gestalten, Empfinden und Empfangen als menschlich originäre Art und Weise, Welt in sich aufzunehmen und dem Leben einen Sinn zu geben. Vor allem galt es, im Einfachen das Bedeutsame zu entdecken und sich vor der Billigkeit des anscheinend Wenigen zu hüten.

Als selbst noch äußerst junge, in sich keineswegs gefestigte Schule waren wir ohne unser Zutun in die stürmischen Entwicklungen der allgemeinen Didaktik nahezu automatisch eingebunden. Curriculares Denken und Planen statt hochfliegender Bildungsideen schrieb man in den siebziger Jahren auf die Fahnen der Schul- und Unterrichtsreform.

Konnte man damit geistigbehinderte Kinder und Jugendliche besser erreichen, ihnen mehr von dieser unserer Welt erschließen, sie sicherer und froher auf den Weg ins Leben schicken?

Daß ihr Leben nicht nur ein von Fürsorge und Abhängigkeit geprägtes, sondern darüber hinaus auch ein gesellschaftlich vergessenes und isoliertes war, also ihre geistige Behinderung nie nur einem unveränderten Schicksal glich, sondern in Wahrheit auch die Art und Weise ihrer Betreuung und die ihnen zuteil gewordenen Lebensumstände widerspiegelte, erkannte ich in den Anfängen nur ansatzweise. Umso mehr setzten wir auf unser Tun.

Durch unsere persönliche Kraft, mit unserer Fantasie, mit unserem Wollen und Können versuchten wir Defizite auszugleichen, Defekte anzugehen, Erfahrungen zu ermöglichen und Welt zu erschließen, Bildungsprozesse anzuregen und Erziehungsabsichten an unsere schwerbehinderten Kinder und Jugendlichen heranzutragen, sie mit Erwartungen und Angeboten zu konfrontieren.

Ein lebendiges Team an "meiner Schule", tolle, begeisterungsfähige Kolleginnen und Kollegen, viel Unterstützung seitens der Leitung wie von den Behörden, Verständnis und Staunen auf den Stationen, in den Gruppen und bei den Eltern ließen erste Früchte heranreifen und Veränderungen wachsen.

Daß bei so vielem Nachdenken und Fragen, Suchen und Finden, Erproben und Verwerfen der Mund "übergeht", weil das Herz und der Kopf "voll" ist, mag der Grund für das relativ früh einsetzende Notieren, Schreiben, Entwerfen und Konzipieren gewesen sein. Das gute Herz, sprühende Ideen und analysierendes Vorgehen mußten sich zu einer neuen Partnerschaft verbünden, wollten wir längerfristig Erfolge haben.

Selbst die später entstandenen Texte atmen diese Spannung noch, auch wenn sich zwischenzeitlich das Instrumentarium verfeinert und unser Verstehen vergrößert hat. Auf viele Fragen konnten wir Antworten finden; das Bedrängende im Leben (geistig)behinderter Menschen dagegen blieb.

Claude Rossignol schreibt in seiner berühmten "Kunstpoesie":

"Die Arbeit steht im Raum. In ihrer ganzen Stille. Was können Werte anderes, als sie verschleiern? In eine Vielzahl durchsichtiger Häute werden sie sie einhüllen, maskieren, in Träume kleiden. Von Arbeit schreiben, heißt ihr Sterben riskieren!"

Ich meine, trotz dieser Warnung, über unsere sonderpädagogische Arbeit schreiben zu müssen, sie und ihre Adressaten ins Licht zu rücken, Fehler offen zu legen und derzeitige Begrenzungen ebenso zu bekennen wie unsere Möglichkeiten und Notwendigkeiten herauszustellen. Das alles hat motivierenden und klärenden Charakter. Es steckt an und ruft nach Mitstreiterinnen und Mitstreitern - und es bewirkt hoffentlich Solidarität mit den jeweils Betroffenen wie auch deren Helferinnen und Helfern, Familien und Angehörigen.

Diese Haltung erklärt auch den Duktus der hier veröffentlichten Beiträge. Sie verstehen sich nicht als wissenschaftliche Texte, sondern - im Gegensatz dazu - als "narrative" Beiträge. Es werden Erfahrungen und Erlebnisse, Beobachtungen und auch Vermutungen "erzählt", kommentiert, geordnet und reflektiert - mit dem Ziel, daraus dann nächste Schritte zu entwickeln, konzeptionelle Ansätze zu entwerfen und neue Ziele zu setzen.

Unabhängig vom mehrfach vollzogenen Paradigmen-Wechsel im Vollzug von heil- bzw. sonderpädagogischem Handeln steht für mich das "Leben zu lernen" unangefochten als Leitlinie allen weiteren Überlegungen bevor - auch wenn die Frage nach 'mehr Leben' oder 'mehr Lernen' jeweils neu zu entscheiden ist. Die Spannung jedoch bleibt.
Ob sich die Schule für Geistigbehinderte demnächst noch vernehmbarer als "Ort leiblich-sinnlicher Kultur" oder gar als "Schule der Lebensförderung" (im Gegensatz zu einer Schule zur Lernförderung) verstehen wird, entscheidet nicht über die Bedeutsamkeit von Erziehung und Bildung für geistigbehinderte Menschen insgesamt.
Ausschlaggebend werden Menschen sein, die diese Aufgabe als *ihre* Aufgabe erkennen und aus diesem Überzeugtsein heraus mit geistigbehinderten Kindern, Jugendlichen oder auch Erwachsenen leben, lernen und arbeiten wollen. Auf ihre profunde Professionalität kommt es ebenso an wie auf die Kraft ihrer Liebe.

Der vorliegende *Band I* dieser Sammelbände gliedert sich in *drei* Teile.
Zum einen (1) soll der geistigbehinderte Mensch selbst zur Sprache kommen, auch wenn er über sich nur selten spricht, zum zweiten (2) fragen wir nach dessen Bildung und Erziehung im Rahmen von Schule bzw. schulischen Einrichtungen, und drittens (3) geht es um mögliche Konkretisierung, Realisierung und Gestaltung jener voraus formulierten Zielentwürfe und Konzeptionen, Ansprüche und Forderungen im Kontext von Schule, Beschäftigung und Therapie.

Auch wenn in diesem Band I immer wieder von Thesen, Begrifflichkeiten und auch von Kategorien im Zusammenhang mit an sich Lebendigem die Rede ist, dann in dem gezielten Wollen, nicht an der Formulierung von häufig verhängnisvollen Wissensbeständen mitzuwirken, die sich letztlich als "Sackgassen" (*Möckel* 1992) erweisen, anstatt *Freiräume* bzw. *Lebensmöglichkeiten* für den einzelnen (geistig)behinderten Menschen zu eröffnen.

Hierfür sind vorurteilsfreies Beobachten und bereitwilliges Verstehen ebenso unverzichtbares Fundament wie Mitfühlen und Solidarität. Thesen, Begriffe und

Kategorien dagegen haben lediglich funktionalen Charakter und tragen zur Strukturierung eines an sich verschwimmenden Denkens, Fühlens und Handelns bei, allerdings versehen mit dem immanenten Auftrag der kritischen Prüfung, einer möglichen Verwerfung und einer unerläßlichen Fortschreibung. Unser Wissen war zu Beginn unserer schulischen Arbeit mit geistig (schwer) behinderten Menschen beängstigend klein, gleichzeitig durch Kenntnisse und Begriffe der Psychopathologie zusätzlich belastet, unsere Überzeugung bzgl. der Bedeutsamkeit und der Dringlichkeit der aufzugreifenden Aufgabe dagegen schier unendlich groß. Heute ließe sich ohne Mühe eine Verkehrung dieser Tatsache feststellen. Doch auch dies kann uns noch nicht beruhigen, wollen wir das Leben geistigbehinderter Menschen umfassend, d.h. bildungs- und erziehungsmäßig ebenso wie gesellschaftlich, endgültig zum Besseren wenden.

Das uns anfangs tragende und beschwingende Vertrauen fand für mich in dem Satz von *Hilde Domin* erst seine würdige und gleichzeitig mutmachende Bestätigung: "Ich setzte meinen Fuß in die Luft - und sie trug." Aus diesem Grund auch habe ich diese Formulierung gerne zum Titel des vorliegenden Buches gewählt.

Im Vergleich zur täglich zu leistenden Arbeit, die einem eher Schwere und Anstrengung signalisiert, entfachen die Worte von *Hilde Domin* ansteckende, wohltuende Leichtigkeit. Von dieser Erfahrung und von dieser Zusage sollten wir uns auch heute noch anregen und bewegen lassen, damit weder unsere Fähigkeiten und Grenzen noch unser Erfolg und auch nicht unser Mißerfolg das alleinige Sagen haben.

Konkret wendet sich das Buch in seinen Beiträgen vielleicht anteilmäßig mehr an die Mitarbeiterinnen und Mitarbeiter der Schule für Geistigbehinderte (von der der Verfasser auch heute noch, trotz Integrationsdiskussion, uneingeschränkt überzeugt ist), in seiner Botschaft jedoch an alle, die geistigbehinderte Menschen in ihrem Leben begleiten und ihnen zu einem erfüllteren Leben verhelfen wollen.

Am Ende dieser einführenden Gedanken steht ein herzlicher Dank an die, die am Zustandekommen dieses Buches direkt und indirekt mitgewirkt haben - meinen geistigbehinderten Schülerinnen und Schülern, meinen Kolleginnen und Kollegen 'vor Ort', meinen Universitätslehrerinnen und -lehrern, den StudentInnen und Referendaren, den HeilpädagogInnen im Schuldienst während und nach ihrer Ausbildung in Freising und Würzburg - und nicht zuletzt den fleißigen Händen an der Maschine und den wachsamen Augen am Computerschirm, dem motivierenden Lektor und dem zuversichtlichen Herausgeber dieser Buchreihe "bentheim". Einen ganz besonderen, sehr herzlichen Dank möchte ich Herrn *Wolfgang Woide*, Stuttgart, sagen, der mit dem Zur-Verfügung-Stellen eines seiner wunderschönen Bilder für den Umschlag dem gesamten Buch eine unverwechselbare Note gab - und das von *Hilde Domin* erfahrene und uns gesagte Vertrauen in Farbe zu setzen wußte.

Würzburg, Juli 1992   Dieter Fischer

TEIL I

**GEISTIGBEHINDERTE
MENSCHEN
UND DER VERSUCH,
SIE ZU VERSTEHEN**

Meine Schülerinnen und Schüler
(1991)

Meine Schülerinnen und Schüler hießen wie alle Kinder und Jugendlichen heißen - nämlich Thorsten, Maria, Gerd, Thomas, Martin, Gabi, Johanna, Evelyn, Dietrich, Klaus, Dieter, Ernst, Georg, Aribert, Annette, Michael, Barbara, Herbert oder Jens. Allerdings waren sie ausgewiesenermaßen geistigbehindert, letztlich aber vorrangig originell, liebenswert, lernbegierig, und allein deswegen unvergessen.

Da kam doch eines Tages ERWIN, 16 Jahre, stürmisch an meine Wohnungstür gelaufen, ein Märchenbuch unterm Arm geklemmt und auf "Rotkäppchen" zeigend: "Lehrer FISCHER, eine tolle Geschichte! Kennen Sie das 'Rotkäppchen?'"
  Erwin hat erst in späteren Jahren seiner Schullaufbahn einfachste Texte mühevollst sinnverstehend lesen gelernt. Nun waren für ihn Märchen auf seiner Lese-Entdeckungs-Reise dran.

ERICH, ebenfalls 16 Jahre, besuchte 8 Jahre die damals noch einklassige Schule seines Dorfes. Besonders der Pfarrer gab sich viel Mühe mit ihm. Er zeichnete ihm sämtliche im Unterricht besprochenen Biblischen Geschichten in "sein" Religionsheft. Erich konnte nicht lesen; er erzählte seine ihm wichtig gewordenen Biblischen Geschichten mit bewundernswerter Genauigkeit. In meiner Klasse versuchten wir die Möglichkeit eines verspäteten Leselernprozesses abzuklären, ihn gleichzeitig in das Sozialgeschehen einer Gruppe besser zu integrieren und ihn vor allem lebenspraktisch sicherer zu machen. Bald darauf wechselte er in die hausinterne Gärtnerei, wo er heute noch mit großer Genauigkeit und Hingabe arbeitet.

MARLIES, 17 Jahre, kam erst als Jugendliche zu uns. Sie lebte bis dahin unentdeckt bei ihren Eltern auf einem abgelegenen Bauernhof - den Tieren näher als den Menschen. Jeder Berührung durch Menschen wich sie anfangs ängstlich aus. Das Trinken bereits erwies sich als Riesenproblem. Mühevoll mußte man ihr Flüssigkeit Schluck für Schluck in den Mund schütten, in der Hoffnung, den Schluckreflex zu aktivieren. Selbst mit den Augen verfolgte sie kaum Aktionen um sich herum.
  Heute besucht sie die Förderstätte einer Werkstatt für Behinderte. Bei früher einsetzender Förderung hätte ihr Leben einen anderen Weg nehmen können.

STEFAN, 12 Jahre, kam oft in mein Schulleiterzimmer, voller Ängste und Aufgeregtheiten. Er setzte sich selten auf einen Stuhl, ohne sich zu vergewissern, ob dieser auch hielte oder unter eine Lampe, ohne nachzufragen, ob diese auch nicht herunterfiele und ihn erschlüge. Seine sonstigen Fähigkeiten lagen "über dem Durchschnitt" der Klasse; sein Interesse beflügelte die anderen, wenngleich er immer wieder in seine Ängste und Besorgnisse abzudriften drohte. Seine blühende Fantasie fand kaum eine Grenze und trug ihn immer wieder in seine Schreckenslandschaften fort.

THILO, 8 Jahre, versuchte jede Gelegenheit auszunutzen, sich aus dem Klassenraum davonzustehlen und seiner Freude, Lichtschalter zu betätigen, zu frönen. Er selbst erkannte nicht, daß er so seinen "Verfolgern" ein leichtes Spiel bereitete - er wurde trotz seiner atemberaubenden Schnelligkeit leicht wieder "eingefangen" ...

ARIBERT, 13 Jahre, litt neben seiner geistigen Behinderung an einer Knochenkrankheit, die zu deutlichen Deformationen führte.

Seine Leidenschaft galt der "Eisenbahn". Jede freie Minute benutzte er zur Produktion eines neuen Gemäldes "Eisenbahn" - und selbst anderslautende Malaufträge verstand er seinen Bedürfnissen gemäß umzumünzen: am Ende kam wieder sein Traum heraus - eine neue Variation von Eisenbahn.

KATHARINA, 8 Jahre und mongoloid, sollte in kleinen, wohl aber bemühten und engagierten Schritten die 1:1-Konfrontation erlernen - didaktisch-methodisch nach allen Regeln der Kunst aufbereitet (vgl. S. 271).

Plötzlich unterbrach sie mich und streckte mir ihr rechtes Bein entgegen: "Hast Du überhaupt schon meine Strümpf' gesehn? Hat Oma g'macht!".
Und was waren das auch für herrliche Strümpfe - in weißer Wolle und dazu mit Luftmaschen als oberbayerische Trachtenstrümpfe gestrickt!

Erst eine allgemeine Bewunderung in der Klasse und durch alle Schülerinnen und Schüler dieser Klasse ließ sie sich bewegen, den bemühten, sicherlich anstrengenden Rechengang weiterzuverfolgen und vielleicht doch noch ein wenig von dessen Erkenntnissen für sich zu übernehmen.

FRIEDRICH, 12 Jahre, ebenfalls mongoloid, konnte kaum erwarten, bis er all seine "Bekannten" in der Schule wiedersah, zu denen auch ich gehörte. "Hallo, FISCHER!" - das war seine täglich wiederholte, lauthals herausgerufene Begrüßung, die er jedesmal mit einer stürmischen Umarmung zu krönen versuchte. Mein bewußt entgegengesetztes "Guten Morgen, Friedrich! Wir haben uns ja noch gar nicht richtig die Hand gegeben!" kam ihm nur manchmal zuvor. - Mit Hingabe verstand er mit seiner Gruppenerzieherin zu telefonieren, obwohl sein Wortschatz kaum mehr als fünf Worte umfaßte. Was ihm an Worten fehlte, wußte er gekonnt durch Gesten, Mimik oder sonstige Lautäußerungen auszugleichen. Ein non-verbales Kommunikationstraining schien bei ihm unnötig. Um Verständigung brauchte sich im Hinblick auf Friedrich niemand zu sorgen.

GERHARD, 9 Jahre, galt als schwer geistig behindert. Seine Mutter war straffällig, und so wuchs er, bevor er in das Heim kam, in einem Gefängnis zusammen mit ihr auf einer der damals neu eingerichteten Mutter-Kind-Stationen auf.

Seine, wenn auch reichlich verspätete Aufnahme in eine schulische Einrichtung genoß Gerhard so sehr, daß er sogar an Sonn- und Feiertagen seine Betreuer in "Richtung Schulgebäude" zerrte. Als man seinen Pflegeeltern einmal die neu eingerichteten Schulräume zeigte, setzte er sich auf seinen Platz und wollte partout nicht mehr mit nach Hause gehen.

Lernen und damit der Besuch der Schule gehörten zu seinem Lebensalltag fest dazu. Sie bedeuteten ihm ein Stück neu dazugewonnene Lebensqualität.

THOMAS, 12 Jahre, strahlengeschädigt und dadurch intensiv geistig behindert, vermochte Blumentöpfe ebenso tanzen zu lassen wie gefüllte Suppenteller. Beim Memory-Spielen war er zweifelsohne der Sieger. Ich selbst hatte kaum eine Chance gegen ihn. Sein Gehör war über die Maßen differenziert. Unter all den vielen täglich in das Gelände einfahrenden Autos hörte er den Ford seines Vaters selbst auf große Entfernung hin heraus.

Seine Möglichkeiten der Verständigung konzentrierten sich auf das Schaffen von Sicherheiten. Wichtig war für ihn, jeweils herauszufinden, wann wieder Sonntag sei. Werktägliches Glockenläuten vom sonntäglichen zu unterscheiden, beschäftigte ihn über die Maßen. "Moin - beten?" war so seine schwer nur zu verstehende, wohl aber leicht zu identifizierende Frage.

Seine Bauaktivitäten waren an Genauigkeit kaum zu übertreffen, seine inhaltliche Palette allerdings kaum auszuweiten.

Thomas wurde nicht nur wegen seines hübschen Aussehens und seiner feinen, eleganten Erscheinung und seines liebevollen Wesens von allen geliebt - dabei war er schwierig wie wenige Schüler sonst.

Und so ließe sich unschwer weiter berichten. Nicht nur mir fiele es leicht, eine

Geschichte an die andere zu hängen. Auch die Leser und Leserinnen selbst könnten sicherlich ohne große Mühe und wahrscheinlich mit Lust und auch mit Vergnügen die eine oder andere Begebenheit anfügen.

So ist das mit unseren Schülerinnen und Schülern. Sie sind einmalig, jeder bzw. jede in seiner bzw. ihrer Eigenart höchst eindrucksvoll und daher unvergeßlich. Und alle sind sie eingesponnen und umgeben von spannenden, ja bewegenden Geschichten. Sie umschließen das Gelingen ebenso wie das Versagen, den Verlust ebenso wie den Sieg. Keine dieser Geschichten läßt sich als Zuschauer oder Beobachter unbeteiligt wiedergeben. In nahezu allen sind wir eingebunden - sei es als Adressat oder als Mitspieler, als Beurteiler oder als Vermittler, häufig als Betroffene.

Lebensgeschichten mit unseren Schülerinnen und Schülern haben sich in uns eingeprägt und uns zu Persönlichkeiten werden lassen, die wir ohne diese nie und nimmer wären. Aus dem Erleben und Zusammensein mit unseren Schülerinnen und Schülern erwachsen Achtung, Wertschätzung und Engagement - weit entfernt von dem, was man mit dem "Helfer-Syndrom" umschreiben oder als "Macht-Erleben" mißverstehen könnte. Für den, der mit geistigbehinderten Schülerinnen und Schülern längere Zeit zusammentreffen und ihnen wirklich begegnen konnte, erschlossen sich Tiefendimensionen, die ihm so verborgen geblieben wären. Ihr Leben hat Hinweischarakter; es führt auf ungewohnte Wege und veranlaßt zu kreativer Lebensgestaltung, die das Leben bereichern. Kaum jemand möchte zukünftig darauf verzichten - bei aller Belastung und Mühe, von der ebenfalls zu reden ist.

Die nachfolgenden Überlegungen, Vorschläge und konzeptionellen Entwürfe sind auf diesem persönlichen Erfahrungshintergrund entstanden. Das persönliche Angerührtsein hat Fragen ebenso wachgerufen wie Lösungen und Antworten aufgezeigt, Geheimnissen den Weg gewiesen und den Menschen neu sehen und anders verstehen gelehrt. Die wissenschaftliche Sprache wurde allein deshalb häufig zugunsten eines narrativ anmutenden Stils aufgegeben, weil sie dem Herkommen und Hintergrund aller der in diesen Bänden zusammengefaßten Beiträge eher entsprach.

Es bestätigt sich: Geistigbehinderte Menschen haben zu ihrer Erziehung und Bildung, zu ihrer Pflege und Förderung weitaus mehr beigetragen und sie fundamental inhaltlich wie auch methodisch prinzipiell mehr beeinflußt, als viele wahrhaben wollen oder wir dies von der Allgemeinen Pädagogik und Didaktik an sich gewöhnt sind. Sonder- und Heilpädagogik wollen nichts anderes, als dieser Botschaft zu mehr Gehör zu verhelfen, d.h. konkret, Sprachrohr im begrenzten Rahmen für jene zu sein, deren Wörter nicht so zahlreich und deren Stimme nicht so kräftig ist, als daß die Gesellschaft, in einem Übermaß auf sich selbst konzentriert und zudem eingebunden in "schriftliche Kultur" (*Fischer*), diese zu vernehmen weiß.

Geistigbehinderte Menschen fordern uns heraus
Wir - eine Herausforderung für sie?

Festvortrag zur Einweihung der Sonderschule St. Martin, Bruckberg (Diakoniewerk Neuendettelsau) am 23. Juli 1981

Liebe Kinder, die Ihr hier in dieser schönen, neuen Schule leben *und* lernen dürft!

Liebe Eltern, die Sie dieser Schule und ihren Mitarbeitern und Mitarbeiterinnen Ihre Kinder und Jugendliche anvertrauen!

Liebe Kolleginnen und Kollegen, die Sie diese Schule St. Martin in vielen Stunden gemeinsamer Arbeit mit erdacht und mit geschaffen haben!

Liebe, verehrte Gäste, die Sie heute den Weg nach BRUCKBERG gefunden haben, um mitzufeiern und Freuden wie auch Sorgen mit uns teilen wollen!

BRUCKBERG - ein Festspielort

"Mir ist die Ehre widerfahren, daß ich die Silberne Rose überreichen soll!"
(*H.v.Hofmannsthal*)

Ehrlich gesagt, ich weiß keinen schöneren Satz als diesen des Octavians aus der Oper "Der Rosenkavalier", derzeit auf allen Festspielbühnen zuhause, um meine augenblicklichen Gefühle treffender zu beschreiben, und ich kenne kaum eine festlichere Musik als die von Richard Strauß, um unsere Freudenstimmung besser zum Ausdruck zu bringen.
  Überall ist Festspielzeit. Klingende Namen tauchen auf:
Bayreuth, Verona, Salzburg, Bregenz und München - herrliche Musik überall, großartige Konzerte, beispielhafte Aufführungen und rauschende Feste!
  Wie unbekannt, bescheiden und scheu nimmt sich dagegen das kleine BRUCKBERG aus - unser heutiger Festspielort!

Ob nicht doch der eine Bewohner der BRUCKBERGER HEIME recht hat, wenn er meiner Kollegin am *Tag der Freude* bei einer gemütlichen Tasse Kaffee erklärte, als man Herkommen und Geburtsort verglich:

Nach seiner Kenntnis der Dinge fände man auf allen Landkarten Berlin, Hamburg, München und Nürnberg - BRUCKBERG aber, das doch so wichtig ist, sei nirgends drauf!

Welch ein Gegensatz: Hier die großen, so bedeutenden Festspielstädte, dort das kleine und doch so wichtige BRUCKBERG!
  Genau diesem kleinen BRUCKBERG gelten heute meine besten Grüße und meine herzlichen Glückwünsche, die ich aus der großen Festspielstadt München mitbringe, Grüße und Wünsche mit den Worten der Marschallin, der Sophie, des Octavians und des Fanials (Personen aus dem *Rosenkavalier*).

Aber auch der Festspielstadt München möchte ich von dem Festspielort BRUCKBERG berichten - Festspielort zumindest für einen Tag - als Höhepunkt des Bruckberger, des Fränkischen Sommers. Der Grund ist ein einfacher und doch ein so wichtiger, ein merkwürdiger und bemerkenswerter: Die Einweihung der Schule St. Martin - eine Schule für geistig- und mehrfachbehinderte Kinder. Wahrhaftig ein Festtag - oder mit Fanial zu sprechen: "Ein ernster Tag, ein großer Tag, ein Ehrentag, ein heiliger Tag!" (als er den Rosenkavalier nahen sah).

Zugegeben: Es sind große Worte.

Und wenn man die Schüler dieser Schule hier in BRUCKBERG gesehen, vielleicht zum ersten Mal erlebt hat, dann steigt Unbehagen auf. Solche Worte gehen einem dann nur noch stockend über die Lippen. Verbindungen zur großen Welt der Kultur und Kunst, der Wissenschaft und Politik, zur Wirtschaft und zum gesellschaftlichen Leben lassen sich kaum mehr denken. Es scheint, diese Welt geht an BRUCKBERG und den vielen hier lebenden behinderten Menschen vorüber. Dabei wünscht man sich so sehr, daß mehr geschieht als mildtätiges Spenden, mehr als die Erstattung des Kostenaufwandes, mehr als ein einmaliger Informationsbesuch zum Problem der geistigen Behinderung. Wer es nicht gelernt hat, der blickt auf den Rahmen und nicht auf den, der aus dem Rahmen uns entgegenschaut. Die Herausforderung spürt jeder; doch möchte man ihr entgehen.
Heute entgehen wir ihr nicht. Heute sind wir alle da in BRUCKBERG, um die St. Martin-Schule einzuweihen.

Die Schule für Geistigbehinderte - immer noch keine Selbstverständlichkeit

Schulen einzuweihen, wurde inzwischen zu einem nahezu alltäglichen Vorgang. Eine Schule für Geistigbehinderte seiner Bestimmung zu übergeben, stellt demgegenüber immer noch ein Ereignis dar, für manchen vielleicht sogar ein Stein des Anstoßes, zumindest aber eine Herausforderung, der nachzugehen und nachzudenken es wert ist.

Diese Schule gilt einer Gruppe von Menschen in unserer Gesellschaft, die trotz des Bemühens von Eltern- und Wohlfahrtsverbänden weithin ohne Lobby lebt. Geistigbehinderte Menschen können für sich nichts fordern, dabei möchten sie Menschen unter Menschen sein und mit ihnen zusammenleben wie unter Nachbarn und Freunden.

Diese Schule gilt einer Gruppe von Menschen, die trotz bisheriger sonderpädagogischer, psychologischer und therapeutischer Anstrengungen "nicht in den Griff zu bekommen" ist, die immer noch den Nachweis erbringen muß, daß ein Leben auch dann sinnvoll und lebenswert ist, wenn man keine S-Bahn benützen, kein Kino oder Theater besuchen und verstehen, kein vorgeschriebenes Arbeitssoll erbringen und sich vielleicht auch nicht durch Sprache ausdrücken und mitteilen kann.

Diese Schule gilt einer Gruppe von Menschen, mit der man in der Öffentlichkeit eigentlich nicht rechnet, für die man nicht von vorneherein plant, für die man höchstens etwas abzweigt, für die man etwas spendet, für die man ein soziales Jahr opfert.

In unserem Land hat sich allen diesen Erfahrungen zum Trotz durchgesetzt: Geistigbehinderte Menschen sind nicht mehr "Pfleglinge" oder "Pflegebedürftige", sondern Arbeitnehmer, Urlaubsgäste, Patienten, Erholungsuchende und Konsumenten wie wir - und eben auch *Schüler*. "Schüler zu sein" bedeutet: Dazugehören zu allen Kindern, mitmachen zu dürfen in der Anstrengung, das Leben zu lernen und Adressat zu sein der Fürsorge durch den Staat, die Kommune und die Gemeinde.

Die Schule für Geistigbehinderte - ein kurzer geschichtlicher Rückblick

Die *Schule* für Geistigbehinderte in unserem Land hat eine kurze Geschichte - eine offizielle und oft eine sehr private, fast persönlich-intime.

Lassen Sie mich ein wenig aus dieser uns sehr verbindenden persönlichen Geschichte in Erinnerung bringen; sie spiegelt gleichzeitig die offizielle Entwicklung wieder - wie ich glaube - in eindrucksvoller Weise.

Vor 14 Jahren - 1966 also - waren im Parterre des alten Schulgebäudes, den früheren Pferdeställen des Markgrafen, drei Klassen für lernbehinderte Heimschüler untergebracht; die pädagogische Arbeit mit geistigbehinderten Kindern im Rahmen von Schule hat zu dieser Zeit mit einer Gruppe gerade begonnen. Die Leitung dieser Klassen lag in den bewährten Händen des allseits geliebten, hoch verehrten und sicher unvergessenen Oberlehrers, Herrn Eberle. Er ist ein Stück Geschichte für diese Anstalt bzw. für die BRUCKBERGER HEIME geworden. Weit über 20 Jahre stellte er sich in die pädagogische Arbeit mit lernbehinderten Kindern und Jugendlichen und darüber hinaus der Anstalt selbst zur Verfügung. Seine Schule war eine lebendige Schule; und gerade er mußte mit seinem Dienstende erleben, wie die lernbehinderten Heimschüler weniger wurden und sich dafür Klassen für geistigbehinderte Kinder auftaten. Er hat diesen Umbruch für sich als schmerzlich erlebt. Das gelingende Neue war in seiner Entwicklung nicht vorauszusehen. Er sah es als Wagnis; aber er traute uns jungen Sonderpädagogen (Fachrichtung Geistigbehindertenpädagogik) das Wagnis zu. Ein kleiner Tisch diente ihm in seiner Bescheidenheit als Pult. Es gibt ihn noch - weithin sichtbar mit Tintenflecken und den letzten Spuren der stets gespitzten Bleistifte. Für mich ist er ein Symbol vergangener, aber tiefempfundener, von innen heraus gelebter Erziehung - einer Erziehung, die dem Menschen galt.

1969 kehrte ich nach meinem Zusatzstudium von München zurück. Die Umwandlung der alten "Hilfsschule" in eine "Schule für Geistigbehinderte" konnte erfolgen. Was ich über geistigbehinderte Schüler wußte, erfuhr ich aus Büchern und in Vorlesungen von Professor Dr. Otto Speck. Das war viel und doch wenig zugleich. Wirklich gelernt habe ich in der Begegnung mit diesen Schülern, gelernt habe ich von geistigbehinderten Menschen selbst. Ich wurde ihr Lehrer und ihr Schüler zugleich.

Raum für Raum konnten und mußten wir der neu entstandenen und bald wachsenden Schule zuschlagen. Überall platzte sie aus allen Nähten. So viele unbeschulte geistigbehinderte Kinder gab es. Dank der verständigen und engagierten Unterstützung durch Herrn Pfarrer Abel, dem damaligen Anstaltsleiter, unter dessen Offensein für neue Überlegungen und seine Fähigkeit zu eigenen Ideen dieses Wachsen die beste Chance hatte.

Es wurden 10, bald 11 Klassen. Am Ende dieses dreijährigen Wachstumsprozesses waren es bei 17 Mitarbeitern 16 Klassen. Ein eigenes Schulhaus für diese "neue Schule" gab es nicht. Anfangs waren wir im 1. Stock untergebracht, dann durften wir in die frisch renovierte 'Bänderstube' einziehen, dann ins Untergeschoß, wo an sich die Werkstätten und die Materiallager bislang ihren Platz hatten. Das Erfreuliche und Dankenswerte, was mich heute noch mit Anerkennung und Hochachtung erfüllt: Wir von der Schule wurden aufgenommen, man machte uns Platz, wir durften uns ausbreiten und wurden doch zu keinem Fremdkörper. Er setzte durch: die Schule galt *unseren* Kindern. Von da aus möchte ich an alle Werkstattleiter und Hausleitungen einen herzlichen Dank richten. Eine Schule kann sich nichts Besseres wünschen, als eine solche Integration und Unterstützung zu erfahren.

Die Räume wurden renoviert - sicher einfach, unaufwendig, aber farbenfroh. Und auch bezüglich der Ausstattung selbst konnten wir nicht im geringsten klagen. Regierungsschuldirektor Dehm hatte stets für unsere Anliegen ein offenes Ohr, ob es um Legespiele wie "Hühner" oder "Gänse" ging, um die Schneidemaschine oder die Bügeleisen, die es anzuschaffen galt - bis auf eine Ausnahme, die Stühle im Lehrerzimmer. Ich war damals der Meinung und bin es eigentlich heute noch, daß Menschen, die beruflich mit behinderten und kranken Menschen arbeiten, sich an ihrem Arbeitsplatz möglichst wohl fühlen sollten. Für eine Schule gehört dazu ein gut ausgestattetes Lehrerzimmer - und eben auch geeignete Stühle. Wenn ich heute daran denke, daß damals (1971) schon ein solch "gutes Stück" um die 180,-- DM kostete, dann rinnt mir jetzt noch ein leichter Schauer über den Rücken. Aber: Diese Stühle (keine Sessel!) haben sich bewährt - allein für die vielen Sitzungen, die notwendig waren, um diese Schule hier mit allen Details auszuknobeln und anzukurbeln.

Für die langen Gänge verdienten wir uns durch Verkauf von Skripten einfache Glasrahmen, um die Arbeiten unserer Schüler angemessen zu präsentieren. Hier ging es weniger um die Dokumentation von Leistung. Vielmehr sollten unsere Schüler das erleben, was sie viel zu wenig sonst erfahren: Das bin ich! Das habe ich gemalt! Ariberts "Eisenbahnen" seien nur stellvertretend für die vielen Schülerschöpfungen genannt, die als einmalig zu bezeichnen waren und uns auch heute noch begeistern.

Mit der Zeit setzt der *Fachunterricht* für Geistigbehinderte ein. Damit wollten wir uns nicht der herkömmlichen Schule annähern, wo Fachunterricht seit langer Zeit üblich ist, sondern der Realität des Lebens folgen, die eben auch eine Realität der Kleidung, der Nahrung, des Säens und Erntens, des Herstellens und des Arbeitens, des Singens und Gestaltens ist.

Geistigbehinderte Schüler lernten Handarbeiten - heute selbstverständlich, damals ein Novum. Schüler, die noch nie Nadel und Wolle in den Händen hatten, sollten linke und rechte Maschen stricken lernen ... Und die Küchenarbeit begann! Anfangs gab es vorwiegend ungarische Küche - dank unserer lieben, verehrten Frau Halwax - die Maroni-Hörnchen duften mir heute noch in die Nase! Es bewahrheitete sich: Unsere Schüler lernen am besten das, was ihre Pädagogen selbst am besten können, schätzen und lieben. Die Küche selbst wurde aus alten Beständen zusammengetragen - dank Frau Bornebusch, und so konnten Schüler am Herd stehen, die voraus durch die Zentralküche bestens versorgt wurden und für Küchenarbeiten alles andere als tauglich schienen - zusammen mit Lehrern, die vorab auch noch nicht wußten, wie man geistigbehinderten Schülern das Kochen lehrt.

Eines Tages interessierte sich ein Industriemeister vom Rhein für unsere Arbeit - noch lange bevor von einer *Werkstufe* die Rede war. Wiederum ein Schritt in ein unbekanntes Feld, aber - wie sich bald herausstellte - ein richtiger Schritt, wenn wir eine konkrete, eine dem Schüler und seinem Leben dienende Schul-Arbeit verrichten wollten. Es war Herr Kölner, der dieser Schule nicht zu übersehende, lebensnotwendige Impulse gab. Er führte selbst unsere schwächsten Schüler zu erstaunlichen Ergebnissen. Nicht selten war es für diese ein sehr "kurzer" Weg: Von Stationen mit bester Pflege an die Werkbank mit Nagel, Hammer und Holz.

Wir wurden uns klar: Überzeugende sonderpädagogische Arbeit muß dem Leben näher kommen, sie muß konkret und praktisch, sie muß eine pädagogische Arbeit zum Anfassen, Begreifen und zum Freuen sein. Mit der Zeit lernten auch wir Lehrer.

Die Schüler - besonders die vielen unruhigen - liefen uns immer weniger weg. Ich mußte mir eingestehen, daß die Schüler, die ich zwei Jahre zuvor als Schulleiter aufgrund behördlicher Vorgaben ausschulen konnte und dies auch tat, gar nicht "so schwach" oder so schwierig waren, wie ich dachte, sondern daß *ich* nicht in der Lage war, sie zu unterrichten. Diesen Schülern bedeutete Lesen und Schreiben oft nicht mehr als eine Qual, und das Zählen brachte ihnen keinerlei Reiz - auch wenn es sich die Eltern so dringend erhofften.

Die gleichen Schüler verstanden allerdings sehr wohl den "Onkel Tobi" und dessen Leben (eine Figur aus einem Bilderbuch). Einer von ihnen fragte mich, der sich immer wieder seine Pullover von oben nach unten durchriß, ob denn dieser Onkel Tobi in seinem Haus auch "ganz alleine wohnte" (wie er hier in BRUCK-BERG) - und ob er denn gar nicht "traurig" sei? (das erste Bild im Bilderbuch "Onkel Tobis Landpartie").

1970 besann sich das Bayerische Staatsministerium für Unterricht und Kultus darauf, auch den inzwischen entstandenen Schulen für Geistigbehinderte einen ersten Lehrplan zu geben. 14 Tage wurden damals für solche Unternehmungen veranschlagt. Ich war einer der vier Kollegen, die für diese Kommission vorgesehen waren. Dank der tatkräftigen Unterstützung meiner Kolleginnen und Kollegen trug dieser Lehrplan (in Bayern der "Blaue" genannt) deutliche Bruckberger Spuren. Schritt für Schritt wagten wir uns an intensivbehinderte Schüler heran, zu einer Zeit, wo diese in der bildungspolitischen Diskussion noch kaum eine Rolle spielten. Es zeichnete sich damals ab, was heute Wirklichkeit geworden ist: BRUCKBERG - und insbesondere seine Schule St. Martin - ist ein Ort, der schwer und schwerstbehinderten Kindern und Jugendlichen Lern-, Lebens- und Arbeitsmöglichkeiten bietet. BRUCKBERG wird zu "ihrem" Land, zu dem für sie zentralen Punkt auf "ihrer" persönlichen Land- und Lebenskarte.

Ohne Phantasie und Kreativität, ohne das Bemühen, über das Augenblickliche hinauszudenken, wird keine Schule für Geistigbehinderte auf Dauer lebendig bleiben.

Wir suchten den Weg der Offenheit, der Kreativität und Lebensfreude. Oft waren es nur winzige Zeichen - Farbtupfer - in der oft mühevollen Schullandschaft. So strichen wir z.B. die alten Treppengeländer in unserer alten Schule, dem Zeitgeschehen entsprechend, in den Münchner Olympiafarben.

Aber auch Singen und Spielen gehörten mit zum Schulalltag - für uns Lehrer wie für unsere Schüler ein tragendes, Atmosphäre schaffendes Moment. Dies alles und noch viel mehr gaben jedem Lern- und Arbeitstag einen wohltuenden, warmen, versöhnlichen Ton.

Und bald kamen auch die ersten Gäste. Stellvertretend möchte ich *drei* Gruppen nennen, weil sie mir in ihrer Symbolik heute noch bedeutsam scheinen:

Als 1. Gruppe kamen sämtliche Ärztinnen und Ärzte des Bezirkskrankenhauses Ansbach: Es war ein Besuch der Medizin (Psychiatrie) bei der Pädagogik (Sonderpädagogik). Kaum eine Partnerschaft ist heikler, keine erscheint notwendiger, und keine kann mehr bewirken. Hier gilt der verehrten Frau Dr. Becker (über 30 Jahre initiativreiche, leitende Anstaltsärztin) besonderer Dank. Von Anfang an brachte sie dem Aufbau der sonderschulpädagogischen Arbeit Aufmerksamkeit, Anerkennung und Kooperationsbereitschaft entgegen. Sie war eine Frau, die die Lösung für ein Kind oder einen Jugendlichen nicht von vornherein wußte. Sie tat das, was Pädagogen verstärkt tun müssen: Sie *suchte* zusammen mit Mitarbeitern anderer Disziplinen nach *dem* möglichst besten Weg für ein Kind, einen Jugendlichen, einen Mann oder eine Frau, damit diese entlasteter und erfüllter leben konnten.

Die 2. Gruppe waren Studenten aus München - Gruppen junger Leute, zukünftige Mitarbeiter und Partner geistigbehinderter Mitbürger in unserem Land. Ich meine, junge Menschen müssen ausreichend Gelegenheit erhalten und wahrnehmen, sich in geistigbehinderte Menschen hineinzufinden und auch die notwendige Arbeit kennen- und verstehen zu lernen. Sie müssen zuerst Schüler von geistigbehinderten Menschen sein, bevor sie ihre Lehrer und Erzieher werden.

Und die 3. Gruppe waren Schwestern aus Ursberg - ein Kombi "gefüllt" mit acht schwarz gekleideten, lange gewandeten Klosterfrauen: Für mich war das ein symbolischer Akt fachlicher, theologischer wie auch caritativer Ökumene. Es wäre tragisch, würden sich zwischen den Wohlfahrtsverbänden, zwischen Caritas und Diakonie, zwischen Eltern- und Fachverbänden vorwiegend Momente der Konkurrenz auftun.

Dem behinderten Menschen zuliebe kann man nur zusammenarbeiten. Nie darf es ein Gegeneinander werden. Der geistigbehinderte Mensch, dem unsere Fürsorge gilt, fände sich in totaler Verwirrung vor.

Menschen, deren Leben mit einer geistigen Behinderung belastet ist, bedürfen absoluter Verläßlichkeit. Wir bemühten uns darum. Der *Choral* war es auf der einen Seite, der dieser Schule den Atem gab, gesungen zu allen nur denkbaren Anlässen. Er ist ein Stück geistiges Zuhause gewesen, so daß meine Schüler damals den bitterlich weinenden Günter (Rollstuhlfahrer und wegen seiner Muskelerkrankung auf Diät gesetzt) spontan trösteten: "... macht schön rote Wangen selbst bei geringem Mahl, und die da sind gefangen, die reißt er aus der Qual!" (EKG 197,5). Noch konkretere Hilfen aber stellten auf der anderen Seite *Menschen* dar, die einfach "da sind". Ich erinnere mich an manch schlimmen Anfall in meiner Klasse. Obwohl die Kinder an Anfälle gewohnt waren, waren sie jedesmal erneut geschockt. Aber sie wußten den Weg der "Rettung". "Wir rufen Schwester MARTHA!" Und als sie auftauchte, hatte das Anfallsgeschehen für die Schüler seinen Schrecken verloren. Beständige Menschen - in diesem Fall Sr. Martha - gaben Sicherheit und Halt.

Heute stehen wir in Gefahr, Bezugspersonen gegen eine Unzahl von Fachdiensten auszutauschen, weil wir der verbesserten Funktion mehr Gewicht zumessen als dem mitmenschlichen Impuls. Nicht der Lernertrag oder Übungsfortschritt geben Halt und Sicherheit im Leben, sondern das Du und auch das Wir.

Das waren Einblicke in die Schule für Geistigbehinderte von damals (1969-71). Inzwischen sind viele Jahre ins Land gegangen.
Die Marschallin im "Rosenkavalier" hat recht: "Alles hat seine Zeit. Sie zerrinnt zwischen den Fingern; wenn man so dahinlebt, ist sie rein gar nichts - aber dann auf einmal ist sie um einen herum, ist sie in uns drinnen, in den Gesichtern, in den Schläfen, zwischen mir und Dir!" ...

Die Schule St. MARTIN - symbolisch gesehen

Was ist aus dem "Dir" und "mir", was ist aus unserer "Schule von damals" heute (1981) geworden?

(1) Die neue Schule steht *oben* auf dem Berg - höher als der Sonnenhof (das Wohnhaus der Schüler). Früher hat man gesagt: Man geht in die Schule hinunter! Jetzt wird es heißen: Wir gehen in die Schule hinauf! Ein sicher nicht unwesentlicher Unterschied.

Die Entwicklung der Schule für Geistigbehinderte hier in BRUCKBERG und an anderen Orten sonst würde falsch verstanden werden, ginge es ihr darum, im Insgesamt der sogenannten Behinderten-Arbeit auf jeden Fall "oben" zu sein. Die Arbeit mit geistigbehinderten Kindern und Jugendlichen lehrt Bescheidenheit. Dennoch "Obensein" dokumentiert nach außen: Hier wird Erziehung und Bildung gewagt und immer wieder versucht, wo man andernorts schon längst aufgegeben hat, zu erziehen oder von Erziehung noch etwas zu erwarten. Erziehung zu fordern - an "oberster Stelle", bedeutet dann eine Provokation, wenn man Erziehung primär mit Hoffnung verknüpft, nicht unbedingt Nachweisbares vorzeigen und damit auf Erfolg bauen will. Erziehung und Bildung - und die Schule "hier oben" ist ein Zeichen dafür - dienen dem jeweiligen Menschen ganz persönlich und uneigennützig. Gebildete geistigbehinderte Jugendliche und Erwachsene sind der beste Beweis dafür.

Eine Schule, die sich traut, bewußt "oben" zu sein, hat auch keine Angst vor dem "Unten". Mit schwer und schwerstbehinderten Schülern erlebt man immer wieder, was es bedeuten kann, "unten" zu sein.

Frau *Sölle* sagt in ihrem Buch "Wählt das Leben": "Echter und wahrhafter leben heißt nicht, in übergeordnete Sphären aufsteigen, sondern sich in die Tiefen des Daseins hinabzuwagen" (vgl. *Sölle* 1980). Das sollten wir auch hier, wenn wir geistig schwerbehinderte Schüler erreichen wollen. Sie führen uns zu den Quellen und Fundamenten des einfachen Lebens, sie zeigen uns auf, worauf es im Leben eines Menschen wirklich ankommt.

Eine sonderpädagogische Arbeit mit ihnen wird *für uns* zu einer richtigen Lebens-Schule: *Wir* müssen spüren lernen, sinnenhaft, emotional und elementar, was eine Wiese, ein Apfel, unsere Haut ... und was "Liebhaben" (vgl. Marschallin in ihrem Schlußgesang) bedeuten. Der kognitive Zugriff erhellt hier nicht - im Gegenteil, er verdunkelt und verkompliziert.

Wenn wir nach heutiger Überzeugung als Ziel unserer pädagogischen Arbeit mit Geistigbehinderten formulieren, die Schule müsse das "Leben lernen" praktizieren, dann gelingt dies nur dem, der selbst wieder eine Begeisterung für das Leben in sich aufspürt, der für sich und sein Leben eine Bejahung entwickelt und der die kleinen Dinge des Lebens groß sehen lernen und schätzen kann. Er wird keine Angst haben vor existentieller Verunsicherung, denn ohne dies wird es keine "tiefere Liebe zum Leben" geben (vgl. *Sölle* 1980, 7-31).

Ich wünsche dieser Schule hier, daß sie dieses "Oben" und "Unten" in der rechten Weise entdecken, erleben und erfüllen kann, daß sie im "Untensein" das "Oben" ebenso wenig aus den Augen verliert wie umgekehrt.

(2) Die "Sechs-Eck-Form", in der diese Schule - und damit jedes Klassenzimmer - von ihrer Grundstruktur her erbaut ist, vermittelt Vorteile mancher Art.

Diese Tatsache, meine ich, könnte ein Symbol und ein Grundmodell für die Vielfalt von Kontakten einerseits und die Notwendigkeit der Abgrenzung andererseits einer ertragreichen, lebendigen Teamarbeit sein. Sie schließt ein isoliertes Behandeln und Fördern aus, dafür verweist sie auf ein gegenseitiges Stützen und Helfen, Beraten und Austauschen sechsfach hin.

Ich weiß nicht, ob man in einer Schule für Geistigbehinderte überhaupt von "meiner Klasse" sprechen soll, ob man diesen Anspruch den Schülern gegenüber noch einzulösen imstande ist. Ob wir unser gemeinsames Arbeiten, unser gemeinsames Sorgen und Mühen nicht besser durch die Bezeichnung "unsere Schüler" ausdrückten? Das Wort "unser" ist offener. Es bietet Platz für den, der noch kommen, noch zupacken und noch mitmachen will. Wir können nicht viele genug sein, um geistigbehinderten Menschen in unsere Gesellschaft hineinzuhelfen. Keiner kann es für sich allein. Die geistige Behinderung ist für einen Menschen zu schwer, zu belastend, fast erdrückend - das gilt für die von der Behinderung Betroffenen ebenso wie für deren Begleiterinnen und Begleiter.

(3) Die Schule St. MARTIN oben auf dem Berg lebt energiebewußt. Hier gibt es Sonnendächer.

Sonnendächer gelten als Zeichen modernen, umweltbewußten Bauens. Sie sind aber auch Zeichen dafür, daß der Mensch aus sich heraus nie allein genügend Lebenswärme und Energie zu schaffen und sich zu geben vermag.

Energie für unser Leben kommt sowohl von innen als auch von außen. Wichtig sind die jeweiligen Kraftquellen dafür. Der persönliche Atem zählt wohl mit zu dem Elementarsten; daneben aber brauchen wir eine Verwurzelung, die uns am Leben erhält. Stellvertretend seien ein paar Zeilen aus einem alten Weihnachtslied zitiert: "Du warest meine Sonne, die Sonne, die mir zugebracht Licht, Leben, Freud und Wonne. O Sonne, die das werte Licht des Glaubens in mir zugericht, wie schön sind deine Strahlen!" (EKG 28,3)

Es gäbe noch manches an und in dieser neuen Schule St. Martin zu entdecken. Man muß sich nur auf den Weg des Suchens und Entdeckens machen. Ich gestehe - ein fast symbolischer Auftrag, wohl aber ein lohnender und ein die tägliche Arbeit kennzeichnender wie auch qualifizierender.

Diese wenigen Jahre bis zu diesem zweiten Neuanfang war als Zeit des Aufbaus eine schnellebige Zeit - eine "Zeit, die verrinnt" (Marschallin zum Rosenkavalier); aber es zeigte sich: Hier wächst eine neue Schulform heran, die Impulse nicht nur für die Arbeit mit geistigbehinderten Schülern setzt, sondern Anregungen, Ermutigungen und Hinweise für jegliches pädagogische Tun zu geben imstande ist. Hier entwickelt sich nicht nur eine neue Schule, hier entsteht ein "Ort des Lebens", an dem die Freude weilt, aber auch die Mühe zuhause ist.

Die eine gilt es nicht zu verstecken - BRUCKBERG ist in diesem Sommer Festspielort, die andere nicht zu verdrängen. Ein alter Kirchenvater ermutigt uns dazu: "Sind wir nicht wegen der Mühe an diesen Ort gekommen? Und nun bereitet er keine Mühe mehr! Ich habe meinen Mantel hergerichtet und gehe dorthin, wo Mühe ist, und dort finde ich Ruhe!" (zit. bei *Schellenberger*, 1980, 39).

Die Schule für Geistigbehinderte - als Versuch einer Antwort auf den geistigbehinderten Menschen

Hat nun die Schule für Geistigbehinderte in den letzten Jahren das erbracht, was sie selbst, was die anderen, was die vielen kritischen Beobachter von ihr erwarteten?

Schule - und damit jegliche Erziehung und Bildung, jegliche Behandlung und Förderung - sieht sich als Antwort auf jene Herausforderung, die uns Menschen durch ihr Sosein, ihre Not und ihre persönliche Lebenssituation stellen. Einher geht die Frage, ob der Lernort 'Schule' die adäquate Form des Lernens und Erziehens für geistigbehinderte Kinder und Jugendliche - besonders für intensivgeistigbehinderte - sein kann. Vor dem Versuch einer möglichen Antwort sollten wir nach dem Menschen fragen, der uns diese Herausforderung stellt, der Mensch, für den wir Sonderschulen schaffen, neue Berufsbilder entwerfen und Ausbildungen kreieren.

Geistigbehinderte Menschen unterscheiden sich in ihrem Erleben in vielem von dem unsrigen - nicht nur, weil dieses verstärkt von Krankheit und Leid, vom Nicht-Verstanden-Werden und Nicht-Können geprägt ist. Der geistigbehinderte Mensch ist mehr auf die Gegenwart eingestellt, mit großer Sympathie zum Augenblick, weniger auf die Zukunft. Er erzeugt mehr Aktivität als Ordnungen, er hat mehr Sinn fürs Genießen als für Leistungen in unserem Verständnis, er spricht die Welt mit 'Du' an und ist verwundert, wenn diese ihm mit einem distanzierten 'Sie' antwortet. Körperlich-sinnhaftes Leben erscheint ihm wichtiger als geistig-kognitives. Er ist überrascht, wenn wir sein Urlaubsvergnügen vor den anderen Gästen im Hotel abschirmen und seine Lebensfreude als Ruhestörung empfinden, wenn seine Freude am Essen mit Geboten wie "Erst die Arbeit, dann das Essen" abgeblockt, zumindest geregelt wird. An sich sind das alles so verständliche Dinge und liebenswerte Möglichkeiten unseres Daseins; dennoch stellen sie unsere gelebte und nicht immer reflektierte Daseinsordnung in Frage.

Allerdings werden wir auch mit Verhaltensweisen und deren Nachfolgelasten konfrontiert, die uns bis an den Rand des Verkraftbaren führen. Eltern geistigbehinderter Kinder erleben dies in besonderer Weise. Frau Irina *Prekop*, Mariaberg, läßt in ihrem Buch "Wir haben ein behindertes Kind" (1979) acht Elternpaare berichten. Es sind eindrückliche Dokumente, die aufzeigen, was Eltern erleben, wenn sie mit der Tatsache, ein behindertes Kind zu haben, konfrontiert werden. Ich zitiere einige Beispiele verkürzt:

Ein Vater berichtet: "... Wir mußten aufhören das zu sein, was wir bislang waren: eine normale Familie ...! Wir mußten Ecken und Kanten polstern ..., oft biß sich Martin stundenlang die Arme blutig - sogar nachts ... nur beim Fahren wurde er ruhiger. - Also fuhren wir stundenlang!"

Ein anderer Vater schreibt: "Störend auf die Gesamtatmosphäre in der Familie wirkte sich das Verhalten unseres Kindes aus, ... daß er zum Beispiel bei allen besonderen Gelegenheiten, wie an Weihnachten, zu Geburtstagen oder beim sonntäglichen Frühstück die Kerzen ausblies, das Geschirr vom Tisch fegte, die Päckchen aufriß, ohne sich wirklich für den Inhalt zu interessieren ...
Unser stetes Bemühen, Th. in unser Familienleben zu integrieren, wurde dadurch stets erneut erschüttert!".

Wieder ein anderer Vater: "Mein berufliches Engagement mußte zurückstehen, weil mir unser behindertes Kind keine Zeit mehr dazu ließ. Wir wurden zu Gefangenen im eigenen Haus!"

Eine Mutter berichtet: "Der schlimmste Tag nach der Geburt war für mich der Tag der Einschulung. Hier wurde mir erneut klar, wir haben ein behindertes Kind; es gehört nicht dazu; wir sind eine behinderte Familie."

Eine Mutter aus meinem Bekanntenkreis erzählte neulich: "Für mich ist es unvorstellbar, daß ich, obwohl ich schon ein Kind groß gezogen und mich als Mutter bewährt habe, durch die Geburt unseres behinderten Kindes plötzlich zu den therapiebedürftigen Müttern zählen werde, die von einer Klinik zur anderen, von einer Beratungsstelle zur nächsten eilen ..., um überall fachmännischen Rat zu empfangen. Wie ich dies dann alles zu Hause unter einen Hut kriegen soll, das überließ man mir. Beim nächstenmal aber hatte ich "meine Hausaufgabe" abzugeben, unser Bub soll einen Entwicklungsschritt weitergekommen sein."

Diese und ähnliche Erlebnisse sammeln nicht nur Eltern, sondern ebenfalls die betroffenen Kinder oder Jugendlichen - sicher sehr individuell und kaum in der Lage, davon mitzuteilen. Auch sie erleben die zahllosen Arztbesuche, die vielen Klinikaufenthalte, die Frühfördersitzungen, den langen Prozeß der Eltern, bis sie "ja sagen" können; sie erleben das Verlassen-Müssen der Familie und die Aufnahme in eine meist stationäre Einrichtung. Wenn ich nach meiner Bruckberger Zeit beruflich etwas existentiell Wesentliches dazu gelernt habe, dann durch den Kontakt mit Eltern behinderter Kinder.

Sie als Mitarbeiter hier in den "Bruckberger Heimen" erleben ihre Kinder und Jugendlichen meist ohne diesen akuten, oft dramatischen familiären Hintergrund. Sie erleben sie höchstens mit einem Bündel von Diagnosen unter dem Arm, mit vielen, sich oft widersprechenden Testergebnissen und mit gescheiterten Erziehungsversuchen. Aus diesem Erleben darf ich die dringende Bitte an Sie richten, den Kontakt zu den Eltern und den Angehörigen ihrer Kinder wirklich zu suchen und zu pflegen. Sie sollten den Eltern zeigen, daß hier in BRUCKBERG nicht das "Ich", sondern das "Wir" zählt! Nicht "Ich habe ein behindertes Kind", sondern "Wir zusammen sorgen für Ihr behindertes Kind!" - "Wir tragen die Last gemeinsam; wir teilen aber auch die Freuden, die es in seinem Leben gibt!".

Auf diesem Hintergrund erführen die Eltern eine Chance, die Schule ihrer geistigbehinderten Kinder anders zu erleben, als viele von ihnen erwarten. Im Mittelpunkt steht nicht die Behinderung, sondern das "Leben lernen"; sie sollten erleben, daß diese Schule mit viel Liebe ausgestattet ist, eine Schule, die das *Kind* hinter seiner Behinderung hervorlocken und es kräftigen will, so sehr dieses Kind auch verborgen sein mag.

Somit stellt nicht die geistige Behinderung die größte Herausforderung an uns, sondern das Leben, als Mädchen oder als Junge, als Mann oder als Frau, als Kind, als Jugendlicher oder als Erwachsener zu leben. Die Erwartungen der Gesellschaft und der Öffentlichkeit, der Verwaltung und der Behörde, auch der Eltern und der Angehörigen sind darauf wenig ausgerichtet. Sie alle haben meist nur die Behinderung im Blickfeld. Nicht selten stimmen sie in der Meinung überein, je länger und intensiver die Förderung, umso eher reduziere sich die (geistige) Behinderung. Aber genau diese Hoffnung erfüllt sich nicht.

Erziehung und Bildung versuchen den Menschen aufzuspüren, zu erziehen, zu fördern und zu stützen, der *mit* einer geistigen Behinderung leben muß. Selbst wenn er durch dieses Bemühen wacher, engagierter, mutiger, selbstbewußter, lebendiger wird, die Behinderung selbst ist nicht verschwunden. Sie steht lediglich in einem anderen Rahmen. Auf diesen 'anderen Rahmen' jedoch kommt es entscheidend an. Nicht selten stellen dann sogar gebildete geistigbehinderte Erwachsene höhere Anforderungen als solche, die uns in der Pflege treu geblieben sind.

Die Schule für Geistigbehinderte - mitten in unserer Gesellschaft

Wir sehen daran: Gerade unsere derzeitige Gesellschaft erträgt das "Kranksein", das "Behindertsein" oder das "Verwahrlostsein" eines Menschen schlecht. Sie alle sind Gegenbeweise zur Erwartung, alles bewirken und alles machen zu können. Nicht umsonst setzt man in jede neue Therapie neue, übergroße Hoffnungen.

H.E. Richter meinte neulich in einem Interview, daß Therapeuten - und das gilt sicher nicht nur für den sonderpädagogischen Bereich - den Menschen dazu bringen und führen sollten, daß weder "die Psyche noch der Geist weiterhin störend in den Organbetrieb des Menschen eingreifen, sondern sich so dezent, so zurückhaltend wie möglich verhalten mögen, damit der Mensch ungestört funktionieren kann."

Der *geistigbehinderte* Mensch - von oberflächlichen Anpassungsleistungen abgesehen - wird sicher nie funktionieren. Er wird unverwechselbare, eigene, individuell geprägte Person bleiben. Und das ist aber auch das Ziel unseres Bemühens, gleichzeitig aber auch die Last unseres Alltags - zwei wesentliche Pole in unserer sonderpädagogischen Arbeit.
  Von da aus gesehen bringt eine Sonderschule für Geistigbehinderte manche Enttäuschung mit sich - auch Enttäuschungen nach diesen stürmischen ersten zehn Jahren des Aufbruchs und des Aufbaus. Wir müssen zugeben, daß uns noch lange nicht gelungen ist, zu jedem Kind einen Zugang zu finden; und noch nicht alle Kinder konnten wir aus ihrem Verschlossensein herausführen.

Meine Hoffnungen zielen auf die nächste Arbeitsphase, vorausgesetzt, wir werden nicht müde in unserem Suchen und Probieren, in unserem Überlegen und in unserem Engagement.
Vor allem Machen- und Verändern-Wollen jedoch ist Solidarität gefragt.

Zusammenfassend gilt - und dies will ich mit den kritisch-scharfen Worten von

Prof. *Comparetti* (1989) aus Florenz sagen: "Die Sonderschule lehnt es - wie viele andere heilpädagogische Einrichtungen - ab, Reparaturwerkstatt für die Gesellschaft auf Kosten des Betroffenen zu sein, vielmehr führt sie gezielt behinderte Menschen als behinderte Mitbürger zu einem Leben mitten in die Gesellschaft hin. Das ist ein großer Unterschied. Dies gelingt umso mehr, je intensiver wir durchpulst sind vom Leben selbst, einem Leben, das Lebensbejahung beinhaltet und Lebensverbundenheit zum Ausdruck bringt."

Erfahrungen aus Italien und anderen Ländern - im Zusammenhang mit der Psychiatrie-Reform - machen uns Mut, den behinderten Menschen, so wie er ist, in das normale Leben aufzunehmen, ihn einzugliedern, ihn mitzunehmen, das Gesunde an ihm zu suchen und dieses zu heben - und ihn nicht solange in Spezialeinrichtungen oder durch Spezialbehandlungen zu fördern, bis er gänzlich "draußen" (*Comparetti*) ist und nur noch ausgesondert leben kann.

Sonderpädagogik darf nicht aussondern, nicht ausgliedern, sondern das Gegenteil, Menschen, die "draußen" sind, hereinholen, sie zu uns herbringen. Wohin uns solche Überlegungen in den nächsten Jahren führen werden, läßt sich jetzt noch nicht voraussagen. Vielleicht müssen wir an entscheidenden Stellen umdenken. Für uns heißt das aber bereits jetzt: Die Behinderung ist in ihren vereinzelt auftauchenden Symptomen nicht vereinzelt anzugehen, sondern der Mensch mit seiner Behinderung bedarf der ganzheitlichen, einer menschlich umfassenden Begegnung und Hilfe.

Therapeutische Maßnahmen, die vereinzelt notwendig werden, sind den "Beschäftigungen des täglichen Lebens beizuordnen, manchmal auch nachzuordnen; sämtliche therapeutische Bemühungen bedürfen des Bodens des wirklichen Lebens" (wieder *Comparetti*). Eine Bestätigung für diese Überlegungen stellt für mich der Slogan der Weltgesundheitsorganisation dar, die als Leitmotiv für das "Jahr des Kindes" ausgegeben hatte: "From cure to care" (vom Heilen zum Sorgen). Das alleinige Ausgerichtetsein auf den Defekt bringt den behinderten Menschen in eine negativ erlebte und dadurch persönlich schwierige Situation. Jeder Ansatz zu einem positiven Selbstwertgefühl wird im Keime erstickt. Das Kind erlebt sich als permanenter Träger möglicher Defizite, Defekte, Störungen und Leiden. Er ist der "Gestörte", der "Störer", der "Behinderte" schlechthin. Und wie entlastend, ja befreiend es für einen Menschen sein kann, auf jemanden zu treffen, der mit Behinderungen entspannt und gelöst umzugehen weiß, hat sicher der eine oder andere selbst schon in der Begegnung mit einem anderen Menschen erfahren.

Von da aus gesehen wäre es wohl das größte Geschenk für alle, die hier zur Schule und zur Arbeit gehen, für alle, die hier in BRUCKBERG oder sonst in Heimen wohnen und arbeiten, anläßlich dieses Festtages den Begriff der Behinderung und des Behindertseins gegen eine wertfreie Bezeichnung auszutauschen - soweit man überhaupt solche Bezeichnungen braucht. Dieses Geschenk wäre größer als die schönste Schule hier. Wir sind mit dieser Sehnsucht keineswegs einer Illusion erlegen. Warum soll man Utopien eigentlich nicht denken (vgl. D. *Sölle* und ihre Ausführung zur 'Vision'; in: "Wählt das Leben", 1980, 79 ff) - ohne die Handlungsfähigkeit dabei zu verlieren?

Die Schule für Geistigbehinderte - und ihre Leistung

Auch wenn wir heute noch keine argumentativ abgesicherte Definition dieser "Leistung" geben können, sollten wir dies doch als Appell an unsere Phantasie verstehen. Voraussetzung allerdings ist, nicht in jeder ungewohnten Aktivität eines behinderten Kindes pathologisches Verhalten zu sehen, sondern individuelle Ansätze persönlicher Lebenstätigkeiten und Lebensäußerungen.

Wir sollten unser fachlich orientiertes Auge schulen, nicht nur Defizite wahrzunehmen, die wir dann als Punkte in eine standardisierte Beobachtungsliste eintragen. Es gilt aber auch zu versuchen, den Kreislauf der sich selbst verstärkenden und damit sich selbst behindernden Verhaltensweisen zu durchbrechen und dem einzelnen Kind oder Jugendlichen Basis für neues Selbsterleben zu verschaffen. Wiederum Voraussetzung ist, daß es uns gelingt, fremdes Verhalten möglichst vorurteilsfrei wahrzunehmen und anzunehmen. Beobachteten Möglichkeiten des Tätigseins bieten wir vielfältige Situationen zur sinnvoll werdenden Betätigung.

Nicht an allen Stellen und in allen Bereichen wird uns eine Ausweitung und Differenzierung, eine Disziplinierung und Kultivierung des ursprünglichen Verhaltens gelingen. Primär wichtig aber sind positive Grunderfahrungen wie:
Ich tue etwas, also kann ich etwas. Ich bin etwas wert und bin nicht nur im Wege, nicht nur Stein des Anstoßes oder Auslöser für Erziehungspläne und Therapiegespräche. Man erkennt, daß ich eigentlich leben möchte - sonst nichts.

Wer mit behinderten Menschen zusammenarbeitet und zusammenlebt, wird erfahrungsgemäß eine Meisterschaft im Sehen von Positivem und im Zusammentragen von Möglichkeiten entwickeln. Eine solche veränderte Grundhaltung unsererseits respektiert und entdeckt Bedürfnisse, die jeder behinderte Mensch zum Ausdruck bringt. Wir nehmen sie als Herausforderung zum Leben an und versuchen, darauf - auch im Zusammenhang mit der kritisch-prüfenden Gesellschaft - eine menschlich befriedigende Antwort zu finden. Dem Erfolg eines Kindes gilt unsere ganze Kraft.

Die Bedürfnisse können sehr unterschiedlich sein: Es sind Bedürfnisse nach Arbeit, nach Urlaub, nach Partnerschaft, nach Sexualität, nach religiöser Orientierung, nach Musik und Tanz, nach Besitz, nach Allein- und Selbst-Sein. Unsere Gesellschaft hat sich darauf spezialisiert, Bedürfnisse sehr gezielt zu befrieden: Für den Urlaub das Hotel am Strand, für das Lernen die Schule, für das Schaffen die Werkstatt, für das Genießen die Party.

Meist ist aber mit solchen Bedürfnissen - zumindest bei geistigbehinderten Kindern - nicht der Wunsch nach einlinearer, gar organisierter Befriedigung verbunden, sondern das Bedürfnis nach Kommunikation und nach Begegnung.

Diese Tatsache sollte uns öfter bewußt werden und uns aufmuntern, unsere fachliche Kompetenz etwas zurückzustellen, nicht Leistungen oder Fortschritte als erreichte Lernziele abzuhaken, sondern bewußt in den Prozeß eintreten, ohne den es keine wirkliche, dem Menschen dienliche Erfolge in der sog. Behindertenarbeit geben kann: den Prozeß des gemeinsamen Lebens und Lernens, des "gemeinsamen Unterwegsseins".

Was soll ein behinderter Jugendlicher, der zwar das Essen mit dem Löffel gelernt hat, aber niemand kennt, der mit ihm Nahrung und das Sich-Sättigen teilt?

O. Speck sagte kürzlich in einem Vortrag sinngemäß: Zukunft in der Behindertenarbeit wird auf Dauer nur der Halb-Professionelle haben. Er allein bringt das überzeugend ein, was wir mit Leben und das, was wir mit Lernen meinen - eben "leben zu lernen".

Die Schule für Geistigbehinderte - und ihre Grenzen

Nun muß aber noch erwähnt werden, daß wir sehr oft mit Lebensäußerungen oder Lebenstätigkeiten von behinderten Kindern konfrontiert werden, deren Massivität uns in Schauer und Befremden versetzen: Höchste Form von Aggressivität, Verweigerung von Nahrung, kaum zu durchbrechende Passivität oder ein nicht aufzuhaltender Drang nach Selbstzerstörung. Hier werden wir nicht nur bezüglich unserer fachlichen Fähigkeiten an Grenzen geführt. Es greift uns persönlich an. Es läßt uns Ohnmächtigkeit in höchstem Grad erleben. Wir können selten Hintergründe aufdecken, oft bleiben wir in solchen Situationen die Außenstehenden und dennoch auch die Leidenden und Mit-Leidenden. Aber auch diese Herausforderung gilt es anzunehmen. Wir müssen nach Möglichkeiten des Lebens suchen, auch wenn es "alternatives Leben" sein wird - ein Leben im Rollstuhl, im Liegebett, vielleicht sogar ein Leben mit zeitweiser, vorsichtiger, punktueller Fixierung oder auch ein Leben unter dem Schutz von Medikamenten.

Es wird erneut deutlich: 1. Unserem Macher-Willen sind Grenzen gesetzt und 2. einer allein kann diese Aufgabe nicht leisten. So wichtig wie das Zusammen-Leben auf lange Sicht ist, so bedeutsam ist das Zusammen-Arbeiten vom ersten Tage an. Gut, daß die neuen Schulräume sechs Seiten im Grundmuster haben - so kann man diesen Appell nie vergessen! Gut, daß die Schule "oben" ist - so wird ihr der Mut nicht ausgehen! - Gut, daß Sonnendächer an die Kraft erinnern, die in uns einzieht. Wir allein würden uns in unseren Möglichkeiten bald erschöpfen und verbrauchen.

Was bedeuten diese Gedanken nun im Hinblick auf die sonder- bzw. heilpädagogische Arbeit? Brauchen wir überhaupt noch eine Sonderschule für Geistigbehinderte? Sollen wir weiterhin Kinder in solche Extra-Einrichtungen schicken? Ich meine "ja", selbst wenn es erste Versuche gibt, Sonderschulen wieder aufzulösen zugunsten einer integrativen Beschulung.

Behinderte Kinder sind auf eine geschützte und schützende Lern- und Lebenswelt angewiesen. Sie brauchen eine Umgebung, die ihnen das Leben dosiert entgegenbringt, damit sie sich leichter in diese neue, schwierige Umgebung einfinden und hineinarbeiten können. Das Mit-Leben, das ledigliche Ein-Gewöhnen genügen wahrhaft nicht. Es sind individuelle Lernangebote und spezielle Lernhilfen notwendig, die ein reduziertes, vereinfachtes Lebensfeld darstellen, als es die lebensvolle Gruppe, die Familie oder die Gesellschaft selbst ist. Dennoch darf diese Schule, für die wir uns hier aussprechen, das 'normale' Leben, die Fülle, die Kraft und die Anforderung des Lebens nicht aus dem Auge verlieren. Die Qualität einer Sonderschule ist nicht nach ihren speziellen Methoden zu beurteilen, sondern nach dem Maß ihrer Lebensbezogenheit.

In der "Fränkischen Landeszeitung" stand neulich (1980) ein Bericht über eine schwedische Reisegruppe mit der provokativen Überschrift "Der heilsame Schock der Schönheit".
   Obwohl die Mitglieder dieser Reisegruppe - alles schwer schizophren erkrankte Menschen - nach neuesten Methoden und mit besten Medikamenten behandelt wurden und sie auch in ihrer Klinik oder Anstalt beste räumliche Verhältnisse und Ausstattung zur Verfügung hatten, besserte sich ihr Zustand nicht. Erst der blaue Himmel, der Sand, das Meer, die Sonne, vor allem aber die Freundlichkeit der italienischen Gastgeber brachte - so der Bericht - wieder Lächeln in die Gesichter dieser schwerkranken Menschen. Das gemeinsame Planen aktivierte sie.

Dieses Beispiel - das in vielfacher Weise von anderen Gruppen ähnlich erlebt wurde - bedarf sicher einer behutsamen Interpretation, um daraus nicht falsche Schlüsse zu ziehen. Der blaue Himmel und die italienische Sonne allein werden eine so schwere psychische Störung sicher nicht ausgleichen können - eher die ungezwungene Atmosphäre und die Offenheit in der Begegnung mit den Gastgebern haben das Heilsame bewirkt. Diese Schwerkranken wurden als Menschen aufgenommen und nicht als Träger schwerster Defekte. Mit diesem Beispiel erfahren wir viel von der Kraft der Begegnung mit einer 'normalen' Umwelt, mit dem puren, prallvollen Leben, aber auch etwas über die Notwendigkeit der Begegnung mit Menschen, die offen und bereit zur Partnerschaft sind.

Anhand eigener Erfahrung erlebte ich, daß es leichter ist, die Rolle des Professionellen zu übernehmen, sich auf die Rolle des Behandlers oder des Therapeuten zurückzuziehen, als Partner von schwer und schwerstbehinderten Menschen zu sein. Man muß aus der Sicherheit bietenden Rolle heraustreten und das Leben gemeinsam wagen. Mit gegenseitigen Abstrichen wird es jedoch gelingen. Ein ganz neuer, ein anderer Lernzuwachs stellt sich ein.

Die Schule für Geistigbehinderte - und ihre Lösungen

Mit Recht und vielleicht sehr nachdenklich fragen wir: Wer kann das von uns denn wirklich leisten? Überfordern wir uns nicht mit diesen idealisierenden Gedanken?
 Sie sind Anfrage und Herausforderung an die psychische und physische Kraft des einzelnen - und diese ist nicht täglich gleich. Sie sind aber auch Anfrage an das Lebensumfeld und an die Öffentlichkeit. Fehlt dieser äußere, stützende Rahmen, bleiben wir mit noch so guten und bereiten Absichten auf halbem Wege stecken. Ein beredtes Beispiel zeigt das Gerichtsurteil von Frankfurt (1981), wo eine Reise-Gruppe behinderter Menschen voll guten Willens an den Einsprüchen der Umgebung bezüglich ihrer Urlaubswünsche scheiterte.

Der Weg aus der professionellen Rolle heraus ist ein Weg der Liebe. Diesen gehen all jene, die ihre Arbeit aus diakonischem Verständnis heraus tun wollen, weil sie sich selbst von einer tiefen Liebe umgeben und getragen fühlen. Liebe zu üben setzt Kraft-, Zeit- und Ruhe-Haben voraus. *Ruhe* erlaubt ein Sich-Einlassen und verhindert, ständig die "wieder nassen Hosen" zu zählen, die sich wiederholenden Sprachübungen und die mißglückten Spiel- und Bauversuche eines Kindes. *Zeit* gewinnt man aus Lebensimpulsen, die von innen kommen. Nicht noch so virtuose didaktisch-methodische Betriebsamkeit ist gefragt, sondern Distanz zum Funktionieren-Müssen. *Kraft* kann man sich schenken lassen, wenn man etwas von dem langen Atem spürt, der in uns als Zeichen der Berührung mit dem Ewigen lebt.

Damit ist die mitschwingende Frage noch nicht beantwortet, *die* Frage schlechthin, ob man ein behindertes Kind tatsächlich lieben kann. Diese Frage gehört mit zu den heikelsten Fragen, die man sich nur selten stellen traut oder so auch gar stellen darf.
 Freundliche, lebensfrohe Kinder erübrigen solche Fragen. Sie bringen einem ihr Lachen und Frohsein entgegen. Sie können schmusen, sie können sich an einen drücken, sie fühlen, wie einem selbst zumute ist, gehen darauf ein und schenken uns ihr mitfühlendes Freundlichsein. Ganz anders bei den anderen Kindern, mit den nirgends ruhenden Augen, mit dem mißgebildeten Gesicht, der offenen Wirbelsäule, dem verbogenen und verwachsenen Körper, denen mit üblem Körpergeruch, mit zerstörerischer Aggressivität, mit ihrer Gleichgültigkeit und Teilnahmslosigkeit selbst beim Baden und Füttern, mit ihrem permanenten Wegwerfen und dem Nichts-festhalten-Wollen!

Wie steht es da mit unserer Liebesfähigkeit? Gilt auch hier noch das Gebot der Nächstenliebe?

Wenn Sie mich nach meiner Antwort fragen, dann muß ich aus menschlichem Erleben heraus antworten: Ich weiß nicht, ob man zu Schwachem, Kaputtem oder Destruktivem Zuneigung entwickeln kann. Da müssen erst viele Schichten abgetragen werden, um auf ihre Person zu stoßen.
 Ich meine, wer mit schwerbehinderten Kindern zusammenarbeitet, der sollte das Recht und den Mut haben, immer wieder "nein" sagen zu dürfen, ohne Einbuße seiner Person befürchten zu müssen. Es geht hierbei ja nicht um ein grundsätzliches, dauerhaftes, abweisendes oder gar für immer ausschließendes

Nein im Sinne einer Lebensverweigerung, wohl aber um ein zeitweiliges, das sich auf bestimmte Tätigkeiten, Handlungen oder Situationen bezieht. Wer diese Gewißheit hat, wird sich vielleicht eher zur Liebe "entschließen" können, als jener, dem Liebe als Pflicht abverlangt wird. Dieses Moment scheint mir für die Mitarbeiterfrage ein ganz wesentliches zu sein. Konkret für den Alltag ist die Offenheit eines Teams meist eine unerläßliche Hilfe, das so schwierige Fragen zuläßt und an der Bearbeitung mithilft. Man kann sich absprechen, wer dieses, wer jenes tut, wer zu diesem Kind einen besseren Zugang findet, wer zu jenem.

Und dennoch brauchen sicher auch noch so schwerbehinderte Kinder und Jugendliche nicht auf Liebe zu verzichten.

Wer das Leben liebt, der muß davon austeilen und weitergeben, und der wird den zum Leben aktivieren wollen, der sich in Entfernung dazu befindet. So erfahren schwerbehinderte Menschen Lebensbejahung durch uns und gewinnen Zuversicht über uns. Unsere Lebensfreude setzt in ihnen tragfähige Lebensimpulse. Gar nicht geringschätzig ist die Tatsache zu sehen, daß man sich sehr wohl über alle Hindernisse hinweg aneinander gewöhnen kann. Selbst Kinder mit allergrößten Schwierigkeiten im Verhalten, großen Einbußen bezüglich ihres Aussehens oder auch ihrer Befindlichkeit möchten manche Betreuer nach einer gewissen Zeit nicht mehr hergeben. Doch das ist nicht der Weg, dem wir vertrauen, den wir suchen oder gar empfehlen wollen.

Kehren wir zur Festspiel-Oper "Der Rosenkavalier" zurück! Die Marschallin leitet das herrliche Schlußterzett mit dem unnachahmlichen Satz ein: "Hab mir's gelobt, ihn lieb zu haben - in der richtigen Weis'!"

Dieser Satz erscheint mir wie eine vortreffliche Leitlinie für heil- und sonderpädagogisches Handeln, für unser Unterrichten und Erziehen, unser Fördern und Üben, unser Pflegen und Helfen, unser Begegnen und Begleiten.

"Hab mir's gelobt!" - Das ist ein Entschluß und Bekenntnis zugleich. Ich kann mir nicht vorstellen, ohne eine solche Vor-Leistung mit behinderten, kranken oder alten Menschen arbeiten zu wollen. Er fordert unsere Ich-Kräfte, aktiviert unsere Entscheidungsgabe und hebt uns so aus der Unmittelbarkeit von Erleben und Empfinden heraus.

"Ihn lieb zu haben" - das heißt doch, zärtlich zu sein, Zuneigung zu geben und Liebe zu üben in behutsamer, stiller und inniger Art und Weise.

"In der richtigen Weis'!" - darin steckt meist ein langer Lernprozeß, der im Hineinfühlen und Verstehen gegründet ist - jenseits aller raschen Hinwendung zu Techniken und Methoden. Es meint ein allmähliches Dem-anderen-nahe-Kommen, ihn aber auch selbst sein lassen ohne dauernden Appell zur Veränderung, ihn zu entdecken und zu verstehen.

Und das zum Abschluß

Erinnern wir uns an das gestellte Thema: Geistigbehinderte Menschen fordern uns heraus - und wir: Eine Herausforderung für sie?

Ich habe heute leise Töne angeschlagen und dennoch nicht auf Forderungen verzichtet. Unsere Einstellungen und Haltungen entscheiden letztlich bei der Wahl der Mittel. Ich plädiere nicht für Demonstrationen zusammen mit behinderten Menschen - wie neulich in Frankfurt a.M. (obwohl ich mir das auch in bestimmten Bereichen vorstellen kann).

Aus einem beschädigten, behinderten oder belasteten Leben wird dann erfülltes und vielleicht auch ein zufriedenes, wo die jeweils Betroffenen auf Menschen treffen, die für sich den Satz der Marschallin als ihren Satz übernehmen können: "Hab mir's gelobt, ihn lieb zu haben - in der richtigen Weis'!"

Den eingangs zitierten Mann, der "sein" Bruckberg nicht auf der Landkarte finden konnte, obwohl dieses in seine persönliche Lebenskarte tief eingegraben scheint, kenne ich nicht. Aber ich traue mir zu vermuten, er ist in seinem Leben hier solchermaßen entschlossenen und entschiedenen Menschen begegnet, selbst wenn sie bislang den Wortlaut des Satz der Marschallin nicht, wohl aber deren Bedeutung kannten.

Den Schülerinnen und Schülern, die jetzt in diese schöne neue Schule St. Martin einziehen, wünsche ich die Begegnung mit solchen entschiedenen und entschlossenen Mitarbeiterinnen und Mitarbeitern; ihr Ja gilt, weil das Nein ebenfalls im Team Platz haben kann. Das Leben und Lernen wird davon seine erkennbaren Spuren erhalten und spürbare Qualitäten entwickeln. Trauer, Enttäuschung und Leid bleiben nicht vor der Tür; Hinwendung und Zuneigung, letztlich aber das Lieb-Haben gleicht jener Sonne, die unsere kühl gewordene Gesellschaft so dringend braucht, die sie durchwärmt und belebt.

"Lieb-Haben in der richtigen Weis'" muß man wagen, verordnen läßt es sich nicht.

Die letzten Minuten gehören nochmals der Musik von R. STRAUSS und den Worten von *H.v.Hofmannsthal* als Gruß aus der Festspielstadt München an den Festspielort BRUCKBERG anläßlich der Einweihung der Schule St. Martin:

"Mir ist die Ehre widerfahren, daß ich die silberne Rose überreichen soll."
(der Octavian)

"Welch ernster, großer, heiliger Tag!"
(der Fanial)

"Ich bin Eurer Liebe sehr verbunden, auf Ewigkeit verbunden!"
(die Sophie)

"Hab mir's gelobt, ihn lieb zu haben - in der richtigen Weis!"
(die Marschallin)

Literatur

Bücher:

Breitinger, M. / Fischer, D.: Intensivbehinderte lernen leben. Würzburg 1981

Prekop, Irina: Wir haben ein behindertes Kind. Stuttgart 1979

Schellenberg, B.: Ein anderes Leben - was ein Mönch erfährt. Freiburg 1980

Sölle, Dorothe: Wählt das Leben. Stuttgart 1980

Sölle, Dorothe: Sympathie. Stuttgart 1979

Strauss, R./ Hofmannsthal, H.v.: Der Rosenkavalier - das Textbuch mit Erläuterungen. München 1980

Zeitschriften/Zeitungen:

Lindholm, G.: Der heilsame Schock der Schönheit. In: Fränk. Landeszeitung vom 12. Juli 1980 Nr. 160, S. 11

Milani-Comparetti, E.: Förderung cerebralgeschädigter Kinder in den achtziger Jahren - ein Ausblick am Beispiel von Florenz. In: Z Das Band. Heft 3, 1980

Richter, H.E.: Die Gesellschaft heilen - ein Interview zur Situation der Psychoanalyse - In: Nürnberger Nachrichten vom 12./13. Juli 1980 - S. 19

Wie anders sind sie -
die geistig behinderten Kinder?

Überlegungen aus der Sicht der Sonderpädagogik und Sonderdidaktik
- im Hinblick auf den Religions-Unterricht -

(1976)

Dies voraus aus heutiger Sicht (1992)

Nach dem *Anderssein* eines Menschen zu fragen, ist auch heute noch ein Thema, wenn man auf ungewohntes Verhalten oder sehr fremd erscheinende Einstellungen trifft. Es ist nicht der Inbegriff des Bösen, dies zu tun, wie vorschnell oft vermutet wird, sondern eher Ausdruck eines Gut-sein-Wollens, sich um Verständnis zu bemühen und vielleicht doch noch einen Zugang zu jenem Fremden, dem Ungewöhnlichen zu finden. Unser Wissen bzgl. der geistigen Behinderung selbst, aber auch unser Verständnis gegenüber Menschen, die wir als 'geistig behindert' bezeichnen, ist gewachsen, und das Maß des Befremdetseins gegenüber ihren Lebensäußerungen hat sich in eine Bereitschaft zur Begegnung gewandelt. Wir fragen heute eher nach dem *Gemeinsamen* als nach dem Besonderen - nicht immer die Gefahr bedenkend, die auch diese uns menschlicher erscheinende Bemühung in sich trägt. Die Behinderung selbst wird in ihrer Bedeutsamkeit weniger ernst genommen, dem von ihr betroffenen Menschen werden "normale Lebensbedingungen" zugemutet und seine ihn persönlich bestimmenden Lebensgegebenheiten oft nicht mehr als Last und schon gar nicht mehr als Not oder Leid erkannt.

Wenn das Katechetische Institut Zürich 1976 zu einer Tagung mit dem Thema "Wie anders sind sie? - Gott für das 'andere' Kind" einlud, dann genau mit diesem Anliegen, geistigbehinderte Menschen wirklich ernst zu nehmen, ihnen Verständnis entgegenzubringen und vorurteilslos nach ihrem erlebten Sosein zu fragen. Nicht unsere Mittel und Wege sollen vorschnell auch zu den ihrigen erklärt werden, sondern ihr Bedürfen muß unser Überlegen und Handeln, unser Annähern und Verstehen bestimmen. Es kamen aus dem gesamten Kanton Zürich und darüber hinaus LehrerInnen und HeilpädagogInnen, PfarrerInnen und KatechetInnen zusammen, um sich auf diesen Weg des Suchens und Fragens zu machen - nach dem Anders-Sein und nach dem 'anderen' Menschen. Das Gemeinsame schien keineswegs ausgeblendet. Es war vom Bewußtsein getragen, Gemeinde unter dem Wort Gottes zu sein, wenn auch konkretisiert als Religions- und Konfirmanden-Unterricht.

Die nachfolgenden Aussagen fassen Referatsanteile zusammen und verknüpfen diese mit Ergebnissen aus den Gruppengesprächen. Die Erträge würden heute vielleicht anders formuliert, von der Aussagen her überzeugen und überraschen sie durch eine weitgehend bleibende Stimmigkeit.

1. Vorbemerkungen

Geistigbehinderte - wie in unserem Fall - als "die anderen" zu bezeichnen, hat zur Folge, uns als die Nicht-anderen zu apostrophieren. Die "Nicht-anderen" bilden die Mitte, sie besitzen die Macht und haben die Kraft; die davon Unterschiedenen stellen die Ausgesonderten dar und befinden sich in durchgängiger Abhängigkeit.

Um eine solche Sortierung oder Bestimmung vorzunehmen, bräuchte es zumindest überprüfbare Maßstäbe; persönliches Beeindrucktsein oder zufälliges Vermuten genügen keineswegs. Doch vor der Frage nach solchen Kategorien oder Kriterien wenden wir uns den Motiven zu, die zu einem solchen Bedürfnis führen können, Menschen als "die anderen" zu identifizieren. Ebenso wichtig allerdings erscheint uns auch die Überlegung, was ein solcher Einteilungsvorgang auslöst - für die Betroffenen wie für die Einteilenden selbst - und was danach 'unterm Strich' als Ergebnis und als Konsequenz für das Leben herauskommt. Hilfe, um uns all diesen Fragen anzunähern, leistet uns die Grafik von *E. Benz*, Zürich, mit dem das Katechetische Amt, Zürich, zu dieser Tagung "Wie anders sind sie? - Gott für das 'andere' Kind" einlud. Sie zeigt viele schwarzgeränderte Dreiecke, die sich zusammenscharen und aufwärtsstreben, Zusammengehörigkeit symbolisieren und vielleicht sogar Solidarität untereinander mimen. Alle ruhen gesichert auf ihrer Grundfläche, selbst wenn sie im freien Raum schweben. Ein *einzelnes schwarzes Dreieck* hat daran nicht teil. Es zeigt mit der Spitze nach unten und besitzt damit kein Fundament. Es steht quasi auf "verlorenem Posten" und wird durch nichts gehalten. Irgendwelche Beziehungen zu anderen Mit-Dreiecken sind nicht erkennbar. Die Vereinzelung als Aussonderung springt einem ins Auge. Schnell läßt sich die Hilfe vermuten, die hier angezeigt scheint. Ohne die Ursache für diesen Zustand geklärt zu haben und ohne nach dem Bedürfen des Außenstehenden zu fragen, gilt es, dieses vereinzelte Dreieck zurückzuholen, konkret, in unserem Fall, geistigbehinderte Menschen (wieder) einzubinden oder wie es *Bleidick* formulierte, sie "an die Welt anzubinden" (1973).

Damit wird - möglicherweise zur eigenen Beruhigung - ohne Rückfrage und kritische Analyse des gesamten Geschehens und dessen Ursachen ein Leitziel für die Heil- bzw. Sonderpädagogik vor-formuliert und die entsprechenden Schulen u.a. mit der Umsetzung und Konkretisierung beauftragt. Gleichzeitig geht das Konstrukt einher, Menschsein kann sich nur im Bezogensein realisieren, und Glück wird am ehesten in Form von lebendigen Beziehungen garantiert. Das Vorhandensein von Anders-Seienden hebt sich damit sukzessive auf.

Warum aber suchen wir nach Momenten, die das Anderssein eines Menschen herausstellen?

Ich denke, der anfängliche Grund ist von keiner bösen Absicht getragen, sondern ein den Menschen auszeichnendes Motiv. Der Mensch ist darauf angelegt, sich Klarheit über die Dinge zu verschaffen, die sich ihm im alltäglichen Umgang nicht erschließen. Er versucht, Licht in das Dunkle zu bringen und dort zwischen den Zeilen zu lesen, wo er eine Botschaft zumindest vermutet. Daß er dabei auch bzgl. der eigenen Person mehr Klarheit bekommt, genauer zwischen dem eigenen Ich und dem Nicht-Ich unterscheiden kann und das eigene Ich damit auch zu präzisieren imstande ist, läßt sich als zusätzlicher Effekt verbuchen. Verfolgen wir diese positiv getönte Linie weiter, lehrt uns die Erfahrung, daß ein genaueres Kennen auch ein stimmigeres Antworten erlaubt. Erst eine genaue Diagnose garantiert erfolgreiches ärztliches wie auch sonst therapeutisches Handeln. In dieser Hoffnung ist auch die Suche nach dem Anders-Sein als Gut-Sein gegenüber geistigbehinderten Menschen aufgehoben. Je besser ich sie kenne, sie verstehen und ihre Lebensspur nachvollziehen kann, umso besser gelingt es mir, auf sie einzugehen, ihnen Gutes zukommen zu lassen und somit wirksamer zu helfen. Daß aber auch genau das Gegenteil der Fall sein kann, lehrt uns ebenfalls die Erfahrung. Oft hilft uns ungenaues, nicht in Worte zu fassendes Angemutetsein und nicht die exakte Erkenntnis zu erfolgreichem Handeln. Weitaus gravierender ist jedoch die sich häufig wiederholende Tatsache:

Je genauer wir das Anderssein eines Menschen festschreiben - vorausgesetzt, es stimmt mit der objektiven Wirklichkeit überein -, umso größer ist die Gefahr der Festschreibung selbst. Alternatives Verhalten wird in der Gegenwart wie auf die Zukunft bezogen immer weniger möglich. Aus der Psychologie wissen wir, daß positive Zuschreibungen die Schüler zu unerwarteten Leistungssteigerungen führen, während Festlegungen eben nicht nur festlegen, sondern sogar einen Leistungsabfall bewirken können. Das gilt für alle Randgruppen und Außenseiter, die mit dem Anderssein in Zusammenhang gebracht werden und zumindest anfangs dagegen noch kämpfen. Sicher wäre es unrealistisch, wollten wir jegliches auffallende und damit in einem erst noch zu beschreibenden Sinne "anderes Verhalten" geistigbehinderter Menschen gänzlich leugnen. Die von *E. Benz* geschaffene, so eindrucksvolle Grafik hat schon einen Kern getroffen, den wir allerdings noch analysieren müssen. Diese "andere" Position jenes schwarzgefärbten Dreiecks gegenüber den schwarzgerandeten 'Mit-Streitern' im gleichen Feld und Lebensraum ist nie nur eine gegebene, sondern immer auch eine gewordene. An diesem Gewordensein waren sicherlich die geistige Behinderung selbst beteiligt, aber auch jene, die sich von ihr berührt fanden und in der Folge davon tätig wurden.

Anderssein ist als *Ergebnis* von Lebensprozessen zu verstehen, das einen vergangenheitsbezogenen Aspekt in sich trägt, sich gegenwärtig präsentiert und sich zukünftig in Form von teilweise tragischen Konsequenzen für die Betroffenen und deren Leben niederschlagen wird. Der für uns dafür als hauptverantwortlich zu sehende Faktor ist der des *Lernens*. Eine geistige Behinderung verändert den Lernprozeß selbst, indem sie Lernvoraussetzungen schafft und auch Lernbedürfnisse formt, die wiederum zu anderen Lernzielen führen, andere Lerninhalte erfordern und schließlich zu anderem Lernverhalten drängen als dies insgesamt bei altersgleichen, nicht-geistigbehinderten Kindern und Jugendlichen zu beobachten ist. Somit stellt sich die Frage nach dem Anderssein nicht dahingehend, mögliche Auffälligkeiten auszumachen, diese dann festzuschreiben und anschließend u.U. zu beklagen, sondern uns dem *Lerngeschehen* selbst zuzuwenden. Wir sollten die Lernbedingungen und Lernnotwendigkeiten geistigbehinderter Menschen ermitteln, damit ihr Leben nicht weiterhin im Aus stattfindet - vergleichbar mit dem einzelnen schwarzen Dreieck, und auch nicht das vermeintliche oder tatsächliche Anderssein geistigbehinderter Menschen tonangebend bleibt, sondern das Mit-Leben und Mit-Sein in der gemeinsamen Welt zwischen behinderten wie nicht behinderten Menschen Thema ist, zunehmend besser möglich wird und hoffentlich auch gelingt. Die hier anzustrebenden und einzufordernden Veränderungen, durch Lernen angeregt und verursacht, betreffen beide Partner gleichermaßen und keineswegs nur randständige - in unserem Fall: geistigbehinderte Menschen.

Damit wird das Ziel von Erziehung angedeutet, das nicht darin besteht, um im Bild von *E. Benz* zu bleiben, die "schwarze Weste" in eine weiße zu kehren - in Parallele zum Bilderbuch "Der bunte Elefant" (hier sollte der bunte Elefant grau eingefärbt werden, damit er "erkennbar" besser zur Zunft der Elefanten passe). Auch nicht die Umkehr des auf der Spitze stehenden Dreiecks ist das Ziel. Es gibt in unserem Leben unaufhebbare "parallele Wirklichkeiten" (*Fischer*).

Erziehung geistigbehinderter Menschen meint die Ermöglichung von erfüllender "Selbstverwirklichung in sozialer Integration" (*Speck* 1972, 66 f). Nicht die geistige Behinderung selbst ist zu überwinden, was letztlich ja sich jedem vernünftigen Menschen verweigert, sondern der von ihr betroffene Mensch soll mit ihr leben lernen und zu einer ihn stabilisierenden Identität gelangen. Nicht der mögliche oder erreichte Lernzuwachs ist schon das Ziel, sondern erst die Antwort auf die Frage, inwieweit dieser zu mehr Lebensqualität verhilft - konkret: inwieweit ein neues Können der Lebenserhaltung, Lebensbewältigung und Lebensgestaltung dienlich ist, entscheidet über dessen tatsächlichen Wert. (Ähnlich formulierte Prof. *Dr. Speck* die Zielbereiche bezogen auf die Intensitätsgrade der geistigen Behinderung und damit auch die Verantwortungsbereiche sonderpädagogischen Handelns - vgl. *Speck* 1972, 74 ff).

Lernen kann nur in der *Auseinandersetzung* mit der Welt bzw. mit Weltausschnitten erfolgreich sein; es hat gleichzeitig Kommunikationsfähigkeit anzuregen wie auch die Fähigkeitspalette des einzelnen geistigbehinderten Menschen zu weiten, was wiederum Einfluß auf das jeweilige Lernniveau hat. Kommunikation bürgt dann für das "Anbinden an die Welt", wie es *Bleidick* fordert, und das Anderssein wird sich zusätzlich durch ein erweitertes Fähigkeitsspektrum ebenso ändern, wahrscheinlich sogar mildern, wie dies auch im Zusammenhang mit den gesammelten Welt-Erfahrungen der Fall sein wird. Auch wenn wir nochmals die Frage nach dem Anderssein aufnehmen und verfolgen wollen, so steht doch im Zentrum der weiteren Ausführungen die Frage nach der stimmigen Art und Weise, mit geistigbehinderten Menschen umzugehen, sie erfolgreich zu unterrichten wie auch zufriedenstellend zu erziehen.

2. Wie anders sind sie - die geistigbehinderten Kinder?

2.1 Versuch einer definitorischen Erfassung

Zu Beginn des Seminars wurden die anwesenden TeilnehmerInnen nach ihren Erfahrungen bzgl. eines vermuteten Andersseins geistigbehinderter Menschen befragt. Das zustandegekommene Ergebnis überrascht und gibt gleichzeitig wichtige Orientierungspunkte:

- sie seien emotional "anders"   45 Punkte
- sie bedürfen stärkerer Führung   36 Punkte
- sie besitzen hohe Sensibilität   31 Punkte
- sie haben Schwierigkeiten bzgl. notwendiger
  Umstellungsleistungen   30 Punkte
- sie zeigen "anderes" Sozialverhalten   29 Punkte
- "anderes" Lern- und Arbeitstempo   27 Punkte
- "anderes" Denkniveau/Intelligenz   27 Punkte
- sie besitzen fehlende/mangelnde Selbstkontrolle   22 Punkte

Als typische und häufig wiederkehrende Äußerungen sollen ergänzend genannt werden:

- sie drücken ihre Gefühle anders aus
- sie sind gemütvoller
- sie empfinden und fühlen tiefer
- sie sind unsicher in den mitmenschlichen Beziehungen
- sie sind nicht nachtragend
- sie sind schwerfällig
- sie haben Mühe, unsere Welt zu verstehen
- sie sind für alles, was ihr Gemüt anspricht, bereiter, aufgeschlossener, dankbarer
- sie leben in einer 'anderen' Welt
- sie bleiben uns immer ein wenig unbekannt ...

Diese wenigen Aussagen vermitteln uns *zwei* Tendenzen:

(1) Der *emotionale* Bereich spielt eine entscheidende Rolle; in ihm wird eine besonders auffallende "Andersartigkeit" im Vergleich "zu uns", den nicht (geistig)behinderten Menschen vermutet bzw. beobachtet und auch erlebt. Aussagen zu diesem Bereich haben fast durchwegs positiven Duktus.

(2) Die zweite Gruppe von Aussagen, die über das Emotionale hinausgehen, stellen meist einen Mangel oder auch Defizite fest. Es sind Leistungen und Verhaltensweisen, die dem *kognitiven* Bereich zuzurechnen sind. Das Anderssein besteht also nach diesen Aussagen vorwiegend in einem *quantitativen* Moment, dem Weniger, nicht expressis verbis in einem *qualitativen*, wie das eher bei den Aussagen zum emotionalen Bereich herauszuspüren ist.

Bemerkenswert ist die letzte Aussage: "Ein wenig unbekannt bleiben sie uns immer".

Diese Feststellung eines Teilnehmers spürt das auf, was jeden Menschen als Geheimnis umgibt, nämlich die nicht auflösbare Individualität seiner Person. In dieser Aussage wird aber auch die Unmöglichkeit angedeutet, über eine Gruppe von Menschen, die sich selbst nicht definieren, Verbindliches auszusagen.

"Auf den geistig behinderten Menschen läßt sich lediglich hinweisen, er ist begrifflich nicht zu fassen. Die Definition 'geistige Behinderung' scheitert an der Ratlosigkeit desjenigen, der dieses Phänomen beschreiben und interpretieren will, da er die existentielle Wahrheit und Wirklichkeit mit seinen Kriterien und Argumenten nicht erreicht, in der sich der geistig behinderte Mensch vorfindet und definiert" (*Thalhammer* 1974, 9).

Wir merken, wie schnell wir mit dem Aufspüren eines kollektiven Andersseins in eine nur schwer aufzulösende Sackgasse geraten; gleichzeitig bekommen wir den Weg zum Individuum gewiesen und sehen uns dadurch in die Pflicht genommen. Es gilt, uns stärker auf den *einzelnen* geistigbehinderten *Menschen*, sei er nun Kind oder Jugendlicher, Mann oder Frau, einzustellen und auszurichten.

2.2 Der geistigbehinderte Mensch als Individuum

Allem voran sind wir davon überzeugt, daß die "geistige Behinderung" als *Lebensform* nicht ein gleichmachendes, alles individuelle Leben auslöschendes Phänomen darstellt. Sie trifft als schwere Entwicklungs- und damit als Lebensbeeinträchtigung einen Menschen, je nach Ursache vor, während oder nach der Geburt, damit aber immer auch ein Individuum, das sich bereits in der Entwicklung befindet.

Erinnern wir uns an Thomas. Aus dem gesunden Thomas wurde - z.B. durch eine Hirnhautentzündung - ein geistigbehinderter Thomas. Sicher hat sich in Thomas auch psychisch einiges verändert; dennoch ist er als Individuum Thomas geblieben. Nur bei ganz schwerer und sehr seltener Krankheit wird die Persönlichkeit bis zur Unkenntlichkeit verändert, aber nie total ausgelöst. Somit wendet sich erzieherisches Bemühen an den geistigbehinderten Thomas - und nicht nur als professionelles Können eines Fachmanns an den geistig Behinderten oder gar nur an die geistige Behinderung eines Jungen, der zufällig Thomas heißt. Individuum ist man nicht durch nachgewiesene Leistung. Als Individuum wird man geboren, stammt aus einer bestimmten Herkunftsfamilie und wächst in einem jeweils eigenen Umfeld auf, man trägt einen Namen, unterscheidet sich auch sonst durch die erlebten wie erlernten Dinge im Leben und gewinnt seine persönliche Eigenart, die das Individuumsein nochmals unterstreicht.

Sonder- bzw. heilpädagogisches Handeln sieht in der Bestätigung wie in der Unterstreichung des Selbst-Seins eines Menschen eine ihrer zentralen Aufgaben.

2.3 Geistige Behinderung als Lebensform

Erziehung und Unterricht haben dem betroffenen Kind oder Jugendlichen zu helfen, trotz bzw. mit dieser Behinderung einigermaßen zufriedenstellend leben zu können. Aber auch dem Umfeld ist Hilfe anzubieten, um dem geistigbehinderten Menschen mit Verständnis und nicht stigmatisierend zu begegnen.
   Für das erzieherische Bemühen ist es trotz der Ausrichtung auf die Person eines behinderten Kindes nicht unwichtig, welch eine *Ätiologie* einer vorhandenen geistigen Behinderung zugrunde liegt und mit welcher *Intensität* diese auf den betroffenen Menschen wie auf dessen Umfeld wirkt. Das ändert nichts an der Überzeugung, daß eine geistige Behinderung nicht ein Defekt ist, den es zu beseitigen gilt, sondern eine "Spielart" möglicher Existenz menschlichen Lebens,

die ihre eigene Respektierung einfordert, weil sie grundlegend nicht zu verändern ist. In der heil- und sonderpädagogischen Arbeit mit geistigbehinderten Menschen handelt es sich primär um ein therapeutisches, pflegerisches oder auch unterrichtliches Bemühen vorwiegend *innerhalb* der vorgegebenen Grenzen.

Grenzüberschreitungen dagegen finden nur bedingt statt. Sehr wohl aber gibt es den geförderten, den erzogenen und vor allem den *gebildeten geistigbehinderten Menschen.* Solchen Menschen zu begegnen, beeindruckt und erfreut in hohem Maße.

In diesem Sinne könnte ein Sozialhelfer verstanden werden, der seine "Zukunftsvision" mit den Worten ausdrückt: "Geistig behindert sollte so selbstverständlich sein wie blond." Aus diesem Satz ließe sich auch Oberflächlichkeit herauslesen. Vielmehr geht es ihm um einen vorurteilsfreien Umgang mit und um Akzeptanz eines Lebensphänomens, das aber in seinen Tiefen eben doch andere Dimensionen als Blondsein aufweist. "Ein wenig unbekannt bleiben sie uns immer ...". An der Tatsache einer geistigen Behinderung eines Menschen kann man scheitern - als Mensch, als Therapeut oder auch als Lehrer. Nie wird eine geistige Behinderung, so sehr sie uns beeindrucken oder bedrängen mag, zur Selbstverständlichkeit werden. Dieser illusionäre Wunsch gründet zum einen in zu geringem Wissen, zum anderen auch in zu oberflächlichen Erfahrungen. Der alltägliche Umgang, sei es in der Familie, in der Schule oder im Heim, hebt solche Wünsche sehr rasch auf und läßt gleichzeitig Respekt wie auch Verpflichtung zur Hilfe wachsen.

2.4 Verhalten - Verstehen - Lernen

Wir erleben den einzelnen geistigbehinderten Menschen, das Kind oder den Jugendlichen in seinen Aktionen, in seinen Bedürfnissen und in seinem Verhalten. Um uns dieses Erleben zugänglich zu machen und es nicht nur vorschnell als "anders" zu verbuchen, bedürfen wir der Orientierung und der Anleitung. Schließlich wollen wir uns selbst in einem solchen Beziehungsgefüge bzw. im Dialog erkennbar wiederfinden.

In der (1) Psychiatrie spricht man von "identischen Elementen". Sie sind letztlich verantwortlich für die Aufschlüsselung von Verhalten anderer Personen. Ein Psychiater hat sich solche angeeignet und ist damit befähigt, zum Beispiel einen Wahn eines schizophren erkrankten Menschen zu verstehen. Im Unterschied zum geistigbehinderten Menschen macht ein solcher Patient noch Aussagen über sich, d.h. er verbalisiert seinen Zustand mit Worten, Sätzen und Symbolen, zwar für den Laien verworren, letztlich aber symbolhaft und damit entschlüsselbar.

Wir wissen aus der (2) Kommunikationstheorie (*Watzlawick* 1972), daß jegliches Verhalten auf Kommunikation angelegt ist. Dabei ist oft nicht primär wichtig, *was* ein Mensch sagt, sondern was er *damit bzw. wie* er es sagt. So kann zum Beispiel der Wunsch eines Kindes nach einem Stück Brot letztlich ein Wunsch nach Zuwendung sein. An der Hand genommen und zur Nahrungsquelle geführt, hat es diesen Wunsch nach einem konkreten Stück Brot unter Umständen bereits vergessen.

Wie aber teilt sich der geistigbehinderte Mensch mit?
Er kann, von einer Unruhe getrieben, ständig auf der Flucht sein und von einem Ding zum andern eilen; mit angezogenen Beinen in der Ecke sitzend vor sich hin schaukeln; mit verschränkten Armen am Tisch sitzen und "nichts tun" (als eben nur dazusitzen); mit nicht zu unterbrechender Wiederholung verschiedene Dinge "tanzen lassen" oder sich ständig zwicken, schließlich sogar sich schlagen.

Vielleicht ist er zu einfachen sprachlichen Äußerungen befähigt und sagt: Ich habe Angst. Ich freue mich. Du bist gut. Es ist schön.

Möglicherweise weint er auch nur bei für uns unergründlichen Anlässen oder zeigt Angstreaktionen aus nicht erklärbaren Gründen ...

Die wenigen Beispiele sollen genügen, um zu verdeutlichen: Geistigbehinderte Menschen sagen sehr wenig, oft nichts *über sich*, aber aufgrund ihres verbalen und non-verbalen Verhaltens viel *von sich*. Dies zu erschließen, gelingt nur dem, der solche Verhaltens-Aussagen aufzunehmen, wahrzunehmen und auch zu deuten weiß. Uns geht es um Verstehen und Einfühlen, nicht um ein Einteilen, Kategorisieren oder Diagnostizieren. Wenn wir auf der Suche nach Bedeutungsinhalten sind, dann sind möglichst genaue Verhaltensbeobachtungen keineswegs unwichtig oder gar Nebensache. Im Gegenteil, das Verstehen gründet in der Ermittlung und Klärung des Phänomens.

Um das Sehen wie das Verstehen ein wenig zu erleichtern, helfen folgende, aus der Erfahrung gewonnene Grundregeln:

(1) *Offen* und *sensibel* für Verhalten und Befinden von Menschen schlechthin zu sein.

(2) Bereit zu sein, Verhalten wie auch Befinden *wertfrei* zu sehen und es nicht vorschnell einer moralischen Bewertung zu unterziehen, z.B. unruhiges Verhalten nicht als 'böse' oder langsames Arbeitstempo nicht als 'faul' zu kennzeichnen.

(3) Verhalten und Befinden als *Ausdruck einer individuell lebenden Persönlichkeit* zu sehen und dieses nicht sofort zum Anlaß einer durch Lernen zu bewirkenden Veränderung zu nehmen.
(Vermeintlich oder auch tatsächlich störendes Verhalten erfährt durch diese Sichtweise u.U. eine neue Qualität.)

(4) Anzuerkennen, daß ein *Mensch in seinem Verhalten wie Befinden zuhause ist*. Wird es ihm genommen, konkret verboten oder gar abtrainiert, verliert er diese seine Heimat.
(So konnten wir beobachten, daß ein Kind, das auf "sein Fädchen" fixiert war, wieder einzunässen begann, als man ihm dieses Fädchen für immer wegnehmen wollte.)

(5) Fähig und bereit zu werden, in einem wie auch immer gezeigten Verhalten oder einer zum Ausdruck gebrachten Befindlichkeit Ansätze oder auch Beispiele des augenblicklichen wie auch *subjektiv bedeutsamen Könnens* zu sehen bzw. zu entdecken.

Insgesamt geht es darum, das Ausdrucksverhalten und damit letztlich das Leben geistigbehinderter Menschen aus einer ausschließlich negativen Bewertung oder gar psychopathologisierenden Betrachtungsweise herauszuführen, es nicht anhand herkömmlicher Kategorien, Maßstäben oder Normen ein- bzw. zuzuteilen und es anschließend zu typisieren, sondern gezielt und bewußt positive Qualitäten darin aufzuspüren und sie zum Ansatz- und Ausgangspunkt von möglichen Lernprozessen zu beanspruchen bzw. zu erklären. Darauf aufzubauen, Vorhandenes auszubauen und an Gezeigtem anzuknüpfen, führt in der Folge fast wie von selbst auch zu anderen Lernergebnissen, als wenn man die defektorientierte Schiene benützt und heilpädagogisches Arbeiten vorwiegend als "Wiedergutmachung" sieht, nicht aber als Hilfe zum "Werden der Person" (*Allport*).

Lernen wird nach heutiger psychologischer Sicht als Verhaltensänderung interpretiert (*W. Corell*). Ein solches (enges) Lernverständnis wird dem geistigbehinderten Menschen allein nicht gerecht. Er braucht nicht nur Sachverwalter und Organisatoren von Lernprozessen, sondern Sonderpädagogen, die befähigt sind, sein Verhalten zunehmend besser zu verstehen und im obigen Sinne auch zu interpretieren. Erst daraus lassen sich Lernansätze formulieren, die ihm in seiner Persönlichkeitsentwicklung nützen und zu seiner Lebensgestaltung dienen.

Die Frage nach dem Anderssein relativiert sich allein unter diesem Gesichtspunkt; andere müssen noch ergänzend hinzukommen. Die nächsten Abschnitte geben dazu Anregungen und Hinweise.

3. Das So-Sein geistigbehinderter Menschen - Versuch einer Annäherung

Allen weiteren Überlegungen vorweg erscheint es mir eher geboten und damit auch sinnvoller, nach dem Sosein des *einzelnen* geistigbehinderten Menschen zu fragen als nach einer im Ergebnis meist nicht stimmigen, weil immer vergröbernden Typik ihres Verhaltens und Befindens. In diesem Sosein des einzelnen sind alle möglichen Aspekte eines tatsächlichen oder auch nur vermuteten Andersseins nicht nur aufgehoben, sondern gewinnen auch eine persönliche Färbung und zusätzlich einen versöhnlichen Klang.

3.1 Emotionale Qualitäten

Die eingangs wiedergegebenen Befragungsergebnisse deuten darauf hin, daß geistigbehinderte Menschen offener, bereiter, spontaner, vielleicht auch ungesteuerter reagieren als ihre nicht-behinderten Altersgenossen. Aus entwicklungspsychologischer Sicht könnte man als Ursache dafür eine Entwicklungsretardierung vermuten. Im Gegensatz dazu gilt es zu bedenken, daß emotionale Qualitäten der Tiefenschicht der Person entspringen. Mit zunehmender Entwicklung kognitiver Funktionen können diese überdeckt und durch die wachsenden Ich-Kräfte gesteuert, manchmal sogar blockiert werden. Unschwer festzustellende Defizite im kognitiven Bereich ermöglichen geistigbehinderten Menschen eine größere emotionale Weite. Ihr Denken zerstört nicht den affektiv gesteuerten Zugriff zum Leben und ihre Art der emotional gefärbten Weltbegegnung. Somit können viele geistigbehinderte Menschen unmittelbarer auf die Welt zugehen, was immer ein gewisses Unkritischsein einschließt. Genau dieses Moment erbringt ihnen aber dann auch unerwartete Frustrationen, wenn sie auf Unverständnis bzw. auf Unfreundlichkeit stoßen und sich in der Folge davon enttäuscht fühlen. Manche geistigbehinderte Menschen "verrennen" bzw. verlieren sich in ihren Gefühlen, wie wir im Gegensatz dazu auch sehr zurückgenommene, scheue geistigbehinderte Menschen kennen. Dennoch erstaunt uns ihr Maß an "Mitschwingungsfähigkeit", ihre "Anregungsbereitschaft" und ihr "Einfühlungsvermögen" (*H. Thomae*). Ob diese beeindruckenden Leistungen letztlich kognitiv anders strukturiert, d.h. gesteuert sind und inhaltlich anders gefüllt werden als bei kognitiv anders begabten Menschen, bedarf noch der Überprüfung.

3.2 Der Prozeß des Lernens

Lernen steht mit der kognitiven Entwicklung und den kognitiven Fähigkeiten in engem Zusammenhang. Aufgrund ihrer Entwicklungsretardierung praktizieren geistigbehinderte Menschen häufig Lernniveaus, die unter ihrer Altersnorm liegen. Lernen ist aber nicht nur entwicklungsabhängig, sondern wird ebenso von strukturellen Momenten geprägt. Inwieweit entwicklungspsychologische und strukturelle Momente sich gegenseitig bedingen bzw. sich gegenseitig potenzieren, bedarf einer eigenen Untersuchung. Ein Konzept der strukturellen Sicht von Lernen bietet das "informationstheoretische Modell" - konkretisiert als Informationsaufnahme, Informationsverarbeitung und Informationsausgabe. Bzgl. dieses Lernverständnisses lassen sich relativ leicht spezielle Eigenschaften, aber auch spezifische Defizite bei Kindern und Jugendlichen benennen, die im Zusammenhang mit einer geistigen Behinderung lernen müssen. Schädigungen oder Beeinträchtigungen sind in allen *drei* Bereichen anzutreffen, aber auch eine Koppelung ist denkbar:

So können zum Beispiel im optischen Wahrnehmungsbereich Teilleistungsschwächen oder -störungen vorliegen (vgl. *M. Frostig* 1975). Das bedeutet, daß Informationen in Form des Lernangebots optisch nicht komplett aufgenommen werden und somit nur Teilinhalte der Verarbeitung angeboten werden können. Ist der output-Bereich durch eine motorische Beeinträchtigung gehandicapt, kann zum Beispiel das Schreiben nicht mehr richtig vollzogen oder die Sprache nicht mehr ausreichend artikuliert werden. Das hat wiederum Nachwirkungen auf das feed-back. Es ergeben sich potentialisierende Beeinträchtigungen. Geistige Behinderung betrifft vorwiegend den Bereich der Verarbeitung. Intelligenz erlaubt u.a. ein Strukturieren, ein Differenzieren, ein Ordnen, ein Kategorisieren, ein Begriffsbilden, ein Umdenken und Umstrukturieren. In all diesen Bereichen hat ein geistigbehinderter Mensch schwerwiegende Defizite zu verkraften. *Lewin* spricht von einer "Schwerverschiebbarkeit der seelischen Systeme, geringer Abstraktionsbildung, geringer Fähigkeit zur Gliederung von komplexen Sachverhalten ..." (vgl. *Lewin* 1971, 390 ff).

Das "Weniger" an kognitiver Kompetenz allein bedingt die geistige Behinderung sicher nicht. Der anders *strukturelle* Hintergrund der verbliebenen, ausgebildeten und praktizierten Denkleistungen erst macht die geistige Behinderung aus (vgl. *Thalhammer*, das "kognitive Anderssein").

Für uns hat diese Feststellung unter *zwei* Gesichtspunkten eine nicht zu unterschätzende Bedeutung, wenn wir geistigbehinderte Menschen auf dem Weg in ihr Leben begleiten wollen - zum einen den *Alltag* betreffend, zum anderen den *Unterricht* und das dort notwendige Lerngeschehen.

3.3 Nachfolgelasten im Alltag

Intelligenz kann vereinfacht als Ersatzfunktion für die dem Menschen weitgehend fehlenden Instinkte gesehen werden. Instinkte leisten dem jeweiligen Träger Orientierungshilfe bei der Befriedigung seiner Bedürfnisse, letztlich insgesamt beim Überleben. Daß hierzu dann noch sog. Auslöser in der Umwelt vorhanden sein müssen, damit es zu dieser unmittelbaren Entsprechung von Instinkt und Befriedigung kommt, sei nur am Rande vermerkt. Mit Hilfe der Instinkte jedenfalls ist das einzelne Lebewesen unaufkündbar nicht nur mit der jeweiligen Umwelt verbunden, sondern an diese direkt angebunden. Es kann auf diese Weise nicht mehr "verloren gehen". Die menschliche Umwelt ist im Gegensatz dazu längst nicht so einfach strukturiert, als daß man diese instinkthaft bewältigen könnte. Gut ausgebildete und sehr variabel verfügbare Intelligenz-Funktionen erst lassen ein "erfolgreiches" Leben zu. Nur in Spuren oder defizitär vorhandene Intelligenz dagegen bringt die Betroffenen in vielfältige Schwierigkeiten. Sie erleben erhebliche Orientierungslosigkeit ihrer Umwelt gegenüber. In vielen Situationen finden sie sich als Ausgelieferte vor und vermögen ihre Umwelt nicht mehr zu deuten. Mit zunehmendem Intelligenzdefekt (-defizit) entwickelt sich als Folge davon im gleichen Maße Schutz- und Führungsbedürftigkeit. Jeder Mensch wird in diese Abhängigkeit hineingeboren. Durch Entwicklung und Lernen befreit sich der Mensch aus diesen Fesseln. Im Alter oder bei Krankheit kehrt er aufgrund körperlicher, psychischer und u.U. auch intellektueller Schwäche in diese Führungsbedürftigkeit zurück. Der geistigbehinderte Mensch kann infolge seines kognitiv strukturellen Andersseins und seiner quantitativen geringeren Leistung diese anfängliche Führungsbedürftigkeit nie im gleichen Maße überwinden. Sein Leben wird mit einem Insel-Dasein vergleichbar - bei fehlenden oder nur ungenügenden Brücken zum Festland. Das Terrain seiner Insel ist nicht nur ausgesprochen klein, sondern von ihm oft nicht erkundet. Ausmaß und Umfang dieses Defizits hängen mit dem Intensitätsgrad *und* mit der Ätiologie der jeweiligen geistigen Behinderung zusammen, wie auch mit dem Umfang und der Güte (voraus) erfolgter Anregung und Förderung.

Lernen, Erziehen und Bilden haben deshalb für den geistigbehinderten Menschen schicksalhafte Bedeutung. Sie können Lebensrettung, ja *Befreiung zum Leben* sein. Durch Lernen im Sinne von Verselbständigung, aber auch in Form von Erfahrungen, Erlebnissen, Kenntnissen und Einsichten kann der einzelne geistigbehinderte Mensch für "seine Insel" Land gewinnen. Sein Lebens- und Erfahrungsfeld wird größer. Es kann sich sogar zum Handlungsfeld entwickeln, innerhalb dessen er sich dann selbst zu artikulieren und zu verwirklichen versteht. Fähigkeiten und Fertigkeiten, Ich-Stabilität und Identität sind dabei Brücken zur Welt, und Denkkategorien, Wissen um Gut und Böse, um Schönes und Nicht-Schönes Maßstäbe zum Einordnen von Erlebtem.

Exkurs:
Die Didaktik des Unterrichts mit geistigbehinderten Schülern ist noch nicht über ihr erstes Stadium hinausgekommen. Sie praktiziert noch immer die Reduktion von Bildungsangeboten im Sinne einer "lebenspraktischen Erziehung" und meint damit vorwiegend lebenspraktische Fertigkeiten wie Selbstversorgung, Sicherheit im Verkehr, Arbeitstüchtigkeit. Eine solche Reduktion ist sowohl anthropologisch als auch bildungstheoretisch weder zulässig noch überzeugend. "Lebenspraktisch" ist für einen Menschen, auch für einen geistigbehinderten Menschen, all das, was für seine Lebensgestaltung *praktisch* ist. Warum sollte - für den geistigbehinderten Menschen gedacht - nur das Naseputzen, das Tischdecken, das Anziehen-können "lebenspraktisch" sein? Ist dem Leben nicht ebenso - u.U. sogar vorrangig - dienlich und damit für die Lebensbewältigung praktisch, Hoffnung zu haben, leistungsmotiviert zu sein, Frustrationstoleranz zu entwickeln, Daseinstechniken zu besitzen, wie sie *H. Thomae* (1966) beschreibt?
  Hier müßte sich auch der Religionsunterricht angesprochen fühlen.

Durch die andere kognitive Struktur und das Weniger an kognitiven Leistungen ist die *Expansionsfähigkeit* geistigbehinderter Menschen in Mitleidenschaft gezogen. Wie jeder andere Mensch ist auch der geistigbehinderte darauf angewiesen, aus seinem Erleben Eindrücke, Vorstellungen und Erfahrungen zu gewinnen. Die Enge eines Erlebensfeldes hat nicht immer die Dürftigkeit solcher Erträge zur Folge, wie auch die Weite noch nicht mehr Qualität garantieren wird. Die Zeile aus dem sommerlichen Wanderlied birgt diesbzgl. ein Quentchen Wahrheit in sich: "Bleib' nicht sitzen in dem Nest, Reisen ist das allerbest'."

Geistigbehinderte Menschen konzentrieren sich verstärkt auf das Naheliegende, auf die Dinge aus dem persönlichen Lebensfeld wie auf solche aus der allernächsten Umgebung. Ihre geringe Flexibilität wie auch eine reduzierte psychische Energie mögen daran schuld sein; aber auch fehlende Anregung und stumpf machendes Versorgtwerden können zu solchem psychischen Gelähmtsein führen. Zusätzlich beobachten wir manche gerne als 'psychopathisch' beschriebenen Verhaltensweisen, die sich als Fixierung oder auch als Zwang erweisen, z.B. bestimmtes Fädchen haben oder suchen zu müssen oder Dinge des täglichen Lebens mit den Fingern tanzen zu lassen.

Zusammenfassend scheint sich eine schier schicksalhafte Korrelation zwischen abnehmender intellektueller Leistung und sich einengendem Erlebnisfeld zu bewahrheiten.

Aus pädagogisch-didaktischer Sicht unterscheiden wir das *Körperfeld*, das *Vitalfeld*, das *Nahfeld* und das persönliche *Lebens-Umfeld*. Um ein inhaltlich adäquates Lernen zu ermöglichen, ist die didaktische Auslotung wie auch die pädagogische Aufwertung dieser Lebensbereiche besonders für schwerbehinderte Menschen von größter Bedeutung. Als pädagogische Aufgabe ist neben der Strukturierung und Vertiefung dieser Lebensräume die Differenzierung, die Ausweitung und die Dazugewinnung von neuen Lebensbereichen zu postulieren. Allerdings sollte sich der geistigbehinderte Mensch zuerst *seine* eigene vorhandene Welt innerlich an-eignen, bevor man ihm neue Welt-Ausschnitte zumutet. In dieser kann er sich dann zu Hause fühlen. Daraus ergibt sich auch für den Religionsunterricht eine wesentliche Dimension: nicht Hinwendung auf fremdes Erleben, sondern Benützung und Beanspruchung der gegenwartsbezogenen wie der eigenen Lebens-Dimension, der eigenen "Insel" und deren Brücken heißt die Devise.

3.4 Auswirkung der geistigen Behinderung auf das Lernverhalten

Zwischen dem Alltagsbereich und dem Schulbereich läßt sich zumindest bei geistigbehinderten Kindern und Jugendlichen häufig nicht deutlich unterscheiden. Wir bedauern das nicht, im Gegenteil, es wäre sogar gut, würden sich beide Bereiche nicht nur berühren, sondern sich gegenseitig durchdringen und bereichern. Die Schule hat auf Erfahrungen aus dem Alltag zurückzugreifen und diese durchzustrukturieren, neue Sichtweisen ergänzend anzubieten bzw. zu vermitteln und dies alles wieder in den Alltag, zu dessen Bereicherung, zurückzuführen. Und der Alltag selbst könnte viel stärker auf Ergebnisse aus der schulischen Arbeit ausgerichtet sein, zumindest in gleicher "Richtung" arbeiten. Das macht eine ständige und hoffentlich lebendige wie auch partnerschaftliche Absprache zwischen allen an der Erziehung und Bildung beteiligten Personen dringend notwendig.

Wenn nachfolgend sog. "direkte Auswirkungen" der geistigen Behinderung auf das Lernverhalten der betroffenen Kinder und Jugendlichen exemplarisch aufgelistet und indirekt Hinweise für die unterrichtliche Arbeit mitformuliert werden, dann sollten wir nicht vergessen:
Geistigbehinderte Kinder und Jugendliche lernen nicht nur gerne, sie sind auch einfach begeisterte Schülerinnen und Schüler, an denen man sich von Herzen freuen kann! Allerdings haben sie und damit ihre Lehrerinnen und Lehrer mit einer Reihe von Erschwerungen zu kämpfen - und diese gelten nahezu für alle Lern- und Fachbereiche. Wir gehen bei den nachfolgenden Hinweisen davon aus, daß erfolgreiches Lernen auf das Vorhandensein von Funktionen der Sensorik, der Motorik, der Wahrnehmung wie des Verstehens ebenso angewiesen ist wie auf Vorstellungen, Wünschen, Interessen und Kenntnissen, auf Erfahrungen und Eindrücke, später auch auf Begriffe, Einsichten und Ansätze einer eigenen Welt- und Lebenssicht.

Wenn anschließend von einem "Weniger" oder einer "Andersartigkeit" die Rede ist, dann hebt dies das Lernen nicht auf, sondern weist logischerweise "nur" auf die Notwendigkeit einer eigenen, d.h. einer entsprechenden Lern- und Unterrichtsgestaltung hin.

- Die *funktionalen Leistungen* erscheinen im Vergleich zur Altersgruppe undifferenziert, weniger flexibel und auch nicht in der jeweiligen Weite verfügbar. Manchmal überraschen uns Spezialisierungen, die dann aber oft nicht gut nutzbar sind.

- Viele geistigbehinderte Kinder oder Jugendliche erleben in ihrer Welt anscheinend keinen so bedrängenden Mangel, daß sie in der Folge davon lernen müßten.
Der *Motivation* muß deshalb jeweils ein besonderes Augenmerk geschenkt werden.

- Selten erleben wir bei unseren SchülerInnen ein altersgemäßes *Vorstellungsrepertoire*, und vorhandene Vorstellungen von einem Baum, einem Haus oder einem Auto sind an das konkrete, fast immer subjektive Erleben gebunden.

- Ihre *Begriffs- und Bilderwelt* ist von starken Gegensätzen geprägt. Sie kennen entweder gut oder böse, kalt oder heiß, schwer oder leicht - weniger die vielen Zwischentöne und die häufig anzutreffenden Ambivalenzen, daß selten eine Sache oder Situation nur so oder so ist.

- Die *sprachlichen Leistungen* sind unterschiedlich ausgebildet. Zwischen der Verstehensmöglichkeit, also dem Sprachverständnis und der Sprechfähigkeit, also der Sprachproduktion besteht häufig ein großes Ungleichgewicht. Bei wenigen Schülern treffen wir allerdings auch auf das Gegenteil.

- Geistigbehinderte Kinder und Jugendliche sind *emotional gut ansprechbar*, wie sie auch gesamtkörperlich und über alle Sinne bestens zu erreichen und damit zu aktivieren sind.

- In ihrer *Unmittelbarkeit* vermögen sie uns ebenso mitzureißen wie durch ihre Trauer zu beeindrucken.

- Durch ihr Bezogensein auf *bedürfnisorientierte Erlebnisbereiche* und auf individuell bedeutsame Lebensfelder ist dementsprechend auch mit vorwiegend subjektiv geprägten bzw. geformten Lernerträgen zu rechnen.

Das Lernen wird durch solche Voraussetzungen - die Liste könnte noch weitergeführt werden - erheblich beeinflußt, aber selbst bei intensiver geistiger Behinderung keineswegs unmöglich gemacht. Dies hat allerdings zur Folge, daß herkömmliche Methoden des Lernens und des Unterrichtens nicht mehr genügen, will man effektives Lernen erreichen. Das gilt auch und in Sonderheit für den Religionsunterricht.

3.5 Konsequenzen für die Gestaltung des Unterrichts

Selbstverständlich ist es nicht möglich, in einem kurzen Beitrag sämtliche "Auswirkungen" der geistigen Behinderung auf das Lernen und gleichzeitig sämtliche Folgerungen für die Didaktik und Methodik darzustellen. Man müßte, wollte man genau sein, dazu noch die jeweiligen Intensitätsgrade geistiger Behinderung (vgl. *Speck* 1974) berücksichtigen, auf die eine Unterrichtsgestaltung gezielt abzustimmen ist. Es ist noch nicht so lange her, daß man eine Beschulung und Unterrichtung geistigbehinderter Kinder für unmöglich hielt. Zu schwer empfand man ihre Verhaltensschwierigkeiten, zu intensiv ihr anscheinendes Unvermögen, wenigstens in Ansätzen erfolgreich zu lernen. Das hatte seine Ursache darin, daß das Lernangebot sowohl inhaltlich als auch methodisch den Möglichkeiten der jeweiligen Kinder bei den ersten Versuchen nicht entsprach. Da der geistigbehinderte Schüler vorwiegend unter einem Defizit an Erfahrungen, Vorstellungen und Begriffen leidet, außerdem aufgrund seiner ihm typischen kognitiven Leistungen nicht oder nur sehr schwer strukturieren kann, muß der Unterricht dafür einen Ausgleich schaffen. Und dies ist umso leichter möglich, je mehr man sich vergegenwärtigt, daß geistigbehinderte Kinder Spaß am Lernen haben, wenn man auf sie zukommt und ihren Möglichkeiten inhaltlich wie methotisch entspricht.

Nachfolgend werden in aller Kürze *acht* Konsequenzen vorgestellt, die den Weg zu einer erfolgreichen wie auch befriedigenden Unterrichtsgestaltung finden lassen:

(1) Elementares Bildungsangebot

Die erste Konsequenz besteht darin, ein einfaches, elementares und vielleicht auch "entflochtenes" Bildungsangebot zu schaffen, das sowohl den reduzierten Fähigkeiten entgegenkommt, als auch das transportiert, was man als *wesentlich* empfindet (z.B.: eine knappe Geschichte, einfache Sätze, klare Bilder, einlineare Handlungen, klare Unterrichtsaufträge und in sich geschlossene, kurze Lernaufgaben).

(2) Die Reduzierung purer Begrifflichkeit

Jedes Angebot, das sprachlich vermittelt werden soll - z.B. in Form eines Auftrags, einer Aufgabe oder einer Geschichte - sollte sich auf *wenige Begriffe*, Personen und Situationen beschränken und Inhalte bringen, die dem eingeengten, persönlich gefärbten Erlebnisfeld entsprechen.

Sind bestimmte Begriffe notwendig, müssen diese voraus gewonnen, veranschaulicht, konkretisiert und eingeübt werden.

(3) Einfache Zielsetzung

Einfache Ziele zu setzen, ist einerseits Ausdruck von Wertschätzung, andererseits eine schwierige Aufgabe. Nicht von großen Dingen, von großen Helden, von großen Taten oder von besonderen Begebenheiten ist die Rede. Das Kleine, das *Einfache*, das Nebenbei soll *groß* und damit für den geistigbehinderten Schüler, die Schülerin bedeutend werden.

Zudem ist der Weg zu den großen und damit fernen Dingen zu weit; und Vorgegebenes selbst vermögen sie häufig nicht in einen "Prozeß" aufzulösen. Damit bleibt ihnen in einem doppelten Sinn Welt versperrt und ein neues Lern- und Lebensniveau nicht erreichbar. Genau aber darum ginge es - auch und besonders im Religionsunterricht.

(4) Strukturierung des Lernangebotes

Erfolgreiches Lernen setzt vollzogene *Strukturierung* voraus. In dem Maße, wie geistigbehinderte SchülerInnen dazu nicht in der Lage sind, hat dies ihr Lehrer, ihre Lehrerin stellvertretend für sie zu tun.

Auch das Klassenzimmer selbst als Arbeits- und Lernraum darf hier nicht ausgenommen werden. In ihm sind verschiedene "Lernorte" zu organisieren - fürs Spielen, für lebenspraktisches Tun, für gemeinsames Lernen und Betrachten.

So wie wir eine Geschichte gliedern, schauen wir auch ein Bilderbuch nur in Abschnitte unterteilt an, und einen Arbeitsauftrag geben wir in einzelnen Schritten vor. Auf diese Weise führen wir unsere Schüler zu dem ersehnten, immer wieder aber auch gefährdeten Erfolg.

(5) Emotionale Förderung

Die *emotionale Komponente* spielt in der Arbeit mit geistigbehinderten SchülerInnen - entsprechend den Eingangsvoraussetzungen - eine große Rolle. Sie ist Inhalt wie auch methodische Maßnahme. Allerdings bedarf sie der bewußten Realisierung; freundliche Zuwendung und eine warmherzige Atmosphäre sind viel, genügen aber allein noch nicht. Emotionalität konkretisiert sich durch die Raumgestaltung ebenso wie durch die verwendete Sprache, durch das soziale Klima ebenso wie durch die Art und Weise der Veranschaulichung.

(6) Anpassung an das Lernniveau

Die Retardierung der Gesamtentwicklung spiegelt sich in der Art und Weise der

Lernmöglichkeiten, also im *Lernniveau* der einzelnen SchülerInnen wieder.

Das bedeutet, auch Lernformen in den Unterricht mit geistigbehinderten Kindern und Jugendlichen einzubeziehen, die dem Kleinkindalter entsprechen - z.B. Lernen auf reflektorischer Grundlage, Lernen durch Nachahmung, auch Lernen durch Versuch und Irrtum. Anschaulich oder handelnd zu unterrichten, genügt demnach alleine noch nicht; gesamtkörperliches, mehrsinniges Arbeiten ist gefragt, um unseren SchülerInnen auf diese Weise die Welt zu erschließen.

Auch wenn auf der Mittel- und Oberstufe die o.g. Lernformen zurücktreten, so haben wir in der Schule für Geistigbehinderte grundsätzlich von einem entwicklungsbezogenen weitfächrigen Lernen auszugehen bzw. dieses anzubieten. Das macht die Arbeit an der Schule für Geistigbehinderte erst so interessant.

(7) Hinführung zur persönlichen Auseinandersetzung

Nicht nur geistigbehinderte Kinder lernen durch die *persönliche Auseinandersetzung* am besten. Die häufig geforderte Objektivität im Hinblick auf Lernziele ist speziell an der Schule für Geistigbehinderte kaum zu erbringen. Allerdings befinden sich unsere SchülerInnen voraus schon in einer "persönlichen Situation", so sehr, daß sie nur schwer aus dieser herauszuholen sind. Unterrichten wäre dann - bildlich gesprochen, sie von einer persönlich gefärbten bzw. geführten Situation in die nächste zu begleiten. Dennoch ist das *Lernergebnis* bzw. der Lernertrag, wann immer dies möglich erscheint, auch zu *abstrahieren* bzw. zu generalisieren - nicht aber vorrangig durch Wörter oder abgehobene Begrifflichkeit, sondern allem voran durch Malen, Kneten und Spielen, aber auch durch Bilder, Symbole und später durch bewußt gesetzte Begriffe.

(8) Immerwährende Bestätigung

Geistigbehinderte Menschen können sich häufig selbst nicht ausreichend bestätigen. Dazu wäre ein souveräner Umgang mit dem "Gütemaßstab" einerseits vonnöten, andererseits die Fähigkeit, sich selbst als "Verursacher von Erfolg bzw. Mißerfolg" wahrzunehmen. Aus diesem Grund sind geistigbehinderte SchülerInnen mehr als normal begabte darauf angewiesen, "von außen" *bestätigt* zu werden, jedoch nicht mit überschwenglichen oder gar pauschalen Worten, sondern werk- bzw. situationsbezogen und jeweils präzise auf die tatsächlich zu lobende oder zu kritisierende Leistung. Zusätzlich ist eine schüler-bezogene Formulierung ("Das hast *du* gut gemacht!") einer lehrer-bezogenen ("Das gefällt *mir* gut ...!") vorzuziehen.

4. Schlußgedanken - im Hinblick auf die Gestaltung des Religionsunterrichts

Im vorliegenden Text sollte nichts anderes versucht werden, als ein mögliches *Anderssein* geistigbehinderter Menschen - aus der Erfahrung im Umgang mit ihnen gewonnen - im Bewußtsein der gesamten Ambivalenz dieses Ansinnens zu beleuchten und eventuell zu klären. Anhand des Lernmodells der Informationstheorie wurde auf die Möglichkeiten unterschiedlicher Störungen hingewiesen. Die eigentliche Behinderung liegt jedoch im kognitiven Anderssein, das allerdings auch nur deskriptiven Charakter besitzt und weder endgültig die intellektuellen Potentiale noch deren Struktur erklärt.

Aus dem Alltag geistigbehinderter Menschen konnte von schwerwiegenden Nachfolgelasten berichtet werden, die sowohl äußere Akzente im Leben geistigbehinderter Menschen setzen als auch innerpsychische Nachwirkungen hervorzubringen imstande sind. Ähnliche Auswirkungen wurden im Bezug zum Lernen herausgestellt. Hier ließen sich noch weitaus präzisere Ergebnisse berichten, die allerdings immer nur punktuell, nie aber die gesamte Lebenswirklichkeit geistigbehinderter Menschen beschreiben würden.

Wichtig war uns, neben den unverkennbaren Schwächen auch ihre Stärken herauszustellen, die wir vorwiegend in ihrer emotionalen Kraft sehen und der daraus erwachsenden Unmittelbarkeit ihres Welt- und Lebenszugriffs.

Neben diesem Anderssein gilt es das *Gemeinsame* ins Blickfeld zu rücken - das Gemeinsame, das sie mit allen Menschen verbindet und sie ungefragt zur großen Menschengemeinschaft gehören läßt.
  In diesem Zusammenhang ist dies für uns in ihrer Lern-, Entwicklungs- und Bildungsfähigkeit gegeben. Die inzwischen zwar zeitlich noch begrenzten Erfahrungen, letztlich aber engagiert vorangetriebenen Lernversuche ermutigen uns und geben uns eine tief verankerte Sicherheit.

An diese anzuknüpfen und sie für das "Leben lernen" zu nutzen, setzt voraus, sowohl inhaltlich als auch methodisch dem *einzelnen* geistigbehinderten Kind, dem Jugendlichen und deren Möglichkeiten möglichst optimal zu entsprechen, besser: ihnen als Mensch wie als professioneller Pädagoge entgegenzukommen. Daher gilt es, auf eine sonderpädagogische Unterrichts- und Erziehungsgestaltung erhöhten Wert zu legen. Der Weg ist uns gewiesen. Er führt uns von der wenig subtilen Typik allgemeiner Aussagen hin zum Einzelnen, dessen Verhalten und Befinden, dessen Mögen und dessen Welt.

Im Einzelfall ist es nicht immer leicht, sonderpädagogische Forderungen im Unterricht zu verwirklichen. Besonders schwer hat es dabei der Religionsunterricht, der von seiner Struktur her stark verbalen und symbolhaften Charakter hat und deshalb, gemessen an den Lernmöglichkeiten, leicht zur Überforderung geistigbehinderter Schüler führen kann.

Es gilt allem voran anzuerkennen, daß auch Religion etwas mit Lernen zu tun hat und dieses Lernen im Hinblick auf geistigbehinderte Schüler besonderer Gestaltung bedarf.
  Der Religionsunterricht hat nicht die Aufgabe, einen "anderen" Gott für das "andere" Kind zu verkünden, sondern für das Leben (und das ist ganz konkret gemeint) des einzelnen geistigbehinderten Menschen einzutreten. Damit wird nicht nur das Vertreten im Sinne einer Lobby gemeint, sondern das Ermöglichen von selbstverständlichem und menschenfreundlichem Leben für den geistigbehinderten Menschen. In diesem Sinn kann der Religionsunterricht als ein Gegenpol zum "lebenspraktischen Unterricht" verstanden werden.

An den Pädagogen, Theologen, Psychologen werden hohe Aufgaben gestellt. Immer geht es um ein Eröffnen und Erschließen von "Welt" - und dies für Menschen, die sich selbst diese "Welt" nicht nehmen können. Die Zuteilung beginnt jeweils bei der eigenen. Je weiter, umfassender und tiefer diese ist, umso mehr Qualität besitzt auch der "zugeteilte" bzw. vermittelte Ausschnitt.
  Daneben sind viel Bewußtheit und Wissen erforderlich, um all die fehlenden Potentiale aufzuspüren und auszugleichen, die zur Aufarbeitung dieses Ausschnittes notwendig sind. Das gilt in besonderer Weise für Religion - unabhängig von der jeweiligen Konfession.
  Letztlich aber können sämtliche pädagogischen Bemühungen um geistigbehinderte Menschen über die konkrete Hilfe hinaus als Beitrag gemäß eines Wortes von *Einstein* verstanden werden: "Sinn allen Lebens ist es, zum Lebendigsein von Lebendigem beizutragen". Der geistigbehinderte Mensch kann von sich aus diese Lebendigkeit alleine meist nicht erbringen. Er ist auf Anregung, Aktivierung und Bestätigung angewiesen. Dieser Gedanke ist wiederum im Hinblick auf eine Hinführung des geistigbehinderten Schülers, der Schülerin zu einem religiösen Leben neu zu realisieren. Bei all den als notwendig erachteten Lern-Anteilen geht es doch letztlich um das Entwickeln einer *lebendigen Beziehung* des (geistigbehinderten) Menschen zu Gott wie auch zur Gemeinde, die sich 'Volk Gottes' nennt. Das schließt Singen und Beten, Hören und Erzählen,

Schauen und Empfangen ebenso mit ein wie Gestalten und Schenken, Besuchen und Trösten, Segnen und Verzeihen. Allgemein formuliert bewirken bzw. bedeuten Erziehen und Bilden, Fördern und Pflegen ein Lebendig-Werden des geistigbehinderten Menschen.

Dazu sind wiederum lebendige Partner und Begleiter notwendig. Eine mitmenschliche und im Dialog gründende Begegnung erleichtert dies und setzt in allen Beteiligten Leben frei. Dies mag manchmal eine schwere, belastende Aufgabe sein, das anderemal aber fasziniert genau dieses Moment und hilft mit, daß man von dieser Aufgabe sein Leben lang nicht mehr loskommt. Warum es dennoch bislang immer noch zu wenige sind, die sich als kundige wie auch als begeisterte MitarbeiterInnen in diese sog. Behinderten-Arbeit einbinden lassen, stellt sich uns als quälende Frage. Wir als die "Drin-Seienden" sollten davon reden - reden von unseren Schülerinnen und Schülern und reden von unserm Tun bzw. unserm Begegnen mit ihnen.

Literatur

Bauer, E.: Versuch einer Psychologie der Schwerstbehinderten. Aus: Zeitschrift für Heilpädagogik 1968, 353-364

Bleidick, U.: Pädagogik der Behinderung. Berlin 1973

Egg, Maria: Andere Menschen - anderer Lebensweg. Zürich 1966

Frostig, Marianne: Bewegungserziehung. Neue Wege in der Heilpädagogik. München/Basel 1972

dies.: Wahrnehmungstraining. Referat eines Kurses. Roding 1975

Josef, K.: Lernen und Lernhilfen bei geistig Behinderten. Berlin 1968

Lewin, K.: Eine dynamische Theorie des Schwachsinns. In: Pädagogische Psychologie, hrsg. v. *H. Weinert.* Köln 1971

Richter, H.E.: Lernziel. Solidarität. Hamburg 1974

Speck, O./Thalhammer, M.: Die Rehabilitation der Geistigbehinderten. München 1974

Speck, O.: Der geistig behinderte Mensch und seine Erziehung. München 1972

Thomae, H.: Persönlichkeit. Bonn 1966

ders.: Das Individuum und seine Welt. Göttingen 1968

Watzlawick, P.: Menschliche Kommunikation. Stuttgart 1972

Thesen zur geistigen Behinderung im Leben Betroffener - ungefragt ausgedacht und in ihrer Richtigkeit lediglich vermutet

(1986)

1. Geistigbehinderte Menschen haben Anteil am allgemeinen Strom des Lebens und brauchen sich den Zutritt zu unserer/ihrer Welt nicht erst verdienen.

2. Geistigbehinderte Menschen leben wie alle Menschen einen Lebenslauf, der sich im Laufe ihres Lebens zu ihrer persönlichen Lebensgeschichte entwickelt.

3. Geistigbehinderte Menschen besitzen einen Körper, Sinne, Bedürfnisse und einen Willen zum Leben und Lernen, zum Arbeiten und Genießen.

4. Geistigbehinderte Menschen entwickeln sich durch sinnliche Anregung und Zuwendung, durch Erfahrungen und Einsichten zu einer eigenständigen Persönlichkeit. Mögliche Entwicklungsrückstände beruhen nicht nur auf mangelnden Fähigkeiten, sondern entstehen auch durch vorenthaltenen bzw. unzureichenden Kontakt zur Welt.

5. Geistigbehinderte Menschen erleben vom Beginn ihres Lebens an eine Sonder-Rolle. Häufige Krankenhausaufenthalte oder Arztbesuche, zurückhaltende Eltern oder Freunde, besondere Förderungen und Therapien bedingen diesen Status. Sie aber möchten einfach "da sein" und sich willkommen fühlen.

6. Geistigbehinderte Menschen erleben sich bei der Rollenzuteilung dann ausgeschlossen, wenn es um anerkannte Rollen in der Gesellschaft geht. Sie sind höchstens "die Armen", "die Schwachen", "die Behinderten"; eher sind sie arbeitslos, aber selten gehören sie zu den "Arbeitslosen".

7. Geistigbehinderte Menschen erleben und erleiden ihre Behinderung, ohne sie ähnlich wie viele andere behinderte Menschen kognitiv fassen und davon berichten zu können. Dies erschwert eine Be- und Verarbeitung der Behinderung als Daseinsform wesentlich.

8. Geistigbehinderte Menschen leben im Spannungsfeld vom Wunsch nach Freisein und der sich täglich zeigenden Abhängigkeit - konkretisiert durch Pflege, Begleitung und Betreuung in den großen wie kleinen Geschehnissen des Alltags.

9. Geistigbehinderte Menschen haben Schwierigkeiten in ihrer Selbstdarstellung und sind so auf Interpretationen durch andere Menschen angewiesen bzw. diesen ausgeliefert. Auf die dabei erzielten "Ergebnisse" können sie selten Einfluß nehmen - zum Beispiel als "unwertes Leben" bezeichnet/gesehen und dementsprechend behandelt zu werden.

10. Geistigbehinderte Menschen strukturieren die sie umgebende Welt kognitiv nicht im gleichen Maße, wie sie diese sinnlich-leiblich und emotional erleben. Ihre Wahrnehmungserträge bleiben meist subjektiv; die der gegenseitigen Verständigung dienende Objektivierung und Verallgemeinerung bleiben dadurch erschwert und damit auch das Sich-Verstehen wie das Sich-Verstanden-Fühlen.

11. Geistigbehinderte Menschen leben ihre Bedürfnisse, ihre Interessen, ihre Vorlieben "auf ihre Weise" und stellen so das allgemein gültige Wert- und Normen-System für ihre Mitmenschen in Frage.

12. Geistigbehinderte Menschen leben häufig mit geschwächtem Körper bzw. krankheitsanfälliger Gesundheit und erfahren damit zusätzliche Begrenzung. Wege der Kompensation stehen ihnen selten zur Verfügung.

13. Geistigbehinderte Menschen sind nicht nur von ablehnenden Menschen umgeben, sondern auch von solchen, die es für sie permanent "gut" meinen. Beides bedeutet noch nicht 'das Glück' schlechthin.

14. Geistigbehinderte Menschen können sich kaum ein Haus zum eigenen Schutz errichten. Ihre Häuser müssen Menschen sein, um sich letztlich geborgen zu fühlen.

15. Geistigbehinderte Menschen sind wie alle Menschen auch sonst auf der Suche nach Sinn. Ihnen Aufgaben und damit Verantwortung zu übertragen, sind wichtige Schritte daraufhin.

Wie sagt man denn nun wirklich - geistigbehindert - oder?

Sonderpädagogische Anmerkungen zum Begriff der geistigen Behinderung aus lebensgeschichtlicher Perspektive

(1983)

Immer mehr Menschen erzählen ihre Geschichte. Die vielen Neuerscheinungen auf dem nationalen wie internationalen Buchmarkt sind lebendige und eindrucksvolle Beweise dafür. Es fällt jedoch auf: Nicht das Besondere, das Außergewöhnliche wird erzählt, sondern das Alltägliche erfährt der Leser in diesen Büchern. Erfahrungen aus der Kindheit stehen neben Schulerlebnissen, Wünsche aus der Jugendzeit haben ihren Platz neben Begebenheiten aus der Arbeitswelt; manches wird weggelassen, vieles Erträumte dazugefügt.

Was Menschen derzeit treibt, ihre persönliche Geschichte zu erzählen, ist nur bedingt auszumachen. Ein ganzes Motiv-Bündel ließe sich vermuten. Manche suchen vielleicht 'nur' einen Menschen, der zuhört und möglicherweise das versteht, was dem Erzähler selbst über Jahre hinweg unbegreiflich erscheint. Andere wollen sich dabei insgesamt neu erfahren, neu begreifen und entdecken lernen - sich selbst deutlicher sehen und auf diese Weise dem eigenen Selbst ein gutes Stück näher kommen.

Für den Leser ist es aber auch schön und aufregend zugleich, einen herkömmlich bekannten Menschen erzählen zu hören, ihm neue Seiten abzugewinnen und auch Parallelen zum Erleben und Gestalten des eigenen Lebens zu entdecken. Selbst bislang als kritisch erlebte Punkte erhalten dadurch neues Licht.

Völlig anders jedoch ergeht es Menschen, die wir als 'geistigbehindert' kennzeichnen. Sie versuchen schon gar nicht erst mit dem Erzählen zu beginnen. Wahrscheinlich fänden sie auch kaum interessierte Zuhörer. Die Lebensgeschichte von *Nigel Hunt* 1976 - die Lebensgeschichte eines jungen Mannes mit DOWN-SYNDROM - wird nach wie vor eine der wenigen Ausnahmen bleiben.

Bei behinderten Menschen weiß man ja alles bereits im voraus. Die Diagnose steht für ihre Lebensgeschichte. Ihr Aussehen ist uns ebenfalls vertraut, denken wir nur an Fachbegriffe wie "mongoloid", "autistisch" oder "Epilepsie". Der Weg in die Sondereinrichtung ist vorgezeichnet; die Leistungserwartungen sind ausgetestet; ein Beschäftigungsplatz in einer Werkstatt für Behinderte scheint 'gesichert'. Manchem Kenner der Szene oder manchen auch nur laienmäßig Sehenden kommen noch Gedanken an die Eltern. Die betreffende, zugleich betroffene Familie zieht in unser Bescheid-Wissen ein. Damit ist die Lebensgeschichte behinderter Menschen als die Geschichte eines behinderten Lebens bereits "erzählt" - in einem Zug stellvertretend für viele weitere, aber erzählt und aufgeschrieben von uns, den Professionellen, den Fachleuten, den Betreuern oder auch den sozial Engagierten. Die *persönliche* Lebensgeschichte des *einzelnen* behinderten Menschen hat dabei keinen Platz, um stattzufinden und sich zu entfalten.

Und doch besitzt und erlebt sie jeder Mensch - unabhängig von dessen Alter, Geschlecht, Stand, Begabung, Krankheit oder Behinderung (*Baacke* 1979). Vielleicht erscheint dieser Gedankengang manch einem verkürzt gesehen, doch die Erfahrungen aus unserem Behinderten-Alltag bekräftigen ihn. Die Ursache hierfür sehe ich in unserem schier zwanghaften Eifer, alle Situationen, alle Ereignisse und alle Phänomene im Zusammenhang mit behinderten Menschen diagnostizieren, bezeichnen und klären bzw. erklären zu wollen.

Mit den dabei verwendeten Fachbegriffen praktizieren wir ein System, in dem das Individuelle verschwindet, ohne je eine Chance der Entwicklung oder Befreiung gehabt zu haben. Die Gewinnung des Persönlichen und das Hervorbringen des Einmaligen sind im Ansatz bereits in hohem Maße gefährdet, letztlich nicht einmal vorgesehen.

Doch zurück zu unserer eingangs gestellten Frage:
Wie soll man denn diese Menschen nun eigentlich "bezeichnen"? Geistigbehindert - oder ...?

Es ist richtig, mit dem Weglassen von Fachtermini allein ist weder eine vorliegende Behinderung aus dem Weg geräumt, noch die Wirklichkeit einer gegebenen Behinderung bleibend korrigiert. Wir werden in keiner Beziehung glaubhafter, wenn wir die Tatsache einer bestehenden "Hirnschädigung" durch einen anderen Namen verschleiern und "Anfälle" mit einem neuen Modewort verharmlosen. Neue Namen führen nicht allein zu jener Freiheit für Menschen, an deren behindernden Lebensumstände Begrifflichkeiten dennoch mitwirken. Allerdings kommt es auf den Stellenwert und die Bedeutung an, die wir solchen Begriffen zuschreiben bzw. zugestehen. Bezeichnungen stehen - neben ihrer Tendenz zur Ver-Objektivierung - in der Gefahr, daß der eine sie für den anderen verwendet und man somit gleichzeitig *über* jemanden spricht und befindet. Unser Ziel sollte vielmehr sein, *mit* jemandem zu sprechen.

Dabei sind wir aufgerufen, ihn bzw. sie mit dem wirklichen Namen anzusprechen und nicht mit dem Fachbegriff. "Du, *Thomas*", würde es dann heißen, oder "Sie, *Frau Müller*", und nicht: "Du, Geistigbehinderter" oder "Sie, Schizophrene".

Und das so angesprochene Individuum fühlte sich schnell aufgefordert, aus seinem Leben zu berichten und in dieses Einblick nehmen zu lassen, von seinen Wünschen und Hoffnungen, seinen Sorgen und Ängsten, seinen gesammelten Enttäuschungen und erlebten Erfahrungen im Rahmen *seiner* Lebensgeschichte tatsächlich zu erzählen - zumindest mit diesem Erzählen erst einmal zu *beginnen*. Dies kann mit und ohne Worte, lallend oder auch schreiend geschehen - eben so, wie es der oder die erzählen mag, kann oder braucht.

Es gilt, bei behinderten Menschen jene Lebensgeschichte hervorzulocken, die manche noch überhaupt nicht bei sich wahrgenommen haben oder aber inzwischen 'ad acta' legten. An ihrem unauffälligen, aber allmählichen Verschwinden haben wir nicht unwesentlich mitgewirkt.

Dabei müßte vor allem den Pädagogen bekannt sein:
Jeder Mensch lebt einen Lebenslauf, und *jeder* Mensch vermag diesen auf die ihm mögliche Weise zu *seiner* persönlichen Lebensgeschichte zu formen. Doch muß er sie wahrnehmen und erzählen dürfen, damit sie sich in ihrer Bedeutung im einzelnen Menschen, als erlebende Person, festmacht und so allmählich zu einem festen Fundus für weitere Lebensbewegungen heranwächst und sich auch verdichtet. Dennoch bleibt der belastende Verdacht bestehen, zum Schicksal geistigbehinderter Menschen gehöre es, daß sie niemand wirklich *hören* will. Dabei hätten sie nicht nur viel zu erzählen, sondern uns eine Menge zu sagen.

Trifft man im Gegensatz zu unserer Vermutung auf vereinzelte behinderte Menschen, die aus ihrem Leben erzählen können und wollen, berichten sie im Rahmen ihrer Lebensgeschichte häufig als erstes oder gar nahezu ausschließlich von 'ihrer Behinderung'. Dieser bedenkenswerte Tatbestand hat sich für sie - trotz des vermeintlichen Widerspruchs - im Laufe ihres Lebens und Erlebens als zunehmend stimmig erwiesen. In 'ihrer Behinderung' liegt ihre Identität als Person begründet. Ihre Behinderung konnte sich in ihr Leben einnisten, wie ein Störenfried alles beherrschen und in ihrem Leben raumschaffend Platz ergreifen.

An dieser Entwicklung haben wir Behinderten-Spezialisten nicht unwesentlich mitgewirkt. Zumindest erweckt die vorliegende Fachliteratur den Verdacht. In all den zurückliegenden Jahren hat uns die Behinderung - konkret: die geistige Behinderung - mehr beschäftigt als die davon betroffene Person samt all ihrem Erleben, Planen und Wünschen, ihren Frustrationen und Ängsten.

So gesehen wurde das Erleben, behindert zu sein, ungewollt verstärkt und für die Betroffenen möglicherweise eindrucksvoller, als Mann oder Frau, alt oder jung, Mitarbeiter in einer Landwirtschaft oder Arbeitnehmer in einer industriellen Fertigung zu sein oder als Heimbewohner bzw. als Mitglied einer Wohngemeinschaft zu leben. Sicher spielen innerhalb dieser Entwicklung auch derzeit praktizierte Einstellungen und Wertmaßstäbe eine entscheidende Rolle, und der notwendige Widerspruch hierzu seitens der Professionellen blieb enttäuschenderweise weitgehend aus - zumindest ungesagt und unvertreten. Wir spüren immer drängender: Die nicht-stattfindende bzw. die auf die geschilderte Art und Weise sich ereignende Lebensgeschichte ist zu einem guten Stück unsere eigene und höchstpersönliche.

Wir sind unbestreitbar mit eingebunden in diesen lebensgeschichtlichen Prozeß. Auf diesem Hintergrund bringt auch eine neue Bezeichnung jener Menschen kaum etwas, die wir bislang als "geistigbehindert" erkennen; abgesehen davon liegen derzeit auch keine diskussionswürdigen Alternativen vor. Zudem sollten wir die schweren Momente des Lebens als 'schwer' belassen, sie als Bedingungen menschlichen Lebens verstehen und - zeigen sie sich unveränderbar - als solche akzeptieren. Nur so haben auch das Schöne und Helle eine Chance, unvoreingenommen und ohne Mißtrauen als 'schön' und 'hell' zu gelten und uns oft recht atemlose, ja oftmals ausgetrocknete Mit-Menschen mit neuer Kraft zu durchfluten und wieder zu erwärmen.

Schulen für Geistigbehinderte fanden aus der Misere jener belastenden Begrifflichkeit einen beachtenswerten Ausweg. Sie schlossen sich dem Brauch vieler Schulen und Einrichtungen sonst an und wählten für ihre Schule den Namen von Frauen oder Männern, deren Wirken und Leben sie als Vorbild und Orientierung für eigenes Tun empfanden.

So treffen wir auf Schulen für Geistigbehinderte, die heute *St. Martin-Schule, Astrid-Lindgren-Schule, Regens-Wagner-, St. Elisabeth-* oder *Friedrich-Fröbel-Schule* heißen.

Bedenkenswerterweise waren die jeweiligen Namen-Geber Frauen und Männer, die sich nicht in erster Linie um die Behinderung als Phänomen bemühten, sondern sich für den einzelnen Menschen einsetzten und sich für dessen Wohlergehen und damit auch für seine Lebensgeschichte sorgten.

Und wenn nun der 10-jährige *Florian* mit Down-Syndrom gerne die *Fröbel*-Schule besucht, sich in ihr wohlfühlt und sich dort als erlebender und mit-schaffender Junge wahrnimmt, wird auch das Bedürfnis, von sich zu erzählen, zunehmen.

Gleichzeitig ist seine Lebensgeschichte in einen Wachstums- und Reife-Prozeß eingetreten. Wir haben es als Professionelle weitgehend in der Hand, wohin die Lebensgeschichte eines behinderten Menschen treibt - hin zu einer in Gutachten dokumentierten Karriere oder hin zu einem persönlich gefragten und ausgestalteten Leben. Es sollten endlich Ängste - zum Beispiel am Morgen vom Bus zur Werkstatt vergessen zu werden - oder Bedürfnisse - morgen wieder 100 Glühbirnen zu verpacken - ebenso viel zählen wie psychologisch bzw. sonderpädagogisch diagnostizierbare Funktionen der Motorik oder der Kognition. Spätestens als Erwachsene ist behinderten Menschen das Recht zuzugestehen, ohne fachspezifischen Blick als Menschen unter Menschen mit allen Ecken und Kanten zu leben und die leidvolle Behinderten-Rolle abzulegen, in die wir sie durch unsere behinderungsorientierte Förderung jahrelang zwängten. Bus fahren zu können, als normale Arbeitnehmer Freizeit zu genießen, ohne Mitglied einer extra geschaffenen Behinderten-Initiative werden zu müssen und Partnerschaft zu erleben, ohne den kontrollierenden und korrigierenden Dauer-Anspruch von Sonderpädagogen - das wären dann nicht nur Ziele sondern selbstverständliche Wirklichkeit. Es geht um die Ausformung ihrer Lebensgeschichte und diese leben zu dürfen als individuell erlebender Mensch und nicht primär als gleichgeschalteter Behinderter.

Nachfolgende Sätze, die ein Nicht-Professioneller über unsere Köpfe als Professionelle hinweg '*unseren* Behinderten' zuruft, gehen einem unter die Haut:

"Ihr Leute von hier! Ihr seid die Zuständigen. Ihr seid nicht ungeheuerlich, sondern unfaßbar und unerschöpflich. Laßt Euch nicht mehr einreden, wir wären die Lebensunfähigen und Fruchtlosen einer End- und Spätzeit. Weist mit Entrüstung zurück das Geleier von den Nachgeborenen. Wir sind die Ebenbürtigen. Wir sind hier so nah am Ursprung wie je, und jeder von uns bestimmt zum Welteneroberer."

Peter *Handke* (1982)

Und wem diese Sprache zu ungewohnt ist, der findet bei Paul *Moor* (1974) vertrautere Sätze mit ähnlichen, ergänzenden Gedanken:

"Mein Verstehen muß zu einem liebenden Ergriffensein werden. Das Dasein eines Kindes wird mir zum Wunder und ich kann seine Wirklichkeit, sei sie wie sie wolle, annehmen und finde darin überhaupt erst das Du, ohne welches mein eigenes Dasein gar nicht zum erfüllten Erzieher-Dasein werden könnte" (1974, 301).

So verwandelt sich die eingangs gestellte Frage "Wie sagt man denn nun wirklich?" in aufmerksame und liebende Zugewandtheit ("Was möchtest Du mir heute erzählen?") und den Sonderpädagogen in einen Zuhörer, vielleicht auch Beschützer, immer aber zum Verstehenden. Dies erscheint mir derzeit als die einzig wirkliche Hoffnung und allein überzeugende Aufgabe im Hinblick auf professionelles Tun 'an' und mit behinderten Mitmenschen in unserer Gesellschaft.

Literatur

Baacke, D./Schulze, E. (Hrsg.): Aus Geschichten lernen, Einüben pädagogischen Verstehens. München 1979

Basaglia, Fr.: "Am Leben leiden, an dem man teilhat". In: Neue Rundschau 1983, Heft 3.

Forster, R./Schönwiese, V. (Hrsg.): Behinderten-Alltag oder wie man behindert wird. Wien 1983

Franck, Barbara: Trotzdem leben. Reportagen über die Angst. Hamburg 1983

Grauss, M.: Der Lebensraum Bus. Geistigbehinderte Erwachsene erzählen *ihr* Leben. Wiss. Hausarbeit (unveröffentlicht). Würzburg 1983

Hoghe, R.: Anderssein. Lebensläufe außerhalb der Norm. Sammlung Luchterhand 367. Frankfurt a.M. 1982

Hunt, N.: Die Welt des Nigel Hunt. Tagebuch eines mongoloiden Jungen. München 1976

Irrgang, M.: Ich bin meine Geschichte, Lebenswünsche und was daraus geworden ist. Frankfurt a.M. 1983

Mauerer, Fr. (Hrsg.) Lebensgeschichte und Identität. Frankfurt a.M. 1981

Moor, P.: Heilpädagogik. Bern 1974

Identität und Lebensgeschichte

Die Lebensgeschichte und ihre Bedeutung für die Arbeit
mit geistigbehinderten Menschen

(1988)

Altgewordenen Menschen hört man gerne zu. Nicht nur ihr Gesicht spricht Bände. Und wenn sie dann wirklich einmal von ihrem gewesenen Leben ins Erzählen kommen, scheint es schier unglaublich, was da alles auf einem Rücken, in einem Herzen und in einem Kopf Platz haben mußte.

Den biblischen Satz "... wenn es köstlich gewesen ist, so ist es Mühe und Arbeit gewesen" (Ps. 90,10) können trotzdem viele unserer älteren Mitbürgerinnen und Mitbürger unterschreiben. Inzwischen wissen nicht nur Psychologen, daß man über den Menschen wenig aussagen kann, sieht man ihn sich nur "von außen" an. Er selbst muß sich mitteilen.

Die Sprache leistet dabei hervorragende Dienste, aber auch der Körper, die Haut und vor allem das Gesicht spielen als Informationsträger eine entscheidende Rolle. Dabei geht es gar nicht in erster Linie um Informationen, die man in Karteikarten oder Fragebögen eintragen kann, sondern um das, was dem einzelnen Menschen im Laufe seines Lebens bedeutsam wurde und wahrscheinlich immer noch ist - um das, was ihn bewegt. Lebensgeschichten muß man verstehen wollen; abhaken oder ankreuzen sind untaugliche Mittel, um sich Menschen in ihrem So-Sein zu nähern. Lebensgeschichten haben mit dem Gewordensein des Menschen zu tun; sie sind gleichzeitig aber auch auf einen Partner angewiesen, dem dieser Mensch *mit* seiner ihm eigenen Lebensgeschichte etwas Kostbares zu werden beginnt. Dabei ist ein allmähliches Annähern und Hineinwachsen gefragt, ohne je letzte Geheimnisse aufschließen zu können. Verworrenheit darf dabei nicht schrecken, und Brüche werden nicht überraschen, weil das Leben genau so Geschichten schreibt. Der "rote Faden" zeigt sich nur manchmal, und die Suche nach Sinn muß sich mit erreichter Vorläufigkeit häufig zufrieden geben.

Lebensgeschichten - was sind das?

Die Lebensgeschichte des Menschen gilt, um formal zu antworten, als die Gesamtheit aller persönlichen Erfahrungen und Gewohnheiten, Fähigkeiten und Fertigkeiten, Bedürfnisse und Interessen, Einstellungen und Werthaltungen. Sie alle sind im Laufe seines Lebens erworben und bereichern damit den "nackten Lebenslauf" eines Menschen. Sie machen den einzelnen Menschen unverwechselbar und als eigenes Selbst erkennbar. Sie erlauben ihm eigenständiges Tun und persönliche Entscheidungen. Sich als ein solches weitgehend autonom denkendes, fühlendes und handelndes Ich zu erleben, zählt zu den Ur-Bedürfnissen und existentiellen Notwendigkeiten des Menschen. Dies gilt besonders in unserer pluralistischen wie auch hektischen Zeit. Sätze wie "Das bin ich" müssen Ergänzung finden durch Sätze wie "Das kann ich/kann ich nicht", "Das will ich/will ich nicht" oder "Das mag ich/mag ich nicht". Lebensgeschichte ist demnach zum einen das, was sich bleibend - quasi als Substanz - aus der Fülle gelebten Lebens in der Persönlichkeit niederschlägt, zum anderen aber auch jenes, was der einzelne Mensch als Anstrengung für sich und sein Werden investiert. Lebensgeschichten sind selten nur Erträge schicksalhaften Geschehens, wohl aber schon traurige Spiegelbilder gesellschaftlich eingrenzender

Mächtigkeit. Die Widerstände dürfen nicht zu groß sein, soll sich der einzelne Mensch noch für sein Leben einsetzen und auf Dauer engagieren. So kann eine Krankheit, eine Behinderung, ein schicksalhafter Verlust eines Menschen oder einer vertrauten Umgebung Resignation eher zur Folge haben als wiedergutmachende Anstrengung.

Die Lebensgeschichte ist in ihrem Werden auf wohlwollende und tatkräftige Unterstützung angewiesen

Das wichtigste Moment ist wohl die Bekräftigung und Bestätigung: Es ist gut, daß Du da bist, daß es Dich gibt. Behinderte Menschen muten solche Sätze wohl eher als Fremdsprache an. Selten klingen sie wie vertraute Musik in ihren Ohren. Dazu kommen "äußere Faktoren", die beim Entstehen der eigenen Lebensgeschichte von großer Wichtigkeit sind: die Schulbildung, die berufliche Ausbildung und der Arbeitsplatz; materielle Sicherheit und weiterhin genügend finanzielle Mittel, um sich Anregung, Fortbildung und Abwechslung im Alltag leisten zu können; freundschaftliche Kontakte zu anderen Menschen und vielfältige Auseinandersetzung mit Anders-Denkenden und -Fühlenden; Fähgkeiten und Fertigkeiten, Möglichkeiten und Anregungen zur Freizeitgestaltung - allem voran aber Freude am Leben und Lust an angstfreier Veränderung und förderlichem Wachstum.

Jede Lebensgeschichte sollte in Freiheit beginnen. Und sie beginnt auch im kleinsten Kind schon mit staunenswertem Streben nach Autonomie. Man möchte "selbst essen", "allein gehen", "heute keinen Pullover anziehen", "seinen Freund besuchen" und sich "nicht am Sonntagsausflug beteiligen" - ein "eigenes Zimmer besitzen und gestalten". Eltern haben oft Mühe mit solchen, häufig recht deutlich durchgesetzten Selbstbestimmungstendenzen. Zu leicht vergißt man, wie wichtig für eine Lebensgeschichte gerade der Anfang ist. Das einzelne Kind muß *wollen* dürfen, es darf nicht im Übermaß gebremst oder blockiert werden - was wiederum durch viele Formen einer Behinderung erzwungen wird. Erst wer Unterschiedliches wie auch Vielfältiges erlebt, hat die Chance, für sich auszuwählen, was ihm auf Dauer als wertvoll erscheint - so wertvoll, daß er dieses zu seinem Eigen macht und mit seinem Selbst besetzt.

Lebensgeschichte - für behinderte Menschen ein Fremdwort?

Vieles, was unser Leben als Erwachsene lebens-wert macht, findet für behinderte Menschen nicht statt - besser: es darf oft auch nicht stattfinden. Viele von ihnen müssen ein Leben lang auf Partnerschaft ebenso verzichten wie auf erfüllend gelebte Sexualität; die wenigsten von ihnen gründen eine Familie oder finden als Staatsbürger Anerkennung und Zuschreibung selbstverständlicher demokratischer Pflichten; sie kennen kaum ein Bankkonto mit freier Verfügbarkeit, leben regional, häufig sogar lokal gebunden, und an den wichtigen Entscheidungen ihres Lebens nehmen sie selten teil.

Über sie wird entschieden - anstatt mit ihnen.

Die Wohnungseinrichtung sucht man bei einer billigen Großfirma aus; ihre Kleider sind nicht selten zweite Wahl vergangener Mode und die Fahrt in ein Café wird als "Betreuungsaktivität" genehmigt und entsprechend eingestuft. Jede Begegnung mit anderen "außerhalb der behinderten Wohnwelt" wird als soziale Tat verbucht: Das Lernen, die Arbeit in der WfB, die Freizeitbeschäftigung im Behinderten-Club. Auf diese Weise kann sich nur sehr mühsam eine ganz normale Lebens-Wirklichkeit einstellen, und daß es unter solchen Lebensbedingungen schwierig ist, eine persönliche Lebensgeschichte auszubilden und aufzubauen, überzeugt jeden, der sich nur ein wenig in diese Lebensverhältnisse hineinzudenken beginnt. Dazu kommt unser unbarmherzig anmutender fachlicher Zugriff diagnostischer wie therapeutischer Art. Der ganze Fach-Jargon wird nicht selten über behinderte Menschen ausgeschüttet und das therapeutische Netz über nahezu jede ihrer Lebensaktivitäten gebreitet, ohne von ihrer Persönlichkeit wenigstens in Ansätzen Gewinnendes zu erfahren. Therapie ist fast immer notwendig und ohne diagnostisch saubere Vorausarbeit selten sinnvoll. Doch darf heil- oder sonderpädagogische Arbeit sich darin nicht erschöpfen, will sie der Lebensgeschichte behinderter Menschen Rechnung tragen. Es brennt uns auf den Nägeln und doch können wir es nur bedingt verändern: Immer noch haben behinderte Menschen eher eine Akte als eine Lebensgeschichte vorzuweisen, in der zu blättern das Sich-Bemächtigen verstärkt und partnerschaftliches Begegnen sich nur bedingt verwirklichen läßt.

Die Lebensgeschichte in der sonderpädagogischen Arbeit

Sie hat zusammengenommen eine doppelte Funktion. Auf der einen Seite geht es darum, den Menschen durch die Begegnung mit seiner Lebensgeschichte besser zu verstehen, ihn also diagnostisch noch anders zu fassen, als Krankheiten, Familiensituation oder Fähigkeiten und Fertigkeiten statistisch zu erheben. Auf der anderen Seite bemühen wir uns, zusammen mit dem einzelnen betroffenen bzw. behinderten Menschen an dessen Lebensgeschichte zu arbeiten und sie voranzubringen. Beides ist gleichermaßen schwer - das Verstehen wie das Dran-Bauen. Schwer wird es vor allem, wenn es gilt, jene Lebensbedingungen zu durchstoßen oder zu überwinden, die die Behinderung setzt.

Allem voran kommt es auf Begegnung und daraus folgend auf Beziehung an. Eine kurze Rückerinnerung an unser eigenes Ergehen eröffnet uns den Weg des Verstehens dafür am ehesten. Jeder von uns hat eine Vielzahl solcher wegweisenden oder bahnbrechenden Begegnungen in seinem Leben erlebt und in sich als Substanz angesammelt. Sie entstanden immer dann, wenn wir zum erstenmal oder besonders eindrucksvoll einer Sache oder Situation begegneten und mit einem bestimmten Menschen in seinem speziellen und charakteristischen Sosein zusammentrafen.

Jeder hat irgendwann einmal die Größe der Musik von J.S. Bach oder W.A. Mozart erlebt oder über ein Märchen oder eine Geschichte gestaunt, den "Arzt" und das "Krankenhaus" in ihrer typischen Funktion kennengelernt oder eine eindrucksvolle Stunde in einer Kirche als unvergeßlich in sich aufgenommen. Wir alle waren einmal Gast und wurden mit unvergeßlicher Gastfreundschaft überrascht, haben für uns zum erstenmal einen Psalmvers "begriffen" oder die zärtlich-tröstende Hand eines anderen auf unserer Schulter gespürt. Es sind oft gar keine großen Dinge; die Umgebung, die Situation und vielleicht die Art und Weise damals machten diese kleinen Begebenheiten erst wirklich groß.

Menschen beim Gewinnen ihrer Lebensgeschichte zu begleiten, heißt zu einem wesentlichen Teil, sie solchen Begegnungen zuzuführen, damit existentielle Berührungen stattfinden. Dabei zählt nicht die geschickt organisierte Sightseeing-Tour durch die Allerwelts-Welt. Das persönlich gefüllte Erlebnis oder das angeregte Vorhaben öffnen eher die Tür. Nicht der Einheitsbrei einer gruppenmäßigen und meist kostengünstigen Versorgung liefert Stoff für individuelle Lebensgeschichten, sondern das in Bewußtheit ausgewählte, entschiedene Projekt oder die gemeinsam geplante Aufgabe. Es zählen sinnenhafte Dinge dazu wie der Besuch einer frisch gemähten Wiese oder das Aufstöbern vermodernden Herbstlaubes im Wald, der selbst gebackene Kuchen in der Wohngruppe oder die gemeinsam vorbereitete Feier. Man muß allerdings darauf achten, seine Gruppe nicht mit eigenen Bedeutsamkeiten zu überfordern: Nicht alle behinderten Menschen schätzen "chinesisch essen" in gleicher Weise wie wir. Ähnliches gilt für laute Disco-Musik oder lässiges Liegen bzw. Sitzen auf dem Boden. Eher ist das sattmachende Gefühl, ein "Werk" geschaffen oder für jemanden bzw. für etwas Verantwortung übernommen zu haben, das, was wir suchen sollten.

Hohe Bedeutung haben gewohnheitsbildende Lebensaktivitäten. Da kann die gemeinsam im Fernsehen verfolgte Sportschau am Samstagabend die Gruppe zusammenführen oder die zusammen geplante Sonntagsgestaltung mit einem kulturellen Schwerpunkt Beispiel sein. Andere schätzen den Dusch- und Saunatag, wieder andere die Meditation am Morgen.

Für schwer- und mehrfachbehinderte Menschen müssen wir neu unsere Fantasie bemühen; bevor diese allerdings "ins Laufen" gerät, sollten wir erst einmal den vorgelebten Lebensrhythmus mit-atmen und in uns auf-nehmen - die Spannungen ebenso wie die Aggressionen, die Langatmigkeit genauso wie die vielen Punkte des scheinbar leeren Innehaltens.

Wenn wir anfangs die Lebensgeschichte als Ergebnis von vielfältig Erlebtem definierten, dann erfahren wir im täglichen Umgang mit geistigbehinderten Menschen eine Menge von Einschränkungen und Begrenzungen, die uns eher die Lust nehmen, als an unseren Einfallsreichtum zu appellieren. Möglicherweise sind wir aber auch in unserem Erfolgsdenken "falsch gepolt". In uns hat sich ein finales Denken eingenistet: Wenn ich das oder jenes tue, kommt am Ende dieses oder jenes heraus. Große Anstrengung beim Lesenlernen erzeugt und sichert die Lesefähigkeit; viel Aktion erbringt Lebendigkeit; langes und eindringliches Erklären fördert Verständnis. Genau das ist aber nur eine Weise des Zugangs, um Sinn in der persönlichen Lebensgeschichte eines Menschen anzuregen. Der andere Weg ist uns so fortschrittlich denkenden Menschen fast schon verloren gegangen: *die Sympathie für den Augenblick.*

Viele geistigbehinderte Menschen können sich tatsächlich häufig Dinge nicht merken oder für sich einen Ertrag daraus folgern. Sie wissen aber genau, wo sich "etwas abspielt", wo man "etwas erleben" kann, wo "etwas los ist". Auch das ist erfüllte Lebensgeschichte - als Gegenpol zu einem dumpfen Vor-sich-Hindösen, wie wir es noch aus mancher alten Psychiatrie-Einrichtung kennen.

Die Wissenschaft hat sich seit geraumer Zeit schon für die Lebensgeschichte bestimmter Menschen oder Menschengruppen interessiert. Man möchte herausfinden, wie denn diese Menschen leben, wie sie ihren Alltag gestalten und welche "subjektive Alltagstheorien" diesem Leben zugrundeliegen.

Sicherlich wäre ein solcher Forschungsansatz auch im Hinblick auf geistigbehinderte Menschen interessant. Augenblicklich erschiene mir ein solches Unterfangen aber noch zu früh. Dazu wären geistigbehinderte Menschen vonnöten, die einen persönlichen Freiraum bereits leben und befähigt wurden bzw. sich befähigt haben, diesen auch entsprechend ihren Bedürfnissen und Bedeutsamkeiten zu leben und zu gestalten. Doch davon sind wir derzeit noch weit entfernt. Bislang sind geistigbehinderte Menschen - und sicher nicht nur sie allein - Abbild unserer sozialen Verhältnisse, insbesondere auch unserer geleisteten Betreuungsarbeit. Unsere eigene Enge überträgt sich und gibt sich als einengende Wirkung weiter, wie sich auch unser persönlicher Reichtum in Lebensverhältnisse stimulierend und herausfordernd einmischen wird. Es lohnt sich, auf unsere eigene Lebensgeschichte samt ihrer Bedeutsamkeiten doch ein wenig mehr zu achten, als wir dies gemeinhin tun.

Lebensgeschichte behinderter Menschen - und wir als ihre BegleiterInnen

Eine fast vergessene Tatsache: Auch wir leben eine Lebensgeschichte, die immer noch im Werden begriffen ist.

All unser therapeutisches, pflegerisches, seelsorgerliches, unterrichtendes, erziehendes oder ordnendes Tun entspringt dieser unserer Lebensgeschichte. Durch sie erhält unser Tun seine Zielsetzung und empfängt die es auszeichnende

Farbigkeit. Wir wollen unsere Werte verwirklichen, sie direkt oder indirekt weitergeben und unsere Bedeutsamkeiten anderen Menschen gegenüber vertreten und an bzw. mit ihnen glaubhaft machen. So kommen wir als gläubiger oder kritisch eingestellter Mensch auf den anderen zu, inspirieren ihn mit unserer Beschwingtheit oder bremsen ihn mit unserer Zwanghaftigkeit und eigenen Sprödigkeit.

Ein solches Wissen könnte uns toleranter machen. Es lehrt uns, die Vielfalt möglicher Lebensgeschichten zu respektieren und nicht die eigene zu überschätzen oder auch eine andere, uns vorbildhaft erscheinende überzubewerten. Unsere Lebensgeschichte muß nicht die der anderen werden und umgekehrt. Das nimmt eine gewisse Angespanntheit aus unserem Tun, entlastet uns aber nicht von der Aufgabe, für den anderen wie für uns nach besten Möglichkeiten zu suchen.

Wir kennen die Höhepunkte in unserem Leben. An vorderster Stelle stehen Erfahrungen, die mit "bewähren" in Zusammenhang zu bringen sind. Sich-bewähren meint noch nicht, alles richtig gemacht zu haben. Aus dem Willen zur Perfektion lassen sich nur schwerlich froh machende Kleider für das Leben schneidern. Sich-bewähren hat mit Mut und Vertrauen gleichermaßen zu tun. Schönheit als zusätzliche, leider oft vergessene Kategorie unseres Daseins holt verlorengegangene Sonnenstrahlen in eine Welt zurück, die sich eher mit Giften und Ansteckungsmöglichkeiten auszukennen scheint, als mit Staunen, Bewunderung und vitaler Lebensfreude.

Lebensgeschichten sind auf Heimat angewiesen bzw. schaffen solche. Das kleine Kind behauptet seinen Platz oder seine Schuhe mit unvergleichlicher Vehemenz, so wie es auch sein Plüschtier selbst mit ins Ausland oder zum Zahnarzt schleppt. Später ist es das eigene Bett, von dem auch alte Menschen wieder "träumen", wenn sie sich auf Reisen begeben, oder das persönlich gestaltete Zimmer, das man nicht immer ohne weiteres teilen mag und kann. Und so weitet sich der Kreis, der letztlich immer Ähnliches beschreibt, nämlich das Gefühl der Zugehörigkeit als Gegen-Gefühl zum Abgestoßen-Werden und Außenseiter-Sein. Die Kneipe, die Kirche, der Sportplatz, das Theater oder auch nur der Tante-Emma-Laden - das sind Orte, wo Heimat entstehen kann. Erst dann wird es den wichtigsten Ort geben: Mich. Innere Werte gesellen sich nicht nur ergänzend hinzu: das Lied, die Verszeile, das Bild oder auch die Erinnerung. Es sei gut, "etwas zum Erinnern zu haben", vermerkt Carl Zuckmayer. Und ich denke, er hat recht.

Lebensgeschichte in der eigenen Person entdeckt und in die Arbeit eingebracht, schließt Verändert-Werden durch die tägliche Arbeit mit ein. Wer seinen Beruf im Bannkreis geistigbehinderter Menschen angesiedelt hat, findet zahlreiche Gelegenheiten zum Teilen; er wird aber auch ergriffen von dem, was um ihn herum geschieht und was ausstrahlt von jenen, die er/sie begleitet. Unsere Lebensgeschichte wird ein Teil der ihren.

Ich erschrecke über diesen Satz nicht. Vielmehr kommt Dankbarkeit auf - fast beschämend, weil ich nur schwer weiß, wohin damit und was anfangen mit dieser Dankbarkeit. Selbst das Bemühen um sachliche Analyse versagt. Wir kennen die Warnung von Außenstehenden, ja nicht so zu werden, wie "die da". So zu werden, wie "die da", wäre tatsächlich schrecklich. Aber so zu werden, so vertrauensvoll und spontan, so lebensfroh und so echt in der Verzweiflung, so treu und zugetan wie Gabi und Thomas, Anna und Bernd in der Freude - warum eigentlich nicht?

Lebensgeschichten haben viele Menschen schon zur Verzweiflung gebracht. Sie fühlen sich in ihrer eigenen Lebensgeschichte eingesperrt. Manche suchen in der therapeutischen Praxis eines Psychologen Hilfe. Andere wiederum versuchen es mit meditativen oder kreativen Übungen. Ich las neulich bei Peter *Handke* einen Satz, der mich an das erinnert, was wir Menschen ja eigentlich sind: frei denkende und in unserer Sehnsucht nicht einzuschränkende Wesen - Persönlichkeiten, die sich aufgerufen und gerufen fühlen, die anderen Worte des Trostes zu sagen imstande sind und sich selbst Impulse zum Groß- und Weit-Sein geben können.

Peter *Handke* schreibt in seiner Sammlung persönlicher Gedanken u.a.:

"Ich beschloß aus einem weiten Land zu sein!" - Und einige Seiten weiter liest man: "Vor jeder Begegnung - denk, was für einen Weg der andere hatte!".

Literatur

Baacke, D./Schulze, T. (Hrsg.): Aus Geschichten lernen. München 1979

Fischer, D.: Wie sagt man denn nun wirklich: geistig behindert - oder? In: Z Zur Orientierung 1983

ders.: Die Lebensgeschichte als Bezugspunkt für religionspädagogisches Handeln. In: *Adam/Schultze (Hrsg.):* Religions-Unterricht mit Sonderschülern. Münster 1988

Handke, P.: Phantasien der Wiederholung. Frankfurt 1983

Ergänzende Anmerkungen zur 'Lebensgeschichte' - als Grundlage für sonderpädagogisches Handeln mit geistigbehinderten Kindern, Jugendlichen und Erwachsenen

(1989)

Vorbemerkungen

In dem Maße, wie die Lebensgeschichte eines Menschen zum Mittelpunkt sonderpädagogischen Handelns erklärt wird, rückt der Mensch selbst als erlebendes und gestaltendes, als liebendes und erleidendes, als entscheidendes wie auch als sinn-stiftendes Individuum ins Zentrum allen Geschehens. Der Mensch ist nicht mehr nur Träger von Funktionen und Eigenschaften, von Fähigkeiten und Fertigkeiten oder Verursacher von Fehlverhalten oder Fehlleistungen, sondern Initiator seines Lebens zum einen, aber auch Deuter und Interpret von Ereignissen bezogen auf sein Leben zum anderen. Das damit einhergehende *Ziel* einer sich so verstehenden Pädagogik ließe sich als "mit sich wie mit der Welt in hohem Maße identisch sein" umschreiben. Der Verdacht, hier sei eine ausschließlich individualistische und damit einseitige Pädagogik am Werke, ist mit dem Hinweis zu entkräften, daß kein Mensch ohne Beziehung zur umgebenden Gesellschaft auskommt, und Lernen sich insgesamt immer nur in enger Bezogenheit zur Welt vollziehen kann.

Allerdings kommt es sowohl bei der Weltbegegnung als auch bei der Auseinandersetzung mit gesellschaftlichen Gegebenheiten auf das persönliche Erfassen, Ordnen und Deuten entscheidend an; insofern kehrt der vermutete individualistische Ansatz zurück. Identität kommt nie allein durch eine Anhäufung von Ereignissen oder gar von Leistungen zustande. Immer ist das *Erleben* von Identität abhängig von der Art und Weise der Kontaktnahme zum einen und von der entstehenden Befindlichkeit zum anderen. Identisches Erleben kann demnach nie nur dem einzelnen Menschen als Aufgabe übergeben oder anheimgestellt werden; vielmehr ist er in einen sozialen, wenn nicht sogar in einen dialoghaften Kontext eingebunden und dieser ihm gegenüber sogar verpflichtet zur Mithilfe beim Aufbau von Identität.

Nachfolgend sollen einige Hinweise zum Phänomen 'Lebensgeschichte' zur Sprache kommen, um deren Bedeutsamkeit für die (sonder-)pädagogische Arbeit zu konkretisieren und gleichzeitig, wenn auch nicht vollständig, hie und da einen Hinweis für den praktischen Vollzug zu geben. Das Phänomen 'Identität' als Zielaspekt läuft dabei immer mit.

Hinweise zum Phänomen 'Lebensgeschichte' im einzelnen

(1) Auffallend ist es, das Wort *'Geschichte'* als Bild oder als Symbol für menschliches Leben anzutreffen. Eine 'Geschichte' erzählt jeweils etwas - bzw. in ihr wird etwas erzählt. Demnach muß sich etwas ereignen bzw. ereignet haben. An einer 'Geschichte' sind meist mehrere Personen beteiligt. Selten spielt sie nur an einem Ort - und immer wieder vermittelt sie eine Spannung bzw. versetzt die von oder mit ihr Befaßten in eine Spannung hinein.

Eine 'Geschichte' fordert zum Anteil-Nehmen, manchmal auch zum Befragen und zum Erklären, immer aber zum Deuten heraus. Außerdem trägt sie eine

Tendenz der Fortschreibung, manchmal auch den Wunsch nach Wiederholung in sich.

(2) Eine 'Geschichte' - so auch die Lebensgeschichte - hat einen *Anfang* und fast immer auch ein *Ende*. Entsprechend verstehen wir auch menschliches Leben.

Zwischen diesem Anfang und diesem Ende spannt sich der Lebensfaden; meist verdichtet oder verknotet sich dieser zu einem mehr oder weniger einmaligen *Geflecht*. Es besteht aus Ereignissen und Erlebnissen, aus Erfahrungen und Eindrücken. In sie lassen sich dann meist mühelos neue Kenntnisse und Erkenntnisse, Fähigkeiten und Fertigkeiten, Bedeutungen und Werte wie auch Sinnimpulse oder Perspektiven einfügen bzw. aus dieser Ansammlung von "Inhalten" sich solche herausfiltern.

Vieles sinkt scheinbar in Vergessenheit auf den Urgrund der Persönlichkeit ab, manches davon aktiviert - nicht immer mit Wissen der jeweiligen Person - diese in ihrem Denken und Fühlen, Tun oder Lassen.

Vieles daraus ist prägend; und einiges daraus wird zu Wendemarken in unserem Leben.

(3) Kaum ein Mensch ist diesem Geschehen, dem Entwickeln und Entfalten seiner Lebensgeschichte, nur ausgeliefert.

Die meisten Menschen verspüren in sich das Bedürfnis, *ihr Leben* gemäß ihren Wünschen und Erwartungen *zu gestalten*. Sie versuchen, eine bestimmte Richtung einzuschlagen bzw. in ihrem Leben eine gewisse Linie zu verfolgen. Dabei schließen sie Ereignisse und Situationen gerne aus, die diesem Wollen entgegenstehen und suchen mit aller Kraft solche, die ihren Vorstellungen entsprechen. Lust soll Angst übertreffen und Erfolg Mißerfolg begrenzen. Es gibt Zeiten im Leben, wo Mitbestimmen tonangebend ist; dann wieder müssen wir uns in solche schicken, wo wir kaum eine andere Wahl als die der Anpassung haben.

Manche Menschen üben sich in Mitbestimmung und erhöhen damit die Anteile der selbstbestimmten Phasen in ihrem Leben; andere wieder nehmen die Gelegenheit der Selbstbestimmung nicht wahr, bzw. man behält sie ihnen vor. Sie stehen in der Gefahr, das Wünschen und das Hoffen wie auch das Bewirken und das Gestalten ihres eigenen Lebens völlig zu verlernen bzw. dieses zu versäumen. Besonders vitale Menschen gehören ebenso zur ersten Gruppe wie auch sog. "gesunde" (gesund im Sinne von *J. Moltmann* "Kraft zum Leben, als Kraft zum Leben und als Kraft zum Sterben" zu haben - vgl. *Moltmann* 1982, 220). Sie möchten ihr Leben "in die Hand nehmen" und bewußt "sie selbst sein".

Eine (Sonder)Pädagogik, die die 'Lebensgeschichte' des Menschen zum Ausgangs- wie zum Zielpunkt ihres Handelns macht, will zu diesem vitalen, gesunden Selbst beitragen und gleichzeitig alles verhindern, was dieses bremst; zudem versucht sie, jenen Schaden auszugleichen, den Selbst-Einbrüche oder Selbst-Begrenzungen bereits bewirkt haben oder noch bewirken können.

(4) Sowohl das Selbst des Menschen wie auch sein Wollen werden von sog. "naturhaften" *Gegebenheiten* eingefärbt, manchmal auch eingegrenzt und eingeschränkt. Wir finden uns dabei in Situationen mit durchaus ambivalenter Bedeutsamkeit vor - auf der einen Seite mit Grenzen, auf der anderen mit Möglichkeiten konfrontiert zu sein. Zu solchen Momenten zählen die jeweils gegebenen Begabungen, die Ausformungen der Persönlichkeit eines Menschen wie auch die Tatsache, alt oder jung, gesund oder krank, männlich oder weiblich, behindert oder nicht behindert zu sein. Dazu gesellen sich in oft gleicher Dringlichkeit gesellschaftliche Verhältnisse und regionale Bedingungen, religiöser Hintergrund und u.U. auch parteipolitische Einflußnahme.

Und wenn uns etwas nicht gelingt oder auch nicht möglich ist, sei uns zum Trost gesagt: Das, was der einzelne nicht kann oder auch darf, braucht er letztendlich auch nicht tun. Damit ist er entlastet für jene Dinge des Lebens, die ihm offen stehen bzw. für solche, die ihm möglich sind.

(5) Wir sind in diesem Geflecht von Gegebenheiten immer *unverwechselbares Selbst* bzw. erlebendes Ich unserer Geschichte, nie aber Herr unseres Lebens.
Es kommt sehr wohl auf die Unterscheidung dieser Lebenstatsache an.
Das Anerkennen, nicht Herr des Lebens zu sein, darf aber nicht die Leidenschaft schmälern, sein Leben autonom in jenen Bereichen zu führen, wo Selbstbestimmung möglich und notwendig ist, wo Eigenverantwortung einzusetzen hat und wo Bewältigung ebenso wie Gestaltung einzufordern ist. In der Erziehung geht es - neben dem Aufzeigen von Grenzen - um die Stärkung jener ich-haften Kompetenzen wie auch um das Aufzeigen von unaufgebbaren Verantwortlichkeiten. Mehr Identisch-Sein mit sich und damit mehr Freisein sind gefragt und nicht Anpassung, Zwang oder Druck. Dies wird weder durch ein Anheizen der Es-Anteile erreicht noch durch ein Ausweiten der Über-Ich-Funktion.
Selbstbestimmung schließt für mich letztlich Selbst-Anbindung (vgl. *Speck* 1991) mit ein.
'Lebensgeschichten' sind solche Ansammlungen von vollzogenen Einbindungen - Hinweise also darauf, woran ein Mensch "sein Herz hängt" (nach *M. Luther*).

(6) Nicht nur theoretisch unterscheiden wir den *'Lebenslauf'* von der *'Lebensgeschichte'*.
Der 'Lebenslauf' stellt quasi ein Grundmuster menschlichen Lebens darf, das zu großen Anteilen - trotz gewisser Einschränkungen im einen oder anderen Fall - für alle Menschen gilt. In ihm mischen sich biologische Fakten mit gesellschaftsbedingte oder demographische. Der 'Lebenslauf' eines Menschen zeichnet sich durch eine begrenzte Objektivität seiner bedingenden Momente aus, die einem gewissen Vergleich zugänglich sind und allein deshalb in vielen Lebenssituationen - so z.B. bei Bewerbungen (dort gerne als "tabellarischer Lebenslauf") - als Orientierungsrahmen herangezogen werden. Die 'Lebensgeschichte' dagegen beginnt erst mit der Anreicherung jenes Lebenslaufes - von uns verstanden als Kette von aneinandergereihten 'offiziellen' Daten wie sog. 'objektiven Fakten - mit subjektiv bedeutsamen Ereignissen und persönlichen Erfahrungen. Durch sie wandelt sich der Lebenslauf in jenes Unverwechselbare der Lebensgeschichte. Der einzelne erkennt sich in ihr dann wie in einem Spiegel. Kollektives Mitglied einer Gruppe oder eines Werdeganges zu sein, reicht für ein als erfüllend erlebtes Leben selten aus. Vielmehr kommt es auf "meine Spur", auf "meine Handschrift", auf "meine Gefühle" und auf "meine Sicht der Dinge" maßgeblich an. Aus dem Erleben des "Unverwechselbarseins" und der Einsicht in die zum Entstehen dieses Daseinsgefühls beitragenden Zusammenhänge entsteht am ehesten die innere Bereitschaft und die äußere Anstrengung, an der (Aus)Gestaltung seines Lebens mitzuwirken bzw. am Aufbau der eigenen Identität mitzuarbeiten.

(7) (Geistig)behinderte Menschen gehören bislang immer noch eher zu jenen Menschen, deren Lebensgeschichte zu einem meist als *"typisch"* empfundenen *Lebenslauf eines Behinderten* zusammenschmilzt. Nicht das Mitsein, sondern das Dasein in unpersönlichen, für sie organisierten Lebenssituationen erweist sich als ihr hauptsächliches Lebensterrain. Das erschütternde Ergebnis, "gesichts- wie geschichtslose Kreaturen" anstatt lebendige und vor allem persönlich geprägte Menschen vor sich zu haben, gehört hoffentlich bald für immer der Vergangenheit an. Die Schuld hierfür ist allerdings nicht nur in den unzulänglichen Lebensbedingungen zu suchen, sondern auch in der dem individuellen Leben entgegenstehenden Behinderung des einzelnen behinderten Menschen.
Im gleichen Atemzuge sind wir jedoch davon überzeugt: Es ist noch weitaus mehr zu tun, damit auch geistigbehinderte Menschen zu "ihrer" Lebensgeschichte finden und sich nicht mit einem entpersönlichten Lebenslauf zufrieden geben

müssen, der dem Sicherheit verleihenden Lebensgefühl des Mit-sich-identisch-Seins diametral entgegensteht.

(8) Eine Lebensgeschichte beinhaltet "*Mikro- wie auch Makro-Anteile*" (*H. Thomae;* zit. bei *Fischer* 1984), also scheinbare Winzigkeiten wie auch große Ereignisse. Es wäre unrichtig, jeweils nur die einen zu sehen und dabei die anderen auszublenden. *Große Ereignisse* bekommen ihren Wert häufig erst durch die vielen *kleinen Begebenheiten* und Alltäglichkeiten. Sie formen den Blick und qualifizieren das Sehen wie das Verstehen mit, während große raumgreifende Erfahrungen und Erlebnisse meist übermächtig den gesamten Lebensalltag beherrschen und somit auch das Wahrnehmen bzw. Einschätzen der kleinen Dinge des Lebens kanalisieren.

Nicht zuletzt ist den tatsächlichen *Krisenpunkten* im Leben eines Menschen Aufmerksamkeit zu schenken. Sie sind oft Wendemarken im Vollzug eines Lebens und eröffnen als Konsequenz daraus neue Denk- wie Handlungsräume.

Die Gefahr der Verflachung des Lebens behinderter Menschen ist aufgrund einer reduzierten Erlebenspalette ebenso groß wie die Versuchung, sich durch die Behinderung und den sich aus ihr ergebenden Konsequenzen bestimmen zu lassen.

(9) Jeder Mensch bedarf zur Ausbildung seines Selbst ausreichend *Gelegenheit* und eine deutliche *Herausforderung*, überhaupt eine eigenständige Persönlichkeit zu werden. Dies schließt das Recht ein, sich als eigene Person unterschieden von anderen wahrzunehmen und diese entsprechend den eigenen Wünschen und Vorstellungen zu gestalten. Dazu helfen die Übernahme von *Rollen* ebenso wie die Ausbildung sog. *Selbst-Zeugnisse*. *Rollen* erlebt und lebt ein Mensch in vielerlei Hinsicht - in seiner Erziehung und Bildung, seiner Aus- und Weiterbildung, in seiner Freizeit, im Zusammenhang mit seiner Familie, im Beruf, in der Öffentlichkeit wie auch im Privaten.

Zu den *Selbst-Zeugnissen* gehören alle jene Momente, wo sich das persönliche Leben eines Menschen niederschlägt bzw. für ihn wie auch für andere sich unverwechselbar zum Ausdruck bringt - sei es in Form von Briefen, Tagebüchern oder in Fotoalben, in der Wohnungseinrichtung und in den jeweiligen Kleidern, in seinem Geschmack wie auch in der Art und Weise der Freizeitgestaltung, in der Frisur und im Make-up, in der Duftnote ebenso wie in der Gestimmtheit, in der Art und Weise des Trost-Gebens wie auch des Trost-Empfangens.

(10) Jeder Mensch hat direkt oder indirekt den Wunsch, in seinem Leben etwas zu bewirken, um sich von dem Gefühl zu befreien, u.U. "umsonst" auf dieser Welt gewesen zu sein. Zum einen äußern sich diese Bedürfnisse in der Fürsorge für eine Sache oder eine (andere) Person, zum anderen bekunden sie sich auch in Form von Macht und Bemächtigung der Welt gegenüber. Immer geht es um eine *Nach-außen-Bringen* der eigenen Person wie auch um ein *Sich-Binden* an die Welt, ihre Menschen, ihre Sachen und Situationen. Geistigbehinderte Menschen erleben oft das Gegenteil. Nicht ihre Macht oder Fürsorge sind gefragt, sondern sie als Adressaten von Macht und Fürsorge spielen die entscheidende Rolle. Dabei besitzen viele von ihnen einen großen Fundus emotionaler Kraft.

Zur Integration der eigenen Person und zum Entwickeln eines stabilen Selbst sind *alle* Kräfte des jeweiligen Menschen notwendig; real werden sie allerdings erst dann, wenn sie eingefordert bzw. erwartet und gelebt werden (dürfen).

(11) In der *Entfaltung* unserer Lebensgeschichte sind wir auf die ständige Aufnahme von *Neuem* ebenso angewiesen, wie wir *Bekanntes* überprüfen, bestätigen und festigen. Die Angebote eines "*kulturellen Umfeldes*" spielen dabei eine große Rolle. Sie regen an, fordern heraus und versöhnen, d.h. befrieden uns, sie schärfen unser Nachdenken und sensibilisieren unser Empfinden. Das "Gelingen" (*Charlotte Bühler*) der Lebensgeschichte hängt davon entscheidend ab.

Hieraus ergibt sich ein großer Appell an die Mitarbeiterinnen und Mitarbeiter in der Arbeit mit (geistig)behinderten Menschen, sich um ein anregendes und gleichzeitig abwechslungsreiches kulturelles Umfeld der jeweils zu begleitenden behinderten Menschen zu bemühen, ohne vorschnell auf die möglichen oder tatsächlichen intellektuellen Kräfte zu schielen und ohne einhergehenden Druck, das eigene Mögen zur verpflichtenden Leitlinie für andere zu erklären bzw. durchzusetzen.

(12) Viele Menschen verstehen die Lebensgeschichte eines Menschen als eine Aneinanderreihung von mehr oder weniger zufälligen Eindrücken und Erlebnissen. Die Bestätigung von *Postmans* Verdacht, sich dabei "zu Tode zu amüsieren", liegt nahe. Nicht die Vielfalt und auch nicht das Anhäufen qualifizieren die jeweilige Lebensgeschichte, sondern die bewußt ausgeübte Entscheidung. Das setzt das Vorhandensein von Alternativen ebenso voraus wie die parallel einhergehende Erwartung an den einzelnen Menschen, diesbzgl. auszuwählen und damit sich entscheiden zu sollen. *Entscheidungen* wie auch *Ordnungen* und *Deutungen* fallen in dem Maße leichter, wie dieses jeweilige Leben von einem "roten Faden" durchzogen, nach *H. Thomae* von einem "Lebensthema" gehalten oder auch von einer Idee geleitet ist.

Ein solches *Lebensthema* muß nicht immer das ganze Leben bestimmend bleiben; wie es seine Relevanz verlieren kann, besteht parallel dazu die Möglichkeit eines zweiten oder dritten Schwerpunktes im eigenen Leben. Wichtig ist, die darin verborgene Tendenz als *Beauftragung* zu verstehen, sein Leben immer wieder neu zu entwerfen und somit sich bewußt um eine Lebenslinie bzw. um sein inneres Werden zu bemühen. (Geistig)behinderte Menschen stehen in Gefahr, daß ihr Leben für sie entworfen bzw. ihr Leben "ergriffen" wird und so eine Ausrichtung von außen her erfolgt, die mit ihrem Mögen und Wollen wenig mehr zu tun hat. Dies erschwert dann auch die Identifikation mit dem eigenen Leben und erschwert den von uns geforderten Aufbau eines stabilen, tragfähigen Selbst.

Ursache für diese beginnende Ent-Eignung - statt der geforderten An-Eignung - ist wohl die Behinderung. Ihr gilt es, neue Lebens-Themen entgegenzusetzen, damit das Leben die persönliche Note erhält, mit der allein es sich friedlich und befriedigend leben läßt.

(13) Nach den 'Anteilen' einer befriedigend erlebten Lebensgeschichte befragt, läßt sich summarisch eine Menge aussagen. Prof. *Weinert*, Direktor des Max-Planck-Instituts für Psychologie, München, nannte bei einem Vortrag 1988 (Hospitalhof Stuttgart) folgende:

- *Basis-Fähigkeiten und -fertigkeiten*, die eine bestimmte Beschäftigung und Lebensgestaltung zulassen bzw. ermöglichen (z.B. Sprachen, handwerkliche Fähigkeiten, soziale Umgangsweisen)

- *Lebensbedeutsames Wissen*, das die souveräne Bearbeitung oder gar Beherrschung und Gestaltung von Lebenssituationen erlaubt und damit dem einzelnen Menschen eine gewisse Unabhängigkeit ermöglicht (z.B. seinen Urlaub selbst gestalten zu können, für seinen Arbeitsplatz Ideen zu entwickeln oder auch nur politische bzw. gesellschaftliche Zusammenhänge zu sehen und zu interpretieren)

- *Ereignisse und Erfahrungen*, die das eigene Leben anreichern, es als "schön zum Erinnern" machen (nach *C. Zuckmayer*) und so dem Leben auch ein Stück Lust und Inspiration verleihen (z.B. Musik zu mögen, sich an Bildern zu erfreuen, Natur zu erleben)

- *Werte, Haltungen und Ziele*, die das eigene Entscheiden und damit persönliche Entscheidungen ermöglichen; dies wiederum erst läßt den Menschen sich in seinem Autonomie-Streben erleben und bestätigen

- *Bedürfnisse, Sehnsüchte, Wünsche und Träume*, die Kraft zum Atmen wie zum Leben geben; mit ihnen werden scheinbar gegebene, manchmal auch als einengend erlebte Grenzen übersprungen und in ein Leben Farbe wie auch Flexibilität gebracht

Von dieser Auflistung lassen sich unschwer eine Reihe von Forderungen ableiten, die uns zum einen als Aufgabe uns verpflichten, zum anderen zum Neu-Denken motivieren und beidemale die Arbeit mit (geistig)behinderten Menschen zu bereichern wie auch zu qualifizieren imstande sind.

(14) Lebensgeschichten zeichnen sich gegenüber von Lebensläufen durch einen relativ hohen Anteil an *Selbsterleben* aus. Nicht das Zufällige und auch nicht das unverbindlich Spielerische geben den Ton an, sondern der Verantwortung und Bestätigung herausfordernde "Ernstfall" des Lebens. Das kann Aktiv-Sein wie auch Empfangen gleichermaßen bedeuten. Befriedigung, um nicht zu sagen: Glück erwachsen nicht aus der Fülle möglicher Zuwendung und Versorgung durch außen. Anspannung, Aktiv-Sein und Engagement erwecken das Gefühl des Erfülltseins.

(Geistig)behinderte Menschen sind in einem doppelten Sinne diesbzgl. gehandicapt; zum einen verwehren ihnen häufig ihre Behinderung und die sich daraus ergebenden Folgelasten jenes entschiedene Einwirken wie auch das gelöste Empfangen, zum anderen aber werden sie nicht selten zusätzlich durch jene bereits angesprochene, stumpf machende Über-Versorgung um ihre letzten Möglichkeiten des Aktiv-Seins und des Tragens von Verantwortung, konkret um den jeweiligen "Ernstfall" beraubt.

Nicht Betreuung, sondern Begegnung, nicht Beschäftigung, sondern Arbeit, nicht Versorgtsein, sondern Mitwirkung heißen die Appelle. Dies ist zum großen Teil nicht nur als kritische Anfrage an das inzwischen entstandene soziale Netz und an die damit einhergehenden Modelle der Betreuung, Begleitung und Versorgung von behinderten Menschen zu sehen, sondern allem voran auch als *Bildungs-Problem* zu formulieren.

(15) Wer erzieherisch tätig ist und die Lebensgeschichte zum Ausgangs- wie zum Zielpunkt seines pädagogischen Handelns macht, muß sich bewußt sein, damit in die Biographie und gleichzeitig in das konkrete Leben eines Menschen *einzugreifen*, ja sich einzumischen. Dazu gehören im Idealfall zwei Personen dieses Geschehens, jene, die dieses tut, es traut, u.U. sogar sich anmaßt, und jene, die sich dieses gefallen läßt, es wünscht und möglichst erlaubt, diese Art erzieherischen Handelns zu praktizieren. Doch auch der Erzieher/der Lehrer/der Therapeut erfährt Ähnliches an sich. Man muß um diese gegenseitige "Beeinflussung" wissen, soll eine unbewußt erfolgende "innere Distanzierung" ausgeschlossen bleiben. Sie allein verhindert, die tatsächliche Lebenssituation wahrzunehmen, sich ihr zu stellen und sie zusammen anzunehmen und auch zu gestalten (vgl. Schule der Lebensförderung, S. 163ff).

(16) Selten beginnt für den Pädagogen/die Pädagogin eine Lebensgeschichte beim Punkte 'null'. Meist gilt es jene wahr- und aufzunehmen, die bereits schon gelebt und erfahren wurde, um dort dann für die nächsten Überlegungen und Schritte anzuknüpfen. Dazu helfen Methoden und auch Techniken, die Lebensgeschichte eines anderen Menschen kennenzulernen, sie zu erschließen und auch in Ansätzen wenigstens in ihrer Eigenart und ihrer Botschaft zu verstehen. Sich mitzuteilen, ist der eine Beitrag, der zu fordern ist, möglichst vorurteilsfreies Verstehen - der andere.

Die Aufgabe ist für PädagogInnen relativ einfach zu formulieren - die sie zumindest auch für den zu Erziehenden übernehmen, bis dieser sich dann selbst in jene Aufgabe einübt: Aus Geschichten lernen (in Anlehnung an das Buch von *Baacke/Schulze*, aus dem man tatsächlich viel lernen kann). Die Psychologie hat sich parallel zur Pädagogik in den letzten Jahren ebenfalls sehr gezielt dem konkret lebenden und erlebenden Menschen zugewandt und als Methode das sog. *"narrative Interview"* (lat. narrare = erzählen) entwickelt (vgl. *Schütze* 1983 und *Wiedemann* 1986).

Es ist eine beeindruckende Methode, die den Klienten endlich an sich selbst zurückgibt, Auswertungen nicht ohne ihn vornimmt und Ergebnisse möglichst zusammen mit ihm selbst analysiert bzw. Folgerungen daraus zieht. Daß das zugrundeliegende Verstehen immer nur ein *subjektives Verstehen* sein kann, gehört zu den Stärken und Schwächen dieser Methode gleichermaßen. Es schützt den/die Erzähler/in - den Klienten also - vor einer scheinbar objektiv vollzogenen Beurteilung und hilft dem Hörer/der Hörerin - also den Professionellen - , sich und seine/ihre Rolle weder zu überschätzen, noch sich des anderen zu bemächtigen.

Zusammenfassung

Die Lebensgeschichte als Grundlage für sonderpädagogisches Handeln ist einzuordnen in das Verständnis der Pädagogik als einer Pädagogik "von unten" (vgl. *Fischer* 1984). Ihre Absicht ist es, Abstand zu nehmen von idealisierten Theorie-Entwürfen, deren jahrzehntelanges Anliegen es war, festzuschreiben, wie der Mensch *sein soll*, aber versäumte, zu fragen bzw. zu sehen, wie der einzelne Mensch *sein will* bzw. *sein kann*.

Das Ziel, seine Mitte zu finden und mit sich identisch zu sein, läßt sich unschwer nur auf anderem Wege erreichen als in Solidarität *mit* dem einzelnen Menschen - nie aber gegen ihn.

Daraus erwächst für den Umgang mit der Lebensgeschichte eines Menschen - und in der unmittelbaren Folge auch mit der eigenen - eine auf den ersten Blick kaum erkennbare hohe Verantwortlichkeit. Diese reduziert sich auch dann nicht, wenn pathologisches Verhalten und therapeutische Beschäftigung damit für bestimmte Phasen des Lebens bestimmend werden. Zu lange schon hat die Sonderpädagogik nur "Sackgassen" formuliert und zu nachlässig, vor allem aber zu wenig engagiert Freiräume geschaffen.

Sonderpädagogik will dort Freiheit erreichen, wo Gebundenheit sich zeigt und dort zu Bindung ermutigen, wo Verlorenheit und Isolation sich zum Lebensthema zu entwickeln drohen.

Daß eine Lebensgeschichte des einzelnen Menschen auch so etwas wie ein Gefäß für eine nur ihm anheimgegebene "Message" ist, kann wohl der einzelne nur für sich bezeugen. Grundsätzlich gehen wir jedoch davon aus, daß Leben mehr ist, als daß es sich im Konkreten, im objektiv Meßbaren oder in einer sichtbaren Leistung erschöpft. Was letztlich der einzelne Mensch durch sein Leben und mit seiner Lebensgeschichte, die ihn erst ganz selbst sein und werden läßt, in die Welt zu bringen und von der Welt zu lernen hat (in Anlehnung an Gedanken von Frau *Kübler-Ross*, formuliert bei einem Vortrag 1989), wird sich für Außenstehende wie für den Betroffenen selbst nur bedingt im Hier und Jetzt allein erkennen und erschließen lassen. Wir berühren mit diesen Überlegungen den Bereich des Glaubens und verlassen gleichzeitig das Gebiet der Pädagogik und der Psychologie. Eine gewisse Verbindung liefert uns *P. Moor*, wenn er das Leben - und damit doch wohl auch die Lebensgeschichte - als etwas uns "Aufgegebenes" beschreibt.

Dennoch darf die Sehnsucht nach mehr Sinn und mehr Erfüllung, als sich durch das augenblicklich Gegebene oder Machbare bewirken wie auch erkennen läßt, als legitim, bei vielen Menschen als permanent gegenwärtig angenommen und bei vielen behinderten und belasteten Menschen als schmerzlich vermißt beobachtet werden. Hier sind nicht nur Toleranz und Verstehen gefordert, sondern auch Wertschätzung und Unterstützung in dem konkret werdenden Bemühen um dessen Erfüllung und Realisierung.

Die sichere Aussicht auf mehr Sinn und auf ein Leben ohne Schmerzen und Tränen läßt Leben nicht nur ertragen, wie es ist und wie es sich zeigt, sondern mobilisiert Kräfte und gleichzeitig Geduld, Dinge zu verändern, die zu verändern sind, wie auch jene anzunehmen, deren Veränderung uns nicht gegeben ist.

Das "Ganz-schön-Sein" (*Schellenberger*) oder auch das "Heil-Werden" (*Kübler-Ross*) ist uns als Hoffnung zugesagt, nicht aber in unsere Verfügbarkeit gestellt.

Literatur

Baacke, D./Schulze, T. (Hrsg.): Aus Geschichten lernen. Einüben in das pädagogische Verstehen. München 1979

Fischer, D.: Lebenslauf und Behinderung. Würzburg 1984 (Dissertation; unveröffentlicht)

Moor, P.: Heilpädagogik. Bern 1974

Schütze, Fr.: Biografie-Forschung und das 'narrative Interview'. In: Z Neue Praxis. Neuwied 1983

ders.: Die Technik des narrativen Interviews im Interaktionsfeld. Bielefeld 1977

Speck, O.: Chaos und Autonomie in der Erziehung. München 1991

Wiedemann, P.: Erzählte Wirklichkeit - Zur Theorie und Auswertung narrativer Interviews. München 1986

Menschenbilder in der Arbeit mit (geistig)behinderten Menschen - ein kritisch-engagierter Beitrag

(1989)

Hinkende Jamben

Ein Liebchen hatt ich, das auf einem Aug schielte;
Weil sie mir schön schien, schien mir ihr Schielen
auch Schönheit.

Eins hatt ich, das beim Sprechen mit der Zunge anstieß;
Mir war's kein Anstoß, stieß sie mit der Zunge an
und sprach: Liebster!

Jetzt hab ich eins, das auf einem Fuß hinkt;
Ja freilich, sprach ich, hinkt sie, doch sie
hinkt zierlich.

Friedrich *Rückert*

Gedanken voraus

Spätestens seit dem Nicht-Auftritt von Prof. Peter *Singer* an der Uni Dortmund bzw. beim Symposion der BV Lebenshilfe in Marburg ist die sonderpädagogische Welt nicht mehr jene, die sie vorher war. Sollte tatsächlich nach der noch kaum begriffenen Tragödie im Dritten Reich, die Tausenden von behinderten Menschen einen grausamen Tod brachte, schon wieder eine Welle der Euthanasie - des "schönen Todes" - auf uns zurollen? Daß es weiterhin Menschen gibt, die keinen Sinn im Leben behinderter oder schwer kranker Menschen finden können, ist beklagenswert und nur schwer veränderbar, daß aber bereits wieder Philosophien des Tötens und Vernichtens menschlichen Lebens unter bestimmten und vor allem beschreibbaren Kriterien formuliert werden und von jedem nachzulesen sind - zum Beispiel in der "Praktischen Philosophie" von Peter *Singer* -, hat doch viele Menschen wie aus einem "sozialen Schlaf" geschreckt.

Nicht nur die Fachwelt zeigt sich betroffen; behinderte Menschen selbst, Initiativen, Selbsthilfe-Gruppen, berufliche Verbände, aber auch Angehörige und Helfer drängen sich zum Wort. Dabei geht es um etwas scheinbar Einfaches und möglicherweise für bestimmte Menschen auch "Notwendiges", das Lebens*recht* und den Lebens*wert* vor allem schwer- und schwerstbehinderter Menschen im Gesamtkontext unserer Gesellschaft *rational* zu begründen. Menschen, die einer solchen Argumentation und einem solch rationalen Zugriff mißtrauen oder gar auf ihn zu verzichten glauben, wird eine den nüchternen Blick verdunkelnde "Lebensphilosophie" vorgeworfen oder die Vermutung entgegengehalten, sie könnten auf deren Infragestellung durch Betroffene nur noch mit "Zynismus" (beides *Anstötz*) reagieren. "Lebensphilosophie" scheint zu einem Schimpfwort zu entarten, das dem anderen nicht nur dessen Denken ankreidet, sondern ihm auch noch dessen daraus entspringendes und in Verantwortlichkeit wurzelndes Handeln als "unmenschlich" anlastet. Menschen mit jenem ethischen Hintergrund empfinden auch dann Leben als "heilig" (vgl. *Singer* 1984, 101), wenn sie sich selbst als nicht besonders "gläubig" einschätzen. Und so kämpfen sie - vielleicht irrational - gegen jede Form aktiver wie passiver Sterbehilfe. Sie werden das ihnen Mögliche tun, um bestehendes Leben wertmäßig auszugestalten - vielleicht wiederum subjektiv und irrational - und sie werden lebensstützende Bedingungen schaffen - ohne je alles Notwendige tun zu können bzw. alle selbst gesetzten Ideale vorbildhaft einzulösen. Dies ist jedoch kein Argument gegen jene "Lebensphilosophien", eher eines für ein durch Lebendigkeit getragenes und von Leben durchpulstes "personales und soziales Geschehen". Ethik nur als "eine Auffassung" (*Singer* 1984, 18) und Ethik lediglich als wissenschaftlich-rationale Theorie-Diskussion käme beidemale in ärmlichem Gewande daher. Ethische Antworten sind immer auch Ergebnisse aus persönlich gemachten Erfahrungen und Früchte "menschlicher Weisheit", die sich in ihrer Werthaftigkeit einem rein rationalen Zugriff entziehen.

Die Dringlichkeit, ethische Antworten zu formulieren, nimmt unter augenblicklichen gesellschaftlichen Entwicklungen und Gegebenheiten zu; und der Bedarf nach einer "tragfähigen" Ethik als Grundlage für verantwortbares menschliches Handeln ist zur Zeit größer denn je.

Besonders schwerbehinderte Menschen sind in ihrer Daseinsgestaltung nicht nur funktional oder instrumental, sondern auch existentiell von der Zu-Wendung anderer Menschen abhängig. Ethische Haltungen gewinnen erst im sozialen Miteinander ihre eigentliche Relevanz. Behinderte Menschen erfahren und erdulden permanent Eingriffe - durch Förderung, Erziehung, Bildung, Therapie oder Pflege; es sind notwendige, nicht aber immer in der Art und Weise erbetene Einmischungen in ihre Lebensgeschichte.

Neben diesen konkreten Interventionen erleben behinderte Menschen Bedeutungszuschreibungen - durch sie selbst, aber auch durch die sie begleitenden Menschen hervorgebracht. "Bedeutungs-Stifter" wie "Bedeutungs-Träger" binden sich in diesem Prozeß gegenseitig und stehen füreinander in Verantwortung. Menschen, denen "hohe Bedeutung" zugeschrieben wird, sind "bedeutsamer" und damit geschützter als solche, die darauf verzichten müssen. Wenn sich heute das Leben schwer und schwerstbehinderter Menschen als brüchig erweist, dann liegt das zu einem erheblichen Maße an der Brüchigkeit ihrer Bedeutungen. Zudem beteiligen sich zu wenige Menschen an dem "Bedeutungs-Schaffen" (vgl. *Kegan* 1986); die meisten verbrauchen ihre ganze Kraft in konkret vollzogener Arbeit. Dies ist langfristig als schwerwiegender Fehler anzulasten - und zwar allen, Politikern wie Helfern, Angehörigen wie vereinzelt auch Betroffenen selbst. Um hierfür einen Ausgleich zu schaffen, reichen wiederum rationale Bemühungen nicht aus. Mit jedem Löffel Speise, mit jedem Glas Saft, mit jedem zugesprochenen Wort oder auch mit jeder aufrichtenden Geste vollziehen sich Bedeutungen *für* diesen zu pflegenden oder zu begleitenden Menschen - und zwar öffentlich. Da nicht alle diese Sprache des mit-menschlichen Tuns verstehen, tut es an einer neuen Ver-Lautbarung und Ver-Sprachlichung not.

Die Zukunftsaufgaben sind klar:
Behinderte Menschen bedürfen "neuer Bedeutungen", die sie in die große Menschengemeinschaft als gleichwertige Mitglieder vorbehaltlos einbinden und ihnen selbst in Zeiten des eigenen Miß-Befindens oder Zweifelns an sich wie an der Welt tragfähigen Lebens-Sinn wieder überzeugend erleben lassen.

Leben realisiert sich als Bezogen-Sein. Menschliches Leben gibt es 'per se' nur theoretisch. Auch Würde als Qualitätsbegriff menschlichen Miteinanders und als Kennzeichnung menschlicher Haltung allem Lebendigen gegenüber muß sich jeweils neu ereignen. Würde realisiert sich noch nicht durch einen gefüllten Teller, ein neu errichtetes Wohn- und Pflegeheim und auch nicht durch Kleidergeld, das bedürftige Menschen auf Antrag hin erst zugestanden wird. Würde ist angewiesen auf Hin-Wendung, Dar-Reichung und Um-Fassung. Würde vollzieht sich im gegenseitigen Zusprechen. Sie muß in jedem Augenblick neu erbracht und angenommen werden. Hierbei sind Gebende wie Empfangende gleichermaßen eingebunden. Der eine hat die Chance zum DU, der andere, ein ICH zu werden.

Trotz solchen Bemühens ist die Würde behinderter Menschen keineswegs gesichert. Diejenigen, die sie erbringen wollen, können aus dem angestoßenen Regelkreis herausfallen. Die Erschöpfung, die Enttäuschung oder eine Überhöhung von Idealen lassen sich als Ursache dafür u.a. ausmachen.

Ritschl (1989) hat recht, wenn er als Ergänzung für jede praktizierte Ethik auch eine "Meta-Ethik" fordert. Sie hat die Aufgabe zu kontrollieren und zu korrigieren, zu ermutigen und zu bestärken. Keiner sollte sich unter dem Diktat einer individuellen, einer intersubjektiven oder einer von außen herangetragenen, objektiv gefaßten Ethik erschöpfen.

Menschenbild und praktizierte Ethik

In jeder Konkretisierung von Ethik muß das "jetzt Dringliche" wie auch das "beliebig Wichtige" (*Ritschl*) gleichermaßen getan werden.

Damit drängt Ethik auf die Handlungsebene, wo sie allerdings für sich einen Rahmen ihrer Ver-Wirklichung benötigt. Zu schnell kann sie sich in Form von Gut-Meinen in sich selbst verlieren.

Menschen-Bilder stellen solche Orientierungsrahmen dar. Sie geben indirekt Handlungsmaximen vor, jedoch nicht immer im gleichen Maße zur kritischen Reflexion dieser aufrufend und häufig den gesellschaftlichen Zusammenhang vergessend. Über Jahrzehnte hinweg haben Menschen-Bilder Erziehung und Bildung ganzer Generationen geprägt. Nicht immer haben sie nur Gewinn gebracht, sondern häufig sogar Schaden an den Menschen angerichtet, denen sie galten - bis hin zum Menschen-Bild des "un-werten Lebens" erbkranker, behinderter oder stigmatisierter Menschen im Dritten Reich. Menschen-Bilder können auch dann keine Garantie für Gutes sein, wenn sie Gutes für den Menschen als ihren Auftrag vorgeben. Viele Menschen haben es schon "gut gemeint", ohne zu sagen oder sagen zu können, was sie denn mit "gut" meinen (nach K. *Fleming*). "Gut-sein-Wollen" stellt wie jede Intervention einen Eingriff in ein menschliches System dar - wie auch *Ritschl* die Therapie bei Kranken sehr anschaulich als "Invasion in die Lebensgeschichte eines Menschen" zu beschreiben wußte.

Das vermeidlich Gute legitimiert einen solchen Eingriff noch lange nicht. Es gibt kaum Gutes, das ungefragt über einen anderen Menschen ausgeschüttet werden darf. Wahrhaft Gutes ereignet sich fast immer in Abstimmung mit den jeweils Befaßten. Selbst für notwendig Gutes muß man den anderen gewinnen, dem dieses gelten soll. Sonst können sich zwischen allen Beteiligten erhebliche Differenzen ergeben - bis hin zu tiefgreifenden gegenseitigen Verletzungen.

Von daher erscheint es angebracht zu klären, was Menschen-Bilder sind und was sie bewirken, bevor wir Überlegungen anstellen, ob weiterhin gerade Menschen-Bilder in der Arbeit mit (geistig)behinderten Menschen diese vor Anders-Denkenden zu schützen imstande und das Miteinander in der Menschengemeinschaft anzuregen fähig sind.

Menschen-Bilder - was sie sind und was sie bewirken

Bilder entwerfen wir von einer Sache immer dann, wenn der zu beschreibende Sachverhalt zu komplex ist, als daß logische Erklärungsversuche zu dessen Erfassung genügen.

So sprechen wir verständlicherweise von einem/unserem *Welt*-Bild, dem *Gottes*-Bild, dem *Geschichts*-Bild oder eben auch von einem unserem *Menschen*-Bild.

Bilder entstehen *in* uns. Wir sind ihre Träger, nicht jedoch immer ihre Erzeuger. Wir entnehmen sie unserem regionalen, nationalen und unserem ideologisch-geistigen Umfeld. Wir nehmen sie in ihrem Getöntsein auf wie Atmosphärisches, zusätzlich angeregt und unterstützt vom jeweiligen "Zeitgeist". Häufig sind Bilder auch Erträge eigenen Nach-Denkens und Er-Lebens. Zumindest *Menschen*-Bilder umfassen Sichtweisen und Bedeutungen, Hoffnungen und Erwartungen. Sie beschreiben selten eine Sache, wie sie ist (eher wie sie nicht ist), sondern wie sie sein soll. Ihre Aufgabe ist es, Gleichgewicht zwischen dem Menschen und der herausfordernden Welt herzustellen. Beginnende oder vorhandene Fremdheit wird in Bekanntheit umgesetzt und aufkommende Angst in Freundschaft gewendet. Mit jedem Bild entwirft der Mensch (s)eine Gegen-Welt. In ihr realisiert sich eine idealisierte Wirklichkeit, in bewußter oder auch nur vor-bewußter Distanz zur jeweils gegebenen.

Die Motive hierfür sind unterschiedlicher Art. Selten ist dafür lediglich eine Schwäche des Menschen auszumachen. Vielmehr haben wir es hier mit Kraft und mit Macht zu tun. Die *Kraft*, Wirklichkeit zu *deuten*, zählt zu den hervorragenden Eigenschaften des Menschen, sich an dieser Macht zu beteiligen, zu seinen größten "Versuchlichkeiten" (vgl. *Grün* 1986; *Steffensky* 1975, 51 ff). Nicht immer mag der einzelne Mensch für sich entscheiden, wohin seine Neigung mehr geht, wenn er sich ein Bild von etwas macht. Das Phänomen 'Macht' wird bei der Übernahme fremder bzw. voraus gedachter Menschen-Bilder besonders deutlich erlebt.

Sowohl durch Übernahme als auch durch Schaffung solcher Menschen-Bilder erfährt der Mensch eine für ihn existentiell bedeutsame Möglichkeit, "subjektive Ordnung in das von ihm erlebte Chaos" von Welt zu bringen (vgl. *Oerter* 4/1979, 415 ff). Menschen-Bilder entbinden nur auf den ersten Blick von kritischer Selbst-Reflexion. Sie locken mit einer gewissen sozialen Sicherheit und einem sich verstärkend erlebten Eingebundensein, wenn sich Ähnlich- oder Gleich-Denkende treffen, und sie vermitteln ein erstes, möglicherweise aber auch plumpes moralisches Hochgefühl, wenn es gelingt, ihnen entsprechend zu handeln. Damit stabilisieren sie den Menschen in seinem Selbstwertgefühl - das ja gleichzeitig indirekt auch als Schaffer bzw. Erzeuger solcher Bilder gilt. Und so schließt sich der Kreis, ohne eine reflektierte Verantwortlichkeit einzufordern. Menschen-Bilder entbehren fast immer der Interaktion, auch dann, wenn ihre Träger nach Glaubensbrüdern oder -schwestern Ausschau halten.

Menschen-Bilder enthalten aber auch Festschreibungen auf den anderen hin. Dieser muß sich dann jene Zuschreibung sowohl als Vorgang wie auch als Produkt gefallen lassen. Selten nur hat er Kraft bzw. Gelegenheit, sich jenem Diktat solcher "Bilder" zu entziehen oder sich aus diesem Netzwerk zu befreien.

An zwei Beispielen sei dies kurz verdeutlicht:

Beispiel 1

Bezeichnet eine Mitarbeiterin oder ein Mitarbeiter seine bzw. ihre Mitbewohnerinnen und Mitbewohner als "Schwestern und Brüder", klingt das vor allem für 'christlich-orientierte Menschen' positiv. Das heißt aber auch, daß sich die jeweils Gemeinten diese "Sichtweise" gefallen lassen müssen. Sie werden zu Brüdern und Schwestern "ernannt". Ob sie eine solche Ernennung wirklich wollen bzw. ihr innerlich zustimmen, wird als Frage (an sie) kaum gestellt.

Hier greift eine Vereinnahmung Platz, die nicht nur geformte Daseins- und Kommunikationsweisen vorgibt, sondern andere Daseins- und Beziehungsverhältnisse zusätzlich ausschließt.

Beispiel 2

Formuliert ein Mitarbeiter als "sein Motiv" für die Arbeit mit geistigbehinderten Menschen: "Wir sitzen alle in Tausenden von Gefängnissen; ich möchte durch meine Arbeit 'Befreiungs-Arbeit' auch bei behinderten Menschen leisten", dann hat auch dieser Mann vor Beginn jeglichen Tuns erst einmal die von ihm zu betreuenden behinderten Menschen zumindest gedanklich in ein Gefängnis gesteckt, ohne sicher zu sein, inwieweit diese sich so fühlen.

Können solche Vor-Gaben legitime Basis für (sonder-)pädagogisches Handeln sein?
Wir halten fest: Menschen-Bilder tragen häufig Vor-Definitionen oder auch Um-Definitionen in eine pädagogische, therapeutische oder pflegerische Situation mit hinein. Jenen, denen diese Bilder gelten, kennen bzw. durchschauen diese häufig nicht und vermögen sich auch selten aus ihren einbindenden Wirkungen zu befreien.
Ein gutes Beispiel dafür sind *Diagnosen* als tägliches Transportmittel von generalisierten Sichtweisen an sich unterschiedlicher Menschen. Da gilt dann z.B. ein Mann als "schizophren", die Frau aus der Nachbarschaft als "mongoloid". Diagnosen legen Menschen fest, und Veränderungen ereignen sich verständlicherweise nur innerhalb bzw. im Zusammenhang mit jenen Diagnosen. Selbst die Gesellschaft verhält sich nach diesem Muster. So erhielt ein ärztlicherseits zunächst als "hebephren" diagnostizierter junger Mann keinen Ausbildungsplatz; als ihm ein anderer Arzt eine "Depression" zuerkannte, war die gesuchte Lehrstelle kein Problem mehr. Ähnliche Stigmatisierungen erfahren "AIDS-Kranke", "berufstätige Mütter", "alleinerziehende Väter" oder auch "Prostituierte".
Menschen-Bilder dieser Art können sich so unbarmherzig gebärden, bis jegliche individuelle Lebensregung ausgelöscht ist. Theorien zur Stigma-Forschung belegen dies eindrucksvoll (vgl. *Goffman* 1972).
Zum Abschluß sei auf den sog. "Zeitgeist" und in seiner Konkretisierung auf den jeweils waltenden "Lebensstil" verwiesen (vgl. *Macintrye* 1987). Beide können tatkräftige Mit-Verursacher von Menschen-Bildern sein, denn in sie gehen industrielle, gesellschaftliche und wirtschaftliche Interessen meist sehr direkt und ungeschützt mit ein.

Wirbt eine im süddeutschen Raum sehr bekannte Möbelfirma für das Design der 90er Jahre mit dem Slogan "Schön ist, was Spaß macht" und kommentiert sie diesen noch mit entsprechenden Bildern einschließlich überzeugender Texte zur Unterstreichung jenes versprochenen Lebens-Spaßes, formt sie damit gleichzeitig einen Lebens-Stil mit, der für viele Menschen zum Modell wird - nicht nur für ihr Wohnen, sondern auch für andere Lebensbereiche.

Die Werbung tut ihr Übriges: Die Mühen mit dem Waschen sollen "april-frisch" enden, das Essen sollte "leicht verdaulich" und jeglicher Schmutz durch "wisch-und-weg" problemlos beseitigbar sein.

Der behinderte Mensch steht solchen Wunschvorstellungen entgegen. Er gehört nicht zu den "April-Frischen", den "Leicht-Verdaulichen", und seine Fragen an das Dasein sind nicht einfach "wegzuwischen". Behinderte Menschen leben ein Gegen-Bild zu den ihnen entgegengebrachten Bildern, was für deren "Maler" nicht selten eine Kränkung darstellt, zumindest Verwirrung auslöst. Zum einen sind sie nicht "die Schwachen", "die Armen" oder "die Bedauernswerten", zum anderen erfüllen sie aber auch nicht die von Werbung und Industrie erzeugten Wunschvorstellungen eines lockeren, heiteren und unbeschwerten Lebens. Die Widerständigkeit ihrer Behinderung einerseits, ihr Personsein als Mensch mit einer individuellen Lebensgeschichte andererseits erklären den hohen Anspruch an uns, ihnen anders zu begegnen, und die Forderung an Staat und Gesellschaft, ihnen lebensanregende Bedingungen zu schaffen. Die sich daraus ergebende innere Widersprüchlichkeit für den Umgang mit behinderten Menschen erfahren professionelle Helfer wie auch "nur" mitmenschlich Befaßte in gleich bedrängender Weise.

Da lassen wir ein Fest durch eine "Band" von Behinderten verschönen, die aber nicht ihre Musik spielen, sondern krampfhaft jene imitieren, die sie durch die Medien kennen.
Bei einem "Tanz in den Mai" absolvieren wir "Anstands-Tänze" mit den Mitarbeiterinnen und Mitarbeitern einer WfB, stehen ihnen aber sonst als Partner an diesem Abend nicht zur Verfügung.
Selbstverständlich sind die Bewohnerinnen und Bewohner eines nahen Wohnheimes im Gottesdienst der Gemeinde willkommen - lösen sie aber diese 'Vorgabe' ein, werden sie letztlich dann doch als störend empfunden.

So sehr einerseits durch Menschen-Bilder wichtige Akzente gesetzt sind, so sehr können sie aber auch den Weg "auf einander zu" verstellen oder belasten.

Welche Konsequenzen sind daraus zu ziehen?

Benötigen wir *neue* Menschenbilder in der Arbeit mit (geistig)behinderten Menschen?

Wir stehen vor einem seltsamen Dilemma: Einerseits türmen sich laufend neue Probleme im Zusammenhang mit behinderten Menschen auf (die Schwere der Behinderung nimmt zu; neue Behinderungsformen wie die ALZHEIMER Krankheit erschrecken uns; die Folgezustände nach schweren Schädel-Hirn-Traumen stellen bislang unbekannte Anforderungen), andererseits erkennen wir die nur schwer zu überwindende Ambivalenz von Menschen-Bildern, die ja nicht nur hilfreich, sondern auch belastend sein können, und schließlich lastet das (selbstgestellte) Ziel auf uns, Menschen mit schweren Behinderungen zu stabilisieren, sie vor Fehl-Deutungen zu bewahren, ihnen Lebensraum in einer nicht immer gastlichen Gesellschaft zu verschaffen und ihre Wertschätzung insgesamt zu erhöhen - auch gegen die in der Gesellschaft allgemein angestrebten Ziele von Leistung, Schönheit und Konsum. Überlegungen zu Menschen-Bildern im Bezug zur Heilpädagogik sind keineswegs neu. Allerdings sehen die Entscheidungen anders aus, selbst wenn es um den gleichen "Gegenstand" geht, als wenn wir nach Menschen-Bildern in der konkreten Arbeit mit (geistig)behinderten Menschen fragen (vgl. *Haeberlin* 1985).

Solange die Heilpädagogik eine "Pädagogik der pathologischen Fälle" war, stand der Defekt im Vordergrund. Ein naturwissenschaftliches Bild vom Menschen und von dem, was zu tun notwendig ist, herrschte vor. Durch die Veränderung der Bedeutungsperspektive des Menschen als Erlebender und Erleidender kehrte eine "ganzheitliche Sicht" des Menschen in die Heilpädagogik zurück. Es gilt das Vermeidbare abzuwenden, das Unvermeidbare anzuerkennen und sich mit diesem zu versöhnen (nach S. *Weil/*). Eine solche Sicht befreit den betroffenen Menschen von der Last, allein Träger jener Momente zu sein, die wir als "seine Behinderung" summieren und die Heilpädagogik insgesamt von einem funktionalistisch-mechanistischen Menschenbild.

Um es anders zu wenden:
Behinderung ist nie nur ein personales, sondern immer auch ein *soziales* Ereignis (und umgekehrt!). Damit rückt heil- oder sonderpädagogisches Tun in ein anderes Licht und wird zu kommunikativem, gesellschaftsrelevantem Handeln. Auch die Frage der Menschen-Bilder erhält aufgrund dieser Veränderungen neue Relevanz.

Allein die Sorge bleibt, daß wir durch zu hohe Idealisierungen unser Tun und Denken, unser Zusammenleben und Zusammenarbeiten im Hinblick auf behinderte Menschen überziehen und dieses dann auch nicht durchhalten können. Dies Kette "Idealismus - Routine - Zynismus" wurde mehrfach schon erschütternd bestätigt und in letzter Zeit erneut belegt, anstatt sie zu durchbrechen.

Dennoch werden wir im Leben wie in der Arbeit ohne klärende Bilder nicht auskommen. Sie dienen uns zur Orientierung. Der Weg zu solchen Klärungen führt über den Vergleich. Wir setzen das Wahrgenommene, das, was uns begegnet, mit uns vertrauten Bildern in Beziehung und folgern daraus relevante Informationen, ohne diese immer überprüfen zu können. Bleiben Unklarheiten bestehen, beunruhigt uns dies. Meist helfen wir uns mit Erfragen direkter oder indirekter Art. Bekanntes also, in Bildern verdichtet, dient zum Ausloten, Abklopfen und schließlich zum Einordnen von Fremdem. Zu viel Fremdes ertragen wir nicht (vgl. *Oerter* 1974, 433 ff; zum Problem der 'kognitiven Dissonanz'), wenngleich Fremdes auch wieder zu kreativem Denken und Tun herausfordert. Erfolgreiches Handeln ist in erster Linie nicht an Ideale gebunden, sondern an klare Begriffe, Strukturen und Statements. Selten nur wird es von einem diffusen Zumutesein geleitet.

Entscheidend allerdings ist, was diese Klarheit bedingt, bzw. wie dieser Klärungsprozeß sich vollzieht. Menschen-Bilder als höchste Ausformungen von subjektiv wertvoll gehaltenen Bedeutungen tragen durch strukturelle Momente zu einer solchen inhaltlichen Klarheit bei.

Ihr Mangel besteht allein in ihrer fehlenden interaktiven Dynamik: Sie veranlassen zwar zur Suche nach Gesinnungsgenossen (in Form eines Vereines, einer Initiative oder einer Partei), beziehen aber in den Entscheidungsprozeß ihre Adressaten nicht genügend mit ein.
Dies aber wäre gerade im Hinblick auf behinderte Menschen, deren Lebensgeschichte durch Fremdbestimmung und Abhängigkeit bestimmt ist, besonders dringend und als mitmenschlich angezeigt.

Die Suche nach Gleichgesinnten kann u.a. als eines der stärksten Motive für erzieherisches Handeln gesehen werden; gleichzeitig aber ist es auch aufs Entschiedenste kritisch zu hinterfragen. Der Züricher Psychotherapeut Peter *Schellenbaum* plädiert aufgrund seiner mannigfachen therapeutischen Erfahrung besonders eindringlich für diesen persönlichen Raum des einzelnen Menschen und fordert demnach auch vom Therapeuten eine "*un*gerichtete Aufmerksamkeit". Sie "ist das einzig wirklich Wertvolle, das Wertfreie, nämlich das an keine bestimmte 'Wahrheit' gebundene Energiegefälle. Die Dinge haben noch keinen Namen, darum erscheinen sie in ihrer ursprünglichen Frische. Die ungerichtete Aufmerksamkeit bringt die Energie zum Strömen, bevor die gerichtete Aufmerksamkeit sich ihrer ermächtigt und ihre Nutzung in einem bestimmten Lebensbereich ermöglicht" (*Schellenbaum* 1987, 31).
Mit dem Verwenden von Menschen-Bildern "definieren wir - ohne es zu wissen - die Lebensenergie und grenzen sie in unsere Vorstellungsinhalte und Lebensmuster ein ... So geht die uns bestimmte Oase über unseren Horizont hinaus, obschon sie nahe liegt!" (ders. 23). Die Widersprüchlichkeit in Menschenbildern, nämlich einerseits ein bestimmtes Bild, faßbare Strukturen und bevorzugte Inhalte als Voraussetzung für das Gelingen von Interaktion und Kommunikation haben zu müssen, andererseits die Gefahr, Menschen durch ein Menschenbild zu manipulieren, sie zu beschneiden und sie möglicherweise in ihrer persönlichen Entfaltung zu hindern, ist selten gänzlich aufhebbar. Demzufolge lösen auch *neue* Menschenbilder unser Anliegen nicht grundsätzlich. Deshalb fordern wir neues *Wissen* im Hinblick auf behinderte Menschen und deren Leben.

Fragen wir nach dem Alter, dem Stand oder dem Befinden eines Menschen, helfen uns eigene Ordnungskriterien nur bedingt. In letzter Konsequenz sind wir auf die Mitteilungen unseres Gegenübers angewiesen. Genau auf dieses sich gegenseitige Verständigen kommt es an. So sehr der Autor dieses Beitrages von einem "ganzheitlichen Menschenbild" ausgeht und sich innerlich dem Menschen in all seinen Facetten verpflichtet fühlt, bedarf dieses doch der Ergänzung durch ein "Bild vom *individuellen* Menschen", das nur in der Begegnung mit ihm in uns entstehen und wachsen kann. "Menschen-Bilder" und "Bilder vom einzelnen

Menschen" unterscheiden sich nicht nur in ihrer Konkretheit. Während das eine bereits als gewissermaßen fertig mit in die Arbeit, das Lernen und Leben eingebracht wird, fordert das andere auf, sich auf den Weg des Entdeckens und Entwickelns zu machen. Da aber umgekehrt ein individuelles Bild eines Menschen für heilpädagogisches Handeln selten ausreicht, brauchen wir als Ergänzung das "fertige" Menschen-Bild, das - für sich genommen wenig hilfreich - dem sich "entwickelnden" Rahmen Orientierung und Kontrolle zu bieten vermag.

Alternativen und Ergänzungen zu herkömmlichen Menschenbildern : "Neues Wissen"

Um zu "neuem Wissen" im Zusammenhang mit behinderten Menschen vorzustoßen und der bislang meist unzureichend informierten Gesellschaft "neue Bedeutungen" für behinderte Menschen zu liefern, versuchen wir nachfolgend einige Grundpositionen herauszuarbeiten, die *Ritschl* (1989) als "Pfähle" bezeichnet und nicht als Normen verstanden wissen will. Erst daran anschließend bemühen wir uns, Wege aufzuzeigen, wie zum einen "neues Wissen" beziehungsweise "neue Bedeutungen" gewonnen werden können, zum anderen, wie damit umzugehen ist.

Grundpositionen zum Mensch-Sein

Auch anthropologische Aussagen sind nicht auf rein rationaler Ebene und damit auch nicht wertfrei zu formulieren (vgl. *Gadamer* 1975). Ließen sie sich allein aus der nüchternen und korrekten Beobachtung ableiten, entsprächen sie zwar dem Bedürfnis nach letzter Sachlichkeit, nicht aber dem, was Menschen tun und was sie bewegt.

Bei M. *Vernooij* finden wir *vier* beachtenswerte Aussagen zum Menschen - von ihr formuliert als Abgrenzung zum Tier:

1. Der Mensch ist in der Lage, ein *Bewußtsein von sich selbst*, von der ihn umgebenden Wirklichkeit und von Raum und Zeit zu entwickeln. Mit diesen Bewußtseinsinhalten kann er kognitiv arbeiten, d.h. er kann Gedanken und Vorstellungen neu entwickeln, diese mit bereits vorhandenen kombinieren, andere Zusammenhänge herstellen, Inhalte im Gedächtnis speichern, Vergangenheit, Gegenwart und Zukunft fassen und in sein Denken und Planen einbeziehen.

2. Der Mensch verfügt über ein *Kommunikations-System*, das gegenüber tierischen Systemen sehr viel differenzierter und damit erheblich leistungsfähiger ist. Sprache und Schrift ermöglichen das "Festhalten" von Gedanken, Informationsübermittlung, gemeinsame Planung und geistigen Austausch.

3. Der Mensch kann seine vorgefundene *Umwelt aktiv verändern* und damit seine Lebensbedingungen verbessern (oder auch verschlechtern). Er ist in der Lage, Kultur aufzubauen, die von Generation zu Generation weitergegeben, vervollkommnet und sinnvoll verändert werden kann.

4. Der Mensch ist in der Lage, *sich* mit den sich wandelnden Lebensbedingungen *zu verändern*. Er verfügt - im Gegensatz zum Tier, das instinktgeleitet ist - über ein offenes Verhaltensrepertoire, d.h. über die Möglichkeit, bezogen auf die Umwelt eine Vielzahl neuer Verhaltensweisen zu erlernen. *(Vernooij* 1983, 18/19)

So sehr diese Hinweise das "Sein des Menschen in der Welt" und dessen Angewiesensein auf Welt postulieren, so sehr sind diese vier Aussagen doch an *Könnenspotentialen* festgemacht und nicht an den Bedürfnissen des Menschen und dessen Verantwortlichkeit für sie wie für die Welt (*Jonas* 1987). Überall dort, wo Können im Mittelpunkt steht, müssen wir uns mit dem Nicht-Können auseinandersetzen. Das führt leicht wieder zu jener Defekt-Orientierung (wie Behinderung jahrelang verstanden wurde), aus der wir uns gerade mit aller Kraft befreien. Und dort, wo wir die Bedürfnisse des Menschen außer acht lassen, verlassen wir die Basis von Menschlichkeit. Aus diesem Grunde werden anschließend keine Gegen-Aussagen versucht, wohl aber für dringend notwendig gehaltene *sieben* Ergänzungen aufgelistet.

1. Der Mensch ist in seinem Person-Werden auf *Zuwendung*, Anregung und (Heraus)Forderung angewiesen.

2. Der Mensch ist lebenslang auf der Suche nach *Sinn*; diesen findet er vor, wie er ihn auch schaffen kann.

3. Der Mensch ist *Individuum*; und deshalb möchte er sich auch von anderen Individuen unterscheiden - durch sein Können, durch sein Aussehen, durch seinen Namen, durch seinen Besitz.

4. Der Mensch möchte in der Welt etwas *bewirken* bzw. vollbringen; es dient ihm zur Selbst-Darstellung, Selbst-Bewältigung und zur Selbst-Befriedigung.

5. Der Mensch hat das Bedürfnis, immer wieder seine *Vereinzelung zu überwinden*, sei es durch Ablenkung, durch Aktion oder auch durch soziale Bezüge.

6. Der Mensch erfährt sich selbst durch seine *Lebensgeschichte*; sie macht seine Identität aus. Von ihr kann nur er selbst erzählen.

7. Der Mensch entwickelt *Perspektiven* (Hoffnungen), die über das Heute hinausgehen und das zusammenbinden, was ihm momentan als Stückwerk erscheint.

Das Gemeinsame und das gleichzeitig Schwierige an beiden Gruppen von Aussagen zum Menschen ist ihre Festgelegtheit eines unveränderlich erscheinenden "Entweder-Oder".

Nicht um die Aussagekraft der einzelnen Items zu relativieren, sondern um sie anzureichern, sei Leonardo *Boff* zitiert, der in seinen Überlegungen zu einer christlichen Anthropologie den Menschen als ein "Und-Wesen" (*Boff* 1985, 53/55/121) beschreibt. Konkret heißt das: Der Mensch ist männlich *und* weiblich, gut *und* böse, konkret in einer Situation verhaftet *und* befähigt, sich geistig von ihr zu distanzieren, ein geschichtliches Wesen *und* in der Gegenwart ganz verpflichtet, krank *und* gesund, behindert *und* nichtbehindert, froh *und* bedrückt. Dieses "und" meint nicht eine unbedingte zeitliche Gleichzeitigkeit, sondern eine existentielle und potentielle. Es relativiert zudem ethische Positionen, die nur ein Entweder-Oder kennen. Bemühungen um den Menschen, sei es in Form von Erziehung, Bildung, Therapie oder Pflege, die diese "Dialektik", von der L. *Boff* spricht, aufheben und den Menschen auf Eindeutigkeit hinzuführen beabsichtigen, reduzieren den Menschen in seinen Möglichkeiten und greifen ihn in seinem existentiellen Gefügt- und Gewordensein an, anstatt mit ihm Wachstumsarbeit zu leisten.

Auch eine Behinderung als solche vermag diese Dialektik in ein Ungleichgewicht zu bringen. Vorhandene Akzentuierungen dürfen aber nicht durch eine sogenannte behinderten-"gemäße" Versorgung weitere lebensbedrohliche Verengung und Belastung erfahren. Wer ein Leben im Bett führen, sein Leben aus dem Rollstuhl heraus oder mit einem Atemgerät gestalten muß, braucht zahlreiche Angebote zur Erweiterung seines gelebten Daseins. Neue Lebens-Situationen, neue Lebens-Zuwendung und neue Lebens-Anforderungen lassen in ihm ein neues Und-Erleben entstehen. Sein Leben erhält dadurch Breite, Tiefe und Höhe, die all jene eben genannten anthropologischen Grundpositionen einzulösen und die beklagte Mono-Kausalität aufzuheben imstande sind.

"Neues Wissen" als fragwürdige Basis für das Leben (geistig)behinderter Menschen

Daß (geistig)behinderte Menschen vorwiegend in Sondereinrichtungen leben, lernen und arbeiten, wird allgemein wegen stattfindender oder auch nur vermuteter Des-Integration beklagt. Behinderte und nichtbehinderte Menschen würden sich zu wenig kennenlernen und sich auch nicht aneinander gewöhnen. Damit würde die Fremdheit zwischen ihnen wachsen. Ob all das zutrifft, kann hier nicht diskutiert werden; aber letztlich bleibt zu sehr und zu lange verborgen, was es mit dem Leben behinderter Menschen im einzelnen und in der Gruppe auf sich hat. Wir kennen deren Leistungen nicht, wissen nichts von der tatsächlichen Mühe, ahnen zum Beispiel nicht den Skandal mit der Entlohnung als behinderter Mitarbeiter einer Werkstatt für Behinderte und nicht die Katastrophe mit den DM 100,-- Taschengeld für pflegebedürftige Menschen bei gleichzeitiger Verkürzung der Leistungen von Krankenkassen. Letztlich geht es primär nicht nur um Informationen dieser Art, sondern um "Bedeutungswissen" (Max *Scheler*) - ein Wissen, das die Werthaftigkeit und Einmaligkeit behinderter Menschen für den einzelnen wie für die Gesellschaft herausstellt, bekräftigt und unterstreicht. Die hier zu nennenden Bedeutungen kann keiner für den anderen stellvertretend leisten, so auch nicht der Autor dieses Beitrages. Jeder muß sie für sich selbst herausfinden und in die Öffentlichkeit bringen. Motivation ist ein nicht versiegendes Wissen-Wollen, ein vertieftes Interesse am anderen - von echter Neugierde getragen und nicht von billigem Bescheid-Wissen(-Wollen) entwürdigt.

Wo die Neugierde aufhört zu forschen, gefriert das Wissen ein. Behinderte Menschen sehen sich häufig mit solchen "eingefrorenen Wissensbeständen" konfrontiert: "Mongoloide Kinder rechnen höchstens bis vier"; "Geistigbehinderte Menschen bevorzugen mechanische Arbeiten", "Schwerbehinderte Erwachsene haben selten Bedürfnis nach Sexualität", oder: "An einer Behinderung leiden nur jene, die diese begreifen".

Wer macht sich wirklich die Mühe und informiert sich grundlegend, vorurteilsfrei und menschenfreundlich? Wer läßt sich einmal von Betroffenen aus ihrem Alltag erzählen, wie es ihnen mit der Arbeit oder mit der Freizeit ergeht? Wer will wirklich wissen, wie diese jungen Mitglieder der Gesellschaft wohnen, welche Kontakte ihnen möglich sind und wohin ihre bislang unerfüllten Sehnsüchte zielen?

Dieses "neue Wissen" kann allein auf der Schiene des Verstehens gewonnen werden und formiert sich auf der Grundlage unseres Respekts behinderten Menschen gegenüber und in "Anwendung von Würde" zu "neuen Bedeutungen". Der an anderer Stelle geforderte "interkulturelle Austausch" - voraus die Art und Weise, (geistig)behinderte Menschen in ihrem Leben wahrzunehmen und sie neu als "Schaffende von leiblich-sinnlicher Kultur" zu entdecken (vgl. *Fischer* 1988) - ist ein weiterer Weg, "neue Bedeutsamkeiten" herauszuarbeiten. Es müßte wieder ins Bewußtsein gelangen: Mit behinderten, kranken oder alten, gebrechlichen Menschen zu arbeiten, sie zu begleiten und ihnen zu helfen, kennt nicht nur Mühe und Verzicht, sondern auch Anregung und Erfüllung. Der "Helfer" sieht sich vielfältiger angesprochen als in vielen anderen beruflichen Zusammenhängen; er kann seine eigene Persönlichkeit durch neue Seiten seines Erlebens und Erfahrens bereichern und sieht sich so durch die eingebrachte Anstrengung neu begabt.

Voraussetzung allerdings ist auch seine mehrdimensional geleistete Arbeit. Sie darf sich nicht nur auf das rein manuelle Zupacken beschränken oder vorwiegend in sozialen Fantasien erschöpfen. Die Fähigkeit zur Reflexion ist als Pendant ebenso notwendig wie die Bereitschaft zur Distanz. Bei einem solchen Aufspüren von "neuem Wissen" treten auch die dunklen und schwierigen Momente eines Menschen zu Tage; eingebunden in diesen Rahmen ließen sie sich eher annehmen und vielleicht auch ein Stück weit besser verkraften, anstatt sie lebenslang zu verdrängen. Die besonders bei festlichen Anlässen gerne beschworene Solidarität mit schwachen, kranken oder behinderten Menschen besitzt in unserer Zeit, wo die Selbstverwirklichung als Lebenskonzept Hochkonjunktur hat, immer weniger Überzeugungskraft. Dabei bedarf jeder Mensch - unabhängig davon, ob er krank oder gesund, behindert oder nichtbehindert ist - Verbündete. Nur selten wird er sein Leben für sich und von anderen unabhängig bewältigen können. Lebenskonzepte wie "Begegnung" oder "Solidarität" sind neu ins Gespräch zu bringen.

Eine anders gefaßte und offensiv gestaltete Arbeit mit (geistig)behinderten Menschen könnte "Modelle" dazu liefern, die möglicherweise mehr ermutigen und anregen, als verbal vorgebrachte Postulate oder Appelle.

Nicht ein fertiges, sondern ein sich entwickelndes Menschen-Bild ist gefragt

Wir mußten erkennen: Traditionell-tradierte Menschen-Bilder vermögen weder das Leben behinderter Menschen ausreichend zu schützen noch deren Begleiter so viel Halt und Orientierung zu geben, daß diese jeweils das Notwendige für die auf Hilfe Angewiesenen tun. Wenn das Person-Sein in der sog. "Behinderten-Arbeit" wieder in den Mittelpunkt gerückt werden soll (vgl. *Kobi* 1988; *Stolk* 1986) und der Mensch als kommunikatives, sinn-suchendes und selbstbestimmendes Wesen mit eigener Lebensgeschichte zu verstehen ist, dann gilt für alle Beteiligten in jenem Regelkreis von Hilfeleistung und Begleitung:

Arbeit mit behinderten Menschen darf weder kontextlos noch gesellschaftsfern geschehen. Es geht auch nicht nur um vereinzelte Interventionen oder um ein "pauschales Einfügen" in bestehende Lebenszusammenhänge - heute oberflächlich oft verstanden als Integration. Vielmehr besteht die Aufgabe darin, dem einzelnen behinderten Menschen - unabhängig von der Schwere seiner Behinderung - *Lebensräume* zu eröffnen, in denen er frei, selbstgestaltend und mitbestimmend leben und sich entfalten kann. Selbstverwirklichung als Ziel wird damit einlösbar.

Menschenbilder, die sich in der Begegnung entwickeln und sich im gemeinsamen Lernen, Arbeiten und Feiern inhaltlich füllen, sind neben der Sprache, eines zugesicherten Arbeits- oder Beschäftigungsplatzes, einer dem Leben dienlichen Wohnung, hervorragende Möglichkeiten, Lebensräume füreinander zu eröffnen. Menschen-Bilder - verstanden als Ergebnisse kommunikativen Bemühens - beinhalten bedeutsame Impulse zum Wachsen als Persönlichkeit. Sie erschöpfen sich dabei keineswegs nur in einer vorwiegend *strukturellen* Veränderung bestehender Interaktions-Verhältnisse (z.B. Abbau von Dominanzstrukturen); vielmehr bedürfen sie einer *inhaltlichen* Substanz, die über das hinausweist, was einzelne Menschen augenblicklich aus Stärke oder auch in Schwäche einzubringen und zu bewirken vermögen.

Voraussetzung für sich *entwickelnde* Menschen-Bilder sind einerseits das Verstehen-Wollen und -Können selbst in sprachfreien Situationen und andererseits die Kompetenz zur Antwort auf Erzähltes, Beobachtetes oder Diagnostiziertes. Als Antwort auf eine erlebte oder erlittene Behinderung nur das Rezept "so viel Normalität wie möglich" zu wissen, spricht von innerer Armut und wird wohl auch der gelebten und erlebten Erschütterung kaum gerecht. Es geht auch nicht darum, möglichst alle Lebenskräfte mit oder ohne therapeutische Hilfe gegen die vorhandene Behinderung zu aktivieren, sondern um ein engagiertes "Verbessern des Verbesserbaren" und um ein Arrangement, letztlich um ein Aussöhnen mit dem "*Un*-Veränderlichen".

Fortschritt im Sinne einer "inneren Heilung" kündigt sich dann an, wenn der einzelne kranke, behinderte oder schwache, gebrechliche Mensch zu einer "Neu-Bewertung" seines Lebens findet (nach *Ritschl* 1989). Hilfen hierfür spannen einen weiten Bogen und markieren für manchen sogar unvereinbare Gegensätze. Auf der einen Seite stehen "positive Zuschreibungen" durch den Helfer (vgl. *Papst Johannes XXIII*: "Ich setze in jedem Menschen das Gute voraus!") oder auch durch den Betroffenen selbst (vgl. *Grün* 1983) - gespeist aus dem jeweiligen ideellen oder spirituellen Hintergrund. Auf der anderen Seite ist die Gewinnung eines größeren Begründungszusammenhanges aus philosophisch-religiöser Sicht angezeigt, um Fragen der Ethik nicht nur zu einer Privatsache verkommen zu lassen. Eine überzeugende Mittelposition nimmt das konkrete Zusammenhandeln von Betroffenen und ihren Begleitern ein.

Die von *Speck* (vgl. *Speck* 1987, 206) geforderte "Ko-Existenz", durch die "Fremdartiges" oder Ungewohntes "in Verbindung mit dem eigenen Daseinsraum" gebracht wird, eröffnet dafür ein breites Lebens-, Begegnungs- und Erfahrungsfeld. Nicht jeder aber wird "liebende Zuwendung" (ders. 205) einbringen können.

Der Weg vom ersten Vertrauen über Offenheit und Hoffnung hin zur geschenkten, erlebten oder auch selbst gestalteten Zuwendung ist ein langer, meist sogar ein mühevoller. Einer pluralistischen Gesellschaft steht es gut an, mehrere Wege des persönlichen Gut-Sein-Wollens anzuregen bzw. zu eröffnen. Die Empfehlung eines einzigen Weges - als den "einen Weg" -, an dem dann alle und alles moralisch gemessen wird, führt in die Ideologie, die mehr Feindschaft schafft, als daß sie Gegensätze vereint. Diesem "einen Weg" können sich höchstens Jünger anschließen; viele Wege dagegen kommen den unterschiedlich begabten, befähigten und vielschichtig motivierten Menschen menschenfreundlich entgegen. Sie regen die Phantasie an und beanspruchen Kreativität. Die dann getroffene Entscheidung erweist sich als tragfähig und beglückend zugleich, weil sie einer inneren Stimmigkeit erwachsen ist. Das Erleben des innerlichen Angesprochen-Seins und des persönlichen Gebraucht-Werdens, das nicht einengt, sondern Freiräume aufschließt, scheint eine der zentralen Voraussetzungen für das Aufsammeln "neuen Wissens" und für das Gewinnen von "neuen Bedeutungen" zu sein. Ein ausschließlich rationales Bemühen, Lebensrecht und Lebenswert behinderter Menschen erklären zu wollen, gerät im Vergleich zu diesem Weg eindeutig ins Hintertreffen. Jeder einseitige Zugriff erzeugt in der Folge auch nur eindimensionale Ergebnisse.

Wir selbst plädieren für Mehrdimensionalität, die immer dann beginnt, wenn Menschen sich begegnen, miteinander Erfahrungen machen und für einander Sorge tragen.

Selbst Tugenden wie "menschliche Solidargemeinschaft" lassen sich nur bedingt rational begründen. Das fundamentale Erleben und die oft auch schmerzliche Erfahrung, als Mensch auf andere Menschen verwiesen zu sein, bereichert die menschliche Biographie und ist bzgl. ihrer Tragfähigkeit jedem logischen Erörtern gegenüber im Vorteil. Die Frage nach dem Lebensrecht oder Lebenswert eines Menschen entzieht sich "wertfreien Abwägens" (vgl. *Singer* 1984, 179 ff); sie fordert ichhafte, höchst subjektive Entscheidungsakte auf der Basis jeweils gelebter und von innerer Überzeugung getragener "Lebensphilosophie". Aus dem eingangs problematisierten Satz *"Du* bist mein Bruder, meine Schwester" entfaltet sich als Ich-Aussage: *"Ich* will Dir Bruder, Dir Schwester sein!" - oder Eltern sprechen dann nicht mehr von ihrem "behinderten Kind", sondern von "ihrer Anja", die sie mögen und lieben. Und selbst Friedrich *Rückert* hat in diesem Sinne seine Verse formuliert: "... und weil sie mir schön schien, schien mir ihr Schielen auch Schönheit!"

Ich-Aussagen dieser Art beeindrucken auch ohne Zitat oder große Verweise auf tradierte Menschen-Bilder. Sie beschämen gleichzeitig wegen ihrer schier umwerfenden Selbstverständlichkeit und bestätigen darüber hinaus den Menschen als *den* "großen Bedeutungs-Schaffer" (vgl. R. *Kegan* 1986).

Darum geht es tatsächlich heute dringender denn je: *Neue* Bedeutungen zu schaffen und *neues* Wissen im Zusammenhang mit (geistig)behinderten Menschen anzuregen. Betroffene wie Angehörige, professionelle Begleiter wie freiwillige Helfer sind an diese gemeinsame Aufgabe gewiesen, deren Herausforderung und Chance noch längst nicht von allen erkannt, anerkannt und in ihren Möglichkeiten keineswegs ausgeschöpft ist. Letztlich steht nicht der Behinderte, sondern der Mensch auf dem Spiel.

Zusammenfassung

Der vorliegende Beitrag befaßte sich mit dem Phänomen des Menschenbildes, seinem Entstehen wie seiner Wirkung im Rahmen heil- bzw. sonderpädagogischer Arbeit mit (geistig)behinderten Menschen.

Notwendiger als je zuvor bedürfen gerade heute (geistig)behinderte Menschen der immer wieder neu zu vollziehenden Bestätigung ihrer Lebenswerte und der selbstverständlichen Anerkennung ihres Lebensrechts. Menschenbilder in traditioneller Form reichen nicht mehr aus, um das immer wieder in Frage gestellte Leben (geistig)behinderter Menschen zu schützen und in seiner Werthaftigkeit nach außen überzeugend zu dokumentieren.

"Neues Wissen" und "neue Bedeutungen" sind zu gewinnen, damit sowohl den Bildungs- und Erziehungsprozeß zu bereichern bzw. auch zu korrigieren als auch die Öffentlichkeit neu auf (geistig)behinderte Mitbürger einzustimmen und einzustellen. Die Offenheit und die Bereitschaft zur Begegnung mit Menschen und ein grundsätzliches Interesse am Ergehen des einzelnen Menschen samt dessen individueller Lebensgeschichte bahnen den Weg zu jenem "neuen Wissen", den "neuen Bedeutungen" und letztlich zur Möglichkeit, neben den traditionellen "Menschenbildern" ein persönliches "Bild" vom einzelnen, individuellen Menschen zu entwickeln, das er nicht als "Zuschreibung", sondern als Ertrag eigener Mitwirkung und Mitbestimmung erlebt.

Weder mit tradierten Menschenbildern allein kann man Menschen "retten", wie es uns auch unmöglich ist, ethische Fragen ausschließlich auf rationalem Hintergrund klären zu wollen. Selbst wenn, wie in unserem Fall, den Ausführungen eine sog. "Lebensphilosophie" zugrundeliegt, werden den Selbst-Mitteilungen - was noch mehr ist als Ich-Aussagen - zentrale Bedeutung eingeräumt. Sie weisen unserem Verstehen den Weg, ohne uns dadurch gänzlich von eigenen Deutungsansätzen zu befreien. Leben läßt sich nicht mit festgefügten Ideologien verteidigen, wohl aber durch die einem Menschen geschenkte Zuwendung und Nähe.

Selbst wenn nach dem Grundgesetz das Leben geschützt ist und die Würde eines Menschen als "unantastbar" gilt, bedarf es dennoch der täglichen Konkretisierung und Umsetzung. Ihn so zu lieben, wie er ist und das zu respektieren, was er sein will, erscheint der nahezu einzige, überzeugende Weg zu sein.

Literatur

Anstötz, Ch.: Heilpädagogische Ethik auf der Basis des Präferenz-Utilitarismus. In: Z Behindertenpädagogik, 27. Jhg., Heft 4/1988

ders.: Kritik und Fortschritt in der Heilpädagogik. In: Z Heilpädagogische Forschung. Band XIII Heft 2/1987

Boff, L.: Zeugen Gottes in der Welt. Zürich 1985

Broedel, W.: Zum Menschenbild in der heilpädagogischen Übungsbehandlung. In: Z Zur Orientierung. Heft 4/1983

Dörner, K./Ploog, Ursula: Irren ist menschlich. Lehrbuch der Psychiatrie. Bonn 4/1986

Fischer, D.: Leben in einer Institution - heute noch eine Möglichkeit des Lebens geistigbehinderter Menschen? In: *Eltzner, E. (Hrsg.):* Vollzeiteinrichtungen und ihre Angebote. Bad Oeynhausen 1988

ders.: Die Schule für Geistigbehinderte ein Ort leiblich-sinnlicher Kultur. In: Z Geistige Behinderung. Marburg Heft 3/1988

Fragner, J.: Der genormte Mensch hat sich in den Mittelpunkt gestellt. In: Z Behinderte. Heft 4 1984 (Menschenbild)

Gadamer, H.G. (Hrsg.): Neue Anthropologie. Band 6. Stuttgart 1975

Goffman, E.: Stigma. Über Techniken der Bewältigung beschädigter Identität. Frankfurt a.M. 1972

Grün, A.: Glauben als Umdeuten. Münsterschwarzach 1986

ders.: Einreden. Umgang mit Gedanken. Münsterschwarzach 1983

Haeberlin, U.: Das Menschenbild in der Heilpädagogik. Bern 1985

Jonas, H.: Macht und Ohnmacht der Subjektivität. Frankfurt a.M. 1987

Kobi, E.: Die Personhaftigkeit des Menschen als Auftrag zu einer ganzheitlichen heilpädagogischen Betrachtungs- und Umgangsweise. In: *Eltzner, E. (Hrsg.):* Vollzeiteinrichtungen und ihre Angebote. Bad Oeynhausen 1988

Macintyre, A.: Der Verlust der Tugend. Zur moralischen Krise der Gegenwart. Frankfurt a.M. 1986

Marcuse, L.: Philosophie des Un-Glücks. Zürich 1981

Mauerer, F.: Lebensgeschichte und Identität. Frankfurt a. M. 1981

Oerter, R.: Psychologie des Denkens. Donauwörth 4/1974

Ritschl, D.: Empfehlung des Theologen zur Ethik bei der Behandlung Schwerkranker. 3. Onkologischer Vortrag beim 3. Onkologischen Fachgespräch. Bad Mergentheim 1989

Schlaich, P.: Das Geheimnis des Menschen - theologische Überlegungen zur Zielsetzung der Behindertenhilfe. In: *Eltzner, E. (Hrsg.):* Vollzeiteinrichtungen und ihre Angebote. Bad Oeynhausen 1988

Schmitz, Gudrun: Das Menschenbild vom geistig Behinderten in der deutschen Geistigbehindertenpädagogik von 1960-1980. In: Z Sonderpädagogik -13. Jhrg., Heft 2/1983

Schröder, S.: Beschreibungen und Definitions-, Betreungs- und Erziehungsansätze bei schwerst- und mehrfachgeschädigten Geistigbehinderten. In: Z Heilerziehung und Rehabilitationshilfen, 8. Jhrg., Heft 2/1979

Singer, P.: Praktische Ethik. Stuttgart 1984

Speck, O.: System Heilpädagogik. München 1987

ders.: Verstehen, Vertrauen und Erfüllung - Überholte Begriffe in der Erziehung geistigbehinderter Kinder? In: Z Jugendwohl. 60.Jhrg. Heft 6/1979

Steffensky, F.: Krankheit ohne Deutung? In: Feier des Alltags. Stuttgart 1975

Stolk, J.: Geistig Behinderte mit dem Verlangen, auch jemand zu sein. Über die Würde geistigbehinderter Menschen. In: Z Geistige Behinderung. Heft 3/1986

Thimm, W.: Behinderung als Stigma. Überlegungen zu einer Paradigma-Alternative. In: Z Sonderpädagogik, 5. Jhrg., Heft 4/1975

Vernooij, Monika: Pädagogische Anthropologie - sonderpädagogische Anthropologie; oder wie man die Absonderung Behinderter perfekt macht. In: Z Behinderte. Heft 4/1983 (Menschenbild)

Watzlawick, P. u.a.: Lösungen. Bern 3/1982

TEIL II

GEISTIGBEHINDERTE
MENSCHEN
UND IHRE
SCHULISCHE BILDUNG

Aspekte der Erziehung und Bildung geistigbehinderter Kinder und Jugendlicher - konkretisiert im Hinblick auf den Lernbereich Sport

(1981)

1. Statt eines Vorwortes einige Wünsche

Am liebsten würde ich ein Plädoyer für eine Erziehung schreiben, die nicht als "schwarze Pädagogik" gebrandmarkt wird (*Miller* 1980), sondern das "Lebendige im Menschen" (*Miller* 1980) sucht. Genauso gerne würde ich von Kindern und Jugendlichen berichten und ihre Einstellung zum Sport; von Kindern also, die das eine Mal gerne zum Turnen gehen, das andere Mal dieses schwänzen möchten; von Kindern, die begeistert am Wettkampf teilnehmen, das andere Mal sich verweigern; von Schülern, die einen steten Kampf mit ihrem Schwimmzeug führen, das andere Mal ihre Turnsachen schon am Montag dabeihaben, obwohl Sport erst am Donnerstag auf dem Stundenplan steht.

Die Überschrift meines Beitrages will es mir verbieten, dies alles zu tun. Aspekte einer Erziehung und Bildung geistigbehinderter Kinder und Jugendlicher sollen erörtert und entfaltet werden.

Würde man unvoreingenommene Leser bitten, das für sie wichtigste Wort in dieser Überschrift zu markieren, würden sie sich wohl für das Wort "geistigbehindert" entscheiden. Damit bestätigt sich das Schicksal behinderter Menschen, besonders solcher, die nach bisheriger Sprachregelung als *geistig*behindert gelten. Man sieht vorrangig ihre Behinderung und verfolgt ihre Defizite, man vermerkt ihre Stigmatisierung, sucht nach Fortschritten und gewichtet ihre Belastung. Ihre Insuffizienz wird zu ihrem Lebensthema (vgl. *Thalhammer* 1980). Ihr Leben, ihr Tun und Lassen zählen immer als "ein zu wenig" (nach *Ingeborg Bachmann*, zit. bei *Thalhammer* 1980).

Aber auch die Pädagogen selbst haben große Schwierigkeiten, aus diesem Zirkel auszubrechen und sich von der Sogkraft der Behinderung zu befreien. Die Erwartungen der Umwelt - vertreten durch die Eltern wie auch durch die Öffentlichkeit - und nicht zuletzt das eigene Erfolgsstreben verstärken diese ständig. So kreist sonderpädagogisches Denken zu schnell und immer wieder um spezielle Curricula, um besondere Lernziele, um eigene Übungen, um veränderte Lernsituationen, um zusätzliche Therapieangebote, um behinderungsspezifische Ausstattung der Räume und um den leidlichen, wenn auch notwendigen Kostenersatz.

So sinnvoll alle diese besonderen Maßnahmen, so notwendig spezielle Lernanstrengungen oder besondere Organisationen von Erziehung für das einzelne Kind sein mögen (vgl. *Kelly* 1980), so dürfen sie dennoch nicht daran hindern, die eigentlich pädagogische Aufgabe dem Pädagogen selbst wie auch "dessen Auftraggebern" klar und deutlich vor Augen zu stellen. So will auch dieser Beitrag nicht in einer Auflistung von besonderen Hinweisen enden, wie man selbst mit noch so schwer behinderten Kindern ertragreicher lernt und in seinen Erziehungsbemühungen doch noch zu Erfolgen gelangt. Ich möchte mich auch nicht auf die allgegenwärtige "Schiene der Behinderung" drängen lassen, sondern herausarbeiten, was Erziehung - selbst unter so schweren Lebensbedingungen wie die einer geistigen Behinderung - sein kann, und was Unterricht als eine konkrete Form von Bildung leisten muß, sollen beide Momente das Qualitätsmerkmal "sonderpädagogisch" verdienen.

Dieses Vorhaben gelingt um so besser, je offener wir auch die tatsächlichen Schwierigkeiten ansprechen und uns mit diesen auseinandersetzen. Über Erziehung und Bildung kann man immer nur im Hinblick auf konkrete Menschen sprechen - den Menschen, dem Erziehung und Bildung gilt, und den Menschen, der sich für die Planung, Gestaltung und Durchführung verantwortlich fühlt. Erziehung und Bildung müssen konkretisiert von Menschen für Menschen werden, sollen sie überzeugen.

Sport mit geistigbehinderten Kindern und Jugendlichen ist eine Form dieses konkreten Lebens und Lernens. Von daher erscheint uns zumindest ein Exkurs zu diesem Thema notwendig, selbst wenn das Thema dieses Beitrages eher zu allgemeingültigen Überlegungen und Aussagen auffordert.

2. Die geistige Behinderung - eine Herausforderung für die Pädagogik?

Die geistige Behinderung kann Macht ausüben. Sie hat eine alles prägende, verändernde und oft auch Verzweiflung setzende Kraft.

Die Begegnung mit einer geistigbehinderten jungen Frau, von ihren alten Eltern durch den Supermarkt mehr geschoben und gezerrt als geführt, macht dies deutlich. Die anderen Kinder sind längst aus dem Haus, die beiden Eltern hochbetagt, sich kaum mehr selbst tragend. Sie hatten damals für ihre Tochter noch keine Möglichkeit der Beschulung. Fürsorge allein mußte genügen. Diese junge Frau ist total unselbständig - nicht nur ihrer schweren Behinderung wegen. Die ersten Eingewöhnungsversuche in eine Werkstatt für Behinderte signalisieren die Möglichkeit des Scheiterns - für beide Partner unvorstellbar mühevoll.

Es gibt aber auch andere Erfahrungen:
Bei einem Abschlußfest eines Lehrganges wirkte eine Gruppe geistigbehinderter Jugendlicher mit. Sie gestalteten Adventslieder für die Lehrgangsteilnehmer und trugen kleine Gedichte - verteilt in Sprechversen - vor. Welch eine frische, muntere und vor allem selbstbewußte Schar junger Menschen trat hier auf! Modern gekleidet, gut frisiert, sicher im Tun und dankbar für unsere Zuwendung und Begeisterung - und natürlich auch für die vorbereiteten kleinen Geschenke.

Auch das können geistigbehinderte Menschen sein:
Sie haben zehn Jahre Erziehung hinter sich; sie fügen sich in eine Gruppe ein; sie haben großteils sprechen gelernt; sie wissen von den Fähigkeiten und Begrenzungen ihrer Mitschüler; sie kennen sich in den Lebensbereichen aus, die man zusammen mit ihnen erschlossen hat; sie achten sehr darauf, daß keiner von ihnen vergessen wird; sie gehören zusammen und möchten gerne auch zu uns gehören. Sie sind geistigbehindert geblieben, aber sie sind wacher, selbstbewußter geworden. Sie haben Bedürfnisse, möchten Mofa fahren, träumen von einem Freund, besuchen die Diskothek und widersprechen dem Meister in der Werkstatt.

Und das ist Realität:
Die S-Bahn-Station bis zum Marienplatz zählen sie sich mit den Fingern ab. Sie kommen an: müde, "weil die Arbeit heut so viel war!", machen aber ihren Platz frei, "für Sie, weil Sie ja schon alt sind".

Was kommt uns in diesen Erlebnissen entgegen? Was sagen sie über unsere sonderpädagogische Aufgabe, über die Sonderpädagogik insgesamt aus?

2.1 Erziehung und Bildung dienen dem geistigbehinderten Menschen, wenn sie den Menschen suchen

Diese jungen Menschen, nahezu gleich alt und in der gleichen Stadt angetroffen, beweisen es: eine geistige Behinderung muß nicht jene unüberwindliche Blockierung sein, die den Menschen in dessen Lebensvollzug nur behindert oder eine persönliche Lebensgestaltung sogar unmöglich macht. Sie zeigen uns, daß sie Kontakt zu ihrer Umwelt aufnehmen können, wenn diese Umwelt ihnen vertraut wird bzw. man ihnen in der Kontaktnahme hilft. Sie können in dieser Umwelt tätig werden, tüchtig sein und sich erfüllt fühlen (*Bach* 1979). Sie nehmen teil an unserer Konsumwelt, weil die von der Werbung angesprochenen Bedürfnisse auch ihre Bedürfnisse sind. Sie lieben Begegnungen mit Menschen und *leben* Kommunikation, wenn die Partner Vertrauen ausstrahlen.

Die junge Frau im Supermarkt erlebte und lebt dies alles wohl kaum. Sie kennt ihre alternden Eltern und deren Seufzen; sie spürt die Last, die ihre Behinderung ihrer Familie bringt. Ihre Behinderung wird zur Behinderung der anderen, nicht zum Überwinden, eher zum Erleiden angetan. Alle aber, sowohl die junge Frau aus dem Supermarkt als auch die Gruppe aus der Werkstufe und die heimfahrenden Arbeiter aus der Werkstatt für Behinderte sind letztlich wertzuschätzende Menschen, auch wenn sie mit ihrer geistigen Behinderung leben, leben *müssen*.

Sonderpädagogik ist nicht das Mittel *gegen* die Behinderung; sie will ein Weg zum Menschen sein. Sonderpädagogen haben immer wieder "den Menschen" zu suchen, der oft tief unter der Behinderung vergraben ist. Es gilt ihn aus dem Gestrüpp der Erwartungen zu befreien, die von allen Seiten einstürmen. Sie müssen herausfinden, was er zu sagen hat, wogegen er sich innerlich wehrt, welche Bedürfnisse ihn bewegen. Sonderpädagogische Erziehung darf nicht um einer Behinderten-Gemäßheit den Menschen opfern. Sicher brauchen geistigbehinderte Menschen sog. "prothetische Hilfen" - in Form von Gewohnheiten, eingeübten Verhaltensweisen und automatisierten Sprachmustern; primär notwendig aber ist für sie, sich selbst zu entdecken, sich zu entfalten und zu entwickeln, da "Erziehung ja Entfaltung der Persönlichkeit will" (*Miller* 1980). Dazu ist Hilfe notwendig, die einfach "da ist", genügend Sensibilität entwickelt für die Bedürfnisse und Kränkungen des Kindes und sich im hingebungsvollen Aufspüren für Lern- und Lebensmöglichkeiten gründet.

Erzieher werden etwas vom "Widerpart" des geistigbehinderten Menschen wie von dessen "Brudersein" spüren (*Thalhammer* 1980). Wer geistigbehinderte Kinder erziehen und unterrichten will, sollte sie voraus eine Zeitlang als seine Lebensgefährten erlebt haben, bevor er im Hinblick auf sie Gedanken der Erziehung hegt. Aus dieser Sicht gesehen wird Sonderpädagogik nicht zu einer Spezialdisziplin, die dann noch etwas zu Wege bringt, wenn herkömmliche Mittel und Anstrengungen versagen (*Fischer*). Vielmehr ist sie "eine Pädagogik der Befreiung". Sie versucht, den Menschen aus Fixierungen herauszuführen, neue Beziehungen zu stiften und neue Bindungen zu bahnen. Fähigkeiten und Fertigkeiten unterstützen diesen Prozeß ebenso wie neu erlebte Ich-kann-Gefühle. Sie machen unabhängiger von Pflege und freier zum Umgang mit anderen. Man braucht nicht mehr durch den Supermarkt geschoben zu werden. Man wird aufstehen und dem anderen seinen Platz anbieten. So darf Sonderpädagogik weder durch Ziele bzw. Curricula, noch durch Lernangebote und Förderabsichten die "Hypothek der Erwartungen" erhöhen, auf die sich der geistigbehinderte Mensch "zeit seines Lebens zurückgeworfen fühlt" (*Thalhammer* 1980, 312). Sonderpädagogik hätte im Gegenteil dazu die Aufgabe, Wege zu finden, solche Lasten abzubauen, geeignete Lernmöglichkeiten anzubieten, den Erfolg für jedes Kind zu planen und zum selbstgestalteten Leben zu ermutigen.

2.2 Erziehung und Bildung dienen geistigbehinderten Menschen, wenn sie zu einem erfüllten Leben führen

Die Frei-Gabe des Menschen darf nicht mißverstanden werden, als "jemanden in die Wüste zu schicken", sondern soll Lust und Kraft in ihnen erwecken, "Wüsten zu durchleben" (*Gershake* 1979). Mit einer Behinderung zu leben, heißt "Wüsten zu durchschreiten und Wüsten zu bestehen" (ders.). Ein solches Leben trägt oftmals Spuren lähmender Betroffenheit; Lebensfreude wird leicht im Kern erstickt, ohne die auf Dauer erfülltes Leben nur schwer zu denken ist.

Bei Kindern bereits kann man Anfänge solcher Blockierungen erkennen, wenn innere Bewegung in Starrheit übergeht und sich wiederholende Leere statt Lebensfülle zeigt. *H. Bach* (1979) nennt als oberste Leitziele für pädagogisches Handeln mit geistigbehinderten Menschen "Lebenserfülltheit" und "Lebenstüchtigkeit".

Ziele dieser Art gelten nahezu für jeden Menschen; gleichzeitig sind sie so allgemein und damit so "ferne", daß sie nur schwer mit dem einzelnen, konkret lebenden Menschen in Verbindung zu bringen sind. Was bedeuten sie im Hinblick auf die junge Frau im Supermarkt, die musizierenden Werkstufen-Schüler oder die nach Hause fahrenden Mitarbeiter einer Werkstatt für Behinderte in der S-Bahn? Wer bestimmt, was "Lebenserfüllung" und was "Lebenstüchtigkeit" meinen? Sind es die zu erstellenden Curricula, die Therapiepläne oder die Eltern bzw. die professionellen Helfer? "Lebenserfülltheit" und "Lebenstüchtigkeit" sind Produkte einerseits und Qualitätsmerkmale andererseits, kaum objektivierbar, sondern weitgehend abhängig vom Erleben des einzelnen Menschen selbst. Zumindest Erfülltsein ist immer persönliche Antwort auf erlebte Bestätigung und erfahrene Zuwendung. Erfülltsein erwächst aber auch aus frohmachenden Erlebnissen, wie mit den Dingen dieser Welt etwas anzufangen wissen, sich Wünsche zu erfüllen oder anderen eine Freude zu bereiten. Geistigbehinderte Menschen werden in dem Maße in unsere Welt hineinwachsen, wie es ihnen gelingt, Beziehungen zur Welt aufzunehmen und mitmenschliche Begegnungen zu erfahren. Sie gewinnen daraus einerseits Eindrücke, Erfahrungen und Haltungen - als Ausdruck von "Lebenstüchtigkeit", andererseits aber auch Sicherheit, Orientierung und Vertrauen - als Ausdruck von "Lebenserfülltheit". Das Problem für den Unterrichts- und Erziehungsalltag aber heißt: Wo gewinne ich als ErzieherIn und LehrerIn jeweils die Weltausschnitte, die sich zum "Objektsein" bzw. zum "Partnersein" für geistigbehinderte Menschen bitten lassen, damit sich "Lebenstüchtigkeit" und "Lebenserfülltheit" einstellen?

Doch auch für die sonderpädagogische Arbeit mit geistigbehinderten Menschen gilt:
Weder Erziehung noch Bildung werden möglich ohne "Aneignung von Elementen aus der Kultur", ohne "Verinnerlichung von Normen", ohne "innere Übereinstimmung mit lebenserhaltenden und lebensfördernden Ordnungen", vor allem nicht ohne "seelische Gebundenheit an die Gemeinschaft", in der man sich aufgehoben und angenommen fühlt und die auf einen zählt.

In der unterrichtlichen wie erzieherischen "Kleinarbeit" des Alltags erweisen sich weder Fragen der "Vermittlung" (vgl. *Fischer* 1979) noch ungewohnte Verhaltenseigenschaften geistigbehinderter Schüler als das größte Problem. Weitaus schwieriger ist es, mit ihnen und für sie eine "Wirklichkeit" aufzubauen (vgl. *Piaget* 1975), die trägt. Mögliche Lebenserfülltheit ist auf sie grundlegend angewiesen. Ein Großteil der hier zu leistenden Verantwortung ist zweifellos der Gesellschaft zu übertragen, die sich auf Dauer nicht entziehen kann, geistigbehinderten Mitbürgern ausreichende und persönlich befriedigende Lebensmöglichkeiten zur Verfügung zu stellen. Die von geistigbehinderten Menschen zu erbringende Lebenstüchtigkeit ist vielen noch nicht bekannt und von vielen noch nicht erkannt, als daß sie gebührende Wertschätzung erführe. Letztendlich ist wohl auch diese Frage eine Angelegenheit von Mitmenschlichkeit und engagierter Solidarität.

Lebenserfülltheit und Lebenstüchtigkeit sind nie nur Angelegenheiten des einen, sondern gleichzeitig auch jeweils des anderen. Beide Partner müssen auch an diesem Punkte zusammenwirken und teilen lernen, viel radikaler und entschiedener, als wir dies bislang zu denken mochten.

2.3 Erziehung und Bildung dienen dem geistigbehinderten Menschen, wenn sie zu einem bejahten Leben führen

Oft werden geistigbehinderte Kinder der Erziehung zugeführt oder in therapeutische Prozesse eingeschleust, bevor sich jemand überhaupt nur anschickte, ihr Personsein zu entdecken. Man kennt zwar ihre Namen und ihre Daten, weiß auch von der Mühe im Umgang mit ihnen zu berichten und von den unzureichenden Ergebnissen durchgeführter Tests. Dies mag Ängste auslösen, gleichzeitig aber auch Bedürfnisse wecken, nach zielstrebiger Änderung des augenblicklichen Zustandes zu suchen - nicht aber zwingend nach geeigneten Wegen der Erziehung und Bildung Ausschau zu halten.

Am Anfang ihres Lebensweges darf nicht die Behandlung stehen - Notsituationen selbstverständlich ausgenommen; am Anfang dieses oft beschwerlichen Lebensweges durch Erziehung und Bildung steht Zuwendung in Form von Zuneigung und Liebhaben. Eine solche Zuwendung ist absichtslos. Sie ist Ausdruck und Versicherung: dich mag ich, ich bin froh, daß es dich gibt - auch wenn wir es zusammen schwer haben und du es Zeit deines Lebens schwer haben wirst. Zuwendung schielt weder nach Leistung noch nach Produkten. Sie wird dann Schritte nach vorne als Geschenk sehen, wenn es Schritte zu mehr Selbstsein und des Aktivseins sind. Zuwendung aber schließt auch Leiden mit dem anderen ein, wenn man an Grenzen stößt. Grenzen können den schmerzen, dem sie zugehören, aber auch jenen, der sie miterlebt. Wir sollten mutig werden, Grenzen mitzuerleben - ohne diagnostischen Blick, ohne Weh und Ach, ohne das "Kreuz" zu beklagen, das man mit diesem Kind hat. "Deine Behinderung ist meine Behinderung" (vgl. *U. Bach* 1980) - wir wollen alle Dinge gemeinsam haben. Gelingt es uns, das Kind, das Mädchen, die Frau oder den Mann, den *Menschen* unter dieser Behinderung zu entdecken, ihn aus seinen Fesseln zu befreien, wird uns nicht selten ein beschädigter, ein gezeichneter, ein leidender Mensch entgegenkommen. Sonderpädagogen werden dieses Leid nicht scheuen und der Not nicht ausweichen. Sie sind gleichermaßen eingeübt in den Umgang mit Hoffnungslosigkeit wie auch erfüllt von Aussicht auf Hoffnung selbst (*Breitinger/Fischer* 1981, Kap. 4.3).

In vielen Klassen geht es fröhlich zu. Nicht immer aber überzeugt uns diese Fröhlichkeit. Sie wirkt manchmal wie "aufgesetzt". Sie erscheint wie ein Bollwerk gegen das Leid, gegen die uns entgegendrängende, uns schier zudeckende oder überschwemmende Not. Wenn Erziehung heißt, "dem werdenden Ich das eigene Ich entgegenzusetzen", so gilt das auch im Hinblick auf das Leid. Man wird nicht wegdiskutieren, daß geistige Behinderung tiefes Leid und echten Schmerz bereiten kann - eben ein "Kreuz" ist. Man sollte dieses Leid nicht wegsingen, nicht wegspielen, nicht wegbasteln. Es ist im Grundton immer vorhanden und bestimmt unser Lied.

Wir müssen dieses Leid und diese Not zulassen und als Realität anerkennen, die mangelnde Fülle sehen, die Blockierungen seitens des Kindes und seitens der Gesellschaft kennen und zu unterscheiden wissen und dennoch mit dem Kinde leben und arbeiten, es fordern und fördern, uns mit ihm befassen und ihm unsere/seine Welt zeigen. Oft gehen wir dabei zu schnell von selbst erlebter Fülle aus, von vermeintlicher Vollkommenheit und Ganzheit. Aber auch wir haben von den vielen Möglichkeiten in unserer Welt nur einen Teil in Händen und diesen oft nicht über lange Zeit. Er entgleitet uns immer wieder; und doch werden wir uns immer wieder um einen neuen Teil bemühen.

Gegenüber Menschen mit einer geistigen Behinderung lassen sich hier nur bedingt Unterschiede erkennen. Sie sind - was diese Erfahrung anbetrifft - eigentlich wie wir. Leid ist die Basis für Solidarität und gleichzeitig Fundament für die zu gewinnende Hoffnung. Sie wird allein schon in der Zusage konkret, mit diesem oder jenem Schüler das Lernen zu wagen und Schritte gemeinsamen Lebens und Erziehens zu gehen. Erziehung und Bildung geistigbehinderter Menschen müssen zu einer gemeinsamen Sache für Lehrer und Schüler werden. Jeder wird den anderen Anteil nehmen lassen an seiner Phantasie und Kraft - die nicht immer nur beim Lehrer liegt, wie der behinderte Partner dem nichtbehinderten an seiner Behinderung Anteil gibt (die wiederum nicht nur beim Behinderten liegt). "Meine Beine sind deine Beine", sagten die Geschwister von *Ulrich Bach* nach dessen überstandener Kinderlähmung zu ihm (vgl. *Bach* 1980, 265). Nicht die Absicht, dem anderen "etwas beizubringen", ist Ausgangspunkt unserer Erziehungs- und Bildungsarbeit, sondern das gemeinsame Haben und Sein, das gemeinsame Leben und Lernen, das Miteinander-auf-dem-Weg-Sein.

Das Zum-Leben-Führen setzt eine positive Sicht des eigenen Lebens voraus. Hiermit meinen wir keine beschönigende Einstellung oder harmonisierende Absicht, sondern eine sehr wohl realistische, dem Leben zugewandte Offenheit als Bereitschaft zum Mitgehen und zum gesellschaftsbezogenen Engagement.

Wer mitgeht, pflegt weder erstarrte Erwartungen, noch muß er abwehren, was verändernd auf ihn zukommt. Er hat gelernt, aktiv zu sein und ist auf Neues eingestellt. Sein Leben ist durch positive Erwartungen im Hinblick auf Veränderungen und von der Bereitschaft zu teilen bestimmt. Er erfährt dadurch erst seinen eigentlichen Wert. Nur so ist der verwunderliche Satz von *Ulrich Bach* (1980) zu verstehen, wenn er als Anfang jeglichen Unterrichts, jeder Erziehung und Bildung "das Staunen" setzt. Damit nennt er jenen entscheidenden Impuls, auf den es auch in der Arbeit mit behinderten Menschen ankommt. Sonderpädagogik als eine befreiende und gleichzeitig Halt gebende Kraft kann von einem solchen Staunen profitieren. Es macht auch sie frei und den, der Sonderpädagogik konkret werden läßt.

Allerdings wird er dadurch noch vermehrt wahrnehmen, wie sehr es auf ihn ankommt. *Nipkow* (1980) sieht Erziehung als eine "Lebenseinheit" (von Erzieher und Zögling). "Lebenseinheit" als Begriff drückt gut das Gemeinsame aus. Es geht in der Erziehung und Bildung behinderter Kinder nie nur um den anderen, sondern auch um das eigene Ich. Der geistigbehinderte Mensch ist ein Stück von mir, so wie ich ein Stück in ihm bin. Die gesunden Anteile gilt es zu heben, wie der Erzieher auch seine Gefährdung nicht verdrängt, sondern sie annimmt und mit ihr umzugehen lernt. Nur so kann mit der Zeit "bejahtes Leben" entstehen und eine "vom Staunen" getragene Erziehung und Bildung beginnen.

2.4 Erziehung und Bildung dienen dem geistigbehinderten Menschen, wenn sie ihre Tiefendimension wiedergewinnen

Zum Abschluß der Überlegungen des ersten Teils gilt es einen weitverbreiteten Irrtum anzusprechen, der selbst unter Sonderpädagogen anzutreffen ist: Unter der Variable der geistigen Behinderung wird vieles ein wenig kleiner, harmloser, unernster, weniger bedeutsam. Es komme nicht mehr so darauf an, ist eine häufig zu hörende oder zu beobachtende Meinung. Tatsache ist: Mit zunehmender Behinderung wird das Lebens- und Erlebensfeld schmäler, geringer, oft farbloser, das Stoffangebot in der Schule für Geistigbehinderte vermeintlich bescheidener; die Interessen der Schüler nehmen ab; die Zahl der Freunde geistigbehinderter Menschen kann man an den Fingern abzählen; selbst die Quadratmeterzahlen für die Klassenräume reduzieren sich; das Schwimmbad ist oft nur ein Therapiebecken; und aus der Turnhalle wird ein Rhythmikraum.

Diese Beispiele ließen sich fortsetzen. Sie beleuchten aber wirklich nur die eine, wenn auch die augenscheinliche Seite des Problems. Diesem quantitativen Weniger muß nicht unbedingt ein qualitatives Weniger entsprechen. Im Gegenteil, dieses quantitative Abnehmen ist durch eine neu zu gewinnende Tiefendimension aufzufangen bzw. auszugleichen. Diese Aufgabe stellt hohe Anforderungen an den Lehrer und Erzieher und verlangt schwere, intensive innere "Arbeit" in einem psychoanalytischen Sinne (Trauer als Trauerarbeit, vgl. *Caruso* 1968). Aber genau diese Dimension repräsentiert das unverwechselbare Schöne, geistigbehinderte Kinder und Jugendliche zu erziehen und zu unterrichten.

Voraussetzung ist, den Reichtum in den verbliebenen wie auch sich zeigenden Möglichkeiten zu entdecken; die wenigen und begrenzt scheinenden Möglichkeiten der Erziehung und Bildung sind durch Nachfragen, Nachdenken und durch Staunen mit neuen Qualitäten "aufzuladen".

Im alltäglichen Umgang gilt es, sich der allzu verlockenden, nicht nur drohenden Infantilisierung zu erwehren, möglicherweise sich ihr sogar energisch zu widersetzen. So verdienen geistigbehinderte jungen Erwachsene - auch wenn sie einem noch so klein oder gar kindlich vorkommen - ein respektvolles Sie und kein plump-vertrauliches Du; die wenigen Mengenvorstellungen, die man mit ihnen erarbeiten kann, beinhalten neben einer möglichen Langatmigkeit die gesamte Problematik der Lebensrelevanz; die kleineren, gemütlich anmutenden, fast wohnstubenartigen Klassenzimmer bedürfen einer nüchternen, klar durchdachten Strukturierung, damit sie zur wirksamen Lernhilfe werden; das so einfach scheinende Bewegungsspiel - wo die Schüler vielleicht "wie Kinder" durch die Halle tollen - muß sich zu einem ernsthaften Spiel verwandeln, will es Gruppenprozesse initiieren, die das Erleben von Ich, Du und Wir ermöglichen.

Ein entscheidender, viele Mißverständnisse hervorrufender Schritt wurde von der sonderpädagogischen Theorie selbst ausgelöst. Im Bemühen, Bildung für geistigbehinderte Menschen möglichst konkret zu gestalten und sie dennoch als die ihnen jeweils entsprechende Bildung zu legitimieren, wählte man den unglücklichen Begriff der "lebenspraktischen Bildung". Im Zuge der beschriebenen Vereinfachung und Reduzierung subsumierte man unter diesen Begriff verschiedentlich nur noch Fähigkeiten und Fertigkeiten aus dem alltäglichen Leben, den Bereichen der Selbstversorgung, der Kleidung, der Hygiene, der Orientierung in der allernächsten Umwelt. Es entstand eine Vorstellung, ein Konzept von Bildung und Erziehung ohne jegliche Tiefendimension. Sie kennt nur noch die greifbare Seite der Münze, jedoch ohne Erfassung ihres eigentlichen und bleibenden Wertes.

Jede Bildung, will sie dem Menschen dienen, muß "lebenspraktisch", d.h. dem Leben dienlich sein. Allerdings bedarf jede noch so kleine Lebenssituation, jede noch so bescheidene Lebensfertigkeit dieser Tiefendimension, die von einem ausschließlichen Pragmatismus befreit das aufscheinen läßt, was den Menschen tatsächlich erfüllt und zu dessen Bedeutungen heranwachsen kann.

Am Anfang war das Staunen ... über das Bewegen und das Sich-bewegen-Können, über das Sehen und das Sehen-Können, über den Körper und das Körper-Haben. Das heißt doch, wir müssen wieder selbst erfahren, verstehen und schätzen lernen, was ein Apfel, was mein Körper, was ein Baum ist, was das Sitzenkönnen oder Treppensteigen meint und was es mir bedeutet. Alle diese so selbstverständlichen, alltäglichen Gegenstände, Handlungen oder Gegebenheiten sind eben nicht nur einfache, funktional bestimmte Abläufe oder einfache, klar strukturierte Objekte. Für den einen Schüler sind sie zusätzlich oberste Grenze seines Handelns und Aktivseins, für den anderen Momente des Zorns und des Ärgers, für wieder einen anderen Ziel und Sehnsucht seiner einzigen Hoffnung. Wir müssen den kleinen Dingen, den wenigen Möglichkeiten und selbst den bescheidensten Tätigkeiten meditativ-erlebend, sinnend nachgehen, um sie wieder in ihrer Tiefe zu verstehen und nicht nur in ihrer Phänomenologie zu erfassen. An sich sind Tiefendimensionen an der Schule für Geistigbehinderte dem Lernen und Erziehen nicht eigens hinzuzufügen, sie sind vorhanden; man muß sie nur aufspüren, aufgreifen und ihren Wert im Umgang mit ihnen wiedererkennen.

Erziehung und Bildung geistigbehinderter Menschen werden dann wieder zu einer reichen, ja bereichernden Angelegenheit, die die Mühe der Auseinandersetzung lohnt und das Schwere im Vollzug des Lebens verkraften läßt.

3. Unterricht und Erziehung mit geistigbehinderten Schülern konkret

Sonderpädagogisch qualifizierter Unterricht und sonderpädagogisch gültige Erziehung verstehen sich als Antwort auf die Lebenssituation behinderter Kinder und Jugendlicher. Lebenssituationen sind zum einen durch persönliche Momente bestimmt, wie sie das Alter, die Geschlechtszugehörigkeit, die Familiensituation, die Behinderung, nicht zuletzt die körperliche Verfassung darstellen. Gleichermaßen bedeutsam sind - zum andern - die gesellschaftlichen Bedingungen des Lebensumfeldes behinderter Menschen, ihre derzeitigen Lebensgegebenheiten, wie auch ihre zukünftigen Realisationsfelder und Wirkmöglichkeiten.

3.1 Die geistige Behinderung als erschwerendes Moment für Unterricht und Erziehung

Unterricht und Erziehung wollen Verbindungen zur Umwelt herstellen, Beziehungen knüpfen und Handlungsfähigkeit erreichen. Neue Beziehungen zur Welt schafft nur der Schüler, der aus sich heraustreten kann, der für den Interaktionsprozeß zwischen der eigenen Person und der Welt die notwendigen Wahrnehmungs- und Verarbeitungsfähigkeiten mitbringt und der offen ist für die Dinge, die Erlebnisse und Erfahrungen, die auf ihn zukommen und sich ihm bieten. Die geistige Behinderung erschwert genau jenen Zugang, jene Offenheit, jene Flexibilität als Grundbedingung für diesen Austauschprozeß, den wir als "Lernen" beschreiben. Nur ein flexibler Mensch kann sich den neuen Aufgaben stellen und neue Formungen, d.h. neue Verhaltensweisen erwerben.

Uns begegnen aber geistigbehinderte Kinder, die *besetzt* sind, so sehr besetzt, daß der notwendige Lern- und Erziehungsprozeß nicht oder nur erschwert eingeleitet werden kann. Es versagen dann auch die notwendigen Fähigkeiten und Fertigkeiten, reduziert eine solche "Besetzung" das vielfältige, notwendige Sich-Einüben. Sie läßt nur bedingt Interesse und Bereitschaft aufkommen, sie macht stumpf und unsensibel im Hinblick auf die Ansprechbarkeit durch Dinge, Situationen und Menschen; sie führt in die Einsamkeit, wenn nicht Menschen hinzutreten, die diese Besetzung durchbrechen und überwinden helfen. Das Maß des Besetztseins ist sicher relativ zu sehen. Es kann von einer zeitweiligen oder schwankenden Hemmung bis hin zu einer völligen Blockierung und Verkapselung reichen. Die Inhalte solcher möglichen Besetzungen erscheinen zusätzlich interessant und für die Aufarbeitung von hoher Bedeutung.

Ich habe die mögliche Vielfalt in *sechs* Gruppen zu ordnen versucht:

Gruppe 1: Kinder, die in ihrer *Körperlichkeit* gefangen oder besetzt sind

Es können anfallskranke Kinder sein, Kinder mit schweren Körperbehinderungen, Spätschäden nach Unfällen, schweren Sinnesschädigungen wie Taubblindheit usw.

Gruppe 2: Kinder, die in ihrem *Verhalten* gefangen und dadurch besetzt sind

Das sind Kinder mit fixierten, stereotypen Verhaltensweisen, solche, die unruhig, hyperaktiv, autistisch sind. Es können aber auch Kinder sein, die mit Resten von Fähigkeiten und Wissensbeständen aus der Schule für Lernbehinderte in die Schule für Geistigbehinderte überwiesen wurden. Sie halten sich - und der Lehrer entsprechend mit - an diesen Minimalkenntnissen fest. Meistens sind es Fähigkeiten im Schreiben, Rechnen und Lesen.

Gruppe 3: Kinder, die von *Objekten* besetzt sind

Das sind Kinder, die immer etwas mit sich herumschleppen, ihren Bär oder ihre Puppe, eine magische Zahl oder einen Fetzen Papier; es kann aber auch die

Mutter sein, von der man sich nicht lösen kann. Immer sind es symbiotische Beziehungen, die das Kind nicht frei geben für neue Entdeckungen, neue Begegnungen und neue Erfahrungen in und mit der Welt.

Gruppe 4: Kinder, die von ihren *Bedürfnissen, Trieben* und *Vorstellungen* besetzt bzw. bestimmt sind

Das können Kinder sein, die alles haben wollen, alles anfassen müssen oder auch in den Mund stecken, die nur nach Zuwendung Ausschau halten und jede Tätigkeit in eine solche Zuwendungssituation ummünzen; auch Kinder mit Zwangsvorstllungen gehören zu dieser Gruppe.

Gruppe 5: Kinder, die sich in ihrer *Existenz* bedroht fühlen und von daher durch ihre *Angst* oder *Sorge* besetzt sind

Das sind Kinder, die an schweren, meist progessiven Krankheiten leiden und darüber auch Bescheid wissen, Kinder also mit Muskeldystrophie, mit Leukämie oder mit (Gehirn)Tumoren; dieses Erleben kann die gesamte Lebenseinstellung und das Lerninteresse umpolen. Das Interesse gilt den Laborwerten, dem neuen Krankenhaustermin, der neuen Spritze.

Gruppe 6: Kinder, die in langanhaltender *Isolation* leben und durch dieses *Erleben* besetzt sind

Das sind Kinder, die lange Zeit in Kliniken zubringen müssen, in schlecht geführten Heimen leben; es sind aber auch geistigbehinderte Kinder, die in Wohlstandsfamilien leben und eigentlich neben dem Perserteppich und der japanischen Grastapete keinen Platz, keinen Lebensraum besitzen, Kinder, die im Wege sind.

Es wäre zu fragen, welche Kinder überhaupt noch übrig bleiben? Mit dieser Auflistung sollen weder Erziehung bzw. Unterrichtung in Frage gestellt, noch das Behindertsein so in den Mittelpunkt gerückt werden, daß Sonderpädagogik doch wieder zu einer defektspezifischen Angelegenheit wird. Wenn sich Erziehung und Unterricht um Zuwendung zum Menschen, in unserem Fall zum geistigbehinderten Menschen bemühen, dann können wir an der tatsächlichen Lebenssituation behinderter Kinder und ihrem wirklichen Erleben nicht vorbeigehen. Es ist auf der einen Seite die Hypothek der übergroßen Erwartungen, die u.a. die Eltern, die Umgebung und die Öffentlickeit an diese Kinder heranbringen, es sind auf der anderen Seite die Lebenssituationen, die sich für geistigbehinderte Kinder aus dem Erleben ihrer Behinderung als Nachfolgelasten ergeben, so wie wir dies in den sechs Gruppen exemplarisch angedeutet haben.

Es sollte daran deutlich werden:

- Geistigbehinderte Menschen befinden sich meist in weitaus dramatischeren, existentiell bedrohlicheren Situationen, als man ihnen gemeinhin zugesteht. Sie haben äußerlich gesehen sicher oft viel von ansteckender Liebenswürdigkeit, von einem spontan-naiven Kindlichsein, von einer freundlich-heiteren Grundstimmung; wagt man sich näher an ihre Behinderung heran, tun sich andere Welten auf; echte Betroffenheit über die tatsächliche Lebensrealität erfaßt einen.

- Geistigbehinderte Menschen brauchen Hilfe von weitaus grundsätzlicherer Art, als man ihnen gemeinhin zugesteht. Das Weniger an Stoff, die doppelte Lernzeit, die geringere Klassenmeßzahl, die Teilung der Klasse im Fachunterricht sind als Maßnahmen wie Schall und Rauch gegenüber der tatsächlichen Not und Befindlichkeit vieler unserer Schüler. Ihre Erziehung und Bildung müssen in hohem Maße individuell geschehen - dazu bestens geplant, fantasievoll gestaltet und gemeinsam mit ihnen gelebt. Das Vermitteln von Elementen aus dem allgemeinen Bildungskanon gleicht einem Funkenflug, der bald verlöscht und ihnen folglich wenig erbringt.

- Geistigbehinderte Menschen pflegen vielfältige Beziehungen zu ihrer Umwelt, konkret zu ihrem Körper, zu Dingen und zu Menschen. Sie besitzen eine Vielzahl von Fähigkeiten, Fertigkeiten und situationsgebundenen Verhaltensmustern. Sie erleben Bedürfnisse, Wünsche und Träume, ohne mit diesen souverän umgehen zu können; häufig sind sie ihnen hilflos ausgeliefert.

- Geistigbehinderte Menschen bedürfen lebenslang eines Partners, der immer wieder die Anregung, die Steuerung und die Regulierung ihrer Außen- und Innenbeziehungen auszugleichen, anzustoßen und zu strukturieren weiß. Unter der Mitwirkung eines solchen "Dritten im Bunde" vermögen sie viele, selbst unterschiedlichste Situationen anzugehen und erfolgreich zu bewältigen.

Feststellungen dieser Art gehen von einem Lernkonzept aus, das sich nicht mit Konditionierungsmaßnahmen begnügt. Uns geht es vielmehr um einen möglichst aktiven, selbststeuernden Schüler, der lernt, sowohl sein Lernen als auch seine Erziehung mitzubestimmen und dies auch zunehmend gerne für sich in Anspruch nimmt. Dies ist um so eher der Fall, je mehr sich der "Zögling" - in unserem Fall der geistigbehinderte Schüler - als Person angesprochen und verstanden fühlt. Seine Fädchen, mit denen er spielt, dürfen vom Lehrer nicht nur als Hindernisse verstanden werden, der ihm die Teile der Blüte erklären will; sein Bedürfnis, das Bilderbuch anzufassen, darin zu blättern, den Wind beim Blättern zu spüren, sind nicht nur Anlässe für therapeutisches Intervenieren; seine Angst, sich in der Halle zu bewegen, ist nicht nur bequeme Ausrede oder als Zeichen für Bewegungsarmut mißzuverstehen, die man durch spezielle Motivationen zu überwinden hat. In allen diesen Situationen tritt der Schüler uns in seinem Sosein entgegen, mit direktem oder indirektem Appell, ihm doch *grundsätzlich* zu helfen, in ihm das Lebendige zu suchen, das zu lockern, was zu erstarren droht oder das an Potentialen in Gang zu setzen, was in Kompetenzen sich wandeln kann.

3.2 Erziehung und Unterrichtung für geistigbehinderte Schüler bedürfen neuer Überlegungen

Besonders im Hinblick auf die Ziel- und Inhaltsauswahl muß sich die Geistigbehindertenpädagogik nach neuen, dem geistigbehinderten Schüler entsprechenderen Prinzipien und Regelungen umsehen und diese dann auch im Unterrichtsalltag verwirklichen. Geistigbehinderte Schüler werden immer noch - möglicherweise um ihrer Integration willen - zu sehr auf normkonformes Verhalten getrimmt. Dies fördert aber kaum ihre Lernbereitschaft bzw. ihr Lerninteresse und erschwert mit Sicherheit auch mögliche Lernerfolge. Es ist ein Lernen, das mit ihnen als Person zu wenig zu tun hat. Ihr Erlebensfeld, ihre Lebensbezüge, ihr Erfahrungshintergrund und auch ihre Besetzung finden in der Zielfindung und in der Lernplanung immer noch zu wenig ihren Niederschlag. Verfolgen wir als Pädagogen bewußter diese "subjektive Spur", ergeben sich bald erste Konflikte mit den Normen unserer Gesellschaft. (So setzt sich ein 18jähriger Schüler eben nicht mehr in einen öffentlichen Sandkasten und spielt mit Sand). Das gilt für die Bereiche des konkreten Alltags ebenso wie für Lebenssituationen aus dem Bereich der Ästhetik, der Religion, der Sexualität, der Kunst. Dabei wissen wir nicht erst seit der eindrucksvollen Arbeit von *Hintersberger* (1978), daß Normen an sich zwar zu fordern sind, daß einerseits verhaltensbiologische, sogar stammesgeschichtliche Anteile diese mitbestimmen, andererseits aber gerade diese Anteile auch der Forderung nach normorientiertem Verhalten entgegenstehen.

Normen spielen jedoch nicht nur im Bereich zwischenmenschlicher Beziehungen eine entscheidende Rolle. Normen sind mit jedem Objekt, mit jeder Situation, mit jeder Handlung verbunden. Normen sind in diesem Sinne Ergebnisse bzw. Festschreibungen objektiver Gegebenheiten oder Zustände, die für den Umgang, für die Verwendung und für die gegenseitige Verständigung von ausschlaggebender Bedeutung sind. So ist es nur zu verständlich, daß alle Kinder vom Anbeginn ihrer Erziehung der Forderung nach dem "Erlernen objektiver, genormter oder auch normativer Gegebenheiten" beggnen. Sie lernen die Mächtigkeit von Mengen, physikalische Gesetzmäßigkeiten und sachbedingte Eigenschaften, Verhaltensüberinkünfte, Regeln und Verordnungen kennen und zu respektieren. Sie werden für Dinge gelobt, die sie überraschen, und für Handlungen bestraft, deren Sinn ihnen verborgen bleibt.

Somit ergibt sich als erste Regel für den Unterricht mit geistigbehinderten Schülern, hier einen Ausgleich zwischen dem Schüler und der Welt zu finden.

Regel 1

Ein sonderpädagogisch geführter Unterricht mit geistigbehinderten Schülern findet einen Ausgleich zwischen dem subjektiv Bedeutsamen und dem objektiv Notwendigen.

Ein kleines Beispiel aus der Praxis soll die Bedeutsamkeit dieser Regel veranschaulichen:
Einer Gruppe von geistigbehinderten Schülern aus der Mittelstufe sollen verschiedene Lichtquellen bekannt gemacht werden - mit dem Ziel, diese dann nach deren objektiven Nützlichkeit unterscheiden zu können.

Es wurden ihnen fünf Leuchtkörper bzw. Lichtquellen sehr formal vorgestellt: Das Streichholz, die Kerze, die Taschenlampe, die Tischleuchte und die Deckenlampe. Die Schüler erfuhren, erprobten und besprachen, daß jede Lichtquelle ein "anderes" Licht, ein typisches Licht erzeugt. Diese objektiven Feststellungen wurden je nach Fähigkeiten der Schüler in einfachen Sätzen - mit Worten und/-oder mit Bildern an der Tafel festgehalten:

- das Streichholz gibt kaum Licht
- die Kerze gibt wenig Licht
- die Taschenlampe gibt gezieltes Licht usw.

Dann sollten diese Sätze zur Festigung wiederholt bzw. gelesen werden. Manfred, ein durchschnittlich befähigter geistigbehinderter Schüler "las" Folgendes (in seiner leicht agrammatischen Sprache):

Papa - Zigarette - Streichholz
Kerze - Oma - Bett
Taschenlampe - Mama Mess(e) usw.

Für Manfred waren diese Gegenstände, die er einzeln schon kannte, durch den Unterricht in einer Art Überblick betrachtet worden. Ihren objektiven Bedeutungsgehalt jedoch konnte er nicht internalisieren. Er war noch ganz durch das häusliche Erleben gefangen. Für ihn hätte das Weiterlernen anders ansetzen müssen.

Vielleicht wäre es gelungen, diese häuslichen Erfahrungen und "Einsichten" auf den eigenen Umgang mit diesen Lichtquellen zu übertragen bzw. auszuweiten:

- "Wenn *ich* Licht zum ... brauche, nehme ich ...!" - oder:
- "Mit dem Streichholz kann ich *mir* ...!" - oder (was noch schwerer ist):
- "Mit der Kerze kann *man* ...!"

Ausgangspunkt aller unserer unterrichtlichen Bemühungen muß die "subjektive

Spur" sein. Wenn es uns nicht gelingt, den didaktischen Weg dort beginnen zu lassen, werden wir einen Unterricht, der methodisch noch so raffiniert oder gar kunstvoll ist, für unsere Schüler lediglich zelebrieren, ohne einen Funken an Bildung oder Lernen zu erreichen.

Diese Feststellungen bedeuten nicht, im Feld des Subjektiven oder Individuellen stehen zu bleiben. Selbstverständlich steuern wir als Fernziel den "Aufbau der Wirklichkeit" (vgl. *Piaget* 1975) im Kinde an mit einer möglichst großen, jedoch schrittweisen Annäherung an die sog. "objektive Welt" (vgl. *Breitinger/ Fischer* 1981). Objektive Fakten finden sich in den verschiedensten Situationen als "gleich" wieder; sie bieten Sicherheit, weil man sich an ihnen orientieren kann, und sie leisten letztlich Entlastung, wenn man mit anderen sich verständigen will. Sie sind ein wichtiger Schritt im Hinblick auf das Vertrauen, das wir in unseren Schülern bzgl. unserer/ihrer Welt wecken und festigen wollen.

Als ein anspruchsvolles Beispiel für ein gelungenes, "objektiv" geführtes Lernen können die "Prototypen" dienen, wie sie von *Westphal* entwickelt wurden (vgl. *Fischer* 1981). So wird ein geistigbehinderter Schüler im Bereich der "Technischen Elementarerziehung" den Automaten als einen solchen Prototyp kennenlernen, der Geld 'schluckt', dafür auch etwas gibt. Hat er diesen "Regelkreis" verstanden, kann er viele Situationen souverän bewältigen: Den Automaten zum Lösen einer Eintrittskarte für das Schwimmbad ebenso wie für das Museum, den Duschautomaten ebenso wie den für Briefmarken an der Post.

Was aber bleiben und von uns auch angestrebt wird, ist die enge Verbindung von erfahrbaren Informationen und objektiven Gegebenheiten durch die eigene Person. Wir werden geistigbehinderte Schüler selten mit einer "Sache an sich" plagen. Sie muß für ihn und sein Leben Bedeutung gewinnen. Somit müssen sich für ihn letztlich "seine Bedeutungen von den Dingen dieser Welt verändern" (*Combs* 1975). Die Dinge müssen zu "Sachen für mich" werden.

Dies ist wahrscheinlich der höchste und gleichzeitig der wichtigste Lernerfolg, den wir uns für geistigbehinderte Schüler vorstellen können. Die "Veränderung der Bedeutungen" kann die eigene Leistung und damit die eigene Wertschätzung betreffen, wie auch die Einschätzung und Bewertung der Welt. Das ist gleichermaßen wichtig, unabhängig davon, ob es sich um die soziale, die materiale (gegenständliche) oder um die personale Umwelt handelt. Das Wissen bzw. die Erfahrung dessen, was ICH kann - zum Beispiel einen Graben überwinden - und die Erfahrung bzw. das Wissen, was ICH *mit* der Umwelt anfangen kann - zum Beispiel, wozu mir Seile helfen -, sind hier gemeint.

Regel 2

Erziehung und Unterricht müssen sich verstärkt auf die Gegenwart des geistigbehinderten Schülers ausrichten - und dürfen nicht nur die Zukunft im Auge haben.

Diese Regel spielt besonders bei der Zielsetzung, sicher aber auch bei der Inhaltsfindung eine entscheidende Rolle. Über die bestimmenden Elemente im Hinblick auf die Zukunft werden wir im Kap. 3.3 genauer nachdenken. Weitaus schwieriger ist es, die Gegenwart eines Kindes so zu erfassen und zu verstehen, wie diese vom jeweiligen Schüler erlebt und nicht selten auch erlitten wird. Einen gewissen Zugang erreichen wir, wenn wir uns die "Enge bzw. Weite des Erlebens- und Lebensfeldes" eines Schülers verdeutlichen (vgl. *Fischer* 1981). Aus diesem bezieht der jeweilige Schüler seine Erlebnisse, seine Erfahrungen und seine Kenntnisse, die dann als Vorstellungshintergrund, als Erwartungen und Hoffnungen, vielleicht auch als Sorge oder Angst auf das Lerngeschehen einwirken. Sie färben das Vertrauen einer Lernaufgabe, einer Aufforderung oder eines Auftrages bis dahin, daß diese vom Schüler mißverstanden oder fehlgedeutet werden. So kann für den einen Schüler die Aufforderung "Wir bellen wie die Hunde" ein großes Vergnügen bereiten und er dadurch zu lautlichen Äußerungen kommen, während der andere Schüler in Erinnerung an ein Erlebnis mit einem Hund vor Angst zusammenzuckt und seine Spiel- und Lernbereitschaft völlig zum Erliegen kommt.

Dieses einfache Beispiel läßt auf mögliche kompliziertere schließen. Ist man sich als Lehrer oder Erzieher bezüglich dieses persönlichen Hintergrundes nicht sicher, empfiehlt es sich, gemeinsame Erlebnisse vorzuschalten, um einen einigermaßen gleichen Ausgangspunkt zu haben und nicht an die individuellen, oft so unterschiedlichen Erinnerungen bzw. Vorstellungsinhalte der einzelnen Schüler anknüpfen zu brauchen. Durch die vorhin geschilderte Neigung zur 'Besetzung' oder Fixierung, gleichzeitig durch die geringeren Erlebnis- und Erfahrungsmöglichkeiten sind bei geistigbehinderten Schülern Vorerfahrungen einmaliger und damit oft prägender bzw. rigider, als dies bei nicht-behinderten Kindern der Fall ist. Diese können von einem Erlebnis auf das andere umschalten und aus ihrem Erlebnisschatz auswählen bzw. aus Erlebnissen oder Erfahrungen flexible Schlüsse ziehen, was so geistigbehinderten Schülern kaum oder nur bedingt möglich ist. Die persönlichen Verletzungen, die ebenfalls persönlichen Bedürfnisse und Wünsche, Notwendigkeiten und Möglichkeiten sind damit noch lange nicht "erfaßt". Auf sie aber käme es gerade an, auf sie hat ein behinderter Schüler bevorzugtes Anrecht, wenn er in eine Schule geht, die sich Sonderschule nennt, oder einen Unterricht besucht, der sich als "Sonderpädagogik" versteht. Er darf sich nicht in einem Weniger erschöpfen, sondern müßte sich durch ein Mehr, bezogen auf "das Kind", ausweisen. Er verfolgt das Leben und nicht den Plan, er sieht das Kind und nicht primär das Fach.

Regel 3

Unterricht soll nicht nur Informationen, Fähigkeiten und Fertigkeiten vermitteln, sondern in besonderem Maße auch Lebensperspektiven und Sinn.

Unter Sinn stellt man sich gemein übergeordnete Einsichten oder hintergründig-metaphysisches Verständnis von Wirklichkeiten vor. Manchen ist allein die Forderung nach "mehr Sinn" im Lernen - besonders bei geistigbehinderten Menschen - verdächtig, weil sie darin eine Rückkehr in überwundene didaktische Denkweisen der Bildungstheorie bzw. der normativen Didaktik vermuten. Nun brauchen sich die Forderung nach *mehr* Sinn und die Forderung nach konkretem Leben und Lernen keineswegs ausschließen oder widersprechen.

Sinn erschließt sich bereits auf sehr einfacher und konkreter Ebene. Ein Schüler empfindet eine Lernaufgabe dann schon als sinnvoll, wenn er die Lernaufgabe als eine Aufgabe für sich erkennt, d.h. als etwas in sich Geschlossenes, die ihm etwas bedeutet, die er anpacken und lösen will.

Für geistigbehinderte Kinder stellt sich diese einfach scheinende Forderung nicht selten als *Über*forderung dar. Aufgrund ihrer Wahrnehmungsmöglichkeiten, vielleicht auch aufgrund ihres "kognitiven Andersseins" (*Thalhammer* 1974), haben sie schon Schwierigkeiten bei der Erledigung von selbst einfach anmutenden Aufgaben. Aufgrund fehlender Fähigkeiten oder ungenügender Einübung erreichen sie nur die "ersten Informationen" zu einer Aufgabe; sie greifen sie auf und tun etwas vielleicht Passendes dazu. "Unterwegs", d.h. während des Ausführungsversuchs erreichen sie korrigierende oder ergänzende Details, die dann aber bereits irritierend wirken. Geistigbehinderte Schüler sollten von Anfang an lernen, eine Lernaufgabe als etwas Ganzes zu sehen, besser noch als Ganzes zu verstehen. Sie müssen wissen, daß diese einen Anfang, aber auch ein Ende hat, und daß dabei ein Produkt herauskommen soll, also ein Ziel zu erreichen ist, das man später mit Hilfe eines Gütemaßstabes zu qualifizieren, d.h. einzuschätzen und zu beurteilen lernt.

Methodisch ist es nicht einfach, geistigbehinderten Schülern eine Aufgabe als *Ganzes* zu verdeutlichen. Aufgaben, die geistigbehinderte Schüler als Ganzes erfassen sollen, müssen entweder knapp im Umfang sein oder in Teilschritten - jedoch wiederum begrenzt in der Anzahl - gegliedert angeboten werden. Die Gefahr mechanischen Lernens ist über die Maßen groß und die Ausbildung von neuen Abhängigkeiten dadurch ebenso. Erziehung aber soll dort Befreiung schaffen, wo diese dienlich ist und dort Beziehungen stiften, wo solche nützen.

Eine Lernaufgabe ist dann besonders schwer als ein solches Ganzes zu erfassen, wenn sie verbal gegeben werden muß. Und noch schwieriger wird es, wenn das entstehende Produkt nicht überprüft werden kann.

Dies ist besonders im Sport der Fall. Nahezu jede Anleitung oder Aufgabenstellung wird verbal erfolgen, sicher unterstützt durch ein Vormachen - was jedoch erst getrennt, dann gemeinsam erfolgen sollte -; und das Produkt selbst, die Übung am Reck oder das Überwinden der Heidelberger Treppe, stellt wiederum nur einen Verlauf dar, der bis auf ein mögliches Stolpern oder Hängen-Bleiben nur bedingt für den ausführenden Schüler in seiner Qualität erfahrbar und erfaßbar ist. Anders liegen die Dinge im Werken oder in der Hauswirtschaft. Hier präsentieren sich dem Schüler seine Schneideergebnisse als Erfolg oder Mißerfolg - ergänzend vielleicht zu der Tatsache, daß er sich diesmal nicht in den Finger geschnitten hat.

Einen zusätzlichen Sinn erhalten Lernaufgaben und damit dann auch ihre Ergebnisse, wenn sie in den Besitz des Schülers "gelangen". Allein dadurch, daß wir diesen einen *Namen* geben, sie für den Schüler überzeugend und eindrücklich benennen, kann dies erreicht werden. "Wir brüllen wie die Löwen" wäre ein anschauliche Beschreibung einer Übungsaufgabe, "Wir spielen jetzt das Löwenspiel" ihre entsprechende Benennung. Der Schüler hat auf diese Weise eine Spielidee mehr in seinem Erinnerungsrepertoire; er kann dadurch leichter eine Beschäftigung aussuchen und diese für das Zusammensein mit seinen Kameraden als Spiel vorschlagen. Lernpsychologisch wird eine Tätigkeit, mit einem Begriff verbunden, im Bewußtsein einprägsamer verankert als dies lediglich über das Tun der Fall ist. Wir sollten unseren geistigbehinderten Schülern viele solche "Denk-" oder "Erinnerungs-Bausteine" zur Verfügung stellen, denn "wer neue Bilder schafft, schafft neue Gedanken" (*Jean Paul*). Ein Kind hat auf diese Weise auch mehr Möglichkeiten, z.B. im Rahmen der Familie von seinen Erlebnissen zu berichten - vorausgesetzt, es verfügt über die aktive Sprache und findet außerdem eine hörbereite Umgebung. Über die Elternarbeit muß um Verständnis und Geduld dafür geworben werden. Für ein positives Selbstwertgefühl ist es jedoch wichtig, daß ein Kind sich mitteilen kann *und* darf, d.h. daß es sich gefragt fühlt. "Löwe" bzw. "Löwenspiel" zu sagen - und gleichzeitig begeistert zu sein von einem Spiel im Rahmen der Schule, das wäre doch schon ein beachtlicher und somit anzustrebender Erfolg.

Regel 4

Unterricht mit geistigbehinderten Schülern darf nicht nur fähigkeitsorientiert sein.

Aus der Sicht der Geistigbehinderten-Pädagogik, versteht sie sich als "lebenspraktische Bildung", gilt:

Geistigbehinderte Menschen sollen möglichst selbständig und unabhängig von Pflege werden. Sie sollen sich selbst versorgen, sich im Verkehr zurecht finden und Bedürfnisse sich selbst erfüllen können. Das alles jedoch sind Fähigkeiten bzw. macht Fähigkeiten notwendig. Zusammengefaßt wird eine auf den Alltag zielende Handlungsfähigkeit oder Handlungskompetenz angestrebt.

Sicher sind Handlungen meist an einen Gegenstand gebunden - sowohl während der Phase des Erlernens als auch in der Phase der Ausübung oder Anwendung. Objekte haben grundsätzlich jedoch nicht nur dienenden Charakter. Sie repräsentieren unsere Welt, in der wir leben und auf die hin wir auch geistigbehinderte Schüler erziehen wollen. Eine vorwiegend fähigkeitsorientierte Pädagogik reduziert die Möglichkeiten, die im Kennenlernen der Welt für unsere Schüler stecken und nützt auch deren Lern- und Erfahrungsmöglichkeiten zu wenig aus. Fehlende oder lediglich sporadische Erfahrungen vermitteln ein ärmliches, bedrohliches fremdes Bild von unserer Welt (vgl. *Prange* 1980). Die Welt wird in der Schule für Geistigbehinderte zwar schon vorgestellt - mit Hilfe sog. Objekterkundung (vgl. *Fischer* 1981) -, oft aber nur an wenigen ausgesuchten Gegenständen. Auch die Welt geistigbehinderter Kinder darf nicht nur aus dem "Pausen-Apfel", dem "Meerschweinchen im Zimmer" und der "Schultasche" bestehen. Es muß in ihnen jener Reichtum von Welt entstehen, den wir im Bereich des Essens, der Hygiene und Körperpflege, der Freizeit, der Arbeit, der zwischenmenschlichen Beziehungen, der Kunst und Religion, der Natur und der Technik als Mitglied eines kulturellen Lebenskreises zur Verfügung haben und innerhalb dessen wir uns als Menschen bewegen.

In einem kleinen Experiment zur Frühstückspause wurde eine solche Ausweitung versucht. Geistigbehinderte Kinder lernten die verschiedensten Wurst-, Brot- und Obstsorten kennen, die 'Gesundheit' der Nahrungsmittel zu verstehen und gleichzeitig auch deren Wert bis hin zum Kaufpreis einzuschätzen. Nach einem halben Jahr waren die Schüler fähig, ihr Pausenbrot - als "neue Welt" entdeckt und aufgefaltet - selbst einzukaufen und in vielfältiger Weise nach verschiedenen Maßstäben selbst zu beurteilen.

Der "Aufbau der Wirklichkeit" *(Piaget)* muß durch alle Fach- und Lernbereiche hindurch konsequent und sehr ernsthaft vollzogen werden. Er reichert die Phantasie ebenso an wie die Möglichkeit der Betätigung. Ein ausschließliches Erlernen von Fähigkeiten fordert die geistigen Kräfte zu wenig heraus. Die Neugierde wird kaum beansprucht, eher die Geduld und Ausdauer, Übungsleistungen zu erbringen. Eine vielfältige Begegnung mit der Umwelt in Form ausgewählter Lernaufgaben und Lernsituationen regt zum Entdecken, zum Ausprobieren und Experimentieren an. Fehlt eine solche reichhaltige, faszinierende, zumindest anregend "äußere Welt", bleibt als Alternative der Weg in die "innere Emigration". Und dieser Weg ist ein häufig gewählter Schicksalsweg von Menschen, die mit einer geistigen Behinderung leben müssen. Unterricht mit geistigbehinderten Schülern will das "Leben lernen". Die Welt kennenlernen, Beziehungen zur Welt stiften und sie positiv gestalten, gelten als die wesentlichen Aufgaben hierbei.

3.3 Spezielle Probleme im Unterricht mit geistigbehinderten Schülern, die besondere Beachtung verdienen

Aus der Vielzahl der Probleme sollen *vier* ausgewählt werden, das der (1) Heterogenität, der (2) Lern- und Lebensfelder, der (3) Konkretheit und der (4) Prozeß-Orientiertheit.

Zum Problem 1: Die Heterogenität

Ein häufiges, gravierendes Problem stellt die Heterogenität der meisten Klassen für Geistigbehinderte dar. Allein ein kurzer Rückblick auf die sechs unterschiedlichen Gruppen (siehe 3.2), die ja in irgendeiner Form alle in unterschiedlicher Zusammensetzung in einer Klasse mit geistigbehinderten Schülern anzutreffen sind, läßt die Tragweite dieses Problems erahnen. Dazu kommen wesensmäßige Unterschiede, die aus den verschiedenen Ätiologien der geistigen Behinderung erwachsen (z.B. Kinder mit Down-Syndrom, mit autistischen Zügen, mit einer epileptischen Symptomatik), die verschiedenen Schweregrade der geistigen Behinderung und zusätzliche Behinderungen wie Sinnes- oder auch Körperbehinderungen. Schließlich ist noch an die unterschiedlichen persönlichen Begabungen, Bedürfnisse und Vorlieben zu denken. Dies alles zusammengenommen sind Faktoren, die die Heterogenität von geistigbehinderten Klassen in ihrer ganzen, an anderen Schulen kaum anzutreffenden Komplexität bedingen. Sie ist pädagogische Realität, die es sowohl erziehlich als auch didaktisch-methodisch zu bewältigen gilt.

Bezüglich der Mitführung oder Eingliederung von schwerstbehinderten Schülern in Klassen mit weniger behinderten Schülern sei u.a. auf die Ausführungen von *Fischer/Breitinger* (1981) verwiesen.

Aus pädagogischer Sicht schafft Heterogenität viele Lern- und Entwicklungsmöglichkeiten, besonders im sozialen Bereich. Sie macht den einzelnen Schüler sensibler für seine Mitschüler. Das hilft ihm, seine Begabungen, Bedürfnisse, Vorlieben, aber auch Fähigkeiten und Grenzen besser einzuschätzen, weil er sie im Spiegel der anderen sieht. Er lernt auf diese Weise, mit den eigenen, vielleicht bescheiden anmutenden Möglichkeiten vielfältiger umzugehen und diese mit der Zeit dann auch zu schätzen.

Wie aber geht man im didaktisch-methodischen Bereich mit den Problemen der Heterogenität einer Klasse um? Heterogene Klassen schließen den Frontalunterricht weitgehend aus (vgl. *Kelly* 1981). Stunden des gemeinsamen Lernens sind "Konzentrationspunkte" im Laufe eines Lerntages; hier trifft man sich, stellt Aufgaben, die man ausgewählt bzw. die man geleistet hat und "holt sich neue Erlebnisse ab". Auch Feiern und sonstige musischen Vorhaben wird man gut bei aller Heterogenität gemeinsam gestalten können.

Das eigentliche *Lernen* in heterogenen Klassen allerdings bringt die Notwendigkeit mit sich, daß die Schüler verstärkt Lernaktivitäten selbst entwickeln und ihr Lernen auch zunehmend selbst zu steuern imstande sind. Das ist insgesamt positiv zu sehen, stellt an die Schüler allerdings erhöhte Ansprüche über lange Zeit. Geistigbehinderte Schüler müssen dazu erst befähigt werden. Die höhere Rate an Eigenaktivität der Schüler findet auf der didaktisch-methodischen Ebene des Lehrers ihre Entsprechung. Gemeinsames Lernen ist in Form von Erlebnissen, Projekten oder von Vorhaben gut möglich. Hier kann für jeden Schüler - gemäß seinen Fähigkeiten, seinen Interessen und Möglichkeiten - sein Anteil herausgefiltert werden.

Schwieriger ist es bei Lernaufgaben, wo ein bestimmtes Maß an Fähigkeiten vorhanden sein muß, um einen Erfolg zu erzielen. So kann man eben erst ab einer gewissen Niveaustufe von motorischen, sozialen und kognitiven Fähigkeiten Fußball spielen oder ein Umwelt-Projekt starten. Ähnlich schwierig ist es bei Lernaufgaben, die gezielt bestimmte Fähigkeiten wie Schneiden, Lesen oder Sägen ansteuern. Hier muß jeder Schüler für sich - Schritt für Schritt - an seinem Stand ansetzen und systematisch weiterlernen.

In heterogenen Klassen werden diese Aufgaben nicht immer mit Binnendifferenzierung zu bewältigen sein. Der Lehrer wird nicht umhin können, auch Maßnahmen der äußeren Differenzierung zu ergreifen und Lern- bzw. Leistungsgruppen außerhalb der eigentlichen Klasse zu bilden. Diese sind jedoch nur sinnvoll und dem Schüler dienlich, wenn sie pädagogisch gehandhabt werden (vgl. *Kelly* 1981), d.h. keiner Vereinzelung oder gar einer Stigmatisierung Vorschub leisten. Heterogene Klassen erfordern "schülerorientiertes Lernen", d.h. ein Unterrichten und Erziehen, das dem einzelnen Schüler individuell gilt. Er wird lernen müssen, eigenständig und selbstgesteuert zu arbeiten, will er Erfolg haben. Dies jedoch wird bei geistigbehinderten Schülern meist nur mit Hilfe einer Bezugsperson gelingen. Aus diesem Grunde wird sich für viele Unterrichtssituationen in heterogenen Klassen ein "Zwei-Lehrer-System" als dringend notwendig erweisen.

Zum Problem 2: Die Lebensfelder

Bei den bisherigen Überlegungen kamen Fragen des *Inhalts* zu kurz. "Leben lernen" zeichnet eine gewisse Grobstruktur vor. Geistigbehinderte Kinder sollen, ja müssen das lernen, was ihnen in ihrem Leben nützt. In der didaktischen Gesamtdiskussion werden besonders unter dem Einfluß der lerntheoretischen Didaktik sog. Lebensfelder als mehr oder weniger objektive Größen für die Inhaltsfindung und die Lernzielplanung ausgewiesen. Wer aber sagt, daß für geistig- und mehrfachbehinderte Schüler die Lebensfelder 'Arbeit', 'Freizeit', 'Partnerschaft', 'Wohnen', 'Verkehr' und 'Öffentlichkeit' die für sie relevanten Lebensfelder sind, auf die es sich vorzubereiten lohnt? Ist der Beruf tatsächlich ein Lebensfeld, in dem sich das Leben für geistigbehinderte Menschen entscheidend vollzieht? Ist es der Verkehr, den auch sie bewältigen müssen? Lebensfelder dieses Zuschnitts haben stark normkonformen Charakter, vielleicht auch eine integrationsstützende Funktion. Selbst für den nicht-behinderten Menschen sind sie nicht alles, wenn es um dessen Leben geht. Allein Fragen der Werte, der Ästhetik, der Kunst, vor allem aber der Lebensperspektive, der persönlichen Stabilität und der Ich-Kräfte spielen für ein erfüllendes ebenso wie für ein leistungsmäßig überzeugendes Leben eine gewichtige Rolle. Leben, das sich nur in der Bewältigung von Lebenssituationen erschöpft, das sich vor allem im Aktivsein realisiert und nur noch die Produktion, nicht mehr aber das Allseits-Warum-Fragen (*Ulrich Bach* 1980) kennt, kann so armselig werden, daß es kaum mehr den Namen "Leben" verdient.

Sonderpädagogen müssen wohl in Zukunft beides verstärkt tun, zum einen die der aktiven Seite des Lebens zugehörenden Lebensfelder im Auge haben und dafür ertüchtigen, wo es sich als verantwortlich und sinnvoll erweist, zum anderen sich auf die Suche machen, Lebensinhalte zu finden, "wenn mein Mund nicht sprechen kann, meine Hand nicht greifen kann und meine Füße nicht gehen können" (*Katzer* 1980). Es müssen Lebensfelder sein, in denen die Behinderung nicht als Störung, als "Kreuz" oder als "Strich durch die Rechnung" empfunden wird, sondern dem jeweils Betroffenen die Behinderung Bestandteil seines Lebens "sein darf".

Hier bekommt dieses "Allseits-Warum-Fragen" seine endgültige Gewichtung - eine Gewichtung, die nicht im Negativen endet, nach verlorener Gesundheit oder nach nicht wahrnehmbaren Lebenschancen fragt. Es ist ein Warum-Fragen, das gleichwertig Schweres und Leichtes, Frohes und Trauriges, Gesundes und Krankes im Blick hat und so zu der Einsicht findet, das Leben "fröhlich und getrost" zu leben (*Mt* 5, 12). Und wenn wir nochmals nach Lerninhalten fragen, dann kann hier keine verbindliche Antwort stehen; letztlich müssen individuelle Antworten gefunden werden, Antworten für einen bestimmten Schüler und Antworten von einem bestimmten Lehrer. Daß hier ein Team fündiger ist, kontrollierter suchen und mehr Ideen zusammentragen kann, erklärt sich von selbst.

Im Hinblick auf den Fachunterricht ist festzustellen, daß aus dieser Sicht der Zielfindung Fachinteressen eine nachgeordnete Rolle spielen. Sicher kann man nur fachgemäß schwimmen oder lesen lernen. Fachinteressen im eigentlichen Sinne, als Bestandteil eines Bildungskanons oder von Curricula, haben nur Relevanz, wenn sie im Hinblick auf den Schüler zum "Leben lernen" (*Fischer* 1981) zusätzliche Qualitäten beitragen.

Zum Problem 3: Die Konkretheit

Von der lernpsychologischen Seite her gibt die notwendige Konkretheit Grenzen und Probleme auf. Gilt für den Unterricht grundsätzlich eine Dreistufigkeit des Lernens - Lernen auf konkret-handelnder, auf symbolischer und auf abstrakter Ebene -, so erfordert dies für die Unterrichtsgestaltung mit geistigbehinderten Schülern ein Umdenken. So sehr dem Schüler seine ihm eigene Konkretheit nützen mag, so sehr kann sie den Lernprozeß bzw. die Vermittlung belasten oder gar stören (vgl. *Fischer* 1979). Konkret können geistigbehinderte Schüler zusammen mit bestimmten Personen und im Rahmen bestimmter Situationen erstaunlich viel leisten. Die gleiche Aufgabe bleibt völlig unbewältigt, wenn entweder die Bezugspersonen wegfallen oder sich die Aussagesituationen verändern. Auf diesem Hintergrund erweist sich oft die Klage, geistigbehinderte Schüler lernen zu wenig, als falsch: Sie lernen unter bestimmten Bedingungen viel. Auf die gleichbleibenden Bedingungen kommt es eben an, soll sich ihr Lernerfolg als solcher dauerhaft erweisen. Es wird ein Lernen "Schritt für Schritt" notwendig werden, ein Lernen, das persönliche Bedürfnisse eingrenzt und sachimmanente Strukturen nach vorne kehrt, das aber trotzdem die "individuelle Konkretheit" zu respektieren gelernt hat und sie weder als Kränkung noch als Vorwurf mißbraucht bzw. mißversteht.

Zum Problem 4: Aufbau von Fähigkeiten und Fertigkeiten

Fähigkeiten und Fertigkeiten - als eines unserer Lernanliegen für geistigbehinderte Schüler - sind Bestandteile der sog. "funktionellen Ertüchtigung" (vgl. *Breitinger/Fischer* 1981). Sie sind dann für geistigbehinderte Schüler annehmbar, d.h. nicht verfremdet und frei von möglicher Dressur, wenn sie aufbauend gelernt werden. Dem Erlernen solcher Fähigkeiten müssen "funktionale Leistungen" vorausgehen, wie wir sie als "basales Lernen" (vgl. *Fischer* 1981) beschrieben haben oder von *Speck* (1981) als "entwicklungsbezogene Lernaufgaben" vorgestellt wurden. Erst ein solcher Fundus an psychomotorischen, kognitiven und emotionalen Grundleistungen läßt den nächsten Schritt tun, nämlich Fähigkeiten und Fertigkeiten, die der Alltag fordert, zu erlernen. Dem Schreibenlernen gehen Schreibvorübungen voraus, dem Schwimmen zum Beispiel Wassergewöhnungsübungen und Bewegungsfolgen im Medium 'Wasser'. Münden werden diese Lernbemühungen in ein Bewältigen und Gestalten überschaubarer Situationen, didaktisch als Projekte oder als Vorhaben gestaltet. Sie sind zum einen ein Vorausgriff in die Zukunft des Schülers, gleichzeitig aber Lebenshilfe für seine jeweils zu bewältigende Gegenwart zum anderen. Somit erhalten Unterricht und Erziehung einen unnachahmlichen Ernstcharakter und weisen jede Versuchung zur Infantilisierung oder den Verdacht einer "heilen Welt" weit von sich.

4. **Anstatt einer Zusammenfassung:**
   Erziehung und Bildung - auch im Lernbereich "Sport" - für geistigbehinderte Schüler?

Es steht mir als sportlicher Laie nicht an, den Sportunterricht in seiner didaktischen und methodischen Zielsetzung zu werten. Es sollen lediglich einige wenige Übertragungen aus dem bisherigen Gesagten versucht werden. Sportunterricht für Geistigbehinderte ist noch an vielen Schulen ein Novum (1981). Nicht wenige denken, Sportunterricht sei zu hart, zu fordernd, zu wenig heilpädagogisch für geistigbehinderte Schüler. Sie werden als sensibel, als verletzlich, als "zarte Pflänzchen" (eine Kollegin) eingeschätzt, denen man weder eine körperliche Anforderung zumuten, noch eine sportliche Leistung abverlangen kann. Inzwischen aber liegen vielfältige Erfahrungen aus dem Schulalltag, der Vereinsarbeit und dem Freizeitbereich mit Geistigbehinderten vor, daß die vielen Bedenken im Hinblick auf einen Sportunterricht für Geistigbehinderte differenzierten Planungen und engagierten Aktivitäten gewichen sind. Der Sportunterricht besitzt besonders für geistigbehinderte Schüler aus sonderpädagogischer wie aus sonderdidaktischer Sicht eine Reihe sog. Vorteile, die sich über die konkrete Unterrichtssituation hinaus für die gesamte Entwicklung der jeweiligen Schüler förderlich auswirken:

- Der Sportunterricht beansprucht geistigbehinderte Schüler ganzkörperlich. Er vermittelt Eindrücke, Erlebnisse und Erfahrungen bezüglich des eigenen Körpers und der eigenen Person.

- Der Sportunterricht stellt Aufgaben, die, wenn sie überschaubar, verstehbar und motivierend vermittelt werden können, zur anzustrebenden Handlungsfähigkeit und damit auch zur Sinnfindung beitragen.

- Der Sportunterricht stiftet Beziehungen zur Welt über die Dinge aus der Welt wie das Klettergerüst, die Halle, das Schwimmbad; aber auch an sogenannte Kleingeräte wie den Ball, das Seil, die Treppe sei gedacht.

- Der Sportunterricht vermittelt sowohl basale als auch weiterführende Fähigkeiten und Fertigkeiten, die zur "funktionalen Grundausstattung" beitragen und gleichzeitig das Selbstwertgefühl heben.

- Der Sportunterricht ermöglicht vielfältige Gruppenkontakte, besonders dann, wenn die Heterogenität nicht als störender Faktor, sondern als zu bewältigende Herausforderung gesehen wird. Er trägt bei zur realistischen Einschätzung des eigenen Vermögens und Mögens und macht sensibel für die Bedürfnisse und Leistungen anderer.

- Der Sportunterricht erweitert den "Aufbau der Wirklichkeit", wenn er nicht nur sportliche Leistungen verfolgt, sondern auch sportliche Lebenssituationen aufgreift:
"Wir schauen zusammen ein Eishockey-Spiel an."
"Wir besuchen das Olympia-Stadion."
"Wir helfen bei der Gestaltung (beim Aufbau) des Sportfestes mit."
"Wir lernen die Sportvereine unserer Stadt kennen".

Hier ist die Zusammenarbeit mit den anderen Lehrern und Erziehern der jeweiligen Klasse nötig. Die Möglichkeiten des "Integrierten Lernens" (vgl. *Fischer/Mehl* u.a. 1979) sind noch lange nicht ausgeschöpft. Sportunterricht zählt nach herkömmlichen didaktischem Verständnis zum Fachunterricht. An der Schule für Geistigbehinderte jedoch sollte er sich um ein erweitertes bzw. verändertes Selbstverständnis bemühen und daraus neue Impulse gewinnen, aber auch solche von sich aus setzen. Sportunterricht für Geistigbehinderte kann Wesentliches zum "Leben lernen" (*Fischer* 1981) für Menschen beitragen, die ihr Leben im Zusammenhang mit einer geistigen Behinderung leben und gestalten müssen. Dies ist dann der Fall, wenn sich der Sportunterricht anstecken läßt von einer Erziehung und Bildung, die den Menschen in seiner Wesenhaftigkeit sucht und nicht die Behinderung zum Ausgang und Zielpunkt sonderpädagogischer Arbeit erklärt. Sportunterricht in dieser Hinsicht auszuloten, erscheint nicht nur als lohnende, sondern als notwendige Aufgabe, die bislang weder von der Theorie noch von der Praxis hinreichend gesehen wird.

Dem geistigbehinderten Menschen aber würde es sehr dienen.

Literatur

Aebli, H.: Grundformen des Lehrens. Stuttgart 11/1978

Bach, H.: Geistigbehinderten-Pädagogik. Berlin 6/1979

Bach, U.: Gesundheit aus der Sicht behinderter Menschen. In: Z Theologia Practica. München 4, 1980, 256-269

Breitinger, M. / Fischer, D.: Neues Lernen mit Geistigbehinderten - Intensivbehinderte lernen leben. Würzburg 1981

Brezinka, W.: Vertrauen zerstören, verneinen, umwerfen. In: FAZ Nr. 292 vom 16.12.1980

Caruso, I.: Trennung der Liebenden. Eine Phänomenologie des Todes. Bern 1968

Combs, A. u.a.: Die helfenden Berufe. Stuttgart 1975

Fischer, D.: Zum Problem der Vermittlung im Unterricht mit Geistigbehinderten. In: *Hofmann, Th.* (Hrsg.): Beiträge zur Geistigbehinderten-Pädagogik. Rheinstetten 1979

Fischer, D.: Neues Lernen mit Geistigbehinderten - eine methodische Grundlegung. Würzburg 1981

Fischle-Carl, Hildegard: Lust als Steigerung des Daseins. Stuttgart 1980

Gershake, G.: Die Wüste bestehen. Freiburg 1979

Hintersberger, Benedicta: Theologische Ethik und Verhaltensforschung. München 1978

Kelly, A.: Unterricht mit heterogenen Gruppen. Weinheim 1981

Katzer, M.: Texte zu einer Messe für geistigbehinderte Kinder. Krailling 1980

Miller, Alice: Am Anfang war Erziehung. Frankfurt 1980

Nipkow, K.E.: Kind-Kindergarten-Gemeinde. Z Pädagogik, Göttingen 1/1980

Piaget, J.: Der Aufbau der Wirklichkeit beim Kinde. Stuttgart 1975

Prange, K.: Pädagogik als Erfahrungsprozeß. Stuttgart 1978

Robinsohn, S.B.: Bildungsreform als Revision des Curriculums. Neuwied 1971

Schmidbauer, W.: Alles oder nichts. Zur Destruktivität der Ideale. München 1981

Speck, O.: Geistige Behinderung und Erziehung. München 4/1980

Thalhammer, M.: Umgang mit Geistigbehinderten. In: Z Theologia Practica, 4, 1980, 310-321

Die Schule für Geistigbehinderte auf der Suche nach Inhalt und Ziel

(1978)

1. Vorbemerkungen

Nicht nur dort, wo man daran geht, Tagesbildungsstätten in Schulen für Geistigbehinderte umzuwandeln, ergeben sich Probleme im Zusammenhang mit der schulischen Bildung geistigbehinderter Kinder und Jugendlicher. Probleme mit 'ihrer' Schule für Geistigbehinderte haben auch die Länder, die schon relativ lange Schulbildung für Geistigbehinderte anbieten (in Bayern z.B. seit 1963) und sich intensiv um ein didaktisch-methodisch wie sonderpädagogisch überzeugendes Konzept bemühen. Die Kritik an dieser neuen Schulart nimmt in letzter Zeit spürbar zu. Nicht nur 'von außen' werden kritische Stimmen deutlicher formuliert. Auch die Mitarbeiterinnen und Mitarbeiter dieser Schule selbst bemerken, daß sich ihr erster Elan zu verflüchtigen beginnt. Größere Nüchternheit und Fragen nach dem Sinn des jeweiligen Tuns stellen sich ein. Eine erneute, weitere Verunsicherung bringt die alle Schulen erfassende Umorientierung in der Didaktik insgesamt von einer mehr stoff- bzw. bildungsorientierten zu einer primär lernziel-orientierten mit sich. Während die Mitarbeiterinnen und Mitarbeiter der Tagesbildungsstätten um ihren Arbeitsplatz ebenso fürchten (vgl. ZfH 2, 2. Heft, 1978, 36 ff) wie um "ihre" geistigbehinderten Kinder und sich fragen, ob eine Schule mit ihren vielfältigen Systemzwängen den Lernbedürfnissen dieser Kinder und Jugendlichen wirklich gerecht werden kann, ringen die erfahrenen Schulleute bereits bestehender Schulen für Geistigbehinderte um ein stimmiges Curriculum für diese Schule. Sie fragen sich, inwieweit man die Bildungs- und Erziehungsanliegen der Schule für Geistigbehinderte unbeschadet in ein Curriculum einbinden kann, ohne daß das Typische dieser, in ihrer Struktur sicherlich einmaligen Schule verloren geht. Die Gefahr der Programmierung und Neutralisierung des geistigbehinderten Schülers durch ein falsch verstandenes Lernziel-Einerlei besteht tatsächlich, wenn bei curricularen Planungen nicht behutsam und präzise gearbeitet wird. Das traditionelle Schulsystem kann sich unserer Schüler bemächtigen, wenn sich bei curricularen Planungen die Mitarbeiterinnen und Mitarbeiter der Schule für Geistigbehinderte nicht entschiedener zu Worte melden. Die Versuchung, sich vom sozialen Engagement für einzelne Schüler, für seine Klasse, für diese Schule zudecken zu lassen, ist groß. Die Folge könnte sein, die Schule für Geistigbehinderte 'von außen' zu konzipieren - fern tatsächlicher sonderpädagogischer Notwendigkeit, und die notwendige Weiterentwicklung dieser Schule samt ihrer Bedingungsfaktoren damit auszublenden, zumindest zu erschweren.

Auf diesem Hintergrund sind nachfolgende Überlegungen zu verstehen,

- wenn wir diskutieren, was Schule für Geistigbehinderte sein will und sein kann,

- wenn wir darstellen, was Schule für Geistigbehinderte inhaltlich bewegen soll,

- wenn wir untersuchen, inwiefern und inwieweit die curriculare Planung die Effektivität des Lehrens und Lernens im Zusammenhang mit geistigbehinderten Schülerinnen und Schülern zu steigern vermag.

2. Schulische Bildung - ein Grundrecht aller Menschen

2.1 Eine kritische Besinnung

Der oft zitierte und immer wiederholte allgemeine Anspruch auf Bildung aller Menschen muß erst "übersetzbar" sein, will man über seine Gültigkeit im Hinblick auf geistigbehinderte Menschen und über das darin sich ankündigende Prinzipielle bzgl. seiner Realisierung endgültig befinden. Die Frage, welche Bildungseinrichtung für Geistigbehinderte die Beste sei, steht für viele noch unbeantwortet im Raum (vgl. *Maeck* 1972; *Budde* 1978 u.a.).

Eine Antwort zu finden und diese Frage überzeugend in der Praxis zu lösen, ist von der Sonderpädagogik als theoretischem Hintergrund unserer Bildungsarbeit allein nicht zu leisten (vgl. *Bach* 1976; *Speck* 1974). Hier ist in gleicher Weise die Praxis selbst gefragt. Bislang wurde die Förderarbeit mit Geistigbehinderten in einigen Bundesländern weitgehend von SozialpädagogInnen und ErzieherInnen getragen. Jedenfalls waren sie in der Überzahl. Sie haben über Jahre hinweg geistigbehinderte Kinder betreut, begleitet, angeleitet, ihnen zu Fähigkeiten und Fertigkeiten verholfen und damit Sinn in ihr Leben gebracht. Für den Personenkreis der Sozialpädagogen ist tatsächlich schwer einzusehen, warum nun ihre Arbeit auf einmal nicht mehr genügen soll und daß man an ihrer statt nun hierfür eigens ausgebildete Lehrerinnen und Lehrer braucht.

Bei den neuen, sich ankündigenden Entwicklungen geht es nicht primär um ein "Nicht-mehr-Genügen". Vielmehr wird deutlich, daß auch die Unterrichts- und Erziehungsarbeit mit geistigbehinderten Kindern und Jugendlichen *didaktisch-methodisch anspruchsvolle* und keineswegs zweitrangige, lediglich sozialpädagogische Angelegenheit ist. Sie darf sich selbst nicht in den Winkel der Gesellschaft und auch nicht an den Rand pädagogischer Aktivitäten drängen lassen. Bildungs- und Erziehungsarbeit ist mehr als nur soziales Tun. Die Schule für Geistigbehinderte versteht sich nicht als soziales Betreuungsinstitut. Sie muß sich mit allen Konsequenzen zu ihrem didaktisch-methodischen Auftrag bekennen und ihn immer wieder zum Problem der dafür einschlägigen Wissenschaften wie der Pädagogik, der Psychologie und auch der Medizin erklären. Diese Qualifizierung steht noch aus, deshalb ist sie mit aller Vehemenz zu betreiben, u.a. dadurch, daß man die Bildungs- und Erziehungsarbeit für Geistigbehinderte als Aufgabe der Schule versteht, überzeugend darstellt und sie entsprechend gestaltet.

Damit wird keiner Schule das Wort geredet, wie sie landläufig noch verstanden wird. Weder Methoden noch Inhalte, weder Organisationsformen noch äußere Gestaltung sind unreflektiert zu übernehmen. Vielmehr ist ein *Umstrukturierungsprozeß* zu leisten, an dem sich *alle* beteiligen müssen, die sich um die Erziehung und Bildung, Förderung und Pflege geistigbehinderter Menschen bemühen und bereits Erfahrungen damit sammeln konnten. Dabei geht es nicht um ein Auseinanderdividieren, sondern um ein *Zusammenbinden* von Arbeitsaufgaben unter dem didaktischen Anspruch, der heute an eine Bildungseinrichtung zu stellen ist. Dies betrifft besonders das schwierige Mitarbeiterproblem (vgl. *Fischer* 1977, 76 f) an der Schule für Geistigbehinderte.

Muß es denn wirklich Schule für Geistigbehinderte sein? Ich meine ja, ohne jetzt bereits ausführen zu können, unter welchen Bedingungen dieses "Ja" überzeugend zu formulieren, einzulösen und zu gestalten ist. Es geht bei diesem Pro für eine Schule für Geistigbehinderte nicht um eine "Monopolisierung des Lernens" (*Illich*), sondern um die Überzeugung, daß "die Schule den Anspruch erhebt, der wichtigste Lernort zu sein, da nur hier die Lernvorgänge voll durchgeplant und systematisiert werden. - Gewisse, als notwendig erachtete Qualifikationen werden allein von der Schule vermittelt oder jedenfalls sachkundiger und besser als von anderen Bildungsagenturen wie z.B. von der Familie, der peer group, den Massenmedien usw." (vgl. *Westphalen* 1976, 4).

Kritische Beobachter der Schule verweisen mit Recht auf Momente, die die augenblickliche Schule nicht in positivstem Licht erscheinen lassen (vgl. Diskussion um Stress, Ideologisierung, Vernachlässigung des Erziehlichen etc.).

Auch eine Schule für Geistigbehinderte kann sich nicht unabhängig von gesellschaftlichen Bedingungen, von Umweltgegebenheiten und vor allem nicht losgelöst von ihrer Schülerschaft gesehen entwickeln, nicht beurteilt und auch nicht gestaltet werden.

2.2 Argumente für eine spezielle Schule für geistigbehinderte Kinder und Jugendliche

In unserer Argumentation, verstanden als Plädoyer für die Verwirklichung von Bildung und Erziehung für geistigbehinderte Menschen aller Intensitätsgrade durch die Institution "Schule", werden wir u.a. von nachfolgenden Überlegungen bestimmt:

- In der Schule für Geistigbehinderte konkretisiert sich die Verantwortung und der Zuspruch des Staates wie auch der Gesellschaft für ihre geistigbehinderten Mitbürgerinnen und Mitbürger.

  Die Schule für Geistigbehinderte ordnet sich ein in den Bildungskanon aller Schulen. Geistigbehinderte Kinder sind keine so besonderen Kinder, daß sie außerhalb der Gesellschaft in Spezialheimen "untergebracht" werden müßten. Sie gehören zu uns, mitten unter uns.
  Das Schicksal solcher speziellen Einrichtungen, von der Umwelt schnell vergessen und ausgegliedert, läßt sich auch durch noch so intensive Information über die Massenmedien nicht aufhalten.
  Das Beschultwerden durch den Staat oder durch staatlich anerkannte Privatschulen stellt einen Beitrag zur Integration geistigbehinderter Menschen dar. Nicht zuletzt wird dieser Faktor auch von den betroffenen Eltern ausgesprochen dankbar angenommen. Ihr so schwieriges Kind braucht an diesem Punkt keine Ausnahme mehr sein.
  Es "darf" zur Schule gehen wie alle anderen Kinder auch.

- Die Schule für Geistigbehinderte vermittelt geistigbehinderten Kindern und Jugendlichen bessere Chancen zum Leben.

  Oft ist die Schule für Geistigbehinderte überhaupt die letzte Chance, in dieser Welt Fuß zu fassen. Wenn es hier nicht geht, dann geht es kaum mehr sonst wo. Geistigbehinderte Kinderhaben die Gewähr, von uns nicht fortgeschickt, d.h. nicht ausgeschult zu werden.
  Sie treffen bei uns auf Lehrer, Erzieher und Therapeuten, die es mit ihnen können, mit deren Hilfe sie 'Leben' zu realisieren vermögen und so besser ins 'Leben' hineinfinden.

- Die Schule für Geistigbehinderte ist eine "freie" Schule.

  Im Gegensatz zu anderen Schulen verteilt sie keine Leistungsnachweise und auch keine Diplome. Ihr erfolgreicher Abschluß berechtigt zu nichts. Am Zuweisungs-Karussell der Schule sonst nimmt die Schule für Geistigbehinderte nicht teil. Nicht einmal ein Platz in der WfB ist durch ihren Besuch sicher. Sie weist nicht über sich hinaus, sie erfüllt ihren Auftrag in sich selbst (*Th. Vetter*, 1976, bei einem Vortrag).
  Dies kann für diese Schule bereits eine wohltuende, spannungsfreie Atmosphäre mit sich bringen, allerdings auch den dort tätigen Mitarbeitern die notwendige Lernspannung nehmen.
  Der Kampf an der Schule für Geistigbehinderte gilt nicht den Noten, dem Vor-

rücken, der Leistung. Er gilt der geistigen Behinderung selbst, der Terrain abzuringen ist und der häufigen Lernmüdigkeit vieler geistigbehinderten Schülerinnen und Schüler.
Hier muß sich der Geistigbehinderten-Lehrer/die -Lehrerin wohl am entschiedendsten und bewußtesten umstellen, wollen sie nicht einer Lethargie erliegen, sondern Lernspannung erzeugen.

- Die Schule für Geistigbehinderte vermag Impulse zu liefern für die Diskussion der Inhalte von Erziehung und Bildung insgesamt.

Die Wiedergewinnung des Erziehlichen, die Wiederfindung von Sinn, das Zurückführen auf das Elementare, das Wiederentdecken des Menschlichen - alles das bewegt uns in der Schule für Geistigbehinderte.
Es wäre tragisch, würde sich die Schule für Geistigbehinderte aus der Gesamt-Diskussion von Bildung und Erziehung herausnehmen bzw. entfernen. Im Gegenteil, sie muß sich aufgefordert fühlen, an der öffentlichen Diskussion um Erziehung und Bildung in unserem Land mitzuwirken, Korrekturen anzubringen und neue Impulse zu setzen.

Ob sie gehört wird, ist eine andere Frage.

2.3 Zusammenfassende Feststellung

1. Man wird nicht leichtfertig entscheiden, durch welche Institution sich Bildung und Erziehung für geistigbehinderte Menschen realisieren soll. Der Umfänglichkeit und Schwierigkeit der Aufgabe wegen, aber auch um der Integration und der allgemeinen Diskussion von Erziehung und Bildung willen wurde für das System 'Schule' plädiert.

2. Erziehung und Bildung in diesem Rahmen ist nur sinnvoll, wenn sich die Schule auf die Betroffenen - in unserem Fall auf geistigbehinderte Schülerinnen und Schüler - ausrichtet und nicht unreflektiert Anpassungsleistungen gegenüber den traditionellen Erwartungen an Schule anstrebt oder gar erbringt.

3. Der Erfolg einer schulisch organisierten Erziehung und Bildung hängt vom Beitrag der einschlägigen Fachwissenschaften und den fachlich qualifizierten Mitarbeiterinnen und Mitarbeitern ab. Schule für Geistigbehinderte ist kein soziales Betreuungsangebot, sondern eine hochwertige didaktisch-methodische Angelegenheit und Leistung.

4. Dort, wo sich diese Aufgabe durch eine vorliegende Mehrfachbehinderung oder eine intensive geistige Behinderung zu einem zusätzlichen Problem verdichtet, muß sich die Pädagogik weiterer Fachdienste bedienen (spezielle Therapien, medizinische und psychologische Hilfen).

5. Daraus ergibt sich das wichtigste Definitionsmerkmal der Schule für Geistigbehinderte als *'mehrdimensionales Förderungssystem'*. Unter dem Führungsanspruch des Sonderpädagogischen wirken alle notwendigen Disziplinen zusammen, um den vielfältigen und vielschichtigen Erziehungs- und Bildungsansprüchen geistigbehinderter Kinder und Jugendlicher gerecht zu werden, d.h. sie zu tüchtigem wie sie zu erfülltem Leben befähigen.

6. Die Mehrdimensionalität realisiert sich vor Ort durch das Zusammen-Arbeiten verschiedener Fachleute - auch verschieden orientierter Pädagogen (Sonderschul-Lehrer, Sozialpädagogen, Fachlehrer) -, durch die Integration verschiedener Maßnahmen unter dem Kontinuum eines Bildungs-, Erzie-

hungs- und Förderungsziels und durch die Integration einzeln gewonnener Verhaltensleistungen im Hinblick auf die Bewältigung konkreter Lebenssituationen.

3. Die Aufgabe der Schule für Geistigbehinderte - ein breites Spektrum

Die Erfahrungen aus dem Schulalltag, charakterisiert durch einen über Jahre oft gleichbleibenden Stoff, durch die zahlreichen Übungssituationen, durch die begrenzten Lernmöglichkeiten, stehen im scheinbaren Widerspruch zur Vielfalt der tatsächlichen Aufgaben einer Schule für Geistigbehinderte. Es ist nicht einfach, das gesamte Spektrum darzustellen. Je nach dem jeweils gesetzten Schwerpunkt können es sehr unterschiedliche Aspekte sein. Diese lassen sich zwar zur besseren Übersicht und zur leichteren Reflexion theoretisch auseinanderteilen, in Wirklichkeit sind sie im Vollzug von erzieherischem und unterrichtlichem Handeln zu vereinen und nur in einem ganzheitlichen Sinne glaubhaft zu vollziehen.

Gleichzeitig wird der Leser um Geduld des Mit-Denkens gebeten, vor allem aber um Nachsicht, wenn nicht alle Gedanken sofort in eine machbare Praxis münden. Dies muß zu einem gewissen Grade auch seiner Fantasie überlassen bleiben.

3.1 Zur Abgrenzung "nach außen" (d.h. zur Tagesstätte und zum Elternhaus hin)

Meistens wird für geistigbehinderte Kinder und Jugendliche, wenn schon Schule, dann die Ganztagsschule gefordert. Ich selbst kann mich im allgemeinen dieser Regelung nicht anschließen. Auch die Begründung, daß geistigbehinderte Menschen das "Leben lernen" müßten und daß man dies wiederum nur "am konkreten Fall" tun könne, überzeugt diesbzgl. nicht. Allerdings stehen noch einschlägige Untersuchungen aus, die für die eine oder gegen die andere Form der Realisierung von Bildung und Erziehung sprechen.

Das Zusammenwirken von Schule, Tagesstätte und Elternhaus stellen wir uns folgendermaßen vor (Abb. 1), wenn wir davon ausgehen, daß jede Institution ihre Form des Lebens und Lernens besitzt, sich dazu bekennt und sich darin qualifiziert:

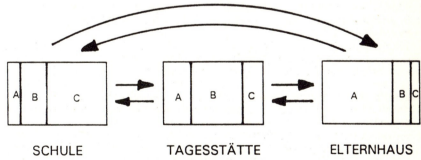

A = freies wie auch angewandtes Lernen in offenen Lebenssituationen
B = angewandtes wie auch freies Lernen in (vor-)strukturierten Lebenssituationen
C = Lernzielorientiertes, systematisches bzw. beabsichtigtes Lernen innerhalb von typischen, exemplarischen, meist initiierten Lern- und Lebenssituationen

Wer mit geistigbehinderten Kindern oder Jugendlichen *systematisch lernt*, sollte von alltäglichen Verrichtungen weitgehend befreit sein, es sei denn, diese stellen explizit Lernziel und Lerninhalt der jeweiligen Bildungsaufgabe dar. Er sollte sich ganz auf die Planung und Durchgestaltung von Lernsituationen konzentrieren, die bei geistigbehinderten Menschen meist entweder identisch mit exemplarischen Lebenssituationen sind oder sich aus solchen herleiten lassen bzw. dorthin zurückführen. Das *Lernen am Exempel* bedarf der exakten konzentrierten Arbeit. Dieses liefert "Material" für spätere Eigentätigkeit, für Anwendung und für Erleben, was nicht mehr ausschließlich und in vollem Umfang der Schule vorbehalten zu sein braucht.

Die Ganztagsschule dagegen ermöglicht zwar ein "verteiltes Lernen", letztlich aber veranlaßt sie zu einem "permanenten Lernen". Selbst wenn die Lernbedürfnisse geistigbehinderter Schülerinnen und Schüler umfassend und eigentlich nahezu unendlich sind, sollten die vom Leben erheblich Benachteiligten nicht permanent im schulischen Sinne lernen müssen. Sie haben das Anrecht auf Pause und die verläßliche Chance, mit jemanden *leben* zu können. Dies gelingt geistigbehinderten Menschen besser, wenn sie *voraus* gelernt haben und *danach* dann in der Tagesstätte oder - in hoffentlich nicht zu knappem Maße - im Elternhaus auf Menschen treffen, die mit ihnen - eingestellt auf sie - leben wollen.

Anders stellt sich die Frage bei Intensiv-Geistigbehinderten oder in der Früherziehung. Hier könnte mit eng umschriebenen Gegebenheiten eine Form der Schule der *Haus-Unterricht* sein (*Speck* 1974).

Von der Sonderpädagogik aus ließe sich auch eine Mitwirkung eines/einer SonderpädagogIn in einer kinderneurologischen oder -psychiatrischen Klinik denken und wünschen. Doch hier betreten wir tatsächlich Neuland, das erst noch zusammen mit der Medizin und Psychologie bearbeitet werden muß.

3.2 Die Strukturierung "von innen" her gesehen

Die Schule für Geistigbehinderte als mehrdimensionales Förderungs-System realisiert formal gesehen folgende Aufgaben:

- Unterricht und Erziehung
- Therapie
- Pflege

Nun wäre es einfach, könnte man diese drei Aufgabenfelder, die nach herkömmlichen Vorstellungen bzgl. einer Schule als Herausforderung anmuten, klar voneinander unterscheiden und relativ isoliert bestimmten Berufsgruppen zuordnen.

Nachfolgende Skizze (Abb. 2) zeigt das Gegenteil. Jede Mitarbeitergruppe hat zwar ihre eindeutigen Schwerpunkte, doch kann sich keine von der anderen völlig abtrennen. Jede muß zur Mehrdimensionalität durch Bereitschaft zur Zusammenarbeit, durch Mit-Denken und Mit-Wirken beitragen. Die Skizze verdeutlicht auch den *Umfang* des Zusammenwirkens. Die schraffierten Felder sind nicht peinlich genau als prozentuale Anteile zu interpretieren; sie besitzen lediglich Hinweis-Charakter. Je nach Intensitätsgrad der geistigen Behinderung oder bei zusätzlichen Verhaltensschwierigkeiten ergeben sich notwendigerweise Verschiebungen. Die gemeinsame Klammer aller drei Mitarbeiter-Gruppen kommt durch *die Aufgabe des Erziehlichen* zum Ausdruck.

Im Schulalltag erfordert dieses Modell gemeinsames Planen, Handeln und Kontrollieren.

Erst das *Leben* solcher Beziehung läßt die positive Dynamik, die in diesem System - dem Modell der Mehrdimensionalität - steckt, erkennen und fruchtbar werden.

Mitarbeiter-Gruppen	Unterricht u. Erziehung	Therapie-maßnahmen	Pflege-leistungen
unterrichtlich-erziehende MitarbeiterInnen			
therapeutisch-erziehende MitarbeiterInnen			
pflegerisch-erziehende MitarbeiterInnen			

Abb. 2

Von grundlegender Bedeutung ist die Tatsache, daß alle drei Aufgabenbereiche der Schule für Geistigbehinderte nicht nur inhaltlich, sondern auch äußerlich sichtbar durch die gewählte Begrifflichkeit zusammengebunden sind. Es geht also jeweils um das gemeinsame erziehliche Moment, das alle Aktivitäten miteinander verknüpft - das Unterrichtlich-*Erziehliche* und das Therapeutisch-*Erziehliche* und das Pflegerisch-*Erziehliche*. Die Effektivität der einzelnen Mitarbeiterinnen und Mitarbeiter steigert sich demnach jeweils in einem doppelten Sinne, zum einen durch die Profilierung ihres jeweiligen Fachgebiets, zum andern durch die Rückbeziehung auf jenes Gemeinsame - das Erziehliche.

3.3 Die unterrichtlich-erziehliche Aufgabe

Auch die vermeintlich einheitliche oder ganzheitlich zu sehende unterrichtlich-erziehliche Aufgabe der Schule für Geistigbehinderte bedarf der Erläuterung. Nach eingehender Analyse umfaßt sie *drei Aufgaben-Bereiche*, die sich wiederum in der Praxis nicht voneinander abheben, dem Pädagogen jedoch in seiner Planung gegenwärtig sein müssen.

Angemerkt sei noch, daß sich unterschiedliche didaktische Verständnisse der (sonder)pädagogischen Arbeit mit geistigbehinderten Schülerinnen und Schülern an jeweils einem dieser Schwerpunkte festgemacht haben.

Die Förderung Geistigbehinderter umfaßt:

- einen *anthropologischen* Aspekt (Bereich A)
- einen *behinderungs-spezifischen* Aspekt (Bereich B)
- einen *sach-immanenten* Aspekt (Bereich C)

Zum Bereich A zählen wir alle die Bemühungen, die dem geistigbehinderten Kind oder Jugendlichen ermöglichen, sein augenblickliches Leben seinem Alter und seiner geschlechtsspezifischen Rolle gemäß zu leben.
Geistigbehindert zu sein, heißt am Leben behindert und geistigbehindertes Kind zu sein, heißt am Kindsein behindert zu sein. Geistigbehinderte Menschen sind nicht nur defizitäre Subjekte, die unter therapeutischer Einflußnahme zum Objekt von Förderung werden. Sie müssen menschliches Leben in seinen Grundkategorien kennen und leben lernen (vgl. Prinzip der Normalisierung; z.B. bei *Adam* 1977).

Zum Bereich B zählen wir alle die Bemühungen, die Verhalten anregen, aufbauen und entfalten, Verhaltens-Defizite beheben, Fehlverhalten korrigieren und behinderungsbedingte Defekte angehen wollen.

Diese auch defektorientierten Maßnahmen dienen dem Kind und dem Jugendlichen, Kontakt mit der materialen, situativen und personalen Umwelt aufzunehmen, Leben zu gestalten und Lernen zu vollziehen.

Während diese beiden *Bereiche A und B* als ein *Eingreifen* in die Person interpretiert werden können, ohne an situatives oder gegenstandsgebundenes Lernen anknüpfen zu müssen, hebt sich der Bereich C als ein *Ausgriff* in die Umwelt davon ab.

Der Bereich C faßt alle jene Lernleistungen zusammen, die eine Verbindung des geistigbehinderten Menschen mit seiner/unserer Umwelt anstreben.

Aufgrund dieser Lernleistungen kann der geistigbehinderte Mensch in die Welt hinausgreifen, in sie hineinwirken, etwas herstellen, seine Bedürfnisse befriedigen, Lebenssituationen bewältigen, Daseinsaspekte gestalten.

Es bedarf keiner weitschweifigen Erklärung, daß die Leistungen im *Bereich C* in großem Maße von den vorausgegangenen Lernerfolgen und -Aktivitäten aus dem *Bereiche A und B* abhängig sind.

Genaue Unterrichtsanalysen (nach *Flanders*, z.B.) haben uns aufgezeigt und unsere Vermutung bestätigt, daß geistigbehinderte Kinder und Jugendliche bzgl. handelndem, auf lebenspraktische Fälle ausgerichtetem Lernen nicht selten überfordert werden.

Sie können zwar irgendwie mittun, aber ihr Beitrag bleibt unpräzise und ist in seinem Endergebnis letztlich für die gemeinte Lebenssituation nicht brauchbar, d.h. für sie nicht ausreichend verwendbar. Auf der anderen Seite ist festzustellen, daß lange nicht alle geistigbehinderten Schüler ausreichende Leistungen im *Bereich C* erreichen, daß sie aber sehr wohl im *Bereich A und B* zu fördern sind.

Als herausragende Programme für diese Bereiche des Lernens seien stellvertretend die "Basale Stimulation" (*Fröhlich* 1976) und das "Passive Lernangebot" (*Fischer* 1976, 1978) genannt. In diesen Bereichen fällt es vielen Sonderpädagogen verständlicherweise immer noch schwer, mit geistigbehinderten Kindern und Jugendlichen zu lernen. Es ist ein Lernen quasi mit "zertrümmerter Lernhandlung", mit atomisierten Zielen. Es wäre u.a. wichtig, die Rückwirkung eines solchen Lernens auf den Pädagogen selbst einmal genauer zu untersuchen. Hierbei sind nicht ausschließlich Fragen der Psychohygiene zu reflektieren, sondern auch Fragen der Interaktion und des damit im Zusammenhang stehenden Lern- und Verstehensprozesses.

Größter Wert ist darauf zu legen, daß sich zwischen den *Bereichen A und B* ein Gleichgewicht einstellt.

Weder behinderungsbedingte Verhaltensweisen, Lernstrukturen und Daseinstechniken dürfen übersehen, noch soll der behinderungsspezifische Aspekt derart übergewichtet werden, daß sich am Ende der/diejenige für den/die beste/n SonderpädagogIn hält, der/die an einem Schüler die meisten Störungen entdeckt, die vielfältigsten Programme "dagegen" entwickelt und mit Erfolg auch praktiziert.

Ein Mensch kann sich dann angenommen, aber auch "gesund" und "normal" erleben, wenn man ihm ungezwungen, d.h. "normal" und unkompliziert begegnet. Das gilt für den behinderten Menschen im verstärkten Maße. Da aber kein

Kind auf der einen Seite ohne den *Bereich C,* d.h. konkret ohne Begegnung mit der Umwelt und ebenso wenig ohne Kommunikation leben kann, sich die Schule als sonderpädagogische Einrichtung aber auf der anderen Seite für das gesamte Leben eines Kindes verantwortlich fühlt, sind die vom Schüler im *Bereich C* zu leistenden Bezüge und Aktivitäten vom Pädagogen und seinen Mitarbeitern entweder vorübergehend oder - wenn es sein muß, für immer 'nachzuliefern'.

Dieses 'Nachliefern' konkretisiert sich zumindest anfangs als Pflegemaßnahmen, jedoch mit unablässigem Streben, diese zunehmend über ein Lernen "Schritt für Schritt" (*Ebersole/Kephardt/Ebersole* 1976) dem jeweiligen Kind selbst zu übergeben, es zumindest zur Mithilfe zu veranlassen. Nachfolgende Skizze soll den Zusammenhang zwischen den Bereichen A, B und C nochmals verdeutlichen.

3.4 Die therapeutisch- und pflegerisch-erziehliche Aufgabe

Da unser Hauptanliegen auf die schulische Arbeit mit geistigbehinderten Kindern und Jugendlichen ausgerichtet ist, sollen die beiden Aufgabenbereiche, die das unterrichtlich-erzieherische Bemühen ergänzen, nur punktuell angesprochen werden.

Therapeutisches Arbeiten versteht sich als "spezielle Lernhilfe" bei umgrenzten Aufgabestellungen oder spezifischem Anliegen. Sie hat ein enges Ziel im Auge und bündelt darauf hin alle ihre Möglichkeiten. Die daraus sich ergebende größere Genauigkeit und erhöhte Intensität der Einwirkungen kann manchen Lernerfolg erzielen, der mit herkömmlichen, (schul)pädagogischen Mitteln nicht zu erreichen ist. Das ist ihre Stärke wie auch ihre Schwäche zugleich. Den Eltern ist, wenn sie erfolgs- und leistungsorientiert denken, fast immer nach "mehr Therapie" für ihre behinderten Kinder zumute. Sie vergessen dabei das, was therapeutischem Handeln in Form von Krankengymnastik, Beschäftigungstherapie oder auch speziellen psychologischen Therapien tatsächlich häufig fehlt, das Dialogische.

Im Dialog ist das zu behandelnde, zu unterrichtende oder zu pflegende Kind, der Jugendliche als Partner und damit als Subjekt eingebunden und in seiner Mitwirkung bei der Gestaltung des Dialogs eingeplant, herausgefordert und gefragt. Therapeutisches Handeln steht in Gefahr, das Dialogische zu vergessen; manchmal kann es darauf auch gar nicht Rücksicht nehmen und funktionalisiert das Kind, den Jugendlichen ohne erklärte Absicht in ein zu behandelndes oder zu therapierendes Objekt um. Selbst wenn das Behandlungsziel davon nicht abrücken läßt, sollte doch nicht vergessen werden, daß jeder Mensch alles das als Person erlebt, was an und mit ihm getan wird, selbst wenn seine aktive Mitwirkung sich auf ein Minimum reduziert. Dies gilt in sonderheit für die Pflege.

Sie ist, falls sie notwendig wird, eine Tätigkeit, die sich meist mehrmals täglich wiederholt und deshalb besonders in der Gefahr steht, in Routine umzuschlagen. Umso mehr gilt es, das Dialogische im Zusammenhang mit den einzelnen Pflegeleistungen immer wieder neu zu suchen bzw. anzuregen, aber auch sich daran zu erinnern, daß eine zu perfekt vollzogene Pflege - parallel zu einer ebenso perfektionistisch sich verstehenden Therapie - kaum mehr einen Impuls setzt, als Adressat von Pflege wie auch von Therapie selbst tätig zu werden.

Genau aber hier wären wichtige Ansatzpunkte für ein auf Selbständigkeit hinzielendes Lernen. Von da aus unterscheiden sich Pflege- wie auch Therapieangebote, wenn sie innerhalb einer Schule für Geistigbehinderte angeboten werden, von solchen, die außerhalb stattfinden. Das heißt nicht, daß sich nicht auch außerschulische Mitarbeiterinnen und Mitarbeiter neu besinnen müßten und sich bzgl. der Selbst- und Mitbestimmung wie auch der Mit-Wirkung und des Mit-Erlebens neu zu qualifizieren hätten.

3.5 Zusammenfassung

1. Ohne jetzt schon den weiteren Ausführungen vorzugreifen, ist festzustellen, daß die Schule für Geistigbehinderte als *mehrdimensionales* Förderungs-System *immer ziel*-orientiert - im Sinne eines Förderungszieles -, jedoch *nicht* immer *lern*zielorientiert arbeitet.

2. Die Schule für Geistigbehinderte braucht nicht nur *mehr* Mitarbeiterinnen und Mitarbeiter, um alle die voraus genannten Aufgaben zu realisieren, sondern vor allem solche mit sonderpädagogischer Qualifikation, die in der Lage sind, diese Ziele zu verwirklichen und gleichzeitig sich in dieses mehrdimensionale Förderungs-System zum Wohl des Kindes einzuordnen bereit sind.

3. Sowohl für geistigbehinderte Schülerinnen und Schüler selbst ist diese Konzeption ein Vorteil als auch für den Fachmann/die Fachfrau, die mit ihnen arbeiten.

Das geistigbehinderte Kind selbst trifft nicht mehr nur auf einen Menschen, der bis zum Ende seiner Kraft es mit ihm versucht, es begegnet einem Team von MitarbeiterInnen, die zusammen mit ihm arbeiten wollen.
Aber auch der einzelne Mitarbeiter/die Mitarbeiterin trägt nicht mehr die Verantwortung für sich allein. Er/sie kann sich auf das Team (zurück)beziehen, dort Kraft holen, Anregungen erhalten, sich korrigieren lassen; beide "Partner" haben die Sicherheit, sich *integriert* zu erleben.

Damit wäre ein Aspekt der kommunikativen Didaktik mit erreicht, neben dem sonderpädagogischen Anliegen der "personalen Verwirklichung in sozialer Integration" (*Speck* 1974).

Die didaktische Auslotung von Lernzielen und die Ermittlung von Lerninhalten bedürfen eigener Überlegungen, die sich nachfolgend anschließen.

4. Das Lernangebot nach allgemein-inhaltlichen Kategorien

4.1 Vorbemerkungen

Wie bereits ausgeführt müssen geistigbehinderte Kinder und Jugendliche in der für sie konzipierten Schule die Chance haben, u.a.

- sich selbst zu erleben
- Entwicklungen aufzuholen
- Fehlverhalten abzubauen
- Verhaltensstrategien zu erwerben
- Fantasie zu entfalten
- Erfahrungs- und Erlebnis-Defizite zu überwinden
- soziale Beziehungen zu knüpfen
- Selbstwertgefühl zu entwickeln
- Umwelt kennen und verstehen zu lernen
- Werte wie auch Bedeutungen zu gewinnen

Damit wird eindeutig definiert, daß die Schule für Geistigbehinderte eine Schule ist, die nicht nur Qualifikationen zur späteren Lebensbewältigung vermittelt, sondern sich ebenso intensiv um die Gestaltung des derzeitigen, gegenwärtigen Lebens ihrer geistigbehinderten Schülerinnen und Schüler bemüht.

4.2 Lerninhalte, die auf das 'Leben-Lernen' zielen

Der geistigbehinderte Mensch ist Mensch wie jeder andere, auch wenn er unter teilweise sehr erschwerten Bedingungen sein Leben leben und bestehen muß. Er kann dies deshalb von sich aus kaum allein. Er ist auf lebenslange Hilfe durch die Gesellschaft, durch die Mitbürger und professionellen Begleiter angewiesen, sei es bei der Arbeit, im Verkehr, in der Freizeit oder auch im privaten Bereich. Trotz der Tatsache, daß sie spezieller Hilfe, überlegter Förderung, besonderer Schulen, vielfältigen Fachpersonals bedürfen, leben geistigbehinderte Menschen unter den gleichen Bedingungen des Menschseins wie alle anderen nichtbehinderten Menschen auch, konkret unter den gleichen *Grundvoraussetzungen* wie

- der Fähigkeit
  - des Erlebens
  - des Erfahrens
  - des Erleidens und
  - des Leistens

- der Tatsache
  - des Sich-Entwickelns
  - des Sich-Veränderns und Alterns
  - des Konfrontiert-Werdens mit gleichen wie auch immer wieder neuen Situationen

- des menschlichen Seins und Handelns,
  - als Mann oder Frau
  - als Arbeitender und Erholender
  - als Gesunder und Kranker
  - als Hoffender und Glaubender
  - als Produzent wie auch als Konsument

Darüber hinaus werden geistigbehinderte Menschen - wie alle anderen Menschen auch - ständig neu konfrontiert

- mit Sachen und Situationen
- mit Werten und Einstellungen
- mit Ängsten und Gefahren
- mit Regelungen und Geboten
- mit sich und mit Fremden
- mit Bedürfnissen und Verzichten
- mit Erwartungen und Forderungen
- mit Bejahung und mit Ablehnung

Nicht der ertüchtigte, nicht der befähigte Mensch allein kann diese Herausforderung annehmen und bestehen.

Er bedarf der Ausrüstung mit Qualifikationen, die das gesamte Mensch- und Personsein umfassen und mit Qualitäten, die vom Menschen wie auch in ihm wachzurufen sind. Hier ist ein *Personsein* gemeint, das der Welt etwas geben will und das von der Welt etwas erwartet, das Sinn produziert wie auch Sinn erlebt. Bei der Bemühung, unter diesem Aspekt allgemeingültige Inhalte für einen sonderpädagogisch überzeugenden Unterricht mit geistigbehinderten Kindern und Jugendlichen zu fassen und sie der größeren Planbarkeit und Vermittelbarkeit wegen in Kategorien zu ordnen, ergeben sich u.a. folgende:

Menschliche Aktionsformen

- spielen
- sich beschäftigen
- lernen
- arbeiten
- ausruhen
- etwas herstellen
- gestalten
- sich Ziele setzen
- sich schützen
u.a.

Menschliche Alltagshandlungen

- essen
- einkaufen
- verreisen
- sparen
- wohnen
- sich versorgen
- sauber machen
- etwas ordnen
- sich informieren
u.a.

Grundformen kognitiven Verhaltens

- planen
- kontrollieren
- vergleichen
- ordnen, sortieren
- sich zurechtfinden
- kritisch prüfen
- hinterfragen
- Beziehungen herstellen
- Prinzipien erkennen
- Regeln anwenden
u.a.

Menschliche Grundbedürfnisse

- nach Wärme, Luft und Nahrung
- nach Zuneigung, Akzeptanz, Liebe und Geborgenheit
- nach Besitz, Kleidung und Wohnung
- nach Leistung und deren Bestätigung
- nach Exploration
- nach Aktivität und Tätigsein
- nach Bewegung und Ruhe
u.a.

Grundformen sozialen Lebens

- allein sein
- mit einem Du zusammen sein
- sich zur Gruppe gesellen
- sich durchsetzen und abgrenzen
- wetteifern
- loben, würdigen
- sich Freunde suchen
- etwas schenken, teilen
- zusammenarbeiten
- fragen, antworten
u.a.

Grundformen menschlichen Erlebens

- sich freuen
- traurig sein
- genießen
- anstrengen
- Erfolge haben
- nicht aufgeben
- vertrauen
- neugierig sein
- Enttäuschungen ertragen
- Grenzen anerkennen
u.a.

Eine menschliche und gleichermaßen realistische Pädagogik wird versuchen - bei aller notwendigen Spezialisierung im Vollzug sonderpädagogischer Arbeit - für alle (noch so sehr) behinderten Menschen, unabhängig ob für Kleinkinder, Schulkinder oder Jugendliche, die vorausgenannten Grundformen menschlichen Lebens und Erlebens zu sichern, d.h. sie entweder bei totalem Fehlen als Angebot zu bewerkstelligen (z.B. Schwerstbehinderten) oder sie als Verhalten in Form von Fähigkeiten, Einstellungen und Haltungen zu vermitteln und aufzubauen, die erst ein solches Leben ermöglichen und die vorausgenannten Grundformen menschlichen Lebens zulassen bzw. erzeugen.

Die späteren Lebensfelder geistigbehinderter Menschen (nach der Schule) werden sich bereichsmäßig wenig, von der Lebensqualität her u.U. jedoch wesentlich von denen nichtbehinderter unterscheiden. Die Gegensätze bräuchten nicht so krass sein, würde die sonderpädagogische Arbeit behutsamer, realistischer und gleichzeitig menschlicher in ihrem Bemühen geschehen und sich darauf einstellen. Eine ganzheitliche Förderung, eine Erziehung und Bildung, die den gesamten Menschen sieht, zielt eben nicht nur auf Funktionen, nicht nur auf einzelne Qualifikationen oder gar nur auf die Behinderung ab, vielmehr sucht sie nach Möglichkeiten menschlichen Lebens, konkret eines Lebensvollzugs in Arbeit und Freizeit, in Spiel und Ernst, als Mann oder als Frau, als Kind oder als Jugendlicher, als Mitglied der Gesellschaft und als Individuum.

Ein solchermaßen gefördertes geistigbehindertes Kind entlastet seine Familie, die als "behinderte Familie" auf ihre Weise erheblich am Los des einzelnen behinderten Familienmitgliedes mit zu tragen und ihre eigenen Sorgen zu bewältigen hat.

4.3 Zusammenfassung

Die Frage der Lerninhalte eines sonderpädagogisch gültigen Unterrichts läßt sich nicht primär an Gegenständen und Situationen nach phänomenologischen Überlegungen festmachen. Das Problem bedarf einer Durchdringung von innen her, wenn das anspruchsvolle Ziel, geistigbehinderten Menschen leben zu lehren, nicht zu einer Floskel werden und der Begriff "Steigerung der Lebensqualität" nicht zu einer ideologischen Formel verkommen soll. Bevor die Schule für Geistigbehinderte dieses so hohe Ziel in Angriff nimmt, muß sie sich um den Lernvorgang selbst kümmern, konkret heißt das, sie wird dem geistigbehinderten Kind erst einmal das *Lernen lehren*, d.h. basale Lernfähigkeit vermitteln, elementare Verhaltensschemata anbahnen, kindgemäße bzw. altersgemäße Erlebnisse anbieten, Handlungsfähigkeit nach menschlichen Grundkategorien geordnet anstreben und psychische Grundfunktionen üben müssen und dann auch die soziale Integration parallel zur personalen Selbstverwirklichung als Fernziel verfolgen.

Die allgemein üblichen Kategorien wie Ich-Kompetenz, Sozial-Kompetenz und Sach-Kompetenz beinhalten zwar die vorgenannten Inhalte, doch lassen sie für sich genommen die angeführten basalen und elementaren Inhalte nicht einmal vermuten. Musische Inhalte helfen darüber hinaus die Lebensfreude zu steigern, und durch ein angemessenes Streben nach Leistung soll Sinn in das von der Behinderung geprägte Leben getragen werden. Die Behinderung als modifizierende Kraft bleibt bestehen. Sie ist im Aufbau eines Lebenskonzeptes zu berücksichtigen (*Speck* 1974) und vom Pädagogen als bestimmendes Element des jeweiligen Lebens zu akzeptieren.

5. Das Lernangebot nach didaktisch-formalen Kategorien

5.1 Vorbemerkungen

Die Schule für Geistigbehinderte bietet ihren Schülern

- Basales Lernen
- Elementares Lernen
- Fach-orientiertes Lernen

Diese drei Kategorien sind nicht vorrangig als Stufen zu sehen, die sich auseinander herausentwickeln, wenngleich sie eine gewisse Hierarchisierung darstellen, sondern sich gegenseitig bedingende Inhalte.

5.2 Zum Basalen Lernangebot

Wir rechnen zum Basalen Lernangebot *drei* Bereiche. Der *Bereich I* umfaßt alle die Lerninhalte und Lernbemühungen, die basale Funktionen der Persönlichkeit bzgl. gegenwärtigen wie zukünftigen Verhaltens als auch die ersten Anfänge von Lernfähigkeit betreffen - z.B.:

- Gedächtnisleistungen bzw. Merkfähigkeit
- Wahrnehmungsfähigkeit (optisch, akustisch, sensorisch)
- Bewegungsfähigkeit (grobmotorisch, feinmotorisch, etc.)
- Sozial- und Kommunikationsfähigkeit
- Sprachverständnis und Sprechfähigkeit

- kognitive Fähigkeit (Orientierung, Verknüpfungen, Herstellung von Beziehungen)
- Imitationsfähigkeit und -bereitschaft
- Zuwendungsfähigkeit wie auch Aufmerksamkeit
- Erlebnisfähigkeit und Deutungsbereitschaft
  et al.

Wollte man diese Bereiche nach curricularem Verständnis operationalisieren, würden sie jeweils mit "Stimulation", "Weckung" und "Anbahnung" umschrieben werden müssen.

Ergänzt werden Basale Lernangebote im *Bereich I* durch Leistungen der Lebenserhaltung und Selbstversorgung als *Bereich II*. Diese werden vorerst vorwiegend pflegerischen Charakter haben, jedoch mit der Intention zur selbständigen Übernahme dieser Leistungen von Anfang an, z.B. sich selbst anziehen, selbst zu essen, sauber zu werden (vgl. Kap. 3.3 und Kap. 3.4), sich selbst neu wandeln müssen.

Der dritte Bereich ist als "musisches Angebot" *(Bereich III)* zu sehen, der sowohl sensorische Inhalte über Töne, Licht und Farbe als auch emotionale, ganz-körperliche, personale Zuwendung einschließt. Wenn auch der Schwerpunkt, wie bereits das Wort "Angebot" umschreibt, stärker bei der Aktivität des Pädagogen liegt, so sind die Bemühungen im Bereich I (Basale Angebote) doch vorrangig auf Aktivierung ausgerichtet, während der Teil II (lebenserhaltende Leistungen) auch pflegerische Tätigkeiten beinhaltet, die vom Kind anfangs nur als passiv angenommen werden, dann aber doch zum Lernziel werden. Gleichzeitig stellen sie aber nicht zu gering zu schätzende Möglichkeiten dar, Kontakte zum geistigbehinderten Schüler aufzunehmen und Beziehungen zu ihm zu bahnen, die die späteren Wege des Lernens darstellen.

Musische Angebote - *Bereich III* - sollten als Bereicherung gesehen werden, die Wohlbefinden als *Erleben* von Wohlbefinden vermitteln wollen. Auch in diesem Bereich wird der Pädagoge zunehmend Interaktionen und damit auch vermehrte Übernahme der Lernaktivitäten durch den geistigbehinderten Schüler/die Schülerin anstreben.

Eine solche Auflistung von Persönlichkeitsfunktionen, wie sie als Basales Lernangebot zusammengestellt wurde, mag relativ a-pädagogisch anmuten. Der ganzheitliche Erziehungs- und Förderaspekt scheint verlorengegangen zu sein. Dies ist jedoch nicht der Fall. Bildungsarbeit ist aber allein dann noch nicht als positiv anzusehen, wenn sie als Einheit angekündigt wird (vgl. *Maeck* 1972). Geistigbehinderte Kinder auf dieser Entwicklungsstufe können in dem von uns gewohnten Sinne noch nicht sach- oder situationsorientiert lernen. Pädagogisches Handeln, wie es Unterricht nach herkömmlichem Verständnis darstellt, setzt basale Lernfähigkeit voraus, die es im Zusammenhang mit der Schule für Geistigbehinderte erst aufzubauen gilt und demnach in den Richtlinien bzw. in der Schulwirklichkeit ausreichender Berücksichtigung bedarf.

5.3 Zum Elementaren Lernangebot

Mit "Elementarem Lernangebot" soll alles das erfaßt werden, was man in der Geistigbehinderten-Pädagogik als 'lebenspraktische Förderung' versteht oder was im Bayerischen Lehrplan (1971) als "Unterricht auf lebenspraktischer Grundlage" beschrieben ist. Es geht hier um ein Bewältigen von lebensnahen *und* kindgemäßen (alters- und entwicklungsgemäßen) Lebenssituationen. Die Hoffnung, für eine ferne Zukunft mit Qualifikationen auszurüsten, kann nach bisherigen Erfahrungen mit geistigbehinderten Schülerinnen und Schülern nur bedingt eingelöst werden.

Geistigbehinderte Menschen lernen persongebunden. Die erworbenen Lernleistungen bleiben oft mit dem Lerninhalt, mit den Lernsituationen und mit dem Lehrer/der Lehrerin verknüpft. Bereits geringe Veränderungen gegenüber der Ausgangssituation vermögen vorhandene Lernleistungen in Frage zu stellen oder zunichte zu machen. Es muß also damit gerechnet werden, daß die Transfer-Leistung zum Erliegen kommt, wenn nur ein Faktor, der die Lernleistung ermöglichte, im Wiederholungsfall fehlt. Von da aus gesehen erhält das persongebundene Lernen eine bislang nicht wahrgenommene und anzuerkennende didaktische Qualität. Erfolgreiches Lernen und Unterrichten in diesem Bereich fußt auf den Ergebnissen *basaler* Lernfähigkeit, auf der Qualität von Zuwendungsleistungen ebenso wie auf Erfahrungen, Erlebnissen und Vorstellungen aus der vorausgegangenen Lern- und Erziehungsarbeit in der Familie, in der Frühförderung und/oder im Sonderkindergarten. *Elementares Lernen* wird darüber hinaus erste fachorientierte Leistungen anstreben und aus dem gesamt-unterrichtlichen Angebot ausgliedern. Lernvorhaben im musikalischen, im rhythmischen und im gestalterischen Bereich haben eigenständigen Charakter, wenngleich hier die Tendenz des fachorientierten Angebots bereits deutlich wird:

"Fächer" (Fachbereiche) haben in der Schule für Geistigbehinderte dienende Funktion. Sie sind nur berechtigt, wenn sie dem Lernen der SchülerInnen helfen und zu deren Lebensbewältigung beitragen. Sind im Rahmen *elementaren Lernens* (lebenspraktische Förderung) zusätzliche *basale* Lernleistungen erforderlich, haben diese therapeutischen Charakter. Sie werden nicht mehr verpflichtend allen Schülern angeboten, sondern je nach Bedarf dem Schüler/der Schülerin zugeführt, der/die eine besondere Hilfe in diesem oder jenem Bereich braucht. Das schließt nicht aus, daß die Lehrkraft immer wieder allgemeine Übungen aus dem *Basalen Bereich* zur Wiederholung und Festigung in den "Unterricht auf lebenspraktischer Grundlage" einfließen läßt, z.B. Übungen zur Nachahmung, zur optischen Wahrnehmung oder zur feinmotorischen Schulung. Sie betreffen aber dann bereits fortschreitende Lernleistungen, weniger das Aufarbeiten individueller Defizite oder möglicher Retardierungen. Sie dienen letztlich der Differenzierung von Persönlichkeitsfunktionen und damit wiederum dem Leben wie dem Lernen.

5.4 Zum Fach-orientierten Lernangebot

Die Schule für Geistigbehinderte kennt keine "Fächer" wie andere Schulen. Sie weist "Fachbereiche" aus, die als "Bereiche" bzw. "Aspekte" einer oft gleichbleibenden Sache anzusehen sind und vor allem dem gleichen Ziel dienen, besser mit dem Leben zurechtzukommen. Fachbereiche vermitteln nicht primär Fach-Wissen, Fach-Einsichten oder fach-spezifische Kenntnisse. Sie führen geistigbehinderte Schülerinnen und Schüler zu speziellen Verhaltensleistungen, die ihnen eine spezialisierte und damit differenziertere Lebensbewältigung erlauben. Ihr Aktionsfeld wird damit erweitert und vielgestaltiger.

z.B.: In Hauswirtschaft erwerben geistigbehinderte SchülerInnen nur sporadisch Kenntnisse aus der Ernährungslehre. Sie werden aber dazu geführt und befähigt, sich nicht nur mit kalten Gerichten zu versorgen, sondern auch einfache, warme Speisen zuzubereiten. Ihre Selbständigkeit im Bereich der Selbstversorgung nimmt zu, aber auch ihre sozialen Möglichkeiten werden dadurch erweitert.

In den Fachbereichen werden zwar spezialisierte Inhalte angestrebt und sehr unterschiedliche situations-bezogene Verhaltensweisen vermittelt, letztlich aber partizipieren sie an den allgemeinen Zielen der Schule für Geistigbehinderte, bzw. man versucht aus fachlicher Sicht, diese für den einzelnen Schüler/die Schülerin umzusetzen und zu verwirklichen.

Zum strittigen Problem der (wirklichen) Fachlehrerinnen und Fachlehrer an der Schule für Geistigbehinderte entwickelt sich oft die Zuordnung gleicher oder ähnlicher Lernziele in lebenspraktischen Bereichen. Hierzu muß auf frühere Ausführungen verwiesen werden (vgl. *Fischer* 1977).

5.5 Zusammenfassung

Die Unterscheidung von didaktischen Aspekten des Lernangebots der Schule für Geistigbehinderte nach allgemein inhaltlichen Momenten und formalen Kategorien mag auf den ersten Blick Verwirrung bzgl. der Lesbarkeit oder Erschwerung bzgl. des Verständnisses mit sich bringen. Innerhalb dieses Artikels kann leider die Vielzahl der Verschränkungen und Beziehungen nicht aufgezeigt werden. Sie sind tatsächlich mannigfaltiger Art, als man vermuten möchte.

Wichtig war es mir herauszustellen, daß das so oft geforderte "lebenspraktische Angebot" noch lange nicht das Typische der Schule für Geistigbehinderte ist und auch das berühmte Schuhebinden schon gar nicht die Top-Leistung didaktischer Reflexion und Handlung darstellt. Soll die sog. lebenspraktische Erziehung tatsächlich als didaktische Kategorie überzeugen, müssen deutlicher die Vorleistungen herausgestellt und erarbeitet werden, die anthropologischen Grundbeziehungen und ebenso die Zuordnung von Lebenssituation und Lernziel stimmen, wie es das curriculare Planungsschema fordert (vgl. *Westphalen* 1977, b).

6. Anmerkungen zur Realisation von Unterricht und Erziehung gemäß den voraus erörterten Kategorien

6.1 Vorbemerkungen

Es ist davon auszugehen, daß die idealtypisch dargestellte gemeinsame Basis des Lebens und Lernens in der großen Menschengemeinschaft in nahezu allen Bereichen durch die Variable der geistigen Behinderung je nach Intensitätsgrad und Ätiologie modifiziert, wenn nicht sogar stark eingeschränkt ist und auch bleibt. Die fehlgeleiteten sozialen Beziehungen, die geringen Erlebnisinhalte, die starken Fixierungen, das schwache Selbstwertgefühl, einseitige Verhaltensschemata, das Vorherrschen oraler Bedürfnisse, geringe Fähigkeit zur Steuerung, das kognitive Anderssein (*Thalhammer* 1974) usw. verändern die Kommunikationsstrukturen, die auf Lernen, Entwickeln und Verändern hin angelegt sind und diese oft erst grundlegend garantieren. Unter diesem Gesichtspunkt kann es an der Schule für Geistigbehinderte *nie verbindliche Lernziele* oder verbindliche Lerninhalte *für alle Schüler* geben.

Über die Bedeutsamkeit dieser Aussage bin ich mir vollkommen bewußt. Selbst Schülerinnen und Schüler mit gleichem IQ - soweit dieser noch meßbar und aussagekräftig ist - können sich aufgrund unterschiedlicher Ätiologie in ihrer Lernstruktur wie auch in ihrem Lernbedarf total unterscheiden.

Wahrnehmungsstrukturen, divergierende Ausbildung der Lern- und Sinneskanäle, geprägte Vorerfahrungen, unterschiedliches Erziehungsmilieu usw. sind nach unseren Erfahrungen wesentlich bestimmender für das Lernen, als dies bei normalbegabten Schülerinnen und Schülern der Fall ist. Nicht nur die Verbindlichkeit von Lernzielen selbst, wohl auch ausschließlich gruppenorientiertes Lernen ist bei geistigbehinderten SchülerInnen zugunsten stark individualisierter Lernziele, Lernvorhaben und lernstützender Maßnahmen zu reduzieren, manchmal sogar gänzlich aufzuheben.

Schließlich hat sich die Schule für Geistigbehinderte zunehmend mit Kindern und Jugendlichen zu befassen, die innerhalb von Lebens- und Lernsituationen weder sach- noch sinngeleitet lernen können (vgl. auch Kap. 5.2), dennoch auf ihre Weise zu Lernerfolgen gelangen. Über die Stimulation, über ein Gewöhnen und/oder ein Reiz-Reaktions-Lernen lassen sich - wenn diese Lernmethoden im Dialogischen bzw. Mitmenschlichen begründet sind - Zugänge zu diesen schwer- und schwerstbehinderten Kindern bahnen und Türen zu eindrucksvollen Veränderungen in der Entwicklung wie im "Werden der Person" dieser Kinder aufstoßen.

6.2 Zu Lernzielen, ihrer Operationalisierung und ihrer Kontrolle

Der Modus, Lernziele zu operationalisieren und zu kontrollieren, bedarf an der Schule für Geistigbehinderte einiger weiterer Überlegungen.

Allgemein ist Lernen dann als erfolgreich zu betrachten, wenn es gelingt, neues Verhalten auf- bzw. störendes Verhalten dauerhaft abzubauen und den Schüler, die Schülerin zu befähigen, die auf diese Weise erworbenen Fähigkeiten und Fertigkeiten in neue Situationen zu übertragen und zweckmäßig zu verwenden.

Der Lehrer/die Lehrerin an der Schule für Geistigbehinderte muß sich, will er/sie einigermaßen erfolgreich wirken, eingehend mit den *Lernniveaustufen* befassen.

Die von *Heimann/Otto/Schulz* (vgl. *Fischer* 1978) ausgewiesenen sind noch nicht feingliedrig genug, um die möglichen, kleinsten Fortschritte darzustellen bzw. anzustrebende Ziele dem Pädagogen in ihrer notwendigen Stufigkeit klar genug vor Augen zu stellen. Selten ist es realistisch, von einem *Können* im curricularen Sinne zu reden.

Ein solches 'Können' kann bei einigen Schülern entweder nur bei sehr kleinen Zielen erreicht werden (z.B. rot von blau zu unterscheiden), oder es bedarf Jahre, bis sich ein beabsichtigtes Können einstellt (z.B. mit der Schere schneiden oder die Schuhe selbst binden zu können). Neben der Stufung von Lernergebnissen (z.B. nach *Hewett*, in *Schumacher* 1974; *Fischer* 1978; *Goedmann/Koster* 1970) bei der *Anbahnen, Wecken, Üben, Wiederholen und Anwenden* immer wieder auftauchen, spielen Inhalte der *kommunikativen Didaktik* bei der Lehrplanung für geistigbehinderte Schülerinnen und Schüler eine zunehmend wichtigere Rolle.

Geistigbehinderte SchülerInnen lernen weite Strecken prozeß- und interaktionsorientiert - und dabei sehr erfolgreich -, jedoch ist das Ergebnis selten ein meßbares Ergebnis und das reine Produkt oft ernüchternd, zumindest bescheiden - vergleicht man es mit dem Lernziel. Und trotzdem haben unsere SchülerInnen dazugelernt. Aufgrund dieser Tatsache spielt auch die Lernkontrolle, als eine der wesentlichen Phasen im curricularen Planungsmodell, eine "andere" Rolle.

Lernkontroll-Aufgaben setzen u.a. ein Aufgaben- bzw. Situations-Verständnis voraus, und sie erfordern out-put-Fähigkeiten, um den angefragten Lernerfolg wiedergeben zu können.

Beides ist bei einem Großteil der geistigbehinderten SchülerInnen nicht hinreichend gesichert bzw. nicht gegeben. Es gibt Erfolgsmessungen im Sinne der Veränderung des Gesichtsausdruckes, der Körperhaltung oder auch der Bereitschaft, sich in die Gruppe einzufügen, doch wird bei solchen Messungen der Lernerfolg vom gemeinten Produkt (Lernziel) vom allgemeinen Verhalten abgeleitet und nicht von einer eng umschreibbaren Verhaltensleistung. Würde der Geistigbehinderten-Lehrer/die Lehrerin diese Veränderungen nicht sehen und auch nicht respektieren, sondern nur auf das operationalisierte Lernprodukt zielen, brächte er/sie sich, vor allem aber den geistigbehinderten Schüler/die Schülerin selbst um eine sehr wichtige Qualität und um eine typische Funktion seines/ihres Lernens.

Mit den letzten Überlegungen könnte der Verdacht aufkommen, als wende ich mich bei der pädagogischen Arbeit mit geistigbehinderten Menschen *gegen* Lernziele und Lernkontrollen.

Lernziele wie auch Lernkontrollen haben eine nicht zu unterschätzende regulierende Funktion. Sie greifen in den Prozeß des "Werdens einer Person" (*Allport*) mit ein und bestimmen gleichzeitig den Prozeß des Lehrens und Lernens wesentlich mit. Zumindest formulieren Lernziele deutlich den "Gewinn des Schülers/der Schülerin", den diese aus der Beschäftigung und Auseinandersetzung mit dem Lernziel für sich verbuchen sollen, im Gegensatz zum Lerninhalt, der als "Anliegen des Objektes" (*Westphalen* 1970) zu definieren ist.

Es empfiehlt sich - unabhängig von der curricularen Planung - mehr über den möglichen *Gewinn eines Schülers/einer Schülerin* nachzudenken. Allein dies erbringt eine eindeutige Hinwendung zu ihrer Person. Es erfordert ein Sich-Hineinversetzen in die Lebenssituation des Schülers/der Schülerin und ein klares Erfassen der jeweiligen Lernmöglichkeiten des einzelnen Kindes bzw. Jugendlichen. Die anzustrebende Qualität des Endverhaltens zwingt den Pädagogen, diese - ebenso wie den Handlungsaspekt (*Westphalen* 1970, 10, interpretiert an einer Stelle "Lernziel" als "Handlungsziel des Schülers") - in die Ausformung und in die Formulierung des Lernziels mit einzubeziehen. Es ist ein Unterschied, ob formuliert wird,

- der Schüler soll wissen, daß Menschen in Häusern wohnen
  oder
- der Schüler soll erfahren, daß - wie er - Menschen in Häusern wohnen
  oder
- der Schüler soll sein Haus als Ort der Geborgenheit erleben und dies bei anderen auch entdecken

Sicher sind im "Zielbereich" der Matrix nicht für alle Lernaufgaben und Lernangebote die gleichen Formulierungen zu wählen. Hier müssen wir - ähnlich wie in den anderen Bereichen des Curriculums, dem Inhalts-, dem Verfahrens- und dem Kontroll-Bereich - variabel vorgehen. Dies ist eine Arbeit, die noch zu leisten ist. Gerade geistigbehinderte SchülerInnen mit ihren oft sehr verschwimmenden Lernansätzen - verstärkt wird dieser Eindruck, wenn im Rahmen einer Gruppe Lernen organisiert wird - fordern von uns exaktes Planen und durchdachtes Vorgehen. Sicher wird man nicht - wie manchmal behauptet - für jeden Schüler/-jede Schülerin trotz aller Heterogenität ein individuelles Curriculum erstellen müssen oder können. Eine individuelle Ausformung von Detailaspekten können wir jedoch kaum umgehen.

Hier wiederum wirkt sich das Mitarbeiter-Team positiv aus. Weder die *Ermittlung*, die *Operationalisierung*, noch die *Kontrolle* und die sich anschließende *Evaluation* brauchen von einem Allein-Lehrer vorgenommen werden. Dafür gibt es ein Team. Es wird darüber wachen, daß Lernziele als 'zukünftige Verhaltensleistungen' ganz 'eng' auf den jeweiligen Schüler/die Schülerin hin formuliert werden und nicht nur "Ziele, die aus den Stoffen herausgemogelt" wurden, durch den Lehrplan kursieren (*Trost* 1976). Auch hier gilt:

Sowohl die Lern*ziele* als auch die Lern*inhalte* können nur dann für geistigbehinderte SchülerInnen als vertretbar gelten und damit sonderpädagogisch legitimiert und anerkannt werden, wenn diese dem Lebenlernen bzw. der Lebensbewältigung dienen.

6.3 Zum Problem der Lerninhalte

Lerninhalte sind Objekte oder Situationen, denen Menschen begegnen und anhand deren sie - in Auseinandersetzung mit diesen - lernen. Somit haben *Lerninhalte* im curricularen Verständnis eine *nachgeordnete*, d.h. primär dienende Funktion (vgl. *Westphalen* 1976, 14). Bildung selbst versteht sich nach dieser Interpretation nicht nur als ein individueller Vorgang, sondern - bildlich gesprochen - als eine Reihe von erfolgreichen Subjekt-Objekt-Begegnungen.

Mit dieser Feststellung treffen wir bei geistigbehinderten Menschen auf große Schwierigkeiten. Zum einen können viele von ihnen diesen "Ausgriff" - wie bereits festgestellt - nicht oder nur unter erschwerten Bedingungen leisten (vgl. Kap. 3.3), zum anderen gelingt es geistigbehinderten Menschen oft nicht, das erreichte Lernziel, die darin angestrebte Qualifikation von dem Lerninhalt zu lösen, anhand dessen sie diese erworben haben. Das erlernte Verhalten bzw. das erworbene Wissen wird demnach nicht frei verfügbar. Es wird z.B. der eigene Bus zur Arbeit oder zur Schule gefunden, aber bereits die Leistung, sich bei der Benützung von Bussen grundsätzlich nach Nummern zu richten, gelingt eben vielen nicht mehr. Mit dieser Tatsache erhält das Problem der Auswahl und Bestimmung von Lerninhalten einen zusätzlichen Akzent, der bei der Lernplanung in die Reflexion stets mit einzubeziehen ist. Sie kann die Planung von Unterricht oft unerhört erschweren. Dies wird verständlich, wenn man sich die weiteren Bedingungen zur Auswahl von Lerninhalten vor Augen führt (wieder nach *Westphalen* 1976, 1977):

Lerninhalte müssen aus dem Lebensbereich und Erfahrungsraum des geistigbehinderten Kindes und Jugendlichen selbst stammen, ihrem Alter, aber auch ihrem Entwicklungs- und Interessen-Niveau entsprechen. Auch äußere, lokale wie regionale Gegebenheiten spielen eine gewisse Rolle.

Damit der Lehrer/die Lehrerin mit seinem/ihrem Team sich in der Auswahl von Lerninhalten einigermaßen sicher bzw. bestätigt fühlt, sind Kategorien notwendig, die auf wesentliche Entscheidungsmomente hinweisen. Daneben gibt es auch behinderten-spezifische Inhalte und behinderten-spezifische Umwelten (Hilfsgeräte, etc.), die nicht unberücksichtigt bleiben dürfen, sondern zum Lerninhalt werden können.

6.4 Lerninhalte - der Versuch einer Ordnung

Bei der Auswahl von Lerninhalten sind nachfolgende sehr unterschiedliche Kategorien zu beachten. Jeweils ist zu fragen, inwieweit ein geistigbehinderter Schüler/eine Schülerin zu diesem oder jenem Bereich überhaupt Zugang hat und inwieweit ihn/sie dieser Lerninhalt *existentiell* betrifft. Nur aus solchen lassen sich nach meiner Überzeugung erfolgreich Lerninhalte auswählen. Die schicksalhafte Bedeutung und ihre ebenso massiven Auswirkungen werden erschreckend konkret, wenn bei der Planung von Lernvorhaben der geringe und brüchige Ausgriff in die Umwelt vieler geistigbehinderter Kinder und Jugendlicher erneut bewußt wird und sich schier keine (alternativen) Lerninhalte finden lassen.

Bereiche, aus denen Lerninhalte stammen können:

Bereich I	Bereich II	Bereich III
Erfahrungs- und Erlebensräume	Lebensfelder bzw. Lebenssituationen	Lern- und Fachbereiche
Mundraum	Wohnen	Sensorik/Motorik
Greifraum	Essen	Gedächtnis
Körperfeld	Familie	Konzentration
Krabbelraum	Freizeit	Imitation
Nahraum	Straße/Verkehr	Neugier
Spielraum	Schule	Kommunikation
häuslicher Bereich	Natur	u.a.
die Straße	Technik	
heimatliches Umfeld	Kunst	Spielen
u.a.	u.a.	Lesen/Schreiben
		Hauswirtschaft
		Werken/Musik
		Verkehrserziehung
		u.a.

Von Bedeutung ist, weder sich auf den einen noch auf den anderen Bereich ausschließlich festzulegen. Es ist sonderpädagogisch unzulässig, sich z.B. nur auf die Umwelt zu spezialisieren im Sinne einer falsch oder verkürzt verstandenen "lebenspraktischen Erziehung", so wie es sicher auch einseitig ist, nur entwicklungsspezifische Momente heranzuziehen, wie sie verstärkt im Bereich I oder im Bereich III/1 von uns dargestellt wurden. Bei einer ausgewogenen Lernplanung sollten Lerninhalte aus allen *drei* Bereichen Berücksichtigung finden und mit Lernzielen in Beziehung gebracht werden, weil nur so das Leben repräsentieren. Ohne in eine veraltete stoffliche Planung oder Analyse zurückzufallen, wäre es hilfreich, diese o.g. Lerninhalte nach ihren Qualitäten und nach ihren Anforderungen aufzuschließen, wenn es darum geht, daß geistigbehinderte Kinder und Jugendliche "leben lernen" sollen.

Nicht günstig erscheint dabei, eine Fülle von Einzelfakten oder einzelnen detaillierten Fähigkeiten zu ermitteln. Sie würden zur totalen Unübersichtlichkeit und zur Irritation führen, trotz einer gewissen Gestuftheit in ihrer Anordnung; am Ende wüßte man nicht mehr, *warum* und *was* geistigbehinderte SchülerInnen nun wirklich lernen sollen (vgl. *Adam* 1978). Didaktisch überzeugender, strukturierter und damit erfolgsversprechender erscheint die Ermittlung von "Lernaspekten" (*Bittlinger* 1978) jeweiliger Situationen bzw. jeweiliger Gegenstände, primär aus sachstruktureller Sicht, sekundär im Hinblick auf den jeweiligen geistigbehinderten Schüler/die Schülerin.

Solche Lernaspekte wären gebündelt:

- Erlebnisse, Erfahrungen
- Tätigkeiten, Fähigkeiten, Fertigkeiten
- Einsichten, Erkenntnisse
- Bezeichnungen, Begriffe
- Werte, Einstellungen, Haltungen
- Strukturen, Regeln, Gesetzmäßigkeiten
- (sprachliche) Interaktionsmuster etc.

'Lernaspekte' sind immer *Verdichtungen* des jeweiligen Lerninhaltes oder der Lernsituation. Sie streifen das Phänomenologische, also das Konkrete ab und geben nur noch das *Wesentliche* wieder.

'Lernaspekte' besitzen eine gewisse "Schlüsselfunktion". Auf der einen Seite entstehen sie aus einem konkret geführten Lernprozeß heraus, auf der anderen Seite helfen sie, einen nächsten zu erschließen.

Wenn dem Schüler/der Schülerin z.B. bewußt geworden ist, daß es bei der Lernaufgabe, einen Apfel zu teilen, nie nur um den Apfel, sondern immer auch um das *Teilen* geht, wird ihm/ihr eine nächste Aufgabe, z.B. eine Birne zu teilen, anders, rascher und gezielter gelingen. Erst wenn sich der Pädagoge über den oder die jeweiligen 'Lernaspekte' ausreichend Gedanken gemacht hat, wird er das gewählte Lernziel und die richtige, sachlich stimmige Beziehung zum Lerninhalte für sich ermitteln und für seine SchülerInnen in den Unterricht einbringen können. Eine große Hilfe wäre sicher für die tägliche Planung, wenn das Mitarbeiter-Team eine solche Analyse in *drei* Qualitätsstufen in einem Lehrplan für Geistigbehinderte vorstrukturiert fände. Sie würden in etwa den *drei Intensitätsgraden* der Schülerschaft einer Schule für Geistigbehinderte entsprechen,

- den Schülern der Übergangsform
- den Schülern der Durchschnittsform
- den Schülern der Intensivform
         (vgl. *Speck* 1974)

Gleichzeitig könnte man hier neue Überlegungen zur *Verbindlichkeit* von Lernzielen und Lerninhalten anknüpfen.

Mein Vorschlag wäre derzeit folgender:

Stufe I: Ein "Minimal-Programm" - verstanden als "eiserne Ration" für Schülerinnen und Schüler, auf die kein Pädagoge verzichten darf. Daraus ergibt sich eine relativ *hohe Verbindlichkeit*.

Stufe II: Ein "einfaches" Programm im Anschluß mit *mittlerer Verbindlichkeit*

Stufe III: Ein "fortgeschrittenes" Programm, gekennzeichnet von *Unverbindlichkeit*, wobei auch die Verknüpfung von Inhalt und Ziel gelockert werden kann

Erste Versuche, so Unterricht für Geistigbehinderte zu planen, werden z.Zt. (1976) von uns im Rahmen eines AK am ISB (Institut für Bildungsforschung), München, angestellt.

6.5 Zum Problem des 'Lernaspekts'

Der 'Lernaspekt' als ein zentraler Punkt in der Planung von Lernen wirft - wie die anderen Momente der curricularen Planung auch - für Geistigbehinderten-Pädagogen besondere Probleme auf. 'Lernaspekte' sind letztlich Ergebnisse aus der Hinwendung und aus der Auseinandersetzung des lernbereiten und lernfähigen Schülers/der Schülerin mit einem Inhalt, einer Situation, eines Gegenstandes. Dabei sind eindeutig kognitive Leistungen beim Schüler/der Schülerin Voraussetzung. Sie definieren quasi diese alle erst zum Lerninhalt, zur Lernsituation, zum Lerngegenstand. Nach *Westphalen* sind 'Lernaspekte' "die pädagogischen Bezüge, die ein Gegenstand im geplanten oder ablaufenden Prozeß des Lernens erhält" (*Westphalen* 1976, 18). Solche Um-Definitionen von konkreten Lernaufgaben hin zu jenem 'Lernaspekt' ereignen sich bei der Auseinandersetzung von geistigbehinderten Schülerinnen und Schülern mit jenen Lernaufgaben selten oder nur in unvollkommenem Maße. Entweder wenden sie sich vollkommen einseitig, vielleicht sogar stereotyp einem Gegenstand oder einer Lernsituation zu oder sie verlieren sich in der Fülle der Möglichkeiten und vermögen von sich aus keine weiterführenden "Eindeutigkeiten" (als Vorstufe zu einem 'Lernaspekt') herzustellen. Das Entstehen von sog. 'Lernpunkten' - verstanden als erste Impulse für die Bündelung von vorhandenen, wenn auch schlummernden Lernaktivitäten - vollzieht sich nur sehr langsam, vielleicht auch brüchig und selten von jener dem Lernen meist eigenen Stringenz, von der K. Lewin sagt, sie lasse einen "nicht aus dem Felde gehen".

Jedenfalls läßt sich auf diesen 'Lernpunkten' nur bedingt Lernen weiterführend aufbauen, um schließlich zu 'Lernaspekten' zu gelangen. Legt man die curriculare Theorie des 'Lernaspektes' zugrunde, bilden sich bei geistigbehinderten Schülerinnen und Schülern zumindest "von sich aus" keine Lerninhalte, Lernsituationen oder Lerngegenstände. Sie sind dabei auf die behutsame, gleichzeitig auch bewußte Führung des Pädagogen/der Pädagogin angewiesen. Allerdings dürfen die von ihnen eingebrachten Verhaltensleistungen keineswegs nur kritisch oder gar als störend gesehen werden. In diesen sind geistigbehinderte Schülerinnen und Schüler "zuhause", sie geben ihnen Sicherheit und vermitteln gleichzeitig ein Gefühl von Selbstsein. Als lernende Akteure zielen sie dabei - verständlicherweise - seltener auf Veränderung, sondern eher auf Bestätigung und damit auf Redundanz. Neben diesem "lebenspraktisch geleiteten Lernen" ohne pointierte Herausarbeitung eines 'Lernaspektes' wird es an der Schule für Geistigbehinderte hohe Anteile von gegenstandsfreiem oder situationsungebundenem Leben geben müssen, das auf Verhaltensaufbau zielt oder Defizite reduziert (vgl. Kap. 3.3). Erst in einer späteren Phase gewinnt das gegenstandsgebundene und das situationsorientierte Lernen an existentieller Bedeutsamkeit. Hier ergeben sich - bei der Berücksichtigung jener beiden Momente - im Hinblick auf die Ermittlung von 'Lernaspekten' für die pädagogische Arbeit mit geistigbehinderten Schülerinnen und Schülern jeweils neue Aufgaben und Herausforderungen, die bislang (1978) in der in Angriff genommenen Lehrplan- oder Curriculumarbeit zu wenig gesehen wurden.

Es lassen sich in diesem Zusammenhang nach unserem Dafürhalten *drei* Aufgaben nennen:

(1) für geistigbehinderte Schülerinnen und Schüler quasi stellvertretend 'Lernaspekte' unter stringenter Berücksichtigung ihrer Lern- und Lebenssituation zu bestimmen

(2) neue, u.U. zusätzliche Kriterien zur Beurteilung und damit zur Auswahl von 'Lernaspekten' herauszuarbeiten

(3) geistigbehinderte Schülerinnen und Schüler im Laufe ihrer Schullaufbahn immer mehr zu befähigen, sich an der Ermittlung von 'Lernaspekten' zu beteiligen, um sich damit vom Zwang, der Konkretheit ausgeliefert zu sein, zu befreien

Das Ermitteln bzw. Reflektieren von 'Lernaspekten' unter den vorausgenannten Überlegungen führt sie als strukturelles Moment curricularen Planens im "Dualismus von Lernziel und Lerninhalt" (*Bittlinger* 1978) wieder stärker der allgemein- wie auch der sonder-didaktischen Diskussion zu. Die schulische Arbeit mit geistigbehinderten Schülerinnen und Schülern würde davon nur profitieren.

'Lernaspekte', die man früher aufgrund der Sachanalyse und eines vermuteten Bildungsgehaltes herauszufiltern suchte, sind bzgl. ihrer Bedeutung für geistigbehinderte SchülerInnen sicher noch nicht genügend im Bewußtsein ihrer Lehrerinnen und Lehrer. Dies läßt sich am Beispiel "rote Ampel" aufzeigen.

Aus lebenspraktischer Sicht heraus ist es unumgänglich, daß geistigbehinderte Schülerinnen und Schüler lernen, bei 'rot' die Straße nicht zu überqueren. Aber darüber hinaus (also nachgeordnet!) sollten geistigbehinderte SchülerInnen lernen, daß es "Signale" gibt, die es unbedingt zu beachten gilt, die wichtige

Informationen übermitteln und die in das jeweilige Handeln einzubeziehen sind. Damit wird das Lernen am konkreten Fall weitergeführt in Richtung einer vorsichtigen Generalisierung, die jedoch nie für sich als didaktischer Gehalt stehen bleiben darf. Die Verbindung zum 'konkreten Fall', zur konkreten Situation darf nie abreißen.

'Lernaspekte' zielen auf die Erschließung neuer Lebenswirklichkeit. Es wird immer wieder behauptet, daß damit geistigbehinderte SchülerInnen überfordert würden. Die Praxis scheint zwar solche Vorannahmen zu bestätigen, exakte Untersuchungen liegen jedoch zu diesem Problemfeld bislang nicht vor. 'Lernaspekte' aufgrund sonderdidaktischer Prinzipien zu ermitteln, stellt sich als notwendige und als legitime Aufgabe der Schule für Geistigbehinderte dar.

Nicht ein phänomengeleitetes und situationsverhaftetes Lernen ist ausschließlich anzustreben, sondern den dazugehörenden Hintergrund als eine Art Tiefen-Dimension gilt es hier als didaktisch originäre, anspruchsvolle Aufgabe ebenfalls zu sehen und zu bewältigen. Wie weit wir davon noch entfernt sind, zeigen die ersten Curricula für Geistigbehinderte, die zwar den Eindruck des Konkreten und des Vollkommenen erwecken, didaktischen Analysen aus dieser Sicht doch nicht standhalten. Sie erschöpfen sich in einer möglicherweise in sich stimmigen Aufreihung von Verhaltensleistungen, ohne daß sie jene didaktischen Strukturen erkennen lassen, wie sie durch das Moment der 'Lernaspekte' zu konkretisieren sind.

6.5 Zusammenfassung

Leider konnten wir in diesem letzten Kapitel zu curricularen Problemen der Schule für Geistigbehinderte nur einzelne Aspekte aufzeigen. Es sollte deutlich werden, daß eine *curriculare* Planung in das interaktionale Geschehen von Lernaktivitäten geistigbehinderter Schülerinnen und Schüler Struktur bringen kann, Gewichtungen zu setzen vermag und somit das Lernen dieser Schülergruppe durch gesteigerte Zielorientiertheit zu effektiveren imstande ist. Unberücksichtigt mußte in diesem Zusammenhang die *methodische* Gestaltung eines solchermaßen curricularen Lernens bleiben.

Entgegen der häufigen Befürchtung, sich zu schnell und zu unreflektiert der Methoden von Normal-Schulen zu bedienen, konnten wir die gegenteilige Erfahrung machen. Das Lernen mit geistigbehinderten Schülerinnen und Schülern läßt sich in dem Maße vielfältig und dadurch wiederum effektiver gestaltet werden, wie die methodische Vielfalt an der Schule für Geistigbehinderte zunimmt. Die große Angst, mit Methoden zu überfordern, darf nicht zur methodischen Askese führen, die dann das Lernen und Lehren nicht mehr vereinfacht, sondern verarmt (vgl. *Fischer* 1978 - Kap. 7). Noch schlimmer wäre, würde die scheinbare Unmöglichkeit, das individuelle Sosein und die damit in Beziehung stehenden individuellen Lernbedürfnisse geistigbehinderter SchülerInnen curricular zu fassen und daran relevante, griffige Lernziele zu binden, zum Ausscheren aus der curricularen Entwicklung führen.

Ob ein Lehrplan die gleiche Form haben wird wie an anderen Schulen, ob er sich zu einem ähnlichen "Dualismus von Lernziel und Lerninhalt" entschließt, ob er eine kaum mehr übersehbare Fülle von Lernzielen, die dann letztlich die Lebenssituation doch nicht repräsentieren, beinhalten muß, bedarf weiterer sehr genauer Diskussionen. In dieser Richtung wurden vom Staatsinstitut für Schulpädagogik München derzeit (1974) erste Ansätze gestartet, die neugierig machen. Der curriculare Lehrplan als "Globalsteuerung unterrichtlichen und erzieherischen Handelns" (*Westphalen* 1977) will kein programmiertes Wunschbild und keine illusionäre, realitätsferne Zukunftsvision von geistigbehinderten Schülerinnen und Schülern erzeugen. Die harte Realität der geistigen Behinderung bleibt trotzdem, trotz Lernen und Lehren, trotz Fördern und Therapieren - wenn auch modifiziert -

bestehen. Der Lehrplan - in welcher endgültigen Form auch immer - beschreibt in einer strukturierten Weise die geplanten "Begegnungen zwischen Subjekt und Objekt im Unterricht" (*Trost* 1976, 74). Damit wird er zu einem "Konstitutivum" *schulischer Bildung* geistigbehinderter Menschen. Die eigentliche pädagogische Komponente, die Begegnung der SchülerInnen untereinander, aber auch die Begegnungen zwischen Lehrern, Erziehern und geistigbehinderten Schülerinnen und Schülern selbst, das zentrale Anliegen der kommunikativen Didaktik, bleibt im curricularen Lehrplan derzeitiger Form leider ungeschrieben, trotzdem aber hoffentlich im Vollzug nicht ausgespart (vgl. *Westphalen* 1976, 24).

Dieser Punkt spielt für einen sonderpädagogisch überzeugenden Unterricht mit geistigbehinderten Kindern und Jugendlichen allein deswegen eine Rolle, weil die objekt- bzw. situationsbezogenen Anteile des Lernens mit geistigbehinderten Schülerinnen und Schülern nur einen Teil unserer Bildungsarbeit ausmachen (vgl. Kap. 3.3). Die Schule für Geistigbehinderte ist primär eine *Erziehungsschule*. Mit einem Freiraum für das Erzieherische im curricularen Lehrplan ist diese Forderung allein noch nicht erfüllt. Hier sind grundsätzliche Überlegungen im Gesamtfeld der Sonderpädagogik anzustellen.

7. Abschließende Gedanken

In den zurückliegenden Überlegungen konnte nur ausschnittweise und dann oft nur sporadisch angedeutet werden, was Schule für Geistigbehinderte u.a. sein will und sein kann. Die Rückführung des theoretisch Erörterten auf die konkrete Ebene, in den Unterrichtsalltag, war in diesem Rahmen noch nicht möglich. Vielleicht hat dies manchen Leser/manche Leserin unbefriedigt gelassen. Wichtiger war mir, die Umfänglichkeit des Bildungsanliegens, aber auch die Dichte und Komplexität des Didaktischen aufzuzeigen und damit etwas vom Typischen und Einmaligen dieser Schule für Geistigbehinderte aufleuchten zu lassen. Ob sich dadurch die Mitarbeiterinnen und Mitarbeiter von Tagesbildungsstätten mehr motiviert fühlen, einer Umwandlung dieser in Schulen für Geistigbehinderte innerlich zuzustimmen, wird die Diskussion dieser Darstellung in der nächsten Zeit sicher erbringen.

Es war nicht die Absicht, schlechtes Gewissen zu erzeugen wegen u.U. versäumter oder zu einseitig betriebener Förderarbeit. Die bisher geleistete Arbeit ist ein wichtiger Stein für deren notwendige Fortentwicklung in Richtung Schule, als schulische Bildung für geistigbehinderte Menschen insgesamt. Die Schule für Geistigbehinderte befindet sich noch immer im Aufbau. Dort, wo sie schon mehrere Jahre besteht, hat sie schon eine Reihe von Wandlungen durchgemacht. Allein die unterschiedlichsten Konzepte in Theorie und Praxis beweisen das. Eine didaktisch überzeugende Grundkonzeption ist im Entstehen. An ihr gilt es zu arbeiten. Zu dieser Ungesichertheit haben neben Methoden- und Inhaltsfragen auch die sehr divergente Schülerschaft dieser Schule mit beigetragen.

Weder die Grenze nach oben zur Lernbehinderung ist eindeutig geklärt, noch die (un)mögliche Grenze nach unten ist zu Ende gedacht. Die Frage der mehrfachbehinderten Schülerinnen und Schüler (vor allem die Frage nach der Zuordnung von körper- *und* geistigbehinderten Schülern) ist ebenso wenig gelöst wie die der massiven Verhaltensschwierigkeiten einzelner geistigbehinderter Schülerinnen und Schüler. Die inhaltliche Diskussion hat sich allzu lange an dem Konzept der sog. 'lebenspraktischen Bildung' festgemacht. Sie brachte teilweise eine Verwässerung des Bildungsanliegens für Geistigbehinderte mit sich, zumindest bei allzu pragmatischer Umsetzung (vgl. *Liljeroth* 1976). "Niedere Bildungsaufgaben" sind eben nicht lebenspraktische Lernvorhaben, und Bildungsprozesse nahezu gleichzeitig in allen (zu erlernenden) Lebensbereichen und -situationen ansetzen zu wollen, muß notgedrungen zu einer Überforderung und Überstrapazierung führen. Da helfen weder Ganztätigkeit des Lernens noch Therapieren "rund um die Uhr".

Die Frage der Verdichtung von Lernen und vorweg die Reduzierung von Lerninhalten hin auf das Wesentliche stellt sich im Bereich der Geistigbehinderten-Pädagogik völlig neu. Sie muß zu anderen Antworten finden als zu den bisherigen. Vielleicht könnte vorübergehend das Phänomen der Kommunikation als zentraler Ansatzpunkt allen didaktischen Auswählens und Entscheidens, allen Planens und Gestaltens dienen und Mittelpunkt allen personalen und gegenstandsbezogenen Lernens mit geistigbehinderten Kindern und Jugendlichen sein.

Die Fachwissenschaften haben sich bisher noch zu wenig um die einzelnen Probleme des Lehrens und Lernens geistigbehinderter Menschen bemüht, zumindest im deutschsprachigen Raum. Aus den USA werden eine Fülle von Untersuchungsergebnissen gemeldet (vgl. u.a. *Adam* 1977; 1978), die neidisch werden lassen. Der konkrete Vollzug der hier beschriebenen pädagogischen Aufgabe war bislang sozial engagierten KollegInnen weitgehend übertragen. Ihnen wurden Schicksale zugemutet - Eltern und behinderte Kinder gleichermaßen -, wo andernorts die Schule bisher immer nur Teilaspekte des Lernens von Kindern und Jugendlichen leisten und in ihr Kalkül einbeziehen konnte oder wollte.

Die Schulverwaltung (oft nur auf Lernbehinderte eingestellt) selbst hatte nicht selten Mühe, neue Wege der Erziehung und Bildung Geistigbehinderter anzuerkennen, entwickeln zu lassen und mitzugehen. Es gibt aber auch von erfreulichen Ansätzen zu berichten (vgl. *Schinner* 1978). Die umfassende Arbeit einer Schule für Geistigbehinderte kann nur im *Team* von sonderpädagogisch qualifizierten MitarbeiterInnen geleistet werden. Neben einem Studium der Sonderpädagogik bzw. der Absolvierung einer sonderpädagogischen (Zusatz-Ausbildung für Erzieher, Sozialpädagogen und Fachlehrer in Handarbeit, Sport, Musik etc.) ist "als vielfältiges menschliches Bezugssystem" (*Meack* 1972) wichtigster Garant für das Gelingen der Förderbemühungen - konkretisiert als Bildung und Erziehung, und dies für alle am Prozeß Beteiligten. Ziel bleibt das Hineinwachsen des geistigbehinderten Kindes und Jugendlichen in die große Menschengemeinschaft mit den dort waltenden Bedingungen. Einige von diesen stellen sich als unveränderbare Forderungen dar, die nur mit konsequentem und intensivem Lernen anzugehen und im besten Falle zu überwinden sind; andere dagegen signalisieren die Chance einer Veränderung.

Die *'inneren Bedingungen'* des Lebens vermittelt jedoch nur der, der selbst solche in sich erlebt und von bzw. mit ihnen lebt. Elementare Lebensvollzüge kann nur der anregen, der solche erspürt. Sinn erzeugt nur der, der für sich selbst Sinn in einer oft sich anders darstellenden Welt entdeckt.

Ein curricularer Lehrplan kann mit dem Phänomen der Behinderung allein nicht "fertig werden". Wir müssen nicht nur das Erzieherische wieder entdecken, sondern auch das Heilpädagogische, wie es von den Altvätern der Heilpädagogik (*Moor, Hanselmann* etc.) formuliert wurde und uns als Auftrag übergeben ist.

Basis allen Lehrens und Lernens bleibt bei allem Eingebundensein des geistigbehinderten Kindes und Jugendlichen in ein mehrdimensionales Fördersystem, bei allen exakt und präzise herausgearbeiteten Lernzielen und Lerninhalten, bei allen nur denkbaren Kombinationen fachwissenschaftlicher Erträge, die Bereitschaft des einzelnen Pädagogen/der Pädagogin - und das gilt an sich für alle in diesem Bereich tätigen MitarbeiterInnen, ein Stück des Weges mit geistigbehinderten Menschen zu gehen - und wenn es nur ein Stück ihres *Lernweges* ist.

Aber auch diese Bereitschaft ist nicht automatisch in uns. Sie bedarf, wie das Lernen und Leben geistigbehinderter Menschen selbst, der steten Weckung, Aktivierung und Ermutigung.

Literatur

Adam, Heidemarie: Curriculum-Konstruktionen bei Geistigbehinderten. Marburg 1977

dies.: Arbeitsplan für den Unterricht mit Geistigbehinderten. Limburg 1978

Bach, H.: Didaktik der Sonderschule für Geistigbehinderte. In: *Kluge, K.J.* (Hrsg.), Einführung in die Sonderschuldidaktik. Darmstadt 1976

Bittlinger, L.: Elemente einer Theorie des Bildungsprozesses und der Curriculare Lehrplan. Band I und II. München 1978

Budde, K.R. (Hrsg.): Handbuch der Schule und Bildungsstätte für Geistigbehinderte. Staufen/Breisgau 1978

Ebersole, M./Kephardt, N.C./Ebersole, J.B.: Lernen Schritt für Schritt. München 1976

Fischer, D.: Aktuelle und 'nicht-aktuelle' Probleme der Schule für Geistigbehinderte. In: Z Sonderschule in Bayern. Mitteilungsblatt des Landesverbandes Bayern e.V. 1977, Heft 3

ders.: Der Elementar-Bogen für den Sonderkindergarten. Institut für Sonderpädagogik. München 1976 (bzw. Würzburg 1978)

ders.: Neues Lernen mit Geistigbehinderten. Eine methodische Grundlegung. Würzburg 1978

Fröhlich, A.D.: Wahrnehmungsstörungen und Wahrnehmungstraining bei Körperbehinderten. Rheinstetten 1976

Höss, H.: Differenzierung in der Schule für Geistigbehinderte. In: Z Lebenshilfe, 1971, Heft 2

Liljeroth, J.: Praktische Bildung für Geistigbehinderte. Weinheim 1973

Maeck, Chr.: Gedanken zur Konzeption von Bildungseinrichtungen für geistigbehinderte Kinder. In: Z Lebenshilfe, 1972, Heft 2

Miessler, Maria/Bauer, Ingrid: Neues Lernen mit Geistigbehinderten. Wir lernen denken. Würzburg 1978

Schinner, H.: Team-Teaching an der Schule für Geistigbehinderte - ein Versuch zur mehr-professionellen Förderungsarbeit. Regensburg 1978 (unveröffentlicht)

Speck, O./Thalhammer, M.: Die Rehabilitation der Geistigbehinderten. München 1974

Speck, O.: Kinder mit Intensivformen geistiger Behinderung - Tendenzen zu ihrer Förderung im internationalen Überblick. In: Z VHN 1978, Heft 1

Westphalen, K.: Die Lernziel-Lerninhalts-Problematik. Ein Tagungsbericht der Bad Kreuznacher Lehrplangespräche 1975 - ALK-Informationen 1976 *ders.:* Das Curriculum als Planungsinstrument. In: *Schmaderer, H.* (Hrsg.), Lernplanung und Unterrichtsgestaltung. München 1977

ders.: Praxisnahe-Curriculum-Entwicklung. Donauwörth 6/1978

Trost, K.: Lehrplanstruktur-Bericht einer Arbeitsgruppe im Tagungsbericht der Bad Kreuznacher Lehrplangespräche 1975 - ALK-Informationen 1976

Die Schule für Geistigbehinderte -
eine hoffentlich nicht zu kritische Bilanz

(1979)

Vorbemerkung

Die Bundesvereinigung "Lebenshilfe" feierte kürzlich ihr 20-jähriges Bestehen. Das ist Anlaß genug, um über Einrichtungen für geistigbehinderte Mitbürger unseres Landes ausführlicher nachzudenken. Die Möglichkeit, die Schule für Geistigbehinderte samt ihrer wichtigsten Inhalte und Ziele darzustellen, wurde gegen die Chance eingetauscht, eine kritische Betrachtung vorzunehmen - im Hinblick auf die Gegenwart und wohl auch im Hinblick auf die geistigbehinderten Schüler und deren Perspektiven selbst.

Die Schule für Geistigbehinderte - in einer schwierigen Situation

An sich regt Feiern zum Mitfeiern an. Wir müssen uns jedoch fragen: Kann sich die Schule für Geistigbehinderte sorglos zum Mitfeiern einladen lassen?

Sie wird sich wohl kaum entziehen, wenn Freunde feiern. Sich selbst zu feiern, dürfte ihr dagegen schon schwerer fallen. Das liegt nicht nur an ihrem - je nach Bundesland - sehr unterschiedlichen "Geburts"-Datum. In ihrer gesamten derzeitigen Situation steckt sie nach einem kämpferisch-stürmischen Anfang und Aufbau in einer Reihe schwieriger Probleme. Erste Anzeichen von Routine und Resignation stellen sich ein.

Eigentlich hat der geistigbehinderte Schüler indirekt selbst zu seiner Schule, wie sie jetzt besteht, angeregt. Die Massierung der Defizite und Symptome, die Vielzahl von Schattierungen der geistigen Behinderung und die beängstigende Fülle von Lernerfordernissen haben notwendigerweise eine Schule für Geistigbehinderte als mehr-dimensionales Förderungssystem entstehen lassen, das an Kompliziertheit ständig zunimmt. Es droht in ein Schulmanagement auszuufern, anstatt sich zu einer gefestigten, pädagogisch vollgültigen und überzeugenden Institution zu verdichten, was gemessen am Begriff "Schule" an sich zu erwarten, vonnöten und inhaltlich noch zu begründen wäre.

Geistigbehinderte Kinder und Jugendliche werden in ihre Schule gebracht - selten kommen sie von sich aus dorthin. Rasch geraten sie in ein Netz von Förderplänen und treffen auf einen häufig einseitigen Förderwillen - meist durch beste Diagnostik abgesichert, jedoch insgesamt nicht immer dazu angetan, das Hineinfinden in das Leben zu erleichtern, die eigene Befindlichkeit auszumachen oder ein sicheres Bewußtsein seiner selbst aufzubauen.

Die zunehmende Ausdifferenzierung von Fördermaßnahmen ist für sich genommen nicht zu beklagen; doch stehen diese leider häufig völlig isoliert nebeneinander, oft um ihrer selbst willen. Im krassesten Fall definieren sie erst direkt oder indirekt die Behinderung, die sie dann angehen möchten, anstatt sich zu einem ganzheitlichen Konzept wirksamer Lebenshilfe zu verbünden und sich mit der Zeit als weitgehend überflüssig zu erklären.

Unsere Aufgabe ist es, uns nicht mit dem Gegebenen abzufinden, sondern dort Kurskorrekturen vorzunehmen, wo wir solche für dringlich halten.

Grundsätzlich gilt: Wir lernen mit geistigbehinderten Kindern und Jugendlichen nicht primär auf eine unbestimmte Zukunft hin, sondern versuchen ihren Lebens- und Handlungsradius im Hier und Jetzt aufzubauen und diesen nach Möglichkeiten zu erweitern.

In welchem Umfang dies für das einzelne Kind, den Jugendlichen verwirklicht werden kann, hängt zum einen von den Gegebenheiten der Umgebung ab, zum anderen von den jeweiligen Potenzen des Kindes, des Jugendlichen selbst, die aktiviert und beansprucht werden können.

Die Schule für Geistigbehinderte jedenfalls sollte diese Aufgabenhaftigkeit für alle erkennbar und verständlich dokumentieren und sich selbst darin einüben und qualifizieren.

Die Schule für Geistigbehinderte - eine didaktisch-pädagogische Institution

Förderungsbemühungen für geistigbehinderte Schüler gewinnen aus methodischer Sicht dann, wenn sie engmaschig, feingliedrig und bedürfnisorientiert geschehen. In ihrer didaktischen Relevanz müssen inhaltsbezogene Momente noch stärker als bisher zum Tragen kommen. Aus der Sicht eines stufig fortschreitenden und gleichzeitig zunehmend komplexeren Lernangebots bietet sich folgende Gruppierung an:

Schwerpunkt 1: Basales Lernangebot als Beitrag zur "funktionalen Ertüchtigung" der Gesamtperson

Schwerpunkt 2: Elementar-lebenspraktisches Lernangebot als Beitrag zur "Aneignung von Welt", deren Durchdringung und Bewältigung

Schwerpunkt 3: Fachbezogenes Lernangebot als Beitrag zur "Bereicherung und Erschließung elementarer Lebensvollzüge" und zur größeren Versachlichung des Lernens selbst

Eine Umdefinition dieser eher formalen Schwerpunkte nach inhaltlichen Gesichtspunkten ergibt folgende Lernbereiche der Schule für Geistigbehinderte:

Lernbereich A: Erlernen von Lebenstechniken einschließlich vorausgehender Funktionen und nachfolgender Anwendungssituation im konkreten Alltag

Lernbereich B: Befähigung zum Zusammenleben einschließlich des Aufbaus emotionaler Sicherheit und des "Bereitstellens" nachfolgender Anwendungssituationen

Lernbereich C: Gewinnen von Lebensorientierung einschließlich vorausgehender Kenntnisse von Welt, deren Hintergründe und der sich anschließenden Realisationsmöglichkeiten im Alltag

Auflistungen wie diese lassen die eigentlichen Probleme der Schule für Geistigbehinderte noch nicht deutlich genug erkennen.

Wie nahezu alle Sonderschulen hinkt auch die Schule für Geistigbehinderte der Entwicklung der Allgemeinen Didaktik beängstigend hinterher. Zwar befleißigt sie sich derzeit eifrig und nahezu ausschließlich curricularer Planungen und eines lernzielorientierten Unterrichts; damit kann sie sich ein Stück weit aus dem Verdacht befreien, an der Schule für Geistigbehinderte würde nur betreut, gespielt oder Beschäftigung betrieben oder in einem Schleier heilpädagogischer Bemühungen die tatsächliche Lern- und Bildungsarbeit mit geistigbehinderten Schülern vernebelt bzw. gar nicht erst angefangen.

Die curriculare Ausrichtung selbst erbrachte größere Genauigkeit des Lernens, eine umfassendere Zielgerichtetheit und zusätzlich eine neue inhaltliche Auslotung unterrichtlicher Aktionen. Diesen positiven Entwicklungen stehen eine Reihe kritischer Punkte gegenüber. Einer davon ist in dem schwierigen Verhältnis der Schule für Geistigbehinderte zur Wirklichkeit zu sehen, neben der problematischen Aufsplitterung von Förderungsaspekten in kognitive, motorische und affektive Bereiche und der kritisch zu wertenden Überbetonung des Intellektuellen unter Vernachlässigung von Erlebnishaftem und Leiblich-Sinnlichem. Ein tragender Lebensbezug ist nur bedingt auszumachen.

Die Schule für Geistigbehinderte - eine Schule, die die Wirklichkeit sieht?

Die Wirklichkeit, auf die hin es zu erziehen gilt, beginnt für Geistigbehinderte nicht erst *nach* der Schule, z.B. in der Werkstatt, in einem Wohnheim oder in Situationen, in denen sie für sich selbst sorgen müssen! Wirklichkeit umgibt sie in konkretem Sinne in jedem Augenblick ihres Lebens. Wir müssen diese Wirklichkeit nur an sie herankommen lassen. Im Spielen und im Umgang mit Spielmaterial kann das ebenso geschehen wie im Bus und damit im Zusammentreffen mit anderen Fahrgästen, im Laden nebenan samt den vielen Dingen, die es dort zu kaufen, zu wünschen oder auch nur zu erträumen gibt oder auf dem Spielplatz, wo auch andere, nicht-behinderte Kinder spielen.
  Die Schule für Geistigbehinderte muß eine wirklichkeitsnähere Schule werden, ohne die schon oft kritisierte, weil verkürzte, sog. lebenspraktische Erziehung wieder herbeizusehnen (vgl. *Fischer,* 1978) oder gar erneut zu aktivieren. Wirklichkeit muß durch sie "hindurchwachsen" (*C.G.Jung*), soll sie für geistigbehinderte Menschen zur Realität werden, damit sie von ihnen angenommen und in ihnen jeweils neu erzeugt werden kann - als ihre subjektive Wirklichkeit und als ihr persönliches Bild von dieser Welt.

Diese Überlegungen lösen eine Reihe von Fragen aus, denen wir uns stellen müssen, ohne uns in der Zielsetzung irritieren zu lassen:

- Will unsere Gesellschaft überhaupt gebildete geistigbehinderte Mitbürger oder sind ihr angepaßte, pflegebedürftige nicht doch lieber, d.h. passender für ihre sozialen Aktivitäten?

- Schätzt unsere Umwelt konsumfreudige und zum Konsum befähigte geistigbehinderte Menschen, die ihre Wünsche auf ihre Weise zum Ausdruck bringen und diese auch einzufordern imstande sind?

- Verkraften "Normalbürger" geistigbehinderte Nachbarn, die einen Arbeitsplatz neben ihnen beanspruchen - aufgrund der ihnen zugewachsenen Fähigkeiten und Fertigkeiten?

- Stellt sich der einzelne tatsächlich der Herausforderung, das sichtbar gewordene Unvollkommene, Unharmonische, Gefährdete, Begrenzte, wie es viele geistigbehinderte Menschen - äußerlich gesehen - doch vielfältig repräsentieren, auch bei sich selbst zu entdecken?

Das alles macht jene Wirklichkeit aus, in die der geistigbehinderte Mensch - begleitet durch systematische Hilfe seiner Schule - hineinwachsen soll, die er aber auch wahrnehmbar prägen und an der er nachdrücklich mitgestalten wird.
  Es ist eine Wirklichkeit der Probleme und Konflikte, die es zu bewältigen gilt, und eine Welt der Aufgaben und Möglichkeiten, an denen er teilhaben und mitwirken wird - letztlich eine Welt, die zu lieben und wertzuschätzen ist.

Die Schule für Geistigbehinderte - und ihr Stand in der (gesellschaftlichen) Wirklichkeit

Unsere Forderung nach einer stärkeren Orientierung an der Wirklichkeit entspringt der Erfahrung und Überzeugung, daß die Schule für Geistigbehinderte - wie kaum eine andere - eine hervorragende Position zwischen der Gesellschaft auf der einen und der Gruppe geistigbehinderter Menschen auf der anderen Seite einnimmt. Es stehen zwei Partner gegenüber - der eine, der sich die Wirklichkeit nicht nehmen kann, und der andere, nämlich die Wirklichkeit selbst als die Ferne, die Fordernde, die Bedrohliche, die unerreichbar scheint.

Die Schule, und das wäre genau ihre Chance, kann hier kraft ihrer Methoden und Ziele hervorragende Vermittlungsdienste leisten. Sie wird ihrer Aufgabe insgesamt nur gerecht, wenn sie *beide* Partner, die sich gegenseitig bedingen, sieht und sich ihnen widmet. Sie muß den geistigbehinderten Schüler zu Aneignungs- und Anpassungsleistungen herausfordern, ihr Anwendungs- und Lebensfelder für geistigbehinderte Menschen abringen und erschließen.

Das bringt eine nicht unerhebliche Steigerung schulischer Aufgaben mit sich, die mit einigen Unterrichtsgängen oder mit sporadischen Kontakten zu Nichtbehinderten nicht auszugleichen ist. Es werden unablässig Prozesse der Begegnung, der Wahrnehmung, der Bewältigung und der Gestaltung notwendig. Sie sollten aber auf der Grundlage persönlich-individuellen Mögens und Könnens und nicht in der Absicht "larvierender Normalisierungstendenzen" (*Fröhlich* 1978) stattfinden. Der Umgang mit der Wirklichkeit als Voraussetzung, Sicherheit zu erleben und Kreativität zu praktizieren, zielt auf Handlungs- und Kommunikationsfähigkeit - das Hauptziel jeglicher schulischer Bildungs-Arbeit mit geistigbehinderten Schülerinnen und Schülern.

Realitätsorientiertheit ist nicht gleichzusetzen mit lebenspraktischer Ertüchtigung oder sog. konkreter Bildung. Sie meint vielmehr das Einbezogensein aller Interaktionspartner in die Gesamtheit aller Bedingungen des pädagogischen Vollzugs. Für den Pädagogen kann sie Herausforderung, aber auch Anerkennung der Behinderung und der damit einhergehenden Begrenzung seines unterrichtlichen und erzieherischen Handelns bedeuten, für den behinderten Schüler Anstrengung, Erfahren von Begrenzung im Lernen und in der Selbstverwirklichung, zusätzlich die Notwendigkeit, sich sachlichen Gesetzmäßigkeiten zu unterstellen (vgl. *Köhle* 1979). Realität in diesem Sinne ist Bezugspunkt jeglicher Bildungsarbeit und Grundvoraussetzung für jede didaktische Entscheidung.

Dabei ist die Welt jedoch so (an-)zunehmen, wie sie ist. Das Schlagwort von der immer komplizierter werdenden Welt findet selbst in ernsthaften Analysen seine Bestätigung; Tendenzen der (Ver-)Planung und der (Ver-)Organisation haben nicht nur die Schule erfaßt; Leistungsstreben und Streß gibt es nicht nur im Klassenzimmer; Neigung zu unbegrenztem Konsum einschließlich einer Reduzierung der Lernbereitschaft begegnet einem nicht nur außerhalb von Schule.

Die derzeit praktizierte Konzeption, geistigbehinderte Kinder und Jugendliche durch schulische Bemühungen für die Umwelt zu ertüchtigen und sie zum "Mitmachen" zu befähigen, weitet sich dann zum Verhängnis aus, wenn sich die Welt schneller verändert als die Schüler nachzulernen imstande sind. Unter solchen Umständen finden geistigbehinderte Menschen, selbst wenn sie ihre Schule erfolgreich absolvieren konnten, kaum realistische Chancen der Selbstverwirklichung und Selbstgestaltung in dieser sich ständig verändernden Welt.

Die Schule für Geistigbehinderte - eine pädagogische Schule?

Seit Jahren sind die Mitarbeiterinnen und Mitarbeiter dieser Schule um Anerkennung ihres Tuns als unterrichtliches und erziehliches Handeln bemüht, auch dann, wenn sie häufig keine Erfolge bei der Vermittlung von Kulturtechniken vorweisen können und ihre Schüler nicht nur der Übergangsform, sondern der

Durchschnitts- und Intensivform der geistigen Behinderung zuzurechnen sind (vgl. *Speck* 1973, 4 ff).

Eine überzeugende Schulkonzeption, die auch kritischer Anfragen der allgemeinen Schulpädagogik und der Erziehungswissenschaft standhält, liegt bislang nur in Ansätzen vor. Nicht selten erschöpft sich die Selbstdarstellung der Schule für Geistigbehinderte in der Feststellung, daß in dieser Schule "alles anders" sei. Dieses durchgängige Anderssein hat in vielen Teilbereichen seine unzweifelhafte Richtigkeit. Dabei darf jedoch nicht vergessen werden, daß alle Förderungsbemühungen, seien sie therapeutischer, unterrichtlicher oder pflegerischer Art, pädagogisches Handeln darstellen - in der Frühförderung, in der Schulvorbereitenden Einrichtung, in der Werkstufe und vor allem in der Schule selbst.

Der Begriff der "Förderung", der vielerorts alle diese Bemühungen bündelt, ist angetan, sowohl die eigentliche Erziehungsaufgabe als auch den didaktischen Anspruch zu verwischen. Er läßt vielmehr auf ein stetes Vorwärtsschreiten im Sinne eines unablässigen Veränderns und Verbesserns schließen. Dabei bedarf es keiner besonderen Ehrlichkeit oder Weitsicht einzugestehen, daß es nicht bei allen Schülern und auch nicht bei dem jeweils einen Schüler immer nur "vorwärts" geht. Das ist auch gut so - selbst wenn wir uns dies im Einzelfall sicher anders wünschten. Es wäre unmenschlich, setzten wir geistigbehinderte Schüler immer nur der Förderung, der "Be-Förderung" aus. Sie müssen Gelegenheiten bekommen, sich in unsere/ihre Welt einzufinden, in ihr Wurzeln zu schlagen, ihren Platz in der Gemeinschaft ihrer Mitmenschen einzunehmen, in Ruhe und Stetigkeit zu leben, zu lernen und zu arbeiten. Dazu ist Konstanz, ist Bleiben notwendig. Zudem zeigen viele geistigbehinderte Kinder umfangreiche Erlebnis- und Erfahrungsdefizite. Die Schule für Geistigbehinderte versucht hier einen Ausgleich zu schaffen und so ein Reservoir von Erlebnissen, Erfahrungen und Vorstellungen nachzuliefern. Sie will - um es sehr verkürzt zu sagen - ihren Schülern erst *geben* und dann "*nehmen*" (= fordern) im Sinne von Fördern. In einem vertieften Sinn kann beides als Schenken gewertet werden - seitens des Lehrers in Form von Ereignissen, Eindrücken und Aufgaben; seitens des Schülers: der Schüler beschenkt ihn, indem er sein Bemühen annimmt, seine Angebote aufnimmt und seinen Forderungen nachkommt.

Eine pädagogische Schule will ihre Schüler durch Erziehung wach und bewußt "machen". Sie will, daß diese aktiv werden, sich etwas zu wünschen und zu nehmen wagen, daß sie erkunden und experimentieren, daß sie neugierig und selbstbewußt, genußfähig und leistungsbereit werden und sich mit der Zeit auf das Du hin orientieren und zu einem Wir finden. Diese Fähigkeiten entstehen nicht durch eine passiv machende Förderung, sondern nur durch eine konsequente Herausforderung, getragen durch den nötigen, individuellen Freiraum und die uneingeschränkte Bejahung der Persönlichkeit trotz gegebener Behinderung.

Nach *Lompscher* (1976) ruft die materiale, soziale und personale Umwelt "Tätigkeiten" hervor, die als geistige und psychische Prozesse in Erscheinung treten und den Menschen letztlich "in Aktivität versetzen". Hier hat die Schule für Geistigbehinderte manches nachzuholen bzw. noch dazuzulernen. Diesen Weg zu denken und zu begehen, erscheint vielen Mitarbeitern ungewohnt und fremd. Sie sollten sich aber dazu ermutigen lassen. Behinderte Schüler sind nicht nur dankbare Empfänger unserer Aktivitäten, sondern Menschen, die selbst schaffen wollen und können, vor allem dann, wenn sie einen ihnen gemäßen Raum und ein ihnen entsprechendes Angebot vorfinden. Auf die Erwartung kommt es an.

Die Schule für Geistigbehinderte - eine Herausforderung, neue pädagogische Wege zu gehen

Trotz der vorher erörterten Einschränkung ermöglicht die Schule für Geistigbehinderte ein pädagogisches Arbeiten, wie es fast keine andere Schule notwendig macht bzw. ermöglicht. Sie erlebt kaum schulmüde oder lernsatte Schüler. Leistungsdruck als notwendiges Begleitinstrument heutiger Schulen kennt sie (noch) nicht, weil eine Lernkontrolle im strengen curricularen Sinne kaum durchgeführt werden kann. Und für die emotionale bzw. soziale Seite bleibt in Form von Festen und Feiern, aber auch von Zusammenerleben und Zusammenarbeiten für alle Beteiligten viel Raum.

Selbst die personale Situation der Schule für Geistigbehinderte verdient es, hervorgehoben zu werden. Sie fordert zum Umdenken heraus. Die althergebrachte Vorstellung von einem Lehrer in Zuordnung zu "seiner" Klasse wird durch das sich immer mehr durchsetzende Zwei-Lehrer-System eine Ablösung erfahren und dennoch ergänzt bleiben müssen durch therapeutische Bemühungen und fachbezogene Angebote. Die Begründung einer Umorientierung in der personalen Ausstattung von Lerngruppen oder Klassenverbänden ist mannigfaltig.

Einer der Hauptpunkte liegt in der Unterschiedlichkeit und individuellen Ausprägung des Leistungs- und Sozialverhaltens geistigbehinderter Schülerinnen und Schüler, die ein gruppenbezogenes Lernen in Frage stellen. Die geforderte Bezugsperson ist bei diesen Überlegungen nicht "beiseite geschoben", im Gegenteil, sie gilt es weiterhin zu fordern. Nur wird sie nicht als alleinige Lehr- oder Erziehungsperson in einer Klasse tätig sein (vgl. *Schinner* 1978). Wenn auch aus anderen Ländern mit dem Zwei-Lehrer-System mehrjährige Erfahrungen vorliegen (vgl. *Speck* 1979), so wird es dennoch geraume Zeit dauern, bis sich das Schulsystem für Geistigbehinderte in der Bundesrepublik Deutschland darauf einstellt. Selbst die Theorie-Diskussion ist diesbezüglich noch zu keinem überzeugenden Abschluß gekommen. Das hierbei notwendig werdende Lernen führt über das bekannte Team-Teaching hinaus. Es geht nicht nur um ein Ausdifferenzieren der Lehraktivitäten, sondern auch um eine Um-Verteilung - nicht Aufteilung - von Interaktions- und Kommunikationsaufgaben.

Von einer inhaltlichen Aufgabenzuweisung an bestimmte Gruppen von Pädagogen ist jedoch abzusehen. Das hier neu zu verwirklichende Lernen wird ein "integriertes Lernen" sein müssen, wie es *Schinner* (1978) oder auch *Maria Mehl* (1979) bereits mit ersten konkreten Vorschlägen und diskussionswürdigen Beispielen eindrucksvoll beschrieben haben. Auf der einen Seite vermögen Bedürfnisbezogenheit und Individualisierung die Motivation zum Lernen zu steigern, auf der anderen Seite den Lernprozeß selbst zu größerer Genauigkeit und zu überzeugender Stimmigkeit im didaktischen Sinne zu führen. Nicht zuletzt kann sich durch ein solchermaßen gestaltetes Lernen die therapeutische Wirksamkeit für das einzelne Kind erhöhen, ebenso wie die Übereinstimmung des Lernangebots mit den Möglichkeiten und Forderungen der Umwelt zunimmt.

Die Schule für Geistigbehinderte - ein (noch) lebendiger Organismus?

Eine Kollegin mit reicher Erfahrung an der Schule für Geistigbehinderte verglich in einem Gespräch diese Sonderschule mit einem Baum. Gleichzeitig drückte sie damit ihre Sorge um diese Schule im Hinblick auf die Zukunft aus.

Bäume werden nicht selten als Bild für das Leben ins Spiel gebracht. Sie symbolisieren das Verwurzeltsein, das Wachsen, das Früchtebringen, aber auch das Altwerden, das Absterben und Vergehen.

Ist nun die Schule für Geistigbehinderte *schon* ein solcher Baum? Ist sie zur Zeit *noch* ein solcher Baum? Ist dieser Vergleich insgesamt als Traum oder gar als Alptraum von uns zu werten?

Bleiben wir im Bild und wagen wir einige Assoziationen:
Wo hat der Baum "Schule für Geistigbehinderte" seinen Standort? Worin ist er verwurzelt? Was treibt ihn zum Wachsen an? Wer versteckt sich hinter ihm? Welches sind seine Früchte? Wen schützt sein Blätterdach? Wer mag seinen

Ertrag? Am leichtesten sind seine Äste zu benennen:
Früherziehung, Sonderkindergarten, Werkstufe usw. könnten es sein.
 Die anderen Fragen sind jedoch ebensowenig befriedigend zu beantworten wie die den Baum am Leben haltenden biochemischen Austauschprozesse.
 Bäume bleiben nur dann ein lebendiger Organismus, wenn innere *und* äußere Austauschprozesse gleichermaßen stattfinden. Je weniger die eine Seite durchpulst wird, umso mehr Anstrengung fordert dies von der anderen Seite. Das ökologische und biologische Gleichgewicht kann nicht zu lange in einem Ungleichgewichtszustand verharren, soll der gesamte Organismus nicht ernstlich in Gefahr geraten.
 Übertragen heißt das:
"Äußere" Anstrengung der Schule allein, wie sie als Rehabilitationsbemühungen, als Elternarbeit oder Öffentlichkeitsarbeit von uns betrieben werden, ergänzt durch ein bewundernswertes Schulmanagement und kontrolliert von einer immer komplizierter werdenden Verwaltung durch die Schulbehörden, können die Lebendigkeit einer Schule auf Dauer nicht gewährleisten. Beginnende Morschheit und Hohlheit lassen sich nur für eine begrenzte Zeit mit Aktivitäten überdecken.

Unlebendigkeit einer Schule erfahren die Mitarbeiterinnen und Mitarbeiter einer Schule am ehesten. Sie spüren Ermüdung oder Erschöpfung und erschrecken über erste Anzeichen belastender Routine. Das Beflügeln der täglichen Arbeit kennen sie dann meist nur noch aus der Erinnerung. Um im Bild zu bleiben: Erst der Saft transportiert lebenserhaltende und lebensschaffende Nährstoffe bis in die letzte Verästelungen eines Baumes hinein. Sie schenken ihm Glaubwürdigkeit, Selbstbewußtsein und Widerstandskraft. Auf die Schule übertragen heißt das: Es kommt entscheidend auf die "inneren" Anstrengungen an, die von allen an der Schule für Geistigbehinderte Beteiligten selbst zu erbringen sind. Lösungen sich bei Ideologie-Trägern auszuleihen, bringt selten Hilfe und Befriedigung. Eigenarbeit läßt sich auf Dauer nicht durch Fremdleistung ersetzen - vor allem nicht im pädagogischen Bereich, der von Kommunikation und Echtheit lebt.

Zwei alternative Vorschläge wollen zum Weiterdenken anregen:

Möglichkeit 1

Dieser Weg zum Lebendigbleiben führt über das Sich-Bewußtmachen des Entwicklungs- und Lebensweges eines Menschen, der mit einer (geistigen) Behinderung sein Leben zu bestehen hat. Er wird in eine gegebene Welt mit meist fixen Normen hineingeboren; sein Wachstum und sein "Werden der Person" beginnen bereits vom ersten Tag an unter der Vorgabe eines durch die Behinderung initiierten Lebensrhythmus und der einhergehenden Dynamik. Gleichzeitig wird dieser Mensch im Laufe der Zeit mit einer sich zunehmend als unausweichlich zeigenden Zielrichtung konfrontiert, die erhoffte oder ersonnene alternative Lebensmöglichkeiten schmerzlich ausschließt und verbietet.
 Sich mit einem solchen Leben anzufreunden, ohne sich teilnahmslos und schicksalsergeben allen Lebensbewegungen passiv zu überlassen, erzeugt auch genügend Widerstandskraft gegenüber jeglichem einseitigen Förderwillen, falls dieser vorwiegend auf Anpassung und Leistung zielt.
 Umgekehrt weckt die Entdeckung, daß ein solches Leben in seiner Ausformung der Begleitung, der Bestärkung und der Bestätigung bedarf, in vielen Pädagogen ausreichend Motivation, sich ein Leben lang mit geistigbehinderten Menschen zu befassen, mit ihnen zu lernen und zu arbeiten.

Möglichkeit 2

Der zweite Weg zum Lebendigbleiben führt über den wissenschaftlich-theoretischen Weg. Er beschreibt das Wissen-Wollen und das Wissen-Schaffen bzgl. der geistigen Behinderung gleichermaßen und der durch sie auf den Weg gebrachten Prozesse und Veränderungen.

Sonderpädagogen sollten von Hause aus neugierige Menschen sein. Unser Wissen, wie sich bei geistigbehinderten Kindern "Vorstellungen bilden" (vgl. *Lompscher*), sich "Handlungsschemata entwickeln" (*J. Piaget*) oder "Motivationen entstehen" (*M. Wasna*), ist vergleichsweise zum täglichen Tun ausgesprochen gering, aber auch der Bedarf nach "mehr Wissen" im Vergleich zu der vorliegenden Notwendigkeit relativ bescheiden. Nur das genaue Beobachten und Erforschen von Lernprozessen samt deren Bedingungen führen zu einer größeren Wirksamkeit unterrichtlichen und erzieherischen Handelns. Ein Bedürfnis nach vertieftem, gleichzeitig aber auch nach "hilfreichem" (=richtigem) Wissen sollte jeden Sonderpädagogen unruhig machen, ihn innerlich erfassen und bewegen, Prozesse des Lebens und des Lernens sorgfältiger, bewußter und reflektierter anzuregen und zu organisieren.

Die Schule für Geistigbehinderte - eine Herausforderung zum Nach-Denken

An kaum einer Schule erscheint umfassendes Denken bzw. Nach-Denken so dringend angezeigt wie an der Schule für Geistigbehinderte.

Je schwerer ihre Schülerinnen und Schüler behindert sind, umso mehr muß nachgedacht werden. Gegenteilige Tendenzen jedoch bestimmen das sonderpädagogische Feld. Schwere und schwerste Behinderung läßt häufig das Denken zugunsten von hoher Zuwendung und umfassender Emotionalität weichen.

Man überträgt dann unbesehen Vorschulprogramme auf bereits jugendliche geistigbehinderte Schüler, ohne die damit einhergehenden Nachteile zu erkennen: Die Aktivierung infantiler Anteile in beiden Kommunikationspartnern, die unerlaubte Vereinfachung lebensbedeutsamer Zusammenhänge und die Orientierung an Lernzielen, die nicht identisch sind mit dem Bildungsziel der Schule für Geistigbehinderte, nämlich in erster Linie realitätsbezogen zu arbeiten und auf das Leben bzw. das Leben-Können vorzubereiten. In einer derart geführten Förderung werden geistigbehinderte Kinder und Jugendliche um die Ernsthaftigkeit ihrer Erlebnisse, ihrer Lebensprobleme und ihrer Entwicklungen gebracht. Selbst wenn die verschiedenen Aktivitäten geistigbehinderter Schüler kleinkindhafte Züge durchscheinen lassen, vertragen diese keine Verniedlichung. Sie fordern vielmehr ein realitätsbezogenes Aufarbeiten von Sachen und Situationen nach den jeweils zugrundeliegenden Gesetzmäßigkeiten. Von da aus ist z.B. auch an einer Sachverhalte verfälschenden musischen Fundierung des Sachunterrichts Kritik zu üben.

Gründliches Nachdenken klärt das Lerngeschehen und die Sachstruktur des Lernangebotes gleichermaßen. Das setzt allerdings für den Pädagogen Freiräume bei der Zielfindung und Zielentscheidung voraus, sei es im erziehlichen oder im unterrichtlichen Feld. Eine Vor-Filterung oder eine Vor-Interpretation, durch wen auch immer, beeinträchtigt bzw. verfälscht den Vorgang des Nachdenkens und bringt letztlich geistigbehinderte Menschen um die Chancen ihrer Entwicklung. Solche Freiheiten oder Freiräume muß sich der Pädagoge häufig selbst erkämpfen und diese dann durch lebendiges Denken mit Leben füllen. Sie bieten ihm Hilfe, sich gegen das Diktat des Unabänderlichen der Behinderung ebenso zu wehren wie gegen den Zwang und die Verlockung, sich vorgegebenen Zielerwartungen kritiklos zu überlassen.

Eingangs stellten wir fest, daß der geistig behinderte Schüler selbst die Schule diktiert und damit auch deren Lerninhalte, Lernorganisation und deren Lernformen. Dies ist nur solange rechtens, wie der Pädagoge kraft seines Nachdenkens diesem Prozeß zustimmen, mit ihm übereinstimmen kann. Eine befreiende Pädagogik, wie sie Sonderpädagogik letztlich sein soll, muß das Darüberhinaus-Denken wagen und praktizieren, ja stets neu fordern. Die Idee der "Selbständigkeit des Individuums" ist zu schärfen und die Verantwortung dafür zu übernehmen. Mit diesem Bewußtsein lassen sich glaubhafte Perspektiven für die Zukunft der Schule für Geistigbehinderte überzeugend entwerfen und stimmig realisieren.

Ein versöhnlicher Abschluß als Resumee?

Die Schule für Geistigbehinderte hat in den letzten Jahren schwere Arbeit geleistet:

Sie mußte
- sich auf eine Schülergruppe einstellen, mit der vorher kaum jemand Erfahrungen gesammelt hat;
- ein Bildungskonzept entwerfen, das sich freischwimmen sollte von der Vielfalt möglicher Erwartungen;
- stimmige Methoden, Prinzipien und Medien entwickeln, ohne die Normalschule zu kopieren;
- sich mit einem nicht immer wohlgesonnenen gesellschaftlichen Kontext auseinandersetzen;
- Enttäuschungen, Entwicklungseinbrüche und Erschöpfungen verkraften;
- "Abnehmer" aber auch Freunde für ihre Absolventen suchen und finden;
- sich um Lebensfelder für ihre Schüler bemühen und diese mit ihnen erschließen, einüben und ihnen auch gestalten.

Daneben wurde gebaut, eingerichtet, ausgestattet und um ausreichende bauliche Verordnungen und bessere gesetzliche Bestimmungen gekämpft.
Von den herkömmlichen Bildungsvorstellungen, besonders im Rahmen der Schule, galt es Abstand zu nehmen, ohne jedoch die Nähe zur allgemeinen Erziehungswissenschaft und Schulpädagogik aufzukündigen. Die Schule für Geistigbehinderte hatte ihr Tun zu rechtfertigen, das kostenaufwendig ist, ohne dafür eine Gegenleistung in wirtschaftlichem Sinne garantieren zu können.
Den Eltern, der Öffentlichkeit, den Schülern hat sie trotz vieler Belastungen ihre ganze Kraft gewidmet; dies sollte bei aller kritischen Auseinandersetzung mit dieser Schule immer wieder anerkennend vermerkt werden.
Nur um ihre Lehrer und ihre Mitarbeiter kümmerte sie sich kaum. Dabei sind sie die Stütze und die tragenden Pfeiler. Man rechnet mit der Durchgängigkeit, der Unerschütterlichkeit und der Unversiegbarkeit vorhandenen Engagements. Dabei könnte eine Zeit kommen, in der man sich vorrangig auf die Lehrer und Erzieher und dann erst auf die Schüler dieser Schule konzentrieren muß, wenn die Schule für Geistigbehinderte jener lebendige Organismus bleiben und damit zum Lebendigsein ihrer Schüler beitragen soll, den wir mit dem Bild des Baumes beschrieben haben.
Fortbildungsveranstaltungen, die auf Ertüchtigung und Information abzielen, vermögen diese Aufgabe nur zu einem Teil zu bewältigen. Der Pädagoge wird ein Terrain und einen Ansprechpartner finden müssen, wo er Ängste, Abwehr, Aggressionen, Müdigkeit und Frustrationen bearbeiten kann. Seine Klasse, seine Schüler und seine "Familien" sind dafür sicher die am wenigsten geeigneten.

Wenn wir eingangs die Frage nach dem Mitfeiern gestellt haben, so hat sich für den Leser sicher eine Entscheidung abgezeichnet: Mitfeiern wird die Schule für Geistigbehinderte sicher immer gerne. Das gehört zu ihrem Lebensstil. Zum Selbstfeiern eines eigenen Jubiläums erscheint es dagegen noch zu früh. Derzeit sind andere Aktivitäten drängender und vorrangig wie nie zuvor, nämlich die Schule für Geistigbehinderte in ihrem Stil weiterzuentwickeln zu einem geschätzten und fundierten Ort des LEBENs und des LERNENs.

Literatur

Köhle, K.: Über die kindliche Willkür. Zur Bedeutung der Realitätserschließung im erzieherischen Prozeß. Süddeutsche Zeitung. 1979/10

Lompscher, J.: Verlaufsqualität der geistigen Tätigkeit. Berlin 1976

Mehl, Maria: Integriertes Lernen in der Küche. In: Wir lernen in der Küche. Hrsg. v. *Fischer u.a.*. Kap. 10. Würzburg 1979

Schinner, H.: Team-Teaching an der Schule für Geistigbehinderte - Versuch einer mehr-professionellen Förderarbeit. Regensburg 1978 (unveröffentlicht)

Speck, O.: Bildung, Bildbarkeit und Lernen geistigbehinderter Menschen. In: Z VHN Heilpädagogik. 1973/42

ders.: Der geistigbehinderte Mensch und seine Erziehung. München 1972

Schulische Wirklichkeiten - Aufgabenfelder für Heilpädagogen?

(1990)

Zugang zu einem heiklen Thema

Schule als Institution ist zumindest in unserem Staat gesellschaftlich gewollt und wird im allgemeinen auch entsprechend geschätzt. Daraus ergeben sich die finanzielle Unterstützung ebenso wie die zahlreichen "Eingriffe" in das konkrete Schulleben - allgemein, aber auch 'vor Ort'. Curricula, Lehrpläne und Studienordnungen samt Laufbahnvoraussetzungen für zukünftige LehrerInnen sind beredte Beispiele hierfür. Schule in dieser staatlichen Form entbindet Eltern von der Notwendigkeit, ihren Kindern Kenntnisse, Fähigkeiten und Fertigkeiten zu vermitteln, mit deren Hilfe sie sich die Welt erschließen können; sie befreit sie aber auch weitgehend von der Aufgabe, ihre Kinder auf ein Leben in und mit dieser Gesellschaft vorzubereiten.

Die Eingangsstufen zu den jeweiligen Schulen sind anhand gesetzlicher und psychologischer Kriterien weitgehend festgelegt. Selbst Altersvorgaben lassen sich nur in seltenen Fällen über- oder unterschreiten. Schule als Bildungsinstrumentarium 'sortiert' Kinder und Jugendliche nach deren Interessen, Begabungen und Bildungsabsichten. Früher wurden Schüler sogar nach Geschlecht bzw. Religion eingeteilt. Heute trennt man sie meist nur nach Alter und Begabung.

Behinderte Kinder, vor allem geistigbehinderte, hatten bislang keinen Platz in allgemeinbildenden Schulen. Für sie schuf man nach einem längeren schwierigen Prozeß des Umdenkens eigene Bildungseinrichtungen. Schule als ein Recht für *alle* Kinder und Jugendlichen, aus dem schon bald auch eine Pflicht für Eltern und Kinder erwuchs, kann als Errungenschaft des 19. Jahrhunderts gelten. Am längsten mußten geistig schwerstbehinderte Kinder warten.

Lange Zeit galten Schulen als Privilegien für Besitzende oder Angehörige bestimmter Kreise. Latein-, Klöster- oder Fürstenschulen waren markante Beispiele dafür. Inzwischen gilt die Schule für die meisten Mitglieder einer Gesellschaft als unverzichtbares Medium zur Erreichung von Fortschritt und Wohlstand zum einen, für Ansehen und Bewährung zum anderen. Ohne einen anerkannten Schulabschluß bleiben die meisten Türen im Rahmen gesellschaftlicher Systeme und Institutionen verschlossen, wobei heute selten mehr der gute Schulabschluß eine ebenso befriedigende Arbeits- oder Lehrstelle garantiert.

Heute gelten Erziehung und Bildung als Grundrechte aller Menschen. Sie dürfen keinem vorenthalten werden. Jegliche schulische Aussonderung trifft gerade in der westlichen Gesellschaft Kinder wie deren Familien als nur schwer auszugleichende Stigmatisierung. Dabei gab es immer schon Kinder, die nicht nur den allgemeinen gesellschaftlichen, bürgerlichen oder auch kirchlichen Anforderungen nicht genügten, sondern auch mit sich und ihrem familiären Umfeld umfassende Schwierigkeiten hatten. Waren es um die Jahrhundertwende vor allem wirtschaftliche Schwierigkeiten, die die Entwicklung eines Kindes psychisch wie physisch gefährdeten, so sind es heute mehr innerpsychische Momente, die ein Kind über die Maßen belasten und einen erfolgreichen Schulbesuch gefährden können.

Kennzeichnung von Schule als offizielles und formelles Bildungs- und Erziehungssystem

Eine Schule kennt als primäre Mitarbeiter Lehrerinnen und Lehrer. Erst ein Studium mit zwei Staatsexamen berechtigt zur eigenverantwortlichen Arbeit. Die inhaltliche Aufgabe besteht im Erschließen der Welt, im Vermitteln der Kulturtechniken und im Erarbeiten eines staatlich-gesellschaftlich erwünschten Bewußtseins. Dieses soll in eine mündige Staatsbürgerschaft führen und in ein breites Engagement, sich für die Dinge des Lebens im nahen wie im weiteren Lebensumfeld mitverantwortlich zu fühlen.

Die Klassen sind idealtypisch als möglichst konforme Lerngruppe gedacht, zwar mit individuellen Unterschieden angereichert, letztlich aber beauftragt, zur gleichen Zeit möglichst den gleichen Stoff zu lernen und die immanent damit einhergehenden Ziele auch überzeugend zu erreichen.

Die Schule versteht sich als hierarchisch gegliedertes und gestuftes System, bei dem es ein Fortschreiten, ein Stehenbleiben oder auch ein Zurückgestuftwerden gibt. Jede Leistung wird im Vergleich zu anderen gesehen und bewertet. Persönliches Entdecken und Lernen haben nur ihren Platz, wenn es dem Klassenverband bzw. der einzelnen Lernaufgabe dient. Diese letztgenannten Kennzeichen einer öffentlichen Schule veranlassen viele zu direkter oder indirekter Schulkritik. Sie reicht von einem humanistischen Ansatz (vgl. Aktion 'humane Schule') bis zu einer radikalen Gesellschaftskritik, die mehr Autonomie und Freisein im Lernen, d.h. in der Stoffauswahl wie in der methodischen Gestaltung fordert.

Besser begabte SchülerInnen haben die Möglichkeit, zu einer stärker theoretisch orientierten Schule überzuwechseln, während die anderen mit einem staatlich umschriebenen Abschluß ihre Schulzeit an der allgemeinen Schule beenden. SchülerInnen mit eindeutigem Leistungsdefizit - und sei es nur im Arbeits-, Lern- und/oder Sozialverhalten - wird der Wechsel in eine andere, "besondere" Schule, eine Sonderschule angeraten oder auch in Zusammenarbeit mit den Eltern bewirkt, manchmal sogar gegen die Eltern erzwungen. Über die Stimmigkeit der in jenen staatlichen Schulen vermittelten Lern- und Bildungsinhalte gehen die Meinungen eindeutig auseinander. Während die einen diese als zu wenig lebenspraktisch einschätzen, sind die anderen nicht von ihrer ausreichenden politischen Wirksamkeit überzeugt.

Ähnliche Diskrepanzen im Urteil gibt es bzgl. der schulisch praktizierten Lehr- und Unterrichtsmethoden.

Viele SchülerInnen klagen bald nach Schuleintritt über körperliches Unwohlsein und fallen wegen allgemein schlechter Befindlichkeit auf. Leistungsdruck rangieren neben Schulangst, Kontaktnot neben den rein zeitlichen und körperlichen Anforderungen, die die Schule heute an ein Kind stellt. Daß Schule bei allem Positiven auch ein Machtinstrument darstellt, erleben alle, die mit Schule befaßt sind: Eltern, Schüler wie auch Lehrer. Ob Erziehung und Bildung insgesamt ohne jegliche Macht auskommen, wäre zu untersuchen.

Die an wenigen Orten in der BRD gegründeten sog. "Freien Schulen" propagieren diesen Anspruch für sich, was *H.v. Hentig* zum Titel seines Buches (ein von ihm erstelltes Gutachten über die Freie Schule in Frankfurt) animiert: "Wie frei sind 'Freie Schulen' wirklich?"

Schulen werden aber nicht nur von staatlichen oder behördlichen Vorgaben bestimmt. Sie selbst sind Konkretisierungen von inhaltlichen Konzepten, die man unter "Didaktischen Theorien" zusammenfaßt. Didaktische Theorien wiederum sind nie nur Erträge wissenschaftlicher Überlegungen, sondern immer auch Ergebnisse von Strömungen des Zeitgeistes, gesellschaftlicher Entwicklungen oder aktueller Notwendigkeiten. Letztlich wäre es auch töricht, gegen die gesellschaftlichen Gegebenheiten anerziehen und gegen-bilden zu wollen, was wiederum nicht heißt, nur in Konformität und Anpassung zu verharren.

Schule besitzt auch Eigencharakter und Eigenüberzeugung. Sie wird sich nicht und sie darf sich auch nicht zum Handlanger weder des Staates noch anderer gesellschaftlicher Interessen gebrauchen, letztlich mißbrauchen lassen. Es geht um Souveränität gegenüber Kindern und Jugendlichen, die in ihr Leben hineinwachsen und einen eigenen Standpunkt im Leben gewinnen wollen. Fehlende Verantwortlichkeit bzgl. jenes Wachstums- und Aneignungsprozesses erzeugt mangelnde Bereitschaft, Eigenverantwortung der zu Erziehenden gegenüber ihrem Leben wie gegenüber der Welt und der Gesellschaft zu erkennen und auch zu praktizieren.

Schließlich sind Menschen Kulturträger. Kinder sollen die Kultur in dem Maße übernehmen, wie sie auch selbst bereit und fähig sind, Kultur ihrem Vermögen wie ihren Vorlieben gemäß weiterzuentwickeln. Dabei hat sie die Schule als Institution hinreichend zu unterstützen und anzuregen, auch wenn dies nicht immer zu erkennen ist oder gar Lehrerinnen bzw. Lehrer selbst für Kinder erkennbar dagegenhandeln.

Sonderschule - was ist sie, was will sie, was kann sie?

Sonderschulen wurden für jene Kinder und Jugendliche geschaffen, deren Lern- und Erziehungsbedarf in herkömmlichen, allgemeinbildenden Schulen nicht befriedigend einzulösen ist.

Der Adressatenkreis von Sonderschulen besteht hauptsächlich aus jungen Menschen, die mit einer Behinderung leben müssen und deren Lern-, Leistungs- und Sozialverhalten nicht durchschnittlichen Normen entspricht. Aufgrund der Komplexität jeder Behinderung bedürfen diese Schüler und Schülerinnen vielfältiger und vielschichtiger Hilfe. Von daher unterscheidet sich eine Sonderschule von der allgemeinbildenden Schule als "mehrdimensionales Fördersystem" (*Fischer* 1976). Das bedingt eine vielgestaltige Mitarbeiterschaft unterschiedlicher beruflicher Provenienz, auch wenn der Sonderschullehrer/die Sonderschullehrerin nach wie vor die zentrale Figur in diesem Geschehen ist und nur sie amtliche, d.h. behördlich garantierte Legitimation bzgl. der Schulverwaltung besitzt.

Sonderschul-Klassen haben weniger Schüler, und deren Homogenität gilt nicht als entscheidungsträchtiges Merkmal. Vielmehr ist individuelles Lernen möglich, ja erwünscht und wird gefördert. Das meist positive Erleben ihrer Schule (= der Sonderschule) steht häufig im Widerspruch zur gesellschaftlichen Einschätzung. Nicht selten möchten Eltern die Schule ihrer Kinder verschweigen, bzw. sie suchen nach jener Sonderschule, die der geringsten Stigmatisierung unterliegt. So stehen Sprachheilschulen an der Spitze positiver Einschätzung, während Schulen für Geistigbehinderte ungerechtfertigterweise "ganz unten" rangieren.

Sonderschulische Arbeit ist nur durch Zusammenwirken aller Beteiligten erfolgreich zu gestalten. Dies schließt intensive Mitarbeit von Eltern ebenso mit ein wie ein kooperatives Einbeziehen der Schülerinnen und Schüler selbst. An Sonderschulen lernt man nicht nur anders, d.h. in kleineren Schritten, mit mehr Behutsamkeit und mit größerer Distanz bzgl. der Bewertung von Lernleistungen, sondern setzt auch inhaltlich andere Schwerpunkte.

Pflege als "neue Form" (vgl. *Breitinger/Fischer* 1981; *Möckel* 1983) pädagogischen Handelns fällt dann ins Gewicht, wenn einzelne Kinder oder Jugendliche schwerst bzw. mehrfachbehindert sind; und Lebensaufgaben sind für alle zu suchen, damit schulische Bildung und Erziehung keine isolierte, rein institutionelle und keine auf die Schulzeit begrenzte Angelegenheit bleibt. Der Besuch einer Sonderschule soll letztlich eine neue Qualität in das Leben behinderter Schülerinnen und Schüler bringen und sie nicht nur ertüchtigen und damit gesellschaftlich "gebrauchsfähiger" machen. Ein kritischer Punkt stellt die Entwurzelung behinderter Kinder aus ihrem Lebensumfeld dar. Die Spezialisierung der Sonderschulen auf den jeweiligen Defekt eines Kindes bedingt einen weiteren Einzugsbereich. Erst eine größere Zahl von Interessenten ermöglicht ein sich lohnendes Therapieangebot. Die Kinder erleben sich als "gleich" von der Behinderung her, nicht aber ausreichend "verschieden" bzgl. ihrer Altersgenossen. Beides aber benötigt der

Mensch, will er ein stabiles und vor allem ein realistisches Selbstbild entwickeln.

Nicht nur dieser Aspekt läßt immer mehr nach einer Veränderung des Konzepts der Beschulung und Förderung behinderter Kinder fragen. Eine "integrative" Schularbeit ermöglicht den Kontakt zu Altersgleichen, erlaubt einen Schulbesuch am Wohnort eines Kindes und macht Kinder mit unterschiedlichen Begabungen und Grenzen schon frühzeitig durch die tägliche Begegnung und das notwendige Zusammenhandeln miteinander bekannt. Man erhofft sich von mehr Toleranz dem anderen gegenüber intensivere soziale Kompetenzen und eine Reduzierung sog. Behindertenfeindlichkeit (vgl. *Theunissen* 1989) in unserer Gesellschaft.

Neben diesen integrativen Konzepten, die sich als Gegenpol zu den additiven oder auch segerierenden Schulformen sehen, versprechen sich viele Schulpraktiker von den kooperativen Modellen allgemeinbildender Schulen und Sonderschulen eine ausgeglichenere Wirkung, was die schulische Lernförderung und die Hinführung zu sozialen Kompetenzen betrifft. Sonderschulische Arbeit kann nur durch die Mitwirkung mehrerer und unterschiedlich ausgebildeter Fachkräfte gelingen. Der Heilpädagogik ist dabei ein vorderer Platz einzuräumen.

Die Mitwirkung von Heilpädagogik in Schulen für behinderte wie nicht behinderte Kinder

Es wäre unverantwortlich und der Disziplin der Heilpädagogik nicht gerecht werdend, heilpädagogisches Handeln vor allem dort zu fordern, wo nachgewiesenermaßen eine Behinderung vorliegt. Entsprechend dem Lehrplan für Heilpädagogik (München 1986) bedarf jener Mensch heilpädagogischer Hilfe, der für sich keine ihm dienlichen Beziehungen aufzunehmen und zu gestalten vermag.

Die tägliche Erfahrung lehrt, daß diese Schwierigkeit keineswegs behinderten Menschen ausschließlich oder vorrangig zuzuordnen ist, während alle nicht behinderten Mitbürger hier ohne Probleme seien. Es gibt eine Reihe von behinderten Menschen, die ihr Leben ohne spezielle Hilfe gut meistern. Oft sind sie sogar die besten Lehrmeister und Vorbilder für andere behinderte Menschen. Dagegen stehen nichtbehinderte Menschen oft hilflos vor den Fragen und Aufgaben ihres Lebens, auch wenn sie herkömmlich nicht behindert sind.

Viele Kinder und Jugendliche fühlen sich durch die Art und Weise des Lernens und Unterrichtens in ihrem Vermögen und in ihren Bedürfnissen nicht ausreichend berücksichtigt und auch nicht genügend gefordert. Die jeweils in der allgemeinen Schule praktizierte "didaktische Theorie" setzt eindeutige Schwerpunkte.

Die *lerntheoretische Didaktik* fördert besonders Kinder, die ein geleitetes Lernen schätzen; für die kreativen und produktiven entsteht leicht Zwang, zumindest Kanalisierung, was dann auch die Lernergebnisse wie die Lernbegeisterung schmälert.

Die *bildungsorientierte Didaktik* dagegen entzündet bei den begabten, persönlich sich engagierenden SchülerInnen Lernlaune und Entdeckerfreude. Die schwächer begabten bleiben dagegen leicht auf der Strecke.

Viele Kinder haben Schwierigkeiten mit den gruppengeleiteten und normierenden Lernangeboten in der allgemeinen Schule. Für sie wäre dringend mehr Individualisierung angebracht und hilfreich. Hier tut sich ein weites Feld für die Heilpädagogik auf. Sie wendet sich primär an das einzelne Kind, sucht Ansatzpunkte der Hilfe für individuelles Wachstum und weiß Mittel und Wege für einen Ausgleich bei anfallenden Defiziten und Lösung bei sich einstellender Verkrampfung und Blockierung. Allerdings endet die Mitwirkung und damit die Wirksamkeit von Heilpädagogik dort, wo sie nur die Entwicklung, das Wachsen, das "Werden der Person" sieht bzw. anerkennt und zu wenig den eigentlichen Schwerpunkt schulischer Arbeit - den anzustossenden und zu fördernden Bildungsprozeß - zu schätzen, zu verstehen und damit zu unterstützen weiß.

Bildung anerkennt den Anspruch einer Sache und die durch eine originale

Auseinandersetzung initiierte Erschließung der Welt wie der eigenen Person. Hierfür brauchen Kinder - ob (geistig)behindert oder nicht - für sie passende, ausgewählte und aufbereitete Bildungsstoffe, Gegenstände also, die einen Bildungsgehalt in sich tragen und sich deshalb auch für die Bildungsarbeit in diesem doppelten Sinne eignen. Die dafür notwendigen funktionellen Voraussetzungen in Form von Wahrnehmen, Denken, Greifen, Handeln und Explorieren müssen viele Kinder, vor allem wenn sie als (geistig)behindert gelten, meist mühevoll erlernen. Sie stehen zusammen mit ihren Lehrern und (Heil)Pädagogen vor der Aufgabe, das nachzulernen, was ihre Altersgenossen bereits voraus im Laufe ihrer Entwicklung erworben und sich angeeignet haben.

Es besteht die Gefahr, durch eine zu intensive und dadurch einseitige therapeutische Arbeit, also durch Förderung, die Bildung des Kindes und damit auch seine Erziehung zu vernachlässigen, wenn nicht sogar zu übergehen. Zum Erwachsen-Werden benötigt der Mensch aber beides.

Heilpädagogik hat darüber hinaus noch andere Aufgaben, die sie bislang zu wenig wahrgenommen hat. Aus der Fülle seien zwei herausgegriffen, die zumindest indirekt miteinander in Verbindung stehen:

(1) Die Eröffnung von Lebensräumen für (geistig)behinderte Menschen

(2) Das Hineinwirken in gesellschaftliche und politische Zusammenhänge

zu (1)

Heilpädagogisches Wirken im Einzugsbereich von Schule gibt einen an sich traditionsreichen, aber dennoch engen Rahmen vor.

Die Aufgaben sind mit Förderung, Pflege, Beratung, Bildung, Erziehung und Diagnostik hinreichend umschrieben. Vielen (geistig)behinderten Kindern und Jugendlichen aber bereitet nicht das Lernen die Hauptschwierigkeit, sondern die Frage nach ihrem Leben und dessen Gestaltung. Sie sehen sich vor unzureichenden Möglichkeiten, in den Beruf zu gehen, eine erfüllende Freizeit zu haben oder auch persönliche Beziehung aufzunehmen und zu gestalten. Im Extremfall sind alle herkömmlichen Lebensmomente eingeschränkt, wenn man sich nur an Folgezustände schwerster Schädel-Hirn-Verletzungen erinnert oder an Menschen, deren Lebensraum aufgrund schwerster Behinderung von Geburt an vorwiegend das Bett oder der Liegerollstuhl sein und bleiben wird.

Lebensräume für den anderen zu eröffnen, meint aber auch, 'un-konkrete' Freiräume zu schaffen, die Freisein und "Luft zum Atmen" in gleicher Weise bedeuten. Sie sind letztlich für den Menschen existentiell wichtiger als alle Realisierungsmöglichkeiten von Wünschen, Erwartungen und Interessen sonst.

In eindrucksvoller Weise kommt durch die jeweils verwendete Sprache Freiheit auf den anderen zu, wohl aber auch durch ein sensibles Ausgewogensein von Nähe und Distanz - vor allem dann, wenn ein schwerstbehinderter Mensch über keine (aktive) Sprache verfügt und die Möglichkeiten, ihn zu verstehen, sich in Mutmaßungen erschöpfen.

zu (2)

(Geistig)behinderte Menschen leben immer noch zu sehr im Schatten der Gesellschaft, einer selten freiwillig gesuchten Einsamkeit. Aber auch unser Tun, Leben und Arbeiten mit ihnen vollzieht sich zu verborgen in abgeschotteten heil- bzw. sonderpädagogischen Zirkeln. Dabei wäre die Gesellschaft nicht nur auf Informationen, sondern auf Vorbilder dringend angewiesen, um allmählich doch noch andere Umgangsweisen und Begegnungsformen mit behinderten Menschen zu entwickeln. Sie kann an ihnen lernen, wie man mit Grenzsituationen umgeht, was unerfüllte Bedürfnisse bewirken und wo Sublimationsmöglichkeiten sich auftun; und sie ist um die Qualität ihrer eigenen Werte willen darauf angewiesen, Beispiele des Gut-Seins zu erleben. Ob sich damit schon ein grundlegender Wertewandel einstellt, bleibt offen; aber er ist anzustreben.

Pluralismus als eine unserer Gesellschaft zugeschriebene Form menschlichen und gesellschaftlichen Selbstverständnisses schlösse dies an sich mit ein:
Neben der Stärke hat eben auch Schwäche im menschlichen Leben ihren Wert, wie auch Verlust als Gegenpol zum Gewinn von existentieller Bedeutung ist. Nicht nur (geistig)behinderten Menschen, sondern vor allem auch der Öffentlichkeit würde es nützen, wenn sie von "Modellen des Lebens" Kenntnis nähme, die alternatives Leben leichter, aber auch qualitativ zufriedenstellend lebbar machten - konkret als "Leben ohne Arbeit", "Leben aus dem Rollstuhl heraus", "Leben im und mit dem Bett als Lebensraum" (vgl. *Gemmel* 1990).

Forderungen an die Heilpädagogik

Heilpädagogik sollte in einem größeren Umfang und mit entschiedenerer Intensität ihre Möglichkeiten und ihre Aufgaben wahrnehmen, als sie es bislang tut. Sie müßte dabei aus ihrem gewohnten Rahmen heraustreten, offensiver werden und ihr eigenes Selbstverständnis überprüfen, möglicherweise auch korrigieren. Das schulische Feld böte ein weites Aufgabenspektrum für herkömmliche wie für neue Aufgaben eines veränderten Selbstverständnisses an. Die Ausbildung von Heilpädagogen für die Schule ist derzeit beschränkt auf Aufgabenfelder der Sonderschulen.

In Bayern führen zwei Ausbildungsformen zu diesem wichtigen Ziel - zum einen die Vollzeitausbildung an Fachakademien für Heilpädagogik, zum anderen die berufsbegleitende Ausbildung für Erzieherinnen und Erzieher, die bereits an Sonderschulen arbeiten und sich dort bewähren konnten.

Um eine Zulassung an allgemeinbildenden Schulen müßten die Heilpädagogik bzw. examinierte Heilpädagogen sich selbst bemühen. Dies ist mit gutem Gewissen möglich, denn schließlich kommt der Heilpädagogik wohl das Verdienst zu, Pädagogik als eine dem Menschen dienliche Disziplin letztlich erst glaubhaft gemacht zu haben (vgl. *Moor* 1974; *Speck* 1988). Die bislang praktizierte Konzentration auf das geschädigte und behinderte Kind ist aufzugeben und um die "Sorge für das gut begabte" zu erweitern.

Die Ausbildung an Fachakademien für Heilpädagogik selbst würde gut daran tun, Fragen der Didaktik und Methodik verstärkt mit aufzunehmen, um das Geschehen an einer Schule und deren Aufgaben zumindest in der Grundlegung zu verstehen und anschließend auch an dieser Aufgabe in Zusammenarbeit mit dem (Sonderschul)Lehrer selbstgestaltend mitzuwirken. Die Prävention bedürfte ebenso großer Aufmerksamkeit wie die Rehabilitation, und die Wertearbeit bräuchte selbst dringend neue Impulse. Nur so kann das weitergehen, was sich die Vertreter "schulischer Integration" so dringend wünschen und woran sie letztlich arbeiten: behinderte, benachteiligte und geschädigte Menschen in das gesellschaftliche Leben einzubeziehen, wo ihnen nicht Mitleid oder entmündigende Fürsorge entgegenkommen, sondern Ermutigung und Befähigung zu einem selbstbestimmten Leben.

Letztlich geht es dabei um ein Auffinden von Sinn. In dieser Aufgabe sind alle eingebunden, ob sie nun behindert sind oder nicht, krank oder gesund, alt oder jung, arm oder reich. Viele glauben, hierbei seien (geistig)behinderte Menschen besonders auf Hilfe angewiesen.

Nicht wenige Betroffene beschreiben bzw. berichten von sich das Gegenteil:
Ein Leben mit der Belastung einer Behinderung, sei es nun durch die Schädigung schwierig geworden oder auch nur durch die familiären oder gesellschaftlichen Lebensbedingungen, zwingt zur persönlichen Auseinandersetzung und zur Suche nach Perspektiven. Viele der (geistig)behinderten Mitbürger in unserer Gesell-

schaft sind zumindest in dieser Frage manchem gesunden, klugen, karrierebewußten und besitzenden Zeitgenossen eindeutig voraus.

Aber auch der Heilpädagogik selbst, und mit ihr den sie lehrenden Dozenten samt den sie praktizierenden Kollegen vor Ort, stünde es gut an, die eigene Professionalität ab und zu in Frage zu stellen, Lebenswege nicht allwissend vorzugeben und Inhalte nicht in jener oft geübten Stringenz einfach zu setzen. Notwendig wäre ein gemeinsames Lernen und Arbeiten, Mühen und Feiern, um neu voneinander zu lernen und wieder miteinander anstatt übereinander zu sprechen. Ob von solchen Erfahrungen wirkliche Anstöße in die notwendigen Arbeitsverhältnisse eingehen, sie sogar die Zielsetzung sog. Behindertenarbeit grundlegend verändern, gehört zu den spannenden Fragen in diesem Bereich.

Und bezogen auf die Schule, Schulische Pädagogik und Heilpädagogik würden unter dieser Prämisse in der Verknüpfung viel Gutes bewirken; dies ist solange notwendig, solange es getrennte Pädagogiken gibt. Schule könnte pädagogischer gestaltet werden, würde sie sich bei der Heilpädagogik ein wenig intensiver umsehen und gleichzeitig Abstand nehmen von ihrer leistungsbezogenen Ausrichtung; und Heilpädagogik gewönne an welt- und lebensbezogener Realität, würde sie sich von der von der Schule initiierten Bildungsarbeit ein wenig mehr inspirieren lassen. Beide könnten an der notwendigen Erarbeitung von Bedeutungen teilnehmen, die im Hinblick auf die Gesellschaft ebenso zu leisten ist wie im Hinblick auf und mit jenen Kindern bzw. Jugendlichen, die in ihrer Lebens- und Beziehungsgestaltung Schwierigkeiten haben.

Lebenswert und Lebensrecht behinderter Menschen sind gesetzte, der notwendige Sinn dagegen entspricht erarbeiteten und immer wieder auch geschenkten Bedeutungen. Daneben gibt es eine Reihe sog. objektiver Bedeutungen, die es gemeinsam zu erlernen gilt. Während subjektive Bedeutungen das Selbstsein stabilisieren, ermöglicht die Anerkennung objektiver Bedeutungen das Miteinander-Auskommen von Menschen in der Gesellschaft. Hier sehe ich nicht nur einen Schnittpunkt beider "Pädagogiken", sondern einen gemeinsamen Ausgangspunkt für eine menschendienliche Arbeit vor Ort. Insofern tragen selbst (geistig)behinderte Kinder zum Miteinander von Menschen Wesentliches bei, auch wenn sie verstärkt auf heilpädagogische Hilfe verwiesen sein sollten, die einer rein integrativen Beschulung nach meinem Dafürhalten häufig entgegensteht.

Literatur

Breitinger, M./Fischer, D.: Intensivbehinderte lernen leben. Würzburg 1981

Möckel, A.: Zur Legitimation schulischer Erziehung schwerstbehinderter Kinder und Jugendlicher. In: *Feuser, G. u.a. (Hrsg.):* Förderung und schulische Erziehung schwerstbehinderter Kinder und Jugendlicher. Stuttgart 1983

Hentig, H. von: Wie frei sind Freie Schulen? Stuttgart 1985

Gemmel, Anja: Das Bett als Lebensraum. Zulassungsarbeit. Würzburg 1990 (unveröffentlicht)

Moor, P.: Heilpädagogik. Bern 1974

Speck, O.: 'System' Heilpädagogik. München 1988

Theunissen, G.: Zur 'Neuen Behindertenfeindlichkeit' in der Bundesrepublik Deutschland. In: Z 'Geistige Behinderung'. Marburg 4/1989

Thesen zum Selbstverständnis und zur Charakterisierung der sonderpädagogischen Arbeit mit (geistig)behinderten Menschen

(1989)

These 1

Die Begleitung, Betreuung und Förderung von Menschen mit einer (geistigen) Behinderung kann man nicht mit herkömmlicher Arbeit gleichsetzen. Betreuung-, Pflege- und Förder-"Arbeit" meint letztlich Hilfe zum Leben, konkret zur Lebensbewältigung und Lebensgestaltung. Dies ist in all seinen Möglichkeiten wie in seinen Anforderungen potentiellen Mitarbeitern voraus bekannt zu machen und dafür ihre innere Zuwendung zu gewinnen.

These 2

Diese "Arbeit" mit (geistig)behinderten Menschen ist vom Ansatz her ein in *Kommunikation* gründendes Geschehen. Wer sich auf behinderte, belastete oder auch gebrechliche Menschen einläßt, akzeptiert die Beanspruchung und die davon ausgehenden Wirkungen. Er wird bei sich eine Veränderung oder auch nur eine Bestätigung seines Wertesystems, seiner Einstellungen und seiner Denk- und Handlungsmuster beobachten.

These 3

Die "Arbeit" mit (geistig)behinderten Menschen setzt die Anerkennung von *Ansprüchen* voraus. An der Realisierung und Erfüllung - am besten zusammen mit den "Betroffenen" - zu arbeiten, ist eine der sich daraus ergebenden Konsequenzen.

Ansprüche dürfen auch dann nicht verübelt werden, wenn sie sich auf den ersten Blick nicht erschließen und möglicherweise den eigenen Plan durchkreuzen.

These 4

Die "Arbeit" mit (geistig)behinderten Menschen setzt eine bewußt geführte *eigene Lebensgestaltung* voraus.

Insgesamt ist ein Leben mit "freien Valenzen" und "freien Potentialen" gefordert - konkretisiert als "freier Kopf", verfügbare Zeit und ausreichende Kraft. Erst so kann die "Tradition des Teilens" (ein Qualitätsmerkmal caritativen bzw. diakonischen, wohl insgesamt des mitmenschlichen Handelns) neu aufgegriffen und aktualisiert werden, um daraus dann die von Fr. v. *Rotenhahn* geforderte neue "Kultur der Barmherzigkeit" zu entwickeln.

These 5

Der "Arbeit" mit (geistig)behinderten Menschen stehen die heute gültigen bzw. praktizierten *Lebensziele, Lebensstile und Lebenswünsche* wie Konsum, Leistungs- und Karrierestreben, Pluralismus der Werte, Selbstverwirklichung und Betonung des Privaten bzw. des Individuellen erschwerend entgegen.

Der Mitarbeiterin/dem Mitarbeiter obliegt die Aufgabe, für sich jeweils einen Ausgleich bzw. eine Annäherung zu schaffen, will sie/er nicht allein an den

Widersprüchen ermüden. Doch auch der Träger kann kraft seines Verständnisses für den augenblicklichen Zeitgeist und den ihn bedingenden Wertewandel zur Entspannung und damit zu einer positiven Arbeitsatmosphäre beitragen.

These 6

Bzgl. der "Arbeit" mit (geistig)behinderten Menschen ist die häufige Forderung nach *flexibler Arbeitszeit* bzw. nach *Teilzeitarbeit* kritisch zu beurteilen. Sie ist zwar für wieder berufstätig werdende Frauen besonders angenehm, doch dürfen auch die Notwendigkeiten seitens des behinderten Menschen nicht zu gering veranschlagt werden.

Soziale Arbeit braucht und darf in ihren Anforderungen nicht hinter den ebenso verantwortlich arbeitenden Bereichen der Industrie zurücktreten. Zumindest die Metallbranche wirbt derzeit eindeutig für eine Arbeitszeit, die dem Produkt bzw. dem Fertigungsvorgang angemessen ist.

These 7

Eine "Arbeit" mit (geistig)behinderten Menschen als sozial nicht immer angesehene, als belastete und belastende Tätigkeit macht notwendig, daß Mitarbeiterinnen und Mitarbeiter ihr Verhältnis zu den *Grundbedingungen* menschlichen Lebens klären konnten - konkret zu Geld, zur Zeit, Sexualität und Ästhetik, zur Sinnlichkeit und Leiblichkeit, um nicht in die Gefahr der Vermischung von Notwendigkeiten der Arbeit mit Bedürfnissen aus dem eigenen Leben zu geraten. Daß dies letztlich einen nahezu lebenslangen Entwicklungsprozeß voraussetzt, gilt als Tatsache; dementsprechend sind Mitarbeiter auch zu ermutigen.

These 8

Für die "Arbeit" mit (geistig)behinderten Menschen wünschen wir uns Mitarbeiterinnen und Mitarbeiter, die neben nachweisbarem fachlichen Können *menschliche Qualitäten* entwickelt haben wie Grundinteresse am Menschen samt dessen Ergehen, ausreichende Sensibilität für den anderen, Abgrenzungsfähigkeit und Abgrenzungsbereitschaft und weitgehenden Verzicht auf Macht. Schließlich halten wir einen persönlichen Lebensentwurf für bedeutsam als Basis für die eigene Sinnfindung wie auch als Fundament für die Begleitung anderer Menschen bzgl. deren Leben.

These 9

Eine "Arbeit" mit (geistig)behinderten Menschen erlaubt eine *persönliche Qualifizierung* im Wertebereich ebenso wie im lebenspraktischen und lebensgestalterischen Handeln. Sich in einem solchermaßen gearteten beruflichen Zusammenhang zu "begaben", sollte als zusätzliche Chance - neben den selbstverständlichen Belastungen - gesehen und gewürdigt werden.

These 10

Die Befriedigung der Mitarbeiter in diesem Berufs- und "Arbeits"-Feld setzt eine klare Kenntnis der *Anforderungen* möglichst konkret voraus. Zu den zentralen Anforderungen gehören, mit geistigbehinderten Menschen zusammenzuarbeiten, die z.B. meist nicht lesen können; häufige Wiederholung ähnlicher oder gleicher Tätigkeiten notwendig machen; die dem Wunsch nach Veränderung und damit auch nach Entwicklung vielfach entgegenstehen und die der in bzw. von unserer Gesellschaft hofierten und vorrangig praktizierten "schriftlichen" Kultur wenig abgewinnen können, dagegen ihre Begleiter bzw. Partner verstärkt an das Vitale, Körperhafte, Konkrete und Sinnliche binden.

These 11

Den Mitarbeiterinnen und Mitarbeitern in der "Arbeit" mit (geistig)behinderten Menschen - vor allem wenn diese im Rahmen von Caritas und Diakonie geschieht - sind im voraus klar und deutlich mögliche institutionelle oder auch ideelle bzw. konfessionelle *Erwartungen* offenzulegen.

Die häufig als "tolerant" formulierte Erwartung "Zugehörigkeit zu einer Kirche" deckt die konkreten Anforderungen im Alltag meist nicht ab. Nicht die Inhalte möglicher Erwartungen führen leicht zu Irritationen, sondern ihre geringe Transparenz, die fehlende Begründung und die einhergehende unausgesprochene Bewertung.

These 12

Die "Arbeit" mit (geistig)behinderten Menschen ist so sensibel, daß sie keinerlei zusätzliche *Idealisierung, Moralisierung oder Ritualisierung* verträgt, in der irrigen Meinung, damit Motivationskraft und Engagement entfachen zu können. Vielmehr erscheint Entlastung hilfreich und das Bemühen um zunehmende Normalisierung förderlich, um längerdauernde "Arbeits-Verhältnisse" zu erwirken.

These 13

Die "Arbeit" mit (geistig)behinderten Menschen hat durch den *Paradigmawechsel* weg vom medizinischen Verständnis hin zu einer sozialen und vor allem existentiellen Sicht der (geistigen) Behinderung nur gewonnen. Das hat aber auch zur Folge, daß die notwendige fachliche Fundierung der einzelnen Mitarbeiter und Mitarbeiterinnen dringend der Ergänzung durch "persönlichkeitsbildende" Maßnahmen bedarf.

These 14

Die "Arbeit" mit (geistig)behinderten Menschen hat neben der bedeutsamen "Innenseite", die mit Behutsamkeit und leisen Tönen zu geschehen hat, eine ebenso gewichtige "Außenseite". "Tue Gutes - und rede darüber!", wäre der eine Akzent, die engagierte Bemühung um mehr Verständnis und Solidarität in der Öffentlichkeit für (geistig)behinderte Menschen und ihre Probleme der andere.

These 15

Wer in sozialen Aufgabenfeldern tätig ist, so auch in der "Arbeit" mit (geistig)behinderten Menschen, muß sich für eine ausreichende *Erholung* sorgen und nach einem immer wieder neu herzustellenden seelischen *Gleichgewicht* trachten.

Dies wird inhaltlich wohl meist dem entgegengesetzt geschehen, wie man sich beruflich und situativ gefordert fühlt. Bildung und der Umgang bzw. die Auseinandersetzung mit Kultur werden dabei relevante Möglichkeiten darstellen, die zunehmend an Bedeutung gewinnen.

These 16

Die Frage der Mitarbeitergewinnung für soziale Aufgabenfelder und das sich neu zu profilierende Selbstbewußtsein von Sozial-Tätigen, gehen als Probleme nicht nur die Wohlfahrtsverbände wie Caritas, Diakonie oder Arbeiterwohlfahrt einschließlich der BV Lebenshilfe an. Veränderungen sind nicht allein aus eigener Kraft zu erreichen, sondern am ehesten noch mit jenen Gremien, die bzgl. der Mitarbeiterpsychologie und Arbeitsmarkt-Politik primäre Erfahrungen haben und auch gezielte Anstrengungen unternehmen.

Wir denken dabei an Forschungsinstitute, an langjährige Erfahrungen großer, potenter Arbeitgeber im sozialen Bereich ebenso wie an die einschlägigen Ministerien und an die Bundesanstalt für Arbeit. Diakonie und Caritas können aufgrund ihrer vielfältigen Erfahrungen wichtiges Material für weitere Analysen und Untersuchungen zur Verfügung stellen, aber auch die Fragen samt der Fragehaltungen wesentlich, vor allem in ihrem Sinne beeinflussen und konkretisieren.

These 17

Die Arbeit-Geber haben zunehmend die Aufgabe, sich nicht nur für mit-menschliche Arbeits- und Lebensbedingungen einzusetzen, sondern in Zukunft sich auch um ein stabilisierendes *Selbst-Wertgefühl* der MitarbeiterInnen verstärkt zu bemühen. Identifikation mit dem Werk, Delegation von Verantwortung, Wieder-Entdeckung von Spiritualität, herausgehobene Projekte, Aussicht auf Aufstieg bzw. auf Veränderung oder Umgestaltung des eigenen Arbeits-Platzes sind nur wenige Beispiele dafür ... und das Sorgen um eine gute "Promotion" in der Öffentlichkeit.

Die in der sog. Behinderten-Arbeit Tätigen müssen wieder erfahren, daß ihre Arbeit eine *bedeutsame* ist - und nicht eine, die nur Mitleid, wohlwollendes Zu-Lassen oder gar ein geringschätziges Lächeln erzeugt. Es geht letztlich um die Wieder-Entdeckung des *Menschen* in all seiner Geschöpflichkeit, in seiner Gefährdung, in seiner Zusage und in seiner Existenz.

Neue Impulse für die Schule für Geistigbehinderte -
oder
Die Schule für Geistigbehinderte als Ort "Leiblich-sinnlicher Kultur"

(1988)

Vorbemerkung - oder warum mir "neue Impulse" ein Anliegen sind

Die augenblicklich geführte Integrationsdiskussion lenkt derzeit das gesamte pädagogische Nachdenken schwerpunktmäßig auf bildungs-organisatorische Zusammenhänge und alles didaktisch-methodische Überlegen hin zu sozialen Lernprozessen und deren Verwirklichung.

Die *Binnenstruktur* des Unterrichtsgeschehens mit geistigbehinderten SchülerInnen dagegen erfährt eine bislang kaum erkannte, beklagenswerte Vernachlässigung. Sie stellt nicht nur eine Verarmung für den konkreten Schulalltag dar, sondern ist auch der ideellen und konzeptionellen Weiterentwicklung von Erziehung und Bildung geistigbehinderter Menschen selbst abträglich. Der "alte Schwung" vor Ort in Familien und Kindergärten, Schulen und Werkstätten, Wohnheimen und stationären Einrichtungen scheint abhanden gekommen. Glaubt man den Berichten von Eltern oder MitarbeiterInnen in Einrichtungen, breitet sich eine schier alle erfassende, viele ängstigende Müdigkeit aus, die nicht mehr allein und ausschließlich mit dem sog. "burn-out-syndrom" zu erklären ist. Das Maß der Ideen-Vielfalt im sonderpädagogischen Alltag, die Lust an pädagogischer Arbeit mit (geistig) behinderten Menschen und die unerschütterbare Hoffnung auf Veränderung hin zum Guten stehen in enger Wechselbeziehung mit dem Selbstverständnis und der Überzeugungskraft derjenigen, die neue Ideen schöpfen, neue Theorie-Konzepte entwickeln und sich in ihrem Handeln vom Bewußtsein leiten lassen, Erziehung und Bildung geistigbehinderter Menschen seien wesenhafte Kennzeichen eines Gemeinwesens, das sich als kulturell hochstehend, mitmenschlich engagiert und sozial verantwortlich versteht.

Lösungen für die hier angedeuteten Schwierigkeiten sind ebenso vielfältig, wie die Probleme selbst komplex sind. Der augenblicklich in Erprobung und Weiterentwicklung befindliche sog. "integrative Ansatz" stellt *einen* möglichen Weg dar, die voraus beschriebene pädagogische Dürre zu überwinden. Hierbei werden der Lernort für geistigbehinderte Schüler aus der speziellen Lernumgebung in ein integratives Umfeld verlegt und die spezifischen Lernbedingungen von wiederum integrativen abgelöst. Die Ergebnisse bestätigen die Erwartungen und belohnen das bislang erbrachte Engagement: Eltern wie Pädagogen gewinnen wieder Freude am Umgang bzw. an der Arbeit mit geistigbehinderten Kindern und Jugendlichen; alle SchülerInnen - behinderte wie nichtbehinderte - zeigen kaum erwartete Lern-Fortschritte, und die inhaltliche Umorientierung von primär funktionalen und lebenspraktischen Lernzielen hin zu sozialen Lernschwerpunkten bewirken entscheidende Korrekturen an den derzeit vorliegenden Curricula.

Mit gleicher Überzeugungskraft und mit gleicher Notwendigkeit lassen sich Lösungsversuche benennen, die die vorgenannte *Binnenstruktur* eines auf Spezialisierung ausgerichteten Unterrichts betreffen. Die *Möglichkeit I* betrifft das Erziehungs- und Bildungsverständnis in seinem Gesamtverständnis, wenn es um die Arbeit mit behinderten Menschen geht. Dieses wurde federführend von einer Kommission des "Staatsinstituts für Bildungsforschung" (München 1983) geleistet und in den Lehrplänen für die "Fachakademie für Heilpädagogik" (1983) dokumentiert. Heil- bzw. sonderpädagogische Arbeit wird hierbei als "Beziehungsstiftung" verstanden und mit vielfältigen Anregungen für die Praxis hin auf die einzelnen Praxisfelder konkretisiert. Leider erfährt dieser Ansatz im Gesamt-Kontext der Schule für Geistigbehinderte immer noch zu wenig Beachtung und Wertschätzung. Lediglich für die Arbeit mit intensivbehinderten SchülerInnen wurden ähnliche Überlegungen unabhängig von dieser Lehrplanarbeit aufgegriffen, bereits vor dem Erscheinen des fertigen Lehrplans "Beziehungs-, Handlungs- und Gestaltungsfähigkeit" als übergreifende Ziele erklärt und mit Hilfe zahlreicher Beispiele aus dem Unterrichts- und Erziehungsalltag für die vielfältige Praxis exemplarisch veranschaulicht (vgl. *Breitinger/Fischer* 1983, Kap. 4).

Eine *Möglichkeit II* soll in diesem Beitrag entfaltet werden. Hier geht es inhaltlich um den *Bezug des Menschen zu seiner Welt*, gleichzeitig aber auch um ein erweitertes Sinnverständnis für das Leben des Menschen in dieser Welt.

Ausgangspunkt ist die von *K. Popper* vertretene bzw. entwickelte "Drei-Welten-Theorie", seiner Frage nach der "Herkunft von Wissen" für den Menschen und dessen "Bild von der Welt". Hinter dem Versuch, diese "Drei-Welten-Theorie" von *K. Popper* auf die schulische Arbeit mit geistigbehinderten Schülerinnen und Schülern zu übertragen und damit der Schule für Geistigbehinderte ein neues Selbstverständnis zuzuweisen, steht die Überzeugung, daß jeder Mensch zum "Sinn begabt" ist, d.h. zum einen bemüht ist, Sinn zu finden, zum anderen alles Erdenkliche tut, Sinn für sich "herzustellen". So wird die Bemühung um Sinn nie nur eine analysierende und damit eine retrospektive Tätigkeit, sondern in mindestens gleich großen Anteilen auch ein höchst aktiver, zukunftsgerichteter Vorgang sein. Dieser ist durch die "Suche nach einer besseren Welt" (*Popper* 1988) gekennzeichnet und vom Bemühen getragen, "neue Welten zu schaffen" (ebd.).

Durch jene neuen Welten - verstanden als Produkt - erfährt der Mensch in gleicher Weise Sinn wie durch den Schaffensvorgang selbst - verstanden als Prozeß -, wenn er dabei hautnah und im wörtlichen Sinne greifbar über den eigenen Körper - also leiblich-sinnlich - sich wie die Welt erlebt. Gleichzeitig bestätigt er sich in einer, den Menschen auszeichnenden und von anderen Lebewesen abgrenzenden Fähigkeit - im Schaffen von Kultur.

Sieht man Natur als gegeben, erlebt der Mensch im Phänomen der Kultur das Eigen-Schöpferische seines Wesens. Kann der Mensch auf Naturvorgänge bestenfalls ein-wirken, vermag er dagegen kulturelle Anteile in seiner Welt unbestritten zu be-wirken - zumindest an ihrer Entstehung wie auch an ihrer Gestaltung mit-wirken.

Er selbst ist dann noch in seiner Funktion als Mit-Schöpfer aufgerufen, wenn er bereits vorhandene, d.h. durch andere Menschen geschaffene Kultur lediglich übernehmen, d.h. entschlüsseln, für sich "brauchbar" und damit auch verstehbar machen will. Grundlegend ist hierbei die Überzeugung, daß *jeder* Mensch befähigt und berechtigt ist - unabhängig von Begabung und Herkommen, Alter oder Geschlecht, Zustand und Befindlichkeit - Teilhaber und Mit-Schöpfer an dieser Welt zu sein.

An dieser Tatsache ändert sich auch dann nichts, wenn persönliche Bedürfnisse, spezifisches Vermögen oder regionale Herkunft bestimmte Lebensausprägungen nach sich ziehen oder spezielle Akzente in der Lebensgestaltung setzen. Zur Toleranz im Umgang mit anderen gehört, diesen nicht nur eigene und damit persönliche Bedeutsamkeiten zuzugestehen, sondern auch individuelle Präferenzen in der Wahrnehmung wie in der Schaffung von Kultur als gleichberechtigt anzuregen und vor allem als gleichwertig anzuerkennen.

Die Gefahr, Macht allein dadurch auszuüben, daß man das eine kulturelle Erzeugnis höher als das andere schätzt oder Zuteilung von Kultur an voraus erbrachte Leistungen knüpft, widerspricht dem hier zugrundliegenden Menschenbild. Nach *Popper* ist *jeder* Mensch "auf der Suche nach der besseren Welt" - für sich wie für andere, was letztlich eben nicht nur auf Fortschritt zielt, sondern allem voran auf Schaffen *und* Erleben von *mehr* Sinn.

Diesem Gedanken auch dann noch zuzustimmen, fällt manchen schwer, wenn das Phänomen 'Behinderung' ins Spiel kommt.

Aufgrund unserer geschichtlichen Vergangenheit wie unserer gesellschaftlich-politischen Gegenwart rechnen wir sog. "Arbeit mit behinderten Menschen" eher zum Bereich des Sozialen als zu den kulturellen Aufgaben und Leistungen eines Gemeinwesens. Die Art der Berichterstattung in der Presse gibt Zeugnis davon. Selten werden Sportfeste geistigbehinderter Menschen unter der Rubrik "Sport" veröffentlicht oder Spiel- oder Musiziernachmittage im Feuilleton erwähnt. Für mich ist sog. Behindertenarbeit *kulturschaffendes* Tun, heil- und sonderpädagogisches Bemühen Ausdruck *kultureller* Arbeit eines ganzen Volkes. Schulen für Geistigbehinderte sind "*Orte kulturellen Geschehens*" voller Buntheit, Vitalität und Faszination, und die Begegnung mit geistigbehinderten SchülerInnen bereichert bzw. erweitert bislang vorhandenes *Verständnis von Kultur* der jeweils Teilnehmenden insgesamt.

Geistigbehinderte Menschen sind als Mitglieder der großen Kulturgemeinschaft eines Volkes Teilhaber an dessen Kultur und gleichzeitig Mitwirkende mit unverzichtbaren, originären und wesenhaften Beiträgen bei der jeweiligen kulturellen Entwicklung eines Gemeinwesens oder eines Volkes. Daß ihre spezifischen Lebensäußerungen und Lebenserträge bislang kaum zur Wirkung kommen konnten, lag an der Art und Weise, wie ihnen Leben zugestanden wurde und häufig auch noch wird.

Kein Mensch kann in Gitterbetten Lieder erfinden und unter Fixierungen sich Spiele ausdenken, bei versorgenden, letztlich entpersönlichenden Pflegemaßnahmen sein Lachen im Herzen entdecken und bei fehlender Anregung oder Lebensumgebung sich ins Leben verlieben und dieses nach neuen Ideen gestalten oder verändern wollen.

Bislang sind wir gewohnt, "Förderung" als die adäquate Hilfe für (geistig)behinderte Menschen anzusehen und diese als unseren Beitrag zu verstehen, diagnostiziertes Nicht-Können in Können umzuwandeln und in Stillstand geratene Entwicklung weiterzuführen. Das Leben in seinen Wurzeln wird dabei selten berührt. Eine sinn-orientierte und kultur-geleitete Sonderpädagogik, die einerseits Beziehungen stiften und andererseits Menschen in ihrer Beziehung zur Welt begleiten will, wird ohne den Begriff der *Begabung* nicht auskommen. Begabung umschreibt weitaus umfassender und tiefgründiger das zu schaffende Verhältnis des Menschen zu seiner Welt, als dies je Förderung für sich zu tun imstande ist.

Der Mensch und seine Welt - oder die Einladung zu neuem Denken

Menschen mit einem weiten Begabungsspektrum - wobei hier Begabung in einem dynamischen, d.h. in einem sich entwickelnden Sinne verstanden wird - haben kaum Mühe, sich den jeweils notwendigen Gegebenheiten anzupassen oder sich auf verändernde Situationen einzustellen. Sie erwerben mit jedem Schritt in diese Richtung eine erweiterte Flexibilität - gegründet in neuen oder auch nur sich bestätigenden Erfahrungen und dokumentiert in einem neuen Selbstbewußtsein.

"Das Spezifische des Menschen ist seine Unspezialisiertheit. Spezialisierung dagegen reduziert die Überlebenschancen bei allen Lebewesen - auch beim Menschen ... Durch seine schier unbegrenzte Anpassungsfähigkeit kann der Mensch universale Bildbarkeit und Kulturfähigkeit entwickeln. Er vermag selbst einen künstlichen Grad von Fertigkeiten erwerben und diesen sogar in Faszination verfallen." (*H.G. Gadamer* 1988)

Gegensätzlich stellt sich die Situation für behinderte Menschen dar. Sie erleben jene von *Gadamer* so beschworene "schier unbegrenzte Unspezialisiertheit" kaum; man könnte sie im Gegenteil - aufgrund ihrer Behinderung - als Exempel für "Spezialisierung" mit allen einhergehenden Nachfolgelasten kennzeichnen. Reduzierte Anpassungsfähigkeit erzeugt gravierende Lebensprobleme und eingegrenzte Bildbarkeit, im *Gadamer*schen Sinne belastende Lern- und Leistungsschwierigkeiten. Brüchige Überlebenschancen sind behinderten Menschen in Teilbereichen ebenso bekannt wie alternativlose Lebensmöglichkeiten bei nicht unwesentlicher Einbuße an empfundener oder auch tatsächlich erlebter Lebensqualität.

Unabhängig, ob Anpassung und Unspezialisiertheit oder Spezialisierung und Reduzierung im Mittelpunkt der Diskussion stehen, immer sind solche Feststellungen oder Aussagen nur auf ein Gegenüber bezogen möglich. Dieses erst fordert zu einem Sich-Verhalten heraus, das dann entweder die Fülle der Möglichkeiten entdecken läßt oder sich von der Tragik der Unmöglichkeit ergriffen zeigt.

Leben geschieht nie "per se". Es ist nur denkbar und auch nur lebbar in der sich jeweils gestaltenden bzw. gestalteten Beziehung *zwischen* Mensch und Welt. Diese Welt kann weit entfernt vom oder auch bedrückend nah beim Menschen sein. Sie ist selten auf einen Punkt hin festzumachen oder anhand eines Merkmals zu bestimmen. Sie entwickelt nicht nur *Eigen-Leben*, sondern kündet auch heftigen *Eigen-Willen*. Dennoch liegt es nicht ausschließlich an der Welt, ob diese Welt für den einen Menschen zum Faszinosum, für den anderen zur Bedrohung wird, ob der eine sie als Ort der Hingabe, der andere als Anlaß zum Aufbruch oder zur Flucht empfindet.

Es ist allein der Mensch mit seiner jeweiligen Geschichte, der diese Welt erlebt - gemäß seinem Hintergrund - und aus diesem Erleben heraus auf diese Welt durch sein Verhalten aktiv oder reaktiv in der ihm möglichen Weise antwortet. Diese große Welt für eigene Bedürfnisse aufzubrechen und sich ihr gegenüber als gleichberechtigter Partner zu erweisen, muß vom Menschen erst als eine ihm mögliche und wiederum auch nur ihm übertragene Aufgabe erkannt, begriffen und eingeübt werden. Er wird an dieser Aufgabe sein Leben lang zu arbeiten haben, wohl aber auch wachsen können.

Für den einzelnen Menschen stellt sich diese Welt aufgrund ihrer Komplexität und geringen Unüberschaubarkeit als mächtig dar. Die trennenden Mauern zwischen Mensch und Welt gilt es zu durchdringen bzw. zu überwinden, will man diese Welt in Ansätzen wenigstens verstehen. "Verstehen" meint hier kein Erklären, sondern umschreibt primär einen Akt des Sich-zugänglich-Machens. Das jeweils erreichte Ziel wird sich eher in subjektiven Erträgen präsentieren als in objektiven Einsichten und allgemeingültigen Erkenntnissen.

Das persönliche Erleben spielt die jeweils führende Rolle sogar dann noch, wenn objektives Denken versucht wird oder angesagt ist.

Überträgt man diese Überlegungen auf den Unterricht, hat jener die Aufgabe, zusammen mit dem Schüler und in steter Abstimmung mit dessen Lernbedarf wie dessen Lernmöglichkeiten, die sich im Zusammenhang mit der Welt-Begegnung zeigende "Komplexität zu reduzieren" (vgl. *Fichtner* 1980, 12).

Nach *Luhmann* (1973) bewirkt gelungene Reduktion von Komplexität *Vertrauen*. Vertrauen wiederum ist Voraussetzung - neben hinreichenden Fähigkeiten und Fertigkeiten - für gedeihliche und gegenseitig anregende Partnerschaft. Partnerschaft - verstanden als "Gastfreundschaft" (*Zerfass* 1984) - gibt es zwischen Menschen wie zwischen Menschen und der Welt.

Dieses *Mensch-Welt-Verhältnis* wird besonders im Hinblick auf *behinderte* Menschen meist einseitig und zudem vereinfachend beschrieben. Weder der behinderte Mensch noch die Welt sind ausschließlich dafür verantwortlich zu machen, ob ihm ein Hineinwachsen in diese komplexe, oft feindlich erlebte und sich abweisend zeigende Welt und ein Mitgestalten in ihr gelingt. Auch hier gilt es, neue Wege der Partnerschaft zu suchen.

Der Weg über das Sich-kulturell-Verstehen und -Brauchen wird sich als zunehmend geeignet herausstellen, selbst wenn er der Ergänzung bedarf. Auch genügt es nicht, um eine weitere Einseitigkeit zu erwähnen, behinderte SchülerInnen überwiegend durch *Lernen* für diese Partnerschaft zu qualifizieren.

An erster Stelle steht die Motivation zum Leben, dann erst hat Lernen seinen

Platz. Der einzelne Mensch muß Beziehung zur Welt haben wollen, sie wagen und sich dafür einzusetzen bereit sein. Er wird sich selbst in diese Beziehung hineingeben, denn nur der, der etwas gibt, wird etwas bewirken, und der, der Altes losläßt, ist frei und offen für Neues. *Partnerschaft* ist das Moment, das das Verhältnis des Menschen zur Welt qualifiziert, *Bereitschaft*, sich verändern zu lassen, das andere.

Wenn *Correll* (1965) *Lernen* als ein "Wechselverhältnis zwischen Mensch und Welt" definiert, in dem "weder der Mensch noch die Welt festgelegt" sind, dann deutet sich darin bereits das Bedürfnis des Menschen an, sowohl sich als auch die Welt zu verändern. Der Mensch möchte die Welt so gestalten, daß sie seinen Bedürfnissen und Vorstellungen immer ähnlicher wird, daß sie immer weniger Angst erzeugt, Gefühle des Ohnmächtig-Seins sich reduzieren und seine Neugier durch "Gewinnung von Wissen" und durch "Neuschöpfung von Welt" befriedigt wird (*Popper* 1987). Er soll Heimat in ihr finden und sich gleichzeitig als Partner erleben.

Nur so konnte sich der Mensch auch jene "Apparate-Welt" schaffen, nach dem Sprachgebrauch *Popper*s zur WELT 3 gehörend, zu der *H.G. Gadamer* kritisch vermerkt: "Der Mensch - auf Selbstbestimmung bedacht, um nicht mehr dienen zu müssen - schafft sich eine neue Welt, die Apparate-Welt, die er dann letztlich doch be-dienen muß, um sie in Gang und in Kontrolle zu halten. Seine gewollte Freiheit setzt er damit in mehrfachem Sinne endgültig aufs Spiel" (ders. 1988). Der Mensch "auf der Suche nach jener besseren Welt" drängt sich aus auf Erweiterung des bislang Verstandenen, Erreichten und Wahrgenommenen. Er erschließt sich mit jedem Schritt neue Erlebnis- und Bewußtseinsräume und gewinnt damit jeweils ein verändertes, erweitertes oder auch nur ein sich bestätigendes Bild seiner Selbst und von der Welt. Gleichzeitig aber wird er bewußt wie unbewußt, direkt oder indirekt an seiner Qualifizierung arbeiten, um so seinen Stand in dieser Welt wie auch seine angestrebte Partnerschaft zu stabilisieren.

Welt - was sie ist und was sie sein könnte

Letztlich ist jeder Mensch sich selbst und anderen WELT. Zu Beginn seines Erdendaseins fehlt ihm für diese Tatsache bzgl. seines eigenen Welt-Seins und seines In-der-Welt-Seins sowohl das notwendige Wissen als auch das bedingende Sein.

Er sieht sich als Mensch in der Welt und erlebt sich in Symbiose mit ihr. Welt durch die Sinne und später kraft des sich entwickelnden Denkens wahrzunehmen, setzt eine Zäsur zwischen Subjekt und Objekt voraus.

Nicht nur behinderten Menschen - verstärkt bei schwerer und mehrfacher Behinderung - bereitet die für jede weitere Entwicklung notwendige Polarisierung von Mensch und Welt erhebliche Mühe. Im Extrem erleben wir (geistig)behinderte Menschen, die sich weigern, aus der bislang gelebten Symbiose überhaupt herauszutreten, oder wir begegnen Menschen, die dieser als angenehm erlebten Symbiose erneut zustreben und damit ihren gewonnenen Selbststand aufkündigen einschließlich der sich daraus ergebenden und für kulturelle Leistungen letztlich so notwendigen Spannung.

Mit welchem Phänomen aber hat es der Mensch zu tun, wenn er sich diesem Gegenüber - der Welt - stellt und sich anschickt, mit ihr in Verbindung, später sogar in eine längerfristige und vielleicht konfliktreiche, aber fruchtbare Auseinandersetzung zu treten?

Wir versuchen die nachfolgenden Antworten auf der Grundlage der "Drei-Welten-Theorie" von *K.R. Popper* zu geben.

Die WELT, in die der Mensch hineingeboren wird, stellt sich als eine "uneinheitliche" Welt dar. *Popper* gliedert sie in *drei*, theoretisch voneinander unabhängig erscheinende Welten:

in die WELT 1 – von *Popper* als "Körperwelt" oder materielle Welt benannt

in die WELT 2 – die "Erlebniswelt" (gesammelte Erlebnisse und Erfahrungen des Menschen) und

in die WELT 3 – die Welt der "objektiven Produkte des menschlichen Geistes" (als Ansammlung von Büchern, Kunstwerken, Symphonien, der Elektronik oder auch der Gen-Technologie) und in die "geistige Welt" (geschaffen durch den Geist des Menschen)

(vgl. *Popper* 2/1987, 16 ff.)

Uns beschäftigt in diesem Zusammenhang - vor allem im Hinblick auf die Arbeit mit geistigbehinderten Menschen - weniger, inwieweit unsere Erfahrungen das Konstrukt von *Popper* bestätigen oder inwieweit mögliche Übergänge zwischen diesen drei Welten zu benennen und aufzulisten wären.

Vielmehr geht es im Hinblick auf didaktische Fragestellungen darum, einerseits herauszuarbeiten, *wie* und unter welchen Voraussetzungen Menschen diesen drei Welten begegnen (können), andererseits zu erörtern, unter welchen Bedingungen ein Mitwirken - und sei es nur in der Form mitschwingender Teilnahme - von Menschen mit einer geistigen Behinderung an den einzelnen Welten möglich bzw. zu ermöglichen ist.

Ohne in einen sterilen Formalismus zu verfallen, lassen sich nach m.D. *drei* Begegnungsweisen des Menschen als Antwort auf jene *drei* Welten formulieren. Sie entsprechen letztlich den Repräsentationsweisen und sagen zusätzlich über die Potentiale und die Bedürfnisse des Menschen Wesentliches und damit Entscheidendes aus.

WELT 1

Diese Welt zeigt sich konkret, körperhaft, sinnlich wahrnehmbar, ergreifbar, hörbar, anschaubar, erfahrbar und zum handelnden Umgang geeignet.

Die WELT 1 ist dem Menschen vorwiegend *leiblich-sinnlich* zugänglich wie auch gestaltbar.

WELT 2

Diese Welt kommt aus dem Inneren des Menschen, aus den Tiefen seiner Person einerseits und aus der persönlich erlebten und erfahrenen Wirklichkeit andererseits.

Diese WELT 2 kann als 'subjektive Welt' gelten. Für den dann jeweils Außenstehenden ist sie vorwiegend auf der Grundlage *sprachlicher* bzw. mündlicher Mitteilung erfahrbar wie auch gestaltbar, wobei die Körpersprache als eine Form non-verbaler Mitteilung gleichberechtigt anzusehen ist.

WELT 3

Diese Welt erweist sich als Sample von Produkten des menschlichen Geistes, angereichert oder ausgestattet mit intersubjektiven, wenn nicht sogar mit objektiven, d.h. allgemeingültigen Bedeutungen. Um sich diese WELT 3 zugänglich und vertraut zu machen, bedarf es vorwiegend *kognitiver* Fähigkeiten in Form von Dechiffrierungsvorgängen, Übertragungsleistungen und gezielten Anwendungsanalysen, wie auch die Gestaltbarkeit ganz auf eine breite Palette kognitiver Leistungen verwiesen ist.

Mit den Fähigkeiten der Sinne bzw. des Leibes und den Möglichkeiten der Sprache bzw. des Denkens erst schöpft der Mensch alle jene Potentiale aus, die ihm aufgrund seiner eigenen Geschöpflichkeit eine möglichst ganzheitliche Beziehung zur Welt gestatten und letztlich Sinn zumindest auf diesen drei Weisen des Daseins finden lassen. Gleichzeitig sind jene Potentiale auch die Quellen, aus denen heraus der Mensch kulturelle Leistungen erbringt. Die Fähigkeit des Leibes wie der Sinne erlaubt ihm die Ausbildung einer "leiblich-sinnlichen Kultur", die der Sprache und Kommunikation einer "mündlichen Kultur" und jene des Denkens einer "schriftlichen Kultur".

Bzgl. der Charakterisierung der "schriftlichen" wie der "mündlichen Kultur" muß ich auf meinen Beitrag in der Festschrift zum 100-jährigen Jubiläum des WITTEKINDSHOF (1987) verweisen. Mit der "leiblich-sinnlichen Kultur" dagegen werden wir uns im letzten Teil dieses Beitrages ausführlicher befassen.

Die Drei-Welten-Theorie im gesellschaftlichen Kontext

Im Laufe der menschlichen Entwicklung wie auch im Vollzug gesellschaftlicher Gegebenheiten hat sich zunehmend eine Überwertigkeit der WELT 3 herausgebildet und damit eine Bevorzugung der "schriftlichen Kultur".

Die Lehrpläne und Richtlinien nahezu aller Schulen bestätigen dies, aber auch die Art und Weise, wie heute Menschen in ihren Leistungen beurteilt oder eingestuft werden. Akademische Bildung rangiert in ihrer Wertigkeit immer noch vor der handwerklichen Ausbildung, das Abitur gilt mehr als ein Fachschulabschluß, und ein Doktortitel eröffnet Zugänge, die selbst mit einem noch so qualifizierten Meisterbrief nicht ohne weiteres zu erreichen sind.

An der gesellschaftlichen Überschätzung der WELT 3 haben in letzter Zeit auch die rapiden Entwicklungen im Zusammenhang von Kommunikations- und Informationstechnik mitgewirkt. Zweifelsohne entspricht es dem Menschen und seinen Bedürfnissen, Informationen schnell, über die Zeitläufe hinweg und ohne konkreten Vermittler zu speichern, weiterzugeben und dadurch ihre freie Verfügbarkeit zu garantieren.

Der Weg dazu führt über die Chiffrierung von Informationen durch Bilder, Zeichen und Symbole. Erst ein gewisser Abstraktionsgrad erlaubt ihre allgemeine Gültigkeit und übergeordnete Verständlichkeit. Nur so kann anschließend eine situations- und person-unabhängige Dechiffrierung einsetzen und für den Initiator zum Erfolg führen.

Um im Rahmen schulischer Bildung diesen Entwicklungen gerecht zu werden, sind die herkömmlichen Kulturtechniken wie Schreiben, Lesen und Rechnen zumindest durch eine sog. "informationstechnische Grundbildung" zu erweitern, wie dies derzeit an vielen Schulen bereits versucht und selbst an einigen Sonderschulen mit Erfolg praktiziert wird. Zudem besitzt die WELT 3 die Funktion eines Sammelbeckens. Hier findet der Mensch alles das vor, was andere Menschen vor ihm bereits erdacht, erfunden und entwickelt haben und was ihnen gleichzeitig Sinn bedeutete. Ein nachträgliches Erschließen verspricht wiederum Sinn und zieht allein deshalb einen hohen Anteil menschlicher Aufmerksamkeit und Anstrengungsbereitschaft auf sich.

Mit jener Verlockung, die WELT 3 stellvertretend vor den beiden anderen Welten zu bevorzugen, geht die Gefahr einer, diese geringzuschätzen, sie in ihrer Bedeutsamkeit für den Menschen zu verkennen und sie vielleicht sogar bewußt oder unbewußt abzuwerten, zumindest zu vernachlässigen. Außerdem besteht die Versuchung, entsprechend dem jeweils eindimensionalen Verhältnis des Menschen zur Wirklichkeit, auch nur einseitige Fähigkeiten der Welt-Erkundung und der Kultur-Schaffung auszubilden, sich eine zu schmale Sicht der Dinge des Lebens anzueignen und bei der Entwicklung der eigenen Persönlichkeit - verstanden als "Werden der Person" - nicht alle Möglichkeiten des Menschen auszuschöpfen, sich möglicherweise sogar in seinem Ganz-Werden zu versäumen.

Implizit ist in jene WELT 3 auch ein zwiespältiger Leistungsanspruch hineinverwoben, der in seiner fatalen Wirkung meist erst dann wahrgenommen wird, wenn er beurteilend, kontrollierend oder gar ausschließend auf einzelne Menschen zurückfällt - zum Beispiel auch auf Menschen mit geistiger Behinderung. Somit stellt sich erneut die Frage nach den Bedingungen und Voraussetzungen einer dem Menschen dienlichen Beziehungsgestaltung mit dieser Welt - vor allem dann, wenn er diese unter den Gegebenheiten einer geistigen Behinderung leben, praktizieren und gestalten will. Konkret haben wir nach der Konsequenz zu fragen, wenn Menschen aufgrund einer Behinderung nicht mehr die notwendigen Qualifikationen erwerben können, die herkömmlich zur Erschließung der WELT 3 notwendig und von uns mit dem Begriff der "schriftlichen Kultur" gefaßt worden sind. Aber auch den möglichen, bereits vorhandenen, wenn auch bislang kaum gesehenen Beitrag zur WELT 3 geistigbehinderter Menschen gilt es zu beleuchten und zu problematisieren.

Ergänzend, aber keineswegs nur am Rande interessant ist die Entwicklung von Menschen, die ausschließlich nur noch mit der WELT 3 leben und damit die "schriftliche Kultur" als ihr allein mögliches Lebens- und Erlebensfeld ansehen und verstehen. Sie bevorzugen Fähigkeiten des Denkens und Analysierens bei gleichzeitiger Vernachlässigung anderer, existentiell ebenso bedeutsamer Fähigkeiten des Menschen wie der "Sinnlichkeit" und "Leiblichkeit" samt allen Möglichkeiten des Sich-Bewegens und Be-Wirkens.

Um eine vollgültige Entwicklung der eigenen Person zu sichern, wären sowohl die Ausbildung dieser drei Persönlichkeitsdimensionen als auch das Zusammenwirken dieser zu jeweils neuen Sinneinheiten für den Menschen und seiner Mitwirkung in dieser Welt von hoher Bedeutung, neu ins Auge zu fassen und zu verfolgen.

Eine ähnliche Ausgeglichenheit ist bzgl. der Werte-Skala zu fordern. Der einseitige Umgang mit der WELT 3 bedingt ein ebenso einseitiges Werte-Spektrum. Der Mensch definiert sich über seine Leistung und seine Produkte, nicht mehr über sein Erleben und Erfahren. Selbst die verwendete Sprache klingt anders, wenn sie primär aus der WELT 3 ihre Farbe erhält und nicht mehr auch aus der WELT 1 - der "leiblich-sinnlichen Kultur". Menschen, die anderen Bereichen des Selbst- und Welt-Erlebens zugehören bzw. diese praktizieren, erfahren kaum noch die so wünschenswerte und gleichzeitig notwendige Solidarität, sondern eher Trennung, Isolation und Aussonderung.

Der Mensch begrenzt seine Urteilsfähigkeit immer dann, wenn er Sinnzusammenhänge auseinanderreißt und seine Ganzheit aufs Spiel setzt. Das ist u.a. bei praktizierter, selektiver Wahrnehmung im Hinblick auf eine der drei Welten ebenso der Fall wie auch bei eindimensionaler kultureller Betätigung bezogen auf eine der drei Kultur-Formen - der "schriftlichen", der "mündlichen" oder der "leiblich-sinnlichen". Das Bedürfnis des Menschen nach Sinn - oft nur erlebt als Sehnsucht, sich in der von ihm gewonnenen Wirklichkeit "heimisch" zu fühlen (*Gadamer* 1988) - bleibt ungebrochen und doch meist unerfüllt.

Im Menschen lebt eine Ahnung von umfassender und tragender Identität als Ausdruck jener voraus benannten Ganzheit. Identität in diesem vollgültigen Sinne ist in ihrem Entstehen und in ihrer Entwicklung auf die Aktivierung und auf das zusätzliche Zusammenwirken *aller* jener Potentiale angewiesen, die den Menschen in seinem Menschsein ausmachen - vorrangig sein Fühlen, Denken und Handeln. Da jene Identität verantwortlich ist für das Erleben einer "inneren Heimat", für das Gewinnen von Solidarität unter Menschen, für ein erweitertes Lebensspektrum und für ein umfassendes, u.a. sich veränderndes Werte-System, gilt der anzustrebenden Ganzheit - vor allem im Hinblick auf die Erziehung und Bildung geistigbehinderter Menschen - unsere ganz besondere Aufmerksamkeit.

Fairerweise darf die in letzter Zeit zu beobachtende neue Sympathie des Menschen für die WELT 1 - die Körperwelt bzw. die materielle Welt (*Popper*) - nicht unterschlagen werden.

Die zahlreichen Katastrophen und die damit einhergehende existentielle Bedrohung einerseits und die geringe Wirksamkeit bislang entwickelter Mittel, aber auch die Verunsicherung gegenüber Wissenschaft und deren Möglichkeiten andererseits haben zudem ein neues Bewußtsein und ansatzweise auch schon ein neues Handeln bzgl. der Umwelt, der Gesundheit und des Zusammenlebens von Menschen entstehen lassen, auch wenn die Wege dorthin noch ungeübt sind und sich dementsprechend als schwierig erweisen.

Geistigbehinderte Schüler - auf diesem Hintergrund gesehen

Wer heute Schüler allgemeinbildender Schulen näher kennenlernt, mag erstaunt darüber sein, was diese im Vergleich zur eigenen Schulzeit schulisch angeboten bekommen, was man ihnen abverlangt und womit sich diese beschäftigen. Die neuen Medien haben die Schulen voll erfaßt, und das Problembewußtsein gegenüber gesellschaftsrelevanten Fragen beginnt bereits bei GrundschülerInnen Gestalt zu entwickeln. Kulturtechniken im herkömmlichen Sinne werden nachgeordnet gesehen und eher kreativ-funktional verwandt als zur Analyse bereits vorliegender "Texte".

Schwächer begabte SchülerInnen können bei dieser stürmischen Entwicklung - vor allem bzgl. der "schriftlichen Kultur" - kaum noch mithalten. Ihre angestammten, praktisch-handwerklichen Berufe bevorzugen heute zunehmend Absolventen mit "höheren" Schulabschlüssen, die auch im Theoriebereich bessere Leistungen erbringen. Auch hier schlägt die Bevorzugung der "schriftlichen Kultur" und damit der WELT 3 voll durch - unter weiterer Vernachlässigung jener anderen Kultur-Formen. Menschen, die sich in diesem vorwiegend kognitiv-strukturierten Lebensfeld nicht mehr zurechtfinden - zum Beispiel geistigbehinderte - geraten sowohl gesellschaftlich als auch lebensmäßig immer mehr in kulturelles Abseits. Ihre Lebensnotwendigkeit wird humanitär begründet und ihr Lebensvollzug unter sozialen Vorgaben realisiert. Übergeordnete Bedeutsamkeiten erkennt man ihnen selten zu.

Ursache dafür scheinen weniger absichtlich vollzogene Böswilligkeiten der Besitzenden zu sein, als betroffen machendes Un-Vermögen, Lebensqualitäten geistigbehinderter Menschen zu sehen, ihre Lebensmöglichkeiten zu erkennen und wahrzunehmende Lebensäußerungen vorurteilsfrei zu benennen, geschweige denn sie anzuerkennen.

Wer sich vorwiegend mit "schriftlicher Kultur" befaßt, kann Menschen, die eine "leiblich-sinnliche" oder "mündliche Kultur" leben, tatsächlich kaum noch verstehen, geschweige denn wertschätzen und in der Folge davon sie auch nicht als bedeutsam empfinden.

Geistigbehinderte Menschen sind erfüllt von dem, was ihnen begegnet, was sie erleben und woran ihr Herz hängt. Ursprüngliche Angst steht ihnen ebenso nahe wie spontane Freude, Begegnung gelingt ihnen in meist beneidenswerter Unmittelbarkeit, und Sympathie für den Augenblick erfüllt sie neidvoll in beeindruckender Art und Weise. Hintergründe spüren sie intuitiv auf, auch wenn sie diese dann nicht in stimmige Worte zu kleiden wissen; Treue und Verläßlichkeit lassen sie zu geschätzten Mitarbeitern werden - sei es in der Schule, in der Werkstatt oder im elterlichen Betrieb. Ihre Wünsche und Hoffnungen vertreten sie ohne Wenn und Aber; für Modifizierungen sind sie nicht leicht zu gewinnen. Ihr Leben kennt Farbigkeit ebenso wie Monotonie. Freie Zeiten werden unter ihren Händen schnell zur Leere, wenn nicht Menschen mit ihnen sind und Ideen mit ihnen teilen. Die Vorteile unserer Konsum- und Beschäftigungsgesellschaft wissen sie ebenso zu schätzen, wie sie auch ihre Begrenzung im materiellen wie auch im leistungsmäßigen Sinne erleben. Alternativlosigkeit letztlich kennzeichnet ihr Leben in vielen Bereichen.

Auf diese exemplarisch zu benennenden lebensweltlichen Gegebenheiten hat sich Erziehung und Bildung einzustellen, will sie geistigbehinderte Menschen erreichen und ihnen in ihrem "Werden als Person" längerfristig dienlich sein.

Der Versuch, geistigbehinderte Menschen mit aller Gewalt hin zur WELT 3 und damit zur "schriftlichen Kultur" zu ziehen, überzeugt ebenso wenig wie das bewußte Belassen in einer ihnen zugedachten, zugeschriebenen oder auch nur angestammt gelebten Eigenwelt. So wie es für den gut begabten, leistungsstarken Menschen unverzichtbar ist, sich für alle *drei* WELTEN zu befähigen und dies nicht nur im Hinblick auf eine "schriftliche Kultur" zu tun, so hat auch der geistigbehinderte Schüler Anrecht auf ungeteilte Teilhabe an allen drei Welten und auf eine ihm mögliche Qualifizierung für die "schriftliche Kultur" (vgl. *Reuter* 1988). Dies darf nicht auf Kosten der Ausformung ihm bedeutsamer Lebens- und Erlebensweisen gehen oder gar eine sich sehr subtil vollziehende Geringschätzung seiner kulturellen Leistung und seines kulturellen Beitrags für das Gemeinwesen nach sich ziehen.

"Kultur" als Sammelbegriff hat sowohl eine prozeßhafte Komponente als auch eine produkt-bezogene Dimension. Kultur findet man einerseits vor, andererseits "schafft" man sie.

Was das *Vor-Finden* betrifft, haben wir höchstens definitorische Schwierigkeiten dahingehend, welche Produkte wir als kulturell (hochstehend) erachten, welche nicht. Schwerer tun wir uns mit dem kulturschaffenden *Prozeß*, der natürlich am Ende auch wieder zu einem kulturellen Produkt führen soll. Lassen wir uns von der Sicht *Popper*s leiten, bestehen die "geistigen Produkte" der WELT 3 aus übergeordneten, allgemeingültigen Lösungen konkreter wie nicht konkreter Art; aufgrund ihrer weitestgehenden Objektivität sind sie geeignet zur Übertragung und damit zur Bewältigung weiterer "Fälle des Lebens".

Ein solches Verständnis schließt in der Konsequenz alle jene Menschen als kultur-aufnehmende wie auch als kultur-schaffende Partner der WELT 3 einschließlich der "schriftlichen Kultur" aus, die "leiblich-sinnliche" oder "mündliche Kultur" bevorzugt leben oder auch leben müssen.

Geistigbehinderte Menschen rechnen wir u.a. dazu, obwohl unumstößlich gilt: Geistigbehinderte Menschen sind ebenso Kultur-Träger wie auch Kultur-Schaffende, auch wenn sich ihre Mittel, ihre Bedingungen und möglicherweise auch ihre Motive von denen anderer Menschen unterscheiden.

Kulturelle Schöpfungen sind nicht nur Produkte, die überdauern, sondern auch solche, die sich im Moment des Schaffens ereignen. Wir rechnen Verhaltensweisen, Erlebnisse, Erfahrungen und Überzeugungen ebenso dazu wie Mitteilungen in Form von Wörtern, Sätzen oder Gesten.

Leicht ist dieser Gedanke immer im Zusammenhang mit Sprache nachzuvollziehen. Wenn sich ein mongoloider Schüler nach einem lebendig-anschaulich gehaltenen Vortrag vor geistigbehinderten SchülerInnen, deren Angehörigen, Lehrern und Freunden bei mir mit den Worten bedankt: "Danke, das war heute ja ein richtiges Unterrichts-Fest!", dann ist das eine "kulturelle Leistung". Aber auch entschiedenes Partei-Ergreifen eines Schülers in einer schwerstbehinderten Klasse für eine Mitschülerin rechne ich ebenso dazu, wie auch die Anstrengung eines wiederum geistigbehinderten Schülers, "seinen Löwen" (ein Spieltier) mit Bausteinen zu umbauen, um auf diese Weise die vom Zirkus-Besuch mitgebrachte "Angst vor Löwen" im Spiel zu bewältigen.

Der in letzter Zeit häufig praktizierte Weg, Produkte geistigbehinderter Menschen aus dem kreativen oder werktätigen Schaffensbereich in die Gesellschaft einzubringen, bietet Möglichkeit, geistigbehinderte Menschen als kunst-schaffende und/oder werktätige Mitbürger über ihre Arbeitserträge vorzustellen bzw. kennenzulernen. In Ausstellungen kann man Bildereien oder plastische Gestalten geistigbehinderter Menschen bewundern und in eigenen Schaufenstern oder Schaukästen Ergebnisse aus der Produktion. An Tagen der "offenen Tür" bietet sich Gelegenheit, einen Blick in ihre persönliche Wohn- und Lebenswelt zu werfen, und beim unerwarteten Zusammentreffen in einer Gaststätte beeindrucken ihre nicht für möglich gehaltenen "guten Manieren".

Letztlich aber sind alle diese Beispiele mit Hilfe von "Transportmitteln" zustandegekommen, die nur zu einem geringen Teil aus dem Lebensfeld geistigbehinderter Menschen selbst stammen, sondern aus dem der sog. "schriftlichen Kultur". Es werden Werbe- und Management-Methoden ins Spiel gebracht, die letztlich das nicht vermitteln können, möglicherweise sogar das wegnehmen, was sich als Eigentliches und Werthaftes geistigbehinderter Menschen im Zusammenspiel mit anderen typisch, ja unverzichtbar und fast immer als einmalig und höchst eindrücklich erweist. Betrachtet man die vorgenannten Produkte, gewinnen sie durch Anmut und Liebreiz, aber auch durch Spontaneität und Unmittelbarkeit - zum Beispiel in der Form- oder Farbgebung oder in der Aufarbeitung von Themen. Werk- und Arbeitsstücke bestechen durch beste Verarbeitung; oft spürt man, daß sie mit Liebe und Hingabe gefertigt wurden - weit entfernt von seelenloser Massen-Produktion.

Weitaus wesentlicher erscheint jedoch, den *Menschen* im Geistigbehinderten selbst zu entdecken und ihn als ebenbürtigen und gleichwertigen Kultur-Träger zu erleben und als Kultur-Schöpfer anzuerkennen - über seine Produkte hinaus. Der Weg dazu liegt nicht in der Präsentation, sondern nahezu ausschließlich in der persönlichen *Begegnung*.

"Leiblich-sinnliche Kultur" ist eben nicht vorrangig durch Lesen oder Nachdenken aufzunehmen: sie muß erspürt und erlebt, eben *leibhaft-sinnlich* erfahren, ja eingeatmet werden.

So weiß ich eigentlich keinen anderen Weg, als sich mit geistigbehinderten Männern und Frauen zusammenzutun, mit ihnen zu arbeiten, zu essen und zu feiern, sie bei einem Besuch zu begleiten, ihre Begrüßung und vielleicht auch ihren Trost anzunehmen und sich von ihren Freuden und Nöten etwas "übermitteln" zu lassen. Uns wird ihre Kraft des entschiedenen Dafür- oder DagegenSeins beeindrucken und beschämen gleichermaßen - entstanden bzw. gewonnen aus einer sehr subjektiven Bezugnahme zur Welt, wie diese für sie habbar, ergreifbar und erlebbar ist.

Nicht-behinderte Menschen, sog. Könner oder gar Spezialisten der WELT 3, haben hier zu lernen; der bewußt werdende Schmerz über den eigenen Verlust zeigt sich als unaufschiebbar und bedrängend zugleich.

Unsere eigenen Produkte sind in letzter Zeit vermehrt unter das Diktat der Perfektion geraten. Sie sind immer mehr nur noch mit dem Kopf gemacht, selten mehr mit Händen und kaum noch mit dem Herzen. Sie atmen Regelhaftes eher als Biophiles. Die jeweils anderen Kulturformen sind uns nicht wegen einer möglichen Zugehörigkeit zu einem anderen Kulturkreis fremd; im Gegenteil, sowohl das Bedürfnis nach als auch die Fähigkeit zur "leiblich-sinnlichen" und "mündlichen Kultur" finden wir im Menschen ursprünglich angelegt. Lediglich die erlebte Erziehung und die erfahrene Bildung haben eine zu beklagende Einseitigkeit entstehen lassen, die "schriftliche Kultur" und damit auch die WELT 3 zu bevorzugen bei gleichzeitiger Neigung, die übrigen Formen kultureller Lebensäußerung zurückzudrängen und sich deren Einübung und 'Anwendung' zu versagen.

Wenn der Verstand die Sinne als "unaufgebbares Pendant" benötigt, und wenn weiterhin der Mensch auf die "menschliche Hand" als geistiges Organ in seinem Werden nicht verzichten kann, dann bewirkt eben der "Verlust der Hand" im Bildungs- und Erziehungsprozeß nicht nur einen Verzicht auf "sinnliche Bildung", sondern in beängstigend-umfänglichem Maße auch die Unfähigkeit zur "leiblich-sinnlichen Kultur" (vgl. *H. G. Gadamer* 1988; Werkbund-Symposium "Der Mensch ohne Hand" 1979). Die Folgen diesbzgl. sind vielfältig und in ihrer ganzen Tragweite auf Dauer für den Menschen noch kaum abschätzbar. Zum einen vollzieht sich eine anfangs nur leise ankündigende Verarmung des eigenen Erlebens und Wachsens, zum anderen vermögen wir jene Menschen nicht mehr zu verstehen und wertzuschätzen, die diese anderen Formen von Kultur bevorzugen und leben.

Die Dominanz der "schriftlichen Kultur" einschließlich ihrer sich immer noch steigernden Hofierung im gesellschaftlichen Kontext verhindern nicht nur die Ausbildung anderer Lebens-Formen, sie *behindern* letztlich Menschen - vor allem geistigbehinderte - in gravierender Weise bzgl. ihrer Sinnfindung und der Erfüllung ihres Lebens. Für sie bleibt Fremdheit, Geduldetsein und Sich-isoliert-Fühlen - neben der oft nicht aufhebbaren, behinderungsbedingten Abhängigkeit - in diesem von ihnen erlebten, andersgearteten kulturellen Lebens-Umfeld als bestimmendes Grunderlebnis und sich einnistendes Daseinsgefühl zurück.

Ein in diesem Zusammenhang beachtenswerter und gleichzeitig hochinteressanter Ansatz zur Erziehung und Bildung geistigbehinderter Menschen begegnet uns in den Überlegungen von *S. Heine* (1988), die diese als Professorin für Evangelische Religionspädagogik (Universität Wien) in Anlehnung an Aristotelisches Denken im Hinblick auf den Religionsunterricht mit geistigbehinderten Schülern formuliert hat.

Frau *Heine* unterscheidet entsprechend den Vorgaben von ARISTOTELES zwischen "Theorie, Praxis und Poiesis" *(Heine* 1988, 110), wobei "Poiesis" als Parallel-Begriff zur "leiblich-sinnlichen Kultur" gesehen werden kann.

Es geht um das "Nach-außen-Bringen" dessen, was "im Menschen ist" - auf künstlerischem, kreativem und handwerklichem Wege. Diese "aktive" Weise der Selbst-Mitteilung und Welt-Gestaltung findet ihre notwendige Ergänzung in sog. "passiven Lebensvollzügen" - konkretisiert als "leibhafte Teilnahme an Riten, Festen und Feiern", aber auch am Leben insgesamt "auf der Grundlage gestalthafter Symbole" (diess. 114). Passive *und* aktive Momente einer "leibhaft-sinnlichen" Teilnahme am Leben, konkret in der Beziehungsgestaltung zur Welt, sind dann von herausgehobener Bedeutung, wenn es nachfolgend zu klären gilt, was "leiblich-sinnliche Kultur" im Zusammenhang von Erziehung und Bildung geistigbehinderter Menschen meint und welche Folgerung dann daraus im Hinblick auf das Selbstverständnis der Schule für Geistigbehinderte zu ziehen sind.

"Leiblich-sinnliche Kultur" - als Aufgabe der Schule für Geistigbehinderte

Trotz der Überzeugung, daß jede Aussage, auf ein Kollektiv hin formuliert, von einem einzigen Mitglied außer Kraft gesetzt werden kann, versuchen wir einige übergeordnete und allgemein gültige Kennzeichen jener "leiblich-sinnlichen Kultur" herauszuarbeiten; "leiblich-sinnliche Kultur" erachten wir dabei nicht ausschließlich, aber in besonderer Weise als ein für geistigbehinderte Menschen angestammtes und gleichzeitig zugängliches und fruchtbares Lern-, Lebens- und Arbeitsfeld.

Um die tatsächliche Bedeutung der "leiblich-sinnlichen Kultur" im Gesamtzusammenhang von Sonderpädagogik zu unterstreichen, sei vorweg nochmals an die augenblickliche Situation erinnert: Im derzeitigen Verständnis von Sonderpädagogik hat sich eine verengende Sichtweise von Behinderung eingebürgert, diese vorwiegend anhand von Defekten oder Defiziten zu bestimmen. Behinderung wird einseitig als sichtbares, vermutetes oder erwiesenes, d.h. auch ertestetes Nicht-Können beschrieben: Blind ist der, der *nicht* sehen, gehörlos der, der *nicht* hören kann, geistigbehindert jener, der Schreiben, Lesen und Rechnen *nicht* zu lernen vermag, und körperbehindert ist man, wenn man u.a. *nicht* laufen kann und auf einen Rollstuhl oder Krücken angewiesen ist.

In der Folge davon hat sich die Sonderpädagogik immer mehr als Krisen-Management verdingen lassen. Sie erklärte sich bereit, vorhandenes Nicht-Können in erwartetes Können umzuwandeln und vorhandene Defizite, die immer auch im Verhältnis zum gesellschaftlichen Umfeld zu sehen sind, in erwünschtes Verhalten aufzulösen bzw. umzubauen. Abgesehen davon, daß diese Bemühungen nicht immer den erhofften Erfolg zeitigen, bleibt das bedingung-setzende Umfeld unangetastet und das persönliche Erleben des einzelnen behinderten, von jenem bleibenden Nicht-Können betroffene Menschen unberücksichtigt.

Behinderte Menschen formulieren dann für sich:
Ich kann doch jetzt etwas lesen, aber im Verkehr kenne ich mich doch nicht aus; ich kann mich zwar orientieren, aber das Mofa darf ich trotzdem nicht fahren; ich kann jetzt mit anderen Menschen besser auskommen, darf aber trotzdem keine Familie gründen.

Wiederum werden sog. Fortschritte unter der Maßgabe von Kriterien aus der "schriftlichen Kultur" bzw. abgeleitet von der WELT 3 beurteilt, anstatt das sich darin zeigende Eigentliche, Typische und Originäre zu sehen, zu erkennen und zu benennen. Es geht in einem umfassenden Aufarbeiten existentieller Momente des Nicht-Könnens durch die Sonderpädagogik (vgl. *Fischer* 1984; *Häussler* 1988) vorwiegend darum, wirkliche, d.h. stabilisierende Identität zu erreichen: Das bin ich, das kann ich, das möchte ich - und das kann ich nicht. Mit beidem erst bin ich ganz Ich.

Diese Aufgabe ist weder von der Sonderpädgogik noch vom einzelnen Menschen allein befriedigend zu erreichen, wenn sich nicht auch - neben dem einzelnen Menschen - die Gesellschaft selbst durch neue Werte und neu gewonnene Bedeutungen anschickt, diesen Prozeß tatkräftig mit zu unterstützen. Solche neuen Werte müssen dem *gesamten* Lebensfeld entstammen - der WELT 1, 2 und 3 - und die *ganze* Spanne menschlichen Lebens und Erlebens umfassen - die "leiblich-sinnliche", die "mündliche" und die "schriftliche Kultur".

Geistigbehinderte Menschen sind für unsere Gesellschaft und für das Zusammenleben von Menschen insgesamt unverzichtbare, existentiell notwendige Kultur-Träger wie auch einmalige, unverwechselbare Kultur-Schöpfer.

Diese anthropologische Grundtatsache ist dann noch nicht eingelöst, wenn z.B. behinderte Mädchen oder Frauen zum Stricken von Topflappen angehalten werden und geistigbehinderte Männer elementare Techniken im Umgang mit Holz, Metall oder Ton erlernen.

"Leiblich-sinnliche Kultur" dokumentiert sich nicht in erster Linie durch praktisches Tun oder im sonstigen konkreten Vollzug und den daraus erwachsenden Produkten, sondern allem voran in einer Haltung des Menschen, sein Begegnen mit der Welt - seiner Umwelt - sinnlich-leibhaft zu gestalten.

Die sich daraus ergebenden Konsequenzen können handwerklicher oder auch kreativer Art sein als möglicher Ausdruck jener menschlichen Beziehungsgestaltung, die wir *leibhaft*-sinnlich bezeichnen.

Vermag sich der Mensch mit seiner Art, Leben zu gestalten und Welt sich anzueignen, in die Gesellschaft und damit konkret in sein Lebensumfeld einzubringen, ohne entwürdigende Anpassungsleistungen vollbringen zu müssen, wird er sich wohl und mit sich identisch fühlen. Geistigbehinderte Menschen, vor allem schwer- und mehrfachbehinderte, sind bei dieser Integrationsaufgabe auf unterstützende, funktionale und situative Hilfe angewiesen.

Das wäre gleichzeitig unser erklärtes, oberstes *Ziel*: Hilfe zu geben zur Integration in den gesamtgesellschaftlichen Kontext - nicht einseitig über die Leistung und auch nicht nur über geforderte Vorgaben einer primär sich als "schriftliche Kultur" darstellende Welt, sondern aufgrund eigen-ständigen und eigen-gewollten Vermögens, Welt leiblich-sinnlich, mündlich-kommunikativ oder schriftlich-reflexiv bewußt zu erleben und stimmig für sich zu gestalten. Hilfe darf aber nicht nur im Sinne sog. methodischer Maßnahmen, vom Pädagogen absichtlich gewählt und gezielt eingesetzt, verstanden werden; vielmehr sind wir alle auch auf "Modelle" von Beziehungsgestaltung angewiesen, die wir nur in der direkten, unmittelbaren Begegnung mit anderen Menschen erleben können.

Im Zuge der allgemeinen Vernachlässigung von "leiblich-sinnlicher Kultur" muß der geistigbehinderte Mensch auf solche "Modelle" weitgehend verzichten, die ihm helfen könnten, "leiblich-sinnliche Kultur" für sich und sein Leben variationsreich und zunehmend differenzierter zu entwickeln.

"Modelle" dieser Art sollten alle existentiellen Bereiche des Lebens wie den der Nahrung, der Hygiene, des Aussehens, der Kleidung und vor allem der Natur, aber auch der Begegnung, des Konfliktes, der Zuneigung, des Erkundens und Entdeckens, des Sich-Beschäftigens wie des Arbeitens umfassen und aufarbeiten. "Meisterkurse" bzgl. eines solchen leibhaft-sinnlichen Lernens finden bislang weder an Schulen für Geistigbehinderte noch an Volkshochschulen in ausreichendem Umfang statt. Beide sollten ihr Angebot für *alle* Interessenten offen halten und sich nicht nur auf geistigbehinderte Menschen konzentrieren.

Wer schon einmal von geistigbehinderten Schülern mitgestaltete Gottesdienste oder Sportfeste und Spielnachmittage erlebt hat, traut dieser Empfehlung. Hier tut sich elementare Lebensfreude auf - ohne großes Gewahrwerden der abhängigen Situation oder einem erneuten Stolpern über die jeweilige Behinderung. Es entwickeln sich Bedeutsamkeiten, die nicht mehr primär logisch, sondern - aufgrund von Erfahrungen - erlebnishaft begründet sind ("Wir schützen das Kaninchen, weil man es so schön streicheln kann!"; "Wir legen die Plätzchen vorsichtig in eine Dose, weil sie so gut schmecken!"). Nicht Wissen und Kenntnisse sind ausschlaggebend, sondern *leibhaft*-sinnlich gewonnene *Erfahrungen* spielen die tragende und bestimmende Rolle. Sie verankern den Menschen als Träger und Initiator jenes Erlebens in einem schier unangreifbaren Urgrund menschlichen Daseins in dieser Welt. Vertrauen stellt sich durch *erlebte* Reduktion nahezu selbstverständlich und von sich aus ein. Daß ein so erlebender und auf diese Weise erzogener und gebildeter Mensch beileibe nicht nur der WELT 1 zugeordnet werden darf, bedarf fast keiner weiteren Erklärung mehr. Man kann auch die WELT 3 *leibhaft-sinnlich* erobern, wie auch ihr - aufgrund jener leibhaftsinnlichen Zugangsweise - Neues hinzufügen und sie auf diese Weise für andere Menschen wie für die Gesellschaft in einem voraus kaum vermuteten Maße bereichern. Diese Erträge erschließen sich in ihrer typischen Bedeutsamkeit erst dann, wenn der einzelne Pädagoge, die einzelne Lehrerin, die Freunde und Bekannten, die Angehörigen und KollegInnen in sich selbst eine Sympathie für diese "leiblich-sinnliche Kultur" erwerben und in deren Geheimnisse und Eigenwertigkeiten hineinwachsen. Letztlich mündet "leiblich-sinnliche Kultur" - ähnlich wie die anderen Formen kultureller Äußerungen - in einen *Lebensstil*, der - wenn alle drei Formen von Kultur gleichermaßen und verbunden gelebt werden - als "integrativer Lebensstil" zu kennzeichnen wie auch zu genießen ist (vgl. *Fischer* 1986).

Zusammenfassend läßt sich "leiblich-sinnliche Kultur" anhand nachfolgender Aspekte nochmals charakterisieren:

(1)   "Leiblich-sinnliche Kultur" ist an das Naheliegende, das Sichtbare und Greifbare gebunden, weniger oder nicht an das Abstrakte, Gedachte oder Konstruierte.

(2)   "Leiblich-sinnliche Kultur" dringt auf Erleben und Erfahren und damit eher auf Wiederholen und Sichern, als auf Behalten und Weitergeben.

(3)   "Leiblich-sinnliche Kultur" vollzieht sich im Augenblick und kennt nicht im gleichen Maße Vergangenheit oder Zukunft.

(4)   "Leiblich-sinnliche Kultur" erbringt persönliche Ordnung, individuelle Einsichten und subjektive Transparenz von Welt, nicht aber allgemeingültige Erkenntnisse und Gesetzmäßigkeiten.

(5)   "Leiblich-sinnliche Kultur" drängt nicht auf Fixierung und kommunikativen Austausch, sondern ist erfüllt von der Unmittelbarkeit persönlichen Erlebens und dem sich daraus eher zufällig ergebenden spontanen Bedürfnis nach Mitteilung.

(6)   "Leiblich-sinnliche Kultur" bewegt sich außerhalb eines allgemeingültigen Normensystems; sie wird gespeist von subjektiven Bedürfnissen, Sehnsüchten und Wünschen einerseits und von einer persönlich-individuellen Ästhetik und Sinnlichkeit andererseits.

(7)   "Leiblich-sinnliche Kultur" lebt weniger vom Wort als von der Hand; sie nimmt und empfängt, wie sie auch gibt und schenkt.

(8)   "Leiblich-sinnliche Kultur" widersteht dem Produktionszwang und der Selbstdefinition über Produkte.

(9) "Leiblich-sinnliche Kultur" stellt das herkömmliche Werte-System in Frage und fügt neue Werte bzw. Bedeutungen dem bisherigen Werte-Kanon hinzu.

(10) "Leiblich-sinnliche Kultur" entspringt der "Sinnlichkeit" als ihrer Form der "Geistigkeit" (*H.G.Gadamer*).

(11) "Leiblich-sinnliche Kultur" verzichtet auf Macht über andere, wenngleich sie selbst mächtig und Identität aufzubauen in der Lage ist.

Die Schule für Geistigbehinderte hätte alle nur denkbaren Chancen, sich zu einem auch in der Gesellschaft anerkannten und vielfach beachteten "Ort leiblich-sinnlicher Kultur" zu entwickeln. Sie wirkte auf diese Weise in gesellschaftliche Zusammenhänge ursächlich hinein, setzte gesellschaftsverändernde Prozesse und würde so auch auf neue, zusätzliche Möglichkeiten der Sinn-Findung des einzelnen wie des Kollektivs verweisen.

Die verschiedenen Lernbereiche - im alten Sprachgebrauch: die Fächer - wie der Lebenspraktische Unterricht, Bildnerisches Gestalten, Verkehrsunterricht oder Soziales Lernen würden inhaltlich davon ebenso profitieren wie auch deren methodische Gestaltung.

Am weitesten vorgewagt hat sich diesbezüglich die "religiöse Unterweisung" samt der Gestaltung von Gottesdiensten. Nicht nur die neuen Lehrpläne für Evangelischen wie Katholischen Religionsunterricht bestätigen dies, sondern auch die überaus farbig-bunte Palette unterschiedlichster Beispiele aus der konkreten Arbeit mit geistigbehinderten SchülerInnen selbst.

Doch auch die Unterrichtung schwerst- und mehrfachbehinderter Schüler und Schülerinnen kann eigentlich keinen anderen Weg der Erziehung und Bildung mehr gehen, als den der "leiblich-sinnlichen Kultur", will sie diese Menschen mit ihrem Angebot erreichen und ihnen in ihrem Werden dienen.

Zur weiteren Klärung sollen noch einige Momente angesprochen werden, die Mißverständnisse hervorzurufen imstande sind:

Wenn die Schule für Geistigbehinderte als "Ort der leiblich-sinnlichen Kultur" charakterisiert wird, dann schließt das die Verpflichtung, andere Formen kultureller Lebensäußerungen des Menschen in die sonderpädagogische Arbeit mit einzubeziehen, keineswegs aus. Wie an früherer Stelle bereits betont, hat der geistigbehinderte Mensch sowohl Anrecht auf alle drei Welten als auch Anrecht auf Einübung und unterstützende Hilfe bezüglich aller drei Formen von Kultur.

Wenn wir dennoch die "leiblich-sinnliche Kultur" in den Mittelpunkt stellen, dann aufgrund langjähriger Erfahrung, im leiblich-sinnlichen Sein zentralen Momenten der Lebensgestaltung geistig behinderter Menschen begegnet zu sein.

Ein anderes Mißverständnis bezüglich der "leiblich-sinnlichen Kultur" ergibt sich aus einer möglichen, letztlich aber falschen Gleichsetzung mit handlungs-orientiertem Lernen. Das Konzept einer "leiblich-sinnlichen Kultur" erschöpft sich nicht in einer methodischen Gestaltung für schwachbegabte oder konkret-lebende Schüler und Schülerinnen. "Leiblich-sinnliche Kultur" umschreibt eine in Sinnlichkeit und Leiblichkeit fundierte Verstehensweise von Welt und zielt in aller Konsequenz auf eine alternative Beziehungsgestaltung des Menschen mit dieser Welt - konkret den drei Welten nach *K. R. Popper*.

Verhängnisvoll wäre es zudem, würde diese "andere Sichtweise" geistig behinderter Menschen nicht viel mehr leisten als das, was mit dem inzwischen wieder aufgegebenen Terminus "praktisch bildbar" erreicht wurde. Man versuchte eine positive Beschreibung dieser Gruppe von SchülerInnen in bewußter Distanzierung zu ihrer Behinderung und verursachte gleichzeitig eine ungewollte Festlegung auf ein wiederum einengendes Merkmal und der sich anschließenden, didaktisch wie auch methodisch einengenden, einseitig pragmatischen Ausrichtung von Lern- und Förderprozessen.

"Leiblich-sinnliche Kultur" will nicht einengen und schon gar nicht festschreiben. Sie möchte der augenblicklichen Tendenz zur einseitigen leistungs-orientierten Sicht von Welt einen ausweitenden und damit auch Befreiung setzenden Aspekt hinzufügen bzw. eine fundierte, anthropologisch begründete Alternative anbieten. Zusätzlich soll die Sonderpädagogik als Disziplin in ihrem Selbstverständnis selbst veranlaßt werden, sich aus der mit-verschuldeten Enge und Begrenzung zu befreien, sich nicht vorwiegend oder ausschließlich mit dem Nicht-Können des Menschen zu befassen und sich für dessen Können zu engagieren. Sie würde auf Dauer damit sowohl ihre Wirksamkeit gefährden als auch ihr Sollen von ihrer Bestimmung her verfehlen.

Wenn Behinderung ein existentielles Phänomen menschlichen Daseins darstellt, hat Sonderpädagogik in aller ihr nur möglichen Umfänglichkeit und Dichte auch existentiell und nicht nur funktional, ideologisch oder organisatorisch zu antworten. Grenz-Überschreitungen bisherigen Denkens stellen den einen Pol ihrer Bemühungen dar, die Wiedergewinnung menschlicher Ganzheit - in diesem Beitrag konkretisiert anhand der drei Kulturformen - den anderen Pol ihres Engagements.

Und das zum Schluß

Auch wenn die zum Schluß abgehandelte Thematik der "leiblich-sinnlichen Kultur" vorwiegend im Hinblick auf die Erziehung und Bildung geistigbehinderter Menschen erfolgte, so bedeutet das in keiner Weise, "leiblich-sinnliche Kultur" als Spezialaufgabe der Heil- oder Sonderpädagogik zu werten.

"Leiblich-sinnliche Kultur" ist Aufgabe und Chance *aller* Menschen, diese neben den anderen Kultur-Formen - der "mündlichen" und "schriftlichen" - zu entwickeln, um damit einen vielfältigen und zukunftswirksamen Mensch-Welt-Bezug herzustellen und diesen beziehungsbetont, lebenserfüllend zu gestalten. Der Mensch als Ganzheit aus "Kopf, Herz und Hand" (*Pestalozzi*) hatte in letzter Zeit immer weniger Veranlassung und noch seltener Gelegenheit, in sich und in bezug zur Welt jene Ganzheit zu entwickeln.

"Leiblich-sinnliche Kultur" hilft ihm, der Wirklichkeit und seinem Wesen eine nur scheinbar verlorengegangene Dimension seiner Existenz neu abzuringen und Erträge aus diesem Prozeß als sinnliche, erlebnishafte und kommunikative "Produkte" in die Welt hineinzutragen. Auf diese Weise vermag er als sich anders erlebender und verstehender Mensch sowohl an der Gestaltung der Welt als auch an der Strukturierung von Gegenwart und Zukunft mitzuwirken. Die sich bereits jetzt schon abzeichnenden Erträge bzgl. des eigenen Selbst- und Weltverständnisses scheinen für beide Partner - die behinderten wie die nicht-behinderten Mitglieder unserer Gesellschaft - im Hinblick auf die erhoffte und erstrebte Integration bedeutsamere Momente zu erbringen, als mancher gut gemeinte schulische Integrationsversuch in Form allzu naiv gehandhabter gemeinsamer Unterrichtsarbeit behinderter und nicht behinderter Kinder.

Immer noch scheint mir das Eigenständige geistigbehinderter Menschen in integrativen schulischen Maßnahmen nicht ausreichend im Blickfeld und entsprechend auch nicht genügend gefördert, gewährleistet und kultiviert zu sein.

Ich selbst bin froh, über viele Jahre hinweg - durch geistigbehinderte Menschen selbst angeregt und herausgefordert - "leiblich-sinnliche Kultur" entdeckt zu haben und diese für mich als bereichernd zu erleben. Weder meine Faszination noch mein Hunger sind bislang ausreichend gestillt. Ich vermute noch viel Unentdecktes auf diesem Weg des Menschen, bei gleichzeitiger Überzeugung, daß dieses nur durch ein gerüttelt Maß an Arbeit zu erreichen und nicht in Form von Spaziergängen durch den eindrucksvollen "Garten des Menschlichen" (*C.F.v.Weizsäcker*) zu gewinnen ist.

So wie es dem einzelnen Menschen gut tut, alle Dimensionen seiner Persönlichkeit zu entwickeln und zu leben, ist es auch für ein Gemeinwesen und für die Gesellschaft schlechthin notwendig und bedeutsam zugleich, alle ihre Kräfte und Möglichkeiten zu nutzen und zu entfalten - allein um ihrer Mitmenschlichkeit und ihres kulturellen Anspruchs willen.

Fast an jedem größeren Ort und nahezu in jeder Stadt der Bundesrepublik Deutschland gibt es heute eine Schule für Geistigbehinderte. Nicht selten aber leben diese Schulen ein durch nichts zu rechtfertigendes Schattendasein - als "soziale Einrichtung" hoch geschätzt und unterstützt, in ihrer tatsächlichen Wirkkraft kaum erkannt und auch nicht gefordert oder beansprucht, gerne an den Rand gedrängt. Legen wir die vorausgegangenen Gedanken zu den drei Formen menschlicher Kultur zugrunde, stehen Schulen für Geistigbehinderte als "Orte leiblich-sinnlicher Kultur" gleichberechtigt und vor allem gleichermaßen bedeutsam neben Gymnasien, Hochschulen oder Universitäten - uns eher geläufig als "Orte schriftlicher Kultur".

Um ein verändertes Bewußtsein diesbzgl. in der Öffentlichkeit wie bei Funktionsträgern zu erreichen, wäre nicht nur eine umfänglichere Öffentlichkeitsarbeit, sondern eine andere Selbstdarstellung der schulischen Arbeit mit geistigbehinderten SchülerInnen in der Öffentlichkeit vonnöten. Das Bewußtsein Außenstehender müßte sich dringend lösen von doch sehr tief sitzenden Vorstellungen, die Schule für Geistigbehinderte - an sich eine Schule des LEBENS - nehme sich hingebungsvoll armer, bedauernswerter Kinder und Jugendlicher an, und in der Folge davon: Schule für Geistigbehinderte hat es vorrangig mit purer Not und vor allem mit Mühe zu tun. Zudem hat die Heil- und Sonderpädagogik durch ihre im Verstehen gründende und auf Wertschätzung zielende Arbeit ohne Ansehen von Person und Leistung einen merkwürdig grauen, dämpfenden Schleier über alles gelegt. Vitalität, Lebensfreude und Frische haben es immer schwerer, sich noch zu Wort zu melden, nach außen zu dringen und überzeugend tatsächlich Erlebtes auszustrahlen. Müdigkeit ist individuell vorstellbar, vom ursprünglichen Auftrag her jedoch nur schwer verständlich.

Ich weiß keine Arbeit - richtig verstanden - und demzufolge auch keine gesellschaftlich geschaffene und bejahte Institution, die ähnlich fundamentale Bedeutung für das Gesamtwohl *aller* Bürger einer Gesellschaft hat als die Erziehung und Bildung geistigbehinderter Kinder und Jugendlicher bzw. als die Schule für Geistigbehinderte. Sie vermag leibhaft-konkret und durch Tun überzeugend verlorengegangene Sinnlichkeit zurückzuholen und Leiblichkeit zu aktivieren - über alle Barrieren verinnerlichter Werte, Normen und Einstellungen hinweg.

Die zukünftige Entwicklung der Gesellschaft steht mit dem Bestand und dem Selbstverständnis der Schule für Geistigbehinderte in einem bislang kaum gesehenen, sich gegenseitig bedingenden Zusammenhang.

Der dringend notwendige nächste Schritt hin zu didaktisch-methodischen Implikationen für den konkreten Unterrichts- und Erziehungsalltag muß zusätzlich und baldmöglichst Anliegen und Folge solchen Bemühens sein. Erst dann vermag dieser Ansatz, die *Binnenstruktur* von Erziehung und Bildung geistigbehinderter Menschen neu zu beleben und an Glaubwürdigkeit wie an Überzeugungskraft zu gewinnen, Müdigkeiten wegzunehmen und neue Bedeutsamkeiten in dem gemeinten Sinne erkennen zu lassen.

Literatur

Biller, K.H.: Pädagogische Kasuistik. Baltmannsweiler 1988

Fichtner, B.: Lerninhalte in Bildungstheorie und Unterrichtspraxis. Köln 1980

Fischer, D.: Leben in einer Institution. 100 Jahre WITTEKINDSHOF. Festschrift Wittekindshof. Bad Oeynhausen 1987

ders.: Der sich bewegende Mensch - ein bewegter Mensch. Zur Position von Bewegung und Körperlichkeit in der Arbeit mit geistigbehinderten Schülern. Steinfurt 1988

Gadamer, H.G.: Wahrheit und Methode. Tübingen 1960

ders.: Ein Leben mit der Philosophie. Interview bzw. Film im ZDF. 27.3.1988

Häussler, M.: Das Problem des Nicht-Könnens in der Sonderpädagogik. Wiss. Hausarbeit, Würzburg 1988 (unveröffentlicht)

Popper, K.R.: Auf der Suche nach einer besseren Welt. München ^{2}1987

Popper, K.R./Eccles, J.C.: Das Ich und sein Gehirn. München ^{6}1987

Weinreb, Fr.: Leiblichkeit. Weil i.A. 1987

Werkbund Bayern: Der Mensch ohne Hand. Oder die Zerstörung der menschlichen Ganzheit. München 1979

Zerfass, R.: Menschliche Seelsorge. Freiburg i.Br. 1984

Geistig Behinderte - Menschen "zweiter Klasse"?
Anmerkungen zu ihrer gesellschaftlichen Situation, ihrer Erziehung und Bildung heute

(1991)

> Wer den Menschen denken will,
> muß groß von ihm denken.
>
> *W. Portmann*

Vorbemerkung

Die Antwort auf das gestellte Thema scheint nur auf den ersten Blick leicht bzw. einfach zu sein.

Was böte sich mehr an, als einen Abgesang auf die menschenfeindliche, stigmatisierende Gesellschaft anzustimmen, die nicht nur geistig behinderte Menschen ausgrenzt, sondern alle jene, die nicht dem Durchschnitt bürgerlicher Erwartungen entsprechen.

Gleichzeitig läge nahe, die Integration in schulischer, gesellschaftlicher und beruflicher Hinsicht als Mittel gegen jede Form von Aussonderung zu empfehlen und damit ein mögliches Zwei-Klassen-Dasein endgültig zu beenden.

Ich mißtraue jedoch einseitigen Anschuldigungen ebenso wie auch naiv anmutenden Lösungen, weil sie Gefahr laufen, komplexe Wirklichkeit sträflich zu vereinfachen, ihre Wirksamkeit moralisch zu begründen und ihren Geltungsanspruch ideologisch zu überhöhen. Die Aufgabe der Pädagogik ist es - allen weiteren Überlegungen vorweg -, das Klassen-Denken unter Menschen grundsätzlich zu problematisieren und es auch anthropologisch kritisch zu hinterfragen. Erst dann überzeugen mögliche Vorschläge bzgl. gesellschaftlicher Veränderungen oder notwendiger Um-Orientierung im Rahmen von Erziehung, Bildung, Pflege und auch Therapie.

Aus diesem Grund erscheint es angezeigt, in Schritten vorzugehen:

(1) aspekthaft die gesellschaftliche Situation geistigbehinderter Menschen und deren Gewordensein zu skizzieren,

(2) nach den Aktivitäten der Sonderpädagogik bzgl. der Emanzipation geistigbehinderter Menschen zu fragen und ermittelte Tatbestände kritisch zu analysieren,

(3) erneut Funktion und Aufgabe von Erziehung und Bildung im Hinblick auf geistigbehinderte Menschen zu problematisieren, zu erhellen und inhaltlich zu füllen und

(4) nach didaktisch-methodischen Realisierungsmöglichkeiten von Erziehung und Bildung - besonders im Rahmen von Schule - Ausschau zu halten.

Zum Thema selbst

Der italienische Renaissance-Philosoph Picco de la Mirandola hat 1458 eine Rede über die Menschenwürde verfaßt, in der er seine Zuhörer mit einer zusätzlichen Variante der ehrwürdigen Schöpfungsgeschichte überraschte (vgl. Böhm 1991).

Als Gott den Menschen schuf, mußte er feststellen, daß er alle Gaben und alle Orte bereits vergeben hatte; so blieb dem Menschen demnach nichts anderes übrig, als sich und seine Fähigkeiten selbst zu entfalten, d.h. sich zu bilden, und sich einen Platz in dieser Welt zu suchen, d.h. sich zu (be)gründen. Damit beginnt das Schicksal des Menschen - für den einen als Chance, für den anderen als Zumutung, für Geistigbehinderte oft ein Drama. Ihr Leben und Über-Leben als eine Geschichte permanenter Gefährdung, Verunsicherung und Bedrohung ist gleichzeitig auch die unserige mit ihnen - eine Geschichte der Begleitung, Betreuung und Fürsorge zum einen und die des Übersehens, Aussonderns und Vernichtens zum anderen.

Beide Lebenslinien stehen bis heute unentschieden im Kampf. Der Ausgang ist schwer vorherzusagen. Errungene Siege garantieren noch keinen Freiraum auf Dauer; und verweigerte Lebensräume verhindern dennoch nicht Schritte ins Leben. Sich zu *bilden* und sich zu *gründen* sind Aufgaben von existentieller Bedeutung. In sie sind alle eingebunden - unabhängig von den Lebensbedingungen, unter denen sie leben. Aus dieser Tatsache läßt sich letztlich jene Solidarität ableiten, die auch R. Kunze in seinem Gedicht mit dem Taubstummen "Gern setze ich mich" beschreibt. Übernommene und zugestandene Autonomie machen Helfen nicht überflüssig, aber sie erzwingen eine neue Qualität. Dies schlägt sich danach in eine modifizierte Bedeutung von Erziehung und Bildung für alle unverkennbar nieder.

1. Zur gesellschaftlichen Situation geistigbehinderter Menschen

Das erlebbare Heute ist ohne das Gestern so nicht möglich, und das Entwickeln von Perspektiven ohne einen wertschätzenden wie auch kritischen Blick in die Vergangenheit wird nicht überzeugend gelingen. Das Gestern ist nie als ein in sich geschlossenes oder gar abgeschlossenes Ereignis zu betrachten. Unbearbeitete Konflikte entfalten auch zukünftig ihre meist nicht vermutete Wirksamkeit. Die Geschichte der geistigbehinderten Menschen repräsentiert immer auch die Geschichte der sie umgebenden Gesellschaft samt den sie bestimmenden Wertvorstellungen und Aktivitäten, ihrem Vermögen und Versäumen, ihrer Kraft und ihrer Schuld. Im letzten Jahr (1990) häuften sich die Gedenkfeiern zum 50. Jahrestag der auf den Höhepunkt gekommenen Vernichtungsaktion T 4 mit all ihren verheerenden Auswirkungen und grauenvollen Wirklichkeiten. Sie sollten uns heute noch hindern, einfach zur Tagesordnung überzugehen.

Erschreckt hat nicht allein der durch nichts zu rechtfertigende Tod unzähliger behinderter, kranker oder randständiger Menschen, sondern auch die Tatsache, daß hier Menschen aus der Gesellschaft entfernt und schließlich getötet wurden, die keiner richtig kannte, und sich auch kaum jemand der Mühe unterzog, sie und ihre Botschaft wirklich kennenlernen zu wollen.

Es scheint, als haben diese vielen Menschen umsonst gelebt und vergeblich ihr grauenvolles Schicksal durchlitten. Die in unserer Zeit wieder aufflammende Diskussion um *Euthanasie* mag in ihren radikalsten Konsequenzen eingedämmt erscheinen oder auch nur auf der Öffentlichkeit entzogene Nebenschauplätze abzuwandern; ob wir allerdings mit dem Phänomen der *Entfremdung* und *Entfernung* zwischen unterschiedlich begabten, aussehenden und erlebenden bzw. lebenden Menschen inzwischen besser umgehen können als damals, scheint eine der heute zentralen Fragen zu sein.

Ohne diese notwendige innere wie äußere Arbeit der Auseinandersetzung damit gelingt weder ein (Sich-)Bilden noch ein Sich-Gründen.

So ist wohl primär nicht entscheidend, in welch einer 'Klasse' ein Mensch lebt bzw. in welcher gesellschaftlich gehandelten Werkskala er rangiert; ausschlaggebend bleibt allein, ob er wahrgenommen wird, inwieweit man ihm Wertschätzung entgegenbringt und wer seine Botschaft hinausträgt und diese ernst zu nehmen sich bereit erklärt. Dies alles sind Voraussetzungen für einen anerkannten Platz unter den Menschen, konkret unter den Gliedern einer Gesellschaft oder einer Gruppe.

Über Jahrhunderte hinweg waren geistigbehinderte Menschen "undesired people" - unerwünschte Leute. Selbst das "tätige Christentum" entdeckt sie reichlich spät, um sie vom Los des Jahrmarkt-Krüppels, des Dorf-Deppen oder ihres Versteckt- bzw. Verachtet-Seins zu befreien.

Wenn die Mittel christlicher Nächstenliebe vorwiegend Mildtätigkeit oder Barmherzigkeit waren, so gründeten sie doch im Gebot Christi, herkömmliche Ordnungen zwischen den Menschen auf den Kopf zu stellen. "Die Letzten sollen die Ersten sein ..." (vgl. Mt. 19, 30).

Kleider und Nahrung, körperlicher Schutz und ein Zuhause und sie, diese Verachteten als Schwestern und Brüder anzusprechen, waren die ersten Wohltaten, die man geistigbehinderten Menschen entgegenbrachte. Trotzdem wuchsen sie kaum über den relativ fest umschriebenen Status von Pfleglingen hinaus. Nicht nur deshalb geriet diakonisch oder caritativ motiviertes Handeln in Verruf und erntete mehr Mißkredit, als die damals Tätigen je verstehen würden. Man löste die betroffenen Menschen aus ihrer Herkunftsfamilie und bildete mit ihnen eigene Gemeinden (= Anstalten). In der Versorgung und Pflege sah man die Hauptaufgabe und vollbrachte hierin auch die Haupt-Leistung. Sich-Bilden und Sich-Gründen, Lehren und Fördern waren nicht durchgängig gefragt, wenn auch von einzelnen Pfarrern, Lehrern und Ärzten immer wieder versucht.

Die *heutige* Behinderten-Arbeit profitiert von den Erkenntnissen und Techniken eines erfolgsorientierten Managements. Ein flächendeckendes Betreuungs-System samt einer Vielzahl von Gesetzen und Verordnungen übersieht kaum noch einen behinderten Menschen und spürt selbst die verstecktesten und verborgendsten unter ihnen auf. Aktuelle Zielvorstellungen - behinderten Menschen mehr Autonomie zuzugestehen, auch sie darauf vorzubereiten und die Selbstverwirklichung nicht nur für die nichtbehinderten Mitglieder einer Gesellschaft vorzusehen - können nur aufgrund voraus erbrachter Anstrengungen zum Erfolg geführt werden.

Trotz dieser wertschätzenden und Anerkennung zollenden Feststellung fühlen sich viele bislang im Dienst stehenden Mitarbeiter und Helfer von diesen neuen Zielsetzungen belastet, verunsichert und verletzt.

Solche Herausforderungen für sich als Aufgabe anzunehmen, können wohl nur jene, die darin auch Anstöße für positive Entwicklungen erkennen und einen neuen Sinngehalt sehen lernen. Anhand nachfolgender *drei* Veränderungen läßt sich die augenblickliche Situation geistig behinderter Menschen recht gut verdeutlichen; zusätzlich wollen wir wenigstens in Ansätzen die Aufgaben herausarbeiten, die in der Folge davon zur Bewältigung und Gestaltung anstehen. Nach meiner Einschätzung beschäftigen uns augenblicklich folgende Veränderungen wie auch Entwicklungen, die jeweils getrennt voneinander zu betrachten sind, wenngleich sie alle miteinander in Verbindung stehen.

Ihr Grundmotiv ist: Helfen ist nicht mehr gleich Helfen. Dies konkretisiert sich u.a. in folgenden Entwicklungen:

(a) Aus einem ehemaligen *Gesinnungsberuf* wurde mehr und mehr ein *Kommunikationsberuf* - wollte man die professionelle Form von Begleitung, Betreuung oder Förderung charakterisieren.

(b) Aus der ursprünglich beabsichtigten *Liebestätigkeit* entwickelte sich *professionelles sonder- bzw. heilpädagogisches Handeln*.

(c) Aus der *persönlich gestalteten Zuwendung* zum einzelnen wurde ein systematisch arbeitendes bzw. *systemisches Vorgehen* bezogen auf die Gruppe.

Diese drei Aspekte sollen nachfolgend durch einige Anmerkungen aufgefaltet und, wo möglich, auch begründet werden.

Zu (a) Gesinnungsberuf versus Kommunikationsberuf

Gesinnungen geben Denk-, Entscheidungs- und Handlungsrichtungen vor. Sind sie selbst gewählt, garantieren sie eine gewisse Lebendigkeit; werden sie als Ideale übernommen, bewahrheitet sich die Festellung L. MARCUSEs (1981, 79): "Ideale sind ererbte Diktate".

Erfolgt helferisches Tun auf der Basis einer Gesinnung, steht diese im Mittelpunkt und nicht der Mensch, an dem sie geschieht. Ihre Erfüllung ist gleichsam das Ziel.
   Eine *Gesinnung* schützt beide Partner eines Kommunikationsprozesses. Beide sind auf jenen Bezugspunkt außerhalb des konkreten Geschehens, der helferischen Beziehung und ihres wie auch immer gestalteten Zusammenhandelns verwiesen. Dies entlastet und beauftragt; es ermutigt und treibt an.
   Persönliche Bedürfnisse und Interessen sind diesem Verpflichtetsein nachgeordnet. *Gesinnungen* sortieren die Fragen wie die Antworten, das Bitten wie das Geben, das Erlauben wie das Verbieten, das Denken wie das Handeln. *Gesinnungen* aber legen auch einen schützenden Mantel um jene, die sich in ihnen bergen. **Liebe** zu üben bzw. Liebe zu empfangen, mögen dafür als Beispiel stehen.
   Wer heute *ohne* einbindende oder verpflichtende *Gesinnung* (im Sinne einer allgemein gültigen Moral) arbeitet, lebt und liebt, findet sich in all seinem Tun und Lassen 'pur' vor. Er selbst muß sein Vorgehen regeln und eigene Orientierungen entwerfen. Das erbringt Freiräume für den einzelnen, fordert aber gleichzeitig eine nicht unbedeutende innere Arbeit. Die Chance zur persönlichen Freiheit weist gleichzeitig den Weg der Toleranz gegenüber anderen, die ebenfalls ihre Wege gefunden haben und diese auch gehen. Ein so organisiertes und entworfenes Arbeiten stiftet an zur Reflexion und erlaubt eine sich immer wieder neu gestaltende Evaluation.

Jeder wird in seinem Part wichtig; auf ihn kommt es entscheidend an, ohne gleichzeitig ein verläßliches Maß für die eigenen Entscheidungen zu wissen. Das angestrebte Gut-Sein gründet in einem individuell gestalteten Für-Gut-Halten. Die aufgerichteten Grenzen sind nicht objektivierbar und für die Betroffenen kaum zu durchschauen. Trotz der Möglichkeit zur eigenen Entscheidung ist eine persönliche Überforderung bis hin zur Erschöpfung vorprogrammiert.
   Gesinnungen fordern zwar, aber sie belohnen auch - selbst dann, wenn sie ihre Beauftragten nicht freigeben. In *Kommunikationsberufen* werden fehlende Belohnungen durch erreichte Erfolge ersetzt. Der behinderte Mensch gerät in den Zugzwang von Leistung bzw. Erwartung und verliert gleichzeitig die früher in Aussicht stehende ideelle Überhöhung. Der Weg zur "1. Klasse" aufgrund mitmenschlicher Kommunikation erscheint näher; letztlich aber ist er weiter, unwägbarer und schwieriger denn je zuvor.
   Die *Gesinnung* hat nur zu einem gewissen Teil den Menschen Halt gegeben, wie auch die Kommunikation, konkret die Beziehung zwischen Menschen nur bedingt jene erwünschte oder beabsichtigte Freiheit zu bringen vermag. Das Ausüben einer *Gesinnung* rangierte die Bildung gerne an nachgeordneter Stelle und verkürzte gleichzeitig den Weg zum Sich-Gründen in dieser Welt. Sie selbst bot sich als Boden zum Einwurzeln dafür an.
   Die sich daraus ergebende Benachteiligung und die fast immer mit einhergehende gesellschaftliche Isolation wurde zu einem Teil wenigstens durch die Zugehörigkeit zur Gemeinschaft der Gleich-Gesonnenen - wenn schon nicht aufgehoben, so doch zu einem guten Teil - ausgeglichen.

Zu (b) Liebestätigkeit versus professionellem Handeln

Christlich motivierte Fürsorge im Hinblick auf geistigbehinderte Menschen war im Gebot der Nächstenliebe begründet. Noch in den sechziger Jahren mußte ich mich als junger Sonderschullehrer mit Diakonissen auseinandersetzen, die ihre nervenaufreibende Tätigkeit der Pflege von "Schwachsinnigen" auf viel zu großen Stationen, unter heute unmenschlich anmutenden räumlichen wie auch materiellen Bedingungen und bei einem Minimum an persönlichem Freiraum als Schwestern - und später dann auch Brüder - aus *Liebe* taten. Ich selbst hatte - als frisch ausgebildeter Lehrer - *Lernen* und damit Professionalität im Kopf.

Bruno Bettelheim lehrte uns: "Liebe allein genügt nicht!". Wir müssen aufgrund unserer inzwischen gewonnenen Erfahrungen antworten: "Professionalität allein genügt ebenfalls nicht!"

Für das Auftreten von burn-out-Symptomen kann man nur bedingt Konzepte verantwortlich machen. Rückschauend allerdings erlebe ich die Schwestern und Brüder damals weniger belastet, erschöpft oder gar ausgebrannt - von Ausnahmen abgesehen - als uns Pädagogen heute. Dabei haben wir heute nahezu alle Möglichkeiten der Aus- und Fortbildung, der Beratung und der Supervision.

Liebe - sicherlich nicht nur ein altmodisches Wort - hat sich heute zum *Helfen* emanzipiert. Doch auch Helfen kann man spätestens seit W. SCHMIDBAUERs schockierenden Veröffentlichungen nicht mehr genießen. Eindrücklich, fast zwingend hat er uns die Fallstricke des Helfer-Syndroms vorgeführt und nur wenige von uns ohne Narben zurückgelassen.

Liebe versöhnt, sie bindet ein und begründet Beziehungsverhältnisse in ihrer Tiefe. Sie regelt aber nicht die Art und Weise des Vorgehens und verzichtet auf die Vorgabe strukturierender Schritte. Ist sie christlich motiviert, verweist sie darüber hinaus auf Gott als den Geber aller Gaben und dem Inbegriff von Liebe schlechthin.

Professionalität gründet in der Bedürftigkeit der einzelnen Klienten, Schüler, Patienten etc., wenn auch das Wort selbst (professio) mit Bekenntnis zu tun hat (vgl. FISCHER 1988 b). Letztlich aber will sie Verbesserung, Ertüchtigung und Fortschritt. Selbststand und Unabhängigkeit sind ihre werthaften Ziele, Lernen ihr Anspruch und Weg. Man sucht dafür die notwendige Nähe zum Lernenden, um sie anschließend sehr schnell wieder aufzugeben. Das Erleben des Adressaten diesbzgl. spielt eine nachgeordnete Rolle. Selbständigsein wird dabei als Gegengewicht zur Behinderung gesehen. Diese begrenzt, macht abhängig und führt zur Un-Selbständigkeit.

Behindert darf im gesellschaftlichen Kontext ein Mensch noch sein, wenn er sich nur einigermaßen selbständig zeigt und niemanden und nichts über die Maßen in Anspruch nimmt. Nun ist Selbststand letztlich Folge von Sich-Bilden und Sich-Gründen und damit nur bedingt abhängig von nachweisbaren und zusätzlich anerkannten Leistungen. Nicht *Qualifikationen* bedingen ihn, sondern erfahrene und erworbene *Qualitäten* - die eigene Person wie auch die Welt betreffend. Der für sich realisierende eigene Wert, das persönlich zu erlebende Bezogensein und erfahrbare Wertschätzung gelten daher als Eckpfeiler einer *sonderpädagogisch* erfolgreichen wie auch menschendienlichen Behinderten-Arbeit.

Zu (c) Persönliche Zuwendung versus systematischer Versorgung

Unsere Vorfahren im Dienst behinderter Menschen wußten, daß man die Kraft der persönlichen Zuwendung nicht mengenmäßig vervielfachen und auch nicht nach dem Gießkannen-Prinzip verteilt über das ganze Land ausbreiten kann. Nichts würde am Ende mehr wachsen, wenngleich alles versorgt schiene.

Wir wissen heute, daß unsere *soziale* Energie mit zum Kostbarsten gehört, was Menschen in sozialen Berufen benötigen bzw. besitzen. Aus ihr leben besonders jene Berufe, deren Arbeit in Kommunikation gründet und damit von der Beziehung lebt.

Viele von uns kennen die angewachsenen Belastungen von sich selbst - wer sie auch verursacht haben mag: die Aus-, Um- oder Über-Siedler, die Asylanten, die Appelle bzgl. AIDS-Betroffenen, persönliche Erlebnisse in der eigenen Familie oder im Freundeskreis, berufliche die Kollegen, die Klienten, die Schüler, deren Eltern betreffend. Alle rechnen mit Wahrgenommen-Werden, Verstehen, Zuwendung und wirksamer Hilfe. Doch dies ist zweifellos nicht nur eine Frage des Wollens, sondern allem voran Ergebnis des Vorhandenseins und Fließens jener inneren Kraft.

Soll möglichst vielen geholfen werden, kann niemand auf systematisches Vorgehen verzichten. Es schafft überprüfbare und gleichzeitig einklagbare Gerechtigkeit; aber es erübrigt nicht, was Gustav *Werner* (Gründer der Gustav-Werner-Stiftung, Reutlingen), Friedrich *v. Bodelschwingh* (Bethel), Regens *Wagner* (Dillingen/Donau), Johannes *Wichern* (Hamburg) oder Friedrich *Löhe* (Neuendettelsau), vor allem aber auch Joh. Heinrich *Pestalozzi* uns vorlebten - die ganz persönliche, auf individueller Entscheidung beruhende Hinwendung und *Hingabe an den einzelnen* kranken, behinderten oder sonst wie hilfsbedürftigen Menschen.

Genau aber das wollen und können viele in unserer Gesellschaft nicht mehr erbringen. Sie rufen dafür nach öffentlicher, anonymer Hilfe - wohl wissend, daß man sich so einfach doch nicht aus der Mitverantwortung für das Du im Rahmen des Wir befreien kann. Allerdings sind auch Vorbilder seltener geworden; und die alle einbindende gemeinsame Gesinnung ist uns abhanden gekommen. Die Beauftragung zum Dienst an meinem Bruder, an meiner Schwester trägt für uns fast schon geschichtlich vergangene Dimensionen.

Nicht vergessen seien im Zusammenhang mit diesen kritischen Anmerkungen die vielen Väter und Mütter, die Geschwister und sonstigen Mitglieder der Familien behinderter Menschen. Welch aufopferungsvolle Zuwendung wird hier täglich, meist im Stillen und im Verborgenen erbracht! Aber auch den jungen Mitarbeitern, den Helfern, den Praktikanten, den Zivildienstleistenden gebührt Anerkennung und Respekt. Wir erleben durch sie Hingabe und Zärtlichkeit, Zuneigung und engagiertes, kämpferisches Einstehen für selbstverständliches Lebensrecht behinderter Menschen mitten unter uns. Durch ihr Tun ist in unserer Gesellschaft ein verändertes Klima entstanden. Es scheint sich tatsächlich so etwas wie eine neue "Kultur der Barmherzigkeit" herauszubilden, auch wenn wir immer noch mit Sorge nach dem längerfristigen Druchhalten und Durchtragen Ausschau halten und fragen.

Freiwilligkeit des Dienstes und Bereitschaft zum Opfer sind nicht einklagbar. Sie würden ihre ureigenste Kraft verlieren. Genau aber das benötigen wir - eine lebendige, frei fließende und weder durch Moral beurteilte, noch durch ethische Appelle aufgeheizte soziale Energie und innere Kraft. Der davon berührte, begleitete - vielleicht sogar getragene behinderte Mensch lebt wie in einem Spiegel von unseren inneren wie äußeren Möglichkeiten.

Seine Position hat sich insofern gefestigt, als ihm Pflichten und Rechte, Rollen und Gesetze, Lebensorte und Bildungseinrichtungen zugesprochen wurden und diese sich in erstaunlicher Unterschiedlichkeit und Farbigkeit realisieren ließen. Der 1. Klasse-Status allerdings wurde damit nicht erreicht - Zweitklassigkeit aber dennoch überwunden.

2. Die Rolle der Pädagogik im Prozeß der Emanzipation

Was aber hat die *Pädagogik* selbst zur Verbesserung der inneren wie äußeren Situation (geistig)behinderter Menschen beigetragen?

Nach meinen Beobachtungen sind zwei gegensätzliche Bewegungen auszumachen. Auf der einen Seite werden wir nicht fertig, Kritik an dem zu üben, was war und wie man früher - aus unserer heutigen Sicht - mit geistigbehinderten Menschen umgegangen ist; wir erinnern dabei an große Anstalten, an die Schlafsäle ohne jeglichen persönlichen Raum, an entmündigende Pflege und an die fast immer fehlende Förderung und (Aus)Bildung; auf der anderen Seite müssen wir eingestehen, daß die Pädagogik insgesamt lange Zeit überhaupt nicht - und wenn, dann nur vereinzelt - von Menschen Notiz nahm, die wir heute als geistig behindert bezeichnen, sie also ohne Erziehung und Bildung sich selbst überließ oder jenen Wohltätern, die wir heute kritisieren. Erklären läßt sich diese Abstinenz nicht ohne Mühe. Man könnte schlicht sagen: die Pädagogik war in ihrer Konkretisierung von Erziehung, Bildung und Unterricht noch nicht soweit, auch mit Kindern und Jugendlichen umzugehen, die unter den Bedingungen einer geistigen Behinderung sich entwickelten und zu leben hatten.

Dieses Argument wirbt um Verständnis und hofft gleichzeitig, die meist unsachliche Kritik an vorausgegangenen Bemühungen um diesen ausgeschlossenen Personenkreis endlich zum Verstummen zu bringen.

Zu leicht vergessen wir, daß unsere Arbeit heute auf der unserer Vorfahren aufbaut und wir sie nur auf diesem Fundament weiterentwickeln können. Die verschiedenen Ansätze im Umgang mit behinderten Menschen, d.h. die Wahrnehmung der Personengruppe, ihre Befürsorgung und Begleitung, ihre Förderung und Erziehung, weisen auf die Schwierigkeiten der Pädagogik insgesamt hin, Menschen in ihrer gesamten Befindlichkeit zu verstehen, sie in allen ihren Facetten wahrzunehmen, sie in all ihren Potentialen zu fördern und für sie ein umfassendes Erziehungs- und Bildungskonzept vorzulegen.

Uns gelingen selten mehr als Teilaspekte, begrenzte Ausblicke, eingeschränkte Zugangsweisen und vereinzelte Hilfeleistungen. Die Betonung der einen Sichtweise schließt meist eine andere aus. Erinnerungen an große Pädagogen wie J.J. *Rousseau*, F. *Fröbel*, Maria *Montessori*, H. *Nohl* oder A. *Petzelt* bestätigen diese Tatsache eindrucksvoll.

Den Menschen zu erziehen, ist wichtig, gleichzeitig müssen wir ihn der Natur überlassen, wenn allein der Körper seinen Tribut einfordert (L. *Marcuse*: Der Körper als Leibgefängnis - eine Zelle von Fleisch; 1981, 51 ff); wir fördern die Selbstverwirklichung des einzelnen Menschen, gleichzeitig wird er sich Autoritäten unterstellen müssen und auch seinem Geschick (*Gadamer* 1991).

Die Betonung von Detailaspekten beruht selten auf Überlegungen und sachlogischen Entscheidungen; vielmehr diktiert die Machbarkeit, also die Methodisierung letztlich den Weg und damit auch das Ziel.

Die meisten von uns werden für Bildung auch von geistigbehinderten Menschen plädieren; der konkrete Versuch jedoch reduziert dieses große Vorhaben oft auf die kleine Münze der Förderung wie auch der Therapie.

Nach den langen Zeiten umfassender Zuwendung in Form von Herauslösung aus dem sozialen Kontext und liebevoller Pflege ereignete sich ein in seiner Wirkung kaum abschätzbarer Einbruch in das Lebensfeld geistigbehinderter Menschen durch die Entdeckung des Lernens bzw. *Lern*begriffs für die Sonderpädagogik. Seine Übertragung und Anwendung auf die konkreten Situationen des zu lebenden (Pflege)Alltags und das sich in diesem Zusammenhang entwickelnde Konzept der lerntheoretischen Didaktik - häufig apostrophiert als "Berliner Schule" - eröffneten Zugänge in bislang verschlossenes Terrain.

Das Konzept der Bildung im Sinne von Wolfgang *Klafki* hat geistigbehinderten Menschen kaum eine Chance des Sich-Bildens geboten. Menschen unter den Lebensbedingungen des "Schwachsinns" oder gar der "Idiotie", um Bezeichnungen aus jener Zeit aufzugreifen, hatten andere Bedürfnisse und wurden von anderen Notwendigkeiten bewegt, als sich Grundeinsichten, Grundhaltungen und Grundverständnisse bezüglich unserer Welt anzueignen und "originäre Auseinandersetzungen zwischen sich und der Welt" aufzunehmen, zu gestalten und zu bestehen. Weder die von *Klafki* eingeforderten Bildungsvoraussetzungen waren genau genug beschrieben, noch die Befindlichkeiten und Lebensbedingungen geistigbehinderter Menschen exakt genug erforscht und die gekannten kaum berücksichtigt. So schlossen sich beide Systeme - nahezu schicksalhaft - gegenseitig aus.

Umso erstaunlicher, mit welcher Sensibilität und welchem Einfühlungsvermögen R.M. *Rilke* den "Idioten" als Nicht-Fachmann zu beschreiben wußte:

DAS LIED DES IDIOTEN

Sie hindern mich nicht. Sie lassen mich gehn.
Sie sagen es könne nichts geschehn.
Wie gut.
Es kann nichts geschehen. Alles kommt und kreist
immerfort um den heiligen Geist,
um den heiligen Geist (du weißt) -,
wie gut.

Nein man muß wirklich nicht meinen es sei
irgendeine Gefahr dabei.

Das ist freilich das Blut.
Das Blut ist das Schwerste. Das Blut ist schwer.

Manchmal glaub ich, ich kann nicht mehr -.
(Wie gut).

Ah was ist das für ein schöner Ball;
rot und rund wie ein Überall.
Gut, daß ihr ihn schuft.
Ob er wohl kommt, wenn man ihn ruft?

Wie sich das alles seltsam benimmt,
ineinandertreibt, auseinanderschwimmt:
freundlich, ein wenig unbestimmt.

Wie gut.

Rainer Maria Rilke

Genauere Kenntnisse des Lernprozesses, dessen Hierarchisierung im Insgesamt aller Lernziele und deren Befreiung aus einer normativen Klammer erst bahnten den Weg zum Menschen und Wege für Menschen mit einer geistigen Behinderung.

So lernten diese plötzlich unter der neuen Prämisse des Lernens Schuhebinden, sich die Nase zu putzen, auch einfache Bilder anzuschauen oder Türme zu bauen - jenseits aller großen Bildungstheorien und Erziehungsutopien. Das schwache Pflänzchen der Emanzipation geistigbehinderter Menschen begann zu wachsen. So sehr ich damals als junger Sonderschullehrer eine Hilfe in der Möglichkeit des Lernens erkannte, Zugang zu den meist noch ungeförderten, hospitalisierten Kindern und Jugendlichen zu finden hoffte, so hing ich selbst doch noch in der Tradition des Bildungs-Denkens und konnte mich aus deren normativen Ansprüchen innerlich nur langsam befreien.

Dementsprechend versuchte ich z. B. meine geistigbehinderten Schüler zur Einsicht zu führen, warum die Bodenplatte unseres selbstgebauten Vogelhäuschens Randleisten benötigt, versäumte aber dabei das ihnen viel Näherliegende, nämlich den Spaß und das Erlebnis zu erlauben, Vogelfutter zu streuen,

Sonnenblumen genüßlich durch die Hände rieseln zu lassen, einzelne Kerne wie die Vögel selbst (mit dem Pinzettengriff) aufzupicken, Säcke mit Tier- und Vogelfutter schleppen zu lernen oder ihnen Nagel und Hammer in die Hand zu geben und ihnen so die Tätigkeit des Nagelns zu lehren.

Lernen in dieser basalen und elementaren Form knüpft an den ersten Lebensäußerungen eines Menschen an und begleitet ihn bis zum Ende seiner Tage. Dies bedingen die sich ständig wandelnden Lebenssituationen, denen sich auch geistigbehinderte Menschen nicht entziehen können, ohne dafür eine zusätzliche anthropologische Begründung zu bemühen.

Lernen eröffnet Wege in eine voraus, besonders von Geistigbehinderten nicht gekannte und erfahrene Weite; es macht das Vorgehen ihrer Begleiter und Förderer transparent und für diese das angestrebte Ergebnis planbar, nicht selten sogar vorhersagbar. Wer etwas kann, tut sich im Leben leichter; er erlebt Wertschätzung und wird - verfügbarer.

Lernen entpuppte sich bald als Konkurrenz zur Liebe - für viele der so engagierten Pfleger und Pflegerinnen fast eine Kränkung. Dabei hatten sie oft Lernen praktiziert, ohne es "offiziell" zu wissen, es als solches wahrzunehmen oder gar gezielt einzusetzen.

Wenn eine Schwester ihre "schwachsinnigen" Männer anhielt, Verse aus dem Vater-Unser zu memorieren oder sie veranlaßte, auf Klopfzeichen hin den Kopf auf die verschränkten Arme zu legen, dann waren das eindeutige Zeichen von Lernen und Bestätigung für vermutetes Lernvermögen selbst bei Menschen mit schwerster geistiger Behinderung.

Warum aber konnte man damals das Lernen noch nicht anders nützen? Fehlten die Inhalte und die Ziele? Erkannte man im Lernen nicht jenen Emanzipationsschub hin zu einer "besseren" gesellschaftlichen Klasse? Oder war dies damals noch gar kein Ziel?
   Heute beschäftigt uns ein eher zwiespältiges Verhältnis zum Lernen.
Auf der einen Seite schätzen wir dessen befreiende Wirkung in Form von Qualifizierungen jeglicher Art; auf der anderen Seite erleben wir einen durch erfolgreiches Lernen bedingten Verlust des Schutzes der Person - durch Einwirkungen und Eingriffe von außen. Wer viel kann und viel versteht, muß sich auch nicht mit den Bedingungen der Welt auseinandersetzen; wer keine Fähigkeiten mit dem Computer erwirbt, wird nicht als Lehrkraft für "informationstechnische Grundbildung" eingesetzt; und den Englisch-Muffel schickt IBM nicht in die Staaten - ihm bleibt z.B. seine schwäbische oder fränkische Heimat unangetastet erhalten.

Was aber läßt sich aus diesen wenigen Bemerkungen für die Arbeit mit geistigbehinderten Menschen bezüglich deren Emanzipation ableiten?
   Lernen gehört sicherlich zu den Momenten, die geistigbehinderten Männern und Frauen den größten Fortschritt im Hinblick auf Lebensbewältigung und Lebensgestaltung erbrachten. Wenn auch die Gesellschaft selbst wenig Notiz von den Veränderungen nahm und in der Folge davon ihren behinderten Mitgliedern auch die gebührende Anerkennung verweigerte, so sind deren Ergebnisse und Erträge nicht zu übersehen. Die Schulen für Geistigbehinderte sind in unseren Städten und Dörfern nicht mehr wegzudenken; die Art und Weise, wie geistigbehinderte Menschen Gottesdienst feiern, muß beeindrucken; und ihr Fleiß, ihre Begeisterung und ihre Produkte im Zusammenhang mit der Wertstatt für Behinderte wecken selbst bei skeptischen Betrachtern Anerkennung und Respekt.
   Lernen als Leistung jedoch isoliert zu betrachten, wäre ungerecht.
Erst bei Berücksichtigung der vorausgegangenen Bemühungen wie auch der täglich neu zu erbringenden Fürsorge und Pflege - sei es durch professionelle wie

auch laienmäßige Helfer oder durch die Angehörigen selbst - ergeben sich ein einigermaßen vertretbares Urteil und ein stimmiges Bild.

Kein Moment für sich allein vermag geistigbehinderte Menschen zu einem Fortschreiten in ihrer persönlichen wie gesellschaftlichen Entwicklung veranlassen. Wir müssen neue Formen der Zusammenarbeit anstreben, um das Leben geistigbehinderter Menschen einem menschenwürdigen "Zustand" zuzuführen. Gleichzeitig gilt es, alle Bemühungen um benachteiligte, schwache oder der Hilfe bedürftige Mitglieder einer Gesellschaft zu würdigen und sie mit wachem Mitdenken und Mitsorgen zu begleiten. Normalisierung und Integration werden weitere Impulse sein auf diesem für beide Partner dornigen Weg. *Lebensqualität* als "neue" Zielvorstellung von einem erfüllten Leben behinderter und benachteiligter Menschen könnte uns vor ideologischen Überhöhungen befreien und die Arbeit an einer "Niveauverbesserung" kreativer und gleichzeitig realistischer werden lassen. Dabei dürfen unsere Vorstellungen vom Leben nicht automatisch zu denen des anderen werden - es sei denn, Bildungsgänge legten eine identische Spur.

Exkurs: Das Fragen nach Lebenswert und Lebensrecht

Dieses Moment gehört wohl zu den dunklen und nur schwer erklärbaren Tatsachen im Leben behinderter Menschen - auch im Zusammenhang mit Heil- und Sonderpädagogik.

Blicken wir nur die letzten 20 Jahre zurück! Wie kaum zuvor haben sich Pädagogen - dank jener Schiene des Lernens - auf die Entwicklung von Lernprogrammen gestürzt, auf die Konstruktion von didaktischen Modellen und auf die Erstellung von Lern- und Arbeitsmitteln - jeweils in der unerschütterlichen Annahme, damit nicht nur das Beste für den bildungsmäßig vernachlässigten Personenkreis geistigbehinderter Menschen zu tun, sondern gleichzeitig deren uneingeschränktes Lebensrecht und deren ebenfalls vermeintlich nicht erklärungsbedürftigen Lebenswert zu dokumentieren.

Umso betroffener, ja erschrockener waren wir, als plötzlich aus der nicht-pädagogischen Ecke - konkret aus den Bereichen der Philosophie - an jenem Pfeiler gerüttelt wurde, an den wir wohl alle zuletzt dachten und für dessen Stabilisierung wir wohl alle auch zu wenig taten - am Begriff der *Person*. Bestürzt nahmen wir die Thesen von Prof. P. Singer zur Kenntnis, der unserem Tätigkeitseifer einen Personenbegriff in Verbindung mit Leistungen entgegenhielt und in direktem Bezug zum Glück des Menschen bzw. zur Glücksmenge der Gesellschaft das Leben vor allem schwer- und schwerstbehinderter in Frage stellte (vgl. Singer 1984).

Das Glück der Gesellschaft sei durch die Anwesenheit jener schwerstbehinderter Menschen ernstlich gefährdet und das Personsein an Bedingungen geknüpft, die möglicherweise sogar Tiere erreichen könnten, nicht aber immer jene so schwerstbehinderten "Kreaturen". Welch ein Einbruch, welch eine Niederlage, welch ein Aufwachen im Kontext unserer Lern- und Fördereuphorie!

Unsere Antworten auf P. Singer sind wohl ähnlich einseitig, überstürzt und nur bedingt wirksam wie das voraus praktizierte Lernen und Fördern. Das wieder entdeckte oder wieder zu entdeckende Menschenbild sollte Hilfe bringen. Ein Menschenbild sollte es sein, das nicht allein die Lernfähigkeit des Menschen preist und nicht nur zu jenem unseligen, einlinearen Handeln im Hinblick auf Veränderung und Leistung aufruft (vgl. Fischer 1989).

Viele Träger von Einrichtungen stellen inzwischen bei ihren Mitarbeitern und Mitarbeiterinnen hinsichtlich eines tragfähigen Menschenbildes einen spürbaren Mangel fest. Zu sehr arbeiten diese aus der persönlichen Beziehung heraus und erschöpfen sich dabei. Ein Menschenbild sollte die Flut neuer Euthanasie-Gedanken abhalten wie das heranschwappende Öl an Italiens Küsten. Parallel zur drohenden ökologischen Katastrophe will man eine mitmenschliche mit unbekanntem, aber doch wohl verheerendem Ausmaß verhindern.

Tatsache ist: Uns fehlen heute übergeordnete, alles einbindende Werte, eine alles bestimmende "Ordnung" (vgl. *Böhm* 1991), eine uns beauftragende und unser Tun ausrichtende Gesinnung. Auf diese hin könnte sich heil- bzw. sonderpädagogisches Handeln konzentrieren, man sich die jeweils notwendige Kraft holen und sich im eigenen Vollzug neu sinnstiftend erleben. Hinter diesem Beklagen verbirgt sich kein heimlicher Wunsch nach Wiederaktivierung restaurativer Wertvorstellungen oder gar nach Einführung oder Durchsetzung ideologisch eingefärbter und damit fast immer indoktrinierender Gesinnungen; vielmehr ist es unser erklärtes Anliegen, herauszuarbeiten und bewußt zu machen, daß ein nur "subjektives Wünschen, Meinen oder Für-Gut-Halten" keine ausreichende Basis weder für das Sich-Gründen noch für das Leben selbst darstellen und auch keine ausreichende Orientierung für die Erziehung wie das Sich-Bilden leisten.

Aber auch ein festgeschriebenes Menschenbild versagt uns seinen Dienst. Es formuliert auf seine Weise "Sackgassen" und verhindert die Erschließung von Freiräumen für den einzelnen Menschen. Da aufgrund unserer pluralistischen Gesellschaft mit ihrer Vielfalt an Lebensvorstellungen, Lebensstilen und kulturellen Traditionen inhaltlich sich nur sehr bedingt allgemein gültige Normen bzw. allgemein verbindliche Werte vorgeben lassen, besteht für den einzelnen umso entschiedener die Aufgabe, nach dem zu fragen, "was geschieht" (= dem Geschick; H.G. *Gadamer*) und auch nach dem, "was sein soll" (= der Ethik; A. *Petzelt*). Das allmähliche Verschwinden jener sinngebenden Mitte und einer verbindlichen, allgemeinen Ordnung im Rahmen von Erziehung und Bildung läßt sich durch einen Blick in die Geschichte der Pädagogik gut zurückverfolgen.

Die sich immer mehr von der christlichen Grundidee befreiende und damit emanzipierende Pädagogik hat dem Menschen neue Freiheit und Freiräume erbracht, ihn zu nicht gekannter Eigenverantwortung aufgerufen, wohl aber ihm auch eine nicht geahnte innere Arbeit angetragen und letztlich zugemutet. V. *Frankl* kennzeichnet dies sinngemäß so: Wenn wir schon die verbindliche Bedeutsamkeit der Zehn Gebote verloren haben, käme es nun darauf an, die 10000 Gebote wahrzunehmen, die in jeder Lebenssituation verschlüsselt sind, die zu entdecken, der Mensch befähigt ist, wenn er sich nur darauf einließe. Die Pädagogik selbst hat den Weg hin zum Individuum als bestimmende Ordnung genommen und in den letzten Jahrzehnten in der Konkretisierung davon "das Kind" in den Mittelpunkt all ihrer Bemühungen gestellt. Das "Jahrhundert des Kindes" wurde ausgerufen und eine "Pädagogik vom Kinde aus" kreiert. Der "Vergottung des Kindes" - so W. *Böhm* - samt dem dichten Netz der 'Fallstricke des Individualismus' waren die Folge - bei gleichzeitiger Vernachlässigung und Zurückdrängung des Menschen als Person.

W. *Böhm* nennt den Individualismus eine "Ersatz-Ordnung". Ziele bzw. Ideen wie das Normalisierungsprinzip, die Integration oder die Lebensqualität könnte man ähnlich beurteilen, ohne dabei ihre menschenfreundlichen Anliegen abwerten zu wollen. Und ist nicht auch unser Bemühen, folgen wir dem Aufruf des Themas, geistig Behinderte aus ihrer vermuteten Zweitklassigkeit zu befreien, ebenfalls Ausdruck jener anthropologischen Unsicherheit bzgl. unserer heil- und sonderpädagogischen Arbeit?

Wir erkennen: Selbst für unser konkretes alltägliches Tun bedürfen wir Kategorien, die uns die erreichte Güte oder das Maß der Versäumnisse signalisieren und uns neue Wegstrecken aufzuzeigen imstande sind - jenseits aller aktuellen Strömungen und augenblicklichen Bedürftigkeit. Weder sozial kritisches Engagement noch wohlmeinendes Helfen allein genügen; Einsicht, Verstehen und Urteilskraft sind gefragt (*Gadamer* 1991).

Individualität und Person

Prof. *Kobi*, Basel, kommt wohl das Verdienst zu, gegen alle modischen Trends in der Heil- und Sonderpädagogik, sich immer wieder mit dem *Person-Sein* des geistigbehinderten Menschen auseinandergesetzt zu haben (vgl. z.B. *Kobi* 1988).

Er hielt der sonderpädagogischen Zunft quasi die Stange der Begründbarkeit und sorgte für die Glaubwürdigkeit ihres Auftrags und Tuns, während viele andere um ihn herum sich schon längst in den Pragmatismus stürzten und sich darin bis auf den heutigen Tag noch tummeln.

Wie ein einsamer Rufer in der Wüste hat er seine Gedanken dazu vorgetragen - selten mehr Raum dafür bekommend als eben einem Festredner zu besonderen Anlässen gewährt und zugestanden wird. Die Bedeutsamkeit des Person-Seins jedoch wurde selten wirklich aufgenommen und in der Folge davon kaum zur Fundierung der jeweils notwendigen Lern-, Förder- und Pflegearbeit herangezogen.

Während das Person-Sein eines Menschen gegeben ist, ist das Individuum-Sein 'erklärt' und demzufolge auch durch nichts geschützt. Individualrecht ist ein persönliches Recht und nicht wie international anerkanntes Menschenrecht einklagbar. Das Individuum steht ständig unter der Beweislast seines Individuumseins - durch Können, Wissen, Einsichten, Bedeutungen und Besitz. Die Person "ist sich selber wert", formuliert W. *Böhm* (1991). Person ist der Mensch von Geburt an. Er muß sich dieses weder verdienen, noch durch Nachweis vertreten. Die Person wird - gemäß der lateinischen Herkunft des Wortes - durchdrungen von Bedeutsamkeiten außerhalb seines individuellen Seins.

Das Individuum dagegen ist sich selbst genug; seine Bedeutung allerdings kann der einzelne durch Leistung steigern und durch Selbstverwirklichung konkretisieren bzw. Autonomie realisieren. Bildung als Vorgang wie als Ergebnis ist der Person zuzuordnen. Sie drängt nicht nach erkennbarer Selbstverwirklichung, sondern nach Verwirklichung jenes Bildes, das "stigmatisierend" (W. *Böhm*) bereits in ihr ruht - hin auf das Ziel, in das sich der Mensch als Person wandeln soll. Dazu muß sich der Mensch in dieser Welt gründen und in der Begegnung wie in der Auseinandersetzung mit dieser Welt bilden.

Lernen ist allein auf diesem Hintergrund nicht die adäquate Möglichkeit, geistigbehinderten Menschen ein menschliches Leben zu ermöglichen; und Mit-Leben-Lassen oder ihnen auch nur einen anderen Lebensstandard zuzuordnen, erscheinen ebenfalls als unzureichende Mittel, die von außen an den einzelnen Menschen herangetragen werden, nicht aber aus ihm selbst kommen.

Sich-Bilden und *Sich-Gründen* haben mit dem jeweiligen Menschen als Person und dem, was er werden soll, zu tun. Aus einer Sache "an sich" muß eine Sache "für mich" werden, damit das deutlich wird, was an Bild "in mir" (= dem Menschen) angelegt ist und was mir letztlich an Bedeutung zuwächst.

Wenn sich nicht-behinderte Menschen selbst als first-class-people einschätzen, behinderte Menschen dagegen - wenn auch zu ihrem Bedauern - immer noch als Mitglieder jener verwerflichen zweiten Klasse empfinden, dann drückt sich damit auch eine Vorstellung vom Leben insgesamt aus und dem in diesem Zusammenhang erreichbaren Optimum an Lebensgestaltung. Solche Urteile gründen in eigenen Maßstäben - nicht aber in dem, was ein Mensch sein und was er im Hinblick auf sein Personsein in diesem Leben als Persönlichkeit werden kann und werden soll. Wenn wir nach Kriterien oder Kategorien der Beurteilung solchen Lebens suchen, dann fallen einem derzeit kaum andere Sätze ein als "Behinderte Menschen sollen so normal wie möglich leben!"; oder "Auch behinderte Menschen sollen am allgemeinen Leben teilhaben wie alle anderen Menschen sonst auch!". Dagegen ist ja letztlich nichts einzuwenden, würden Gedanken der Normalisierung und Integration nicht jenen moralischen Druck verbreiten, der jede andere Idee im Ansatz bereits erstickt und ein kritisches Nachfragen überhaupt nicht mehr aufkommen läßt. Und ob andere Wege noch Sympathie, geschweige denn ein Verstehen finden, muß ernsthaft angezweifelt werden.

Spüren wir dem zweifelhaften Ziel - ein Leben in der 1. Klasse - nach, beschäftigt uns der *Weg* dorthin. Nach unseren Beobachtungen bzw. Überlegungen bieten sich eigentlich nur nachfolgende Alternativen:

(1) Man kann sich schlichtweg selbst ernennen - vielleicht noch ernennen lassen; d.h. man verleiht sich diesen Status wie einen Orden oder einen Titel.

(2) Man wählt die Ochsentour, begibt sich auf den Weg der Qualifizierung und erreicht über die Leistung, das Ansehen, den Besitz jenes vermutete Optimum an Lebensertrag und Lebenserfüllung.

Wir sollten nicht die Botschaft des Gedichtes von Reiner *Kunze* überhören, das im Zusammenhang mit dem Taubstummen eine ganz andere Tonart anschlägt. "Hin und wieder ernennen wir uns durch Zunicken zu alten Hasen - jeder im Nacken die meutefühlige Narbe". Ich wüßte keinen integrativeren, solidarischeren Weg als diesen - den der gemeinsamen, wenn auch nicht gleichen Betroffenheit. Von einer ersten oder zweiten Klasse keine Spur - wohl aber von einem Sich-Berührt-Fühlen durch die gleiche schmerzliche Erfahrung, nicht dort zu sein oder dorthin zu gelangen, wo das vermutete Glück zu wohnen scheint. Damit ist man gleichermaßen eingebunden in die zahllosen Verletzungen, die Menschen im Laufe ihres Lebens einsammeln - unabhängig von den Lebensbedingungen, die den Takt und das Tempo, die die Enge oder die Weite eines Lebens schier unveränderlich vorgeben. Das "Durch-Leben des eigenen Schicksals" wird zum gemeinsamen motivierenden Lebensthema - und der Verzicht bzw. die Verletzung entpuppt sich als "positiv erlebbare Zumutung". Eine das menschliche Leben auszeichnende Polarität tut sich hier auf, während das Klassen-Denken die zielstrebige Reduzierung auf einen Pol verfolgt. Hinaustreten, Freisein und Empfangen summieren sich zu der einen Lebensschiene; Sich-Vorfinden in Begrenzung, Erleben von Verzicht und Erfahren von Verletzungen umschreiben die andere.

Ja - um Zumutungen geht es tatsächlich, wenn man sich als behinderter Mann/ als behinderte Frau in die Schlange der Könnenden einzureihen hat; wenn man nicht zu den Besitzenden gehört; sich außerhalb des Kreises der Gefragten befindet; wenn man von "sich selbst ernannten" 1.Klasse-Leuten höchstens eine Zweit- oder Dritt-Klassigkeit zugestanden bekommt (bei gleichzeitiger Erwartung, sich doch möglichst aufsteigend zu verhalten).

Immer wieder bedrängt uns die Frage: Ist das Erste-Klasse-Dasein tatsächlich der Gipfel allen Glücks, der Sonne, Wärme, Anerkennung und Erfüllung verleiht?

Selbst jene Leser, die mit der Botschaft des Christentums wenig verbinden können, spüren bei dem Gedanken, sich selbst für das eigene Heil zuständig zu erklären, einen Anflug von Hybris - zumindest eine Überforderung. Und dieses aus sich selbst heraus schaffen zu wollen, grenzt an Vermessenheit. "Das Selbst ist keine ausreichende Quelle für erfahrbaren Sinn", formuliert BÖHM bestätigend. Die letzte tiefe, den Menschen befriedigende Stimmigkeit mit sich und mit der Welt, sein Ganz-Sein und sein Heil-Werden sind ihm "verheißen" und nicht seiner eigenen Anstrengung aufgegeben und übertragen (Paul *Moor*).

Der Sinn, die Bedeutung und die alles ordnende Ordnung sind im Personsein des Menschen angelegt und verborgen zugleich - und dort von ihm zu suchen bzw. danach zu graben, indem er sich auf das besinnt, was er als Mensch ist, was er sein und als jeweils einzelner Herausgerufener werden soll.

Angelus *Silesius* bringt dies mit folgenden Worten auf den Punkt: "In jedem ist ein Bild des, was er werden soll; solang er das nicht ist, ist nicht sein Friede voll".

3. **Erziehung und Bildung geistigbehinderter Menschen als neu wahrzunehmende Aufgabe**

Aus diesen vorausgegangenen Überlegungen lassen sich im Hinblick auf die pädagogische Arbeit mit geistigbehinderten Kindern und Jugendlichen im Rahmen von Schule und Familie *zwei* wichtige Konsequenzen ableiten:

(a) Lernen - konkretisiert als Förderung - trägt alleine nicht, wenn es um Welterschließung und Selbstgewinnung geht, bzw. das Sich-Gründen und das Sich-Bilden *die* Aufgaben des Menschen sind;

(b) daraus ergibt sich die Notwendigkeit, der Erziehung und Bildung im Rahmen sonderschulischer Arbeit wieder mehr Gewicht zu verleihen - neben dem sonstigen Angebot an Pflege, Hilfe und Therapie.

Beide Konsequenzen bedürfen einer weiteren Erläuterung, sollen sie in ihrer Dringlichkeit überzeugen.

Zu (a) - das Lernen selbst ist anders zu gewichten

Mit der Überzeugung wie mit deren Bestätigung, daß geistigbehinderte Menschen lernwillig und lernfähig sind, haben wir sie in die große Gemeinschaft aller Lernenden integriert. Lernen gilt als die den Menschen auszeichnende Grundeigenschaft schlechthin.

Durch sie entfaltet der Mensch nicht nur seine Anlagen und treibt Entwicklungen voran; er bindet sich durch Lernen auch an die Welt als sein Gegenüber, das wiederum Lernen auszulösen vermag, Lernen notwendig macht und es letztendlich erst ermöglicht. Um Gehen zu lernen, braucht ein Kind festen Boden unter seinen Füßen, um Greifen zu lernen einen Stab, um Speise in den Mund zu transportieren einen Löffel und zusätzlich etwas Feines auf seinem Teller.

Der Grundvorgang 'Lernen' bezeugt nicht nur die Veränderbarkeit des Menschen entsprechend den Anforderungen und Bedingungen seines Lebens, sondern bekräftigt auch sein "In-der-Welt-Sein" (W. *Braun* 1980), wenngleich die curriculare Didaktik in ihrer ausschließlichen Konzentration auf Qualifizierung und Qualifikationen diese Tatsache schier sträflich - trotz aller Wissenschaftsorientierung - vernachlässigt, ja ausgeblendet hat. Ihr schwebte die freie Verfügbarkeit der Lernerträge vor - losgebunden von den jeweiligen Lerninhalten und Lernmaterialien. Im zu lebenden Alltag bestätigte sich diese Hoffnung vor allem bei schwächer begabten Kindern und Jugendlichen fast nie.

Während sich die Bildungs-Didaktiker fast ausschließlich auf die Erkundung und Erschließung der Welt besannen und sie in diesem Eifer zu einer Ansammlung von wirksamen Bildungsgütern hochstilisierten, reduzierte die curriculare Theorie die Welt zu einem Übungs- und Anwendungsfeld von Fähigkeiten und Fertigkeiten, die ein Schüler/eine Schülerin mehr oder weniger stringent im Rahmen von Lernprozessen sich anzueignen hat. Nicht Grundeinsichten und Grundhaltungen sollten erworben werden, wohl aber Grundfähigkeiten und Grundfertigkeiten. Dies brachte eine Vereinfachung von Lebenszusammenhängen mit sich - bei gleichzeitiger Überforderung jener Schüler, die immer "in einer bestimmten Situation bleiben werden". Solange wir geistigbehinderte Menschen lediglich in die Reihe aller Lernenden einfügen, sie aber in ihrem konkreten Leben nicht ernster nehmen als Herausforderung für uns, können wir pädagogisch gesehen weder verantwortlich noch erfolgreich mit ihnen arbeiten. Trotz gegensätzlichem Bemühen werden wir sie eher zum Schlußlicht in dieser Reihe der Lernenden disqualifizieren, als sie zu einem neuen Status führen.

Auch das viel diskutierte integrative Lernen wird daran wenig ändern können. Wir müssen anders ansetzen, wollen wir geistigbehinderten Menschen tatsächlich hilfreich sein.

Exkurs: Das *Leben* als Ausgangs- und Zielpunkt sonderpädagogischer Arbeit

Schwierigkeiten erleben Pädagogen fast immer dann, wenn es um die Auswahl von Lerninhalten geht. Dieses Moment verstärkt sich bei zunehmender Schwere der Behinderung. Die Vermittlung rückt an nachgeordnete Stelle, selbst wenn es um die Förderung geistig schwer behinderter Kinder und Jugendlicher geht. Je eingegrenzter die geistigen Möglichkeiten des Wahrnehmens, Erfassens und Verarbeitens sind, um so mühseliger wird nicht nur der Lernprozeß, sondern die Inhaltspalette selbst enger und begrenzter. Immer mehr zielt sie auf Vitales, Sinnliches und letztlich Basales mit der Gefahr der Reduzierung von Pädagogik insgesamt.

Für Pädagogen mit dem Hintergrund eines 'bildenden Unterrichts' haben diese Schwierigkeiten allerdings ein anderes Gesicht als für jene, die sich der Lerntheorie verpflichtet fühlen. Wollen wir wirklich existentiell bedeutsame Fortschritte für geistigbehinderte Menschen erzielen, brauchen wir einen anderen Konzentrationspunkt, zumindest eine zusätzliche Ordnungskategorie als die des Lernens. Wir benötigen ein Qualitätsmoment, das kein vorschnelles Bewerten, Messen oder gar Be- und Verurteilen mehr erlaubt. Es muß außerhalb menschlicher Machbarkeit angesiedelt sein und Werte in sich tragen, die das Individuelle übersteigen und gleichzeitig im Allgemeingültigen gründen.

Diesen Anforderungen hält kein anderes Moment als das *Leben* selbst stand. *Leben* ist das, was jeder Mensch als unausweichlich, als fordernd und als bereichernd erlebt, was ihn anmutet und ihn umgibt, was ihn einbindet und verpflichtet, was ihn auf die Knie zwingt, ihn fortreißt oder auch zu Höhenflügen ansetzen läßt.

Mir sind keine überzeugenden Maßstäbe bekannt, die Leben in "wertvoll" oder "unwert" einteilen lassen und menschliches Leben in Sein- oder Nicht-sein-Dürfen aufzugliedern erlauben. Die Unantastbarkeit menschlichen Lebens wird von ihren Kritikern als "Lebensphilosophie" (vgl. *Singer*; auch *Anstötz*) apostrophiert. Sie ist insofern ein Dorn im Auge, als sie menschliches Leben aus dem Gesamtkatalog von Wahl- und Entscheidungsmöglichkeiten des Menschen herausnimmt, und dieses als gegeben bzw. als "aufgegeben" betrachtet. Gleichzeitig wird damit die Beauftragung der Pädagogen mitformuliert, alles Erdenkliche kraft ihrer Möglichkeiten zu tun, daß der einzelne sein persönliches Leben, das immer auch erlittenes Leben darstellt, als menschlich erfüllend und auch als erträglich erlebt.

Unterschiedlich dagegen ist die Art und Weise, zum Leben selbst Stellung zu beziehen. Man kann es von außen relativ abständig betrachten, sich von ihm distanzieren oder es sogar verwünschen und beenden; man kann aber auch eingreifen, mitwirken und es im Rahmen seiner Möglichkeiten gestalten, letztlich sogar auf Veränderungen dringen, die sich sowohl auf den Betroffenen als auch auf dessen Lebensumstände selbst beziehen.

Interessant ist es, sich die Grundbedeutung des Wortes "Leben" zu vergegenwärtigen. Vom Wortstamm her hat das Wort "Leben" u.a. mit Leim zu tun, was wiederum auf Festmachen und vor allem auf Bleiben schließen läßt (DUDEN, Band I). Es geht also um die an anderer Stelle schon mehrfach genannte *Beziehung* des Menschen zur Welt - um sein Bleiben in und sein Kleben an dieser Welt. Die Bezogenheit zur Welt signalisiert uns auch unsere Befindlichkeit, unsere Begabungen ebenso wie unsere Behinderung. Selten gelingt es uns, aus dieser Bezogenheit ausbrechen, jedenfalls nicht so, wie wir uns dies oft erträumen.

Wohl aber können wir uns in diese einüben, an ihr arbeiten, hineinwachsen, uns in sie vertiefen und daraus dann auch unsere Kraft schöpfen und mögliche Perspektiven entwickeln. Wir sind zum Leben verdammt, das wäre die eine Variante; wir sind zur Lebensgestaltung aufgerufen. Ich gebe zu, Leben ist für sich genommen ein ungenauer Begriff. Er umfaßt sowohl zeitlich wie auch inhaltlich sehr Unterschiedliches, und er erweckt den Eindruck des Abgehobenen, des Nicht-Greifbaren. Ohne Mühe erschließt er sich uns, wenn wir uns an konkrete Situationen des Lebens erinnern - eine Tasse mit Kaffee füllen; die Wäsche zum Trocknen aufhängen; eine Rechnung bezahlen; sich einen Arzttermin besorgen; ein Tier pflegen; sich bei einem Kollegen/einer Kollegin entschuldigen.

Das Leben bietet den Stoff, anhand und innerhalb dessen sich geistigbehinderte Schüler und Schülerinnen samt deren Erziehern, Lehrern und Helfern gründen und bilden können; eine ausschließlich auf Qualifizierung ausgerichtete Förderung reicht hierfür ebenso wenig aus wie eine als Erleben ausgewiesene, mehr der Unverbindlichkeit und Beliebigkeit zugetane Lebensgestaltung.
Lebensförderung will allem voran existentielle Erschließung und Vertiefung praktizieren, Qualitäten gewinnen lassen und damit Sinn anregen, um sich nicht in der Aneignung von Qualifikationen zu erschöpfen.
Aus diesen Überlegungen ergibt sich nahezu von selbst die Forderung, die Schule für Geistigbehinderte in eine "Schule der *Lebens*-Förderung" umzuwandeln - parallel zur Praktik im Freistaat Bayern, die Schulen für geringer behinderte Kinder als "Schule der Lernförderung" zu konzipieren (vgl. "Rosenheimer Modell"). Dies empfiehlt sich um so mehr, je schwerer behindert oder auch mehrfachbehindert die Schüler sind.

Wodurch zeichnet sich eine "Schule der Lebensförderung" aus?

(1) Sie ist von ihrem Ansatz und ihrem Selbstverständnis her nicht ausschließlich auf Schülerinnen und Schüler mit einer geistigen Behinderung konzentriert.

An dem Ziel der Lebensförderung können sich all jene beteiligen, die für sich darin eine Möglichkeit sehen, sich in diesem Leben zu gründen wie zu bilden.

Letztlich ist sie eine "integrative Schule", wo der Austausch und das Voneinanderlernen das Zentrum darstellen - allerdings ausgehend vom Schwächsten und hinzielend auf den Schwächsten.

(2) Sie bricht mit dem Primat des systematischen, planmäßigen, präventiven und exemplarischen Lernens.

Lernen wird nach wie vor eine bedeutsame Schiene sein, um die Begegnung bzw. das Bezogensein zur Welt zu präzisieren, zu aktualisieren und zu differenzieren, aber mit anderem Hintergrund als bislang im Rahmen einer sonderpädagogischen Förderung üblich.

(3) Lebensförderung bindet den Lehrer/die Lehrerin partnerschaftlich ein, denn Leben vollzieht sich zum großen Teil im Dialog bzw. in der Gemeinschaft und damit in der Begegnung.

Für alle Beteiligte realisiert sich Lebenszeit, die nicht nur professionell zu gestalten ist, sondern auch existentiell erlebt werden wird.

Damit verändern sich herkömmlich geltende hierarchische Strukturen parallel zur Auswahl bzw. Gewichtung von "anderen" Inhalten (für geistigbehinderte SchülerInnen) hin zu Inhalten des konkreten Lebens.

(4) Inhalte einer "Schule der Lebensförderung" sind solche, die in oder als Lebenssituationen zu Tage treten und eine Bewältigung, Gestaltung oder auch nur Kenntnisnahme erfordern.

Selbst wenn der Lehrer/die Lehrerin mit der einen oder anderen Lebenssituation berufsbedingt und erfahrungsbezogen souveräner und auch zeitlich zügiger umgehen könnte, ergeben sich im Miteinander mit geistigbehinderten Menschen auch für sie neue Dringlichkeiten, Bedeutsamkeiten und letztlich neue Qualitäten.

Der Lehrer/die Lehrerin sind damit weder dem Lernen noch dem Leben geistigbehinderter Menschen schicksalhaft ausgeliefert. Vielmehr ist ihnen der anregende, steuernde, wahrnehmende, verstehende und oft gestaltend Part übertragen.

(5) Insgesamt lassen sich *drei* Gruppen von Lebenssituationen unterscheiden, die gemäß ihrer Struktur jeweils unterschiedliche Bedeutsamkeiten beinhalten und dementsprechend auch im Unterricht Berücksichtigung finden werden:

1. *gegebene* Situationen
   (hierzu sind alle routinehaften, gewohnheitsmäßigen und sich in irgendeiner Weise wiederholenden Situationen zu rechnen)
2. sich *ereignende* Situationen
   (hierzu zählen wir alle jahreszeitlichen, alltäglichen oder auch nicht alltäglichen Situationen, die mehr überraschen, als daß sie vorhersehbar sind)
3. zu *schaffende* Situationen
   (hierzu rechnen wir alle jene Situationen, die ein Pädagoge/eine Pädagogin gezielt organisiert und arrangiert, um ihren Schülern und Schülerinnen bestimmte *Aspekte von Welt* zu erschließen und ebenso gezielt gewisse *Fähigkeiten* und *Fertigkeiten* zu vermitteln)

(6) Die Zeitdimension wird an der "Schule für Lebensförderung" vom Leben und nicht vom Lernen selbst bestimmt.

Da die SchülerInnen die wichtigsten "Bestandteile" der jeweiligen Lebenssituation sind, bestimmen sie folgerichtig originär mit, was inhaltlich wie und in welchem Tempo an Lernen geschieht.

Es gilt ein wenig überzogen: Was auch immer geschieht, es ist immer gut (vorausgesetzt, es läßt eine gewisse innere Stimmigkeit erkennen).

(7) Das strukturelle Moment von Unterricht und Erziehung relativiert sich in dem Maße, wie eine lebendige Beziehung Fuß faßt.

Lernen lebt bezüglich seines Erfolges von Dynamik ebenso wie von strukturellem Vorgehen. *Leben* ist im Gegensatz dazu in Beziehungen und deren Gesetzmäßigkeiten begründet.
Somit geraten an einer "Schule zur Lebensförderung" strukturelle Elemente leicht in Konkurrenz zu solchen der Beziehung.

(8) Durch den Ansatz der "Lebensförderung" gewinnen lebensnahe Bedeutungen gegenüber Qualifikationen ein größeres Gewicht, die allerdings nicht mehr durch Lernen im herkömmlichen Sinne anzuregen und zu erreichen sind.

Für den Pädagogen/die Pädagogin besteht dabei die Chance, in der Zusammenarbeit mit geistigbehinderten Schülern eine neue Lebensqualität für das eigene Leben zu entdecken, diese als Gestaltungselement in den persönlichen Lebensvollzug mit einzubeziehen und so dem Leben insgesamt ein eigenes, unverwechselbares Profil zu geben.

(9) An der "Schule zur Lebensförderung" ereignet sich Lernen dann nicht mehr als Kategorie des Vergleichs im Kontext zu anderen (nicht behinderten) Schülern und Schülerinnen, und Lernergebnisse sind nicht mehr ausschließlich und allein das Maß möglicher, zugestandener wie auch verweigerter Wertschätzung.

Das Leben selbst nimmt die alles bestimmende und zentrierende Mitteposition ein - jedem Vergleich unweigerlich enthoben und in der Bereitschaft der Annahme, des Sich-Stellens und der Auseinandersetzung unvoreingenommener Akzeptanz sicher.

Alle weiteren Aspekte sind in den *fünfzehn* Thesen zur Schule für Geistigbehinderte - als Angebotsschule - eingeflossen, die in diesem Sammelband nachzulesen sind (vgl. S. 207-210).
Wichtig erscheinen allerdings noch mögliche *Erträge*, die sich aus einer Arbeit im Sinne der voraus beschriebenen *Lebensförderung* ergeben. Sie könnte man gleichsam als Ziele ausweisen, die anzustreben sind.
Mit der Realisierung dieser Ziele drängt sich zusätzlich das Problem der Methode auf, das anschließend noch zu erörtern sein wird.

4. Möglichkeiten der Realisierung von Erziehung und Bildung im Sinne einer Lebensforderung und deren Erträge

Erträge von Erziehung und Bildung haben die Tendenz, sie unabhängig von ihren "Produzenten" und unabhängig von dessen Lebenskontext zu beschreiben, zu beurteilen und letztlich auch einzufordern. Das Gegenteil beabsichtigen wir. Stellen wir das "Leben" in den Mittelpunkt aller didaktischer Überlegungen, nähern wir uns dem an, was H.v.HENTIG (1975) von einer pädagogisch überzeugenden Schule erwartet: Sie solle "den Menschen stärken" und "die Sachen klären".
  Das "Klären von Sachen" erscheint aus unserer Sicht erweiterungsbedürftig, das "Stärken von Menschen" im Hinblick auf behinderte Schüler erklärungswürdig. Aus diesem Grunde gewinnt die Bildung geistigbehinderter Schüler erneut an Gewicht. Wir stellen dies in einem ergänzenden dritten Abschnitt abschließend dar.

Das Klären von Sachen

Dieses Ziel erweckt den Eindruck, als gebe es Vorhandenes zu klären, einen Überblick sich anzueignen, Souveränität zu gewinnen, zumindest die Dinge gründlicher wahrzunehmen, als sie dem Menschen augenscheinlich oder sonst wie rein zufällig begegnen, ihn nur streifen oder doch auch berühren.
  Mit den Dingen lebensnah, besser: lebensrelevant umzugehen, bedingt eine größere Nähe und eine motivational höhere Intensität der Begegnung und Befassung. Es geht dann nicht mehr nur um den UHU als einen dünnflüssigen Klebstoff, der nicht wasserlöslich, dafür umso haltbarer usw. ist, sondern es geht um eine relevante Klebeart, wenn man z. B. ein Geschenk herstellen will und dazu UHU benötigt. Man wird dabei die auffallend gelb-schwarze Packung wahrnehmen, sich diese einprägen und auch darauf achten, die Tube rasch zu verschließen, um das Auslaufen der Klebemasse zu verhindern. Dabei vermag der Schüler sicherlich nicht alle objektiv notwendigen und - im Falle von UHU - alle physikalisch klar zu beschreibenden Merkmale entdecken und aufnehmen, sondern vorrangig jene sich aneignen, die ihm bei seiner Arbeit begegnen und ihm dabei bedeutsam wurden. Für den Pädagogen heißt dies u. a., sich mit einer gewissen Subjekthaftigkeit der Weltsicht zu begnügen, sie als begrenzt anzuer-

kennen und sie jeweils auf Erweiterung und Objektivierung angelegt einzuschätzen und zu werten.

Wird der Schüler mit dem UHU nicht nur kleben, ihn also nicht nur als Hilfsmittel, sondern im Unterricht auch als Gestaltungsmittel verwenden, um damit interessante Bilder herzustellen, konkretisiert sich jenes *Weiterschaffen* der Welt, auf das es uns im Hinblick auf die Arbeit mit behinderten, vor allem mit schwer- und schwerstbehinderten Menschen so sehr ankommt. Sie alle sind im Kontext mit anderen Menschen Welten-Schaffende und damit aufgerufen, an der Schöpfung, ihrer Entwicklung und Vollendung auf ihre Weise mitzuwirken.

Lebensförderung blickt also nicht nur in das Gestern, sie konzentriert sich nicht nur auf das Gegebene, sondern sie arbeitet auch perspektivisch - entsprechend dem Leben, das in seiner zeitlichen Dimension immer auch nach 'vorne', also in die Zukunft verweist. Aus solchem Umgang und Gestalten heraus entwickeln sich Wahrnehmungen unterschiedlicher Abstraktion, Prägnanz und Dauer - von einfachen, punktuellen Sinneseindrücken über Kenntnisse und Wissen bis hin zu Einsichten, Erkenntnissen und Werten. Entdeckungen stehen neben Bestätigungen, Ansichten neben Ein- und Überblicken. Immer aber realisiert der Mensch sein "In-der-Welt-Sein" und erlebt seine *Bezogenheit* zu Dingen, Personen und Gegebenheiten dieser Welt. Er erkennt diese, durchschaut sie und gewinnt neue, festigt alte oder lockert langwährende Meinungen, Haltungen und Einsichten.

Wenn Bildung gerne mit der Formel übersetzt wird, aus Sachen "an sich" Sachen "für mich" zu formen, dann kann man zustimmen, wenn nicht primär gemeint ist, einen persönlichen Bezug herzustellen und die Ergebnisse aus den Lern- und Bildungsvorgängen in das eigene, letztlich subjektive Werte- und Normensystem einzufügen. Wenn Sachen zu Botschaften "für mich" werden, nehme ich teil an dem, wovon sie durchdrungen sind, was sie künden und - was "zu ahnen" ist (Rose AUSLÄNDER). "Sachen zu klären" meint wörtlich übersetzt ja auch, diese zu reinigen, also alles das wegzunehmen, was sie in ihrer Gesetzmäßigkeit, in ihrer Würde, durch ihr Gebraucht- und Verbraucht-Werden verletzt und schließlich sogar entstellt. "Sachen zu klären" schafft Zugänge zu Tiefen, zu Bedeutungen und Wahrheiten. Sie liegen nicht immer offen und sind nicht einfach verfügbar. Sie erschließen sich nur jenem Menschen, der sich aus einer vereinnahmenden Konsumentenhaltung befreien kann und sich zu einem Bildungssinn durchzuarbeiten kann.

MYSTERIUM

Die Seele der Dinge
läßt mich ahnen
die Eigenheiten
unendlicher Welten.

Beklommen
such ich das Antlitz
eines jeden Dinges
und finde in jedem
ein Mysterium

Geheimnisse reden zu mir
eine lebendige Sprache
Ich höre das Herz des Himmels
pochen
in meinem Herzen

Rose Ausländer

Demnach sind wohl die wichtigsten Erträge einer Bildungsarbeit im Rahmen der "Schule der Lebensförderung" *Qualitäten* - konkret Bedeutungen, Werte, Sinnmomente - und *nicht* primär *Qualifikationen*. Besonders bei schwerbehinderten Schülern relativiert sich das sog. Fortschreiten - verstanden als ein Aneinanderreihen von Lernerträgen. Häufig sind Wiederholungen - äußerlich gesehen - angesagt. Aber das vermeintlich Wenige gilt es dann für das Kind *wert*voll zu machen - seine Hände, seinen Platz, seinen Teller, sein Besteck, das Fenster, die Türe, die Treppe, ihm nahe seiende Menschen. Die subjektiv bedeutsamen Momente des eigenen Lebens, die konkreten, ernsthaft gemeinten, möglicherweise unausweichlichen Lebenssituationen - sie geben den Ton an und bestimmen den Klang des unterrichtlichen, auf *Bilden* hinzielenden Geschehens.

Den Menschen stärken

Stark zu sein, ist eine physio-psychische Leistung des Menschen. Sie muß sich jeweils neu ereignen. Sowohl die innerpsychischen Voraussetzungen sind dabei mitverantwortlich als auch die Kontextmerkmale der einzelnen Situation, wo "Stärke des Menschen" gefragt ist. Stark wird der Mensch zum einen durch sein Können, das ihm eine gewisse Souveränität verleiht, zum anderen durch Überzeugungen, Haltung und Einstellungen, die seine fachliche oder sachliche Souveränität erst in verantwortete Kompetenz wandeln.

Behinderte Menschen erleben sich oft nicht stark. Das liegt selten nur oder vorwiegend an ihrer Grundausstattung, sondern häufig auch an dem gesellschaftlichen Umfeld. Allerdings kann ihre Stärke wachsen. Fehlt ihnen Bestätigung und Zuwendung, weil ihr unerwartetes Dasein als schwer- oder schwerstbehindertes Kind Irritationen bei den Bezugspersonen erweckt und häufig schwierige Lebensbedingungen mit sich bringt (häufige Arztbesuche; lange Krankenhausaufenthalte; zahllose Sonder-Behandlungen), müssen sie diesen Mangel ausgleichen oder nachholen. Sie tun dies, indem sie sich mit ihrer Behinderung auseinandersetzen und lernen, sie in ihr Leben als ein ihnen gegebenes Lebensmerkmal einzubeziehen. Dabei sind sie auf erklärende, deutende und verstehende Begleitung angewiesen.

Eine Schule für Geistigbehinderte, vor allem unter dem Selbstverständnis der "Lebensförderung", nimmt die Behinderung ebenso ernst wie alle anderen Persönlichkeitsmerkmale sonst samt den Kennzeichen des jeweils vorhandenen Lebensumfeldes, woraus sich mit der Zeit die persönliche Lebensgeschichte des einzelnen summiert.

Behinderte Menschen benötigen tatsächlich viel Mut und Kraft, sich immer wieder ins Leben einzubringen, auch wenn sie nie bürgerlichen Vorstellungen und Erwartungen entsprechen. Zusätzlich ist ihr Los, gegen ständig wechselnde Vorurteile ankämpfen zu müssen. Noch so überzeugende Argumente allein bewirken wenig, wenn ihnen der Wind der Irrationalität ins Gesicht bläst und die Bereitschaft zum Hinterfragen und Sich-Verändern Nicht-Behinderter gering ist.

Die konkrete Bau- und Verkehrswelt erleben sie schmerzhaft abweisend und als Ausdruck geringer Bereitschaft der Öffentlichkeit, sich in das Leben behinderter Menschen ansatzweise wenigstens hineinzudenken. So ist weder der Besuch einer Kneipe eine Selbstverständlichkeit, noch der Gang zum Arzt eine unaufwendige Angelegenheit. Öffentliche Einrichtungen erkennen erst langsam und meist sehr zögerlich, daß ihre Dienste auch von behinderten Menschen wahrgenommen werden wollen. Die Busse und Straßenbahnen konfrontieren behinderte Benützer mit zu engen Türen, dabei haben gerade für sie (aufgrund des fehlenden Autos) öffentliche Verkehrsmittel herausgehobene Bedeutung. Was aber letztlich betroffen macht: die Lebensspuren behinderter Männer und Frauen - sei es in Form von Produkten oder auch nur in der Art und Weise ihrer Mitwirkung im gesellschaftlichen Gespräch - vermißt eigentlich niemand so recht. Behinderte Menschen belasten eher das Gemeinwohl, so jedenfalls eine häufig geäußerte oder auch nur gedachte Meinung, als daß sie diesem nützen.

Mit Maßnahmen einer angeordneten oder wie auch immer durchgesetzten Integration läßt sich eine *Bewußtseinsänderung* nicht erzwingen. Diese aber wäre hier gefragt.

Vielmehr gilt es, Lebensstile und Lebenshaltungen auszubilden, die nicht allein im Teilen oder gar in mildtätiger Barmherzigkeit, sondern in einem *neuen Lebensverständnis* angesiedelt sind. Dazu sind Werte notwendig, die zum Teil bereits vorhanden, wenn auch aus dem Blick geraten sind, zum Teil aber auch noch geschaffen werden müssen. Der Mensch selbst gilt als der "große Bedeutungsschaffer" (vgl. *Kegan* 1984); gleichzeitig muß er sich gefragt und geliebt fühlen. Sich-Bilden-Wollen und behinderte Menschen dabei zu übersehen, schließt sich ebenso aus wie das Sich-Gründen-Wollen, ohne das unumgängliche, in Solidarität verankerte Miteinander zu bejahen.

"Den Menschen stärken" gilt als Ziel jedermann und jederfrau; es ist keinesfalls nur behinderten Menschen vorbehalten. Die dabei entstehende und sich entfaltende Kraft wird zu einem großen Teil von der täglich zu leistenden Über-Lebensarbeit absorbiert. Aber auch sich von der Unmittelbarkeit des Lebens zu befreien und sich auf weiterreichende Ziele hin auszurichten, kostet seinen Preis. Der Ertrag aus einem solchen Bemühen liegt nicht auf der Hand; wohl aber schließt sich im Gelingen der Kreis zu sinnerfülltem Leben.

Das, was an Kraft investiert wird, kommt als neue Kraft, als Inspiration und als Motivation zurück. Der so zentrale und alle Lebensäußerungen tragende Sinn lugt durchs Fenster der Verletzlichkeit.

Bildung als neu zu aktivierende Orientierung

Mit den Ausführungen zu einem neuen Schulverständnis für geistigbehinderte Kinder und Jugendliche haben wir den Begriff "Leben" als alternativen, gleichzeitig als zukünftigen Bezugspunkt in die Diskussion eingebracht. Unser Anliegen war es, den Bildungsgedanken wieder in die Schule für Geistigbehinderte einzuführen, sie mit einer neuen Ernsthaftigkeit auszustatten und gleichzeitig ihre Schüler und Schülerinnen aus dem für sie ungerechten Vergleich anhand beobachtbarer und auch teilweise meßbarer Lernergebnisse zu befreien.

Wir suchten nach einer Basis, die sowohl Auftraggeber als auch Integrationsfaktor, sowohl Ausgangs- als auch Zielpunkt pädagogischen Arbeitens ist bzw. werden kann. Es galt Wahrnehmungs-, Bewältigungs- und Gestaltungssituationen auszumachen, die gleichermaßen Schüler wie Lehrer einbinden. Dies schien uns allein durch eine stärkere Beachtung des aktuell wie auch zukünftig zu lebenden Lebens möglich. Wir glaubten dies nur mit einer radikalen Um-Orientierung erreichen zu können. "Weg vom Lernen, hin zum Leben" - ließe sich unser Anliegen journalistisch verkürzt charakterisieren - wobei Lernen als schulische Arbeit auszeichnendes Moment selbstverständlich erhalten bleiben muß, wenn es um die methodische Gestaltung und Aufarbeitung von Lebenssituationen geht. Das Subjektive im Bildungs- und Erziehungsprozeß wird insofern als Fundament anerkannt, als es den Weg hin zu Bedeutungen weist und das Anbahnen von Sinn vorbereitet.

Subjektives Erleben, Bewältigen und Gestalten gibt den Schüler zwar nie ganz frei. Es setzt ihn auch möglichen Konflikten aus, wenn er auf andere Personen trifft, die ihn ihrerseits mit "subjektiv Bedeutsamem" konfrontieren. Erst im Bemühen um ein gemeinsam abgestimmtes oder auch errungenes Zusammenhandeln lassen sich die nächsten Schritte erfolgreich gehen.

Subjektives Erkennen, Erleben und Erfahren verweigert dennoch nicht den Weg hin zu objektiven Bedeutsamkeiten, wie sie auch - nach *Klafki* - durch Grundhaltungen, Grundeinsichten oder Grundverständnissen repräsentiert sind. In einer "Schule der Lebensförderung" geht es inhaltlich in erster Linie um das persönlich gelebte und erfahrene Leben und nicht um eine in originaler Auseinandersetzung zu leistenden Erschließung der Welt. Nicht Anblicke, Einblicke oder Überblicke sind unser Ziel, sondern die persönlich erlebte und stützende Vertiefung dessen, was ein Kind, ein Jugendlicher erlebt, was ihm begegnet, was es/er tut oder auch meidet.

Somit hat das Interpretieren - zusammengefaßt verstanden als Klären, Verstehen und Deuten - seine Grenze und findet eine notwendige, dann aber unterrichtlich nicht mehr faßbare Fortführung in der Inspiration und der Eröffnung zum Sein. Werden durch Lernen vorwiegend *Qualifikationen* angestrebt und meist sehr zielstrebig erreicht, vermittelt die bildende Anstrengung dem engagierten Menschen allem voran Bedeutungen, besser noch *Qualitäten*.

Nicht das *sich qualifizierende Individuum* steht im Mittelpunkt, sondern die *sich bildende und gründende Person*.

Im Vollzug ihres Lebens ist sie unaufhebbar und damit existentiell in Beziehung mit dem verbunden, was in ihrem Lebensumfeld sozial, situativ oder auch nur sachlich-dinglich geschieht bzw. sie in diesem bewirkt. Das Streben nach Emanzipation findet im Geschick sein dringend notwendiges Pendant. Das Leben des einzelnen erfährt dadurch Vertiefung und wird gleichzeitig einer nur vordergründigen Eindeutigkeit entrissen. Durch die Wahrnehmung und Annahme dessen, was hinter den Dingen, dem Sichtbaren, dem Meßbaren oder dem Greifbaren währt und wirkt, gelangt der Mensch über sich hinaus und gewinnt eine Ahnung von einer neuen, andersgearteten Eindeutigkeit und Stimmigkeit.

Sich-Bildende haben Anteil an "übergeordnetem Wissen"; ihr Wissen reift zu einem "gewußten Wissen" (A. *Petzelt*). Damit überwinden sie das individuelle Mögen oder Für-gut-Halten und finden hin zu über-individuellen, über-greifenden und das konkrete Leben über-steigenden Bedeutsamkeiten.

Dieses entlastet und entfaltet Leben, führt es aus der Enge und eröffnet an ihrer statt neue Erlebnis-, Erfahrungs- und Bewußtseinsräume.

Letztendlich aber stiftet es Sinn - ohne einseitig beim Menschen nur an dessen Sinnlichkeit, dessen Sozialvermögen oder nur an dessen kognitive Kräfte zu appellieren.

Auch wenn Erziehung und Bildung - und mit ihnen die Schule selbst - derzeit keine erkennbare, von allen Gruppen und Schichten der Gesellschaft getragene ungeteilte Zustimmung erfährt (das Gegenteil scheint nach unseren Beobachtungen der Fall zu sein), so ist die Pädagogik umso dringlicher aufgerufen, darüber nachzudenken, was Erziehung und Bildung *dem Menschen von heute* - vor allem bei bestehender und zu lebender Behinderung - zu bringen vermag bzw. zu erbringen hat.

Gleichzeitig gilt es, die Kritik - vor allem behinderter Menschen - an der Sonderpädagogik selbst und jenen, die sie tun, kritisch zu hinterfragen und damit erst einmal ernst zu nehmen. Dies bewahrt sie einerseits vor einem Abdriften in eine über-idealisierte Selbsteinschätzung, andererseits vor der Fehlinterpretation, zunehmend nur noch Dienstleistungsbetrieb zu sein zur Erfüllung subjektiver Bedürfnisse und Wünsche. Gegenseitig vorgebrachte Stigmatisierungen beruhen nicht nur auf Mißverständnissen; vielmehr offenbart sich in ihnen das schmerzliche Fehlen eines gemeinsamen Ordnungsmomentes als verbindende innere Gemeinsamkeit, woran nicht nur die Sonderpädagogik als die kleine Schwester, sondern auch die allgemeine Pädagogik selbst - als deren große Schwester - schon seit langem krankt. Christa Schlett, selbst schwer spastisch gelähmt, schockierte während einer Podiumsdiskussion Teilnehmer wie Zuhörer mit dem Hinweis, daß nach ihrer Ansicht behinderte Menschen sehr wohl wüßten, wie sie leben wollten; die einzigen, die ihnen dies verwehrten, seien die Sonderpädagogen.

Sätze ähnlicher Art könnte wohl auch der eine oder andere Gymnasiast formulieren, wenn er an seine erlebte Erziehung zurückdenkt oder gegenwärtige Schulerlebnisse und -erfahrungen resumiert. Sind Erziehung und Bildung 1991 tatsächlich nichts anderes mehr als die großen Verhinderer von Lebensraum und Lebensglück? Diesen stillen oder auch lauten Protest versteht man allein dann schon recht gut, wenn man sich nur an die Forderungen von F. *Hegel* zurückerinnert (nach W. *Böhm* 1991):

Bildung veranlasse den Menschen, "das Natürliche abzuschütteln". Sie mache "unabhängig von sinnlichen Eindrücken" und in der Folge davon auch von jener Befindlichkeit, die ausschließlich auf subjektives Wohlbefinden abgestimmte Bedürfnisbefriedigung des Menschen nach sich zieht. F. *Schiller* rüttelt in diesem Zusammenhang erneut auf und stürzt uns in den alten Zwiespalt, wenn er formuliert: "Gegen die Leiden der Sinnlichkeit findet das Gemüt nirgends Hilfe als in der Sittlichkeit!". (zit. bei L. *Marcuse* 1981, 141).

Die Bildungsarbeit mit geistigbehinderten Kindern und Jugendlichen ordneten wir der "leiblich-sinnlichen Kultur" zu (vgl. *Fischer* 1988 a). Sinnlichkeit bzw. Leiblichkeit - als Zugangs-, Begegnungs- und Erfahrungsfelder - und die Aufgabe jedes Menschen, sich zu bilden und zu gründen, umschreiben ein Spannungsfeld von nicht aufgearbeiteter Größe. Es fordert uns auf, nach Inhalten wie nach Wegen zu suchen, damit Bildung und Erziehung besonders geistigbehinderten Menschen dienlich wird und in der Konkretisierung durch Sonderpädagogen einerseits von ihnen angenommen, andererseits von jenen verantwortet werden kann. Bildung - sei es als Ergebnis oder als Vorgang - umschreibt bzw. bedeutet eine personale Anstrengung, sich in das Überindividuelle - das Allgemeine - einzuordnen und im einzelnen Phänomen jenes "Mysterium" zu erspüren, von dem Rose *Ausländer* spricht.

Das schließt als Aufgabe weder Menschen aus, noch vergibt sie Chancen des Anrechts auf bessere Plätze in privilegierten Institutionen oder Situationen. Erst in solchen Begegnungen formt sich dann - quasi als Spiegeleffekt - auch die Persönlichkeit - das Bild also, in das wir uns wandeln können und sollen. Bildung meint (nach W. *Böhm*) weder die Auffaltung von Anlagen - das wäre *Entwicklung*, noch ein in den Menschen hineingestopftes Wissen - das wäre (ein schlechter) *Unterricht*; weder das Ausleben individueller Vorstellungen, Bedürfnisse und Wünsche - das wäre im besten Fall *Selbstverwirklichung*; es meint aber auch nicht eine wie auch immer gelungene Vergesellschaftung - das wäre *Sozialisation*.

Der alt-ehrwürdige Mystiker Jakob *Böhme* sah den Vorgang der Bildung als einen sich über *drei* Stufen vollziehenden: (1) ent-bilden, (2) ein-bilden und (3) über-bilden (ebd.). Dies entspricht den bislang von uns dargebrachten Überlegungen. "Ent-Bilden" meint das Freiwerden von rein sinnlichen Eindrücken und Vorstellungen; "Ein-Bilden" kennzeichnet das Sich-Einfinden und -Einüben in die entdeckten, erfahrenen oder auch nur erlebten objektiven Gegebenheiten und Zusammenhänge - parallel zu *Kants* Forderung, Erziehung geschehe "in Ansehen der Natur", zu *Klafkis* Vorstellung, Unterricht vollziehe sich in der "Würde des Gegenstandes" oder zu *Petzelts* Überlegung, Bildung gründe in der "Befragung des Lebens"; schließlich umfaßt das "Über-Bilden" das Hineinwachsen in übergeordnete Sinnzusammenhänge - der Mystik entsprechend verstanden als ein Sich-Versenken und -Vereinen mit Gott.

Bildung nimmt Abstand vom Egotrip und befleißigt sich einer doppelten Distanzierung. Zum einen gilt es, sich von der Welt zu distanzieren, um einen Anblick, einen Einblick und nach Möglichkeit auch einen Überblick zu gewinnen, und es macht einen Abstand von sich als der erlebenden, erfahrenden und gestaltenden Person notwendig, um das zu spüren, was die Dinge uns zu sagen haben als ihr Geheimnis oder ihr "Mysterium".

Damit schält sich zusammengefaßt die Struktur jenes Sich-Bildens heraus als die Bereitschaft wie das Fähigsein zur Entäußerung und Hingabe, wie auch zur Aneignung und Reflexion. Bei jenem Sich-Bilden geht es nicht um das Erreichen von Können, sondern um die Gewinnung von Werthaftigkeit, wie auch das Sich-Gründen eben nicht primär ein Entwickeln meint, sondern ein existentielles Hinein-Wachsen und Sich-Verankern - nach *Hegel* ein "Sich-Einhausen" - in dieser Welt und in diesem jeweils aufgegebenen Leben.

In dem gebildeten bzw. sich bildenden Menschen beginnt das zu wachsen, was als Bild in Form der Person angelegt ist. Letztlich verändert sich damit auch sein Individuum-Sein und die damit einhergehende Selbstwahrnehmung und Selbsteinschätzung. Selbst eine Behinderung oder andere lebensgeschichtliche Kontextmerkmale stehen dann weder bestimmend noch hinderlich im Wege. Sie sind Teil jener Aufgabe des "Abschüttelns" und wie der des Sich-Ausstreckens nach anderen Bedeutsamkeiten.

Auch wenn wir die Lebensförderung und damit das Leben selbst, nicht aber das Lernen in den Mittelpunkt unserer didaktischen Überlegungen rückten, erlaubt dies dennoch nicht, als methodische Konsequenz daraus ein Plädoyer für Beliebigkeit didaktisch-methodischer Prozesse ableiten zu wollen.

Das Leben selbst besitzt Ernstcharakter - dies sogar im Spiel wie auch bei kreativem Gestalten. Somit verweigert es sich eigentlich immer - auch bei unzureichender kognitiver Fähigkeit - dem Zugriff der *Beliebigkeit*.

Unser Vorhaben, Lebenssituationen zur Grundlage für Erziehung und Bildung im Rahmen einer "Schule der Lebensförderung" zu erklären, kommt dieser Gefahr - meist als Versuchung zu beliebigem Vorgehen verbrämt - eher entgegen, als daß sie zum Gegenteil aufruft. Umso mehr müssen Pädagogen auf der Hut sein, sich einer erhöhten Aufmerksamkeit gegenüber ihren Schülern zu befleißigen, ihr Tun und Lassen bewußt zu kontrollieren wie auch zu reflektieren, und sich auf diese Weise aus der vereinnahmenden Verführung zur Beliebigkeit engagiert zu befreien. Ihr gilt es, Unterricht im Rahmen existentiell bedeutsamer Lebenssituationen gezielt entgegenzusetzen, der das Leben im Blick hat, Bedeutungen vor Qualifikationen stellt und die Gelegenheit bietet, daß der Lehrer/die Lehrerin zusammen mit ihren Schülerinnen und Schülern an den einzelnen Situationen jeweils ernsthaft arbeiten.

Unabhängig davon, welche Melodie, welches Lied, welcher Klang dem einzelnen viel bedeutet und er/sie eine Botschaft für sich daraus zieht; ob ein Kind beim Bauen eines Turmes für sich die Dimension der Höhe neu erobert und davon beeindruckt ist; ob ein Jugendlicher beim Hören einer Geschichte sich und seine Geschichte damit in Verbindung bringt und durch kreatives Schaffen seinen persönlichen Anteil noch dazuzufügen weiß; ob ein Kind beim Einkaufen der Pausensemmel immer wieder den "Tauschvorgang - Ware gegen Geld" staunend zur Kenntnis nimmt - immer sind es Beispiele aus einer schulischen Arbeit, die als "lebensfördernd" deswegen zu charakterisieren und zu gestalten ist, weil sie Bedeutungen schafft, Sinn stiftet - d.h. den Menschen stärkt und die Sachen klärt und sich nicht nur im Anbilden funktionaler Qualifikationen erschöpft, so sehr diese zweifelsohne auch bedeutsam sind.

Mit jeder dieser Aktionen werden dem *Sich-Bilden* und dem *Sich-Gründen* ein kleiner Stein hinzugefügt, so daß allmählich der Weg des Lebens entsteht und mit ihm sich die Lebensgeschichte des einzelnen (geistigbehinderten) Kindes oder Jugendlichen baut. Die Antwort auf die verständliche und gleichzeitig so bedrängende Frage nach einer Methodisierung und damit nach der Machbarkeit einer so verstandenen Bildung im Rahmen der Schule für Geistigbehinderte - besonders als Konzept der "Lebensförderung" - ernüchtert und beflügelt zugleich. Die verständlicherweise erwünschte, systematische Planbarkeit eines "lebens-orientierten Unterrichts" ist leider ebenso wenig zu ermöglichen wie auch die sichere Verfügbarkeit voraus erstrebter Lernerträge. Gleichzeitig eröffnen sich jedoch für den kreativen, vom Leben angeregten Lehrer und Pädagogen neue Wege und andere Schwerpunkte in der Arbeit mit behinderten Kindern und Jugendlichen - sehr wohl in ständiger Gefahr, sich in den bestehenden Unwägbarkeiten zu verstricken und in der Offenheit zu verlieren.

Um mögliche Mißverständnisse bzgl. der methodischen Gestaltung eines "lebens-orientierten Unterrichts" weitgehend auszuschalten, seien allen weiteren Überlegungen vorweg nochmals zwei Momente problematisiert, die sich im Zusammenhang mit behinderten Schülerinnen und Schülern derzeit großer Beliebtheit erfreuen und wachsende Zustimmung finden - dem "Erleben" und der "Beliebigkeit".

Exkurs: Wider die "Beliebigkeit" und gegen das "Erleben" als unterrichtliche Kategorien

Methodische Gestaltung von Unterrichts- und Lernprozessen nimmt zum einen jene Zugangsweisen des Menschen zur Welt auf, die diesem jeweils möglich sind, zum anderen bevorzugt sie solche, die der Welt und ihren Inhalten bzw. Aspekten entsprechen (vgl. *Fischer* 1981, 145 ff). Während sich "Beliebigkeit" weder in der einen noch in der anderen Sicht hier einordnen, sondern vielmehr auf fehlende Planung schließen und als Ausdruck falsch verstandener Großzügigkeit im unterrichtlichen Vollzug sich bewerten läßt, kann man dem "Erleben" sehr wohl didaktische Qualitäten abgewinnen, wenngleich es häufig als Ersatz für zielstrebige Arbeit "eingesetzt" wird und Ausdruck mancher Hilflosigkeit zumindest bei schwer und schwerst behinderten Schülerinnen und Schülern gilt.

Erleben ist Ausdruck höchster personaler Kompetenz, auf Innen- wie Außenreize höchst individuell zu reagieren, sie zu beantworten und gemäß der eigenen Möglichkeiten auch zu verarbeiten. *Erleben* kann nicht gemacht, höchstens angeregt werden. Um den einzelnen Menschen weder in seiner Befindlichkeit noch in seinem Vermögen zu überfordern, erscheint es ratsam, dessen Erlebnisfähigkeit dahingehend zu respektieren und damit auch zu schützen, indem man ihn nicht einem Dauerstress von Erlebnissen aussetzt.

Situationen, die zu einem Erlebnis werden, stellen höchste Ansprüche an den einzelnen. Sie geben aber gleichzeitig viel zurück, indem sie Anlaß sind zu persönlicher Konzentration und das Gefühl absoluter Stimmigkeit vermitteln. Meist transportieren bzw. entzünden sie Impulse zum Handeln, zumindest verlangen sie nach einem Ausdruck, einer Mitteilung. Völlig verwegen wäre die Annahme, dort, wo Lernen im herkömmlichen Sinne nicht mehr möglich ist, biete das Erleben einen gangbaren, alternativen Weg. Erleben als Methode eingesetzt reduziert jenes personhafte, intensive Geschehen zu einer methodischen Farce. Meist wird über diesen Weg nicht einmal das erreicht, was man über einfachste Formen des Lernens relativ problemlos bewirken könnte. *Erleben* hat keine Ersatzfunktion für ausgefallene, geschwächte oder gestörte Lernkompetenz. Außerdem verträgt Erleben als personaler Akt keine Zuschauer und schon gar keine Beurteiler.

"Erlebniseinheiten" als methodisches Modell (*Breitinger/Fischer* 1981) sind möglich, aber sie sollten die Ausnahme sein. Möglicherweise können selbst schwerst behinderte Menschen durch ein dosiertes, langsames, betontes und auch strukturiertes Vorgehen mehr aufnehmen als durch jene meist komplexen, reizüberfüllten Erlebnis-Situationen, denen häufig wohltuende Klarheit und Transparenz fehlt.

Analysiert man "beliebiges Verhalten" in Unterricht und Erziehung, lassen sich als bestimmende Motivationskräfte kaum andere Momente herausfiltern als Lust und Laune, fehlende oder mangelhafte Planung, geringe Bereitschaft zur Reflexion, ungenügende Berücksichtigung der Schüler und Schülerinnen, fehlende Kommunikation mit ihnen und zu spärliche Vorarbeit seitens des Pädagogen. Die Schüler selbst erleben sich in einem "beliebigen" Geschehen aufgrund fehlender Transparenz, kaum gegebener Vorausschaubarkeit und unsicherer Zielprägnanz dem Pädagogen gegenüber als ausgeliefert und - wenn es um die Wahrnehmung von Lebenssituationen geht, deren Bewältigung und Gestaltung - gravierend benachteiligt, letztlich in ihrem Sosein übergangen.

Die Gefahr, den Unterricht nach dem Prinzip der Beliebigkeit sich mehr oder weniger ereignen bzw. entwickeln zu lassen, nimmt in dem Maße zu, wie das schulisch interne Lernen an Systematik einbüßt und nicht mehr in einer hierarchisierten Stufenfolge angeboten werden kann. Dies ist besonders bei schwer und schwerst behinderten Schülern häufig gegeben.

Beliebigkeit gilt als eine mögliche Kategorie zur Beurteilung von Lernsituationen bzw. deren Lerninhalte im Rahmen von Erziehung und Unterricht. Sie läßt die pädagogisch reflektierte Bezugnahme zum Schüler/zur Schülerin ebenso vermissen wie eine sachlogische Fundierung des Inhalts selbst. Beliebigkeit kann weder ein anthropologisch überzeugendes, noch ein didaktisch-methodisch verantwortbares Mittel darstellen, wenn es um Bildung und Erziehung von Kindern oder Jugendlichen geht. Begrenzte Planbarkeit und reduzierte Machbarkeit von erzieherischen und bildenden Prozessen haben als Gegenbewegung noch lange nicht Beliebigkeit zur Folge. Alle vorausgenannten Beispiele erwecken dennoch den Anschein möglicher Beliebigkeit. Das Gegenteil jedoch ist der Fall, wenn sich ihre didaktisch-methodische Stringenz und inhaltliche Verbindlichkeit auch nur schwer vermitteln lassen.

Wir können allgemein als Maßstab formulieren: In dem Maße, wie wir der subjektiven wie objektiven Bedeutsamkeit des einzelnen Tones, des Bausteines, des Handgriffes, der Dimension 'Höhe', des jeweils gesprochenen Wortes, des Bildes oder einer Darstellung sonst nachspüren oder auch auch im Umgang mit ihnen Bedeutungen neu schaffen, entfernen wir uns aus den Fangarmen lockender Unverbindlichkeit und Beliebigkeit und gewinnen im gleichen Maße die Glaubwürdigkeit unseres Bemühens als sonderpädagogische Arbeit wieder zurück bzw. dokumentieren diese nachweislich und öffentlich.

Ergänzende Hinweise zur methodischen Gestaltung eines "lebensfördernden Unterrichts"

Mit den zurückliegenden Ausführungen zu den Phänomenen "Erleben" und "Beliebigkeit" haben wir noch nichts Konstruktives formuliert, woran man sich als Lehrer und Pädagoge bei der Verwirklichung und Gestaltung eines "lebensfördernden Unterrichts" nun halten könnte.

Wenn wir "Leben" als Ordnungskategorie für Inhalte wie für Ziele einer Schule für geistigbehinderte Kinder und Jugendliche gegen das bislang vorherrschende "Lernen" eintauschten, dann heißt das nicht, daß wir in der methodischen Umsetzung auf Lernen als Art und Weise der Bezugnahme des Menschen zu seiner Welt völlig verzichten könnten und wollten. Lernen wird in seiner gesamten Vielschichtigkeit eine Rolle spielen, wenn es einerseits um Kennenlernen und Vermittlung, andererseits um Erfahrung, Erkennen oder auch nur um Beziehungsnahme und darüber hinaus um Gestaltung geht. Im präzisen, systematischen und kindgemäßen Lernen hat sich bislang die Schule für Geistigbehinderte nicht umsonst viel Wertschätzung und Anerkennung erworben. Insofern bleiben auch alle in der Schule für Geistigbehinderte "Methodischen Modelle" (*Fischer* 1981) unangetastet, wenn sie sich auch in ihrer Gewichtigkeit verschieben und durch weitere zu ergänzen sind.

Leben begegnet uns fast immer nur in Situationen, Aufgaben und Ereignissen, demzufolge werden diese auch stärker in die methodische Gestaltung eines Unterrichts mit geistigbehinderten Schülerinnen und Schülern in den Mittelpunkt rücken. Und wenn dem Menschen tatsächlich einzelne Objekte, Wertvorstellungen, Informationen oder Fähigkeiten begegnen, dann stehen selbst diese immer auch in einem lebensgeschichtlichen Kontext.

Für den Lehrer eröffnen sich dabei *zwei* grundsätzlich unterschiedliche Möglichkeiten - zum einen (1) greift er Lebenssituationen auf, die der Schüler, die Schülerin mitbringt bzw. die sich durch den Alltag bieten, zum anderen (2) versucht er Lerninhalte - seien es Objekte, Informationen, Einsichten, Werte oder Fähigkeiten - in Lebenssituationen, die den/die einzelne/n SchülerIn betreffen, einzubinden.

Eine 'Situation' trägt ihren Wert in sich und empfängt ihn nicht erst durch sich daraus abzuleitende, allgemeine oder übergeordnete Momente. In einer 'Situation' verbünden sich Lehrer und Schüler und schaffen an 'gemeinsamen Inhalten'. Ein 'Lernen in Situationen' verzichtet auf ein systematisches, aufbauendes Lernen als bestimmenden Tenor. Konkretisierung erfährt dieses Lernen im "Projekt-Unterricht", im "Lernen außer Haus" oder als "Aufgabenfolge" (ebd.) - letztlich in Unterrichtsformen der "kommunikativen Didaktik". Allerdings geht ein "lebensfördernder Unterricht" an entscheidender Stelle über dieses Didaktikverständnis hinaus, weil es sich nicht mit entstehenden sozialen Prozessen begnügt, sondern *subjektiv bedeutsame Qualitäten* schaffen will und im *Bewirken* durch den einzelnen Schüler, die Schülerin zusätzlich Aufgabe wie Ziel sieht. Letztlich geht es um Bildungsvorgänge einschließlich des Erwerbs von Fähigkeiten und Fertigkeiten, Begriffen und Einsichten, Werten und Haltungen, Daseinsfreude und Lebenssinn.

Situationen 'leiblich-sinnlich' anzugehen, entspricht unseren SchülerInnen ebenso, wie diese kreativ zu gestalten und sie damit letztlich doch auch zu verändern.

Zusammenfassung - und ein Wort zum Schluß

Das Wort "Schluß" in diesem Zusammenhang zu verwenden, erscheint allein deswegen unangebracht: Unsere Überlegungen zu einer "Schule der Lebensförderung" sind noch kaum über die ersten Stufen hinausgelangt. Eigentlich müßte von Beginn und den nächsten Schritten die Rede sein. Angetreten sind wir in den zurückliegenden Ausführungen mit dem Bemühen, auf die Frage, ob Geistigbehinderte "Menschen zweiter Klasse" seien, eine Antwort zu finden.

Wir erkannten darin jedoch einen Anstoß zu grundsätzlicherem Nachdenken über die gesellschaftliche Situation geistigbehinderter Menschen, ihrem Gewordensein und ihrer Erziehung und Bildung - heute. Gleichzeitig versuchten wir, das Tun der Heil- und Sonderpädagogik zu hinterfragen, besonders auf dem Hintergrund der Integrations-Diskussion zum einen und des immer wieder neu brüchigen Lebenswertes und Lebensrechtes vor allem schwer behinderter Menschen zum anderen. Ein Blick in die Geschichte half uns die Positionen 'Liebe', 'Lernen' und 'Bildung' gegeneinander abzugrenzen und sie jeweils in ihrem Eigenwert neu zu würdigen und wertzuschätzen. Wichtiger erschien uns, an die Solidarität zu erinnern, die Menschen untereinander verbindet, wo sie doch vor ähnlichen, letztlich gleichen Aufgaben stehen - das Leben anzunehmen, es durchzuhalten, es zu bestehen und zu gestalten - trotz all der vielen Verletzungen, die das Leben täglich mit sich bringt.

Letzte Gemeinsamkeit aber entsteht erst in der Hoffnung auf ein Ganz-Sein und das Heil-Werden. Beides ist dem Menschen nicht in dessen Verfügungsgewalt gegeben, wohl aber verheißen. Den Weg durch das Leben mit Hilfe erfolgreichen Lernens zu nehmen, ist wohl eine der augenfälligsten, der praktikabelsten und wohl auch der reichsten Möglichkeit. Sie verheißt Lebenstüchtigkeit, Anerkennung und Selbststand. Der den Menschen immer wieder neu bedrängende Vergleich und das noch unmenschlichere Verglichen-Werden - aus dem nach L. *Marcuse* (1981, 63) das "eigentliche Leid" stammt, wird mit Lernen kaum überwunden - im Gegenteil neu angeregt. Der "Modus des Könnens" zieht seine fragwürdige, alles vereinnahmende und letztlich Leben reduzierende Bahn (vgl. *Loch* 1981).

Lernen erleichtert bestenfalls den Anschluß an das "Mainstreaming" der Menschen. Sein Leben erfolgreich aufgrund erreichter Leistungen, von Besitz und Karriere zu leben, erbringt gesellschaftliche Wertschätzung und vorübergehenden Gleichklang mit anderen - trotz der sich bald zu Wort meldenden Wettbewerbs- und Wettkampfsituation.

Bildung dagegen weist auf die eigene Person zurück. Sich abgegrenzt als eigene Person zu erleben, sein Selbst auf- und auszubauen, das im Menschen vorhandene Bild zu entfalten, sein Sollen, zu dem der Mensch berufen ist, zu realisieren und sein Geschick anzunehmen (vgl. *Gadamer* 1991) - das wären Aufgaben, die im Rahmen von Bildung zu nennen und zu verfolgen sind. Dies ist alles andere als ein Konstrukt, sondern im Erleben kaum zu überbietender Stimmigkeit mit sich wie in Übereinstimmung mit der sich klärenden Welt für jeden unzweifelhaft erfahrbar.

Der Mensch entdeckt dabei sein Personsein, er wird sich in diesem "einhausen" (*Hegel*; zit. von *Gadamer*) und sich gründen in dieser scheinbar abweisenden, fremden und unheimlichen Welt. Hingabe und Distanz als polare Lebensbewegungen haben für den Menschen existentielle Bedeutung und schlagen gleichzeitig einen völlig anderen Ton an als das Sich-Verändern mit Hilfe von Lernen. Nicht Aufsteigen, sondern in die Tiefe-Gehen, nicht Dazufügen, sondern Anreichern und Aus-sich-heraus-Bringen sind gefragt.

Lernen in seiner uns bekannten didaktischen Zielorientiertheit und in seiner methodisch gestalteten Systematik haben wir ausgetauscht gegen das Faktum "Leben" als einen sämtliche didaktischen und methodischen Prozesse ordnenden und bedingenden Gesamtzusammenhang und Lernen eine nachgeordnete Position zugewiesen. Die Schule für Geistigbehinderte als "Schule der Lebensförderung" zu beschreiben, bindet Lehrer und Schüler gleichermaßen ein. Hier gilt es dem *Leben* Lernerträge und dem *Lernen* Lebenserträge abzuringen im Wahrnehmen und Verstehen, Klären und Gestalten von Leben und Welt. Die Welt erfährt damit ebenso eine Bereicherung wie die sich bildende und gründende Person. Sie wird im Sinne einer Weiter-Schöpfung fortgeschrieben - auch von schwer bzw. schwerst behinderten Schülerinnen und Schülern. Diese durchbrechen den Teufelskreis einer fortwährenden, entmündigenden Fürsorge und melden sich auf diese Weise in der Öffentlichkeit zu Wort als "In-der-Welt-Seiende", als "Welt-Habende" und als "Welt-Gestaltende".

Der "Beliebigkeit" als methodischer Gestaltungsmodus haben wir ebenso eine entschiedene Absage erteilt wie dem alles vereinnahmenden, letztlich aber vernebelnden "Erleben". Nach unserer Überzeugung kann man geistigbehinderten Menschen unschwer den Weg in jene futuristische "Erste Klasse" ersparen, wenn man ihnen hilft, ihr Selbst und damit ihr Leben aufzubauen. Sie sind schon "wer" - unsere Schülerinnen und Schüler sind letztlich, zumindest für Kenner, bereits "Klasse" ohne jegliche Einordnung, ohne Nachweis und Zahl.

Allerdings bleiben sie doch ein Leben lang abhängig von jenen Menschen, die sich - um mit R. *Kunze*s Worten zu sprechen - "gerne" zu ihnen setzen und sich zu ihnen gesellen. "Gerne setze ich mich zum Taubstummen, um mit Mühe Wörter zu schälen". Dieses "Gerne" entsteht selten nur aus sich heraus - es bedarf einer bewußten Entscheidung. Es kann weder verordnet, noch dazu verpflichtet werden. Freiwilligkeit und Verantwortlichkeit als Maßgabe sind angesagt. Die von R. *Kunze* angesprochene Mühe wird die Mühe aller Beteiligten sein und bleiben.

Weder der Gesellschaft kann man sie ersparen, noch wir als Pädagogen können sie ausklammern. In der Mühe aber ruht der Same jener immer wieder eingeforderten und letztlich tragenden wie auch beglückenden Solidarität.

Wenn A. *Portmann* ermahnt "Wer den Menschen denken will, soll groß von ihm denken!", dann gibt er einen Maßstab vor, hinter den auch wir nicht zurücktreten dürfen, wenn wir geistigbehinderte Menschen bei ihrem Sich-Bilden und Sich-Gründen begleiten, sie ermutigen und stärken - und die Welt zusammen mit ihnen klären, gestalten und lieben wollen.

Mühe auf sich zu nehmen, sich zu diesem voraus erinnerten "Gerne" zu entschließen und dem Leben in dieser Weise gemeinsam zu dienen - das sind Themen für behinderte wie nicht behinderte Menschen gleichermaßen. Jedes Klassen-Denken bliebe uns dann erspart, dafür aber erkennen wir die Eigentlichkeit der Aufgaben des Menschen, will er in und mit dieser Welt leben: Nicht entmündigendes Helfen oder auf Vergleich zielendes Lernen, sondern lebensorientierte Bewältigung und wirklichkeitschaffende Gestaltung in Form Sich-Bildens und Sich-Gründens heißen in Zukunft unsere Ziele.

Literatur

Adam, Heidemarie: Liebe allein genügt nicht. Stuttgart 1980

Böhm, W.: Was ist Bildung? Vortrag in der Teleakademie. SWF - im April 1991

Braun, W.: Das In-der-Welt-Sein als Problem der Pädagogik. Frankfurt a.M. 1983

Breitinger, M. / Fischer, D.: Intensivbehinderte lernen leben. Würzburg 1981

Fischer, D.: Eine methodische Grundlegung. Würzburg ²1981

ders.: Neue Impulse für die Schule für Geistigbehinderte. Die Schule für Geistigbehinderte - eine Stätte 'leiblich-sinnlicher Kultur'. In: Z Geistige Behinderung. Marburg 4/1988 a

ders.: Der Sonderpädagoge zwischen Professionalität und Mit-Menschlichkeit. In: Adam, G. u.a. (Hrsg.): Erziehen als Beruf. Würzburg 1988 b

ders.: Schulische Einrichtungen und schulische Wirklichkeit - ein Aufgabenfeld für Heilpädagogen? Würzburg 1990 (als Skript vorhanden)

Gadamer, H.G.: Humanismus heute - Anfragen zur Bildung heute. Öffentlicher Vortrag. Stuttgart 1991

Heitger, M./Spiel, W.: Interdisziplinäre Aspekte der Sonder- und Heilpädagogik. München 1984

Hentig, H. v.: Den Menschen stärken, die Sachen klären. Stuttgart 1975

Kegan, R.: Die Entwicklungsstufen des Selbst. Zur Bedeutungsbildung des Menschen. München 1986

Kobi, E.E.: Die Personhaftigkeit des Menschen als Auftrag zu einer ganzheitlichen heilpädagogischen Betrachtungs- und Umgangsweise. In: Eltzner, E. (Hrsg.): Vollzeiteinrichtungen und ihre Angebote. Edition Wittekindshof. Bad Oeynhausen 1988

Loch, W.: Der Mensch im Modus des Könnens. In: König, E./Ramsenthaler, H. (Hrsg.): Diskussion - Pädagogische Anthropologie. München 1980

Marcuse, L.: Die Philosophie des Un-Glücks. Zürich 1981

Petzelt, A.: Die Grundlegung der Erziehung. Freiburg i.Br. 1961

Schmidbauer, W.: Helfen als Beruf. Reinbek bei Hamburg 1983

Singer, P.: Praktische Ethik. Stuttgart 1984

Impulse für die sonderpädagogische Arbeit mit Geistigbehinderten

Leben des Geistes

Es gibt ein Problem ein einziges in der Welt:
Wie kann man Menschen eine geistige Bedeutung, eine geistige Unruhe wiedergeben? Etwas, worauf sie hinniedertauen lassen, was einem Gregorianischen Choral gleicht! Man kann nicht mehr leben von Eisschränken, von Politik, von Bilanzen und Kreuzworträtseln. Man kann es nicht mehr. Man kann nicht leben ohne Poesie, ohne Farbe, ohne Liebe.
 Es gilt wieder zu entdecken, daß es ein Leben des Geistes gibt, das noch höher steht als das Leben der Vernunft und allein den Menschen zu befriedigen vermag.

Aus: Saint-Exupery, Antoine de - Brief an einen General

Gutes über sie denkend nahm ich sie in Schutz.
P. Handke

Um leben zu können, muß man eine *Interpretation* des Lebens haben.
Die Lebensinterpretationen beginnen längst vor den ausdrücklichen
Sätzen, die über Krankheit, Leid usw. und ihren Sinn zu sagen sind.

Kann es nochmals eine Sprache geben, die von vielen gesprochen wird,
die das zerstückelte Leben zusammenbringt und die Geschichten vom
guten Ausgang des Lebens verheißungsvoll aufbewahren wird?

F. Steffensky

In seinem *Sein* bestätigt werden will der Mensch durch den
Menschen - und will im Sein des anderen Gegenwart haben.
Die menschliche Person bedarf der Bestätigung,
weil der Mensch als Mensch ihrer bedarf.
Das Tier braucht nicht bestätigt zu werden, denn es ist, was es ist,
unfraglich. Anders der Mensch: aus dem Gattungsbereich der Natur ins
Wagnis der einsamen Kategorie geschickt, von einem mitgeborenen Chaos
umwittert, schaut er heimlich und scheu nach einem Ja des Sein-Dürfens
aus, das ihm nur von menschlicher Person zu menschlicher Person werden
kann. Einander reichen die Menschen das Himmelsbrot des Selbstseins.

M. Buber

Der schönste Raum ist doch:
in deiner Gegenwart

P. Handke

Die Schule für Geistigbehinderte als Angebotsschule

(1991)

Die nachfolgenden 15 Thesen sind auf dem Hintergrund einer *vier*-schichtigen Zielperspektive zu sehen, die m.E. eine Schule für Geistigbehinderte zu realisieren hat. Allem voran geht es mir um die Gewinnung einer *Mitte* des einzelnen Menschen - in und mit dieser Welt auf der einen wie auch in sich und mit sich auf der anderen Seite zu leben. Mit dieser Absicht "die eigene zu Mitte finden" wird dem zu erziehenden und zu bildenden Menschen ein Stück weit seine Individualität zurückgegeben und er aus den Vorgaben eines objektivierten Bildungs- und Erziehungsverständnisses befreit. Lebensqualität und nicht nur Lebenskompetenzen sind Ziele des Menschen, Lebensbejahung und nicht nur Lebensleistung gelten als anzustrebende Kategorien.

Letztlich aber ist die "Mitte" nur in einem *vierfachen* Sinne zu erreichen -

zum einen	durch ein *Sich-Gründen* und Einwurzeln in die Gegebenheit der Welt,
zum zweiten	durch ein *Sich-Ertüchtigen* und Qualifizieren für diese Welt,
zum dritten	durch ein *Sich-Bilden* in Korrespondenz mit der Welt - und
zum vierten	durch ein *Bewirken* innerhalb dieser Welt bzw. durch ein Neu-Schaffen von Welt.

Während die ersten drei Zielaspekte die lernende Aufarbeitung von Vorhandenem umfassen, stellt der vierte Aspekt stärker das zu lebende Leben selbst in den Mittelpunkt als ein Hineinwirken in die Gegenwart wie in die Zukunft.

Die sich anschließenden 15 Thesen heben sich bewußt ab von dem didaktisch üblichen curricularen Denken. Nicht auf den Schüler, die Schülerin hin sollen Ziele formuliert werden, die ihn/sie unter Erwartungsdruck setzen, selbst dann, wenn man Lernziele menschenfreundlich als "Anrecht des Schülers auf ..." (nach Kl. *Westphalen*) um-interpretiert, sondern die Schule selbst als staatlich gewollte, geschützte und getragene Institution zur Bewerkstelligung von Erziehung und Bildung wird angesprochen als eine Einrichtung, die sich auf eine bestimmte Gruppe von Kindern und Jugendlichen hin einzustellen hat, deren Leben verstehen und deren Lernen gestalten soll.

Die Thesen selbst:

1) Ausgangs- *und* Zielpunkt aller sonderpädagogischen Arbeit einer Schule für Geistigbehinderte ist das *Leben* der einzelnen Schülerinnen und Schüler selbst.

   Leben konkretisiert sich in *Lebenssituationen* und realisiert sich in *Lebenszeit*. Beides sind Momente von unzweifelhaftem Ernstcharakter. In ihnen verbünden sich Schüler und Lehrer gleichermaßen und suchen nach adäquaten Möglichkeiten der Verwirklichung.

   Lernen, Üben, therapeutische und pflegerische Hilfen sind dabei die vorrangig zu wählenden Verfahren, Fähigkeiten und Fertigkeiten, Wissen und Einsichten, Bedeutungen und Werte die anzustrebenden Erträge.

2) Didaktisch-methodisch gesehen versteht sich die Schule für Geistigbehinderte als ein *mehr-dimensionales* Fördersystem. Es realisiert sich als Angebot spezifischen Lernens und Übens, Erkundens und Gewöhnens, Erfahrens und Erlebens, als Therapie und Pflege - jeweils eingebettet in die anstehende Lebenssituation.

An der Umsetzung sind folgerichtig Mitarbeiterinnen und Mitarbeiter aus den Bereichen der Heil- bzw. der Sonderpädagogik ebenso beteiligt wie aus den verschiedenen therapeutischen Feldern, der Pflege, der Psychologie und der Medizin.

3) Die Schule für Geistigbehinderte nimmt die jeweilige *Behinderung* samt allen Folgelasten ihrer Schülerinnen und Schüler in der Weise ernst, als sie nicht nur nach möglichen funktionellen Ausfällen sucht und Zusatzbehinderung zu vermeiden trachtet, sondern gleichzeitig nach dem Erleben derer fragt, die mit dieser Behinderung leben müssen.

Entsprechend fallen auch ihre "Antworten" in Form ihres Angebots an die Schülerinnen und Schüler aus. Sie umfassen neben therapeutischen Hilfen vorwiegend heil- bzw. sonderpädagogische Maßnahmen, und man bemüht sich zusätzlich zusammen mit den indirekt wie direkt Betroffenen um existentiellen Beistand in fachlich-professioneller wie auch in laienmäßig mitmenschlicher Hinsicht.

4) Die Schule für Geistigbehinderte sorgt sich nicht nur um das anzustrebende Können ihrer Schülerinnen und Schüler, sondern thematisiert auch deren *Nicht-Können*. Sie sucht neben Aufbau-, Ausbau- und Ausgleichshilfen nach Verstehens- und Deutungsansätzen dessen, was sich zeigt und was als unveränderlich hingenommen werden muß.

Besonderen Wert legt sie parallel dazu auf eine inhaltlich adäquate Füllung des erreichten Könnens in Form von Fähigkeiten und Fertigkeiten und sucht - unabhängig davon - einen Ausgleich für bleibendes Nicht-Können in bewußter Distanz zu einer vorschnellen Bewertung oder gar Be- und Verurteilung aufgrund gesellschaftlicher Normen.

5) Bei Bedarf sorgt die Schule für Geistigbehinderte für eine angemessene und ausreichende *prothetische* Versorgung ihrer Schülerinnen und Schüler.

Brillen, Hörgeräte und Rollstühle werden dabei an vorderer Stelle stehen neben weiterer spezieller Lernhilfen samt der jeweils notwendigen systematischen Einübung in den Gebrauch und die Gewöhnung eines pfleglichen Umgangs.

6) Die Schule für Geistigbehinderte eröffnet ihren Schülerinnen und Schülern ausreichende *Erfahrungs-* und *Erlebnis-Felder*. Sie trachtet dabei auf das Hineinfinden in die Welt ebenso wie auf einen gezielten Aufbau eines stabilen Selbstbewußtseins.

Damit schließt sie gezielt bestehende Lücken im Erfahrungserwerb mit sich wie mit der Welt. Gleichzeitig ermutigt sie ihre Schülerinnen und Schüler, sich selbst Bedeutungen und Deutungsmuster zu erarbeiten und im Vollzug des Alltags anzuwenden.

7) Die Schule für Geistigbehinderte praktiziert mehr und mehr die *Selbst-* und *Mitbestimmung* ihrer Schülerinnen und Schüler, auch wenn deren Ausdrucks- und Entscheidungsmöglichkeiten diesbzgl. (noch) nicht überzeugen sollten. Hier geht es nicht um ein Partizipieren an vorhandenen Fähigkeiten,

sondern um ein bewußtes und systematisches Realisieren jenes den Menschen in seiner Freiheit auszeichnenden Lebensrechts.

Die Schule dient hierbei in ihrer typischen Vielgestaltigkeit als Lebens-, Erfahrungs- und Übungsfeld. Die LehrerInnen samt allen weiteren MitarbeiterInnen sehen in der Notwendigkeit der Bestätigung und Ermutigung eine ihrer relevanten Aufgaben im Unterrichtlichen wie darüber hinaus.

8) Die Schule für Geistigbehinderte legt auf das *Wahrnehmungs*-Phänomen besonderen Wert; sie arbeitet sowohl an der funktionsbezogenen Differenzierung und Entwicklung des Wahrnehmungsvorgangs wie auch am sinnorientierten Verstehen des Wahrgenommenen selbst.

Die Schülerinnen und Schüler werden zusätzlich zu einem sach- bzw. situationsgerechten "Antwort-Geben" in Form von Handeln oder auch in Form sprachlicher wie nicht-sprachlicher Mitteilung befähigt und ermuntert.

9) Die Schule für Geistigbehinderte sieht in den Möglichkeiten des *Sich-Verständigens* eine Aufgabe von herausgehobenem Wert.

Nonverbale und verbale Formen der Mitteilung wie des Ausdrucksverhaltens werden gleichermaßen eingeübt und praktiziert. Sie bedürfen der zusätzlichen lebenspraktischen Anwendung und der mitmenschlichen Kultivierung.

Sich mitteilen bzw. sich verständigen kann man besser, wenn man etwas "zu sagen" hat. Daß auch geistigbehinderte Menschen in unserer Gesellschaft zunehmend mehr "zu sagen" haben, dafür engagiert sich selbstverständlich auch ihre Schule und sieht darin eines ihrer emanzipatorischen Ziele.

10) Im Phänomen des *Lernens* anerkennt die Schule für Geistigbehinderte eine den Menschen auszeichnende Weise, mit der Welt sich qualifizierend in Kontakt zu treten. Erfolgreiches Lernen erlaubt einen Halt in der Wirklichkeit. Dennoch:

Weder Lernen als Vorgang noch Lernen als Ertrag dürfen zum alleinigen Maßstab der Beurteilung, der Bewertung oder gar zur Aussonderung eines Kindes oder Jugendlichen in seinem Schülerdasein führen.

Lernen konkretisiert in einer ganz bestimmten Weise das In-der-Welt-Sein des Menschen, wobei die Welt sowohl Spiegel als auch Bestätigung ist, Herausforderung wie Übungsfeld ist und damit einen sehr bedeutsamen Ansatzpunkt für das Wachsen des geistigbehinderten Menschen an Leib, Seele und Geist verkörpert.

11) Die Schule für Geistigbehinderte eröffnet neben dem Sport als leiblich-sinnliche wie auch soziale Betätigung Zugänge zur *Kunst* in all ihren Spielarten, Darstellungs- und Ausdrucksformen.

Das gestalterische Moment ist in seiner ganzen Fülle leiblich-sinnlich aufzunehmen und erlebnishaft wie auch geistig zu durchdringen, ohne es auf den sog. musischen Bereich zu begrenzen. Kreativität als schöpferische Kraft des Menschen gilt allererst dem zu lebenden Alltag, dann erst den jeweils sich spezialisierten Künsten.

Kunst kann zu *dem* verbindenden Lebensbereich für behinderte wie nichtbehinderte Menschen werden. Sie trägt auf diese Weise ein integratives Moment in sich, wenn sie zur Quelle des Lebens für alle wird.

12) Die Schule für Geistigbehinderte nimmt *Alters-* und *Geschlechts*gemäßheit an jenen Punkten ernst, wo sich eindeutige Unterschiede ausmachen lassen bzw. zu Wort melden. Hierfür bietet sie ein Feld der Bewußtmachung, der Auseinandersetzung und des Schutzes.

Dem Bemühen um Selbstgestaltung mit den Mitteln der Mode, der Kosmetik und des jeweils aktuellen Lebensstils wie auch den Arbeits- und der Freizeitaktivitäten schenkt sie Aufmerksamkeit und im Hinblick auf die Selbstwerdung des/der einzelnen geistigbehinderten SchülerIn Sympathie. Bei der Alltagsbewältigung leistet sie Hilfe und vermittelt Anregungen zur realistischen Selbst- und Weltgestaltung.

13) Die Schule für Geistigbehinderte arbeitet *integrativ* wie auch kooperativ, auch wenn sie dies zuerst einmal inhaltlich (=ganzheitlich) sieht und dann nachgeordnet - in Form von Projekten, Initiativen und Einzelsituationen - auch organisatorisch.

Zudem bietet sie Möglichkeiten von Partner- und Patenschaften mit anderen Schulen und Einrichtungen.

14) Die Schule für Geistigbehinderte versteht ihre Arbeit auch als *politisch* und sozialkritisch, indem sie sich öffentlich mit ihren Schülerinnen und Schülern solidarisch erklärt, Selbstverständlichkeiten als selbstverständlich einfordert und Unrecht aufzeigt bzw. anklagt und an dessen Beseitigung engagiert (mit)arbeitet.

Gleichzeitig bietet sie Verbesserungsvorschläge an und liefert für einen mitmenschlichen Umgang mit geistigbehinderten Menschen aller Altersstufen und Intensitätsgrade modellhaft Beispiel und Ermutigung.

15) Schließlich geht es der Schule für Geistigbehinderte um das Gewinnen von *Sinn* bzw. um das Erarbeiten von Perspektiven für das Leben ihrer Schülerinnen und Schüler.

Sinn ergibt sich aus bestätigenden Erfahrungen mit der eigenen Person wie auch aus dem Erleben von Geborgenheit, der eigenen Produktivität und der zeichensetzenden Selbst- bzw. Mitbestimmung.

Ein gutes, unverzichtbares Moment sind Bedeutungen, die sich der einzelne Mensch erarbeitet. Sie sind Basis für Lebenswert und Lebensqualität selbst bei vorhandener schwerer und wie auch immer eingrenzender Behinderung.

In jener gezielten und bewußt gehandhabten Bedeutungsarbeit sind alle jene mit einzubeziehen, die ähnliche Ziele für ihr Leben setzen; das betrifft neben den MitarbeiterInnen dieser Schule auch die Eltern, die Nachbarschaft, andere Schulen und die Gesellschaft selbst.

TEIL III

GEISTIGBEHINDERTE
MENSCHEN
UND DIE
GESTALTUNG IHRES
UNTERRICHTS, IHRER
ERZIEHUNG UND BILDUNG

Probleme der Vermittlung

Ein Beitrag zur effektiveren Gestaltung von Unterricht
mit geistigbehinderten Schülern

(1979)

> Da ist vor allem der Wille, Abstand zu schaffen.
> Kultur beginnt nicht mit Zudringen und Anpacken,
> sondern mit Hände-Wegnehmen und Zurücktreten.
>
> Die Höflichkeit schafft freien Raum für den Andern,
> bewahrt ihn vor bedrängender Nähe, gibt ihm seine
> eigene Luft.
>
> *Guardini* 1963

1. Vorbemerkung

Angesichts der augenblicklich stattfindenden didaktischen Diskussion und der Weiterentwicklung der Didaktik selbst von einer rein lernzielorientierten hin zu einer kommunikativen erscheint die obige Ankündigung konservativ und u.U. sogar rückständig. Anstatt die Komplexität von Beziehungs-Verhältnissen im Unterricht mit geistigbehinderten Schülern aufzuzeigen, soll ein Phänomen diskutiert und auf seine didaktische Bedeutsamkeit hin erörtert werden, das im Gegensatz zu kommunikativen Elementen des Unterrichts stark einlinearen Charakter zu haben scheint. Dieses "Nachhinken" im Gesamtfeld der Didaktik ergibt sich aus dem Doppelauftrag der Geistigbehinderten-Didaktik selbst. Auf der einen Seite hat sie natürlich allen neuen, tragenden Ergebnissen der Allgemeinen Didaktik gegenüber offen zu sein, auf der anderen Seite ist sie an ihre Adressaten-Gruppe gebunden und muß in bezug auf deren Erziehung und Bildung - will sie Unterricht optimieren - neue Entwürfe und Entwicklungen prüfen, auswählen und übertragen. Von da aus gilt der Vorwurf *Popp*s, daß sich "eine Tendenz ausbreite, didaktische Fragestellungen auf die Frage der Auswahl und der Legitimierung von Inhalten und deren optimale Vermittlung im Unterricht zu reduzieren" (*Popp* 1976, 19), nicht im gleichen Maße für die Geistigbehinderten-Didaktik.

Beide hier angesprochenen Probleme sind - neben anderen - für den Unterricht mit geistigbehinderten Schülern noch nicht gelöst. Zwar ist das Inhalts-Problem durch die curriculare Lehr- und Lernplanung stärker ins Bewußtsein getreten. Das *Vermittlungs*-Problem dagegen tritt in den Hintergrund, wenn es auch im Schulalltag täglich erlitten, zumindest als belastend empfunden wird und immer wieder durchzuhalten ist.

Wir sehen in der *Vermittlung* einen der wesentlichen Teilschritte unterrichtlicher und pädagogischer Kommunikation und ein Grundelement jeglichen Lernens - zumindest bei personal-geleitetem, wie es in der Schule vorrangig stattfindet, angestrebt und gestaltet wird.

2. Zum Phänomen der Vermittlung

Petrowsky bezeichnet den Unterricht selbst schlechthin als einen "Prozeß der

Vermittlung" (1977, 191). Der Begriff der Vermittlung stammt m.W. aus der Nachrichten-Technik und nicht aus dem Wissenschaftsfeld der Pädagogik. Er kennzeichnet einen Vorgang der Übertragung, konkret der Übermittlung von Informationen, von Kenntnissen, Fähigkeiten und Fertigkeiten, Einstellungen und Meinungen. Diese sind im Sender, in unserem Fall beim Lehrer, gespeichert bzw. vorhanden und zielen auf den Nicht-Wissenden, den Schüler, als dem Empfänger. Damit ist das Beziehungs-Verhältnis zwischen den beiden Partnern beschrieben, ohne den Vorgang selbst schon in seiner gesamten Bedeutung und Dynamik erschöpfend und umfänglich genug erfaßt zu haben.

Der Aktivität auf der einen Seite, die damit auch eine gewisse Dominanz signalisiert, steht Passivität, Aufnehmen, Empfangen auf der anderen gegenüber. Die vorhin angedeutete einlineare Beziehung erscheint sich durch das sich abzeichnende "Aktions-Reaktions-Modell" (vgl. *Schäfer*, zit. in: *Popp* 1986) zu bestätigen. Betrachtet man "Vermittlung" als Phänomen zwischen Menschen genauer, hat diese fast immer einer Sache untergeordnete und damit dienende Funktion.

Die Vermittlung, der gesuchte und angestrebte Kontakt zwischen beiden Partnern, hat nie sich selbst zum Inhalt. *Vermittlung ist immer eine Bemühung um etwas für etwas.* Insofern könnte man sie als eine "mediale Beziehung" kennzeichnen, der die "direkte Beziehung" vorauszugehen hat (vgl. *Voit* 1977, 92). Damit wird die Verflochtenheit in mehrerer Hinsicht deutlich, einmal als Abhängigkeit vom Stoff, dann aber auch abhängig von den Potentialen der Kommunikations-Partner und dem Rahmen-Geschehen, wie es sich als schulisch-organisiertes Lernen darstellt.

2.1 Das Inhaltsproblem

Das, was Unterricht ist und für Geistigbehinderte sein soll, konnte bislang noch nicht eindeutig geklärt werden. Auf der einen Seite wird mit Geistigbehinderten immer noch Unterricht versucht, der sich stark an herkömmliche Vorstellungen von Unterricht anlehnt (stark verbalisierend; hohes Abstraktions- und Begriffs-Niveau; gegliedert nach Artikulations-Stufen usw.) und dabei Gefahr läuft, mit Geistigbehinderten eine "Scheinbewältigung" (*Ulich*) von Inhalten zu inszenieren. Auf der anderen Seite lassen sich aber auch gegenteilige Bemühungen beobachten, die Konkretheit anstreben und Nähe zur Lebenswirklichkeit Geistigbehinderter suchen. Aber auch diese befriedigen und überzeugen nicht, wenn sie das gesamte unterrichtliche Geschehen auf ein rein pragmatisches Ertüchtigen, auf ein Eingewöhnen in Umwelt-Verhältnisse reduzieren, das Klassenzimmer als Lernort aufgeben, Lernen auf den gesamten Tag "verteilen", dabei die von uns beabsichtigte Intensität auf der Empfängerseite vermissen lassen und schulisches Bemühen in seinem Anspruch verharmlosen.

Unterrichtliche Inhalte besitzen nur dann 'didaktische Relevanz', wenn sie "handlungsleitend" (*Ulich*) werden. Dies ist dann der Fall, wenn sie dem einzelnen geistigbehinderten Menschen "in ihrer Struktur verfügbar" sind. Sie haben seiner Lebensbewältigung und Daseinsgestaltung in unserer sozialen, gesellschaftlichen und kulturellen Umwelt als Stützen und Strategien zu dienen und nicht zuletzt Sinn- und Identitäts-Findung zu ermöglichen. Diese relativ anspruchsvolle Zielsetzung, die eine "funktionale Handlungsfähigkeit" ergänzt wissen will durch Ansätze von "Erkenntnisfähigkeit", potentialisiert das Vermittlungsproblem um ein Erhebliches.

2.2 Zur Zielsetzung des Vermittlungs-Vorgang

Ulich nennt als relativ abstrakte Zielsetzung "umschaffende Aneignungs-Prozesse". Damit wird im Gesamt-Prozeß der Vermittlung Lernen mit intendiert. Vermittlung hat nicht nur mit Ablieferung, mit Abgabe von Informationen zu tun. Sie beabsichtigt Übernahme und Integration durch den Empfänger, den Schüler. Sie zielt eindeutig auf Internalisierung.

In Anlehnung an *Ulich* lassen sich *vier* Phasen im Vermittlungsprozeß ausweisen, um vorgenannte Zielsetzung zu erreichen:

- Phase der Verständigung
- Phase der Einigung
- Phase der Akzeptierung
- Phase der Identifizierung

In ähnlicher Weise interpretiert *Wunderlich* den Vorgang der Vermittlung - auf sprachlicher Ebene - von der Hörer-Seite aus (zit. bei *Voit* 1977, 104).

- als einen Vorgang des Verstehens der Intention
- als einen Vorgang des Akzeptierens der vom Sprechen intendierten Beziehung
- als einen Vorgang der Erfüllung der Intention in Übereinstimmung mit sich selbst

Hiermit wird deutlich, daß der Hörer bzw. der Empfänger durch Vermittlungs-Aktivitäten des Lehrers zu umfänglicher Aktivität aufgerufen ist. Nicht Wahrnehmungsleistungen allein, wie man vermuten könnte, sondern interpersonale, psychodynamische Aktivitäten werden als Grundbedingung für erfolgreiche Vermittlung auf der Empfängerseite gefordert. Es sind Aktivitäten, die mit Stellungnahme, Bereitschaft und Auseinandersetzung zu umschreiben sind. In diesem Sinne ist auch *Petroswky* zu verstehen, wenn er feststellt, daß "Kenntnisse, Fähigkeiten und Fertigkeiten, Formen und Ergebnisse von Widerspiegelungen und Steuerungsprozessen des Psychischen im Menschen" sind. "Folglich können sie im Kopf eines Menschen nur im Ergebnis seiner eigenen Aktivität entstehen." (*Petrowsky* 1977, 192). Inwieweit solche Aktivitäten als Umstrukturierungs-Impulse in einer Persönlichkeit zum Tragen kommen, d.h. inwieweit eine Vermittlung "wirksam" wird, hängt u.a. zum einen von ihrer Intensität, zum anderen von ihrer Struktur ab. Sie kann "Stimulierung" wollen, mit dem Ergebnis, lediglich zu aktivieren, sie kann aber auch "Steuerung" sein, mit der Absicht, ein eng umschriebenes Ziel zu erreichen (*ders.* 1977, 192). Die Wirksamkeit von Vermittlung ist nach *Ulich* an Beziehungen nachfolgender Intensität gebunden: "Individuen können nur insofern füreinander Ursache von Verhaltensänderung sein, als sie füreinander und gegenseitig tatsächlich wie potentielle Quellen und Mittel individueller Bedürfnisbefriedigung sind" (*ders.* 1976, 11). Von da aus läßt sich verstehen, daß *Ulich* die Vermittlung "pädagogischen Interaktionen" zuordnet, "die dadurch wirken, daß die durch sie tranformierten Bedeutungen, Erwartungen, Normen usw. durch soziale Erfahrungen, den Aufbau des Selbst, die Entwicklung von Identität verinnerlicht werden" (*ders.* 1976, 184).

Diese inhaltliche Ausweitung einerseits und die Erörterung von pädagogischen Hintergrundfragen andererseits dürfen uns nicht verleiten, den unterrichtlichen Alltag mit geistigbehinderten Schülern im Hinblick auf Vermittlungsprobleme selbst zu übersehen, seine Erschwerungen, seine Notwendigkeiten zu erörtern und zu reflektieren.

2.3 Zur Vermittlung im Unterricht mit Geistigbehinderten

Beim Versuch, geistigbehinderten Kindern eine Aufgabe, eine Geschichte, ein Ereignis zu 'vermitteln', wird man schnell erkennen, daß nicht nur Motivations-, Einstellungs- und Mitschwingungs-Probleme zu Stör-Variablen werden, sondern vorrangig Wahrnehmungs-Unregelmäßigkeiten und Wahrnehmungs-Defizite.

Vermittlungs-Probleme sind weitgehend auch Wahrnehmungs-Probleme.

Für erfolgreiche Vermittlung, unabhängig, ob sie verbal, optisch, sensorisch-taktil oder akustisch geboten wird, sind funktionstüchtige Wahrnehmungskanäle Voraussetzung.

Die Vielfalt möglicher Wahrnehmungsstörungen bei Geistigbehinderten sind bekannt. *Ebersole/Ebersole* (1976) - analog wie *Bush* (1976) in "Psycholinguistischer Sprachunterricht" - greifen in ihrem Buch "Lernen Schritt bei Schritt" eine Reihe davon auf. Alle drei Autoren bieten gleichzeitig sehr gezielte Aufgaben auf verschiedenen Niveaustufen an, Wahrnehmungsfähigkeit zu verbessern und Wahrnehmung zu üben. Ein Lehrer, der sich nicht über die Perzeptions- und Apperzeptions-Leistungen bzw. -Beeinträchtigungen seiner Schüler genaueste Kenntnisse verschafft, steht in unmittelbarer Gefahr, an ihnen "vorbei zu vermitteln".

In diesem Zusammenhang stellt sich ein weiteres Problem, will man Vermittlungs-*Hilfe* leisten. Angebotene Inhalte, ausgesprochene, gemalte, gezeigte Informationen müssen decodiert werden. Daran sind nicht nur kognitive Fähigkeiten mit beteiligt, sondern ein im Schüler vorhandenes Reservoir an Erfahrungen, Vorstellungen und inneren Bildern, an Wörtern und Begriffen, Satzmustern, Strategien usw. Stimmen diese mit denen des Lehrers überein, bezeichnen wir diese als "Identische Elemente". Mit anderen Worten heißt das, der Umfang, die Anzahl und die Qualität, aber auch die Verfügbarkeit vorhandener 'Identischer Elemente' bestimmen das Maß einer erfolgreichen Vermittlung, zumindest in den ersten Phasen des Prozesses als ein beginnendes Verstehen.

Während nicht funktionierende Sinneskanäle - man denke nur an taubblinde Kinder - die Kommunikation erheblich einschränken, aber für den Außenstehenden leichter faßbar sind, entziehen sich die 'Identischen Elemente' selbst der unmittelbaren Beobachtung. Sie haben aufgrund der meist sehr persönlichen Entstehungsgeschichte und der Biographie des Schülers einen individuell getönten, meist nicht objektivierten Inhalt, der dem Außenstehenden in seiner letzten Konsequenz verborgen bleibt. Nun ist es leider nicht so, daß der Lehrer beliebig zwischen den verschiedenen Vermittlungs-Kanälen springen oder 'Identische Elemente' gegeneinander austauschen kann. Dazu sind ihm bereits vom Inhalt seiner Information, seiner Ziele Grenzen gesetzt.

Einer unruhigen Klasse mit geistigbehinderten Kindern anders als sprachlich, zumindest akustisch zu vermitteln, zur Ruhe zu kommen und sich hinzusetzen, erfordert Phantasie und Einfühlungsvermögen. Aber auch die sachstrukturellen Aspekte eines Lerngegenstandes setzen dem Lehrer in seinen methodischen Möglichkeiten sehr schnell Grenzen. Ein Bilderbuch 'stumm' anzuschauen, beeinträchtigt die Freude am Anschauen erheblich. Die Regel eines Spieles ohne Sprache zu erklären, bringt wesentliche Schwierigkeiten mit sich.

Wir könnten die Beispiele vermehren. Immer wieder stellt sich heraus, daß die Vermittlung durch genaue sprachliche Formulierung am besten gelingt, aber auch, daß durch 'analoge Kommunikation', die geistigbehinderten Schülern leichter möglich ist, die Vermittlung an Eindeutigkeit, an Genauigkeit einbüßt, die 'digitale' dagegen, die Sprache erfordert, sie häufig überfordert (vgl. *Voit* 1977, 198, zum Phänomen der 'einfachen Sprache').

In Anlehnung an *Ulich*, der eine intensive Beziehung zwischen zwei Individuen als Voraussetzung für gegenseitige Beeinflussung gefordert hat, ist diese bei Geistigbehinderten in einem sehr konkreten Maße anzustreben. Es muß - bildlich gesprochen - ein 'Draht' zwischen ihnen und dem Lehrer gespannt werden, auf dem man jederzeit senden kann.

Masendorf spricht von "Kontakt-Dichte". Nach meinen Erfahrungen kommt es weniger auf die psychische Dichte als auf das körperlich-konkrete Nicht-Loslassen an. Für einige Kinder kann es tatsächlich ein ständiges, zumindest länger dauerndes An-der-Hand-Führen bedeuten. Bei anderen Schülern genügt häufiger naher Blickkontakt. Geistigbehinderte Schüler dürfen nicht aus dieser Beziehung "fallen". *Winnefeld* spricht von "Kontakteinheiten" (zit. bei *Louis*, 1976), innerhalb deren erst eine Informations-Steuerung erfolgen kann, durch die ein "pädagogisches Feld" (*Lewin*) entsteht. Die Beziehung zwischen geistigbehinderten Schülern und ihren Lehrern ist ausgesprochen schwierig zu gestalten. Viele Geistigbehinderte neigen zu Fixierung, auch zu starren Bindungen, die dann zu unlebendigen, unfruchtbaren Kontaktzwängen werden, andere wiederum sind ständig auf dem Sprung, sich innerlich oder auch äußerlich zu "befreien", um aus dem Feld zu gehen.

Eine positive Beziehung lebt von Inspiration, Aktivität und innerer Lebendigkeit. Eine zu enge Verbindung zwischen Lehrer und Schüler würde aber auch ein zu schnelles gegenseitiges Reagieren nach sich ziehen (z.B.: Der Schüler ist laut, der Lehrer verbietet; der Lehrer ist laut, der Schüler hält sich die Ohren zu) und nicht zu einem überlegten Agieren anregen. Noch immer werden auf dem "Aktions-Reaktions-Modell" Unterrichtsvorbereitungen aufgebaut (Geplantes Lehrer-Verhalten - erwartetes Schüler-Verhalten!). Eine solche Planung sieht Vermittlung als unmittelbares Einflußnehmen vor und schließt die anderen Phasen der Vermittlung - die Einigung, die Akzeptierung, die Identifizierung - völlig aus.

Zu Recht wird diese Beziehung von der Kommunikativen Didaktik als "nicht-pädagogisch" kritisiert, weil diese "sich an einem Subjekt-Objekt-Schema orientiert und Schüler auf die Rolle willfähriger manipulativer Objekte reduziert, die sich der Lehrererwartung vollkommen anpassen müssen" (*Schäfer* 1976; in *Popp* 68). *Schäfer* erwartet von einem didaktisch qualifiziert arbeitenden Lehrer die Bemühung um ein 'interaktives Subjekt-Subjekt-Schema'. Dem Schüler, auch dem geistigbehinderten, muß Freiraum für Eigenaktivität bleiben - bestimmte Lernanliegen im Bereich der Verhaltensmodifikation ausgenommen.

Heinemann berichtet von einer Untersuchung bzgl. der Sprechfreudigkeit und Wort-Produktion bei geistigbehinderten Schülern einer Mittelstufe; diese beiden Phänomene nahmen zu, als die Schüler mehr Freiraum bekamen, bzw. sie nahmen beim lehrergelenkten, lehrerzentrierten Unterricht ab (*ders.* 1975). Nun ist darüber hinaus zu beachten, daß geistigbehinderte Schüler nicht über das Repertoire verfügen, um auf die Aktionen, auf Vermittlungen ihres Lehrers zu reagieren, wie dies umgekehrt der Fall ist. Sie müssen mit einem wesentlich bescheideneren Repertoire auskommen, sei es die Sprache, die Motorik, die Mimik, u.U. auch die emotionale Reaktion betreffend. Dieses Ungleichgewicht von Potentialen zur gegenseitigen Vermittlung wie auch zum gegenseitigen Verstehen haben verschiedentlich in der Geistigbehinderten-Didaktik ihren Niederschlag gefunden.

Stellvertretend seien an dieser Stelle *Goedmann/Koster* (1973) genannt, die Interaktions-Leistungen geistigbehinderter Kinder in sechs Niveau-Stufen einteilen und gleichzeitig brauchbare, weil sehr konkrete Aufgaben für die einzelnen Stufen ausweisen. Ihr Verdienst ist darüber hinaus, den Lern-Niveaustufen Lernziele qualitativ zuzuordnen und damit diese auch zu legitimieren.

Konkret heißt das bei ihnen z.B.:
Ein Kind auf dem A-Niveau (der Stufe der Zuwendung) hat das Lernziel erreicht, wenn es gelernt hat, Zuwendung durch den Pädagogen anzunehmen (vgl. S. 20,21 und S. 50 ff).

Eine ähnliche Stufung der Aktivitäts-Verteilung wurde von uns anläßlich einer Tagung für Ausbildungslehrer an Schulen für Geistigbehinderte entwickelt. Sie hatte zum Ziel, unterrichtliche Interaktionen während unterrichtlicher Sequenzen genauer zu beobachten.

Den *elf* Stufen des *Lehrer*-Verhaltens wurden nachfolgende *elf* Stufen des *Schüler*-Verhaltens gegenübergestellt:

Kategorien für das Lehrer- bzw. Erzieherverhalten gegenüber geistigbehinderten Kindern und Jugendlichen in Aufforderungs- und Vermittlungssituationen	*Kategorien für das Verhalten geistigbehinderter Kinder und Jugendlicher in Aufforderungs- und Vermittlungssituationen*
1. Erzieher versucht, das Kind bzw. den Jugendlichen zu einer Aktivität aufzufordern, gibt auf oder 'erzwingt' die Aktivität, da sich das Kind bzw. der Jugendliche wehrt	1. Reagiert auf keine Aufforderung; entzieht sich einer Annäherung; läßt niemanden an sich heran - versperrt sich Außenimpulsen
2. Der Erzieher führt die Aktion *an* dem Kind bzw. Jugendlichen aus, erwartet noch keine Mithilfe des Kindes bzw. Jugendlichen	2. Ist passiv, läßt mit sich hantieren
3. Der Erzieher führt die Aktion *mit* dem Kind/Jugendlichen aus, erwartet kleine Mitarbeit des Kindes/Jugendlichen	3. Ansatz zum Mitmachen ist zu beachten, läßt mit sich bewußt hantieren
4. Der Erzieher führt die Aktion in Kooperation mit dem Kind/Jugendlichen durch	4. Macht aktiv mit bei körperlicher Hilfe
5. Der Erzieher initiert die gewünschte Aktion beim Kind/Jugendlichen durch motorische Impulse (körperliche "Anstöße")	5. Ist bei den gewünschten Aktionen noch auf motorische Impulse angewiesen
6. Der Erzieher führt die gewünschte Aktion konkret vor	6. Führt nach konkretem Vormachen (konkrete Vorgaben) die gewünschten Aktionen aus
7. Der Erzieher initiert die gewünschte Aktion durch deutliche Gesten in Verbindung mit Signalwörtern oder Mehrwortsätzen	7. Führt die gewünschten Aktionen nach deutlichen Gesten des Erziehers, begleitet vom "Signalwort" oder Mehrwortsatz, aus
8. Der Erzieher veranlaßt die gewünschte Aktion durch verbale Aufforderung, begleitet von einer Geste	8. Kind führt die gewünschten Aktionen aufgrund verbaler Aufforderung, begleitet durch Gesten, aus
9. Der Erzieher gibt verbale Aufforderungen	9. Kind führt gewünschte Aktionen durch bloße verbale Aufforderung aus
10. Der Erzieher stellt die Sache/Situation in den Vordergrund und erwartet sach- bzw. situationsgemäßes Handeln	10. Kind führt die gewünschten Aktionen ohne direkte Aufforderung durch den Lehrer aus (Auslöser ist die Situation)
11. Der Erzieher ist offen für eigene Beiträge des Kindes/Jugendlichen	11. Kind ergänzt/bereichert die gewünschten Aktionen durch eigene Aktivitäten

An dieser Stelle können die Beobachtungs- und mögliche "Verrechnungs"-Modi nicht wiedergegeben werden (vgl. *Fischer* 1976 a), lediglich auf einige Konsequenzen bzgl. der Vermittlung sei hingewiesen:

- Es hat sich herausgestellt, daß Lehrer fast durchweg geneigt sind, ihre Schüler mit einem zu anspruchsvollen Vermittlungs-Niveau zu konfrontieren und sie damit zu überfordern (nach m.E. darf der Lehrer maximal 2 Stufen über dem Schüler-Niveau liegen).

- Wenn sprachliche Vermittlung möglich ist, wird die Vermittlung auf nahezu ausschließliche Verbalisierung beschränkt, alle anderen non-verbalen Stützen bzw. Hilfen werden überraschend schnell weggelassen.

- Wenn Lehrer sich total auf die Stufe der Schüler einstellen, z.B., wenn gemäß dem Schema sich beide auf Stufe 5 bewegen, entsteht ein Spannungsabfall von an sich bestem Einvernehmen zu Beginn bis hin zur totalen Langatmigkeit und Langeweile.

- Es ist sehr schwer, auf den Stufen 1 und 2 so zu unterrichten, daß für die Kinder noch ein angenehmes Gefühl der Freiheit bleibt, bzw. umgekehrt könnte zu naher Körperkontakt nicht genau definierbare, angenehme Reize hervorrufen, so daß es schwer wird, Kinder zu 'höheren' Stufen zu aktivieren und damit das "angenehme Ambiente" aufzugeben.

Gleichzeitig beinhalten solche Stufungen entwicklungspsychologische Strukturen wie sie auch *Ulich* (1976, 185/186) mit "erster Imitation" über "einfache Nachahmungsschemata" bis hin zur "aktiven Beteiligung" und zum "Selbst-Tun" beschreibt.

3. Die Vermittlung und ihr didaktisch-methodischer Ort im Unterricht

Wenn wir eingangs feststellten, daß Vermittlungs-Akte Teile jeglichen Lernprozesses sind, so sind wir doch gehalten bzgl. der Unterrichtsgestaltung differenziertere Aussagen zu machen.

Wir wollen zum einen formal den Ort der Vermittlung im Verlaufe des Unterrichtsgeschehens orten bzw. ausloten, zum andern konkrete Vermittlungs-Aktivitäten darstellen.

3.1 Unterrichts-Struktur und Vermittlung

Allgemein läßt sich die herkömmliche Unterrichts- und Lernstruktur durch nachfolgende Drei-Gliederung charakterisieren:

- die Eröffnungs-Phase (Phase I)
- die Erarbeitungs-Phase (Phase II)
- die Abschluß-Phase (Phase III).

Während in der Phase I die Gewinnung von Lern-Bereitschaft, von Motivation im Vordergrund steht - einschließlich der Vorstellung und Bekanntgabe der Lernaufgabe,

gilt es in der Phase II, die Schüler durch "Regelungs- und Steuerungshilfen" *(Louis* 1976) im Lernvorgang selbst zu stützen, zu kanalisieren, zu stabilisieren.

In Anlehnung an *Winnefeld* unterteilt *Louis* (1976) diese

- nach personalen Tendenzen (als erzieherische Impulse)

- nach verlaufgestaltenden Tendenzen (als eigentliche Unterrichts-Impulse, die direkt auf das Lernen zielen)

- nach stoffanregenden Tendenzen (als Impulse durch den Lerngegenstand selbst, die auf die Auseinandersetzung zwischen Kind und Gegenstand hinzielen)

In der Phase III der Abschlußphase - will Vermittlungshilfe zur Zusammenfassung, zur Vertiefung, aber auch zur Bewußtmachung anregen.

Dieses mehr am allgemeinen Unterrichtsgeschehen orientierte Phasen-Modell läßt sich nur bedingt zur Charakterisierung des Unterrichts mit geistigbehinderten Schülern verwenden. Dort haben wir es mit zunehmenden Lern- und Verhaltens-Problemen zu tun, die eine Erweiterung der Lehreraktivitäten nötig machen und m.E. zu nachfolgendem Stufen-Modell führen.

3.2 Stufenmodell des Unterrichts mit Geistigbehinderten

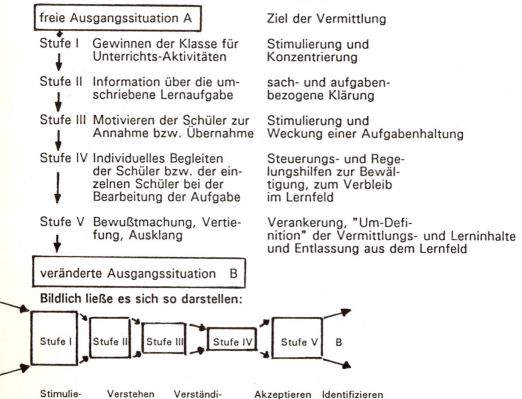

Die Graphik soll den langen Atem einer didaktisch wirksam angelegten Vermittlungs-Hilfe verdeutlichen. Sie führt die Schüler langsam von "ihrer" Situation (z.B. am Morgen nach der Schulbus-Fahrt) über den Morgenkreis zu Lehr- und Lernsituation hin und erreicht so "umschaffende Aneignungs-Prozesse" (*Ulich*).

3.3 Exemplarische "Aktions-Reaktion-Muster" als Vermittlungs-Hilfe

Jetzt wäre interessant, zu den einzelnen Phasen für geistigbehinderte Schüler typische und zugleich geeignete wie auch wirksame Vermittlungshilfen - Stimulierungs-, Steuerungs- und Regelungshilfen - zu suchen, zuzuordnen und zu diskutieren, um das Maß, die Struktur, die Güte und Intensität von Aktion des Pädagogen und Reaktion bzw. Aktion des Schülers kennen und ihre pädagogische Dichte schätzen zu lernen.

Voit (1977, 93) stellt eine interessante Liste von Sprechaktionen und möglichen Reaktionen auf diese zusammen, die, auf andere Sinneskanäle und Persönlichkeitsfunktionen ausgedehnt, für geistigbehinderte Schüler weiterzuentwickeln wären; einige Beispiele aus den verschiedenen Sinnesbereichen sollen stellvertretend genannt werden:

Lehrer Pädagoge	Schüler geistigbehindertes Kind/Jugendlicher	
geben	nehmen	halten, betasten wegwerfen
sprechen singen Geräusche erzeugen	hören	horchen verstehen
zeigen vormachen u.a.	sehen	schauen betrachten
rufen erklären	verstehen	sich dabei etwas denken
anbieten	ablehnen	dieses haben wollen
streicheln berühren	sich wohlfühlen	auf Wiederholung drängen

An dieser Reihe wird deutlich:

a) Es gibt nur einige wenige Interaktions-Schemata, die als Vermittlungshilfe eine "direkte Beeinflussung" erzielen. Und dennoch sind auch diese nicht als ausgesprochen eindeutig zu bezeichnen. Fast alle erlauben ein alternatives Reagieren, das eigentlich schon ein Agieren ist.

    Z.B. Der Lehrer gibt dem Kind einen Ball,

    er vermittelt ihm dadurch sensorische Eindrücke
    er teilt ihm mit: Hier ist dein Ball,
    er macht ihm ein Geschenk
    er veranlaßt ihn zu neuen Empfindungen, Erfahrungen

    Der geistigbehinderte Schüler kann sich sehr unterschiedlich verhalten:

Er kann den Ball festhalten
ihn abtasten
ihn wegwerfen
damit manipulieren
ihn gerne mögen

b) Vermittlungshilfen lassen sich demnach nach

- direkter Einwirkung
- alternativer Einwirkung (Einflußnahme)
- kommunikativer (partnerschaftlicher) Einflußnahme

und je nach ihrer Zielsetzung bzgl. ihrer

- therapeutischen Einwirkung
- didaktisch-methodischen Einwirkung
- pädagogischen Einwirkung

unterscheiden.

c) Die Vermittlung und damit auch deren Ergebnis ist abhängig von der gewählten Form, und diese ist abhängig von Sinneskanälen und deren Funktionalität.

Informationsvorgabe	-	Informations-Übernahme
Vormachen	-	Nachmachen
Erzählen	-	Wiedererzählen, Meinung bilden
häufiges Wiederholen	-	Prägung, Formung usw.

d) Die Vermittlung kann in ihrer Wirkung - je nach der Vorgabe - von einer lediglichen Speicherung, einer Abnahme oder Aufnahme bis hin zu einer echten Verarbeitungs- mit anschließender output-Leistung führen, die *Ulich* als "Um-Definition" bezeichnet (und letztlich dem therapeutischen Geschehen zuweist).

e) Selbst bei stringenter Vermittlung verbleibt dem geistigbehinderten Schüler Freiraum für eigene Interpretation und eigene Umsetzung, die letztlich alleinige Voraussetzung für Identifikation mit dem Angebot ist und damit für das Erleben von Sinn.

4. Der Beitrag zur effektiveren Gestaltung von Vermittlung im Hinblick auf geistigbehinderte Schüler

Ulich meint, daß "Veränderung der Sprache kein taugliches Mittel" sei, "Beziehungen zu verändern" (1976, 130). Nachdem sich herausgestellt hat, daß letztlich jegliche Vermittlungshilfe auf Interaktion und Kommunikation zielt, fordert dies, die "kommunikative Kompetenz" (*Popp*) Geistigbehinderter zu erweitern. Sowohl durch konsequenten Aufbau und Ausbau des Reservoirs "Identischer Elemente", als auch durch Schaffung von Freiräumen, von einem Nicht-Zulassen fixierender Bindungen, ist dies zu ermöglichen.

Das Anbilden und Benützen von Sprache ist insofern doch "taugliches Mittel", als sie darauf hinführt, die analoge Kommunikations-Struktur zugunsten der digitalen abzulösen. Darüber hinaus ordnet, klassifiziert und integriert Sprache und ermöglicht so dem geistigbehinderten Schüler ein höheres Aktions-, Verständigungs- und Identifikations-Niveau (vgl. Beobachtungs-Schema).

Zu wenig war bisher die Rede von Ich-Stärke und Ich-Identität als Voraussetzung für Kooperation und Kommunikation, auch um die Stufen der Vermittlung zu durchschreiten, wie wir sie vorgegeben haben (vgl. *Schäfer*; in: *Popp* 1976, 67). Sie kann bereits dadurch unterstützt werden, daß geistigbehinderte Schüler angehalten werden und lernen, von sich mit *Ich* zu sprechen, anfangs dabei auf sich deuten, u.U. vorübergehend die Redewendung benützen: Ich, der Franz, möchte ...

Eine mehr außengeleitete Stabilisierung verfolgt die Absicht, feste Interaktions-Muster konsequent aufzubauen und einzuschleifen. *Wellendorf* (zit. bei *Ulich* 1976, 77) nennt diese "Rituale" und versteht darunter ähnliches, was im Bereich der Verhaltens-Modifikation mit "Aufforderung" und "Aufforderungs-Training" bezeichnet wird (vgl. *Schmitz*, 1976).

Neben elementaren Kontakt-Beziehungen wie Blickkontakt, Fixieren und Verfolgen akustischer und optischer Reiz-Quellen sind Aufforderungen wie: komm; geh'; hole; lege; schreibe, male; stelle; schau; horch'; nimm; gib usw. von fundamentaler Bedeutung und als Erleichterung von Vermittlungsaktivitäten zu sehen.

Ähnlich hilfreich sind Arbeitstechniken wie

- Herrichten des Arbeitsplatzes
- Aufräumen der Spielecke
- Aufhängen der Malarbeit
- Stellen der Stühle in den Kreis
- Aufbau des Overhead-Projektors u.a.

und der Aufbau von Gewohnheiten

- auf ein bestimmtes Zeichen auf den Platz zu gehen
- sich in eine Reihe zu stellen
- beim Unterrichtsgang zu zweit zu gehen usw.

Bei der Gestaltung und Formulierung von Vermittlungshilfen für geistigbehinderte Schüler wird immer wieder auf Klarheit, Einfachheit, Gegliedertheit, Strukturiertheit (vgl. *Voit* 1977) verwiesen und angeregt, das Vermittlungsgeschen insgesamt zu entflechten (*Petrowsky*). Zu wenig wird das Vermittlungs-Verhalten des Lehrers problematisiert, das zumindest bei geistigbehinderten Schülern entscheidend ist. Dazu kann gehören:

- die lokale Distanz zu geistigbehinderten Kindern zu reduzieren
- (aber auch) zu große Nähe und Dichte aufzugeben
- nach Möglichkeit - vor allem in der Grundstufe und im Sonderkindergarten - auf Augenhöhe mit geistigbehinderten Kindern zu sprechen (nicht stehend zu sitzenden Schülern)
- die Anweisungen, Vermittlungen mehrdimensional zu gestalten
- vor Phasen der Information durch ein Signal besondere Aufmerksamkeit herzustellen
- eine äußere Ordnung zu schaffen, die auch leichter eine innere ermöglicht

Zum Schluß sei an eine an sich selbstverständliche Grundtatsache erinnert, daß durch eine positive, kommunikative Atmosphäre in der Klasse die beabsichtigte Vermittlung und gleichzeitig deren "Ankommen" ganz wesentlich erleichtert wird. Geistigbehinderte Schüler müssen in Ruhe und Entspanntheit lernen können, auf Vermittlungsangebote zu reagieren wie auch zu agieren und sie als den entscheidenden Anteil des Unterrichts zu empfinden.

5. Abschließende Gedanken

Wir haben uns in den vorausgegangenen Überlegungen mit einem Phänomen des Lehrens - einem Kernbereich des Unterrichts - befaßt, dem der Vermittlung. Sie ist als Sammelbegriff zu verstehen und subsumiert sowohl indirekte als auch direkte Lehreraktivitäten, die darauf zielen, unterrichtliche bzw. lernorientierte Tätigkeiten der Schüler im Hinblick auf ihre Bildung und Erziehung zu optimieren.

Wir mußten feststellen, daß Vermittlungs-Tätigkeiten nicht nur lerntechnische Bedeutung haben, im Sinne einer bloßen Übermittlung von Information, sondern Teil-Bereiche der pädagogischen und unterrichtlichen Kommunikation und Interaktions selbst sind, indem sie geistigbehinderte Schüler zu Aktivitäten des Lernens führen und sie in den Lernprozeß selbst einbinden.
 Darüber hinaus gilt "Vermittlung", besonders im Rahmen von Unterricht und Bildung geistigbehinderter Schüler, als eine fundamentale und elementare Aufgabe zugleich. Der Lehrer vermittelt kraft seiner sonderpädagogischen Qualifikationen, aber auch aufgrund seiner persönlichen Entscheidung, geistigbehinderten Menschen Inhalte, d.h. Phänomene, Erscheinungen und Sichtweisen unserer Welt, gleichzeitig Situationen und Anlässe, sich diese möglichst im Miteinander zu erschließen. Ohne eine solche Vermittlung, ohne diese Transformation würde der geistigbehinderte Mensch der Außenstehende bleiben. Erst durch Vermittlungshilfen öffnen sich für ihn Chancen "des Welt-Habens" und "des In-der-Welt-Seins".
 "In" der Welt, "in" der Gesellschaft jedoch ist der Geistigbehinderte erst, wenn er sich selbst vermitteln, mitteilen kann und sich "zur Sprache bringt". Wem sollten seine Vermittlungs-Akte mehr gelten als seinem Lehrer? Wer kann sie besser entschlüsseln als er? Wer antwortet ihm stimmiger? - vorausgesetzt, dieser verzichtet auf Macht (*Thalhammer* 1976; *Ulich*, 1976).
 Nicht befassen konnten wir uns mit Grenz-Problemen der Vermittlung, z.B. bei autistischen Kindern, bei Kindern, die wir als intensiv-geistigbehindert bezeichnen oder solchen mit Bewußtseinsstörungen.
 Auch wäre intensiver der Frage nachzugehen, inwieweit Sinn-Strukturen einem anderen Menschen nicht doch auch vermittelt werden können, oder ob man hier wie kaum in einem anderen Feld ausschließlich auf Aktivitäten der "umschaffenden Aneignung des anderen" angewiesen ist.
 Unabhängig davon ist anzustreben, daß die personal-geleitete, 'mediale Vermittlung' in eine 'neutralisierte', sachgeleitete Vermittlung überzuführen ist (vgl. *Voit* 1977, 92). Dann erst ist der geistigbehinderte Mensch in der Lage, Informationen aus der Umwelt, aus Sachen, aus Situationen zu übernehmen, d.h. sich diese vermitteln zu lassen, ohne direkte Hilfe eines anderen - und das in zunehmender, selbstgeleiteter und eigenverantworteter Souveränität.

Literatur

Ahlborn, H.-U.: Kommunikation und Lernprozesse. Zur Praxis pädagogischer Beeinflussung. Stuttgart 1975

Angermaier, M.: Psycholinguistischer Entwicklungstest. Manual. Weinheim 1974

Autoren-Kollektiv des Instituts für Defektologie: Grundlagen der Bildung und Erziehung anomaler Kinder. VEB, Berlin 1977

Bauer, I./Fischer, D.: Neues Lernen bei Geistigbehinderten - Wir lernen mit dem

Overhead-Projektor. Würzburg 1978

Blankertz, H.: Theorien und Modelle der Didaktik. München 1972

Bush, W.J.: Psycholinguistischer Sprach-Unterricht. München 1976

Ebersole/Ebersole, M. u.a.: Lernen Schritt für Schritt. München 1976

Fischer, D. u.a.: Beobachtungsschema zur Einschätzung von Unterricht mit Geistigbehinderten. Arbeitsergebnis einer Fortbildungstagung mit Ausbildungslehrern. München 1976 a (unveröffentlicht)

ders.: Zur Planung und Vorbereitung von Unterricht für Geistigbehinderte. Instituts-Skript. München 1976 b (unveröffentlicht)

ders.: Rettet die Erziehung. In: Z 'Zur Orientierung'. Stuttgart 2/1977

Fritz, J.: Interaktionspädagogik. München 1975

Goedemann, M.H./Kloster, H.: Was tun mit diesem Kind? Weinheim 1973

Goffman, E.: Interaktion: Spaß am Spiel. München 1973

Grosman, Maria: Zum Problem der Unterrichtssprache bei Geistigbehinderten. Zulassungsarbeit. München 1975 (unveröffentlicht)

Grundler, Monika: Möglichkeiten der Beobachtung von Interaktionen zwischen Erzieher und Kinder in der Schulvorbereitenden Einrichtung aus sonderpädagogischer Sicht. Zulassungsarbeit. München 1977 (unveröffentlicht)

Hanke, B./Mandl, H./Prell, S.: Soziale Interaktion im Unterricht. Darstellung und Anwendung des Interaktions-Systems von N.A. Flanders. München 1973

Heinemann, H.: Ausmaß, Struktur und sozialer Bezug von Gesprächen in der Mittelstufe geistigbehinderter Kinder. In: Z f. Sonderpädagogik. Berlin 2/1975

Heinemann, P.: Grundriß einer non-verbalen Kommunikation. Saarbrücken 1976

Koskenniemi, M.: Elemente der Unterrichtstheorie. München 1971

Kretschmar, R.: Lernstörungen - Störungen im Lernprozeß. In: Z f. Heilpädagogik. Hamburg 4/1976

Louis, Brigitte: System didaktischer Tendenzen nach Winnefeld. München 1976

Petrowsky, A.: Entwicklungspsychologie und Pädagogische Psychologie. Berlin 1977

Popp, W.: Kommunikative Didaktik. Weinheim 1976

Reinert, G.B./Thiele, J.: Pädagogische Kommunikation. Ratingen 1976

Rohr, Chr. (Hrsg.): Verhaltensänderung. Psychologische Theorien der Veränderung menschlichen Verhaltens. München 1972

Schmitz, E.: Elternprogramme für behinderte Kinder. München 1976

Speck, O.: Kommunikation mit Geistigbehinderten. Gast-Vorlesung an der

Universität Würzburg. 15.6.1977 (unveröffentlicht)

Speck, O./Thalhammer, M.: Die Rehabilitation der Geistigbehinderten. München 1974

Thalhammer, M.: Informationsprobleme als belastende Bedingungen für Interaktionsprozesse mit intelligenzbehinderten Menschen. In: *Baier, H. (Hrsg.):* Beiträge zur Behindertenpädagogik in Forschung und Lehre. Rheinstetten 1976

Ulich, D.: Pädagogische Interaktion, Theorien erzieherischen Handelns und sozialen Lernens. Weinheim 1976

Voit, Helga: Sprachaufbau beim gehörlosen Kind aus der Perspektive gestörter Beziehungen. Rheinstetten 1977

Wagner, K.D.: In: *Roth, L.:* Beiträge zur empirischen Unterrichtsforschung, Auswahlreihe B 21. Hannover 1969

Winkel, R.: Der gestörte Unterricht. Bochum 1976

Winnefeld, F.: Pädagogischer Kontakt und pädagogisches Feld. München 1974

Wendeler, J.: Psychologische Analysen geistiger Behinderung. Weinheim 1976

Ratings-Skala zur Einschätzung eines Unterrichts mit geistigbehinderten Schülern im Hinblick auf die gezeigte Leistung des/der Unterrichtenden

(1979)

Die nachfolgende Skala ist aus einer vielschichtigen und vielseitigen Praxis der Sonderschullehrer- und Heilpädagogen-Ausbildung - vorwiegend aus der Phase II - heraus entstanden. Dabei konnten nicht alle wichtigen Punkte gleichermaßen berücksichtigt werden. Zudem relativiert sich der eine oder andere Aspekt je nach der Art und Befähigung, dem Alter und der augenblicklichen Lebenssituation der zu Beurteilenden und zu Beratenden. *Neue* Schwerpunkte wie zum Beispiel 'integriertes Arbeiten' oder 'alte Fragen' wie die nach den Kulturtechniken lassen sich ohne große Mühe einbringen. Die nachfolgende Ratings-Skala ist ein typisches *Einschätzungs*-Instrumentarium. Es geht nicht um eine exakte Leistungsmessung, eher um ein Visualisieren - sowohl für den/die Unterrichtenden als auch für den/die BeraterIn - der jeweils gezeigten bzw. erreichten Leistung. Die als "z.B." angegebenen Unterpunkte können jederzeit erweitert werden. Manchmal ist es direkt notwendig.

Die Ratings-Skala soll als Einschätzverfahren nach folgenden Kategorien erfolgen:

0 = nicht unbedingt notwendig, aber auch nicht zu beobachten
1 = auf alle Fälle notwendig und richtig, ausgezeichnet erfüllt
2 = notwendig, richtig, gut erfüllt
3 = notwendig, nur bedingt richtig, befriedigend erfüllt
4 = notwendig, aber ungeschickt gehandhabt, zu wenig vorhanden, nur ausreichend erledigt
5 = notwendig, eindeutig falsch, kaum vorhanden, nur mangelhaft eingebracht
6 = unbedingt notwendig, aber nicht zu beobachten

Literatur: - Standford-Bewertungsbogen zur 'Erfassung der Lehrfähigkeit'. In: Olivero/Brunner, Micro-Teaching. München 1973

Der ausgefüllte Bogen dient in erster Linie dem gemeinsamen Gespräch, das durch diesen hoffentlich eine wohltuende Versachlichung erfährt und nicht einer möglichen Beurteilung oder Zensierung von Unterrichtsleistungen.

Die nachfolgende Ratings-Skala gliedert sich in die *drei* wesentlichen Arbeits-Schwerpunkte; die Reihenfolge dabei ist bewußt gewählt:

- der *pädagogische* Aspekt
- der *didaktische* Aspekt
- der *methodische* Aspekt

Da sowohl pädagogisches wie auch unterrichtliches Handeln immer nur als kommunikativer Prozeß zu verstehen ist, hat auch eine solche Einschätzungs-Skala nur einen begrenzten Wert.

Sie muß aufgefangen und gestützt werden durch das Argument, das der einzelne Lehrer/die Lehrerin einbringt und wodurch die gezeigte Entscheidung oder vollbrachte Handlung erst ihre eigentliche Bedeutsamkeit erhält. Unterrichtliches wie erzieherisches Handeln ist in seiner Güte nie allein durch einen Außenstehenden zu beurteilen und demnach auch nicht ausschließlich von ihm zu bewerten. Auf das gemeinsame Gespräch kommt es entscheidend an!

I. Pädagogischer Aspekt	0	1	2	3	4	5	6
1. Umgang mit dem geistigbehinderten Menschen (z.B. Problem der Haltung, der eigenen Dynamik, der Förderung in pädagogischem Sinne)							
2. Führung geistigbehinderter Menschen (z.B. Problem der gezielten Einflußnahme, der Bewältigung schwieriger Situationen, der Konsequenz u.a.)							
3. Beitrag zum ICH-Aufbau (z.B. Maßnahmen zur Ich-Stabilisierung, zur Bewußtmachung)							
4. Frage der Würdigung bzw. der Kritik (z.B. für den/die betreffenden geistigbehinderten Schüler verstehbar; Lob, Tadel, "Strafe" mit Alternativ-Angebot für Verhalten)							
5. Frage der Sozialisation (z.B. Möglichkeiten für den Geistigbehinderten, soziales Verhalten zu erlernen und zu erleben, Konflikt-Lösungshilfen adäquater Art)							
6. Atmosphäre in der Klasse (z.B. Gestaltung des Klassenraumes, funktionsgerechte Strukturierung, freundliche Atmosphäre untereinander)							
7. Lehrersprache (z.B. für den geistigbehinderten Schüler verstehbar, bildreiche Sprache, bei intensivbehinderten Schülern Sprache als Medium!)							
8. Selbsttätigkeit des geistigbehinderten Schülers, der Schülerin (z.B. bestehen Anlässe zum Selbsttun, zur Eigenaktivitität; Umwandlung von individuellen (Auto)-Aktivitäten in sach- und situationsadäquate?)							

II. Didaktischer Aspekt	0	1	2	3	4	5	6
9. Stimmigkeit des Lernvorhabens (z.B. Auswahl der Lernvorhaben, Eindeutigkeit, Angemessenheit der Ziele für den einzelnen geistigbehinderten Schüler?)							
10. Umfang der Lerninhalte (z.B. Angemessenheit; Individualisierung; Reduktion auf Elementares; "didaktische Bescheidenheit")							
11. Vorbereitung des Lernvorhabens (z.B. Gründlichkeit; Fleiß; Reflexion; indiv. Arbeitsmittel; Anschauungsmittel; Organisation)							
12. Gestaltung des Lernvorhabens bzw. des Lernprozesses (z.B. Gliederung in kleine Schritte; Tätigkeitswechsel; Wechsel der Lernebenen; Rhythmisierung)							
III. Methodischer Aspekt							
13. Frage der Motivation (z.B. geschickter Einstieg; Motivierung zu den einzelnen Tätigkeiten; individuelle Motivation einzelner Schüler)							
14. Veranschaulichung/Konkretisierung (z.B. adäquate Veranschaulichung durch konkrete oder bildhafte Medien; ausreichendes Handeln; Vermeidung von Verbalismus)							
15. Arbeitsmittel - Bilder - Lernmaterialien (z.B. die Menge betreffend; individuell; differenziert; mit Lernkontrolle; zielorientiert)							
16. Einsatz von Lern- und Arbeitsmaterialien (z.B. didaktischer Ort; verstehbare Erklärung; Dauer; Konfrontation)							
17. Erlebnisbetontheit, emotionaler Aspekt (z.B. Vermeidung einseitiger kognitiver Beanspruchung; ebenso wie reines Training; Aspekte des Erlebens - jedoch ohne Überforderung)							

	0	1	2	3	4	5	6
18. Begriffe, Symbole, Signale (z.B. gezieltes und reflektiertes Einsetzen; keine Überhäufung; Gewöhnung an Symbole/Signale)							
19. Sprach(aufbau)hilfen für den geistigbehinderten Schüler (z.B. geeignete, effektive Sprachhilfen; individuell eingesetzte)							
20. (Senso-)motorischer Aspekt (z.B. Erwerb von lebenspraktischen Fertigkeiten; Sensorik und Motorik als Lernhilfe, als Erfahrungshilfe für geistigbehinderte Schüler)							
21. Produktives Denken bzw. entdeckendes Lernen (z.B. Konfrontation; Zeit für Selbstertfinden; Anerkennung fremder Lösungen; Irrwege zulassen und aufarbeiten; Strukturierung von Denk-Prozessen)							
22. Musisch-spielerisch-gestalteter Aspekt (z.B. Berücksichtigung dieser Lern- und Erfahrungsmöglichkeit im Lernprozeß							
23. Anwendung, Übung, Festigung (z.B. Bemühung um Sicherheit der Lernergebnisse; klare Zielvorstellung, differenziert, individuell, motiviert, Medien)							
24. Frage nach Lernkontrolle (z.B. konsequente, u.U. für den geistigbehinderten Schüler verstehbare Form der Lernkontrolle)							
25. Team-Arbeit bzw. Einbeziehung mit Mitarbeitern (z.B. die Organisation und Durchführung von Pflegemaßnahmen; Übertragung von Arbeitsaufgaben; Art der Vorbereitung; Kommunikation während des Unterrichtsgeschehens)							

Lebenspraktische Förderung geistigbehinderter Menschen

Anspruch und Wirklichkeit -
Forderung oder Überforderung?

(1980)

Vorbemerkung

Im Vergleich zu Fragen, die Mitarbeiter und Betroffene in der Behinderten-Arbeit derzeit beschäftigen - es sind Fragen der Integration, der Förderung Schwerstbehinderter, Fragen nach der Eingliederung ins Berufsleben - nimmt sich dieses Thema "Lebenspraktische Förderung geistig Behinderter" als nahezu harmlos aus. Ein Thema von gestern?

"Von gestern" ist dieses Thema tatsächlich. Man beschäftigte sich mit Fragen einer lebenspraktischen Erziehung und Bildung zu jener Zeit, als man versuchte, die Erziehung und Bildung von Menschen mit einer geistigen Behinderung systematischer anzugehen und zu umschreiben. Es sollte und mußte ein *Gegen-Konzept* zum herkömmlichen Bildungsverständnis gefunden werden, das sich als vorwiegend intellektualistisch und an Kulturtechniken im weitesten Sinne orientiert erwies. Es sollte eine Bildungskonzeption entstehen, die *alle* Menschen einschloß und nicht die große Menschengemeinschaft in zwei Gruppen teilte: für die einen die kulturbezogene, intellektuell ausgeformte Bildung, für die anderen eine konkrete, lebenspraktische Förderung. Daß es anders kam, ist ein Grund, über dieses Thema erneut nachzudenken.

Eine *lebensorientierte Bildung* nimmt das Leben in seiner tatsächlichen Gestalt, in seinen Bezügen, in den Anforderungen und Konflikten des Alltags ernst, ohne darin abzugleiten, Bildung lediglich als eine Vorbereitung für jenen Alltag zu sehen. Bildung ist ein Fortführen und Herausfinden des bereits begonnenen Werdevorgangs - das Werdens einer Person im Menschen.

Aus dem Bemühen heraus, einen Weg zu den Dingen des Lebens zu finden, Inhalte einer lebenspraktischen Erziehung zu ermitteln, Ziele einer lebensnahen Förderung auszumachen, hat sich eine Entwicklung angebahnt, die die ursprüngliche Absicht kaum mehr erkennen läßt. Unsere allzu große Sympathie zum Konkreten, zum Machbaren und zum Machen hat die *lebens-bezogene* Erziehung und Bildung zur *lebens-praktischen* Förderung reduziert und diese nicht selten zum Erlernen lebenspraktischer Fertigkeiten zusammenschmelzen lassen. Sämtliches Nachdenken über Erziehung und Bildung geistigbehinderter Menschen wurde von dieser Entwicklung so durchtönt und eingefärbt, daß man Mühe hat, für diese Gruppe anders zu denken und mit ihr anders zu handeln. So sehe ich die Aufforderung, einige Überlegungen zur "lebenspraktischen Förderung" geistigbehinderter Menschen anzustellen, als eine Herausforderung, diese Entwicklung an einigen Stellen wenigstens zu durchstoßen und den Faden dort wieder zusammenzuknüpfen, wo er abgerissen scheint. Ich will dies anhand von *sieben Aspekten* tun, die mich in diesem Zusammenhang in ihrer Bedeutsamkeit überzeugen.

Aspekt 1

Lebenspraktische Förderung - ein hoch aktuelles und grundlegendes Thema

Noch immer ist nicht ausreichend diskutiert und entschieden, was ein geistigbehindertes Kind lernen soll. Man hilft sich nicht selten mit Schlagworten: Es muß das nachlernen, was ein nicht behindertes Kind ohne Hilfe von sich aus gelernt hat; oder man weicht auf die allgemein gültige curriculare Formel der Berliner Schule aus (*S.B. Robinsohn*): Ein Kind soll in der Schule die Qualifikationen erwerben, mit deren Hilfe es zukünftige Lebenssituationen bewältigen kann.

Will man diese Aussagen konkreter fassen, gelangt man zu nachfolgender Beschreibung:
Geistigbehinderte Menschen sollen lernen, wichtige Handgriffe des täglichen Lebens zu verrichten; sich selbst zu beschäftigen; einfache Arbeiten auszuführen; sich in den Familienverband besser einzugliedern; persönliche Beziehungen zu anderen Menschen (aus der WfB; aus der Nachbarschaft) aufzunehmen; im Straßenverkehr einigermaßen sicher zu sein (aus einer Elternbefragung). Ergänzend werden dann noch Wünsche bezüglich des Verhaltens genannt wie: nicht so viel herumzurennen; nicht immer solche Laute auszustoßen; besser das Sprechen zu lernen usw..
   Zusammengenommen zeichnen sich diese Ziele durch Konkretheit und Einfachheit aus und entsprechen somit herkömmlichen Vorstellungen von "lebenspraktischer Erziehung".
   Reichen diese Leistungen aber aus, um die Konfrontation mit der Wirklichkeit aufzunehmen und durchzuhalten und in der Gegenwart als Kind *und* in der Zukunft als Erwachsener befriedigend zu leben? Um in unserer Welt zu bestehen, um dabei sein und mitmachen zu können, benötigt man nicht nur lebenspraktische Fähigkeiten - wie oben beschrieben, sondern sehr wohl auch psychische Kräfte und psychische Fähigkeiten wie Stabilität, Selbstvertrauen, Daseinsfreude und Lebensbejahung. Zudem sind auch kognitive Fähigkeiten, Kulturtechniken im weitestens Sinn, gefordert.
   Unsere Welt ist selbst im kleinsten Bereich eine zunehmend kognitiv strukturierte, keine, die sich allein dem praktischen Handeln erschließt; und "im Leben stehen" oder sich "auf dem Lebensweg befinden", stellen Aufgaben dar, *Lebens-*aufgaben, die nicht allein motorisch oder mit einfachen Handgriffen des täglichen Lebens zu meistern sind. Allein aus diesen wenigen Hinweisen wird deutlich, daß eine "lebenspraktische Förderung", die sich vorwiegend auf das Erlernen von lebenspraktischen Fertigkeiten hin versteht, nicht jene Lebenshilfe erbringen kann, der Menschen mit einer geistigen Behinderung dringend bedürfen.
   Bei weiterem Nachdenken lassen sich weitere *fünf* Gründe nennen, das Konzept einer "lebenspraktischen Förderung" kritisch zu hinterfragen:

1. aus didaktischer Sicht

Bislang ist weder begrifflich noch inhaltlich exakt geklärt, was man unter "lebenspraktischen Fähigkeiten" und damit auch unter einer "lebenspraktischen Förderung" versteht - 'Knöpfe schließen' oder 'Ehrgeiz entwickeln'? Erfahrungen aus Schulen und Tagesbildungsstätten bestätigen die Bevorzugung von Lerninhalten auf vorwiegend motorischer Basis, was zwar die Konkretheit unterstreicht, die inhaltliche Einseitigkeit aber voll zum Tragen bringt.

2. aus lernpsychologischer Sicht

Das Lernen "lebenspraktischer Fertigkeiten" (z.B. Hände waschen) beansprucht (nur) ganz bestimmte Lernniveaustufen. Meist vollzieht es sich über ein Vor- und Nachmachen (Nachahmungsfähigkeit bzw. Imitationslernen). Es bedarf vorwiegend der Einübung und Gewöhnung, selten des Versuchs und Irrtums.

Wir wissen, daß der Mensch nicht nur durch das geprägt wird, *was* er lernt, sondern auch durch das, *wie* er lernt, *wie* er ein Wissen, eine Haltung, eine Fertigkeit erwirbt. So ist aus lernpsychologischer Sicht eine Förderung, die sich vorwiegend als "lebenspraktisch" im motorischen Sinne versteht, als einseitig zu bezeichnen. Sie beansprucht und aktualisiert zu wenig andere Lernmöglichkeiten (z.B. das entdeckende oder problemlösende Lernen) und damit zu wenig andere Lernstrukturen, die dem geistigbehinderten Menschen - sicher in unterschiedlicher Weise - auch zur Verfügung stehen. Damit ist nicht nur eine zu geringe Beanspruchung der Denkfähigkeit zu beklagen, sondern auch eine zu geringe Inanspruchnahme vorhandener Motivationskräfte und eine ebenfalls einseitige, letztlich reduzierte Befähigung des geistigbehinderten Schülers selbst.

3. aus entwicklungspsychologischer Sicht

"Lebenspraktische Fertigkeiten" sind Teilaspekte einer Handlung. Sie zielen insgesamt auf Handlungsfähigkeit *und* Handlungsbereitschaft (= Handlungskompetenz). Sie setzen meist bei Handlungsansätzen an, d.h. sie setzen Handlungsansätze voraus. Somit wird nicht nur das vorhin beschriebene Lernniveau, sondern auch ein bestimmtes Entwicklungsniveau gefordert (nicht nur im Bereich der Motorik). Nicht alle geistigbehinderten Schüler werden dies aufbringen, und selten werden alle in der Lage sein, dieses zu erreichen (z.B. bei intensiver geistiger Behinderung).
Eine Bildungskonzeption, die sich primär als "lebenspraktisch" versteht, schließt geistigbehinderte Kinder aus. Allein aus diesem Grund ist diese aus sonderpädagogischer Sicht als unzureichend zu bezeichnen.

4. aus sog. ökonomischer Sicht

"Lebenspraktische Fertigkeiten" zielen auf Ertüchtigung für die bzw. in der Gesellschaft, konkret auf Einrichtungen und den damit verbundenen Anforderungen (Verkehr, Geschäftsleben, Werkstatt für Behinderte, Freizeit- und Konsumindustrie).
Eine Bildungskonzeption, die sich ausschließlich auf lebenspraktische Ertüchtigung ausrichtet, läuft Gefahr, einem Pragmatismus zum Opfer zu fallen, den der betroffene behinderte Mensch selbst nicht auszusteuern imstande ist. Nicht selten schützt den behinderten Menschen sein Nicht-Können, bzw. sein eindimensionales Können liefert den geistigbehinderten Menschen an das System der Abnehmer aus.
Nicht jedes Können ist daher schon als positiv zu beurteilen. Der Bezugsrahmen einer neuen Fähigkeit ist stets mitzudenken. Nur von da aus kann man sich für das Erlernen einer bestimmten Fähig- oder Fertigkeit entscheiden. Das Bildungsangebot insgesamt muß verantwortet werden, nicht nur die einzelne Leistung oder Fähigkeit selbst.

5. aus anthropologischer Sicht

"Lebenspraktische Förderung" läuft Gefahr, in einer Banalisierung von Bildung und Erziehung zu enden. Sie berührt oft nicht mehr als die äußere Schicht unseres Lebens. "Leben lernen" und "Leben können" bedeuten mehr, als Fähigkeiten des Alltags zu beherrschen.

In nicht wenigen Fällen müssen Menschen aufgrund einer vorliegenden massiven motorischen Behinderung oder totalen Sinnesschädigung ohne die Ausübung jeglicher lebenspraktischer Fertigkeiten auskommen (vgl. *K. Wiesenhütter*, in: Der Mensch ohne Hand. 1979, 29). Sie bestehen ihr Leben trotzdem - dann nämlich, wenn sie Wachsein und Bewußtheit, Lebensbereitschaft und Daseinsfreude (zurück-)gewinnen.

Leistungen der Ich-Stabilität und der sozialen Befähigung sind demnach ebenso "praktisch" wie 'Knöpfe schließen'. 'Eine Blume schön zu empfinden' und sich an ihr zu freuen, trägt zur Lebensbewältigung ebenso bei wie 'den Wasserhahn betätigen zu können'.

Diesen kritischen Einwänden gegenüber lassen sich ebenfalls *fünf* Momente nennen, die *für* die Einbeziehung und damit *für* eine Vermittlung "lebenspraktischer Fähigkeiten" - also *für* eine "lebenspraktische Förderung" - sprechen:

1. "Lebenspraktische Förderung" konkretisiert Erziehung und Bildung geistigbehinderter Menschen. Sie bringt Konkretheit in den erzieherischen Alltag und sensibilisiert jene, die sich um geistigbehinderte Menschen bemühen. Der Betroffene hat von einer solchen konkreten Lernarbeit mehr, als wenn er nur gemocht wird oder sich der oft sehr kurzfristigen 'Liebe' professioneller Mitarbeiter ausgesetzt fühlt.

2. "Lebenspraktische Förderung" zielt auf Handeln und damit auf Aktivsein. Die Gefahr, geistigbehinderte Schüler nur zu beschäftigen (oft auch im Sinne einer falsch verstandenen "Arbeitstherapie"), wird damit überwunden.
    Mehr lebenspraktische Fähigkeiten ermöglichen mehr Ausgriffe in die Welt und verhindern, sich nur mit sehr begrenzten Teilausschnitten unserer Welt zufrieden geben zu müssen (bis hin zu stereotypen Umgangsweisen).

3. Das Erlernen und auch das Ausüben "lebenspraktischer Fertigkeiten" ermöglichen vielfältigen Kontakt zur Umwelt. Viele geistigbehinderte Kinder werden neugierig, fangen an, ihre Welt interessant zu finden und beginnen Dinge zu untersuchen und zu erforschen; daß sie dazu Anregung, Führung und Bestätigung brauchen, erklärt sich von alleine.

4. "Lebenspraktische Fertigkeiten" leisten einen nicht zu unterschätzenden Beitrag zur "funktionalen Tüchtigkeit".
    Jede einzelne lebenspraktische Fertigkeit setzt sich aus einem Bündel von Teilleistungen zusammen, so z.B. der Wahrnehmung, der Greiffunktionen, der Merkfähigkeit. Das Erlernen des Schleifenbindens - nahezu eine abiturwürdige Leistung geistigbehinderter Schüler und ihrer Erzieher - erbringt eben auch eine Verbesserung der Handmotorik, des beidhändigen Arbeitens, der Wahrnehmungsfähigkeit usw. im Sinne "paralleler Lernerträge" (*Fischer*).

5. Werden "lebenspraktische Fähigkeiten" richtig erlernt und vor allem richtig angewendet, erlebt das geistigbehinderte Kind nicht nur einen umweltbezogenen Leistungsfortschritt, es erlebt sich im Versuch *und* als Träger dieser neuen Leistung. Allerdings kommt es auf uns an, solche Ich-kann-Gefühle von Beginn an bereits zu bestätigen.

Zusammenfassung

An den wenigen Momenten ist das Für und Wider "lebenspraktischer Fertigkeiten" im Rahmen aller Bildungs- und Erziehungsbemühungen deutlich geworden. "Lebenspraktische Förderung" umschreibt *einen* wichtigen Teilaspekt. Sie gilt als eine *Grundaufgabe* aller Anstrengungen in der Erziehung und Bildung Geistigbehinderter. Sie darf jedoch nicht fürs Ganze stehen. Die Verantwortung des Sonderpädagogen erstreckt sich dabei nicht nur auf die Auswahl und auf das Erlernen "lebenspraktischer Fertigkeiten", sondern jeweils auch auf das Umfeld und auf die individuelle Lebenssituation des einzelnen Kindes.

Aspekt 2

Was aber sind nun "lebenspraktische Fertigkeiten"?

Wollten wir jetzt in einem Brainstorming-Verfahren "lebenspraktische Fertigkeiten" nennen, würden mit einer gewissen Häufigkeit wohl solche aufgezählt, die u.a. mit der Selbstversorgung (sich an- und ausziehen können, Hände waschen), dem Verkehrsgeschehen oder der zeitlichen Orientierung in Verbindung stehen. Bei einer genaueren Analyse dieser einzelnen lebenspraktischen Fähig- und Fertigkeiten wie Dose öffnen, Brote streichen, Treppen oder Aufzüge benützen, schälen sich gleichbleibende Handlungsmuster oder Handlungsstrategien heraus, die zur Bewältigung wiederkehrender, ähnlicher Situationen im Alltag dienen.

Von da aus läßt sich nachfolgender Definitionsversuch verstehen:
"Lebenspraktische Fertigkeiten sind konkrete Handlungsabläufe (Handlungen) auf vorwiegend motorischer Basis, die trotz ihrer Tendenz zur Automatisierung der kognitiven und psychischen Steuerung bedürfen, sollen sie lebenspraktische Fälle oder täglich wiederkehrende Alltagssituationen bewältigen helfen".

Dieser Definitionsversuch befriedigt wegen der Verwendung weiterer, jetzt nicht zu klärender Begriffe nur bedingt. Er macht aber deutlich, daß "lebenspraktische Fertigkeiten" mehr sind als "skills" - wie die Amerikaner sagen -, daß sie immer nur *Material* zur Bewältigung von Lebenssituationen darstellen und daher der Ergänzung durch weitere Fähigkeiten bedürfen. Aus der amerikanischen Psychologie ist noch der Begriff "daily-life-activities" bekannt geworden. Er beschreibt sehr deutlich die enge Verflochtenheit zum Alltag, gleichzeitig auch die wiederkehrenden Situationen, die mit dem persönlichen Leben jedes einzelnen in Beziehung stehen.

Ergänzend zur o.g. Definition erscheint aber noch ein weiteres Moment bedeutsam. Die einzelnen "lebenspraktischen Fertigkeiten" repräsentieren ein sehr unterschiedliches Handlungs- bzw. Anspruchsniveau.

Es lassen sich *drei* Gruppen voneinander unterscheiden:

Gruppe 1 *funktions*bezogene "lebenspraktische Fertigkeiten"
(motorische Vorgänge)

Gruppe 2 *handlungs*bezogene "lebenspraktische Fertigkeiten"
(Handlungen im eigentlichen Sinne)

Gruppe 3 *situations*bezogene "lebenspraktische Fertigkeiten"
(Vorhaben, Projekte, Situationen)

Nachfolgende Beispiele verdeutlichen die Unterschiede:

Gruppe 1 Flasche öffnen oder Saft ausgießen

Gruppe 2 Saft selbständig nehmen und eingießen

Gruppe 3 Gäste mit Getränken bewirten

Von Gruppe zu Gruppe nehmen nicht nur die Komplexität der Handlung selbst, sondern auch die kognitiven Anforderungen und die Bedingungsfaktoren der jeweiligen lebenspraktischen Fertigkeit gravierend zu. Übermäßig große Anteile an Gewöhnung oder an mechanisch-funktionalem Einüben setzen der notwendigen, lebensbezogenen Anwendung und Ausgestaltung spürbare, oft unüberwindliche Grenzen. Gerade aber auf eine solche *Ausgestaltung* von Details (bei *N.C. Kephart*: "Daten") käme es an. Dennoch müssen wir Erzieher und Lehrer uns ausreichend Gedanken machen zur *technisch-funktionalen* Seite der "lebenspraktischen Förderung". Hierbei geht es vorwiegend um das Phänomen der Motorik als der sichtbaren Basis des Erlernens und Ausübens "lebenspraktischer Fertigkeiten". Die Hand - das wohl wichtigste Werkzeug des Menschen - gewinnt dabei führende Bedeutung.

Aspekt 3

Die Hand als wichtigstes Werkzeug beim Erlernen "lebenspraktischer Fertigkeiten"

Dieser sog. technisch-funktionale Aspekt ist weitaus vielfältiger als weithin angenommen. In der sonderpädagogischen Diskussion kommt dieser überhaupt nicht oder nur einseitig zur Sprache. Er umschreibt nicht nur Greifschemata oder Bewegungsmuster, nicht nur motorische Grundfunktionen oder Bewegungsqualitäten. Er deutet letztlich auf das hin, was Motorik insgesamt darstellt und ermöglicht, eine spürbare und eine aktive Verbindung des Menschen mit seiner Welt (*N.C. Kephart*). Die Hand spielt dabei die führende Rolle. Sie wird nahezu bei jeder lebenspraktischen Handlung beansprucht oder eingesetzt, sei es beim Festhalten am Geländer, beim Drehen des Apfels während des Schälvorgangs oder beim beidhändigen Arbeiten während des Schleifebindens.

Die Hand gilt als "Werkzeug aller Werkzeuge" (ARISTOTELES - zit. in "Der Mensch ohne Hand". 1979, 18). Sie ist "nicht nur ein körperliches, sondern ebenso ein geistiges Organ und unsere Sinne entfalten, sofern sie in der tastenden, greifenden, zeigenden Hand wie von Freiheit inspiriert sind, eigene Intelligenz" (a.a.O. S. 23). Fehlende oder unzureichende Tätigkeiten mit der Hand schaffen nicht nur reduzierte Intelligenz, sondern bringen auch Isolation, ja Verlust der menschlichen Ganzheit.

Das Isoliertsein von der Welt ist sicher nicht nur ein Problem geistigbehinderter Menschen. Bereits Eltern von Grundschülern klagen, daß Stillsitzen in der Schule mehr erwünscht und gefördert wird als manuelle Geschicklichkeit und manipulierende Entdeckerfreude. Das geistigbehinderte Kind lebt als "geschlossenes System" (*K. Lewin*) in seiner Welt - relativ unverbunden mit der sog. unseren. Durch seine Hände hat es die Möglichkeit, Verbindungen herzustellen, wenn ihm dazu Gelegenheiten gegeben werden, wenn wir seine Hände als *das* Geschenk, als seine Möglichkeit von Bildung schlechthin erkennen und zu entfalten wissen. Wir geben ihm die Hand, wir streicheln seine Hände. Wir halten sie fest, lassen ihn Beruhigung erleben, Kraft in ihn einströmen.

Das Tun des geistigbehinderten Kindes wird anfangs ein sehr stürmisches, wenig gesteuertes Agieren sein. Über ein vielfältiges Ertasten und Erfühlen wird es zum Greifen und Loslassen kommen - als Grundvoraussetzung für jegliche lebenspraktische Tätigkeit. Auf der Basis von Greif- und Hantierfreude erst wird ein Kind lebenspraktisch zu fördern sein, werden sich lebenspraktische Fertigkeiten bahnen, formen und differenzieren lassen.

An sich ist es ein wechselseitiger Prozeß: Das Kind bewegt mit seinen Händen die Welt, aber auch das Kind wird über seine Hände von der Welt bewegt. Durch Greifen und Loslassen, Hantieren und Manipulieren sammelt es Greiferfahrungen, Eindrücke und Einsichten - und gewinnt so Vorstellungen über die Eigengesetzlichkeit dieser Welt. "Lebenspraktische Förderung" ist eine Erziehung und Bildung über die Hand! Erlernen "lebenspraktischer Fertigkeiten" gilt als ein Lernen mit der Hand. Wieviel Unglück ungesteuerte oder spastisch gelähmte Hände auslösen können, wissen nicht nur wir Erzieher, und wie schwer es ist, in Hände, wenn sie verformt und ungelenk sind, "lebenspraktische Fertigkeiten" einzubetten, wissen all jene, die mit geistigbehinderten Kindern schon Schreibversuche probiert oder das Schneiden-Lernen mit der Schere versucht haben.

Das Erlernen "lebenspraktischer Fertigkeiten" verbessert nicht nur die Handgeschicklichkeit. Es gibt darüber hinaus den Händen ein Ziel, es schafft Lebenssituationen, die als sinnvoll erlebt werden können. Es läßt das behinderte Kind seine individuellen Möglichkeiten entdecken - Möglichkeiten, die auf Grundbedürfnisse wie die des Schaffens hinweisen. Somit wird aus dem Lernen über die Hand und mit der Hand letztendlich eine Erziehung durch die Hand.

Aspekt 4

"Lebenspraktische Förderung" darf sich nicht nur an der technisch-funktionalen Seite orientieren

Das äußerlich Sichtbare, das leicht Katalogisierbare oder Meßbare hindert uns oft daran, das eigentlich Bedeutsame zu erkennen und uns auf dieses zu konzentrieren.

Neben der *funktionalen* Seite des Erlernens "lebenspraktischer Fertigkeiten" gilt die *inhaltliche* Seite als die wichtigste schlechthin. Welche "lebenspraktischen Fertigkeiten" sollen geistigbehinderten Kindern vermittelt werden? Welche soll man mit ihnen besonders gut üben, welche kann man vernachlässigen? In der Geistigbehinderten-Didaktik unterscheiden wir "subjektiv bedeutsame" und "objektiv notwendige" Gegebenheiten. Hier liegt nach meinem Verständnis ein Schlüssel für die Auswahl von Inhalten einer "lebenspraktischen Förderung", will sie geistigbehinderten Menschen gerecht werden. "Lebenspraktische Förderung" muß sich an den sog. "life needs", dem *subjektiven Lebens-Bedarf* und den *objektiven Lebens-Notwendigkeiten* orientieren. Geistig Behinderte werden aufgrund ihrer Lebensform immer ein Stück mehr in ihrer Individualität bleiben, als es uns manchmal lieb ist. Sie werden aber auch nicht die objektiven Gegebenheiten der Welt so zu ihrer eigenen, zu ihrer subjektiv durchformten umgestalten können, wie das künstlerisch tätigen Menschen gelingt - und dies jener Gruppe meist ohne Einschränkung zugestanden wird.

Lebens-praktisch ist - zusammengefaßt - für ein behindertes Kind all das, was einerseits seiner persönlichen Situation dient, sein Leben bereichert und erleichtert, ihm Möglichkeiten bietet, dieses möglichst auch individuell zu gestalten, *und* andererseits die Türen zur Welt öffnet und hilft, an dieser aktiv teilzuhaben, teilzunehmen und mit ihr zu kommunizieren.

Im einzelnen lassen sich für die anstehenden Entscheidungen folgende Kriterien nennen:

- mehr Unabhängigkeit von Pflege und Pflegepersonen
- mehr Kommunikation und mehr Möglichkeiten der Mitteilung
- mehr Mobilität in der eigenen Befindlichkeit
- mehr Sicherheit im Umgang mit anderen
- mehr Geschick im Umgang mit der Welt
- mehr Souveränität in der Selbstdarstellung und Selbstbehauptung
- mehr Vorbereitung auf das Leben als Erwachsener
- mehr Möglichkeit des Genießens, der Daseinsfreude und Lebenszuversicht

Hinterfragt man diese Kriterien kritisch, drängt sich zunehmend mehr ein *existentieller Aspekt* in den Vordergrund gegenüber dem rein funktional-technischen. Dieser wird nach wie vor seine Bedeutung behalten - wir können es nachvollziehen, wenn wir z.B. nur an das lästige, nicht immer einfache Binden der Krawatte denken. Wie wenig aber solche Fähigkeiten für sich allein erbringen, wird klar, wenn wir geistigbehinderten Kindern das vorsichtige Umblättern in einem Buch zu vermitteln versuchen, diese aber dann nur Kataloge aus Kaufhäusern als "Anwendungsfeld" benutzen und sich in inhaltsleerem Blättern verlieren. Von da aus gesehen erscheint mir treffender, anstatt von einer "leben*sprakti-*

schen Förderung" von einer "lebens*orientierten* Förderung" oder einer lebensorientierten Erziehung und Bildung zu sprechen - und anstatt von "lebenspraktischen Fertigkeiten" von "Lebenstechniken".

Lebenstechniken sind Hilfen, die das Leben besser meistern lassen. Sie binden das "subjektiv Bedeutsame" (z.B. ein Hobby zu erlernen) ebenso ein wie das "unabdingbar Notwendige" (z.B. die 'rote Ampel' benutzen zu wissen). So kann es sein, daß für ein motorisch sehr beeinträchtigtes Kind eben nicht mehr das Knöpfen der Hose oder das Versorgen auf der Toilette im Mittelpunkt steht, sondern das angeleitete und ausgestaltete Anschauen eines Buches, weil dem Kind dadurch "mehr Welt" entgegenkommt als durch mühselig automatisierte Abläufe der Selbstversorgung.

Wer mehr Lebenstechniken besitzt, hat mehr Einwirkungsmöglichkeiten in seine Umwelt. Wer greifen kann, kann sich in schwierigen Situationen festhalten, wer lesen kann, sammelt mehr Informationen auf. Wer laufen kann, kommt zu mehr Dingen hin, als wenn er auf das Bewegtwerden angewiesen ist. Wer ein Instrument spielt, besitzt ein Hobby und ist dadurch reicher und geschützter zugleich gegen aufkommende Langeweile oder gegenüber dem Alleinsein wegen eines fehlenden Partners. Wer weiß, wie man ein Fest gestaltet, besitzt mehr Möglichkeiten, Freundschaften zu pflegen, und wer gelernt hat, zärtlich zu sein, wird Zärtlichkeit empfangen.

Den Erziehern aber stellt sich neben der Auswahl und der Vermittlung von Lebenstechniken ein weiteres Problem: Das der *Ausgestaltung* eingeübter, erlernter "lebenspraktischer Fähigkeiten" zu wirklichen "Lebenstechniken" für den jeweiligen geistigbehinderten Menschen.

Viele können Bilder betrachten und blättern in Ermangelung geeigneter Literatur sich durch Werbeprospekte. Viele können laufen, rennen und springen, haben dies alles mühevoll gelernt, finden für ihr Tun aber kein Ziel. Viele sind in der Lage, einen Cassetten-Recorder zu bedienen, haben aber als Tonkonserve nur die "Biene Maja" zur Verfügung oder die "Kinder-Hit-Parade". Nicht wenige geistigbehinderte Jugendliche lernen mit Begeisterung unsere Gesellschaftstänze, haben aber keinen Tanzpartner für einen heiß erwünschten Disko-Besuch. Mit Techniken des Lebens wachsen die *Wünsche* an das Leben, gleichzeitig an uns als die Begleiter und Betreuer. Damit tut sich ein riesiges Problem einer recht verstandenen "lebenspraktischen Förderung" auf - *das* zentrale Problem schlechthin für alle Eltern, Lehrer und Erzieher behinderter Kinder.

Unsere pädagogische Arbeit wäre verantwortungslos, öffneten wir nur das Fenster zur Welt, die Welt selbst aber bliebe uneinnehmbar, verschlossen, nur zum Anschauen vorbehalten; unser Tun wäre unmenschlich, stellten wir die Welt nur zum Erlernen und zum Einüben der Technik zur Verfügung, nicht aber zum Leben selbst. Das Kind, das seine Hose mühevoll zuknöpfen lernt, muß auch eine neue schöne Hose bekommen. Ein Kind, das Rolltreppe fahren lernt, muß sich auch an einem Ausflug oder auf einen Einkaufsbummel freuen dürfen.

Die Gefahr, im funktionalen Aspekt stecken zu bleiben und nicht zum Leben vorzudringen, ist so groß, daß daran die Aufrichtigkeit unserer Arbeit gemessen werden kann. Dabei sollte eine recht verstandene "lebens-orientierte Förderung" - eine dem Leben zugetane Erziehung und Bildung - die Fülle des Lebens auftun und erst aus der Freude darüber allmählich Schritt für Schritt auch das mühevolle Terrain der funktional-technischen Seite in Angriff nehmen.

So gesehen kann man "lebenspraktische Fertigkeiten" oder - wie wir sagten - "Lebenstechniken" nur mit Liebe lernen; auch wenn es beim "Hose zuknöpfen" bleiben wird, es steht nicht die Pflicht oder die Notwendigkeit im Vordergrund, sondern das Zugetansein zum Menschen und das Erfülltsein vom Leben insgesamt.

Aspekt 5

Warum haben geistigbehinderte Kinder beim Erlernen von "lebenspraktischen Fertigkeiten" bzw. "Lebenstechniken" so viele Schwierigkeiten?

Antwort auf diese Frage zu finden, ist wegen des komplexen Bedingungsfeldes alles andere als leicht.
Neben der vielfältigen motorischen Leistung und den gleichzeitig einhergehenden Belastungen erscheinen nachfolgende Momente mit für die Lernerschwerung ausschlaggebend zu sein:

- zum einen das 'kognitive Moment'
- zum anderen ein 'psychodynamisches Moment'

Zum 'kognitiven Moment'

"Lebenspraktische Fertigkeiten" oder "Lebenstechniken" sind entweder Handlungen oder Bausteine für Handlungsketten.
Eine Handlung zeichnet sich durch Zielgerichtetheit aus. Aufgrund eines vorliegenden Bedürfnisses oder eines Problems entsteht im Menschen ein Ziel und damit eine Zielspannung. Sie hilft ihm, alle notwendigen Fähigkeiten und Kräfte auf dieses Ziel hin zu mobilisieren und zu konzentrieren, nur um dieses Ziel auch zu erreichen.
Geistigbehinderte Schüler erkennen oft das Ziel nicht; vor allem dann, wenn das Ziel in weiter Ferne liegt, haben sie große Schwierigkeiten. Die Fähigkeit zur Ziel-Antizipation, d.h. das Ergebnis ihrer Handlung als Vorstellung vorauszudenken, gelingt vielen geistigbehinderten Kindern nur bedingt. So befinden sich geistigbehinderte Schüler oft in der Situation, etwas lernen zu müssen, was sie nicht verstehen oder dessen Sinnhaftigkeit sie nicht einsehen. Wenn ein Kind kein ausreichendes Bedürfnis für saubere Hände entwickelt, wird es die vielen mühevollen Schritte einer langen Waschprozedur nicht mitvollziehen können. Sein Lernen wird - wenn nicht mit Widerstand - so doch mechanisch erfolgen. Der Erzieher spürt das, das Kind "macht nicht richtig mit". Es fehlt dessen innere Beteiligung.
Erinnert man sich, daß das Konzept der "lebenspraktischen Förderung" einmal als Gegen-Konzept zu einer mehr kognitiv angelegten Bildung gedacht war und sich auch bewußt von Kulturtechniken absetzte, dann erscheinen die letzten Feststellungen eher ernüchternd: Eine "lebenspraktische Förderung" ohne kognitive Leistung seitens des Schülers erscheint als Widerspruch in sich selbst.
Es steckt aber auch ein Appell in diesem Erkennen: Je mehr ein Kind in seiner Denkfähigkeit behindert ist, umso mehr müssen der Lehrer, der Erzieher und auch die Eltern *für* dieses Kind denken.
Aber auch die Erziehung zum Denken wird einen gewichtigen Platz im Insgesamt aller Erziehungs- und Unterrichtsbemühungen einnehmen. Damit meine ich nicht in erster Linie kognitive Förderprogramme. Vielmehr gilt es, das Kind in seinem Wachsein herauszufordern und herauszulocken, es zur Entscheidung und zur Meinungsäußerung zu veranlassen, realistische Vorstellungen und Erwartungen anzubahnen, Ereignisse und Erlebnisse *mit* ihm zu reflektieren, zu bewerten und kritisch beurteilen zu lernen.

Zum 'psychodynamischen Moment'

Der zweite Grund möglicher Lernerschwerungen liegt nach meinem Dafürhalten in psychodynamischen Gegebenheiten.
Sicher, ein Kind mit einem bescheidenen Repertoire an "Lebenstechniken" ist gegenüber dem Kind, das schon recht viel kann, eindeutig benachteiligt. Es ist auf die Zuteilung durch Pflege angewiesen - was heißt, selten die Bedingungen, das Ausmaß, den Zeitpunkt der Pflegeleistungen mit bestimmen zu können. Und dennoch bekommt ein solches Kind in dieser Situation alles, was es vorläufig braucht: Es wird versorgt mit Nahrung, mit frischen Windeln usw., aber auch mit *Zuwendung*. Dafür muß es nicht das Geringste dazu tun - wenn wir einmal von

möglichen (Protest-)Aktionen wie Einkoten, Einnässen oder Erbrechen absehen.
   Völlig anders sieht für ein solches Kind nun das Erlernen von "lebenspraktischen Fertigkeiten" oder "Lebenstechniken" aus. Das bislang passive Kind soll aktiv werden, es soll mittun, es soll sich anstrengen. Und durch die motorische bzw. körperliche Basis ist das Erlernen "lebenspraktischer Fähigkeiten" für viele Kinder wahrhaft eine enorme Anstrengung, solche Fähigkeiten zu erwerben - nicht selten ohne ausreichende Einsicht in das angestrebte oder verfolgte Ziel (s.o.).

Es erfährt aber auch bald, daß ein Selbst-Tun heißt, Dinge des Lebens *allein* tun zu müssen. Jede selbständige Leistung macht die Hilfe und damit auch den Helfer überflüssig. Dieser Tatbestand muß erst als Fortschritt gesehen und als Erlebnis der Befreiung gewollt werden. Lange Zeit empfinden geistigbehinderte Kinder dies anders. Etwas zu können, bedeutet für sie, sich ohne Helfer vorzufinden, bzw. mit fortschreitenden Leistungen immer mehr allein zu sein - allein auf der Toilette, im Bad, allein bei Tisch - und nicht mehr mit dem Schoß oder der Hand der Mutter rechnen zu können. Nebenbei gilt selbstkritisch zu fragen, ob diese Kinder nicht etwas Richtiges empfinden. Was meinen wir mit Selbständigkeit wirklich, unter deren Motto wir so eifrig lebenspraktisch ertüchtigen? Meinen wir tatsächlich mehr an Kompetenz, mehr an Kommunikation, mehr an Ich-Erleben? Meinen wir nicht auch: Jetzt bin *ich* frei, jetzt bin ich sie los - die Last der ewigen Betreuung und Begleitung?

Aspekt 6

Wer darf nun geistigbehinderte Kinder "lebenspraktisch" fördern?

Das Erlernen "lebenspraktischer Fähigkeiten" und die Erarbeitung von "Lebenstechniken" bilden einen wesentlichen Schwerpunkt im Rahmen der Schule für geistig Behinderte - in Bayern innerhalb des sog. Sachunterrichts auf "lebenspraktischer Grundlage". Wer im Heim oder in einer Tagesstätte arbeitet, meldet sich mit Recht zur Stelle: Auch er lernt mit seinen Kindern oder Jugendlichen lebenspraktische Fertigkeiten. Und die Eltern - was tun sie? Verbringen sie nicht mit ihren Kindern den Morgen, den Abend und das Wochenende? Bewältigen sie nicht die oft mühevollen "Randzeiten", wenn ein Kind für den Schulbus "hergerichtet" werden muß oder die oft viel zu kurze Abendzeit, wenn ihr Kind wieder in die Familie zurückkehrt oder die immer wieder problematische Nacht ...? Das alles sind vielfältige Gelegenheiten und Anlässe für das Erlernen von "Lebenstechniken"!
   Die Überzeugung, jedem noch so behinderten Kind Erziehung und Bildung zu ermöglichen, ist in eine fast managementartig aufgebaute Behinderten-Arbeit eingemündet. Sie hat sich zu einer Aufgabe von Professionellen und Spezialisten entwickelt und zu einem Unternehmen objektiviert, wo die gegenseitige Fürsorge als ein "Gemeinsam-unterwegs-Sein" kaum mehr zu entdecken ist. Grundsätzlich möchte ich mich gegen den Begriff "Behinderten-Arbeit" aussprechen. Gartenarbeit oder etwas ähnliches fährt mir dabei in den Sinn. Das Entdecken des Menschlichen als unser gemeinsames Anliegen kommt so wenig mehr zum Ausdruck, daß man sich ernsthaft fragen muß, ob es uns nicht schon entglitten ist. Es ist richtig: Beides gilt es zu bewältigen - die enorme menschliche Aufgabe wie die ebenso bedeutsame fachliche Aufgabe.

Viele Probleme sind so schwierig, daß man sie tatsächlich nur mit speziellen Methoden lösen kann. Und diese gehören nicht mehr in die Hand von noch so engagierten Laien. Allerdings dürfen sich daraus - wie in letzter Zeit immer wieder geschehen - keine Besitzansprüche entwickeln, so wie Sonderpädagogik oder die sog. Behinderten-Arbeit auch nicht eine Angelegenheit ist, die man mit Teestube, Schmalzbrote oder mit Sammel-Aktionen meistern kann. Dennoch sollte man diesen Bemühungen meist junger Menschen ein wenig mehr nachhören: Sie sind bereits aufgebrochen und "unterwegs". Eine sich abzeichnende Polarisierung, die einen kümmern sich ums Leben, die anderen spezialisieren sich aufs Lernen, muß überwunden werden.

"Gemeinsam unterwegs" sein, heißt für mich: gemeinsam leben und gemeinsam lernen. Die Führung, nicht aber den Alleinanspruch, hat der jeweils Zuständige. Dabei ist sicher jedermann einsichtig, daß man zum Erlernen des Klavierspiels oder auch des Tennisspielens einen speziellen Lehrer braucht. Nicht ohne weiteres leuchtet dies ein, wenn man an das Erlernen des Schuhe-Bindens oder des Händewaschens, des Bus-Fahrens oder des Telefonierens denkt. Voll verständlich wird dies auch erst jenem, der sich mit den Problemen der Auswahl, der Analyse, der Vermittlung und der Ausgestaltung solcher Lernziele und Lerninhalte befaßt hat. Hier sind tatsächlich Fachleute unverzichtbare Hilfe, weil sie die notwendigen Kenntnisse aus der Lernpsychologie ebenso einbringen wie ihre Erfahrungen in Methodik und Didaktik. Sie aber schaffen das Ziel nicht allein, weil das Erlernen von "Lebenstechniken" eben keinen vom Leben losgelösten Sachverhalt darstellt, wie es vielleicht die Erarbeitung eines Dramas von SHAKESPEARE sein kann, sondern eine Aufgabe, die vom Leben herkommt und dorthin zurückführt.

Eine einseitige Professionalisierung der sog. Behinderten-Arbeit liefe allen Integrationsbemühungen entgegen. Die Gesellschaft erhält durch uns Professionelle ein Alibi: Mit behinderten Mitbürgern können es nur Fachleute. Sich demgegenüber in einem noch so ehrlich gemeinten Engagement zu erschöpfen - als Folge des Verzichts auf Fachleute -, würde bedeuten, Erziehung und Bildung, Förderung und Behandlung von behinderten Menschen aus dem Gesamtkatalog der Wissenschaftsdisziplinen herauszulösen. Dies wäre ein nicht wieder gut zu machender Schaden für die Betroffenen, aber auch für die Gesellschaft selbst.

Jenes Nachdenken auf theoretischem bzw. auf wissenschaftlichem Sektor erweist sich als einer der Impulse gebenden Pfeiler, an denen sich auch Leben von Menschen mit einer Behinderung festmachen kann. So ist auch in der richtig verstandenen Professionalität ein gewichtiges, wesentliches und damit unverzichtbares Moment der Integration und somit wirkliche Lebenshilfe zu sehen. Aus dieser Sicht ist die Frage nach dem "Wer darf was tun?" unglücklich gestellt. Es gibt - bis auf bestimmte Bereiche in Medizin, Pädagogik oder Psychologie - kaum Aufgaben, die nur dem einen oder nur dem anderen zuzuordnen und zu übertragen sind.

Wichtiger erscheint die Frage: In welchen Bereichen können wir zusammenarbeiten? Diese Frage läßt sich nahezu auf einen Punkt hin konzentrieren und dadurch auch beantworten: Auf jeden Fall in der Frage des Auswählens von Inhalten, im Festlegen der Methoden und im gemeinsamen Durchhalten bei der Realisierung von Lernen.

Kurzzeitiges Engagement, meist mit sehr großem Aufwand, oft mit etwas zu lauten Tönen und fast immer mit großer, innerer Anfangs-Bereitschaft, erbringt selten dauerhafte Lernerfolge. Das Gleiche läßt sich von kurzzeitig angesetzten Therapie-Aktionen sagen. Sie mögen Erfolge zeitigen für den Augenblick; das Leben als Ganzes - die Schicksalsfrage behinderter Menschen - wird davon selten tiefgreifend berührt.

Erziehung und Bildung behinderter Menschen ist nie nur über die Professionalisierung, aber auch nicht über das Kollektiv alleine und schon gar nicht mit Demonstrationszügen zu lösen. Es ist überhaupt keine Frage des Lösens - allein das Wort "lösen" vermag einem Schrecken einzujagen - in Erinnerung an Zeiten, wo man ähnliche Fragen schon einmal relativ endgültig zu "lösen" versuchte. Erziehung und Bildung und noch mehr das "Gemeinsam-unterwegs-Sein" bleiben Aufgabe und Herausforderung an *alle* Menschen, die sich als ICH von einem DU angesprochen fühlen und umgekehrt (nach *Buber*), seien sie nun Laienhelfer oder Professionelle, Eltern oder Erzieher, Lehrer oder Ärzte, Pfleger oder Therapeuten.

Aspekt 7

... und wenn geistigbehinderte Kinder keine "Lebenstechniken" erlernen können?

Diese Frage erscheint mir so wichtig, daß ich sie absichtlich zum Schluß an uns stelle. Sie beinhaltet *die* Herausforderung, sie ist *der* Prüfstein für jegliche Überlegungen im Bereich der Geistigbehinderten-Pädagogik schlechthin. Ein Konzept der Erziehung und Bildung geistigbehinderter Menschen muß für *alle* Gruppen dieser behinderten Menschen offen sein und Gültigkeit haben, will es als ein sonderpädagogisches Konzept überzeugen.

Wir alle aber kennen Kinder und Jugendliche, die bei aller Bemühung - oft über Jahre hinweg - sich nicht anziehen lernen, nicht sauber werden, stets Hilfe beim Essen brauchen, keinen Bus benützen und nicht selbständig telefonieren werden können. Die Ursachen hierfür sind sehr unterschiedlich; sie können mehr im motorischen oder auch im Sinnesbereich liegen, nicht selten aber sind auch psychische Störungen für diesen Tatbestand ausschlaggebend.

Wir erinnern uns: "Lebenspraktische Förderung" strebt Handlungsfähigkeit an. Intensivbehinderte oder schwerst mehrfach behinderte Menschen werden ihr Leben nicht in Handlungsfähigkeit verwirklichen. Handlungsfähigkeit ist nur *eine* Form der Realisation menschlichen Lebens. Handlungsfähigkeit stellt *eine* Form der Beziehung des Menschen zu seiner Umwelt dar und zwar eine Form der Beziehung vorwiegend auf der Leistungsebene. Eine Beziehung vorwiegend über die Leistung - verstanden als Kontaktschiene zur Umwelt - erweist sich allerdings nicht selten als sehr anfällig. Große Einbrüche - zum Beispiel eine Querschnittlähmung oder ein MS-Schub -, aber auch kleinere Störungen wie der verstauchte Finger greifen in diese Beziehungsweise oft vehement und radikal ein. Sie nehmen dem Betroffenen nicht nur die ihm eigene Realisationsmöglichkeit seines individuellen Lebensvollzugs, sondern gleichzeitig seine gewohnte und von ihm gelebte Bezugnahme zur Welt.

Geistig schwerstbehinderte Kinder - oft auch geistigbehinderte Kinder der "Intensivform" (nach *Speck*) - erleben die Umwelt nicht als etwas, das zum Handeln oder zum Aktivsein auffordert, nicht als etwas, in das man durch Handeln oder Tätigsein eingreifen kann, sondern als ein Gegenüber bzw. als ein Umfeld, das vorwiegend "oral-sinnlich" bzw. "kommunikativ-taktil" (*Thalhammer*) zu erleben ist. Sie sind von situativen Möglichkeiten umgeben, in denen man sich vorfindet, die einfach da sind und die man genießen kann. Das Bedürfnis nach Veränderung oder Ausweitung ist nicht ohne weiteres gegeben. Dies mündet in eine Art, in eine Richtung und in eine Qualität von Beziehung, die parallel einer herkömmlich verstandenen Handlungsfähigkeit als bedeutsam anzuerkennen ist und zu den Grundfesten einer lebensorientierten Förderung zählt.

"Lebenstechniken" für diese Gruppe geistigbehinderter Menschen anzubahnen, hieße dann, ihnen vielfältige Möglichkeiten der Beziehung in der oben dargestellten Weise zu eröffnen, ohne eine Sortierung zu erzeugen. Für die eine Gruppe schaffen wir Beziehungssituationen, den anderen vermitteln wir "Lebenstechniken" im Sinne von Handlungsfähigkeit. Es sind zwei Aspekte der ein- und derselben Angelegenheit; dem Erlernen von Handlungsmustern und umschriebenen Fertigkeiten haben immer Erleben und Genießen, Mögen und Ablehnen, Haben-Wollen und Nicht-Wollen vorauszugehen und sollten auch später - parallel zum systematischen Erlernen - ihren festen Platz haben und behalten. Nur so lassen sich tragfähige Verknüpfungen oder Verbindungen als Formen möglicher Beziehungen stiften - unwichtig, ob sich diese dann noch zu "Lebenstechniken" weiterentwickeln und ausbauen lassen oder nicht.

Brauchbare "Lebenstechniken" oder "lebenspraktische Fertigkeiten" müssen von motorischen Elementen ebenso getragen sein, wie sie auch von existentiell bedeutsamen Motiven durchdrungen sind. Nur so vermitteln sie das, was eine *"lebens-orientierte* Förderung", d.h. eine dem Leben dienliche Erziehung und Bildung wirklich kann und eigentlich soll: Lebensbezogenheit und Lebenssicherheit einerseits und Lebenstüchtigkeit und Lebenszutrauen andererseits (*Speck*) im Menschen wachsen zu lassen.

Schlußgedanken

Wir haben zu Beginn gefragt: "Lebenspraktische Förderung" - ein Thema von gestern?

Ich hoffe, es wurde deutlich: Dieses Thema ist aktuell wie nie zuvor. Durch die beabsichtigte Konkretheit und die vermeintliche Einfachheit dieser Erziehungs- und Bildungskonzeption der "lebenspraktischen Förderung" gegenüber intellektualistischen hat diese Konzeption viel von der eigentlichen Lebendigkeit und Lebensbezogenheit verloren. Diese wieder zurückzugewinnen, ist Aufgabe und Faszinosum zugleich. "Gemeinsam unterwegs" (so das Tagungsthema 1980) ohne lebenspraktische Fähigkeiten, erscheint in dem von uns gemeinten Sinne kaum machbar. "Gemeinsam unterwegs" in einer kühl-emanzipierten Selbständigkeit erscheint nicht sinnvoll. Mehr Lebenstechniken ermöglichen mehr Zugriff zum Leben. Ein breiteres Feld an Beziehungen zum anderen tut sich für behinderte wie für nicht-behinderte Menschen auf. "Lebenstechniken" kann nur der vermitteln, über alle Professionalität hinweg, der dies - den technischen Aspekt betreffend - gewissenhaft handhabt und wer dies - das existentielle Moment betreffend - mit Liebe tut.

Liebe zielt dabei nicht nur auf den jeweiligen Ansprech- oder Lernpartner; Liebe spiegelt die Haltung des Erziehers zur Welt und zum Leben wider in Form von Daseinsfreude und Lebensbejahung. Und haben wir selbst davon viel in uns entdeckt, wird es dennoch um so konkrete Aufgaben wie Schuhebinden oder Essenlernen gehen, aber allen mühevollen Aktionen wie diese gewinnen durch diese einen anderen Rahmen und erhalten ein neues Gesicht. Sie lassen etwas von dem aufscheinen, was Nina *Lindenberg* (zit. bei *Müller-Garrn* 1980) so schmerzlich bei der Therapie des kranken Nikolas vermißt.

Sie schreibt: "... aber die Dame ließ forcierte Kuren und Schulungen über den armen Jungen ausgießen: Gymnastik, Medikamente, Lehrer aller Art, Hygiene, Schneider, Orthopäden, Dressur, Dressur ... Kein Stückchen Himmel war dabei, und sei es nur so groß wie ein Taschentuch."

"Lebenspraktische Förderung" oder besser "lebens-orientierte Erziehung und Bildung" ... ein Bildungskonzept für geistigbehinderte Menschen? Ich würde sagen: Ja, wenn es Beziehungen schafft. Und Anspruch, Forderung oder Überforderung? - unter Umständen alles das. Zusammengenommen ist sicher viel Arbeit und viel Mühe beider Partner notwendig, aber hoffentlich auch ein Stückchen Himmel möglich.

Dächten wir doch öfter beim Erlernen des Nase-Putzens an dieses symbolische Taschentuch!

Literatur

Adam, Heidemarie: Arbeitsplan G - Limburg/Lahn 1978

Affemann, R.: Lernziel LEBEN. Stuttgart 1976

Bach, H.: Geistigbehinderten-Pädagogik. Berlin 1972

Bericht zum Symposion (ohne Herausgeber): Der Mensch ohne Hand oder die Zerstörung der menschlichen Ganzheit. Frankfurt 1979

Fischer, D.: Neues Lernen mit Geistigbehinderten - Eine methodische Grundlegung. Würzburg 1978

Fischer, D. / Mehl, Maria u.a.: Neues Lernen mit Geistigbehinderten - Wir lernen in der Küche. Würzburg 1979

Kephart, N.C.: Das lernbehinderte Kind. München 1979

Lewin, K.: Eine dynamische Theorie des Schwachsinns. In: *Weinert, Fr.* (Hrsg.): Pädagogische Psychologie. Köln 1967

Mühl, H.: Handlungsbezogener Unterricht. Bad Godesberg-Bonn 1979

Müller-Garnn, Ruth: Das Morgenrot ist weit. Würzburg 1980

Schmitz, E.: Elternprogramme für behinderte Kinder. München 1976

Speck, O.: Der geistigbehinderte Mensch und seine Erziehung. München 1978

Thalhammer, M.: Zur Erziehung schwer geistig und körperlich behinderter Kinder. Unveröffentlichtes Skript München 1979

Walburg, W.R.: Lebenspraktische Erziehung Geistigbehinderter. Berlin 1972

Wirth, H.J.: Wann kommen die Experten vom Sockel herunter? In: Z Psychologie heute. 1980, Heft 5

Anhang

Anschließend werden einige Anregungen und Hinweise aus bzw. für die Praxis zum "Erlernen lebenspraktischer Fertigkeiten" vorgestellt.
    Sie lassen unsere Interpretation von "lebenspraktischen Fertigkeiten" als "Lebenstechniken" oder "lebens-orientierte Fertigkeiten" so nicht unmittelbar erkennen; dies würde vor allem in der Auswahl im Hinblick auf eine bestimmte Klasse und/oder einzelne Schüler erst möglich sein und anschließend in der Art und Weise der Erarbeitung und Anwendung.

Als wichtigste Regel gilt wohl:
Genaue Fähigkeiten und Fertigkeiten können nicht präzise genug erarbeitet, geübt, angewandt und übertragen werden.

Materialien zum "Erlernen lebenspraktischer Fertigkeiten"

I   Auflistung von Niveaustufen motorischer bzw. lebenspraktischer Fähigkeiten und Fertigkeiten

II   Beispiele von funktions-, handlungs- und situationsbezogenen Fähigkeiten und Fertigkeiten

III   "Wir lochen unser Arbeitsblatt" - Unterstufe

IV   "Wir lochen unser Arbeitsblatt" - Oberstufe

V   Schema samt Anwendung zur Analyse einer lebenspraktischen Fertigkeit

VI Schema der Analyse als Beobachtungs- und Einschätzskala zur Klärung des Ausgangsverhaltens bei den einzelnen Schülerinnen und Schülern - aufgezeigt am Beispiel "Wir streichen unser Brot selbst"

Materialien I zum "Erlernen lebenspraktischer Fertigkeiten"

Je nach Lernschwerpunkt oder Aufgabenstellung beim Erwerb "lebenspraktischer Fertigkeiten" sind nicht nur didaktisch-methodische Entscheidungen zu treffen, sondern voraus gilt es, sich Klarheit über die *Niveaustufen* der jeweils eingeforderten oder auch angezielten *motorischen Leistung* zu verschaffen.

Die sich anschließende knappe Übersicht liefert hierzu *ein* mögliches Beurteilungs- bzw. Einschätzungs-Schema. Die "methodischen Modelle" bzw. Verfahren sind als Impulsgeber, nicht jedoch als zwingend oder gar als ausschließlich anzusehen.

Für den "Sachunterricht auf lebenspraktischer Grundlage" haben die letzten *drei* Stufen Vorrang: (1) funktions-, (2) handlungs- und (3) situations-bezogene lebenspraktische Fertigkeiten.

Lerninhalte	Lernziele	Methodische Modelle
Aktivitäts-Potentiale	Vorhandene Aktivitäts-Potentiale durch Vermittlung von Reizen hervorlocken, aktivieren, kräftigen, formen	Basale Stimulation *(Fröhlich)* Passive Lernangebot *(Fischer)* Aktives Lernangebot *(Fischer)* Basale Aktivierung (*Breitinger*)
Basale Grundfunktionen	Basale Grundfunktionen wecken, anbahnen und ausbilden im Sinne einer Kanalisierung	Funktions-Training Lernen im 1. Signal-System (nach *L. Eichler*) Übung, Spiel - z.B. fixieren, greifen lernen
Basale Fähigkeiten	Basale Fähigkeiten anbahnen, einüben und sichern im Sinne der Automatisierung	Übung, Training, Spiel - z.B. laufen, setzen, bauen, zuhören lernen *(Kiphard, Frostig)*
Grundfertigkeiten	Vorhandene Basisfähigkeiten durch vielfältige Beanspruchung zu Grundfertigkeiten ausbauen	Erlernen eines "motorischen Vorgangs" *(Fischer,* 1978) - z.B. kleben, öffnen, rühren, schneiden lernen
Spezifische Fertigkeiten	Vorhandene Grundfertigkeiten durch vielfältige Beanspruchung und in unterschiedlichen Situationen zu spezifischen Fertigkeiten ausdifferenzieren und integrieren	Erlernen einer "lebenspraktischen Fertigkeit" *(Fischer; Kane; Schmitz u.a.)* z.B. Pflaster aufkleben, Brot streichen, Schuhe binden lernen
Situationsangewandte Verhaltensleistung	Vorhandene spezifische Fertigkeiten durch lebenspraktische Situationen und Aufgaben zu Handlungen bündeln - Handlungsfähigkeit und - Kompetenz anstreben als situationsbezogene VerhaltensleistungLeistung	Vom Erlernen einer Handlung bis zur Bewältigung eines Vorhabens, eines Projekts, einer Situation: (nach *Rabenstein*) "Handlungseinheiten" Sozial- und Realitätstraining "Lernen außer Haus" *(Mehl)* - z.B. Einkaufen lernen, Speisenzubereitung, Handwäsche bewältigen, Geburtstag vorbereiten

Materialien II: Zum Erlernen lebenspraktischer Fertigkeiten

	funktions-bezogene Fertigkeiten als "motorische Vorgänge"	handlungs-bezogene Fertigkeiten als lebenspraktische Handlungen	situations-bezogene Fertigkeiten als Situationsbewältigungen	lebenspraktisch relevant?	motorisch komplex?	kognitiv anspruchsvoll?	Vom Umfeld her schwierig?	Hilfe durch Signale, Begriffe etc.?	bedürfnis-orientiert?
1. Wursthaut abziehen									
2. Zähne putzen									
3. Schraubverschlüsse öffnen									
4. Schuhe binden									
5. Schuhe putzen									
6. Brot streichen									
7. Eine Spieluhr aufziehen									
8. Mit Tesafilm umgehen									
9. Telefon benützen									
10. Milchtüte öffnen									
11. Schallplattenapparat benützen									
12. Treppen steigen									
13. Fahrrad fahren									
14. Faltarbeiten einfacher Art ausführen									
15. Glühbirne einschrauben									
16. Seine Speisen würzen									
17. Handwäsche (z.B. Pullover) erledigen									
18. Fahrradschlauch flicken									
19. Briefmarken aufkleben									
20. Rolltreppen fahren									
21. Geschenkpapier herstellen (drucken)									
22. Kerze anzünden									
23. Blumen gießen									
24. sich schminken									
25. Frühstück bereiten									
26. Wecker stellen									

Bitte kreuzen Sie an: Ja = +   Nein = −

Materialien III zum "Erlernen einer lebenspraktischen Fertigkeit"

Vorhaben: Lochen eines Arbeitsblattes (Teilausschnitt)

Erstellt für eine Unterstufe

Lernziele als	Lernschwerpunkte
motorisch	1. Auf einem (Locher) Gegenstand durch Druck Kraft ausüben können (Vorübung)
motorisch/kognitiv	2. Das Papier bis zum Anschlag des Lochers einlegen können
motorisch/kognitiv	3. Den Locher mit einer Hand halten und dabei gleichzeitig mit der anderen Hand drücken können

Lernsequenzen	Lernaktivitäten
1. Vorübungsphase	Ein Locher ist am Tisch befestigt. Jeder Kind drückt den Hebel mehrmals im Sinne einer Funktionsübung. *Ziel:* Drücken lernen
2. Übungsphase I (reine Tätigkeit des Drückens)	Jedes Kind übt mit einem Locher an seinem Sitzplatz das Drücken an Karton bzw. festem Papier. *Ziel:* Papier *frei* lochen, nur einmal drücken!
3. Übungsphase II (angewandte Tätigkeit des Drückens)	Ein vorgefertigtes weißes Blatt wird von den Schülern so weit bis zum Anschlag des Lochers geschoben, daß der durchgehend bunt markierte Streifen nicht mehr sichtbar ist. *Ziel:* Papier *gezielt* lochen. Nur einmal drücken!
4. Anwendungsphase	Ein Blatt des Kindes, welches in der Mitte des Blattes mit einem Klebepunkt versehen ist und mit dem Markierungsstrich (Pfeil) in der Mitte des Lochers übereinstimmen muß, wird von den Kindern gelocht. Das gelochte Blatt wird - kontrolliert (L bzw. S) - in den Ordner geheftet (L, S) - seine "Richtigkeit" (sprachlich) begutachtet - als "selbst geschafft" gewürdigt

Materialien IV zum "Erlernen einer lebenspraktischen Fertigkeit"

Vorhaben: Lochen eines Arbeitsblattes (Teilausschnitt)
Erstellt für eine **Oberstufe**

Lernziele	Lernschwerpunkte
Grobziel	Einsehen, daß durch richtiges Lochen der Arbeitsblätter die Arbeitsmappe ordentlicher aussieht und deshalb das Lochen sachgerecht ausführen (lernen)
Teilziel 1	Die Mitte des Blattes durch genaues Falten ermitteln können
Teilziel 2	Das Blatt mit Markierungshilfen (sichtbare Falte oder Strich) mit dem Anschlag des Lochers in Übereinstimmung bringen können
Teilziel 3	Die rein motorische Tätigkeit des Lochers selbst (draufdrücken) ausüben können, einschließlich der notwendigen Kontrolle
Teilziel 4	Erfahren, daß große Locher verschiedene DIN-Formate lochen (DIN A 5 bis DIN A 3)

Lernsequenzen	Lernaktivitäten
1. Einstiegsphase	Arbeitsblätter werden von den Schülern frei gelocht - ohne Anleitung - und anschließend die Lochergebnisse gemeinsam verglichen.
2. Erarbeitungsphase	1. An wenig gut gelungenen Blättern wird exemplarisch erarbeitet, wodurch das ungenaue Lochergebnis zustandegekommen sein mag. 2. Zusammen mit den Schülern wird der Loch*vorgang* in den wichtigsten Teilschritten erarbeitet, mit Begriffen belegt und der *Gütemaßstab* festgelegt. Der/die in der Vorbereitung ermittelten Lernschwerpunkt/e haben dabei eine zentrale Funktion.

3. Einübungsphase	Der Lochvorgang wird akzentuiert und sehr prägnant demonstriert und den Schülern zur Ausführung übergeben - wobei die Begriffe oder festgelegten Satzmuster den Handlungsablauf unterstützen/steuern
	  - das Blatt falten (Mitte)
	  - das Blatt einschieben (bis zum Anschlag)
	  - das Blatt lochen (nur einmal)
	  - das Blatt kontrollieren (Schablone z.B.)
	  - das Ergebnis würdigen

4. Anwendungsphase	Die Schüler lochen verschiedene große Blätter und heften sie selbständig ein. *Ziel:* (m)eine geordnete Arbeitsmappe

Materialien V: Erlernen einer lebenspraktischen Fertigkeit

Lernvorhaben: Wir bestreichen ein Brot mit Butter und Nutella
Lernziel: Eine Scheibe Brot möglichst selbstständig mit Butter und Nutella bestreichen können.

Beispiel für eine schwachbegabte Mittelstufe, zurückgehend auf die Arbeit von Frau Büchsenschütz, Hof

Handlungs-schritte	Material	Werkzeug	Tätigkeit	Begriffe, Signalworte usw.	Güte-maßstab	Ziel
Schritt 1: Brot nehmen und auf Teller legen	Brot, Teller	Hand	greifen, loslassen	Nimm Dir! (ein Brot)	genau auf den Teller	Eine Scheibe Brot auf den Teller transportieren
Schritt 2: Messer nehmen	Messer	Hand	halten	Hol Dir! (ein Messer)	am Griff halten, Schneide nach unten	Messer korrekt halten
Schritt 3: Butter nehmen	Butter	Messer	wegnehmen	Schneide ab bzw. nimm Dir!	sauber	mit einem Mal richtige Menge nehmen
Schritt 4: Butter verstreichen	Brot und Butter	Messer		Verstreiche!	gleichmäßig glatt	gleichmäßig verteilte Butter
Schritt 5: Messer abstreifen	Butterbrot	Messer	abstreifen	Streife ab, mach sauber!	sauber	sauberes Messer erreichen
Schritt 6: Nutella nehmen	Nutella	Messer	wegnehmen	Tauche ein bzw. nimm Dir!	gleichmäßig glatt	richtige Menge nehmen
Schritt 7: Nutella verstreichen	Butterbrot und Nutella	Messer	ver-streichen	Verstreiche!	sauber	ein ordentlich gestrichenes Butterbrot u. Nutella
Schritt 8: Messer abstreifen	Nutellabrot	Messer	abstreifen	Mache sauber! Fertig!	nicht krümeln, Rinde mitessen	sauberes Messer erreichen
Schritt 9: Brot essen	Nutellabrot	Mund, Zähne	abbeißen, kauen, schlucken	Guten Appetit!		selbständig essen eines Brotes

Anmerkungen: *Es wurde die Abfolge - auch sprachlich - bewußt eingeübt:*
- eintauchen (abschneiden)
- verstreichen
- saubermachen (Messer abstreifen)
- fertig - schön!

Geistigbehinderte Menschen und *die Gestaltung von Unterricht, Bildung und Erziehung* 251

Materialien VI: Erlernen einer lebenspraktischen Fertigkeit

Um mit dem Lernen wirklich auf der Niveaustufe einzusetzen, wo das Kind etwas erlernen kann (also eine Fähigkeit, ein Wissen, das es fast, aber noch nicht sicher kann - vgl. Prinzip der Substitution in FISCHER, Methodische Grundlegung, 1981, 204 f), ist es nötig, sich über den Stand der Fähigkeit, in diesem Fall über die Leistung bzgl. der einzelnen Teilschritte (Teilhandlungen) bzgl. der einzelnen SchülerInnen einen Überblick zu verschaffen.

Im vorliegenden Fall wurde folgendes grobes Raster angewandt:

Der Schüler, die Schülerin kann

selbständig ☐

ziemlich selbständig, ▨
aber noch nicht sicher

nur mit Handführung ■
(manual guide)

1	2	3	4	5	6	7	8	9	

Jürgen 13;1 — Schritte 3 (▨), 5 (■), 6 (▨), 8 (■)

Raphael 10;7 — Schritte 5 (▨), 8 (▨)

Priska 8;6 — Schritte 4 (▨), 5 (■), 7 (▨), 8 (■)

Rainer 12;2 — (alle leer)

Harald 14;1 — Schritte 3 (▨), 4 (▨), 6 (▨), 7 (▨), 8 (■), 9 (▨)

Alex 9;9 — Schritte 5 (■), 8 (■)

Christine 13;0 — Schritte 3–8 (■)

Manfred 12;6 — Schritte 2–8 (■)

Ergebnisse der Überprüfung:

Alle	Kinder beherrschen den Handlungsschritt	1
7	Kinder beherrschen den Handlungsschritt	2
4	Kinder beherrschen den Handlungsschritt	3
4	Kinder beherrschen den Handlungsschritt	4
1	Kind beginnt mit Handlungsschritt	5
4	Kinder beherrschen den Handlungsschritt	6
4	Kinder beherrschen den Handlungsschritt	7
1	Kind beginnt mit Handlungsschritt	8
7	Kinder beherrschen Handlungsschritt	9

Aus diesen Überlegungen ergeben sich die didaktischen Schwerpunkte des zu haltenden Unterrichts bzw. die **nächsten Teilziele**.

"Es grünt und blüht im Klassenzimmer" - oder: Was man doch alles "an Hyazinthen" lernen kann!

(1986)

Nachfolgend wird ein Unterrichts-Vorhaben für mehrfachbehinderte Schüler und Schülerinnen *erzählt* - in all seinen Stationen der Vorbereitung, der Vorarbeit, der Durchführung und der Reflexion aus sonderpädagogischer wie sonderdidaktischer Sicht.

Das Erzählen als Form der Berichterstattung didaktischer Sachverhalte hat gegenüber der nüchtern-sachlichen Skizzierung des Vorhabens nach üblichen didaktisch-methodischen Strukturmomenten einen erheblichen Vorteil:
Es bindet stärker die Überlegungen, die Erlebnisse und auch die Selbstreflexion des Verfassers mit ein, als dies eine rein didaktische Fachsprache zuließe.

Ausgangspunkt war eine Einladung, in einer Klasse mehrfachbehinderter Schülerinnen und Schüler ein Unterrichts-Projekt durchzuführen. Leider standen mir zum konkreten Miterleben aller Phasen und Schwerpunkte nicht die notwendigen vierzehn Tage zur Verfügung. Es blieb bei der Konzipierung des gesamten Projekts und bei der Übernahme und Durchführung des ersten Projekt-Abschnittes.

Vorbemerkungen:

Kinder lernen wohl immer dann besonders gerne, wenn sie einen Vorgang, einen Ablauf oder eine Veränderung über eine geraume Zeitspanne beobachten oder verfolgen können. Das trifft selbst auf behinderte Kinder ebenso zu wie auf nichtbehinderte.

So war mir auch ziemlich schnell klar, als ich ein Unterrichtsvorhaben für eine Gastklasse mit mehrfachbehinderten Kindern vorbereiten wollte - zehn Schülerinnen und Schüler im Alter von 8-11 Jahren -, was ich tun werde:
Ich überrasche die Kinder mit vorgetriebenen Hyazinthen, zehn an der Zahl, in einem Kistchen; jeder kann dann eine Hyazinthe in einen Blumentopf setzen und so "seine" Hyazinthe ziehen.

Als unser *Vorhaben* schälte sich heraus:

> Wir ziehen Hyazinthen in unserem Klassenzimmer

Die Vorarbeit:

Natürlich überlegte ich, inwieweit behinderte Kinder in diesem Alter an 'meinem' Vorhaben Interesse finden könnten bzw. wie sich diesbzgl. ein bleibendes Interesse entwickeln ließe, damit es zu 'unserem' Unterricht wird. Bald stand eine ganze Reihe von Gedanken, Fragen und Vorstellungen auf meinem Blatt - in der Fantasie stellvertretend für meine "Gast-Schüler" aufgeschrieben:

- Was, das sollen Hyazinthen werden? Das gibt es doch gar nicht!

- Ich möchte eine solche, wie Du sie hast, eine blühende; die da, die blühen ja gar nicht!

- Meine soll rosa/hellblau ... blühen!

- Sind die Hyazinthen eigentlich giftig?

- Meine Oma hat auch solche Hyazinthen in der Küche stehen. Die setzt immer so Hütchen auf die Gläser. Und die Wurzeln kann man da sehr gut sehen.

- Darf man seine Hyazinthe auch verschenken?

- Wo hast Du denn so viele Hyazinthen her? Hast Du die gekauft oder aus Deinem Garten?

- Bei uns ist eine Gärtnerei, die haben auch solche Blumen!

- Wenn man die Hyazinthen viel gießt, blühen sie dann auch so schön wie Deine!?

- Ich mag keine Hyazinthe; ich möchte spielen!

- Darf man die mit nach Hause nehmen? Ich will sie meiner Mama zeigen ...!

usw., usw.

Ob das die Fragen meiner Gastklasse sind? Ich kenne die Schüler nur anhand der Kurzbeschreibungen ihrer Lehrerin. Auf jeden Fall nehme ich mir vor, ihnen viel Zeit zu lassen zum Vermuten, Fragen, Wünschen und Überlegen, Zeit für ihre Interessen und Bedürfnisse, damit diese sich entwickeln.

Äußere Voraussetzungen:

Insgesamt hatte ich *14 Tage* für diese *Einheit* geplant und sie in einzelne Teilvorhaben gegliedert. Da ich selbst nur den ersten Abschnitt dieses *Projektes* übernehmen konnte, erklärte sich die Klassenlehrerin zur Weiterführung bereit.

Ich wußte von ihr: Keiner der Schüler war ganz sicher in den Farben. Kaum einer wird eine Hyazinthe sicher kennen. Zwei Schüler können nur in Ein- oder Zwei-Wort-Sätzen sprechen. Die körperlichen Behinderungen motivieren die wenigsten Schüler zum handelnden Lernen.
Aber: *Alle* Kinder freuen sich auf (den) Besuch.

Nun galt es nur noch einzukaufen:

- 10 vorgetriebene Hyazinthen in einer Kiste gesetzt

- 10 Blumentöpfe; dazu 10 Untersetzer; Namensschilder

- ausreichend Blumenerde, Schaufeln, Unterlagen

- eine *blühende* Hyazinthe zu Demonstrationszwecken - "meine Hyazinthe" -

- Bilder von gelben, rosanen, blauen, weißen Hyazinthen

- gelbe, rosa, blaue, weiße Farbkärtchen

Die einzelnen Lernaspekte:

Ähnlich überraschend war für mich die Reihe möglicher Lernaspekte, die für diese Klasse in Frage zu kommen schien. Es ging mir nicht vorrangig darum, daß am Ende dieses Vorhabens jeder Schüler sachgerecht und selbständig eine Hyazinthe von der Zwiebel bis zur Blüte wirklich heranziehen kann.

Neben manchen *sachbezogenen* Momenten wollte ich auch rein *funktionale bzw. therapeutische* Lernerträge erreichen - wie: mit beiden Händen Erde andrücken können; sich beim Ausmalen der großen Buchstaben an der Wandtafel strecken müssen; Farben in ihren Zwischentönen unterscheiden können.

Auch lagen mir *personbezogene* Lernziele am Herzen, z.B. *seine* Hyazinthe bestimmen; sich mit ihr identifizieren und sie schließlich als seinen Besitz versorgen wollen. Oder: Hyazinthen sind aber schöne Blumen. Wie die duften!

Und dennoch gab es mit den *konkreten* Dingen dieses Unterrichtsvorhabens eine Fülle von neuen Erfahrungen und Eindrücken zu sammeln, die "meine" Schüler wieder ein Stückchen mehr in die Welt der Erwachsenen hineinführen könnten:

die Hyazinthe selbst	Die Hyazinthe als Ganzheit erkennen - ausgehend von der Zwiebel über die Wurzeln, zu den Blättern, der Knospe und schließlich dann die Blüte als zartblühendes, duftendes, kleines Wunder. Dazu gibt es sie in sehr unterschiedlichen Stadien ...
der Blumentopf	Hyazinthen kann man in Gläsern, im Blumenbeet oder in einem Blumentopf ziehen. *Wir* entscheiden uns für den Topf. Jeder kann einen Topf auswählen und diesen dann als den *seinigen* kennzeichnen.
	Er ist rund, hohl, hat am Boden ein Loch; er klingt, wenn man ihn anstößt, aber er zerbricht auch leicht; seine Farbe ist rotbraun ...
	In einem solchen Topf gedeihen Pflanzen, natürlich auch Hyazinthen, gut; es können Luft und Feuchtigkeit gut hinein und heraus ...
	Für jeden Topf braucht man einen Untersetzer.
die Blumenerde	Sie ist feucht, krümelig; die Pflanzen werden sie mit ihren Wurzeln durchwuchern, sich in ihr festhalten; die Knospe oder die Pflanzen müssen sie durchbohren, durchbrechen ...
das Wort 'Hyazinthe'	Dieses Wort ist in sehr verschiedener Weise sowohl zum Sprechen als auch zum Schreiben schwierig. Es geht nicht darum, dieses Wort analytisch zu erfassen. Die Kinder sollen dieses lediglich deutlich aussprechen, nicht aber schreiben lernen. Ein ganzheitlicher Eindruck genügt. Das Nachfahren und Ausmalen der Buchstaben wird als Übung zur Motorik und zur Wahrnehmungsförderung verstanden, nicht als direkte Lesehilfe.

das Einsetzen	Wie alles, was gut wachsen soll, muß sich - so auch die Hyazinthe - rundum wohl fühlen. "Unsere Hyazinthe" braucht dazu Licht, Luft, Wasser, Nahrung, Wärme. Wir setzen sie in die *Mitte* des Topfes, ohne die Wurzeln irgendwie zu beschädigen, und umgeben die Hyazinthen-Zwiebel vorsichtig mit Erde. Die grüne Knospe schaut oben heraus. Wir drücken die Erde behutsam beidhändig an.
die Pflege	Ob die Hyazinthe zum Blühen kommt, hängt von unserem Umgang, unserer Pflege ab. Sie muß *mäßig* gegossen werden, braucht *nicht* zu viel Sonne; auch Zugluft verträgt sie weniger gut.
mein Besitz	Wie erkenne ich nur *meine* Hyazinthe wieder, wenn alle gleich aussehen? Auch kümmere ich mich nur um die meinige. Mein Freund, mein Nachbar will sich selbst um die seinige sorgen. Ich nehme ihm das nicht weg. Was mir gehört, kann ich selbst behalten und mich daran freuen *oder* auch verschenken.
das Blumengeschäft die Gärtnerei	Dort gibt es viele Hyazinthen in all den mir nun schon bekannten Farben. Die Menschen freuen sich daran, sie kaufen gerne blühende, weil sie so schön riechen; manch einer schenkt diese einem anderen Menschen. Damit man sie unversehrt ans Ziel bringt, muß man sie gut einpacken. Immer geht der Topf "mit".

Aus diesem reichen Fundus möglicher Lernaspekte galt es nicht nur einen Verlaufs- bzw. einen Strukturplan für diese beiden Wochen zu entwickeln, sondern auch noch spezielle Lernziele für einzelne Schüler und Schülerinnen herauszufiltern.

Den Unterricht selbst teilten wir uns - die Klassenlehrerin und ich - auf. Während bei mir die Anfangsphase lag, ich die "Objekt-Erkundung" der vorgetriebenen Hyazinthenzwiebel, des Blumentopfes und der Blumenerde übernahm und den Kindern den Einpflanzvorgang als "Erlernen eines motorischen Vorgangs" (*Fischer* 1982) vermittelte, engagierte sich die Klassenlehrerin für die Erarbeitung der Blumenpflege (bezogen auf Hyazinthen), übernahm die Vertiefung bislang erarbeiteter Aspekte und gestaltete den Unterrichtsgang in die Gärtnerei als "Lernen außer Haus" (*Fischer* 1982) ebenso wie die zahlreichen Momente des Sozialen Lernens.

Die (senso-)motorisch gestaltete Arbeit am Wort "Hyazinthen" versuchte ich noch zu bewerkstelligen; diese wurde jedoch ebenfalls von der Klassenlehrerin weitergeführt. Der nachfolgende Verlaufsbericht und die eingebundene Reflexion beziehen sich vor allem auf meine Anteile.

Und das sind die Erfahrungen:

Der *Beginn* war nicht gerade fulminant. Die Kinder waren zwar von der blühenden, also von "meiner" Hyazinthe beeindruckt, nicht aber von den knospigen in der Kiste. Auch die Ankündigung, jeder dürfe sich eine Hyazinthe aussuchen, diese in einen Blumentopf setzen und alles gehöre dann ihnen, ließ die Begeisterung nicht spürbar anwachsen.

Ein erstes Spannungsmoment ergab sich, als wir unsere Lieblingsfarben bestimmten, wir aber gleichzeitig entdeckten, daß man "seine" Farbe bei den geschenkten knospigen Hyazinthen nicht wiederfinden konnte. Es mußte beim Vermuten, Hoffen oder Wünschen bleiben. Als Merkhilfe versahen die Kinder ihre Blumentöpfe dann nicht nur mit Namensschildern bzw. Symbolen, sondern gleichzeitig mit einem Farbkärtchen als sichtbaren wie kontrollierbaren Ausdruck ihres Farbwunsches.

Große Freude bereitete die *spielerisch* geführte und sehr *variationsreiche* "Objekterkundung" der Blumentöpfe. Was war an einem so schlichten Ding nicht alles zu erleben, auszuprobieren, in Gang zu setzen - bis hin zu einfachen Kommunikationsspielen! Aber auch die Nützlichkeit des Blumentopfes für die Pflanzen und deren Wachstum ließ sich gut, für die Kinder überzeugend, demonstrieren.

Beim *Einpflanzen* galt es einerseits manche übereifrigen Kinder zu bremsen, andere wieder mußten ermutigt werden, trotz des "vielen Schmutzes" ihr Werk in Angriff zu nehmen, es nochmals zu versuchen und auch zu vollenden.

Viel Freude bereitete allen Schülern das gestische und mimische Nachempfinden der Hyazinthe als "Form". Wir stellten die Wurzeln, die Zwiebel, die Blätter, die Knospe und die Blüte dar; wir *spielten* auch, wie die ersten Blätter die Erde durchbohrten, um die Blüte schließlich - eingerahmt von den Blättern - ans Tageslicht zu bringen. Ein kleiner Sprechvers veranschaulichte das Ganze.

Ähnlich große Begeisterung erzielten auch die Aufgaben zur Arbeit "am Wort" bzw. "an den Buchstaben". Wir "lasen" das Wort *ganzheitlich* und eroberten uns die einzelnen Buchstaben *motorisch*; das ging insofern gut, als diese in Körpergröße auf eine 10 m lange Tapetenbahn geschrieben waren.

Das *Besitzgefühl* wuchs dagegen langsam. Die Hyazinthe war für die meisten Schüler so lange wenig interessant, solange diese "sich nicht rührte". Als sich - für die Schüler erkennbar - erste Veränderungen abzeichneten, waren alle voller Begeisterung dabei. Hätte man sie nicht gebremst, wären wohl alle am Ende zu Tode gegossen und gepflegt worden. Und immer wieder mußte ein Schüler/eine Schülerin schnell zum Fenster laufen, um zu sehen, ob "schon wieder etwas passiert" sei. Nur so kann man sich den Jubelschreib vom Klaus vorstellen: "Ich hab' ja gewußt, meine wird blau!". "Und meine ist gelb" - so die Karin.

Daß nicht alle eingesetzten Hyazinthen zur gleichen Zeit blühten, war für viele Schüler schwer zu ertragen. Am längsten mußte Alexander warten. Dafür hatte er - unter dem Neid der anderen - auch die längste Freude, während seine Klassenkameraden mit ihren verblühten Exemplaren ihm neidisch zusahen.

Als eindeutiger *Höhepunkt* erwies sich für die Klasse der *Besuch einer Gärtnerei*. Sie tauchten dort in ein Meer von Frühlingsblüten und eine Flut von Frühlingsduft ein. Neben den Hyazinthen, den Kindern inzwischen bestens bekannt und vertraut, entdeckten sie gelbe und rote, blaue und weiße "Blumen", lauter "Nicht-Hyazinthen", nämlich Osterglocken, Tulpen und Narzissen. Während manch einer am liebsten für sich eine "neue" Blume mit heimgenommen hätte, meinte Anna mit dem Wohlbehagen innerer Selbstzufriedenheit: "Und meine Hyazinthe ist doch die schönste von allen!" (- auch wenn sie bereits am Verblühen war).

Die anderen Klassen wurden ständig auf dem Laufenden gehalten, wieweit die einzelnen Hyazinthen augenblicklich "gewachsen" sind, was man in der Gärtnerei alles erlebte und wo man noch Hyazinthen entdeckt und gesehen hat. Überraschend war für mich auch das entstehende Interesse an diesem schwierigen Wort "Hyazinthe", das auch auf Päckchen oder in anderen Zusammenhängen doch wiedererkannt wurde. Schreiben konnte dieses Wort von sich aus kein Kind, auch wenn es manche immer wieder, ohne Aufforderung, von sich aus versuchten.

Für mich schälte sich als stärkster Eindruck heraus, daß vor allem geistig- und mehrfachbehinderte Kinder nicht nur vielfältiges Wissen und möglichst viele Fähigkeiten benötigen, um sich in unserer Welt zurechtzufinden, sondern auch

viele, sie anrührende Erlebnisse, um Denk-Inhalte, Sprech-Impulse und innere Bilder für sich persönlich zum Erinnern zu haben. Das erwärmt, gibt die Möglichkeit der Mitteilung und schafft neue Kommunikationsinhalte. Es bestätigte unsere Vorerfahrung:
... was man doch alles "an Hyazinthen" lernen und mit ihnen darüber hinaus erleben kann!

Literatur

Fischer, D.: Eine methodische Grundlegung. Würzburg 2/1982

Miessler, Maria/Bauer, Ingrid: Wir lernen denken. Würzburg 1978

Möller-Andresen, Ute: Das erste Schuljahr. Stuttgart 1979

Einige Überlegungen zum Lernziel "Holzarten und deren Handlungsformen kennen"

(Werkstufe für Geistigbehinderte)

(1981)

Das war die Ausgangssituation

In meiner Funktion als Betreuer der Schulpraxis nahm ich an einer Unterrichtsstunde in einer Werkstufe mit geistig- und mehrfachbehinderten Schülerinnen und Schülern teil. Diesen sollte das oben genannte Lernziel innerhalb 90 min. nahegebracht werden, was sich sowohl für die Schüler als auch für den Lehrer als Überforderung herausstellte. Dieser verstand es nicht, didaktische Transparenz in dieses Lernziel zu bringen, um anschließend dann einen stimmigen Unterricht zu konzipieren; und den Schülern gelang es nicht, für sie selbst Bedeutsames daraus zu schöpfen. So reagierten sie entweder mit purer Unruhe oder mit angepaßter, aber inhaltsleerer Aktivität. Den SchülerInnen wurden - aufgrund eines zu großen Wörtlich-Nehmens dieses Lernziels - einerseits verschiedene Holzarten (Tanne, Eiche, Buche, Fichte usw.) samt dem dazugehörigen Baum (Bild) vorgelegt, andererseits konfrontierte man sie mit Handelsformen von Holz wie Bretter, Stäbe, Stangen, Sperrholz, Furniere usw.

Im Nachgespräch gelang es mir nicht, zusammen mit der Ausbildungsgruppe überzeugende Klarheit in diese sicherlich komplexe Zielvorstellung zu bringen. Nach längerem Nachdenken entstand folgender Beitrag, der an die TeilnehmerInnen als Arbeitsgrundlage für eine zweite Besprechung verschickt wurde.

Die Überlegungen im einzelnen:

(1) Strukturelle Analyse des Lernziels "Holzarten und deren Handlungsformen kennen"

Kennen gehört, ordnet man es curricular ein, zur Kategorie des kognitiven Lernbereichs. Es umschließt inhaltlich das Moment des "Wissens" und zielt, funktional gesehen, auf "Gedächtnisleistungen". Informationen sollen aufgenommen, gespeichert und bei Bedarf wieder abgegeben werden, d.h. erinnerbar und abrufbar sein.

Wissen hat für sich genommen über diesen funktionalen Aspekt hinaus nur dann Bedeutung, wenn es handlungsleitend wird, d.h. wenn es vom "Träger" operativ umzusetzen ist und somit sich als dynamisierender und korrigierender Faktor bei zukünftigen Handlungen erweist. Bei geistigbehinderten Schülerinnen und Schülern gewinnt *Wissen* seltener diese Qualität, vor allem, wenn es konditionierend-mechanisch erworben wurde.

Häufig steht es für sich als "Inselwissen" da und zeigt sich mit dem Lebensalltag unverbunden. Leichter werden die Situationen bzw. die Bedingungen behalten, innerhalb derer es erworben wurde. Vor allem das Gedächtnis an Personen ist bei geistigbehinderten Schülern gut ausgeprägt. Das, was man zusammen mit Frau A. oder Herrn B. erworben hat, kann man auch in diesem Zusammenhang gut anwenden. Die Übertragung auf andere Situationen mit wiederum anderen Personen kristallisiert sich häufig als ein Problem heraus. Um das *dynamische* Moment zu sichern, ist beim *Erwerb* von *Wissen* auf eine vielschichtige, mehrdimensionale Möglichkeit des Erkundens und Erfahrens zu achten. Die "genetische Methode" nach *Klauer* (1979, 122 f), die Einsicht durch das Nach-Erleben ursprünglicher Entwicklungs- und Entstehungsprozesse erreichen will, eignet sich hierfür ebenso gut wie ein Lernen, das den Aufbau "funktionaler Hirnsysteme" (nach *Leontjew;* zit. bei *Fischer* ²1981, 199 f) zum Ziele hat. Aber auch "meditatives Lernen" gilt als zentrale Methode.

Die so erreichten Lernergebnisse bieten dem Schüler mehr Substanz für sein Handeln als jene über Konditionierung oder durch Nachahmung angeeigneten Einzelfakten, die höchstens zur Memorierung herausfordern, nicht aber zu einem in Zukunft von mehr Sinn und Bedeutsamkeit getragenem Handeln.

Solche Einzel-Daten, die wir letztlich aber in Frage stellen, könnten sein:

Die Spanplatte besteht aus zwei dünnen Deckschichten/Holzschichten/Furnieren und einer Füllung/Mittelschicht - bestehend aus gepreßten, mit Leim vermischten Holzspänen (feinster Art), konkret eine Sägespan-Masse

Will man zu einem für den Lebensalltag brauchbaren *Wissen* kommen, ist dem Weg über die *Erfahrung* auf jeden Fall der Vorzug zu geben.

Im Hinblick auf das oben genannte Lernziel ist die Lebensbedeutsamkeit für viele geistigbehinderte Jugendliche nicht unbedingt gegeben. Sie werden selten zwischen Brettern, Spanplatten und Sperrholz auswählen (müssen). Häufiger wird man ihnen einfach die jeweiligen Materialien - damit auch die entsprechende "Holzart" - anbieten, mit denen sie dann zu arbeiten haben. Dennoch sollten sie wissen, womit sie umgehen. Ausgehend von unserer Einstellung zum geistigbehinderten Menschen und dem zugrundeliegenden Menschenbild geht es uns um möglichst viel Bewußtheit bzgl. der Welt als auch sich selbst gegenüber - und nicht nur um handhabbare Tüchtigkeit oder um abrufbares, leeres Wissen.

So macht letztlich auch geistigbehinderte Menschen ein *selbst* erfahrenes, dynamisiertes Wissen selbstbewußter, selbständiger und auch innerlich unabhängiger - letztlich dynamischer. Sie *wissen* dann, wovon gerade die Rede ist, sie *wissen* um die Dinge, um die es gerade geht. Sie *wissen* Bescheid. Somit wird auch für sie (plötzlich) *Wissen* zur *Macht*. Und das ist gut so.

(2) Zur Umsetzung des Lernzieles in einen Unterricht

Bei der Vorplanung bzw. den Vorüberlegungen steht die Sachanalyse an erster Stelle. Es gilt zu klären, was 'Holzarten' und was 'Handlungsformen' sind. In LERNZIELE umgesetzt könnten die didaktischen Antworten zu den 'Handlungsformen' so heißen:

- die SchülerInnen sollen erfahren, daß es Holz in gewachsenem, in bearbeitetem und in verarbeitetem Zustand gibt.

    - ge-wachsener Zustand: Bau, Stamm, Ast, Zweig, Wurzel
    - be-arbeiteter Zustand: Balken, Bretter, Rundhölzer, Späne, Sägemehl, Schindeln, Furniere
    - ver-arbeiteter Zustand: Sperrholz, Spanplatten, Holzpaste
    - be-handelter Zustand: eingelassen, poliert, gefärbt ...
                                 (u.U. als Ergänzung)

- die Schüler sollen erfahren, daß man Holz bearbeiten, verarbeiten und entsprechend dem jeweiligen Vorhaben behandeln muß, will man es verwenden

- die Schüler sollen erfahren, daß man die Eigenschaften von Holz durch Bearbeiten, Verarbeiten oder Behandeln verändern/verbessern/verschlechtern kann

Diese Ziele erscheinen mit Recht für viele geistigbehinderte Schüler zu komplex und sind daher in dieser Dichte kaum realisierbar. Sie bedürfen der "Entflechtung" (vgl. *Fischer* ²1981, 51). Es gilt das sachlich *Wesentliche* herauszufiltern - im Hinblick auf die einzelnen Schüler und der von ihnen entwickelten Bedeutung, die das objektiv anerkannte Wesentliche für sie hat. Dieser Vorgang der Vereinfachung kann das ganze Lernvorhaben oder auch nur Teilaspekte betreffen.

Und das könnte als *Ergebnis* dabei herauskommen (in Zielen bereits formuliert):

Ziel 1: Die Schüler sollen *wissen*, daß Holz gewachsen ist und uns in seinem Stamm, seinen Zweigen und Ästen und in seinen Wurzeln jeweils 'begegnet'

Ziel 2: Die Schüler sollen (auf der Grundlage eigener Werkvorhaben) die für sie wichtigsten Handelsformen und deren für sie relevante Verwendung *kennen* und benennen

Ziel 3: Die Schüler sollen die Vor- und Nachteile von Sperrholz und Spanplatten *einschätzen* können, wobei die Haltbarkeit bzw. die Verarbeitbarkeit im Vordergrund stehen.

Konzentrieren wir uns auf das Ziel 3, ergibt sich folgendes Grobziel für eine größere Unterrichtseinheit:

Die Schüler sollen Sperrholz und Spanplatten in bezug auf ihre Stabilität kennen, auswählen und verwenden können.

Daraus lassen sich *drei* Unterrichts-Vorhaben ableiten:

Unterrichts-Vorhaben 1: Wir stellen Sperrholz her

Unterrichts-Vorhaben 2: Wir stellen Spanplatten her

Unterrichts-Vorhaben 3: Wir vergleichen Sperrholz, Spanplatten und normale Bretter (u.U. als Zusammenfassung und Vertiefung)

Unterrichts-Vorhaben 4: Wir suchen die verschiedenen "Handels-formen" in unserer Umwelt auf (beim Schreiner; in der Werkstatt des Vaters; im Hobby-Center usw.)

Unterrichts-Vorhaben 5: Wir stellen aus Sperrholz, Spanplatten und Brettern Gegenstände her und erleben dadurch ihre Unterschiedlichkeit im Vergleich

Diese eher handlungsgeleiteten Unterrichts-Vorhaben sollen nicht vergessen lassen, daß zur Realisierung von Lernzielen auch bei geistigbehinderten Schülern mehrere Wege möglich sind, wenngleich sie verständlicherweise jeweils andere bzw. variierte Lernergebnisse zu Tage fördern.

(3) Methoden der Realisierung

Die nachfolgenden *drei* Wege zählen zu den wichtigsten:

Weg 1   das erkenntnis-leitende Vorgehen
Weg 2   das handlungs-leitende Vorgehen
Weg 3   das phänomen-geleitete Vorgehen

zum *Weg* 1: das erkenntnis-leitende Vorgehen

Lernabsicht: Die Schüler lernen das Objekt, das Problem, die Situation von der Gesamtstruktur und dem Gesamtzusammenhang durch *Verstehen* kennen.

Lerntätigkeiten: erkunden, experimentieren, betrachten, zerlegen, zusammenbauen, fragend umgehen, staunen usw.

Pädagogische Intention / Ziel: Anregung der Denkkräfte, Ermittlung der Struktur und der Zusammenhänge

Formulierung für die Schüler:

> **Wir lernen bei unserer Arbeiten verstehen**

Zum *Weg* 2: das handlungs-leitende Vorgehen

Lernabsicht: Die Schüler lernen durch die *Handlung*; auch bei der Herstellung eines Produkts

Lerntätigkeiten: am Beispiel von 'Holz'
pressen, reißen, brechen, mischen, verteilen, zusammendrükken, stapeln usw.

Pädagogische Absicht / Ziel: Die Schüler erfahren, daß sie mit Hilfe ihrer Fähigkeiten und Fertigkeiten sich die Welt bekanntmachen können.

Formulierung für die Schüler: **Wir können ... und stellen her ...**

Zum WEG 3: das phänomen-geleitete Vorgehen

Lernabsicht: Die Schüler lernen über das *Anschauen* den Gegenstand als Phänomen kennen und benennen; u.U. auch über Gewöhnung oder Konditionierung

Lerntätigkeiten: anschauen, betrachten, befühlen, benennen usw. - ohne die inneren Zusammenhänge zu verstehen

Pädagogische Intention / Ziel: Die Schüler lernen, die Welt genau zu sehen und: jedes Ding hat einen Namen, über den man es "abrufen" kann

Formulierung für die Schüler: **Wir schauen uns heute ... genauer an ...**

Mögliche Verlaufsstruktur für einen Unterricht - die *drei* Wege im Vergleich:

	Weg 1	Weg 2	Weg 3
Sequenz 1	Konfrontation	Aktivierung des Verhaltens-repertoires	Darbietung
Sequenz 2	Zielangabe		
Sequenz 4	Aufgaben-stellung 1→ 2→ 3→ 4→ 5→ 6→	Vorbereitung und Aufteilung der Handlung	Situationen anschauen, verbalisieren, behalten
Sequenz 4	Verbalisierung	Überprüfung Kontrolle	Vertiefung
Sequenz 5	*Übertragung* auf lebensnahe und lebensbedeutsame Situationen		

Und dies zum Abschluß

Eine solche Ausdifferenzierung von Lernzielen hat nichts mit didaktischem Selbstzweck zu tun. Vielmehr ist sie Ausdruck von der Überzeugung, daß auch geistigbehinderte Schülerinnen und Schüler Anrecht auf einen didaktisch wie methodisch gültigen Unterricht haben.

Weder ein zufälliges noch ein ungeleitetes Lernen garantieren die Lernfortschritte, die auch geistigbehinderten Schülerinnen und Schülern möglich sind. Daß ein didaktisch-methodisches Arrangement nicht das ausgleichen kann, was an herkömmlichen Lebenserfahrungen nicht zustandegekommen ist, lehrt die Realität. Lebenserfahrungen können nur durch Leben erreicht wie auch Lernerträge vorwiegend nur durch Lernen initiiert werden. Aber Lernen und Leben bedingen sich gegenseitig.

Insofern ergibt sich eine doppelte Forderung:

(1) Auf der einen Seite sollten wir uns um mehr Lebensbezüge kümmern; dies gelingt nur, wenn wir geistigbehinderte Menschen nicht aus dem Lebensstrom herausnehmen und ihnen Leben nur noch dosiert zukommen lassen;

(2) auf der anderen Seite allerdings erreichen geistigbehinderte Menschen nur dann ihnen nützliche Lernfortschritte, wenn ein didaktisch-methodisch differenziertes, reflektiertes und auch gekonntes, letztlich präzises Arbeiten erfolgt.

Die Mühe der Lernziele ist nicht in der Tatsache begründet, daß es sie gibt und uns zur Bearbeitung aufgegeben sind, sondern vor allem in ihrer Komplexität und ihrem oft nicht erkennbaren Lebensbezug.
    Leben selbst läßt sich nur bedingt organisieren, und Defizite sind nur in begrenztem Maße auszugleichen; aber präzise Bildungs- und Erziehungsarbeit innerhalb von Schule wird dann lebensrelevant und lebensfördernd, wenn Lernen gelebt wird. Daran allerdings müssen sich Lehrer wie Schüler gleichermaßen

beteiligen. Ein Sichzurückziehen auf eine lehrende, konkret auf eine didaktisch-methodische oder gar auf eine therapeutische Funktion widerspricht diesem Gedanken ebenso wie ein Begrenzen des Schülers auf eine didaktisch-methodische oder auch soziologisch umschreibbare Schülerrolle. Gelebtes Lernen ist letztlich gelerntes Leben - auch dann, wenn es scheinbar "nur" um "Holzarten und deren Handlungsformen" geht.

Literatur

Lehrplan für die Werkstufe der Schule für Geistigbehinderte. München 1983. ISB, Arabella Str. 1, 8000 München 81

Fischer, D.: Neues Lernen mit Geistigbehinderten. Eine methodische Grundlegung. Würzburg 2/1981

Klauer, K.J.: Lernbehindertenpädagogik. Berlin 5/1977

Zum Problem der unterschiedlichen Schülerschaft der Schule für Geistigbehinderte

im Hinblick auf die vorgegebenen Lernziele aus den Richtlinien

(1982)

Um sich bei der uns täglich begegnenden Heterogenität geistigbehinderter Schüler zu orientieren und ihnen im Lernangebot entsprechender zu verfahren, empfiehlt sich die Beachtung von sog. **Lernniveaus**. Lernniveaus repräsentieren die jeweilig vorliegende **Intensität** der geistigen Behinderung - bezogen auf das Phänomen 'Lernen'. Die dadurch im Lernangebot notwendige Ausdifferenzierung kann kein amtlicher Lehrplan leisten. Dies muß Ergebnis der Arbeit der jeweiligen Pädagogen sein.

Beschreibung der Lernniveaus

Niveau 1 umschreibt Schüler, die nach herkömmlichen Vorstellungen noch *nicht* handeln können und auch nur bedingt imstande sind, dieses zu erlernen.

Somit fehlt ihnen meist auch ein gewisses Sinnverständnis für die jeweilige Lebens- und Lernsituation. Sie können nur bedingt Situationen und deren Folgen voraussehen, demnach auch Lebenszusammenhänge nicht gut strukturieren und ihr Tun nicht wirksam einsetzen. Sie haben eine "Sympathie für den Augenblick" (*Breitinger*), und ihr Lernen ist in hohem Maße *bedürfnis*bestimmt.

Ihre *Lernleistungen* umfassen bevorzugt passives Lernen, gewöhnendes, auch nachahmendes und vor allem körpernahes Lernen. Daneben spielt auch einübendes, trainierendes und bedürfnis-erfüllendes Lernen eine große Rolle.

Ihre *Lernerträge* lassen sich umschreiben als Gewohnheiten, Konditionierungen, Befindlichkeiten und Gestimmtheiten, Eindrücke, Erfahrungen, Erlebnisse, Teilabschnitt bzw. -ausschnitte von Handlungsketten, Signale ebenso wie einzelne Wörter, Zuwendungen.

Niveau 2 umschreibt Schüler, die *handeln* lernen können, auch wenn sie nur bedingt in der Lage sind, den dazugehörigen Bedingungszusammenhang zu erfassen.

Sie sind auf gewohnte, konkrete, häufig sogar auf ähnliche Situationen und Bedingungen angewiesen.

Ihre *Lernleistungen* umfassen handelndes Lernen, erkundendes und entdeckendes Lernen, ein Lernen in konkreten Situationen, Lernen am anschaulichen, begreifbaren Fall. Ihr Lernen ist *situations*bezogen.

Ihre *Lernerträge* sind einfache Handlungsmuster, Handlungsketten, auch Handlungsstrategien. Sie können einfache Handlungen durchschauen und strukturieren. Sie planen über den Augenblick hinaus. Bedürfnisse können sie meist selbst in Handlungen umsetzen. Sie können eine Handlung in einen sozialen Rahmen stellen. Sie wissen ihr Handeln oft selbst zu kommentieren, und dabei erleben sie sich als Verursacher von Erfolg bzw. Mißerfolg.

Niveau 3   umschreibt Schüler, die *über* bzw. *durch* Handeln selbst lernen und Erfahrungen sammeln können. Sie sind zwar noch an konkrete Vorgaben gebunden, jedoch von sich aus in der Lage, durch ihr Handeln Erkenntnisse, Einsichten oder Prinzipien abzuleiten, zu gewinnen und zu erweitern.

Ihre *Lernleistungen* umfassen konkret-anschauliches Denken. Sie können sowohl retrospektiv als auch prospektiv denken, planen, ordnen und strukturieren. Ihre Gestimmtheit ist nicht mehr unbeeinflußt von der gelungenen Bedürfniserfüllung abhängig. Sie können mit sich korrigierend und kontrollierend umgehen. Ihr Lernen ist *problemorientiert*.

Ihre *Lernerträge* sind Einsichten, Erkenntnisse, Begriffe, Regeln, Gesetzmäßigkeiten, Prinzipien - neben dem zusätzlichen Erwerb von neuen Handlungsmustern und Ausdifferenzierungen vorhandener Handlungsstrategien. Sie können sich ansatzweise selbständig Umweltausschnitte erschließen. Ihre Lernergebnisse zeigen Tendenzen zur Übertragbarkeit.

Wichtig allerdings ist: Es wird selten so sein, daß ein/e SchülerIn in allen Lernbereichen, die er/sie im Laufe eines Schulalltags erfährt, immer nur konstant einem Lernniveau zuzuordnen ist. Diese Zuordnung zu einem Lernniveau darf nie die Funktion eines Vorurteils oder gar einer Stigmatisierung annehmen. Der Lehrer/-Erzieher wird sehr selbstkritisch mit dieser Groborientierung umgehen müssen. Er kann bei einem bewußten Gebrauch jedoch sowohl mögliche Unterforderungen als auch eine denkbare, meist häufigere Überforderung vermeiden.

Wie lassen sich nun diese Lernniveau-Stufen auf die Arbeit mit den Richtlinien übertragen?

An einem *Beispiel* soll dies nachfolgend verdeutlicht werden:

Beispiel

Richtziel (3.4)   Fähigkeit, Zeitabläufe zu erfahren, sich in ihnen auszukennen und sich auf sie einzustellen

Grobziele (1) Elementare Zeitperspektiven und ihre sprachliche Bezeichnungen erfassen und sich danach richten

(2) Den Tagesablauf in seiner Bedeutung erfassen und beachten

(3) Den Wochenablauf in seiner Bedeutung erfassen und beachten

(4) Den Jahresablauf erfahren

(5) Sich mit Hilfe von Uhren zeitlich orientieren

(6) Sich mit Hilfe von Kalendern zeitlich orientieren

(7) Arbeit und Freizeit in ihrem Wechsel und Ablauf überblicken und einteilen

(aus den Bayerischen Richtlinien für Schulen für Geistigbehinderte)

Mein Vorschlag ist, dieses *Richtziel* auf die drei Lernniveau-Stufen zu übertragen unter Berücksichtigung der ausgewiesenen Lernleistungen und möglichen Lernerträgen:

NIVEAU 1

Ziele	Konkretisierungen
Sich auf den Rhythmus außerhalb der eigenen Person einstellen	Tag-Nacht-Rhythmus, Schlafen-Wachsein; Hunger haben/satt sein; Naß/Trocken als Wechsel empfinden; Frei-sein/Beansprucht-werden; alles geht der Reihe nach;
Den Rhythmus anderer Dinge erleben	Spielsachen/Sachen aus dem Alltag erleben (Aufziehautos, Pendel, Spieluhren, Kreisel ...); Abläufe vom Anfang bis zu ihrem Ende verfolgen (z.B. Kugelbahn);
Signale als Strukturierung von Zeit erleben	Signale für Pause/Schule/Morgenkreis/Freispiel/... die Mutter, der Bus kommt/Telefon verstehen; Signale wie 'los', 'stop', 'fertig' verstehen;
Erfahren, daß Situationen/Abläufe einen Anfang und ein Ende haben	Toiletten-Training, Essens-Situationen; Liegen im Kugelbad; Spielsituationen; Sonnenschein, Kälte, Eis, Schnee, Schmerz, Wind, Regen
Erleben, daß man etwas schnell bzw. langsam tun, daß etwas kurz bzw. lange dauern kann usw.	Spiel- und Beschäftigungs-Situationen, Turnen, Rhythmik, Stimulationen erleben; etwas bewegen, rollen, schieben; selbst fahren; bewegt werden

NIVEAU 2

Ziele	Konkretisierungen
Erfahren, daß verschiedene Dinge verschieden lange Zeit beanspruchen; dies ins Handeln einbeziehen	Lernaufgaben; Aufgaben aus dem Werken und der Hauswirtschaft; Fahrtzeiten; Besuche; Unterhaltung
Erfahren, daß *ich* bzw. andere zu verschiedenen Tätigkeiten unterschiedlich lange brauchen; dies beim Handeln berücksichtigen	s.o.
Kennen von Ordnungs-Systemen zum Phänomen 'Zeit'; ihre Namen und ihre Bedeutung beim eigenen Handeln benützen	Datum, Wochentag feststellen; Kalender, Stundenpläne, später einfache Uhren ablesen; einfache Fahrpläne benützen; Zeituhren einstellen
Signale kennen, sich danach richten und sie selbst benützen usw.	den Wecker stellen können; den Telefon-Auftragdienst benützen; Zeituhren einstellen

NIVEAU 3

Wissen, was eine kurze, was eine lange Zeitspanne ist; Zeit bzgl. ihrer Dauer beurteilen können	Sportereignisse verstehen; Entfernungen einschätzen, subjektive und objektive Zeiten unterscheiden
Zuordnen und Entschlüsseln von objektiven Zeiteinheiten	5 min, 4 Stunden, 1 Woche, 10 Jahre
Eigene Vorhaben/Bedürfnisse mit der jeweils möglichen/vorhandenen Zeit in Einklang bringen	Bastelarbeiten; Besuche; Pausen; Wanderungen; Einkäufe ...
Mit Geräten der Zeitbestimmung differenziert umgehen können	genaues Kennen der Uhren; des Kalenders; Terminkalender
Zeitangaben in Handlungen richtig umsetzen	Lesen und Verstehen von Gebrauchsanweisungen
Die eigene freie Zeit einteilen und ausfüllen	Erstellen von Wochenplänen; Gestalten des Feierabends (TV)
Zeitbegriffe verstehen und in ihrer objektiven Bedeutung verwenden und sich danach richten können	heute abend, vorgestern, gestern nachmittag, letzten Sonntag, am Ende der Ferien, bald ..., in einem Jahr

Verbindendes Merkmal für alle vorgenannten Möglichkeiten und Ausdifferenzierungen ist eine *Balance* von subjektiv Bedeutsamen und objektiv Gegebenem bzw. Notwendigem.

Unabhängig davon, auf welcher Lernniveau-Stufe der einzelne Schüler/die einzelne Schülerin *leben* lernt, sollen die einzelnen Lernangebote gleichermaßen und gleichberechtigt enthalten und umschließen:

- Beiträge zur funktionalen Ertüchtigung und lebenspraktischen Tüchtigkeit

- Beiträge zur Erschließung von Welt und zum Sich-Orientieren in der Welt

- Beiträge zur Gestaltung von einfachen Lebensaufgaben und der gezielten Einübung in sie

Zum Schluß

Dieser kleine Versuch will nichts anderes, als anzuregen, mit den vorgegebenen Zielen aus den jeweiligen Richtlinien variabel, fantasievoll und auf die einzelnen Schüler und Schülerinnen möglichst angepaßt umzugehen, um die Effektivität des Unterrichts zu sichern.

Zur weiteren Information sei auf das Buch von *Dittmann, W. u.a. (Hrsg.)*: "Neue Richtlinien für den Unterricht in der Schule für Geistigbehinderte", Stuttgart 1983, verwiesen.

Mathematische Erziehung geistigbehinderter Schüler - ein unterschätztes und vernachlässigtes Lernfeld in der Schule

(1979)

1. Zum Gesamtproblem der "Mathematischen Erziehung" bei Geistigbehinderten

1.1 Zum allgemeinen Problemstand

Sowohl die Erfahrung vieler Kollegen als auch die nicht allzu üppige Literatur bestätigen immer wieder: Rechnen bzw. Mathematik gilt als einer der schwächsten Punkte in den Fördermöglichkeiten Geistigbehinderter (vgl. *Schmitz* 1976; *Speck* 1974; *Walburg* 1973).

Beklagen und Bedauern allein sind nicht ausreichend, ebenso wenig wie der unnachgiebige Versuch vieler Kollegen/innen, doch "so etwas wie Mathematik" - mit welchen Lernmaterialien auch immer - ihren geistigbehinderten Schülern "abzuringen", wenn man sich die Bedeutung von mathematischen Bezügen insgesamt vor Augen hält. Mathematik ist nichts anderes und nichts weniger, als seine Umwelt bzw. Weltausschnitte nach Kategorien der Qualität und vor allem der Quantität zu ordnen. Daß daneben vom geistigbehinderten Schüler die jeweiligen Ordnungskategorien und die Prinzipien bzw. Regeln solcher Ordnungen erst erlernt werden müssen, d.h. daß sie in die "Welt der Zahlen" einzuführen sind, ergibt sich als Selbstverständlichkeit.

Hinter diesem Ordnenkönnen verbirgt sich letztlich eine Form des Denkens, die nicht nur im engen Feld der Mathematik zu Erfolgen verhilft, sondern in nahezu jeglichem Lebensbezug: Strukturen zu erfassen bzw. Strukturen zu bilden und damit abrücken zu können von sog. äußeren Merkmalen eines Objektes.

Gleichzeitig erwirbt jeder, der damit umgehen kann, auch Struktur für seine eigenen output-Leistungen. Er kann sich genauer ausdrücken, präziser denken und damit exakter seine Wünsche und seine Bedürfnisse, seine Vorstellungen formulieren und diese in Beziehung zu den Möglichkeiten beurteilen - z.B. ob man wirklich eine ganze Tüte Bonbons kaufen kann, wenn 100 gr. dieser Bonbons 1,50 DM kosten, man selbst aber nur 2 DM in der Tasche hat. An diesen wenigen Gedanken wird deutlich, daß es im Rechnen oder auch in der "Mathematischen Erziehung" eben nicht nur um ein vordergründiges Wissen und/oder mechanisches Umgehen mit Zahlen oder Ziffern geht, sondern "um viel mehr und damit um ganz anderes".

Letztlich ist Mathematische Erziehung

- Erziehung zum Denken
- Erziehung zur Abstraktion
- Erziehung zur größeren Anpassung an Gegebenes, konkret an die Realität

Die Anwendungsbereiche der Mathematik in lebenspraktischen Situationen - "Umgang mit Geld, Maßen und Gewichten" oder "Orientierung im Zusammenhang mit Zeit, Entfernungen und Räumen" - dürfen dabei keineswegs zu kurz kommen. Unter der Vorgabe, daß sich Bildung und Erziehung geistigbehinderter Schüler lebenspraktisch vollzieht, um konkret zum "leben können" zu befähigen, wird sie beide Aspekte verfolgen:

- die Erziehung zum Denken als eine Fähigkeit zunehmender Abstraktion und

- die Ertüchtigung in sog. mathematischen Anwendungsbereichen, wie das Erlernen der Uhrzeit, den Umgang mit Geld oder das Handhaben von Gewichten und Maßen

1.2 Zum mathematischen Gegenstand selbst

Kennzeichen jeglicher mathematischen Aktion ist der selbstverständliche Umgang mit der *Zahl*.
Zahlen in Form von Ziffern verwenden wir darüber hinaus auch im nicht-mathematischen Bereich, so wie auch Kinder Zahlen im mathematischen Bereich mechanisch handhaben können, also keine operative Beziehung von Mengenvorstellungen und Mengenerlebnissen mit vollziehen bzw. mit verbinden und sie vergleichbar zu Adjektiven benutzen.

Die Entwicklung des *Zahlenbegriffs* ist u.a. von *Piaget* - und in letzter Zeit von *Kotthoff* (1973) - ausführlich untersucht worden. Es wurde dabei mehrfach bestätigt, daß der Zahlbegriff ein Produkt von Entwicklungsschritten ist und gleichzeitig doch auch ein Ergebnis kognitiver Leistungen. Erst mit 7;0 Jahren kann ein normalbegabtes Kind sich die Menge einer Zahl (ihren kardinalen Wert) so vorstellen bzw. durchschauen, daß es einigermaßen operativ damit umgehen kann. Gesichert aber ist dieser Entwicklungsertrag nur, wenn voraus zahlreiche Möglichkeiten der operativen Erfassung von Mengen gegeben sind. Der *Zahlbegriff* ist das Ergebnis höchster Abstraktion. Ein Kind, das ihn verwenden kann, ist in der Lage, von der Form, Größe, Farbe und anderen Materialeigenschaften zu abstrahieren und allein sich dem anzahligen Bestand von Elementen einer Gruppe, einer Klasse, allgemein einer Menge zuzuwenden. Gleichzeitig ist es in der Lage - gemäß dem Prinzip der Reversibilität -, sich beim Hören, beim Lesen, beim Nennen des Zahlwortes - als Kennzeichen oder Eigenschaft der Mächtigkeit bzw. des kardinalen Wertes - diesen sich anzahlmäßig vorzustellen, entweder in der anzahlmäßigen Ansammlung der Einzelelemente oder über die Form der Bündelung (z.B. 123 als Bündelung von 1 Hunderter, 2 Zehnern und 3 Einern).
Wer nur Elemente einer Menge, einer Reihe oder einer Klasse mit einem Zahlwort belegt bzw. dieses hinzufügen kann, besitzt noch keinen gesicherten Zahlbegriff. Die Abstraktion muß soweit fortgeschritten sein, daß die Zahlen von den realen Gegenständen, die sie repräsentieren, losgelöst und als "selbständige Individuen" betrachtet werden können, zwischen denen Verknüpfungen, Beziehungen und Operationen bestehen bzw. möglich sind. Wer den *Zahlbegriff* besitzt, kennt sowohl den "kardinalen Wert" (Äquivalenzklasse) als auch den "ordinalen Wert" (Seriationsklasse bzw. Vorgänger-Nachfolger-Beziehung). So hat Zählen nur dann operativen Wert, wenn es als Zuordnung von Zahlworten zu den Elementen erfolgt und die letztgenannte Zahl dann den kardinalen Wert ergibt.
Somit ist die frühere Sprechweise mathematisch nicht stimmig: Folgende xxxx xxxx 8 Elemente sind die "Menge acht"; vielmehr muß es heißen: Dies ist eine "Menge mit acht Elementen".
Die erste Formulierung ließe darauf schließen, daß es nur die Menge in dieser Anordnung gibt; genau das Gegenteil ist der Fall. Es gibt nur *eine* Menge mit acht Elementen, aber diese können *in ganz verschiedenen Ordnungen*, Gruppierungen, Gliederungen oder Konfigurationen repräsentiert sein.
Eine Sonderstellung nimmt neben dem Zahlbegriff das *Zählen* ein. Kinder zählen - nicht zuletzt auf Betreiben ihrer Familie - oft schon in sehr frühen Jahren, indem sie mehr oder weniger mechanisch Zahlwörter als akustische Lautgebilde nachsprechen oder motorisch so etwas wie Abzählen (durch Anfassen, Berühren, mit den Augen verfolgen usw.) imitieren.

Beide Momente sind wichtig:

- die Namen von Zahlen (Ziffern)
- das "motorische Abzählen" als rhythmisches Verfolgen von Elementen vollziehen können

Der eigentliche mathematische Anteil kommt erst durch die Zuordnung von Zahl zur Position des Elements einer Menge hinzu.

Dieser mathematische Anteil wird erreicht

1. in der Feststellung der Mächtigkeit einer Menge
2. im Vergleich von zwei und mehr Mengen
3. im Erwerb von Zahlbegriffen

Da *Zählen* im vollgültigen Sinne von geistigbehinderten Kindern nicht sofort oder auch selten vollgültig ausgeübt werden kann, gewinnen Vorformen bzw. Parallelformen von Zählen neu an Bedeutung:

- die 1:1-Korrespondenz beim Vergleich
- die paarweise Zuordnung beim Vergleich
- das Bilden von Untermengen (wobei diese Form nicht immer zu einem Gesamtergebnis führt)
- das Abzählen in Stufen (1,2,3,4 - 1,2,3,4 - 1,2,3,4)

Zusammenfassung und Folgerung

Der Umgang mit *Zahlen* (Zahlbegriffen) setzt umfassende Abstraktionsleistungen voraus. Kinder müssen von der "affektiv gesteuerten Wahrnehmung" ("ichwertige Dinge"; *Kotthoff* 1973) zur "Ganzbestimmtheit der kindlichen Wahrnehmung" (ebenfalls *Kotthoff*), zur "wahrnehmungsgeleiteten Teilerfassung" von Merkmalen eines Objektes und schließlich zur rein "logischen Erfassung" lediglich der Anzahl, also dem quantitativen Aspektes von Objekten, geführt werden. Dabei spielt das *Zählen* in den verschiedenen Vorformen und Formen eine wichtige Rolle. Geistigbehinderte Kinder müssen hier Mehrfaches lernen:

1. Das Sprechen und Merken der Zahlwörter als Namen der Zahlen

2. das Zählen als motorischen Vorgang (grob-, feinmotorisch unterstützt oder nur noch mit den Augen abtastend)

3. das gezielte Vorgehen und

4. das allmähliche Erfassen des kardinalen Wertes einer ganzen Menge oder einer Klasse

Geistigbehinderte Schüler sollen nicht primär aus mengentheoretischen Gründen vielfältig mit Mengen umgehen, sondern vor allem um ihre Abstraktionsfähigkeit zu schulen und ihre Wahrnehmung von der subjektiven Seite über die phänomenorientierte hin zu quantitativen, d.h. objektiven zu entwickeln. Hier haben viele geistigbehinderte Schüler grundsätzliche Schwierigkeiten. Ein großer Teil der Schülerschaft wird diese Niveaustufe nie erreichen.

1.3 Aufgaben, die sich für die mathematische Erziehung Geistigbehinderter im Rahmen der "Mengenbehandlung" im einzelnen ergeben

Die Aufgabenvielfalt der "Mengenbehandlung" überrascht den nicht mehr, der geistigbehinderte Schüler im täglichen Umgang mit Mengen erlebt.

Die Ausgangslage der Mengenverarbeitung aus Vorschulprogrammen läßt von zwei Grundvoraussetzungen her die weiteren Lernschritte planen:

Voraussetzung 1 ein Kind erfaßt die Mächtigkeit "eins", das, was *Ebersole* (1976) die "Einheit" nennt

Voraussetzung 2 ein Kind erfaßt viele Elemente als eine "Ansammlung" und gleichzeitige Grundlage von späteren "Mengen"

Hier treffen wir beim geistigbehinderten Schüler auf erste Schwierigkeiten. Entweder sie sehen nur Ansammlungen, können also keine einzelnen Elemente voneinander unterscheiden, oder sie nehmen nur einzelne Teile wahr, die sich nie zu einem Ganzen bzw. zu einer erweiterten Einheit bündeln lassen. Die Schwierigkeiten erreichen ihren Höhepunkt, wenn die gleichen Objekte unter verschiedenem Aspekt jeweils verschiedene Klassen oder Mengen bilden sollen. *Piaget, J./Inhelder, B.* nennen dieses Tun *Umklassifizieren*, was Kindern - ihren Aussagen zu Folge - erst nach dem 5. Lebensjahr gelingt. Aufgrund dieser Überlegungen ergeben sich für die Arbeit mit Mengen sehr verschiedenartige *Ziele*, die jeweils nur für bestimmte Gruppen von geistigbehinderten Schülern zutreffen; andere dagegen sind für die gesamte Schülerschaft relevant:

- *Erleben* von Mengen bzw. mengenmäßigen Ansammlungen
- Freies *Umgehen* mit Mengen (z.B. Handeln innerhalb vorgegebener Mengen)
- Freies *Erstellen* von Mengen (mit dem Ziel der Varianz von Mengen)
- *Konstruieren* von Mengen mit gleichem kardinalen Wert, d.h. von gleicher Mächtigkeit als korrespondierende bzw. als permanente Menge aufgrund anschaulicher Korrespondenz
- *Erleben* von "Einheiten" (Mächtigkeit 'eins') im Gegensatz zu mehreren Elementen als Menge (durch provozierende Menge)
- *Erfassen* von Mengen als Klassen mit gleicher Eigenschaft (qualitative Merkmale)
- *Erstellen* von Klassen mit gleichen qualitativen Merkmalen als "Ganzbestimmtheit" der Wahrnehmungsleistung (setzt Kenntnisse von Eigenschaften oder Merkmalen voraus)
- *Umgliedern* von Mengen bzw. Klassen als Mengen mit dem Ziel der Invarianz von Mengen
- *Erfassen* von Mengen und deren Mächtigkeit durch Gliedern, Gruppieren, Ordnen, Zählen, simultanes Erfassen oder durch 1:1-Konfrontation

Diese vorausgegangenen theoretischen Erörterungen zum *Zählen*, zum *Zahl*-Begriff wie auch zur *Ziffer* sollen nun anhand eines Unterrichtsbeispiels für geistigbehinderte SchülerInnen konkret in LERNEN umgesetzt werden.

Es sind für die Realisierung *zwei* unterschiedliche Klassen geistigbehinderter SchülerInnen vorgesehen mit ähnlich kognitivem Leistungsstand - bei aller sonstigen Verschiedenheit der einzelnen Kinder und Jugendlichen:
(a) eine *Unterstufen*-Klasse und (b) eine *Mittelstufen*-Klasse.

Die umfangreicheren Lebenserfahrungen der älteren SchülerInnen schlägt sich sicherlich ebenso nieder wie die größere Entdeckungsfreude der jüngeren.

2. Zum konkreten Lern- und Übungsvorhaben selbst

2.1 Vorbemerkungen

Die Schüler der beiden Klassen konnte ich nur im Rahmen eines Besuches kennenlernen. Wir tauschten dabei Erfahrungen und Erlebnisse aus. Arbeits- oder Leistungsproben ließen sich in diesem Zusammenhang nicht erheben. Auskunft gab der jeweilige Klassenlehrer; zusätzlich informierte ich mich in den zur Verfügung stehenden Unterlagen, wobei mir dies nur ergänzend wichtig war. Die Unterrichtsstunde wurde für einen Seminartag konzipiert. Durch den Vergleich der Konkretisierung in beiden Klassen ergab sich die Möglichkeit eines interessanten Vergleichs, inwieweit altermäßige und damit lebensspezifische Momente das Lernen beeinflussen und wo Fragen der "Mathematischen Erziehung" dann jeweils unter diesem Aspekt allein sich doch nochmals relativieren oder gar neu gedacht werden müssen.

Schwer zu beschreiben ist der eigene Lehr- und Unterrichtsstil. Er ist sicherlich getragen von der Überzeugung, "handelndes Lernens" besitze hohe Bedeutsamkeit; aber auch gemeinsames Entdecken und Erarbeiten spielen eine große Rolle. Letztlich geht es auch um die Faszination von Lernen insgesamt.

2.2 Zu den Klassen selbst

Die *Unterstufen*-Klasse wird von zehn Schülern besucht, die einen relativ homogenen Eindruck bzgl. ihrer Leistungsbereitschaft und ihres Lerninteresses erwecken. Die Klasse ist vom Sonder-Kindergarten kommend noch im gleichen Gebäude-Trakt untergebracht und von daher nicht in traditionelle schulische Lernformen eingeübt. Das handelnd-spielende Umgehen mit Dingen ist die bevorzugte Form ihres Tätigseins; sprachliche Verständigung in einfacher Form gelingt meist, und Aufgabenverständnis wird bei einlinearen Aufgaben erwartet.

Die *Mittelstufen*-Klasse hat neun Schüler. Diese Schüler sind an schulisches Arbeiten gewöhnt. Auch ihr Klassenraum entspricht mehr herkömmlichen Vorstellungen. Das Schulgestühl ist soweit spezialisiert, daß es nicht mehr oder nur unter erschwerten Bedingungen zu einem Sitzkreis oder zu anderen Formationen gruppiert werden kann. Die Leistungsstreuung ist divergenter als in der vorausbeschriebenen Unterstufe. Auch in ihrem Arbeitsverhalten unterscheiden sich die Schüler stärker voneinander, zumindest für Außenstehende. Im Gegensatz zur Unterstufen-Klasse kann in der Mittelstufen-Klasse mit ersten Einsichten in den Zahlbegriff 'zwei' bei einigen und bis 'fünf/sechs' bei einem Schüler gerechnet werden.

2.3 Ziele für die Lern- bzw. Übungseinheit

Wie bereits betont, können im streng curricularen Sinne keine verbindlichen Lernziele ausgegeben werden. Nachfolgende Lernziele versuchen nichts anderes, als didaktische Absichten zu umschreiben bzw. zu präzisieren. Auf eine sonst übliche Lernkontrolle muß aus den vorgenannten Gründen verzichtet werden.

Unterrichtsziele Die Schüler sollen erfahren, daß Elemente einer Klasse/Menge verschiedene Merkmale besitzen, die ihrerseits wiederum als Klassifizierungsmöglichkeiten zum Bilden neuer Formationen, Klassen oder Mengen dienen können.

Unterziele
- Die Schüler sollen die *Farbe* als Klassifizierungsmerkmale erkennen, beachten und einsetzen können.
- Die Schüler sollen die *Form* als Klassifizierungsmerkmal erkennen, beachten und einsetzen können.
- Die Schüler sollen Farbe und Form als *Kombination* von Merkmalen verwenden können.

Feinziele

aus dem kognitiven Bereich:
- Die Schüler sollen erfahren, daß sie selbst durch Veränderung des Merkmals die Mächtigkeit von Mengen bestimmen.
- Die Schüler sollen die entstehenden Klassen als Mengen erfassen/verstehen.
- Die Schüler sollen individuell eine Methode des Mengenvergleichs anwenden und zu einem ihnen möglichen Ergebnis kommen (zählend; 1:1-Korrespondenz; simultan erfassend usw.).

aus dem motorischen Bereich:
- Die Schüler sollen das Öffnen und Schließen der leeren Saftflaschen bewerkstelligen (wahrscheinlich Übungsziel oder Lerntätigkeit).
- Die Schüler sollen die Flaschen vorsichtig transportieren (schieben, stellen, zusammenstellen).

aus dem sozial-affektiven Bereich:
- Die Schüler sollen Freude an Klassifizierungsübungen entwickeln.
- Die Schüler sollen sich vom oralen Angesprochensein (Saft) lösen und sich der zunehmend objektivierenden Aufgabe zuwenden.

Für die Mittelstufe wir zusätzlich gefordert:
- ein freies Umgehen mit vorzahligen, zahligen und anderen qualitativen Merkmalsbegriffen
- ein Erfassen der Qualitäts- und Quantitätsmerkmale auf mindestens zwei Repräsentationsebenen (handelnd-konkret; bildlich-anschaulich; u.U. verbal-abstrakt)
- das Anwenden sowohl qualitativer als auch quantitative Merkmale im Hinblick auf synthetisches Vorgehen

2.4 Grobplanung - sowohl nach didaktischen als auch nach methodischen Gesichtspunkten

Die Unterrichtseinheit gliedert sich in

Phase 1   Freier Umgang mit ersten Gruppierungs- und Gliederungsansätzen - mit dem Ziel des Feststellens und Einordnens des vorhandenen Materialgutes

Phase 2   Herausstellung und Anwendung des Klassifizierungsmerkmals "Farbe" und bei gleichzeitigem Verweis auf quantitatives Erfassen der Klassen/Unterklassen etc. im Sinne einer "rohen Quantität" (*Piaget*)

Phase 3   Erfassen, Einüben und Anwenden des Klassifizierungsmerkmals "Form" und bei gleichzeitigem Verweis auf quantitatives Erfassen der Ordnungen, Klassen, Mengen im Sinne der "anschaulichen Quantität" (*Piaget*)

Phase 4   Kombination beider Merkmale auf konkret-handelnder und für die Mittelstufe auch auf bildlich-symbolischer Ebene

Eingerahmt wird der Unterricht durch soziales Begegnen einschließlich musischer Elemente.

2.5 Begründung und Entscheidungskriterien für Lernziele bzw. Lernschwerpunkte

Allgemein:

Grundsätzlich erscheint mir die Arbeit mit Mengen, vor allem die dem geistigbehinderten Schüler gemäße Arbeit mit Mengen vernachlässigt oder einseitig mit mathematischen Lernmaterialien zu geschehen. Da der numerische Teil selbst inhaltlich begrenzt ist (nicht im Anwendungsbereich), wählte ich den *Übergang* vom prä-numerischen zum numerischen Bereich.

Fachspezifisch:

Hier spielen mehrere Aspekte eine Rolle, die über diese hier zur Diskussion stehende Lerneinheit hinausgehen. Im Hinblick auf diese Unterrichtseinheit gilt es nachfolgende *fünf Entscheidungen* zu treffen:

Entscheidung 1

Wähle ich das "operationale Rechnen" oder die "konditionierende Methode"? (z.B. nach *Ebersole*)

    Ergebnis ---> Mischform, dabei starke Betonung des operativen Prinzips

Entscheidung 2

Arbeite ich "prä-numerisch" oder "numerisch"?

    Ergebnis ---> Mischform, selbst bei eindeutiger prä-numerischer Arbeit soll der geistigbehinderte Schüler entweder den verbalen und/oder den motorischen Aspekt des Zählens angeboten bekommen

Entscheidung 3

Welche "Ebene der Erarbeitung" oder der Darstellung ist zu wählen?

- Handlungsebene
- Notationsebene (bildiich, symbolisch, abstrakt)
- Anwendungsebene

    Ergebnis ---> primär Handlungsebene,
                        dann Notationsebene nur bildlich,
                        Anwendungsebene nur Mittelstufe

Entscheidung 4

Wo liegt der Schwerpunkt: bei der "Lebensrelevanz" als eine Art angewandter Mathematik (vgl. *Röper*) oder bei der "reinen Mathematik" (vgl. *Dienes et al.*)?

    Ergebnis ---> Mischform, vgl. Lernmaterial

Entscheidung 5

Welches Niveau der Mengenarbeit ist zu wählen?

- Klassifizierung mit Überführung der Klassen in Mengen?
- Seriation als eine Arbeit innerhalb der Mengen/Klassen?
- provozierende Mengen?
korrespondierende Mengen?
spontane Mengenerfassung?
Multiplikation von Mengen?
Einhaltung von kontinuierlichen oder diskontinuierlichen Mengen?
Kardinalwerte oder Ordinalwerte von Mengen/Mächtigkeiten/Elementen?

    Ergebnis ---> einfaches Lernniveau

Ergänzend: Merkmalskarten oder keine (hier entscheidet die Lebensrelevanz, keine Funktionalsprache einzuführen)?

    Ergebnis ---> Ja, damit sich die Schüler in den motorischen Vorgang des Zählens einüben, Zahlnamen sprechen können/lernen und dann allmählich eine u.U. angewachsene Attitüde mit Inhalt füllen können.

2.6 Überlegungen zur methodischen Gestaltung:

(a) Überlegungen, die die methodische Schrittfolge betreffen (allgemein):

Nach *Wilms* (1973) vollzieht sich eine Lerneinheit zur Mathematik - auch für lernschwache Schüler - nach folgendem "Grundmodell":

    Phase 1 freies Spiel
    Phase 2 Einfinden in das Regelfeld
    Phase 3 Einarbeiten in die Regelstrukturen
    Phase 4 Abstraktion in einer Darstellungsform
    Phase 5 Überführung der Ergebnisse in die Versprachlichung
    Phase 6 Beweisführung der mathematischen Erkenntnisse (für lernschwache Schüler kaum mehr relevant)

Dieses Phasenmodell kann dann angewandt werden, wenn man mehrere Lerneinheiten zur Mathematik mit den Schülern bearbeitet. In diesem Fall - wo es stärker um eine Demonstration von mathematischen Begriffen geht - erscheint dieses Modell weniger geeignet. Unabhängig, welches Modell gewählt wird, handelt es sich in mathematischen Bereichen um eine "zunehmend unvoreingenommene Begegnung mit dem Objektiven" (nach *Meschkowski*; zit. bei *Wilms* 1973, 86).

Und gerade dieses Gewinnen des Objektiven fällt geistigbehinderten Schülern so außerordentlich schwer.

(b) Überlegungen zur Methode aus sonderpädagogischer Sicht:

Diese hier geplante Übungseinheit/Lerneinheit ist nach sonderpädagogischen Kategorien von ihrer Struktur her, will man sie bzgl. des didaktischen Grundmodells einordnen, zwischen dem "Aktiven Lernangebot" und der "Aufgabenfolge" einzureihen (vgl. *Fischer* 1980).

Für die "Aufgabenfolge" sprechen die locker miteinander in Verbindung stehenden Einzel-Phasen; das verbindende Element ist jedoch kein durchgängiges Problem, sondern ein sich durchziehendes Material, das der Saftflaschen, die geordnet, gruppiert und klassifiziert werden sollen.

Für das "Aktive Lernangebot" spricht die relative Unverbundenheit der Teile (Lern-sequenzen oder Lernsituationen) und vor allem die nicht verpflichtende, notwendige Beteiligung aller Schüler an dem gesamten Ablauf. Jede weiterführende Lernsituation ist für sich abgeschlossen und wird nicht zwingend von der vorausgehenden bedingt. Doch hängt dies von der Leistungsfähigkeit der Schüler ab.

Bei der konkreten *Unterrichtsgestaltung* selbst kommt es mir auf folgende Momente sehr an:

- kommunikativ mit den Schülern zu arbeiten
- soweit es geht, sie körperlich (nicht nur motorisch) und sensorisch zu beanspruchen
- stark zu strukturieren
- stets die Zuwendung auf die Sache zu lenken
- Spaß am Lernen zu erzeugen
- jeden Schüler, soweit als möglich, individuell anzusprechen

Über die Unterrichtsführung, die den allgemeinen Unterrichts-Stil betrifft, hinaus, gibt es eine Reihe von Forderungen, die von fachwissenschaftlicher Seite an den Unterricht in Mathematik gestellt werden (vgl. *Wilms* 1973). In Anlehnung an ihn wären es *fünf* Momente, die für geistigbehinderte Schüler jedoch von unterschiedlicher Bedeutung sind, bzw. auch von den jeweiligen Schülern nur sehr unterschiedlich nachvollzogen werden können.

Moment 1 Die Veranschaulichung zu variieren

> Jede "Grundidee" ist auf möglichst verschiedene Weise darzubieten (vgl. auch *Dienes* 1968). Dadurch wird dem Schüler eine Großzahl von Erfahrungen ermöglicht und eine beachtliche Menge von Darstellungen ein und desselben Problems.

Moment 2 Dem Schüler sind persönliche Erfahrungen zu ermöglichen

> Lernwirksam sind vorrangig Erfahrungen, die ein Schüler mit einem Material, mit einer Aufgabe selbst macht, und nicht solche, die ihm ein Lehrer verbal mitteilt (u.a. auch das Prinzip des handelnden Ler-

nens). Besonders in Mathematik kann ein Schüler nur echte Operationen vollziehen und später auch verinnerlichen, wenn von Anfang an eine Einstellung auf aktiv-praktisches Tun gefordert wird (vgl. auch v. *Cube*, zit. bei *Wilms*).

Moment 3 Für den Erkenntnis- und Erfassungsprozeß ist es notwendig, daß man diesen in sich selbst vollzieht

Ein Schüler muß sich dabei "aktiv, produktiv und konstruktiv" verhalten. Hier treffen wir bei geistigbehinderten Schülern auf große Schwierigkeiten. Sie neigen eher zu einem "passiven Genießen" (*Hetzer*), zu einem "Raten bei geforderter Problemlösung" (*Kirk-Johnson*) oder auch zu einem "Aus-dem-Felde-zu-Gehen" (*Lewin*).

Moment 4 Regeln, Prinzipien, Erkenntnisse sind möglichst selbst zu finden

Ein bekanntes Beispiel liefert die 'Klassifikation'. Hier sollten die Prinzipien der Klassifizierung oder auch die Merkmale selbst gefunden werden. Von dort aus ist dann der Schritt zur Gliederung von Mengen nicht mehr weit.
Aber auch diese Anstrengung, diese Leistung darf bei unseren Schülern nicht erwartet werden. Wenn man über die Notwendigkeit informiert ist, wird man sie anregen oder auch herausfordern.

Moment 5 Einsichten, Erfahrungen sollten ganzkörperlich, d.h. mehrdimensional gemacht werden
Diese Feststellung trifft ins Zentrum der Arbeit mit geistigbehinderten Schülern. Sie ist sicher dienlich, wenn sie strukturiert erfolgt und der jeweilige Schüler nicht von Reizen überschüttet wird.

Ergänzend seien noch zwei "outsider-Probleme" genannt:

1. An sich ist es methodisch üblich, jede konkret gewordene Kenntnis in eine bildlich-symbolische überzuführen. Konkret heißt das: Am Ende eines Lernganges steht das Arbeitsblatt.
Das ist aus mehreren Überlegungen für geistigbehinderte Schüler problematisch. Nicht alle geistigbehinderten Schüler sind den Umgang mit Papier und Bleistift gewohnt bzw. zu diesem fähig; zusätzlich ist jene Form der Abstraktion auch nicht unbedingt die geistigbehinderten Schülern gemäße Form der Verinnerlichung. In dieser Einheit wird deshalb auf das übliche Arbeitsblatt verzichtet.

2. Es ist allgemeiner Brauch, bei lernschwachen Schülern das Prinzip der kleinsten Schritte anzuwenden.
Als Alternative sei das "Prinzip des tiefen Endes" bewußt dagegengesetzt (*Dienes/Golding*, zit. bei *Wilms* 1975). Es besagt, in einigen Fällen ist es günstiger, d.h. lerneffektiver, eine neue Struktur auf einem hohen Anspruchs-Niveau einzuführen, als diese zerstückelt - Schritt für Schritt - an die Schüler heranzubringen. Sie sollen ja Strukturen - Ordnungsstrukturen - lernen und nicht schrittweise "Einsichten" einfach übernehmen. Inwieweit dieses Prinzip auch für geistigbehinderte Schüler Gültigkeit hat, muß noch erprobt werden.

2.7 Einige Hinweise zur "didaktischen Analyse" des Lernmaterials

Allgemein zum Rechenmaterial

Je nach der gewählten Methode ergibt sich auch die Auswahl des jeweiligen Lernmaterials. Wer reine Mengenlehre bevorzugt, wird auch bei geistigbehinderten Schülern die Arbeit mit "logischen Blöcken" als unverzichtbar empfinden. Wer sich "Mathematische Erziehung" bei geistigbehinderten Schülern nur auf lebenspraktischer Grundlage vorstellen kann, für den wird es eben nur Dinge des Alltags und ebenfalls Situationen des Alltags geben, die ihn in seiner Auswahl bzgl. Lernmaterialien bestimmen.

Dennoch gilt: Gegenstände/Objekte mit starkem Aufforderungscharakter, die Grundbedürfnisse aktivieren, erschweren das Lernen geistigbehinderter Schüler erheblich. Die vorhin beschriebene Abstraktion gelingt noch weniger.
Darüber hinaus sind Dinge des praktischen Lebens oft mit so vielen zusätzlichen qualitativen Merkmalen ausgestattet, daß sie sich vor allem zu grundlegender Mengenarbeit nur sehr bedingt eignen.

Aus diesem Grund hat man ja sog. "strukturiertes Material" entwickelt, das nur wenige und zusätzlich
a) vorherbestimmbare Merkmale aufweist und
b) diese in der geforderten Invarianz auch behält (ein gelber Apfel, der vom Baum fällt, kann zusätzlich noch angeschlagen oder wurmig sein usw., immer aber ist und bleibt er ein Apfel)

Das von mir ausgewählte Lernmaterial - leere Einwegflaschen, in denen es Obstsäfte zu kaufen gibt, mit einfarbigen Verschluß-Deckeln - scheint von beiden Gruppen die richtige Mischung zu haben:

1. Es stammt aus dem lebenspraktischen Umfeld der Kinder

2. Seine wenigen qualitativen Merkmale sind bestimmbar und relativ unveränderlich

3. Außerdem kann man mit ihm handelnd/verändernd umgehen und damit die Anzahl der Merkmale erhöhen bzw. verringern, d.h. diese selbst verändern

Zum Lernmaterial selbst:

Die "Merkmalsmatrix" umfaßt folgende Faktoren:

- **Deckelfarbe** *(grün, rot, blau, weiß, gold)*
- **Schilder** *(Orangen, Trauben, Tomaten, Gemüse ...)*
- **Zustand** *(offen, geschlossen)*
- **Form** *(gerade - nicht-gerade)*

Alle Eigenschaften sollten als Ergebnisse aus Handlungen der Schüler erwachsen, zumindest was ihre vorsprachliche/sprachliche Erfassung anbelangt.

Die vermutete Komplexität wird dadurch vereinfacht, daß einerseits die Schilder (so reizvoll diese sind) von mir vor der Verwendung im Unterricht abgelöst, andererseits Schwerpunkte im Vorgehen gesetzt wurden, sich erst der Farbe der Deckel (als Ordnungs- oder Klassifizierungs-Merkmal) und dann der Form der Flasche zuzuwenden. Die 1:1-Korrespondenz gelingt übrigens leichter, wenn die

Elemente zueinander in Beziehung stehen, wie dies bei Flasche und Deckel (oder Schilder) der Fall ist.

"Anleitung" für die Lernsequenz 'Vertiefung'

Sit. 1	3 gerade Flaschen/eine nicht-gerade
Sit. 2	3 nicht-gerade/eine gerade
Sit. 3	3 Flaschen mit rotem Deckel/eine mit blauem
Sit. 4	3 Flaschen mit grünem Deckel/eine mit rotem
Sit. 5	eine in sich stimmige Situation

Die richtige "Situation" ist auszuwählen / zu bestimmen; die noch nicht richtigen sind stimmig zu machen.

Seminartag VIII - Mathematische Erziehung bei geistigbehinderten Schülern

Beobachtungsaufgaben

1. Bitte beobachten Sie den *mathematischen Wortschatz* der Schüler:

   - Notieren Sie alle geäußerten Worte in dieser Richtung, die in irgendeiner Form etwas mit Mathematik, mit Mengen oder Beziehungen zu tun haben.
   - Vermerken Sie in Klammer, ob diese spontan (x), auf Impuls hin (xx), ob mechanisch (o) oder mit Sinnverständnis (oo) geäußert wurden.
   - Bilden Sie sich ein Gesamturteil bzgl. der Klasse/einzelner Schüler im Hinblick auf deren mathematischen Stand.

2. Kinder erfassen Mengenstrukturen, -Beziehungen, -Invarianz etc. leichter, wenn sie dies handelnd tun können. Der heutige Unterricht ist vorwiegend auf handelnde Ebene angesiedelt.

   - Notieren Sie sich bitte solche typischen "handelnden Momente".
   - Vermerken Sie, ob (und an welcher Stelle) sich diese Handlungsmöglichkeiten lernstützend, lernhemmend, lernstörend auf die Zielsetzung ausgewirkt haben.
   - An welchen Stellen hätten Sie sich vermehrt eine bildlichere, abstraktere Ebene vorstellen können/für notwendig im Hinblick auf den Lerneffekt gehalten?

3. Beobachten Sie die Schüler bzgl. ihres Standes in der Zahlbegriffsentwicklung.

   - Notieren Sie bitte Aktionen des Zählens, des Ordnens, Vergleichens.
   - Bei welchen Schülern konnten Sie bereits quantitative Beurteilungs- bzw. Einschätzungsleistungen feststellen?
   - Bei welchen herrschen noch qualitative vor?
   - Bei welchen Aktionen während des Unterrichts haben Sie den Eindruck der Unterforderung, in welchen den der Überforderung?

4. Beobachten Sie bitte die *Lernformen*, mit denen die Schüler konfrontiert wurden. Zu Ihrer Orientierung:

   Es gibt Lernen durch Reiz-Reaktionsbildung
   durch Anbilden/Einfinden in einen Rhythmus
   durch Anbilden von Gewohnheiten
   durch Nachahmung
   durch Versuch und Irrtum
   durch handelndes Lernen
   durch produktives Denken

   Wo fanden Sie eine gute, der "Sache" entsprechende Korrespondenz zwischen gewählter Lernform - Schüler - Lernabsicht?
   An welchen Stellen kamen Sie zu einem anderen Urteil?

5. Lernziele für die Teilnehmer des Seminartages

Vorbemerkung:

Da die Stundenbeispiele zur "Mathematischen Erziehung" in den beiden Klassen zum einen nur einen Teil des Seminartages darstellen, zum anderen dem Seminarleiter die Schüler viel zu wenig bekannt sind, als daß er für sie stimmige und verantwortbare Lernziele (LZ) erstellen könnte, erscheint es angebracht, solche für die Seminarteilnehmer zu formulieren.

Gruppe 1   zum Bereich "Mathematische Erziehung Geistigbehinderter"

LZ 1: Einblick in die Komplexität des Aufbaus von Zahlbegriffen
LZ 2: Kenntnisse einschließlich einiger Beispiele zur Realisation von mathematischen Sachverhalten oder mathematischen Grundbegriffen bei geistigbehinderten Schülern

Varianz	korrespondierende Mengen
Invarianz	permanente Mengen
1:1-Konfrontation	provozierende Mengen
Zählen	Formen der Mengenerfassung
Klassifikation	Menge versus Klasse
Seriation	
Repräsentation	

LZ 3: Überblick über verschiedene Theoriekonzepte zum sog. Rechnen mit Geistigbehinderten und Fähigkeit der Beurteilung solcher

Gruppe 2   zur allgemeinen methodisch-didaktischen Gestaltung von Unterricht mit geistigbehinderten Schülern

LZ 1: Erleben, wie sehr Lernen geistigbehinderter Schüler von äußeren Faktoren abhängig ist bzw. beeinflußt werden kann (z.B. einer Klassenraumgestaltung)

LZ 2: Erfahren, daß es gelingt, auch bei jüngeren geistigbehinderten Schülern kommunikativ und nicht betont lehrerzentriert zu arbeiten

LZ 3: Erleben, wie durch einen bestimmten Unterrichtsstil das stofflich nahezu gleiche Unterrichts-Angebot anders bearbeitet und aufgrund anderer Vorerfahrungen auch anders angenommen werden kann

Die weiteren didaktisch-methodischen Absichten sind aus den Vorbemerkungen zu den beiden Unterrichts-Einheiten zu entnehmen.

Auch die Frage, inwieweit zwei unterschiedliche Theorie-Konzepte gemischt werden können und dürfen - in unserem Fall das Mathematik-Konzept von *Ebersole/Ebersole* (1976) mit dem des "operativen Rechnens bzw. der Mengenbehandlung" (nach *J. Piaget*) - muß im Laufe des Seminartages erörtert werden. Bzgl. weitergehender Beschäftigung mit Fragen der "mathematischen Erziehung" geistigbehinderter Schüler ist auf das Buch von *Scharlau, R.* und *Schmitz, Gudrun*: "Mathematik als Welterfahrung" hinzuweisen.

Literatur
zur "Mathematischen Erziehung Geistigbehinderter"

Bauer, Ingrid/Fischer, D.: Wir lernen mit dem Overhead-Projektor. Würzburg 1988

Bieler, R.u.S.: Rechnen mit geistig retardierten Kindern. In: Z Heilpädagogik 1/1972

Dienes, Z.P.: Moderne Mathematik in der Grundschule. Freiburg i.Br. 1968

Ebersole M./Ebersole J.: Lernen Schritt für Schritt. München 1976

Fischer, D.: Eine methodische Grundlegung. Würzburg 2/1981

Gutzeit/Mai: Tachistokopische Untersuchungen zur Mengenerfassung und Mengenschätzung. In: Z Praxis der Kinderpsychologie und -Psychiatrie - 1974/130-138

Haug, Christine/Schmitz, Gudrun: Lesen und Rechnen mit geistigbehinderten Kindern. Wien 1976

Kanter. G.O./Langohl, H.: Didaktik zum Mathematikunterricht - Texte zur Lernbehindertendidaktik. Berlin 1975

Kleinschmidt, G.: Untersuchung zum Entwicklungsprozeß der Mengenauffassung bei Kindern zwischen 4;5 und 6;5 Jahren. In: Z Praxis der Kinderpsychologie und -Psychiatrie 1978

Kotthoff, L.: Empirische Untersuchungen zur Förderung der Grundlage zum Zahlen- und Mengenbegriff bei Kindergartenkindern. Diss. Münster 1973

Jorswieck, E.: Die psychologischen Bedingungen für das Erlernen der ersten Kulturtechniken. In: Z Praxis der Kinderpsychologie und -Psychiatrie 1953

Mertes, P.: Der Einsatz der logischen Blöcke in der Schule für Geistigbehinderte. In: Z Sonderpädagogik 1977, Heft 1

Piaget, J./Inhelder, Barbara: Die Entwicklung des räumlichen Denkens. Stuttgart 1971

Piaget, J./Szeminska, A.: Die Entwicklung des Zahlbegriffes beim Kind. Stuttgart 1975

Scharlau, R./Schmitz, Gudrun: Mathematik als Welterfahrung. Bonn-Bad Godesberg 3/1987

Stendeler-Lavatelli, Cella: Früherziehung nach Piaget. München 1976

Wilms, W.R.: Neue Mathematik als Denkerziehung bei lernschwachen Schülern. Berlin 1973

ders.: Neue Mathematik als Denkerziehung bei lernschwachen Schülern. In: Kanter/Langohr (Hrsg.): s.o. 1975

Zusätzlich wurden Unterlagen des Arbeitskreises "Vorschulerziehung" der Pädagogischen Hochschule, Schwäbisch Gmünd, (Leitung: *H. Retter*) benützt.

Zum Spiel geistigbehinderter Kinder - und dessen Gestaltung im Unterricht aus sonderpädagogischer Sicht

(1977)

> ... das Spiel erhöht jedes Leben. Es hat Dienstwert, indem es die Möglichkeit der erfüllten Existenz eines noch unfertigen Wesens ist.
>
> *A. Russel*

Vorbemerkungen

Es ist insgesamt wohl nicht möglich, das Phänomen 'Spiel' in seiner ganzen Vielfalt und Breite in diese wenigen Zeilen hineinzuzwängen. Sinnvoll erscheint einzig das Hervorheben einiger als wesentlich erscheinenden Aspekte, die in der sonderpädagogischen Arbeit - konkret in der Förderung, Betreuung und Begleitung geistigbehinderter Kinder und in der Planung, Durchführung und Gestaltung von Spielvorhaben mit diesen Kindern - eine doch entscheidende Rolle spielen. Für den Sonderpädagogen geht es dabei nie und vorrangig um ein sog. richtiges Tun oder um ein ausschließlich stimmiges Agieren, sondern schwerpunktmäßig um ein Hinterfragen, Beurteilen und Entscheiden bzgl. der jeweiligen Gegebenheiten für das einzelne spielende Kind oder den zum Spiel anzuregenden Jugendlichen.

1. Zum Wesen des Spiels aus didaktischer Sicht

Führende Spielpädagogen wie z.B. *de Wall* oder *F. v. Kube* setzen immer wieder neue Akzente, wenn es um Ziele und Inhalte des Spiels im Hinblick auf die Entwicklung, die Erziehung und Bildung des Menschen geht - und betonen stärker, je nach derzeitigem gesellschaftlichem Kontext, den einen oder anderen Akzent in dieser Diskussion (*de Wall* 1975).

Spielen ist grundsätzlich *Interaktion* zwischen einem spielenden Subjekt und einem Spiel-Partner bzw. einem Spiel-Objekt. Eine intensive Spiel*beziehung* stellt sich jeweils dann ein, wenn diese Interaktion aufgrund "optimaler Passung" geschieht, d.h. wenn die Fähigkeiten und Bedürfnisse des jeweils Spielenden den Möglichkeiten des Spiel-Partners oder den Gegebenheiten des Spiel-Objektes weitestgehend entsprechen (vgl. *Heckhausen* 1969). Von daher kommt sowohl dem Spiel-Partner als auch dem Spiel-Objekt eine herausgehobene Bedeutung zu. Bei einer so geglückten Spielbeziehung bildet sich um die jeweiligen Spielpartner - konkret um den Spielenden und den Spiel-Gegenstand oder seinem Spiel-Freund - eine Art Aktions- und Spannungsfeld (nach *Lewin*), das alle vorhandenen Bedürfnisse, Fähigkeiten und Ideen einbindet und alle sonstigen Kräfte absorbiert. Außenreize haben kaum mehr eine Chance, zu den Beteiligten vorzudringen. Dafür entstehen im Spielenden alle Voraussetzungen, ein Werk zu schaffen, neue Erfahrungen zu machen oder noch nicht wahrgenommene Informationen aufzusammeln - einschließlich redundanter Erträge, die bisher Erlebtes und Gewußtes bestätigen.

Solchermaßen intensive Beziehungen gestalten sich von jeglicher Außensteuerung weitgehend unabhängig. Scheinbar bloße Spieltätigkeiten entwickeln sich auf diesem Hintergrund zu selbst-tätigem und selbst-bildendem Lernen, dem bekanntlich hohe Erfolgsrate nachgesagt wird. Bei geistigbehinderten Kindern und Jugendlichen finden wir solche Spiel- und Lernprozesse seltener, aber es gibt sie. Nicht nur deswegen hat für sie Spiel eine hervorragende Funktion im Rahmen ihrer Erziehung und Bildung.

2. Die Rolle der Spiel-Materialien und Spiel-Objekte

Aufgrund der größeren Planbarkeit und ermittelbaren Transparenz widmen wir uns zuerst den Spiel-Materialien und Spiel-Objekten.

Bittner sagt: "Spielen ist immer Spielen *mit* etwas" (1968, 70). Die kennzeichnende Funktion von Spielmaterialien ist, Aktivitäten zu binden, u.U. auch solche wachzurufen, sie zu beanspruchen bzw. zu fordern. Erst dann kann auch mit einer Kanalisierung, Differenzierung und Kultivierung gerechnet werden. Gleichzeitig vermittelt das Spiel-Material Informationen über seinen Zustand, sein augenblickliches Befinden, seine Qualität und seine es bedingende Funktionen. Der Spielende muß sich darauf einstellen, will er längerfristig und "in Frieden" mit diesem Material oder mit diesen Gegenständen wirklich spielen.

Während des Spiels pendelt der Spielende ständig zwischen 'Anpassung' an und 'Vergewaltigung' von Spielmaterial hin und her oder - um mit *J. Piaget* zu sprechen - zwischen Assimilation und Akkommodation. Nicht alle Spielmaterialien lassen dies in gleicher Weise zu.

'Offenes' Material wie Sand, Wasser oder Papier erlauben dem Kind freiere und großzügigere Aktivitäten; 'gebundenes' Material gibt dagegen Regeln und Gesetzmäßigkeiten vor, was sich kanalisierend und fordernd auf den Spieler auswirkt. Dies ist zum Beispiel bei Steckspielen, bei der Kugelbahn oder auch bei einem Kreisel der Fall. Welches Spielmaterial für geistigbehinderte Kinder und Jugendliche spiel- und entwicklungsfördernder ist, läßt sich nie eindeutig festlegen. Hier dominieren jeweils Weltanschauungen mit den entsprechenden Argumenten.

Maria Montessori setzt ihren Schwerpunkt auf 'gebundenes' bzw. strukturiertes Material; bei spieltherapeutischen Aktivitäten bevorzugt man dagegen den freien Umgang mit eher 'offenem' Material. Wahrscheinlich besitzt das Spielmaterial selbst doch nur sekundäre Funktion. Vor allem geistigbehinderte Kinder sind darauf angewiesen, daß ihnen Menschen begegnen, die sie in das Spiel als Möglichkeiten des Tuns und Gestaltens einführen und ihnen die Welten des Spielens bzw. des Spiels eröffnen.

Eine entscheidende Rolle kommt dem Spiel-*Impuls* zu. Er kann von außen an ein Kind herangetragen werden oder als Spiel-Idee aus ihm selbst erwachsen. Immer aber muß es direkt oder indirekt diesem *zustimmen*, soll Spielen für dieses Kind oder einen Jugendlichen zu einer als sinnvoll erlebten Tätigkeit werden.

Spiel-Gegenstände oder Spiel-Materialien sind häufig Träger solcher Spiel-Impulse; allerdings müssen sie vom Kind erkannt, übernommen und zu eigen gemacht werden. Das Spiel-Material vermittelt in dem Erleben der Zeitspanne ein weiteres, wichtiges Moment des Spiel-Geschehens.

Mit dem Begriff "Zeitspanne" wird jene Zeit erfaßt, die sich zwischen Aktion und Wirkung schiebt. Besonders geistigbehinderte Kinder haben oft Mühe, eine längere Zeitspanne zu ertragen, bei dem Spiel zu bleiben, nicht "aus dem Spiel-Feld zu gehen" (nach *Lewin*) und diese Zeitspanne inhaltlich wie auch emotional für sich befriedigend zu "füllen".

Eine Spielhandlung lebt letztlich von solchen Zeitspannen, die wieder sehr gleichförmig sein können oder sich auch höchst variabel zeigen:

- Bei einem Tast- und Geräuschebrett bewirkt jede Aktion nahezu eine sofortige Wirkung - z.B. erzeugt die leiseste Berührung schon ein akustisches Signal.

- Will ein Kind einen Turm bauen, steht am Anfang die gezielte und gleichzeitig gesteuerte Aktivität des Kindes. Es muß viel Eigenleistung erbringen, bis sich die (gewünschte) Wirkung abzeichnet. Hier gilt es, eine längere Zeitspanne durchzuhalten.

- Wieder völlig anders erlebt sich das Kind und die jeweilige Zeit bei der Schusser- oder Kugelbahn. Die oft relativ lange Zeitspanne zwischen Aktivität und Wirkung wird für das Kind durch die Möglichkeit, die Kugel in ihrem Lauf zu beobachten, erlebnishaft verkürzt.
Selbst das konzentrationsarme Kind fühlt sich 'eingebunden'.

Diese Reihe von Kriterien bzgl. des Spielmaterials läßt sich leicht fortsetzen, wenngleich die einzelnen Kriterien im Hinblick auf das Spiel (geistig)behinderter Kinder unterschiedlich bedeutsam sind - so z.B. das Gewicht und die Größe, die jeweilige Oberflächenstruktur, die Gegliedertheit bzw. die Komplexität (vgl. bei Puzzles oder Brett-Spielen).

3. Die Rolle der Spiel-Partner aus sonderpädagogischer Sicht

Spiel-Partner sind für ein als erfüllend erlebtes Spiel sehr wichtig. Sie regen das Spiel an oder korrigieren es, sie treiben es weiter oder können es blockieren und zum Abbruch führen.
Spiel-Partner bringen nicht nur ihre Ideen und Fähigkeiten mit ein, ihre Bedürfnisse und Wünsche, sondern auch ihre Lebensgeschichte und ihre augenblickliche Befindlichkeit. Das erhöht ihre Komplexität, wenn sie diese im Hinblick auf ihr Spiel-Gegenüber nicht bewußt steuern oder dosieren.
Für geistigbehinderte Menschen kann ein Spiel-Partner leicht zur Überforderung werden, dem man gerne aus dem Weg geht und sich lieber mit einem Spiel-Ding alleine in eine Ecke verzieht. Kein Spiel gelingt - wenn nicht fixe Regeln vorgegeben sind - ohne ein Aushandeln der jeweils nächsten Spiel-Situation. Dies kann im stillen Einverständnis geschehen oder aber auch sprachlich erfolgen. Immer aber ist ein Sich-gegenseitiges-Wahrnehmen Basis für ein mögliches Gelingen des Spiels. Oft ist es nötig, eine nur latent vorhandene Spielbereitschaft zu einem aktiven und bereiten Mit-Spielen-Wollen zu verändern. Dazu ist emotionale wie auch intellektuelle Überzeugungsarbeit notwendig. Gerade das können für geistigbehinderte Kinder "Schwachpunkte" sein, die wiederum ihr bevorzugtes Allein-Spiel begründen. Günstig sind bereits vorhandene Freundschaften. Sie eignen sich auch hervorragend als Basis für mögliche Spiel-Partnerschaften.
Der Sonderpädagoge wird aber dennoch sein beobachtendes Auge auf solche *Spiel-Beziehungen* haben. Die Gefahr, in Gewohnheiten und Stereotypien zu versinken, ist größer, als in heftigen Streit zu geraten, der Spiel-Positionen klären könnte. Der Kampf um das jeweilige Spielzeug spielt bei behinderten Kindern anscheinend nicht die große Rolle. Dafür ist oft eine allgemeine Trägheit bei dem einen Mit-Spieler und die durchgängige Dominanz im Spiel-Geschehen beim anderen zu beobachten. Mit einem Spiel-Partner zusammenzuspielen, macht ein doppeltes Wahrnehmen notwendig: das des Spiel-Materials mit seinen Anforderungen und Möglichkeiten einerseits und das des Mit-Spielers mit seinen Wünschen, Vorstellungen und Fähigkeiten bzw. Aktionen andererseits.

4. Möglichkeiten pädagogischer Einflußnahme

Für den Pädagogen ist es wichtig, sich erst einmal eine allgemeine Übersicht seiner Möglichkeiten der Einflußnahme zu verschaffen, bevor er im Rahmen einer bereits begonnenen Spielhandlung aktiv wird oder eine solche zu initiieren bzw. zu arrangieren sucht. Der übergeordnete Begriff ist der der Spiel-*Situation;* sie ergibt sich aus den Mit-Spielenden, dem verwendeten Spiel-Material und der hierbei benützten oder entwickelten Spiel-Idee.

Daraus ergeben sich analog auch die Einwirkungs-Möglichkeiten:

1. durch Befähigung/Übung, aber auch Beruhigung/Isolierung oder Motivierung der Spiel-*Partner*

2. durch Auswahl/Angebot oder Gestaltung des verwendeten Spiel-*Materials*

3. durch Gestaltung/Abschirmung oder Sicherung des jeweiligen Spiel-*Feldes*

4. durch Modifizierung/Gestaltung/Anregung der notwendigen Spiel-*Idee*

5. durch Gestaltung/Anregung/Förderung der begonnenen oder zu beginnenden Spiel-*Beziehung*

Vor jeder Einflußnahme ist eine Entscheidung zu fällen; diese gelingt umso besser, je mehr an Informationen vom Spiel-Pädagogen aufgesammelt wird. Die voraus bereits bekannten Momente sind durch eine aufmerksame Beobachtung jeweils zu ergänzen oder auch zu verändern.

Die *Beobachtung* gilt dem einzelnen (geistigbehinderten) Kind oder Jugendlichen, seiner Spiel-Haltung, seinen Spiel-Ideen, seinen Wünschen und Bedürfnissen, seinen Spiel-Freunden wie auch seinem persönlichen, parallel entstehenden Erleben.

Zudem muß ein Sonderpädagoge wissen, daß nahezu jede Spiel-Tätigkeit Vor-Stufen kennt, die viele geistigbehinderte Kinder wegen fehlender Gelegenheit oder wegen ausgebliebener Entwicklungsschritte nicht durchlaufen haben. So wird ein Kind, bevor es mit einer Wäscheklammer sachgerecht umgeht, sie zum Fest-Halten oder -Zwicken benützen, mit dieser klappern, werfen oder sie auch einsammeln und sortieren.

Dann erst wird es den Klammer-Effekt selbst wahrnehmen, u.U. von seinem Mechanismus her erkennen und diesen dank seiner Funktionslust situationsunbezogen betätigen. Das dabei entstehende Klapp-Geräusch besitzt für nicht wenige Kinder einen zusätzlichen Reiz. Die Gefahr, daß sich geistigbehinderte Kinder und Jugendliche in solchen Vor-Stufen verlieren oder dort 'hängen' bleiben, ist groß. Es kommt auf den Pädagogen an, sie immer wieder "zu locken" und sie auf die "Reise der Entwicklung" zu schicken. Allerdings ist langer Atem dennoch angebracht und nicht ungeduldiges Drängen und Schieben.

Wachstum kann man nicht machen; Anregen und Bestätigen ist genug.

5. Geistigbehinderte Kinder und ihr 'typisches' Spielverhalten

Es ist offensichtlich, daß eine vorliegende geistige Behinderung nicht nur das Spielverhalten eines Menschen maßgeblich modifiziert und prägt. Sie bedingt nicht nur *andere* Spiel-Tätigkeiten oder *andere* Spiel-Ergebnisse, sondern kann auch spezielle Spiel-Materialien und eine eigens gestaltete Spiel-Führung nötig machen.

Allerdings gilt es sehr darauf zu achten, daß eine jeweils notwendig erscheinende Besonderung nicht die geistige Behinderung, die sie sonderpädagogisch angehen will, erneut manifestiert, anstatt ihr entgegenzuwirken.

Aus diesem Grund halten wir es nicht für besonders hilfreich, eine Typologie des Spielverhaltens Geistigbehinderter zu entwickeln und das jeweils beobachtbare Verhalten entsprechend zu katalogisieren, wie es Frau *Hetzer* versucht hat. Solche Kataloge tragen eher zur Festschreibung bei, als daß sie ein geistigbehindertes Kind hin zur Welt öffnen und diese für das behinderte Kind. Zudem wird pädagogisches Verhalten grundsätzlich in Frage zu stellen sein, wenn es von einer Typik spricht, nicht aber mehr fragt, wie dieses 'typische' Verhalten zustandegekommen ist. Mit-Verursacher des zu beobachtenden Spiel-Verhaltens geistigbehinderter Kinder und Jugendlicher sind einerseits Eigenschaften, die eine geistige Behinderung hervorzubringen vermag - zum Beispiel verminderte oder veränderte Wahrnehmungsleistungen, ungeschickte, ungesteuerte und unzureichende Koordination der Motorik oder auch mangelhafte Einstellungs- und Mitschwingungsfähigkeit; andererseits zählen aber auch die Lust an Reizen, an Sinnlichkeit und an Vitalität mit zu den Kompetenzen vieler geistigbehinderter Menschen. Wichtig ist die Frage, inwieweit diese Kinder keine ausreichenden und vielleicht auch nicht geeigneten Möglichkeiten zum Spielen erlebten; es könnte das isolierte und isolierende "Allein-Spiel" vorgeherrscht haben oder ein überzogener Förder-Ehrgeiz der Eltern. Welche Momente nun im einzelnen ausschlaggebend waren, läßt sich oft im Nachhinein nicht mehr feststellen. Die jeweiligen Spiel-Handlungen und Spiel-Ergebnisse mögen von vielen im Vergleich zu nicht-behinderten Kindern als 'anders' empfunden werden.

Helfen kann man einem Kind aber nur, wenn sich dieses Gefühl des 'Andersseins' auflösen läßt in einzelne Items, die dann möglicherweise doch auch methodisch-didaktisch oder therapeutisch anzugehen sind.

Wer das Spiel geistigbehinderter Kinder und Jugendlicher beobachtet, kann folgende Momente gehäuft antreffen:

- Fixierung an bestimmte Objekte oder Teilmerkmale dieser
- Steckenbleiben in sog. Funktionslust
- Entstehung "symbiotischer Beziehungen" zwischen Kind und Spiel-Objekt
- ungesteuerte und unausgewogene Beziehung, d.h. impulsives Wechseln von bzw. Betätigen an Spiel-Objekten
- einlineare Beziehungen, z.B. auch durch ausschließliche Betätigung eines Lernkanals an Spiel-Objekten
- Verbleiben in der Redundanz (immer wieder den gleichen Effekt erzeugen wollen)
- allgemeine Zuwendungsschwäche (vgl. *Fischer* 1976)
- Schwierigkeiten im ganzheitlichen Verwenden eines Spielobjekts, eines Spielelements
- relativ ungesteuertes Betätigen von Spielmaterial durch Fehlen einer fesselnden Ziel- bzw. Spiel-Idee (Elemente werden nicht zu einem Ganzen verbunden)
- geringe Ansprechbarkeit für neue Spiel-Reize, z.B. Kind schleppt eigenes Spielmaterial mit sich umher, wird dadurch am Zugehen auf anderes (aus der Schule) gehindert
- zu große Entfernung zwischen Spielmaterial und Kind und dadurch fehlender Aufforderungscharakter, z.B. Spielteppich und Spielmaterial in der rechten Ecke eines Zimmers, Kind sitzt in der anderen Ecke; es schafft von sich aus keine Verbindung
- fehlendes Vermögen, sich Dingen ohne personale Begleitung zuzuwenden, z.B. es muß noch an der Hand geführt werden, auf dem Schoß sitzen dürfen, um spielen zu können
- weder Assimilation noch Akkommodation (*Piaget*) kommen eindeutig zur Geltung/Wirkung
- Assimilation oder Akkommodation überwiegt

Diese Reihe wäre sicher noch durch einige andere Merkmale zu ergänzen. Sie müssen nicht 'vorkommen', stellen sich aber bei einer wiederholenden Beobachtung geistigbehinderter Kinder in verschiedenen Spiel-Situationen immer wieder ein und bestimmen in der Folge davon deren Spielhandlung.

Die Frage einer pädagogischen Stellungnahme zu diesen Verhaltensmerkmalen erweist sich als heikel. Allem voran ist daran die einseitige Negativbeschreibung schuld. Spiel-Lust und Spiel-Freude kommen gar nicht vor! Kurzsichtig und menschlich kaum vertretbar wäre ein ausschließlich verhaltenstherapeutischer Zugriff, der Veränderung um jeden Preis schaffen möchte. Dennoch kann dieser Weg den einen oder anderen wesentlichen Impuls liefern.

Eine spieltherapeutische Aufarbeitung erweist sich oft als zu wenig stringent. Viele geistigbehinderte Kinder haben keine inneren Konflikte aufzuarbeiten, sondern leiden an zu geringer Herausforderung, an einer zu schmalen Fähigkeitspalette und an einer zu dünnen mitmenschlichen Begleitung.

Allerdings ist auch das bedenken:
Ich weiß nicht, wie gut man unter der Last der geistigen Behinderung und der auf sie folgenden gesellschaftlichen bzw. sozialen Reaktion, dem Gefühl, doch immer zu wenig zu sein bzw. zu wenig zu leisten, mit Lust und Laune, mit innerem Vergnügen und ansteckender Lebensfreude spielen kann und mag.

Schließlich beinhalten viele der hier aufgelisteten 'negativen' oder defizitären Verhaltensweisen sehr wohl auch Lust- und Könnensimpulse, so daß man mit einer Bewertung insgesamt vorsichtig umgehen sollte.

Die Balance zwischen "Eingreifen" und "Gewähren-Lassen" zeigt sich unabhängig davon als ein nur schwer lösbares Dauerproblem. Mit (geistigbehinderten) Kindern und Jugendlichen entspannt und locker mitzuspielen, ohne einen permanent belehrenden und auch nur lehrenden Unterton, scheint eine gute Möglichkeit zu sein, dürftiges oder einseitiges Spiel zu füllen, auszuweiten und für alle Beteiligten als befriedigend zu gestalten.

6. Exkurs: Das Regel-Spiel und seine Analyse

Das Regel-Spiel gewinnt im Rahmen von Schule und Förderung zunehmend an Bedeutung. Aber auch viele Freizeitaktivitäten sind mit dem Spiel von REGEL-Spielen verbunden. An ihnen kann der Spieler exemplarisch Verhaltensregeln erlernen, die im menschlichen Miteinander Bedeutung haben.

Die offiziellen Regeln solcher Spiele sind in den Spielanleitungen abgedruckt. Man muß sie deshalb sehr genau studieren und analysieren. Daneben beinhalten REGEL-Spiele eine Reihe "versteckter" Regeln, die den allgemeinen mitmenschlichen Umgang betreffen - wie warten können; sich nicht vordrängen; nicht mehr wollen, als man "darf"; sich mit den anderen freuen; Enttäuschung ertragen und persönlichen Erfolg nicht überbewerten. Nachfolgende Hinweise helfen dem Pädagogen bzw. Lehrer bei der Analyse von Regel-Spielen, wenn er solche seinen Kindern bzw. Jugendlichen im Hinblick auf selbständigen Gebrauch vermitteln oder auch diese nur mit ihnen spielen will. Wir verwiesen eingangs auf die Chance einer "optimalen Passung". Ein unbehutsames Herangehen an Regel-Spiele kann diese und damit das glückende wie auch das beglückende Spiel gefährden.

Der ideelle bzw. psychologische Schaden ist dabei höher zu veranschlagen als vielleicht der Abbruch eines begonnenen Spieles selbst.

Die Reihenfolge der nachfolgenden Fragen bzw. Hinweise ist nicht verbindlich; sie verstehen sich als Anregung:

1. Bitte informieren Sie sich über die *Anzahl* der Spiel-*Elemente*, mit denen der Spieler umgehen muß, will er das Spiel spielen.

2. Erkunden Sie bitte die *Spiel-Regeln* und analysieren Sie diese!

3. Welche(s) Spiel-*Element/e* ist/sind mit einer *Regel*-Funktion verbunden?

4. Versuchen Sie bitte den *Handlungsablauf* des Spiels zu ermitteln und beurteilen Sie diesen nach den genannten Kriterien!
   - Welche *Begriffe*, Vor-Verständnisse, welche Denk-Leistungen usw. sind notwendig, um dieses Spiel spielen zu können bzw. dieses zu erlernen?
   - Was kann an diesem Spiel besonders gelernt werden? (Erstellen Sie *bitte* evtl. eine Ziel-Hierarchie der Erträge!)
   - Wo vermuten Sie - von der Spiel-Struktur ausgehend - (bei Ihren Schülern) mögliche *Schwierigkeiten*? Welcher Art sind diese?
   - An welchen Stellen/Inhalten usw. lassen sich *Reduktionen*/Vereinfachungen vornehmen?

5. Für welche *Stufe* erscheint Ihnen dieses Spiel besonders geeignet? Für welche weniger? Warum?

6. Wie *beurteilen* Sie dieses Spiel *insgesamt*: Pädagogisch geeignet; sehr geeignet; weniger; abzulehnen?
   Begründen Sie bitte kurz Ihre Entscheidung!

7. Jetzt erst sollten Sie daran gehen, sich *methodische* Möglichkeiten zur Einführung, zur Einübung und zur Durchführung dieses Spiels zu überlegen.

Kein *Regelspiel* kommt ohne Kanalisierung bzw. Steuerung von Verhalten aus. Hierbei ist besonders der moralische, normierende Hintergrund auf seine Gültigkeit allgemein und im Hinblick auf geistigbehinderte Kinder und Jugendliche insbesondere zu befragen.

7. Sonderpädagogische Überlegungen zur Spiel-Gestaltung

Zusammen mit geistigbehinderten Kindern und Jugendlichen eine fruchtbare und lebendige Spiel-*Situation* herzustellen, wenn sie als eine "pädagogische Situation" (vgl. *Mieskes* 1975) überzeugen soll, gehört mit zum Schwersten im Rahmen sonderpädagogischer Arbeit.

Zu leicht kippt diese entweder in eine reine Lern- und Unterrichtssituation um, oder sie wird völlig 'frei gegeben', d.h. Kinder werden mit Spiel-Material überhäuft und in der Folge davon mit diesem auch alleine gelassen. Das in der Schule beliebte und häufig praktizierte 'Didaktische Spiel' neigt zur ersten geschilderten Gefahr, das 'Freie Spiel' zur zweiten. Es findet statt, wenn mit Kindern sowieso "nichts mehr Richtiges anzufangen" ist. Auf diesem Hintergrund lassen sich für Sonderpädagogen einige Forderungen formulieren, die ihrem Handeln im Hinblick auf die Spiel-Gestaltung mit geistigbehinderten Kindern und Jugendlichen Orientierung sein und geben können:

(1) Spiel-Materialien sind Dinge, die einer *personalen* Ergänzung bedürfen (z.B. in der Nähe/bei einem Kind zu sitzen; ihm zusprechen oder es auch zeitweise auf den Schoß setzen oder auf den Arm nehmen; *mit* einem Kind/einem Jugendlichen zu spielen)

(2) Große Mühe sollte der Sonderpädagoge auf die voraus beschriebene *Analyse* von Spiel-Materialien und Spiel-Gegenständen verwenden - und dies trifft nicht nur auf Regel-Spiele zu. Er kann dies anhand einer didaktischen Reflexion oder auch im Rahmen von Spielproben mit (geistigbehinderten) Kindern oder Jugendlichen tun.

Ist einmal ein Spiel-Material 'frei gegeben', entfaltet es seine Wirkung, die man dann nur schwerlich korrigieren oder beeinflussen kann.

(3) Die jeweils entstehenden Spiel-Situationen sind - wie vorhin beschrieben - nach den unterschiedlichsten Gesichtspunkten zu *beobachten*.

Der Pädagoge ist dabei nicht der unbarmherzige Kontrolleur und auch nicht der kühle, abständige Förderer.

Sein Beobachten gründet in einem anteilnehmenden Mit-Erleben dessen, was innerhalb eines Spieles geschieht.

(4) Gerade bei geistigbehinderten Kindern und Jugendlichen, die zu selbstverstärkendem Verhalten neigen, werden *Interventionen* notwendig, die immer wieder die Variabilität der Spieltätigkeit aktivieren und dann leichter Mit-Spieler gewinnen lassen.

(5) Das *Fähigkeits*-Potential gilt es nach Möglichkeit immer wieder auszubauen. Eine reiche und differenzierte Fähigkeits-Palette ermöglicht ein vielfältigeres Spiel und verhilft indirekt auch zu mehr Spiel-Vergnügen.

Stereotype Funktionslust und symbiotische Verbindungen zwischen dem Spieler und seinen Spiel-Dingen stören diese eher, als daß sie Spiel-Laune anregen.

(6) Spiel-*Motivation* ist nicht nur ein intellektuelles Geschehen, sondern in weiten Teilen abhängig von der jeweiligen Befindlichkeit. Daher ist eine warmherzige, entspannte Athmosphäre rundum spiel-fördernd.

(7) Vielen geistigbehinderten Kindern und Jugendlichen fehlt oft die geeignete Spiel-*Idee*. Manche ereignet sich zufällig, wird aber als solche meist nicht wahrgenommen.

Hier hat der Pädagoge die Möglichkeit durch Bewußtmachung und durch Versprachlichung eine Sensibilität für Spiel-Ideen anzuregen und zu fördern.

Geistigbehinderte Kinder sollen lernen, daß man sich Ideen auch "ausleihen" und von anderen erbitten kann.

(8) Spiel-Materialien steigern ihre Herausforderung für geistigbehinderte Kinder und Jugendliche, wenn sie zu Spiel-*Gegenständen* werden, also Widerstand im Umgang und in der Betätigung bieten; sie fordern vorhandene körperliche Kräfte und stellen nicht nur Anforderungen an den Geist.

Der ungesteuerten oder gar ungebremsten Neigung einerseits zur Assimilation und andererseits zur Akkommodation ist auf diese Weise entgegenzuwirken.

(9) Im Spiel bietet sich die Möglichkeit, das an sich komplexe Leben bzw. komplexe Alltagssituationen zu vereinfachen und sie zu *elementarisieren*.

Auf diese Weise werden Alltagssituationen bewältigbar, die voraus als unbewältigbar erscheinen.

Der Weg führt aber nicht nur über das konkrete Spiel-Handeln, sondern auch über die 'Symbolfähigkeit' des Spieles (*Kube* 1977), die allerdings erst zu erschließen ist.

Wirksame Spiel-*Gestaltung* und erfolgreiche Spiel-*Erziehung* gelingen auf Dauer jedoch nur jenem, der sich selbst spielend zu betätigen weiß.
   Zusätzlich wird von ihm gefordert, will er seinen Kindern ein brauchbarer und

förderlicher Spiel-Partner sein, seine sonstige Lehrer- und Erzieher-Rolle ein Stück weit hintanzustellen. Wer Spielen erleben will, muß sich den Unwägbarkeiten des Spiel-Geschehens aussetzen bzw. überlassen und bereit sein, sich dem Reiz des Sich-Veränderns zu stellen. Nur wenige Situationen im Rahmen von Schule lassen so viel Nähe zum geistigbehinderten Menschen zu; aber auch nicht allzu viele Menschen möchten sich in diese Nähe begeben.

Nachfolgend werden - außer der Literatur - noch einige Adressen genannt, wenn man sich bzgl. "Gutem Spielzeug" für behinderte wie nichtbehinderte Kinder beraten lassen will.

8. Wichtige Adressen im Zusammenhang mit Spiel-Erziehung

Arbeitsgemeinschaft für gutes Spielzeug e.V.
Lange Straße/Wallensteinpassage
W - 8600 Bamberg

Spielmittel-Forschung,
Erziehungswissenschaftliches Seminar der Universität Gießen
(früher: Prof. Dr. Miekes)
W - 6300 Gießen

Arbeitsausschuß Gutes Spielzeug e.V.
Marktplatz 14
W - 7900 Ulm/Donau

(hier gibt es kostenlos Listen für gutes Spielzeug usw.)

Verbraucher-Zentrale Nordrhein-Westfalen
Postfach 8128
Mintropstraße 27
W - 4000 Düsseldorf

Informationen über spez. Spielmittel
für körperbehinderte und geistigbehinderte Kinder
BV Lebenshilfe e.V.
Postfach 1486
W - 3550 Marburg/Lahn

BV für spastisch Gelähmte u.a. Körperbehinderte
Kölner Landstraße 375
W - 4000 Düsseldorf

Katalogs-Vertriebsstelle für Jugend-Literatur
Schönborgstraße 5
W - 6500 Mainz

Aus pädagogischer Sicht sei angemerkt:

Das Spielen mit künstlich bzw. industriell hergestellten Spiel-Materialien kann nur eine Seite der pädagogisch-orientierten Spiel-Erziehung abdecken.

In jeder 'Einrichtung' sollte zu gleichen Teilen mit Gegenständen oder Materialien aus der natürlichen Umwelt gespielt werden - also mit Steinen, Holz-Abfällen, Blumen-Töpfen, Drainage-Röhren und ähnlichen alltäglichen Dingen.

Zusammenfassend lohnt sich, nochmals zu bedenken:

---

1. Spiel ist eine freie Betätigung, zu der ein Schüler nicht gezwungen werden kann ...

2. Spiel ist eine abgetrennte Betätigung, die sich innerhalb genauer und im voraus festgelegter Grenzen von Raum und Zeit vollzieht ...

3. Spiel ist eine ungewisse Betätigung, deren Ablauf und Ergebnis nicht von vorneherein feststeht ...

4. Spiel ist eine unproduktive Betätigung, die weder Güter, Reichtum noch sonst ein neues Element schafft ...

5. Spiel ist eine geregelte Betätigung, die für den Augenblick oft neue Gesetze einführt ...

6. Spiel ist eine fiktive Betätigung, die vom Bewußtsein einer zweiten Wirklichkeit lebt ...

         nach
         Roger Caillois
         zit. von
         Schiffler, 1976, 66

Literatur

Bittner, G. (Hrsg.): Erziehung in früher Kindheit. München 1970

Hetzer, Hildegard: Spielen lernen - spielen lehren. München 5/1982

dies.: Spielen geistig Behinderter. Lebenshilfe Marburg o.J.

Kube, Kl.: Spieldidaktik. Düsseldorf 1977

Mieskes, H.: Spielmittel und Spielforschung. In: *Kreuzer, K.J. (Hrsg.),* Handbuch der Spielpädagogik. Bd. 1. Düsseldorf 1983

Lewin, K.: Eine dynamische Theorie des Schwachsinnigen. In: *Weinert, Fr.(Hrsg.),* Pädagogische Psychologie. Köln/Berlin 1967

Piaget, J.: Psychologie der Intelligenz. Zürich 2/1946

Schiffler, N.: Schule und Spielen. Ravensburg 1976

Bauen - eine Spieltätigkeit nicht nur für geistigbehinderte Kinder, Jugendliche und Erwachsene

(1982)

Wann haben *Sie* eigentlich zum letztenmal *gebaut*?
Ein vergnügliches Vorwort für Lehrer, Erzieher und Therapeuten

Sie meinen, das sei eine Frage, die man besser an Kinder stelle?

Bauen ist etwas für Kinder; richtige Häuser zu bauen, das sei Erwachsenen-Aufgabe. Bilder von Stränden mit den herrlichen Sandburgen oder phantasievolle Landschaften mit Dörfern, Städten, mit Winkeln und Unterführungen für die eigene Spielzeugeisenbahn beweisen aber das Gegenteil!
   Bauen ist eine Tätigkeit, die alle fasziniert, Groß und Klein, Jung und Alt. Doch wie ist dieser Sog, diese Faszination zu erklären?
   Es gibt eine Reihe von Theorien, die sich diesem eigenartig-merkwürdigen Phänomen angenommen haben. Warum baut schon ein Kind so lange in die Höhe, wie der Turm gerade noch hält? Sogar im Alten Testament wird vom Turmbau zu Babel berichtet. Ist Bauen ein menschliches Urphänomen?
   Ein reiches Kinderleben ist ohne *Bauen*, ohne *Bau*-Erlebnisse überhaupt nicht denkbar. Das Kind sammelt dabei eine Fülle von Erfahrungen mit sich wie auch mit dem Baumaterial; es gewinnt Einblick in die Gesetzmäßigkeit der Statik; es kann seine Erlebnisse und Wünsche ausdrücken; es vermag sich mitzuteilen und Umwelt in seiner kleinen-großen Welt zu gestalten.
   Kinder sind gerne *Bau*menschen. Und das Seltsame: Man verliert diese Lust am *Bauen* selbst dann nicht, wenn man sehr viel Ernsthafteres in seinem Erwachsenenleben zu tun hat - vielleicht weil sich Hintergründiges in diesem Kindertun versteckt:

Durch *Bauen* verschafft man sich etwas Eigenes, man ist ganz bei sich, für sich. Bauen treibt zum Planen an, weckt Vorstellungen und Wünsche und qualifiziert den eigenen Lebensentwurf. Das Selbstsein drängt in den Mittelpunkt. Man denkt sich neue Gebilde, neue Gebäude, neue Techniken aus. Man sieht schließlich seine Umwelt anders ... und fragt sich: Als *Bau*material verwendbar?
   Bauen aktiviert, *Bauen* vermittelt Zukunft. Die Frage "Wann haben Sie zum letztenmal gebaut?" zielt auf das alles. Nicht das gelungene Bauwerk, das man gerne vorzeigen möchte oder das den Stolz in einem pulsieren läßt, ist vorrangig gemeint. Vielmehr kommt es darauf an, wieder aktiv zu werden, sich aus den immer dichter werdenen Zwängen des Alltags herauszubewegen, zusammen mit anderen Pläne zu schmieden, vorhandene Möglichkeiten auszunützen, Zukunftsperspektiven zu entwickeln.
   Dies alles scheint besonders notwendig, wenn ein behindertes Familienmitglied in der eigenen Familie lebt oder man ein solches zu betreuen bzw. zu fördern hat. Die Behinderung kann Macht über den Menschen gewinnen. Sie kann die Stimmung angreifen und die Zukunftspläne düster erscheinen lassen. Sie kann negative Gefühle bewirken und selbstzerstörende Gedanken schaffen. Sie kann den Betroffenen ebenso wie seine Angehörigen und Begleiter in einen Kreis von Betreuungsaktionen hineinziehen, daß man sich nicht mehr als Gestalter seines Lebens fühlt, sondern scheinbar nur noch gelebt wird - immer unter der Frage: Mache ich es auch richtig, versäume ich auch nichts?
   Nun ist sicher nicht bauen das absolut sichere Gegen-Mittel. Dies soll nachfolgend aus psychologischer und pädagogischer Sicht verdeutlicht werden. Es ist aber eine hervorragende, menschennahe Möglichkeit, zu sich und seinem Selbst

zurückzufinden. "Leben zu lernen" hat all das zur Voraussetzung - das Leben zu mögen sowieso! Und wohl nur der, der selbst *baut*, kann auch mit "seinen Kindern" bauen und ihnen all das vermitteln, was man beim Bauen erleben, erfahren und auch lernen kann.

Nochmals zu unserer Frage zurück: Wann haben Sie zum letztenmal *gebaut*? *Bauen* ist gar nicht so schwer. Sie brauchen dazu *viel* Bewegungsfreiheit (der Tisch ist sicher nicht sehr geeignet - am besten schaffen Sie sich Platz auf dem Boden), irgendein *Bau*-Material (für den Anfang tun es Streichholz- oder auch Zigarettenschachteln; selbst mit Büchern kann man es versuchen), einen *Bau*-Partner und schließlich eine *Bau*-Idee.

Ist Bauen für geistigbehinderte Kinder tatsächlich so wichtig?

Vorbemerkung

Bauen gilt als die zentrale Spieltätigkeit schlechthin. Sie ist weder an ein bestimmtes Lebensalter gebunden noch an ein Geschlecht oder an den Status eines Menschen. Vor allem Kinder, die sich gesund und wohl fühlen, bauen mit Hingabe und Begeisterung. Es eröffnen sich ihnen dabei eine Fülle von notwendigen Erlebnissen und Erfahrungen mit sich und dem Material, von wichtigen Kenntnissen und Einsichten; tragende Gestaltungskräfte und -ideen künden sich ihnen an. Mit der Entdeckung des 'Kindes in der Pädagogik' rücken auch dessen Handlungen in den Mittelpunkt des Nachdenkens. So ist es nur zu verständlich, daß gerade das Spiel und damit auch das *Bauen* zu eigenen Theorie-Konzepten herausforderten. Neben den für heutiges Empfinden romantisierenden, nahezu überzeichnet wirkenden Darstellungen und Beschreibungen, wie sie von *Friedrich Fröbel* oder von *Gertraud Kietz* bekannt wurden, gibt es auch nüchterne Darlegungen, die sich verstärkt dem Motivationsgeschehen widmen und Aussagen über die Hintergründe des Spielgeschehens machen (vgl. *Heckhausen*).

Sie haben auch für das Bauen nahezu uneingeschränkt Gültigkeit.
Aber auch die Spielzeugindustrie hat das Phänomen "Bauen" entdeckt. Die Flut von Bausteinen, von Baumaterial und die Vielzahl von Baukästen und Bausystemen sind kaum mehr zu überblicken und im Hinblick auf ihre Güte und Verwendbarkeit kaum noch vom Nicht-Fachmann zu beurteilen.

Unsere Frage nach der *Bedeutung* des *Bauens* für die kindliche Entwicklung gilt Kindern, die mit einer geistigen Behinderung leben müssen, Kindern also, die u.a. als entwicklungsretardiert gelten. Sie haben neben ihrer kognitiven Behinderung meist auch mit Nachfolgelasten im emotionalen, motorischen und sozialen Bereich zu kämpfen. Ihre Erlebnisse, ihre Erfahrungen und ihre Eindrücke sammeln sie entsprechend ihrem "kogntiven Anderssein" (*Thalhammer*). Dennoch benötigen sie dabei dringend unsere Hilfe in Form von Entwicklungsanstößen. Liefert diese das *Bauen* in der Weise und in der von ihnen verkraftbaren, in der weiterführenden Form? Hilft *Bauen* zum "Leben lernen"? Wir müssen den Doppelaspekt der Frage sehen und erkennen, beantworten und Konsequenzen daraus ziehen. Die entwicklungspsychologische Seite muß dabei durch die sonderdidaktische Ergänzung finden. Erst ein mögliches Gleichgewicht beider Aspekte klärt bzw. beantwortet unsere Frage in befriedigender, d.h. dem geistigbehinderten Kinde dienlicher Weise.

Erinnern wir uns

Das normalbegabte Kind, ausgestattet mit einem Drang zum Greifen, mit einer Lust an Bewegung und mit dem Bestreben, seine Lage und seinen Ort zu verändern, erobert sich seinen Lebensraum selbständig und mit großer Zielstrebigkeit. Es bedarf dazu - neben einem Partner - der Zuwendung, der Geborgenheit, der Anerkennung, der Bestätigung und einer geeigneten Umwelt. Durch den

Bauklotz in der Hand nimmt sich das Kind - symbolisch gesehen - ein Stück aus dieser seiner bzw. unserer Welt. Selbst wenn dieser Klotz dann wie "angewachsen" an der Hand "kleben" bleibt, so erlebt es hier doch ein Objekt außerhalb seiner eigenen Person. Das Kind entdeckt, daß es selbst nicht der Baustein ist, daß ein Baustein etwas anderes, etwas Außenstehendes, etwas Gegenstehendes, einen Gegenstand darstellt.

Dieses Entdecken ist Voraussetzung für die weiteren möglichen und notwendigen Erfahrungen: die Standfläche des Bauklotzes, seine Seiten und seine Kanten, aber auch die Wiederholbarkeit des einen Bauklotzes in den weiteren Exemplaren. Das Festhalten, das Aus-der-Hand-Fallen, das Wieder-Holen - alles das sind Aktivitäten, die Bewegung erfordern, die Bedürfnisse binden und die wichtige Übungs- und Erfahrungsmöglichkeiten darstellen. So wie der Baustein als *Ur-Zelle* des Bauwerkes gesehen werden kann, sehen wir im Zusammenbringen bzw. im Zusammenfügen von zwei und mehr solcher Bauelemente, also im Bauen, eine *Ur-Aktivität* des Menschen. Sie ist Voraussetzung für alle weiteren Bau-Tätigkeiten und Bau-Ziele - zum Beispiel einen Turm, eine Mauer, einen Block oder einen Raum zu erbauen.

Diese *Ur-Tätigkeit des Zusammenfügens* entfaltet sich in vielen Variationen: es kann ein Legen, ein Schichten, ein Stapeln, ein Aneinanderreihen, ein Anhäufen, ein Verbinden oder Verknüpfen sein, je nach dem benützten Bau-Material, je nach der verfolgten Bau-Idee und den bislang erworbenen Bau-Fähigkeiten. Die Übungsmöglichkeiten für die Feinmotorik sind ebenso zahlreich wie die der Koordination mit den Sinnesmodalitäten als senso-motorische Fähigkeiten.

Baut ein Kind mit Holzquadern oder Holzwürfeln, also ohne stützenden oder stabilisierenden Mechanismus, erlebt es sich sehr bald als Verursacher ganzer Bauwerke und als Ursache für das Gelingen oder Mißlingen. Es lernt sich in zunehmendem Maße, gemäß der Aufgabe, zu steuern (damit der nächste Stein oben auf dem Turm noch hält) und seine Aktivitäten bei Bedarf auch zu begrenzen oder auszuweiten.

Meist sind es Zufallsentdeckungen, wenn ein Kind aus einer Mauer ein Fenster "herausbricht" oder wenn es bemerkt, wie man Mauern überbrücken kann. Die hier gewonnene Erfahrung bzw. Einsicht, daß man nicht nur Räume erobern, sondern selbst herstellen kann, beflügelt und fasziniert viele Kinder in hohem Maß. Sie beginnen damit, alles Mögliche einzumauern, einzubauen, einzusperren, auch zu umbauen. Das kann das Kind selbst sein, aber auch sein Spieltier. Sein Bär oder seine Puppe werden ein Haus bekommen, das Auto des Vaters eine Garage, der Löwe aus dem Zirkus einen Käfig.

Es dauert lange, bis ein Kind das (sein) Bauwerk selbst wertschätzt. Wichtig ist ihm vorerst einmal der Bauvorgang. Bauwerke mit oder ohne Sachbedeutung sind gleichermaßen wertvoll für das Kind und seine Entwicklung.

Jeweils drückt es etwas aus seinem Erleben und aus seiner Sicht der Dinge aus; und jeweils bekundet es auf diese Weise etwas von sich und seinem Erleben. Dabei fordert es weniger zum Nachfragen als zum Mitspielen, vielleicht einmal zu einer weiteren Spielidee heraus; immer aber bedarf es der Anerkennung und Zuwendung, der Bestätigung und Sicherheit.

Das schöpferische Aktivsein stellt die entscheidende Basis für das kindliche Bauen dar, das jedoch ohne emotionale Fundierung und ohne das Kind umschließende Geborgenheit nur geringe Zeit tragfähig sein wird. So lernt das Kind in der Zuwendung durch eine Person - es kann die Mutter, es können Familienmitglieder sein - die Zuwendung zum Objekt und damit zur Welt. Damit übt es nicht nur seine geistigen und anderweitigen Fähigkeiten, sondern es stößt sich auch das Tor zur Welt auf.

Dabei ist es nicht unwichtig zu erfahren, daß man mit sehr verschiedenen Objekten bauen kann. Es müssen nicht immer Bausteine sein. Wichtiger ist für ein Kind, durchgängig zu erleben, daß beim Bauen - mit gewissen Variationen - ein jeweils *gleiches Prinzip* bestimmend ist:

(Einzel-)Elemente werden nach einem Plan - oft selbst entworfen, jedoch in enger Abstimmung mit dem Material - zu einem (neuen) Ganzen zusammengefügt. Die mit den Variationen einhergehenden Änderungen der Spielarten, ausgehend von den jeweiligen Bau-Utensilien (z.B. UHL-Bausteine im Vergleich zu NOPPER-Steinen) oder ausgehend von dem Bau-Vorhaben (z.B. Bauwerke *ohne* Sachbedeutung im Vergleich zu Bauwerken *mit* Sachbedeutung), sind selten so dominierend, daß das Ur-Prinzip des Bauens entscheidend relativiert wird oder gar aufzuheben ist. Lediglich die Beanspruchung und die Anforderung an den Bauenden können sich verändern - und damit auch der (Übungs)erfolg und der Erfahrungsertrag.

Die Bautätigkeiten geistigbehinderter Kinder im Vergleich

Viele Eltern geistigbehinderter Kinder, aber auch deren Lehrer und Erzieher sammeln andere als die vorausgeschilderten Erfahrungen. Zeile für Zeile machen ihnen deutlich, diese Leichtigkeit, dieses Bau-Abenteuer und diese Bau-Lust, diese Gestaltungsfreude und dieses Gestaltungsbedürfnis sind bei ihren Kindern und Jugendlichen in gleicher Weise nicht oder oft nur spurenhaft vorhanden. Es ist richtig, geistigbehinderte Kinder haben meist erhebliche Schwierigkeiten beim und mit dem Bauen. Der "Greifdrang", die "Spielimpulse", das "Bedürfnis nach Veränderung" und die "Gestaltungskräfte" sind weitaus unausgewogener, ihre "Handlungsbereitschaft" oft impulsiver, die "Handlungsstrategien" dürftiger, manchmal stürmisch-aktiv, dann wieder erlahmend-hinnehmend und das "Bauprodukt" bei vielen von ihnen sehr locker an den "Bau-Herrn" angebunden. Bausteine werden nicht selten unspezifisch behandelt und in ihrer Funktion als Bauelemente von ihnen nicht erkannt. Vielmehr locken geistigbehinderte Kinder aus ihnen sensorische, meist akustische Reize hervor und freuen sich daran. Über lange Zeit hinweg wandern Bausteine bzw. Baumaterialien auch noch in den Mund. Oft werden sie herumgeworfen, eingesammelt, angehäuft, manchmal auch mit sich herumgetragen (als security-toy). Vorhandene Spielideen wiederholen sich gerne - manchmal bis zur Verdrießlichkeit (einen Stall für die Ponies; eine Garage fürs Auto). Das Bauen mit einem Spielpartner trägt selten. Es mangelt an Flexibilität in der gegenseitigen Abstimmung, auch an dem beflügelnden Auf und Ab. Die für das Gelingen eines Bauwerkes erforderlichen Einsichten bzgl. der bedingenden Regeln und Gesetzmäßigkeiten, z.B. über Eck oder eine versetzte Fuge zu bauen, überfordern viele geistigbehinderte Kinder und Jugendliche aufgrund der einhergehenden kognitiven Anforderungen.

Schilderungen dieser Art sind leicht fortzusetzen. Wer mit schwer oder mehrfachbehinderten Kindern Erfahrungen hat, kennt noch viel drastischere Beispiele, noch viel eindrucksvollere, dramatischere Begebenheiten. Dennoch gilt die Frage nach der Bedeutsamkeit von Bau-Handlungen für geistigbehinderte Kinder und Jugendliche ohne Einschränkung oder einen sich festsetzenden Zweifel.

Auf diesem Hintergrund stellt sich die Frage "Bauen auch für geistigbehinderte Kinder" neu und drängender, bedrängender als zuvor. Für den ersten Augenblick erscheint dies, nachdem sowohl die Entwicklungspsychologie als auch die Pädagogik den lebenswichtigen Zusammenhang zwischen Bautätigkeit und Förderung der Entwicklung eines Kindes herausgestellt hat (vgl. *Kietz* 1967; *Wasna* 1973), eine unberechtigte Frage zu sein. Und dennoch ist zu klären, ob für Geistigbehinderte auf der einen Seite aus den Bau-Aktionen tatsächlich ebensolche Entwicklungsanstöße wie für nicht-behinderte Kinder hervorgehen, auf der anderen Seite, ob die hierbei zu lernenden Erfahrungen und Einblicke für geistigbehinderte Kinder solche Relevanz besitzen, daß sie zum "Leben lernen" - *das* Ziel aller sonderpädagogischen Arbeit mit geistigbehinderten Kindern und Jugendlichen - hilfreiche und stützende Impulse beitragen. Oder anders gefragt: Verläuft die Lebenslinie, das Lebenskonzept geistigbehinderter Menschen nicht anders, als daß vielfältiges *Bauen* für sie keinen wesentlichen Beitrag, keinen

markanten Stein in ihren Lebensweg einfügen wird?
Aber auch von der Lernpsychologie her ist zu fragen, inwieweit die mögliche und notwendige "funktionale Ertüchtigung" im kognitiven Feld, im Wahrnehmungsbereich und in der Feinmotorik nicht durch andere Lernspiele, mit Hilfe alternativer Lernmaterialien oder durch andere, gezielte Übungsangebote besser, d.h. intensiver, zielstrebiger und dauerhafter erreicht werden kann.
Grundsätzlich ist aus sonderpädagogischer Sicht abzulehnen, von einer am normal entwickelten Kind gewonnenen Norm auszugehen, von dieser abgeleitet, Beurteilungskriterien, Erwartungshaltungen oder Zielbereiche auszubringen und diese dann für den sich nicht in der Norm befindlichen bzw. nicht mit der Norm lebenden Menschen zum Maßstab zu erklären. Das Spielen und damit auch das Bauen normalbegabter Kinder mit normal entwickeltem Fähigkeitspotential entspringt einem im Vergleich zu geistigbehinderten Kindern möglicherweise unterschiedlichen Gesamtverständnis menschlichen Aktivseins.

Nachfolgende Beschreibungen des Spiels bzw. des Bauens aus psychologischer wie auch aus pädagogischer Sicht verdeutlichen dies:

- Bauen ist schöpferisches Handeln und gleichzeitig eine Suche nach sich selbst. (*Chr. Uhl*)

- Impulse zum Bauen entwickeln sich aus dem Bedürfnis nach Mehr-Sein. (*G. Kietz*)

- Der Umgang des bauenden Kindes mit dem Baustein entspricht der Auseinandersetzung des Kindes mit seiner Umwelt. (*Chr. Uhl*)

- Es besteht ein Grundbedürfnis, durch technische Hilfsmittel seine körperlichen Möglichkeiten zu erweitern. (*H. Heckhausen*)

- Kinder haben zwei Spieltendenzen:
  - ausprobieren-auseinandernehmen-zusammensetzen
  - planen-bauen-anwenden (*S. Aust*)

- Bauen ist spielende Raumgestaltung. (*Kl. Stoevesandt*)

- Spielen und damit Bauen ermöglicht ein Gleichgewicht zwischen aktivem Einsatz und dem passiven Sich-tragen-Lassen. (*H. Hetzer*)

Bauen ist demnach immer ein mehrdimensionales, komplexes, meist ganzheitliches Handlungsgeschehen mit offener oder verdeckter Zielperspektive.
Gemäß den Gegebenheiten und im Einklang mit eigenen Vorstellungen, Bildern und Wünschen wählt das Kind aus seiner Umwelt Dinge/Objekte für seine Bau-Vorhaben aus. Es erzeugt in sich aufgrund von Wahrnehmungsakten relevante Handlungs- und Spielimpulse. Durch eine zielstrebige Realisierung baut es sich seine Welt auf, gestaltet seinen Lebensraum und erfährt Sinn. Damit drängt es zur Selbständigkeit und verstärkt in sich vorhandene Tendenzen wie auch immer wieder neu wachwerdendes Bestreben, in die Welt auszugreifen, diese zu gestalten und zu verändern.
Beim *geistigbehinderten* Kind dagegen scheinen die Bedürfnisse und deren Realisierungsmöglichkeiten auf anderer Ebene zu liegen. Sein Handlungsgeschehen zeigt meist davon unterschiedliche, häufig einlineare Strukturen, folgt eher spontaneren oder auch rigideren Antrieben und Gesetzmäßigkeiten. Seine Handlungsfähigkeit umfaßt nicht die vorhin beleuchtete Fülle, wohl aber das für es Interessante, Anregende. Es deutet seine Welt an - für den Betrachter von außen, für den, der nicht mit dem jeweiligen Kind lebt, oft nur schwer verstehbar, und für den Mit-Lebenden manchmal kaum akzeptierbar, oft auch frustrierend. Vielfaches Ziel ist nicht die Eroberung oder Entdeckung von Welt, sondern

das Gewinnen von Sicherheit, Geborgenheit und Zuwendung. Isolierte Reize oder auch vereinzelte Effekte fesseln seine gesamte Aufmerksamkeit und binden alle vorhandenen Kräfte. Diese knappen Ausführungen erlauben nicht, für alle möglichen Varianten der geistigen Behinderung Aussagen zu machen. Vielmehr geht es um den Versuch, das Verstehen gegenüber Geistigbehinderten anzuregen und dazu den einen oder anderen Impuls zu geben.

Nochmals sei betont:

Das *Bauen* geistigbehinderter Kinder oder Jugendlicher ist keineswegs eine Defizit-Angelegenheit. Es ist ein Bauen nach anderen Grundstrukturen, nach anderen Konzepten und nach anderen Bedingungen. Hier ist kein Werten angebracht, wohl aber das Bemühen um Einfühlen dringend angezeigt. Die Möglichkeiten geistigbehinderter Menschen sind nicht primär in einem kognitiv anders strukturierten Handlungsvermögen begründet, sondern in seiner Daseinsweise, die als "kommunikativ-taktile" und "oral-sinnliche" (*Thalhammer*), als eine sensorisch-motorische und als eine stark bedürfnis-orientierte (subjektiv bedeutsame) und weniger als eine sachbezogene (objektiv notwendige) zu beschreiben wäre.

Aus der Freude an Bewegung und an sensorischen Reizen (Klängen, materiale Qualitäten u.a.), aus dem Bedürfnis nach Haben-Wollen und dem Vorzeigen, wohl auch aus der Erschwerung, Einzelheiten bzw. Elemente zu einem Ganzen zu verbinden, ergibt sich eine davon gefärbte Lebens- und Erlebensstruktur, ein davon geprägter Lebensrhythmus, ein jeweils entsprechender Lebenstenor und Lebensstil. Dies schlägt sich in der Folge dann auch in den Bau-Aktionen nieder. Daß sich daraus eine andere *Zielsetzung* bzgl. des *Bauens*, auf die nachfolgend einzugehen ist, als Konsequenz entwickeln könnte, bedarf weiterer Erläuterung.

Doch soviel gilt schon jetzt als Ergebnis, ohne im einzelnen den Nachweis geliefert zu haben: *Bauen* ist auch für geistigbehinderte Kinder von herausgehobener Bedeutung im Hinblick auf ihre gesamtseelische Entwicklung und ein Handlungs- und Erlebnisfeld zum Erfahren der eigenen Person wie auch zum Erschließen der jeweils gegebenen Welt.

Mögliche Ziele im Bereich des *Bauens* für Geistigbehinderte

Es wäre verlockend, geistigbehinderten Kindern das Bauen zu lehren, analog jener Schrittfolge, wie sie uns von normalbegabten Kindern gezeigt und in der Literatur (vgl. *G.Kietz* 1967) systematisierend beschrieben wird. Das aber kann gerade nicht der Sinn sein. Sonderpädagogische Förderung will nicht Annäherung um jeden Preis an das Normale, sondern sie will das heben und herausentwickeln, was in einem Kind, im jeweiligen Menschen strukturhaft angelegt ist. Sie will das ihm eigene Lebenskonzept verdeutlichen, bei dessen Realisierung helfen und es als Lebensentwurf erscheinen lassen. Das bedeutet, von einem kognitiv-bedingten Lern- und Förderplan Abstand zu nehmen und speziell die Spieltätigkeit, das Umgehen mit Spielmaterial und - in unserem Fall - das Bauen unter den vorgenannten Kriterien der taktil-sinnlichen und der bedürfnis-orientierten Wirklichkeit neu zu sehen bzw. sehen zu lernen. Dabei werden kognitive Lernprozesse, die Wahrnehmungsleistung oder Sprachanbahnung, das Erkennen von Regeln oder auch das Gliedern eines Ganzen nicht unberücksichtigt bleiben; im Gegenteil, alle diese Momente spielen ebenfalls eine wichtige Rolle. Sie sind aber weder Ausgangs- noch Zielpunkt einer "Förderung" geistigbehinderter Kinder im bzw. durch das Bauen. Vielmehr erscheint es notwendig, die einzelnen zentralen Kernpunkte des "Bau-Geschehens" im Laufe der menschlichen Entwicklung auf die Lebenswirklichkeit geistigbehinderter Kinder hin zu befragen und daraus dann *existentielle* Momente herauszufiltern, die sonderpädagogisch, entwicklungspsychologisch *und* curricular gleichermaßen überzeugend Lernschwerpunkte bzw. Lernzielbereiche gewinnen lassen.

Die Vielzahl möglicher bedeutsamer Momente im Bereich des *Bauens* versuchen wir nachfolgend in *drei* Gruppen zu fassen und mit einigen wenigen Beispielen zu verdeutlichen:

Gruppe 1   Ziele, die der 'funktionalen Ertüchtigung' gelten
Gruppe 2   Ziele, die sich auf das Bauen selbst konzentrieren
Gruppe 3   Ziele, die von übergeordneter Bedeutung sind

Zur Gruppe 1 zählen (u.a.)

- Zuwendungsleistung erbringen
- verschiedene Greifschemata entwickeln und üben
- die Wahrnehmungstüchtigkeit schulen und differenzieren
- die Funktionen der einzelnen Bauelemente erkennen und behalten
- sich anhand von Farben/Symbolen beim Bauen orientieren
- Sensibilität im Umgang mit kleineren Elementen bzw. mit verschiedenartigem Material entwickeln

Diese Reihe wäre sicher fortzusetzen. In der Anwendung oder Realisierung ist das einzelne Lernziel auf das jeweilige Kind hin zu konkretisieren und abzustimmen.

Zur Gruppe 2 zählen (u.a.)

- ein Objekt in seiner Vielfalt erleben und dessen Primär-Funktion erkunden
- die Fläche als Ausgangspunkt für Bauaktionen erfahren und allmählich selbst Flächen herstellen
- durch Aneinanderreihen von zwei Elementen neue Ganzheiten (Türme, Reihen, Schlangen ...) erstellen
- das Zusammenfügen von mindestens zwei Elementen als Möglichkeit des Vergrößerns erkennen/erleben
- den eigenen Lebensraum erkunden, ausweiten und verändern
- möglichst selbst erste Räume herstellen, d.h. "er"-bauen
- den Raum, die Mauer, das Fundament usw. in ihrer "Botschaft" erleben

Zur Gruppe 3 sind zu zählen (u.a.)

- das geistigbehinderte Kind muß lernen, von seinem Körper Gebrauch zu machen
- sich von Material anmuten lassen, es annehmen und damit umgehen
- über funktionale Bedürfnisse hinaus zu relevanten Handlungsimpulsen vordringen
- über sensorische Ereignisse Bedürfnisse entwickeln und damit Motivation für länger andauerndes und variationsfreudiges Tätigsein gewinnen
- an ausgewählten bzw. begrenzten Situationen Handlungsmuster entwickeln
- sich selbst als Verursacher von Wirkungen/Handlungen erleben
- Lust am Selbstgestalten entwickeln
- auf sich und seine Leistungen stolz sein
- sich im eigenen Aktivsein auf das (soziale, materiale und situative) Umfeld abstimmen

Weitere "Vorteile" von Bau-Aufgaben im Rahmen der Förderung geistigbehinderter Schülerinnen und Schüler

Auch wenn geistigbehinderte Kinder und Jugendliche in anderer Weise durch das *Bauen* zu fördern sind und wir bislang auch noch kein eindeutiges begründetes wie auch begeisterndes JA zum Bauen mit geistigbehinderten Schülern finden konnten (vgl. die Schilderungen von *G.Kietz* 1967), so bieten sich doch noch weitere Vorzüge an, die der Bewußtmachung und Hervorhebung verdienen.

Im Gegensatz zu anderen Spieltätigkeiten oder gar im Gegensatz zum Erlernen von Aufgaben der Lebenspraxis bieten Bau-Aufgaben - bei allem Vorbehalt gegenüber einem fraglichen Generalisationseffekt - dem geistigbehinderten Kind

(1) ein eingegrenztes und daher überschaubares Handlungsfeld - ein Handlungsfeld, das zu Probehandlungen bei gleichbleibenden bzw. wiederkehrenden Bedingungen und Gegebenheiten hervorragende Lern- und Aktionsmöglichkeiten bietet;

(2) durch eine sonderpädagogisch überlegte Organisation und Strukturierung bis hin zur Auswahl der jeweiligen Bauelemente kann ein Handeln zum Erfolg ermöglicht und dadurch Handlungsdynamik bzw. Handlungsbereitschaft angeregt werden und wachsen;

(3) der Handlungsvorgang zeitigt ähnliche, schließlich vergleichbare Erfolge, die auch von geistigbehinderten Kindern mit der Zeit als solche erlebt werden (vgl. *Wasna* 1973). Sie führen weg vom Vorgang selbst und hin zum Produkt. Die so notwendige und oft bei geistigbehinderten Kindern vermißte Identifizierung sowohl mit dem eigenen Werk als auch mit dem eigenen Tun wird angebahnt und unterstützt;

(4) eine Arbeitshaltung im Sinne des eigenen Entschlusses zum Aktivsein, des Sich-Behauptens und des Sich-Darstellens kann entstehen. Der Grund dafür ist gelegt und die Chance der Ausweitung und Übertragung auf andere Lern- und Lebensfelder gegeben;

(5) Bauen sieht darüber hinaus eine Reihe von Lernanlässen zur Verbesserung einzelner Funktionen, Fähigkeiten und Fertigkeiten vor. Da jedoch die Handhabung als solche im Mittelpunkt steht, erfolgt jene funktionale Qualifizierung eher im Sinne von "parallelen Lernerträgen" (*Fischer*), als in einem zielgerichteten, direkten Angehen.

Bauen **unter anderen Bedingungen erübrigt sonderpädagogische Hilfe keineswegs**

Wenn schon normalbegabte Kinder die vielfältigen Möglichkeiten des Bauens von sich aus nicht ausschöpfen können, dann gilt das im besonderen Maße für geistigbehinderte. Um es nochmals zu unterstreichen, es geht nicht darum, geistigbehinderte Kinder auf ein Bau-Verhalten möglichst ähnlich dem normalbegabter Kinder hinzutrimmen, von ihnen die gleiche Vielfalt möglicher Bau-Handlungen zu verlangen, die gleiche Dynamik und Begeisterung zu erwarten und die gleiche Bau-Leidenschaft zu fordern.

Dies alles würde mehr Einsehen-Können voraussetzen, denn erst, wenn ein Bauschritt in seiner Funktion erkannt ist (z.B. die "versetzte Fuge"), bereitet er dem Kind Freude, setzt in ihm Motivationskräfte frei (vgl. *Uhl* 1972) und eröffnet neue Gestaltungsmöglichkeiten.

"Baupflege" (*Stoevesandt* 1972) bei Geistigbehinderten macht erforderlich, daß sich der Erzieher über das Eigenerproben von Baumaterialien, von Baustrategien hinaus mit der dargestellten 'anderen' Sicht des Bauens vertraut macht und sich wirklich damit auseinandersetzt. Er muß die Anforderungen bzw. Herausforderungen auf sensorischem, motorischem und kognitivem Gebiet selbst erleben und selbst spüren. Genaue Beobachtung und teilnehmendes Miterleben kann ihm im Hinblick auf das Verstehen eines Kindes mehr helfen als ein ausschließliches Diagnostizieren z.B. anhand von Entwicklungsskalen. Diese vermitteln meist nur äußere, dafür jedoch katalogisierbare Fakten. Sie reichen aber für ein Führen, für ein Begleiten und für ein Fördern behinderter Kinder im Zusammenhang mit dem Phänomen *Bauen* in dem von uns dargestellten Sinne nicht aus.

Sonderpädagogische Hilfe - verstanden als Anregung zu Bau-Aktivitäten und deren lernfördernde Begleitung - muß vielfältig und vielgestaltig sein. Sie kann sich als funktionale Hilfe ebenso verstehen wie als Motivationshilfe, sie kann inhaltliche Hilfen anbieten (z.B. Vorstellungen anbahnen, Erlebnisse verarbeiten und Erfahrungen ermöglichen) wie auch materiale Hilfe leisten (z.B. große, einfache Bausteine vorzugeben, statt komplizierter; strukturiertes Material anzubieten, statt unstrukturiertem). Durchgängig wichtig und nie aufhebbar wird die *emotionale* Begleitung und wertschätzende Stützung des Kindes sein, das seine ersten, vorsichtigen und so leicht verletzbaren "Ausgriffe in die Welt" (*H. Hetzer*) wagt - denn nichts anderes ist Bauen: Ausgriff in die Welt durch Hinzufügen von Selbst-Erdachtem und Selbst-Gewolltem.

Zusammenfassung

Bauen ist kein Allheilmittel mit Erfolgsgarantie, um gestörte, behinderte oder verzögerte Entwicklung bzgl. der einzelnen Persönlichkeitsdimensionen wie der Motorik, der Wahrnehmung oder der Kognition (erneut) in Gang zu bringen, aufzuholen oder auszugleichen.

Bauen als Spieltätigkeit ist eine sehr menschennahe Möglichkeit zur Gewinnung von vielfältigen Erfahrungen und zum Aufbau von Ich-Kräften. Je nach Lebenskonzept, je nach Lebens- und Erfahrungsmöglichkeiten, je nach der Gesamtstruktur, wohl aber auch je nach den funktionellen und sozialen Möglichkeiten des einzelnen Menschen werden sich seine Bauaktivitäten jeweils anders realisieren. Je nach Lebensverlauf und Lebensgestaltung müssen sich aber auch Anleitung und Förderung des einzelnen Kindes und Jugendlichen unterscheiden. Die Chance zur Verbesserung der 'funktionalen Tüchtigkeit' (z.B. der Motorik, der Sensorik oder der Wahrnehmung) ist unbestritten, wenngleich diese - jedoch meist außerhalb von situativer Einbettung durch Bauaufgaben - durch Training gezielter, intensiver und vor allem effektiver erreicht werden kann.

Bauen mit geistigbehinderten Kindern stellt nicht das kognitive Prinzip in den Mittelpunkt aller Überlegungen, Planungen und Hilfen. Vielmehr gilt es, Bau-Impulse aus dem bedürfnis-orientierten Erleben herauszuentwickeln. Punktuelle Aktivitäten werden durch geschickte Materialgaben *gebündelt* - allerdings unter Beanspruchung primärer und sekundärer Bedürfnisse. Das geistigbehinderte Kind erlebt sich dabei in seinem Selbst angesprochen, wenn es etwas haben möchte, beschützen will oder besitzen darf.

Bauen bietet ein reiches *Anwendungsfeld* für erlernte Bewegungs- und Greifschemata. Wahrnehmungsleistungen werden ebenso mit gefördert wie die begonnene Sprachentwicklung. Auch kognitive Prozesse können durch Bauaktionen in Gang kommen, selbst wenn sie eben nicht zum Ziel unserer Bemühungen hochstilisiert werden wie so oft beim nichtbehinderten Kind.

Das geistigbehinderte Kind soll *nicht* auf eine zunehmende Kompliziertheit oder Raffinesse seiner Bauwerke hin verstärkt werden. Einfache Bau-Werke, einfache Bau-Aktionen und einfache Bau-Ideen sind nicht nur stimmiger; sie haben auch eher die Chance, seine Handlungsfähigkeit und Handlungsbereitschaft voranzubringen.

Zentrales Anliegen ist, das selbstgewollte, aber auch das zunehmend sachorientierte Aktivsein zu unterstützen und dieses zum eigenverantwortlichen Handeln auszugestalten, das in die Zukunft ausgreift, das Planungsgeschehen anregt und zum zielstrebigen Handeln führt. Dadurch kann ein geistigbehindertes Kind sich aus einem dranghaften, unruhigen Aktivsein ebenso befreien wie aus einem erlahmenden, in sich zurückgezogenem Passivsein.

Bauen führt zu sich - und wieder einen Schritt mehr weg von der Gefahr, Objekt von Betreuung und Fürsorge zu werden oder zu sein.
Es läßt im Kleinen bereits ahnen, was Selbstsein im Großen ist.

Vielleicht weckt diese Ahnung beginnender Macht im Menschen jene Lust und Leidenschaft, die spielende wie auch bauende Kinder selbst erleben und uns erleben lassen. Daß sich an diesem Punkt geistigbehinderte Kinder und Jugendliche von nicht behinderten unterscheiden, ist eigentlich nicht vorstellbar. Darum sollten wir ohne Bedenken, dafür mit Ausdauer und innerer Überzeugungskraft, auch mit ihnen spielen, bauen und gestalten.

Literatur

Aust, S.: Großformatige Bauelemente im Spiel Geistigbehinderter. In: Z Lebenshilfe, Marburg 1977

Chateau, J.: Spiele des Kindes. Stuttgart 1974

Heckhausen, H.: Förderung der Lernmotivierung und der intellektuellen Tüchtigkeit. In: *Roth, H. (Hrsg.):* Begabung und Lernen. Freiburg 1969

Herkel, Gertrud: Spiel mit Klötzen. In: Z Lebenshilfe, Marburg 1974, Heft 3

"Im Spiel die Welt begreifen" - Schriftreihe für die evang. Frau - Heft 184. Nürnberg, o.J.

Kienert, Ursula: Das Bauen mit geistigbehinderten Kindern. In: Z Heilpädagogik. Hamburg 1970

Kietz, Gertraud: Das Bauen des Kindes - eine Hilfe für Eltern und Erzieher. München 1967

Klein-Jäger, Wilma: Fröbel-Material zur Förderung des entwicklungsgestörten und des behinderten Kindes. Ravensburg 1978

Scheuerl, H.: Das Spiel. Weinheim 1979

Uhl, Christine/Stoevesandt, Klara: Das Bauen mit Würfel und Quader. Das Seminar. Witten 5/1972

Winnicott, C.W.: Vom Spiel zur Kreativität. Stuttgart 1973

Wasna, Maria: Leistungsmotivation. München 1973

Beispiel eines "gelenkten Spiels" im Sinne eines Lernspiels mit Materialien aus dem sog. Alltag

(1978/1989/1991)

Wie im vorausgehenden Beitrag festgestellt bzw. gefordert, sollten geistigbehinderte Kinder und Jugendliche nicht nur mit vorgefertigten oder eigens für das Spiel konstruierten Materialien in Verbindung gebracht werden, will man ihre Spielfreude anregen und ihre Spielfähigkeit steigern.

Sie sollen insgesamt und nicht nur auf das Spielmaterial welt-offener und entdeckungsfreudiger werden; deshalb ist ein "Darüber-hinaus-Gehen" dringend angezeigt.

Spielen ist ein menschliches Tun, das aus der abgegrenzten und abgrenzenden Schulwelt hinausdringen muß an jene Orte, wo Menschen herkömmlich leben und lernen, arbeiten und feiern, auch wenn gerade in einer zielorientierten Beschäftigung und Auseinandersetzung mit jenen vorgefertigten Spieldingen eine Fülle von Anregungen zum Lernen wie auch Entwicklungsimpulse stecken.

Spielen will insgesamt die Fähigkeitspalette von Kindern ausweiten, Lust am Tätigsein anregen, zum Selbst-Gestalten beflügeln, aber auch in die Welt der Gegebenheiten, der Gesetzmäßigkeiten und in ihre Botschaft einbinden.

Lernen - und das gilt auch für das Spielen - hat es immer mit Aufbrechen von sich verschlossen zeigenden Ganzheiten und mit dem Überwinden von Widerständen zu tun. Um Lernanreize zu schaffen, die Lernmotivation zu erhöhen und eine Lernenergie freizusetzen, bedarf es das bewußt werdende bzw. das erfahrbare Erleben von Widerständen. Reichen die geistigen Fähigkeiten nicht aus, Widerstände als solche zu erkennen, kann man dies auf "leiblich-sinnlicher Ebene" schaffen, indem man konkret die Barrieren körperlich wie auch motorisch erfahrbar anhebt, vergrößert oder auch nur vergröbert.

Aus einem vergleichsweise harmlosen Spielmaterial, dessen Aufforderungscharakter von geistigbehinderten Kindern und Jugendlichen kaum wahrgenommen wird, schaffen wir einen Spiel-*Gegenstand* (im wörtlichen Sinne) und aus einem Lernmaterial einen ebenso leiblich-sinnlich zu spürenden Lern-*Gegenstand* - wieder in einem sehr konkreten, wörtlichen Sinn. Nach unseren Erfahrungen eignen sich schwere, grobe, rauhe oder auch übertrieben glatte Dinge hierfür besonders. Als Beispiel seien genannt:
Backsteine, große Schachteln, Holzstücke, Balkenabschnitte, ganze Baumstämme (soweit transportierbar), Baumscheiben, Dachrinnen, 'Teppich'-Pappollen, Spiegel und extrem glatte, klitschige Flächen - und eben auch

Drainage-Rohre.

Diese sind 4 kg schwer, achteckig, haben 10 cm im Durchmesser, sind 35 cm lang, innen rund und insgesamt aus Ton gegossen. Plastik-Röhren, die es auch gibt, eignen sich nicht. Solche Drainage-Röhren verwendet man heute fast nur noch für den privaten Weinkeller. In Bauhandlungen muß man sie oft bestellen.

Arbeitsaufgabe zum *Objekt*

Zur *Objekt*-Erkundung

1. Bitte analysieren Sie das zu erlernende Objekt nach folgenden Kriterien:

- Funktion(en)
- Aussehen
- Eigenschaften
- Umfeld   Was davon sollen Ihre
- dazugehörende Objekte   Schüler erfahren/
- personale Wertigkeit   erlernen?
- objektive Wertigkeit

---

2. Bitte erproben Sie das Objekt in verschiedenen Situationen (Aufgaben)!

- Was fällt Ihnen dabei auf?
- Bitte beobachten Sie Ihre Hände?
- Wo ergeben sich Probleme, wann Erleichterungen?

Wenn Sie sich selbst schwer nur beobachten können, dann schauen Sie doch bei Ihrem Nachbarn zu.

---

3. Überlegen Sie sich bitte, was man anhand dieses Objekts erlernen kann; was sollen davon geistigbehinderte Schüler erlernen?

Bringen Sie bitte Ihre verschiedenen 'Einfälle' bzw. Zielaspekte in eine Reihe und versuchen Sie eine Bewertung im Hinblick auf Ihre Klasse bzw. einzelne SchülerInnen.

---

4. Versuchen Sie bitte eine abschließende Beurteilung des Objekts! (vielleicht finden Sie grundsätzliche Aussagen heraus)

Zum *Objekt*-Umgang

Oft ist vor dem Erlernen des Objekt-Umgangs eine *Vorarbeit* notwendig (vgl. *Küchenbuch*, 94 bzw. 100 und Meth. Grundlegung, 170).

1. Bitte ermitteln Sie, welche *Fähigkeiten und Fertigkeiten* man mit diesem Objekt ausführen und damit auch erlernen kann.

2. Bringen Sie diese verschiedenen Fähigkeiten und Fertigkeiten in eine *Reihenfolge*. Sicher fällt Ihnen dabei etwas auf.

3. Finden Sie *Aufgaben oder Situationen*, innerhalb deren die Hauptfähigkeit (primäre Funktion) einen besonderen Stellenwert hat.

Für den Begriff 'Objekt' können Sie jeden Gegenstand, jedes Gerät oder Werkzeug, nahezu jedes Material, aber auch Personen, Tiere oder Pflanzen einsetzen.

Beispiel einer *Gegenstands-Analyse*,

die gleichzeitig versucht, objektiv relevante Fakten geistigbehinderten Kindern erleb- und erfahrbar zu machen - aufgezeigt am Spiel- bzw. Lernobjekt Drainage-Rohr (*Fischer/Katzer*)

Gegenstand (in seiner Sachrelevanz)	Erfahrungsmöglichkeiten für geistigbehinderte Schüler
achteckig (außen) rund (innen) Kanten	außen und innen abtasten ankanten, anreihen (stehend, liegend) rollen, schieben, stellen (neben-, auf-, hintereinander) abbilden (Abdruck im Sand auf Papier umpinseln, innen ausmalen) bemalen --- abrollen
hohl kein Boden keine 'Decke' lang	durchschauen, durchwerfen, den Arm usw. durchstecken, brennende Kerze hineinstellen den Boden, die 'Decke' verschließen Klötze durchschieben "Schiebegesetz" Gegenstände 'verschwinden' lassen, herausholen füllen und leeren (Sand, Papier, Gras usw.) durchsprechen, durchschauen als Partner- und Kommunikationsspiele
aus Ziegel schwer zerbrechlich	hochheben (die Hände werden *außen* angelegt, bzw. schieben sich seitlich hinein und stemmen sich gegen die Wände) vergleichen mit anderen gleichgroßen Rollen (z.B. Abschnitte von Teppichrollen oder ähnlichen Mat.) umräumen (für angestaute und noch nicht sinnvoll 'benützte' Energien) fallen lassen
klingend	außen und innen beklopfen (am besten mit Glockenspielklöppel) - Klangvergleiche durchrufen - in Kuckucksterz
innen dunkel	Spiel mit brennenden Kerzen: Kerzen auf einem Brett, Rohre darübersetzen Unterschied von Licht und Dunkel erleben usw.

Zum *freien* Spiel (auch *Freies Aktionsfeld* vgl. *Fischer*, Methodische Grundlegung, ²1982) ist das Spielobjekt Drainage-Rohrauch geeignet. Um das lernpsychologische Vorgehen als *Objekterkundung* besser abzusichern, empfiehlt sich das Kap. 4.1 und 4.2 aus "Wir lernen denken" *Miessler/Bauer*, 175 ff, Würzburg 1978). Das methodische Vorgehen selbst wird in der "Methodischen Grundlegung" dargestellt.

Beispiel einer Lern- und Unterrichts-Planung:
"Wir spielen mit Ton- bzw. Drainage-Röhren"

Die nachfolgende Sammlung möglicher Lern-, Spiel- und Beschäftigungs-Situationen wurden auf Anregung hin von Herrn *P. Biermann* zusammen mit Frau *Adler* (HPZ Bayreuth) im Hinblick auf eine konkrete Unterstufenklasse mit geistigbehinderten Kindern erarbeitet. Sie verstehen diese als eine Art "Langzeit-Programm", das je nach den Möglichkeiten der Schülerinnen und Schüler zu variieren oder aus dem nach Notwendigkeit auch auszuwählen ist. Das Material, die Ton- bzw. Drainage-Röhren, wurde voraus bereits vorgestellt. Sie werden als Lern- und Spiel-Gegenstände verstanden und anlog eingesetzt. Die vielfältig erlebte Unterrichtspraxis bestätigt den hier angedeuteten oder auch nur vermuteten Reiz dieser Lern- und Spielobjekte in mannigfacher Weise. Ziel war in erster Linie nicht, den Sachgegenstand als "Träger von Eigenschaften" (*Fischer* 1980) zu erschließen, sondern im Mittelpunkt stehen personalbezogene Ziele wie soziales Verhalten zu gewinnen, gemeinsames Tun und Lernen im Rahmen einer Gruppe anzuregen und zu ermöglichen, Lern- bzw. Verhaltensstörungen wie Aggressionen, ungerichtete Aktivitäten, Automatismen oder Aus-dem-Felde-Gehen abzubauen und dafür "gerichtetes Lernverhalten" und "bleibende Spiel- und Entdeckungsfreude" anzubahnen.

Entscheidend ist hierbei, daß die Kinder "Zuwendungsleistungen" (*Fischer* 1976) erbringen, die in erster Linie durch den Reiz des Materials und den lustbetonten Umgang damit ausgelöst werden und in Schwung kommen, der Lehrer/-der Erzieher dagegen nicht ständig die Kinder fordern, locken, reglementieren, schieben oder gar "zwingen" muß.

Die angeführten Lernziele und die beabsichtigten Lerntätigkeiten im Umgang mit den Ton- bzw. Drainage-Röhren stellen Maximal-Ziele dar, die eher die Vielfalt gegebener Einsatzmöglichkeiten aufzeigen, als daß sie einen Zwang zur Vollständigkeit vermitteln wollen.

Sind die Schüler kognitiv besser begabt, ergeben sich auch andere Lern- und Spielmöglichkeiten, die in den nachfolgenden Vorschlägen nur am Rande angedeutet sind. Im Umgang mit den Röhren kommen die Kinder oft selbst auf neue und interessante Tätigkeiten, die man aufgreifen sollte. Die Funktion des Lehrers/des Erziehers umfaßt neben der des Anregens, Vormachens oder der des Mitspielens auch die des Beobachtens, besonders wenn er das gesamte Lern- und Spielgeschehen in Anlehnung an das sog. "Freie Aktionsfeld" (*Fischer*) gestaltet.

Richtziel: Fähigkeit, Eigenaktivitäten zu erleben, zu differenzieren und zu steuern.

Grobziele: - Umweltreize und Anregungen beantworten
- Gerichtete Aktivitäten aufnehmen und zur Befriedigung von Bedürfnissen und zur Lösung von Aufgaben über einen längeren Zeitraum einsetzen
- Eigene Aktivitäten in Beziehung bringen zu anderen (Partner, Gruppe, Erzieher)

Feinziele/Lerninhalte Päd. Intentionen	Didaktisch-method. Kommentar Medien
1) Sich mit dem Material "Ton-Röhren" auseinandersetzen können und erste Erfahrungen im Umgang machen Auseinandersetzung im freien Aktivitätsfeld. Umgangsqualitäten entdecken	Konfrontation mit dem neuen Material in einem "freien Aktivitätsfeld" - ca. 25 Röhren werden in 2 Rollkästen in das fast leere Klassenzimmer gebracht. Wichtig: Aktivitäten der Kinder beobachten und festhalten
2) Wissen und erfahren, daß Röhren zerbrechen Materialerfahrung 3) Röhren tragen und sorgfältig ablegen können Bewußtmachen der Fähigkeit "Tragen"	Situation ausnützen oder herbeiführen, bei der eine Röhre zerbricht; Bruchstücke zerklopfen lassen und zerkleinern Material abtasten - rauhe Oberfläche Transport der Röhre, z.B. vom Lager im Nebenraum ins Zimmer oder Ausladen aus dem Wagen, gibt Anlaß, um verschiedene Arten des Tragens zu lernen und zu erproben (quer mit beiden Händen, senkrecht mit beiden Händen, mit einer Hand, auf der Schulter, unter dem Arm, Hände packen Röhre in der Mitte, Arm ganz durchschieben, zwei Röhren auf einmal, in der Armbeuge) Röhre aufstellen oder ablegen
4) Aufgestellte Röhren vorsichtig umlegen können	
5) Röhren rollen können Sich vom Geräusch zum Hin- und Herrollen anregen lassen Mit einem Freund rollen können	Röhren erzeugen beim Rollen ein eigenartiges Geräusch mit starkem Reiz
6) Röhren im Zimmer aufstellen (verteilen) lassen und zu Musik oder Tambourin um die Röhren herumlaufen, ohne diese umzuwerfen Raumerfahrung/Rücksichtnahme, rhythmisch-musikalische Erziehung	Verschiedene Tempis der Musik oder des Tambourins regeln das Laufen; dabei sollen die Kinder ihre Bewegungen und die Aggressionen so steuern, daß keine Röhre umfällt
7) Mit den quer liegenden Röhren eine "Straße" bauen können Gemeinschaftsarbeit	Weitere Möglichkeiten: Straße durchs Zimmer bauen; eine Röhre hinten wegnehmen und vorne wieder anbauen; eventuell Zielpunkt setzen

	Über die "Straße" laufen können (allein oder mit Führung) sich trauen	
	Ein anderes Kind über die "Straße" führen; sich führen lassen	"Suche dir einen Freund, den du führst bzw. der dich führen soll."
8)	Röhren auf Lücke legen (quer)	Mit Tambourin Schritte vorgeben; Kinder sollen Röhre als Hindernis erkennen bzw. die Röhre als Trittsteine benützen (mit und ohne Führung)
	Über die Röhre steigen können Auf die Röhre steigen können	
9)	Röhren in langer Reihe aufstellen können Gemeinschaftsarbeit	Reihenbildung quer durchs Zimmer (Mauer, Gartenzaun)
	Über die Röhrenmauer steigen und hüpfen können Steigerung des Selbstwertgefühles und des Zutrauens in eigene Fähigkeiten Ich-kann-Erlebnisse	Die Kinder stehen gemeinsam jeweils auf einer Seite - immer 1 Kind steigt oder hüpft (auch mit Hilfe) darüber
10)	Mit gegrätschten Beinen gemeinsam über die Reihe der aufgestellten Röhren gehen können	Wer vorne ankommt, stellt sich hinten wieder an. Wichtig dabei: Vordermann nicht stoßen oder schieben a) gehen b) beidbeinig hüpfen
	Rücksichtnahme, Wartenkönnen, gemeinsame Aktion	
11)	Das Innere der Röhre (Hohlraum) wahrnehmen und erleben können	Durch den Lehrer angeregt, gehen die Kinder die Reihe entlang und werfen Holzkugeln (Kugel-Walzenbaum von *Wehrfritz*) in die Röhre; in die Röhre hineinschauen; die Kinder sollen erkennen, wo noch keine Kugel drin ist. Kugeln herausholen und - wiederholen!
	Bewußtmachen des Röhreninneren	
		Holzkugeln mit Schnur, Gummiband oder Spiralfeder an Bambusstecken (40 cm) befestigen, sollen in die Röhre eingelassen werden (einführen, auf- und abbewegen)
12)	Mit den Holzkugeln an der Schnur seitlich gegen die Tonröhren schlagen und Geräusche erzeugen	Holzkugeln gezielt hin- und herpendeln lassen - gegen Außenwand
13)	Mit verschiedenen Gegenständen Geräusche erzeugen	Mit Holzstäbchen oder Schlägern (aus dem Rhythmusmaterial oder Orff-Instrumentarium) mit Kieselsteinen, Metall usw.

14) Sich von Licht in der Röhre zu Zuwendungsleistungen anregen lassen
Erlebnis - freies Aktivitätsfeld

Im Klassenzimmer (leer) sind Röhren aufgestellt; in jeder Röhre wurde ein Teelicht angezündet (Bierdeckel als Untersatz) Vorhänge verdunkeln den Raum, Kinder werden in den Raum geführt und beobachtet; anregen zum Hinsetzen, Hinknien vor eine Röhre
Licht, Wärme, Röhreninneres (oranges Licht) wahrnehmen; Hineinrufen, -schauen und -blasen
Röhre ankippen oder anheben lassen; Licht fällt unten heraus

15) Mit Taschenlampe in eine Röhre hineinleuchten
Bilder in der Röhre wahrnehmen-
Hell und Dunkel in der Röhre erfahren

Im Zimmer sind Röhren aufgestellt -in einigen Röhren sind Memory-Karten versteckt

16) Ping-Pong-Bälle in die Röhre fallen lassen

Beobachtungssituation: Wie und wie lange lassen sich die Kinder über das Material zu gezieltem Tun anregen; mit den Taschenlampen in Röhre leuchten und Bälle suchen

17) Eine lange Röhre bauen
Gemeinschaftsarbeit

10 und mehr Röhren
durchrufen, durchschauen; Versuch, Kugeln oder Bälle durchzulassen - Röhre zu lang!

Eine kurze Röhre bauen und Kugeln durchrollen
Partnerarbeit

Immer 2 Kinder bauen und spielen zusammen
"Such dir einen Freund"
- als Spielpartner
(kleine Autos sind auch möglich - statt der Kugeln)

18) Erkennen, welcher Ball durch die Röhre paßt

Verschieden große Kugeln oder Bälle anbieten

19) Über die aufgestellten Röhren steigen können
In Schlangenlinien um die Röhren laufen
Rasselbüchse oder Ball mit Seil um die Röhre ziehen

Kreidestrich oder Seil eventuell als Hilfe

20) Mit Röhren einen Weg bauen und durchlaufen bzw. Bälle usw. durchrollen
Partnerübungen

Zwei lange Röhren parallel bauen als Weg
Bälle, Kugeln, Holzreifen

21) Röhren und Holzstäbe zusammen benützen können:
    - durch Röhre schieben
    - mit Stab Röhre tragen (allein und zu zweit, 2 Kinder tragen 2 Röhren mit 2 Stäben)
    - mit Stab in den aufgestellten Röhren stampfen

    Gymnastik-Stäbe ca. 80 cm lang

    dazu singen: "Hei, wie klappert das in meinem Butterfaß!"

22) Mit Röhren bauen können

    Reihen, schichten, Doppelreihe mit Reihe darüber;
    in die Höhe bauen (Turm)
    Raum abteilen, Begrenzungen schaffen z.B. Haus bauen (Röhre im Viereck legen), immer 2 oder 3 Kinder helfen zusammen;
    eine Ecke, Garten, Puppenecke einrichten oder abgrenzen

23) Pyramide aus Röhren bauen
    Gemeinschaftsarbeit
    durchschauen, durchrufen, durchlangen, durchrollen, Ping-Pong-Bälle blasen

    Die unterste, breitere Schicht seitlich mit Leisten oder Keilen absichern
    auf beiden Seiten der Pyramide sind einige Kinder
    Gesicht des Partners suchen, verfolgen und erkennen
    Bilder auf der anderen Seite (Memory) erkennen; mit Taschenlampe durchleuchten

24) Mit Brett und Röhre eine Wippe bauen können
    Partnerarbeit

    Immer 2 Kinder bauen und wippen zusammen
    Freund suchen
    Brett ca. 1 m, 20 cm breit

25) Mit Brettern und Röhren eine Bank bauen können
    - Sitzkreis
    - Viereck
    - in Reihen

    2 Kinder bauen jeweils zusammen
    - zum Hören (Musik) und Schauen (Bilderbuch)
    - Gruppenspiele
    - Bus bauen; altes Auto-Lenkrad! Lied vom Baus "Mit dem Bus ..." s. Brief an Eltern/Lebenshilfe Brief Nr. 34/75

26) Mit langem Brett oder mehr einen Laufsteg bauen
    darauf laufen können
    Röhren als Hindernis auf dem Laufsteg

    Allein laufen, sich führen lassen, selber führen; Ball oder Röhre tragen, Ziel angeben: best. Person, Belohnung abholen (z.B. Gummibärchen)

27) Berg- und Talbahn bauen

28) Kugelbahn bauen können
    Partnerarbeit

29) Regal bauen

    für Spiele, Bücher, Blumen, Tiere

30) Röhren bemalen, anstreichen. Bemalte Röhren als Gebrauchsgegenstand verwenden können

Bemalte Röhren zum Aufbewahren von Material (Stäbe, Rhythmik-Geräte, Windrädchen usw.) benützen. Problem eines Bodens! Dinge fallen durch!

31) Umrisse der Röhre malen

Röhren hochkant auf Tapetenstreifen stellen und mit Pinsel ummalen, auch innen bemalen - ergibt Grundriß

Röhren gezielt auf Umrisse abstellen können

32) Schablonen herstellen (Lehrer). Die richtige Form einpassen können

33) Einsatz im Freien z.B. im Sandkasten:
- Röhren mit Sand oder Steinen füllen,
- im Sand Spuren machen
- Sand glätten durch rollen,
- Burg bauen,
- Wasserleitung bauen

Im gefüllten Zustand hochheben - Sand fällt unten durch!

Die Fülle der Aufgaben soll nicht nur den spielerisch entdeckenden, experimentierenden oder auch nur einübenden Umgang mit Drainage-Röhren anregen, sondern Lust machen, Spielmöglichkeiten auch mit anderen Spieldingen in ähnlich großer Vielfalt aufzufalten bzw. auszudenken.

Weitergabe des Glaubens - oder: Warum gerade für behinderte Menschen die alt-ehrwürdigen Choräle so wichtig sind!

(1989)

Ein Erlebnis als Zugang zum Thema

Günter - einer meiner behinderten Schüler - litt neben seiner geistigen Behinderung an einer rasch fortschreitenden Muskeldystrophie. Er mußte miterleben, wie sein drei Jahre älterer Bruder an der gleichen Krankheit starb und wie sich bei seinem jüngeren Bruder die ersten Symptome dieser schweren Krankheit zeigten. Günter war damals 13 Jahre alt. Aufgrund seines Muskelabbaus mußte er einen E-Stuhl benutzen, den er nur noch mit Mühe bedienen konnte. Das viele Sitzen im Rollstuhl brachte neben der allgemeinen Vermassung seines Körpers erhebliches, die Pflege erschwerendes Übergewicht mit sich. Er wurde ärztlicherseits auf "Diät gesetzt".

Was das bedeutete, wurde ihm wohl schlagartig beim ersten "Diät-Frühstück" klar. Bislang war Essen für Günter eine seiner Lieblingsbeschäftigungen. Zusätzlich hatte es wohl aufgrund bestehender Angst um sein Leben einen stark therapeutischen Effekt.

Der Unterricht hatte an diesem denkwürdigen Morgen bereits begonnen, als Günter verspätet - tränenüberströmt - in die Klasse kam. Seine Klassenkameraden umringten ihn und wollten den Grund seines Kummers erfahren. Er müsse "verhungern", war seine klare und doch so erschreckende Antwort. Als er nach allmählich eintretender Beruhigung dann berichten konnte, daß er nur noch Diät bekäme, zeigten sich seine Mitschüler doch so beeindruckt, daß sie ihn trösten wollten. Sie eilten zu ihren Tischen zurück und holten ohne mein Zutun ihre Gesangbücher hervor, schlugen das Lied auf (EKG 197) "Du meine Seele singe" (obwohl nur wenige lesen konnten) und sangen:

> "Er weiß viel tausend Weisen zu retten aus dem Tod,
> er nährt und gibet Speisen zur Zeit der Hungersnot,
> macht schöne rote Wangen oft bei geringem Mahl;
> und die da sind gefangen, die reißt er aus der Qual!"

(EKG 197/5)

Ich selbst - überrascht und gerührt zugleich - reihte mich ein in den Kreis meiner singenden Schüler und unterstützte sie in ihrem Tun.

Günters Tränen versiegten tatsächlich. Es folgte ein frei gesprochenes Gebet, und über Günters Gesicht huschte ein erstes Lächeln. Umarmen und Streicheln stellten sein inneres Gleichgewicht wieder her, und wir konnten mit dem Unterricht beginnen.

Leider brachte auch das Fasten für Günter keine gesundheitliche Wende. Der Weg Günters auf dieser Erde war nur noch ein kurzer und zusätzlich sehr schmerzensreich. Als wir ihn - zusammen mit seinen Eltern - zu Grabe trugen, knüpfte ich in meiner kleinen Rede an diese Begebenheit von damals an: in liebevoller Erinnerung an Günter und für seine Eltern wie für uns zum Trost. Erlebnisse dieser Art im Umgang und in der Begegnung mit behinderten Menschen ließen sich ohne große Mühe fortsetzen. Nicht nur Betroffene, wir selbst haben oft genug erfahren, wie bedeutsam uns der eine oder andere Vers eines Liedes aus dem Gesangbuch in Stunden der Not und Bedrängnis, aber auch in Stunden des Glücks und der Dankbarkeit geworden ist.

Zur Stellung von Chorälen im Religionsunterricht

"Weitergabe des Glaubens" als eines der hervorragenden Ziele eines auch behinderten Schülern und Schülerinnen dienlichen Religions-Unterrichtes kennt heute viele Facetten der Realisierung.

Sie reicht vom Ernstnehmen der Lebensgeschichte, über Bewältigung eigener Probleme wie Probleme anderer bis hin zur Darstellung von Gestalten aus dem Alten und Neuen Testament und zum Miterleben des Kirchenjahres. Die jeweilige Behinderung der SchülerInnen modifiziert das methodische Vorgehen, selten jedoch die ausgewählten Inhalte.

Anders stellt sich der Sachverhalt beim Umgang mit Chorälen dar. Nicht nur unsere eigenen Erinnerungen an früheren Religions- und Konfirmanden-Unterricht und dem stupiden Auswendiglernen verwehren uns heute noch einen unbelasteten Zugang zu jenen alt-ehrwürdigen Liedern. Die Melodien sprechen zusätzlich von einem uns eher fremd gewordenen Lebensgefühl; und lustlos-müde singende Sonntagsgemeinden entzünden den verlöschenden Docht der Begeisterung auch kaum von neuem. Dazu gesellen sich jene schwierigen sprachlichen Wendungen und die in ihrem Bildgehalt nur bedingt erschließbaren Formulierungen wie "mit Finsternis umfangen" (EKG 335,1), "der dich auf Adelers Fittichen sicher geführet" (EKG 234,2) oder "den aller Welt Kreis nie beschloß ..." (EKG 15,3).

Wie verständlich, wenn sich ReligionslehrerInnen auf die Suche nach Neuem begaben. Und sie wurden fündig! Neue Lieder mit einfachen Zeilen, schlichten Texten, sich wiederholenden Formulieren, gefälligen Refrains drängen auf den Markt; und Lieder in heutigem Rhythmus, eingängiger Melodieführung, aktuellem Sound und schnell nachzusingenden Tonfolgen haben Konjunktur. Choräle dagegen erleiden das Nachsehen, sie weichen aus dem Bewußtsein der Menschen und verlieren die Chance, zu einer "Sprache des Herzens" zu werden. Im Polnischen bzw. Schlesischen hatte das Gesangbuch der Gemeinde den anrührenden, heute vielleicht als romantisch empfundenen Titel "Weg zum Himmel". Sollten wir als ReligionslehrerInnen behinderter Kinder und Jugendlicher ihnen nicht doch solch ein Buch erschließen helfen - einen "Weg zum Himmel"? In diesem Buch hätten viele Lieder, Gebete und Sprüche Platz - neue und alte, bewährte und noch zu erfahrende, sich öffnende und noch verschlossene!

Ein eher sonderpädagogisches Plädoyer für Choräle im Religionsunterricht von heute

Wohl wissend aus eigener Erfahrung, wie schwierig sich die Vermittlung von Chorälen gerade im Unterricht mit geistigbehinderten Schülern und Schülerinnen gestalten kann, so lassen sich doch eine Reihe von Vorzügen nennen, die f ü r eine erneute Intensivierung gerade des Chorals im Religionsunterricht mit behinderten Kindern und Jugendlichen sprechen - selbst dann, wenn diese Argumente einem theologisch-kritischen Nachfragen nicht immer standhalten:

(1) Choräle sind fast immer persönliche Erfahrungsberichte von einzelnen Männern und Frauen - Erfahrungsberichte bzgl. ihres Umganges mit GOTT, ihrem Erleben von Angst und Not, von Trost und Hoffnung.

Wir lassen uns durch sie anregen, tragen und ermutigen.

(2) Choräle geben formulierte Sprache vor; sie besitzt Stellvertreterfunktion, wenn die eigene ausbleibt, Sätze nicht zur Verfügung stehen oder man sich selbst augenblicklich als sprach-los erlebt.

Wir können uns bei Chorälen Sprache 'ausleihen'.

(3) Choräle besitzen eine geschichtliche Dimension. Sie zeugen von der Geschichte des 'Volkes Gottes' in dieser Welt. So wie wir unsere Erfahrungen und Erlebnisse dazufügen, nehmen wir an Gewesenem teil.

Mit Chorälen stellen wir uns in einen geschichtlich erfahrbaren Zusammenhang.

(4) Choräle stehen in einem Gesangbuch. Ein Gesangbuch ist kein Schulbuch und auch kein spezielles Buch für geistig-, lern- oder körperbehinderte Menschen; es ist ein Buch für alle.

Wir reihen uns durch seinen Gebrauch ein in die Gemeinde Gottes und als Kinder und Jugendliche in die Gemeinde der Erwachsenen.

(5) Aus einem Gesangbuch singen Vater und Mutter, Opa und Oma, Geschwister und Freunde. Sie tragen es zur Kirche und sie haben es zu Hause an einem bestimmten Ort.

Ich möchte auch ein solches Buch auf meinem Bücherbord haben.

(6) Choräle singt man in vielen Regionen unseres Landes, in verschiedenen Ländern der Welt, in verschiedenen Kirchen, bei unterschiedlichen Familien. Sie klingen - trotz möglicher anderer Sprache - fast immer gleich.

Wir lassen uns einbinden in diese über-regionale und über-konfessionell singende Gemeinde.

(7) Choräle sind nicht für alle Menschen gleich. Auch im Laufe des Lebens gibt es Wandlungen in der Bevorzugung und im Bedarf. Manche verbünden sich unauslöschlich mit der eigenen Person und dem persönlichen Leben. Sie kennzeichnen die individuelle Lebensspur. Andere bleiben einem ein Leben lang fern.

Ich möchte auch 'meine Lieder', 'meinen Vers' herausfinden, 'meiner Lebensspur' näher kommen.

(8) Choräle haben eine soziale Dimension. So wie man sie für sich in Besitz nehmen kann, eignen sie sich auch zum Verschenken und zum Zuspruch.

Wir möchten auch diese Form von Geschenk kennen und gebrauchen lernen.

(9) Choräle braucht man nicht nur selbst zu singen. Man kann sie sich vorsingen lassen und eintauchen in eine "Klangwolke", die Geborgenheit und Zugehörigkeit vermittelt - oder in manchen Fällen auch ausschließt und ein Gefühl von Fremdheit entstehen läßt.

Viele behinderte Menschen mit geringer, mangelhafter oder fehlender Sprach- und Singfähigkeit erleben ein solches 'sinnliche Eingebundensein' wohltuend und hilfreich zugleich.

(10) Gemeinsam gesungene Choräle leisten eine andere Form mitmenschlicher Begegnung. Das gemeinsame Stehen 'vor Gott', das sich Einreihen in die lobende, singende und betende Gemeinde vermittelt neue Sinnimpulse mit höchst integrativem Charakter.

Man kann sich einbringen - laut oder leise, behutsam oder kräftig, schweigend oder sich mitteilend - ohne jene genormte Leistung, unter derem unbarmherzigen Zugriff behinderte Menschen nicht selten leiden.

(11) Nicht wenige Choräle führen hin zu Gestalten des Alten wie des Neuen Testaments, vermitteln etwas von der christlichen Symbolik und den Bildern der Bibel, lassen aber auch etwas erfahren von der Entstehungsgeschichte und den Autoren.

Behinderte Menschen haben Anrecht darauf, daran Anteil zu nehmen. Es macht sie zu "wissenden" Menschen - ausgestattet mit einem Wissen, das trägt.

(12) Viele Choräle bzw. einzelne Verse besitzen herrliche Bilder und griffige Formulierungen; sie sprühen vor Sinnlichkeit.

Sie kann man nach- und miterleben, sich von ihnen anregen und begeistern lassen. Als persönliche Antwort lassen sie sich malen, kneten, formen oder sogar spielen (z.B. "Ich steh an deiner Krippe hier" - EKG 28 oder "Kommt her zu mir, spricht Gottes Sohn" - EKG 245).

(13) Grundsätzlich wird gebundene und rhythmisierte Sprache leichter aufgenommen und behalten als freie. Die Werbung nützt und besetzt diesen Zugang in eindrucksvoller Weise. Sollten wir dies der Werbung alleine überlassen ???

Häufiges Singen von Liedern - eine Form menschlicher 'Produktion' - bahnt den Zugang zum gesprochenen Lied, den Psalmen oder auch nur zum einzelnen Vers.

Die Reihe der Vorzüge ließe sich fortsetzen. Zahlreiche Schwierigkeiten stehen diesen entgegen. Sie reichen von gewissen altmodisch anmutenden Formulierungen bis hin zur komplexen Sprache. Diese Gegen-Argumente finden auch auf der musikalischen Seite ihre Entsprechung.

Übung und methodisch geschickte Aufarbeitung können eine Reihe der Schwierigkeiten verkleinern und nicht wenige Bedenken schmälern. Die Angst, als altmodisch oder auch nur als fromm entlarvt zu werden, schwindet in dem Maße, wie man Choräle selbst als brauchbares 'Brot fürs Leben' erkennt und in einem die Überzeugung wächst, auch anderen Menschen dieses Brot zu vermitteln. Dies setzt einen lebendigen, vielfältigen Gebrauch voraus und eine Pflege des Liedes selbst.

Lieder des Gesangbuches drängen hin zur Gemeinde, weil Choräle letztlich Lieder *der* Gemeinde und *für die* Gemeinde sind. Wir geben damit behinderten Menschen ein Medium zur Begegnung mit Nicht-Behinderten in die Hand und stellen ihnen hilfreiche Sätze und Wörter zur Verfügung. Aus bloßen Teil-Habern werden sie zu engagierten, wissenden und vor allem zu kommunikationsfähigen Teil-Nehmern und Mit-Gestaltern der Gemeinde und ihrer Gottesdienste. Daß es dabei geeignetere und weniger hilfreiche Choräle gibt, hat ebenso seine Stimmigkeit wie die Tatsache, daß das Singen und Erschließen der alten Choräle das Offensein für neue Lieder und ein engagiertes Beschäftigen mit ihnen keineswegs ausschließt. Frühere Kriterien zur Beurteilung der Qualität von Chorälen und religiö-

sen Liedern, die vor allem auf musikalische Echtheit und theologische Reinheit achteten und Lieder wie "Stille Nacht" oder "So nimm denn meine Hände" auf den kirchenmusikalischen Index führten, scheinen überwunden.
Man hört heute mehr darauf, was Menschen wirklich brauchen, was sie lieben und wofür ihr Herz schlägt. Das schließt weder Erziehung noch Geschmacklosigkeiten aus.

Gleichzeitig wissen wir alle die Macht der Musik zu fürchten, wenn sie Menschen emotional unterdrückt und jede Individualität ausschließenden Gleichschritt erzwingt. Andererseits haben die Christen in ihrer Geschichte sich einen reichen Schatz an Volksfrömmigkeit zusammengetragen, sich religiöse Lieder regelrecht ersungen und sich in vielen Lebenssituationen bewährte Ausdrucksformen von Gottvertrauen und Gotteslob 'erarbeitet'. Das sollte uns stolz und dankbar sein lassen und nicht nur kritisch.
Behinderte Menschen an jene Quellen des Kraft- und Lebensstroms "anzuschließen", ihnen den Weg dorthin zu eröffnen, sie mit hineinzunehmen in die singende und betende Gemeinde, sie aber auch für ihr persönliches Leben reich zu machen und auszustatten - das alles entwickelt sich zu einer faszinierenden Aufgabe, je länger man sich mit Chorälen - nicht nur im Religionsunterricht - beschäftigt. Es ist zum einen als Beitrag zur Aufgabe zu sehen, die uns Christus selbst vorgelebt hat, das "verlorene Schaf" zu suchen und es "zur Herde zurückzubringen", zum anderen, sich erneut einzuüben ins Singen, Danken und Beten, welches in den Psalmen seine stärksten Wurzeln hat.
Und bezogen auf das Anliegen "Weitergabe von Glauben" seien im Hinblick auf Choräle folgende Wünsche formuliert:

Es gilt, dem Choral im Religionsunterricht erneut einen gewichtigen und anregenden Platz zu verschaffen, dazu theologisch wie religionspädagogisch neue Voraussetzungen, damit dies auch im Unterricht mit behinderten Kindern und Jugendlichen qualifizierter und überzeugter als bisher geschehen kann.
Junge Religions-PädagogenInnen sind zu gewinnen, mit ihren Kindern und Jugendlichen viel zu singen, alte Choräle neu zu entdecken und so die bereits erwähnte Verknüpfung mit der Gemeinde Gottes herzustellen.
Wenn ich es richtig sehe, fehlen bislang gründliche Analysen vorliegender Choräle auf ihre religionspädagogische Verwendbarkeit hin; aber auch im Hinblick auf sonderpädagogische Fragestellungen konnte ich diesbzgl. mehr weiße Flecken entdecken als überzeugende Auskünfte. Die sich aus dem Gegensatz jenes curricularen Zugriffs und den vorausgenannten Ausdrucksformen ergebende Spannung mindert die Bedeutsamkeit von Chorälen gerade im Unterricht mit behinderten Kindern und Jugendlichen in keiner Weise - im Gegenteil: sie bereichert nur.
Alte Choräle repräsentieren in vielfacher Weise Grundsituationen des Menschen in dieser Welt. Sie erzählen von der Art und Weise, wie Menschen vor das "Angesicht Gottes treten", und zeigen, wie sie zu einem Gespräch mit dem "Vater (unser) im Himmel" gefunden haben und immer noch finden.
Der polnische bzw. schlesische Titel für das dortige Gesangbuch als "Weg zum Himmel" scheint doch nicht nur ein gestriger zu sein. Wir alle sind auf solche 'Wege' angewiesen.

Wie übt man eigentlich ein Lied mit geistigbehinderten SchülerInnen ein?

(1982)

Ein Lied ist zum einen *musikalisches Ereignis*, nicht selten sogar mit heilender bzw. therapeutischer Wirkung, zum anderen aber auch immer ein *mehrschichtiger Lerninhalt*. Wir gehen von der Überzeugung aus, daß das musikalische Moment sich geistigbehinderten Kindern besser erschließt, wenn sie über das Erleben eines gehörten oder auch gesungenen Liedes hinaus die Gelegenheit erhalten, dieses ähnlich gründlich und überlegt lernen zu können, auch wenn es auf den ersten Blick als Widerspruch anmutet, wie andere Lerninhalte auch. Musik als musischer Inhalt verschließt sich dem strengen didaktisch-methodischen Zugriff nicht.

Für geistigbehinderte Schüler beinhaltet ein Lied zahlreiche Schwierigkeiten, die das Singen des Liedes letztendlich erschweren, wenn nicht sogar verunmöglichen. Zum einen ist es der Text, dann die Melodie, der Rhythmus und nicht zuletzt der konkrete wie auch der u.U. hintergründige Inhalt, falls ein solcher auszumachen ist. Gesungen kann ein Lied eben nur dann werden, wenn es beherrscht wird; und "gekonnt" werden wird ein Lied von geistigbehinderten SchülerInnen nur dann, wenn wir die Komplexität in Teilaspekte auflösen und diese so behutsam wie möglich und - zudem mit viel didaktisch-methodischem Geschick - dennoch systematisch ihnen zugänglich machen.

Zum Liedgut selbst

Grundsätzlich sollten geistigbehinderte Menschen keine anderen Lieder singen als ihre Alters- und Zeitgenossen sonst auch. Die Erfahrung zeigt jedoch, daß viele unserer Schülerinnen und Schüler sehr schnell ausgeschlossen bleiben, weil sie weder den Text noch die Melodie ausreichend erfassen und demnach auch nicht reproduzieren können.

Von da aus wird es notwendig, auf einfache Lieder zurückzugreifen, wie wir sie in Liedsammlungen zur Früherziehung oder für den Kindergarten finden. Diese haben einen meist einfachen Text, eine Melodie mit beschränktem Tonumfang, und oft bereiten sie wegen ihres eingängigen Refrains Spaß und Freude zugleich. Allerdings sollten sie bzgl. des Inhalts doch einigermaßen alters- bzw. entwicklungsgemäß sein und die Interessen unserer Schülerinnen und Schüler Berücksichtigung finden.

Mit einer gewissen Skepsis wird von uns das eigens für geistigbehinderte SchülerInnen produzierte Liedgut beurteilt. Zum einen trägt es isolierende Momente in sich, zum anderen besitzen manche Lieder eine so verführerische Melodieführung und einen so über die Maßen eingängigen Rhythmus, daß sie mögliche Tendenzen zum stereotypen Verhalten eher unterstützen, als daß sie musikalische Lebensäußerungen wie eben auch das Singen anregen und kultivieren helfen.

Mit aller Entschiedenheit wehre ich mich gegen die aufgekommene Mode, jeden sachbezogenen Inhalt aus dem (lebenspraktischen) Unterricht bzw. dessen Ergebnisse in ein Lied zu verpacken. Dies mag möglicherweise Spaß machen, widerspricht aber den strukturellen Anforderungen eines Sachverhaltes bzw. eines Lerninhalts. Die Schule für Geistigbehinderte sollte sich auch diesbzgl. in die Pflicht nehmen. Außerdem lassen solche Lieder oft die vorhin geforderte Altersgemäßheit vermissen. Lieder sind auch für geistigbehinderte Kinder und Jugendliche mehr als nur Programm- oder Zweckmusiken.

Bzgl. der Bekanntmachung und der *Einübung* eines Liedes sind im Hinblick auf geistigbehinderte Kinder nachfolgende Phasen zu bedenken:

Voraus geht die *Lied-Analyse*. Dieser schließt sich die *Einübung* des Liedes an, die folgende Phasen umfaßt:

Phase I: die Lied-Analyse
Phase II: die Vorarbeit
Phase III: die Vermittlung
Phase IV: die Gestaltung
Phase V: die Anwendung

Voraus geht die *Lied-Auswahl*; diesbzgl. sind folgende Fragen u.a. hilfreich:

Frage 1:   Was singen meine SchülerInnen gerne?
Frage 2:   Welche Bedürfnisse, Interessen und welche Fähigkeiten besitzen sie?
Frage 3:   Inwieweit sind sie im Singen und Musizieren geübt?
Frage 4:   Welche Lieder leisten jenes vorausgenannte integrative Moment?
Frage 5:   Welches Lied erfüllt die Gegenwart? Welches weist in die Zukunft?
Frage 6:   Aus welchem Lied lassen sich übergreifende Bedeutsamkeiten ableiten oder weiterführende Sinnimpulse gewinnen?

Diese Fragen sind natürlich auch umgekehrt "anzuwenden", wenn sich ein bestimmtes Lied, aus welchem Grund auch immer, anbietet, man sich Klarheit verschaffen will und sich bzgl. seiner Eignung sowohl sonderpädagogisch als auch didaktisch-methodisch absichern möchte.

Phase I: Lied-Analyse

(1) Der Lied-Text:

Da Lieder fast immer eine Geschichte erzählen oder auch einen Sachverhalt beschreiben, gilt dem *Inhalt* unsere vorrangige Aufmerksamkeit. Außerdem tragen die Wörter oft die Melodie, wie auch manche Melodien oder Tonfolgen Worte erst "aussprechen" - konkret: singen lassen.

Folgende Fragen helfen bei der *Text-Analyse*:

- Wovon wird erzählt, berichtet, etwas mitgeteilt?

- Welcher Weltausschnitt wird dabei berührt? Welche Bedürfnis- oder Interessenslagen werden angesprochen?

- Wer spielt in diesem Lied mit? Ist es eine Person, eine Sache, ein Tier oder eine Situation?

- Mit welchen Mitteln wird der Inhalt transportiert? Mit konkreten, anschaulich-bildhaften oder symbolisch-abstrakten?

- Verwendet das Lied erschwerende, fremde, verschlüsselte Sachverhalte?

- Welche Begriffe, welche Wörter, welche Redewendungen kommen vor? Welche davon sind für "meine Schüler" schwierig, welche bekannt? Welche bedürfen der Einführung, der Einübung bzw. der Vorbereitung?

- Trifft der Inhalt die Interessenslage meiner SchülerInnen und auch ihr Verstehensniveau?

(2) Die Melodie

Die Melodie ist so etwa wie das "atmosphärische Gewand" für den jeweiligen Inhalt. Auch wenn sich Melodieführung und Rhythmus gegenseitig bedingen, erscheint eine künstliche Trennung aus didaktisch-methodischen Gründen nicht nur zu vertreten, sondern - trotz mancher Bedenken - sinnvoll.

Folgende Fragen helfen bei der *Melodie-Analyse:*

- Welchen Tonraum umfaßt das Lied? In welcher Tonart ist es geschrieben?
- Sind beim Singen erschwerende Sprünge bzw. Ähnlichkeiten in der Melodieführung gegeben?
- Besteht die Melodie aus Teilabschnitten? Wenn ja, inwieweit bedingen oder irritieren sie sich gegenseitig?
- Bestehen Anleihen oder andere Ähnlichkeiten zu anderen, u.U. bekannten Liedern?
- Bestehen Ähnlichkeiten zu bestimmten Tanz- oder Bewegungsformen?
- Unterstützt die Melodie (u.U. auch der Rhythmus) den das Lied transportierenden Text?

(3) Der Rhythmus

Trotz einer gewissen Künstlichkeit bei der nachfolgenden isolierenden Betrachtung helfen nachfolgende Fragen bei der *Rhythmus-Analyse*:

- Entdecken Sie einen Grund-Rhythmus, der das Lied "zusammenhält" bzw. bestimmt?
- Besteht eine Übereinstimmung mit dem Sprach- und Sprechrhythmus der Verse?
- Bestehen Ähnlichkeiten zu anderen Liedern oder Musikstücken, die den Kindern vielleicht schon bekannt sind?
- Kommt ein auffallender Takt- bzw. Rhythmus-Wechsel vor?
- Wo entdecken Sie Möglichkeiten der Unterstützung durch Rhythmus-Instrumente?
- Läßt sich der Rhythmus dieses Liedes in eine Tanz- oder Bewegungsform umsetzen?

Sowohl für den Text als auch für die Melodie oder den Rhythmus gilt es zu überlegen, inwieweit Vereinfachungen oder Abänderungen möglich und vom Ursprung des Liedes her auch "zulässig" sind.

Zur Einübung des Liedes

Die Einübung des ausgewählten und für stimmig empfundenen Liedes vollzieht sich aufgrund gesammelter Erfahrung am besten anhand von *vier* Phasen:
(1) die Vorarbeit, (2) die Vermittlung selbst, (3) die Gestaltung und (4) die Anwendung.

Phase II: Die Vorarbeit

Die Vorarbeit hat den Sinn, bestehende Schwierigkeiten zu verringern, auf diese Weise das eigentliche Erlernen zu erleichtern und das Sinnverständnis zum einen, die Freude am Lied und damit auch am Singen zum anderen selbst zu erreichen bzw. zu erhöhen.

Hierbei bieten sich folgende Möglichkeiten an, wenn der *Inhalt* im Mittelpunkt steht - z.B.:

- *Schaffung eines Erlebnishintergrundes*, um mögliche Erfahrungs- und Erlebnisdefizite auszugleichen, das Verstehen zu erleichtern wie auch die Identifikation mit dem Lied anzubahnen (z.B. durch einen Ausflug, einen Besuch, ein Projekt, eine Aktion oder auch durch Bilder, Bilderbücher oder einen Filmausschnitt)

- *Einübung bestimmter Aktions- und Interaktionsformen* (z.B. eine Wechselrede oder ein Frage-Antwort-Spiel), Vertrautmachen mit bestimmten Verhaltensweisen, mit Gestik, Mimik oder einem körperbezogenen Ausdrucksverhalten (z.B. in Form eines Rollenspiels)

- *Erklären bzw. Erschließen gewisser Sachverhalte*, Situationen oder Konstellationen mit Hilfe der konkreten oder auch bildlich bzw. symbolisch gefaßten Wirklichkeit, z.B. durch eine Geschichte, ein Spiel oder einen Filmausschnitt

- *Aneignen bzw. Einüben von bestimmten Begrifflichkeiten*, Wörtern oder auch Satzmustern bzw. Satzmelodien - jeweils zur Erhöhung eines Sinnverständnisses

Diese Vorarbeit kann sich fortsetzen oder sich auch ausschließlich auf die Anbahnung des gegebenen (Grund)Rhythmus wie auch der jeweiligen Melodieführung konzentrieren.

Phase III: Die Vermittlung

Die Vermittlung meint das Erlernen bzw. den Erwerb oder die Aneignung des Liedes in seiner ganzen Mehrschichtigkeit - also den Text wie den Inhalt, die Melodie wie den Rhythmus (Takt) betreffend. Genau genommen geht es um eine optimale Verknüpfung des voraus benannten Inhalts mit der jeweils geeigneten bzw. ausgewählten Methode, also um das Zusammenknüpfen von jenem "Was" mit dem jeweiligen "Wie".
  Der methodischen Gestaltung geht die Ermittlung der Lernziele einschließlich des dazugehörigen Lerninhaltes voraus; oft erscheint es angebracht, sich auf einen oder auch auf wenige bestimmte *Lernschwerpunkte* zu konzentrieren und u.U. sogar einen sog. "Lernaspekt" herauszuarbeiten (z.B. ein konkretes Lied als Vertreter einer bestimmten Gattung oder als besonders geeignet für eine bestimmte Situation zusätzlich kennen und schätzen zu lernen).

Die Vermittlung hat in einem *Dreischritt* vorzugehen:

Zum einen klärt sie eindeutig die Lernabsicht bzw. das Lernvorhaben (z.B. vorwiegend den Text oder die Melodie oder den Rhythmus zu erarbeiten), zum zweiten sucht sie nach geeigneten Vermittlungshilfen (z.B. durch Imitationslernen, durch spielerisches Aneignen, durch Verwendung eines Tonträgers, durch freies Improvisieren usw.) und zum dritten erwägt sie die Sozialform einschließlich der einzelnen notwendigen Lerntätigkeiten. Das schließt die Entscheidung bzgl. der zu praktizierenden Reihenfolge mit ein, ob anfangs der Text, dann die Melodie oder umgekehrt an die geistigbehinderten SchülerInnen herangetragen werden sollen.

Phase IV: Die Gestaltung

Bei dem Moment der Gestaltung ist davon auszugehen, daß jedes Lied an sich - trotz seiner Eigenständigkeit - einen Gestaltungs-Impuls in sich trägt. Das beginnt damit, es sich nur vorzusagen oder vorzusingen, dem anderen vorzusingen, miteinander zu singen oder in eine Situation einzubeziehen, und es endet mit der Verknüpfung anderer Lieder oder sonstiger Musikstücke, um diese dann zu Gehör zu bringen.

Dadurch wird das Lied über den Tatbestand eines herkömmlichen Lerninhalts hinausgehoben. Das Lied selbst trägt einen fort und erschließt einem neue Welten und/oder andere Seinskategorien. Es wächst zu einer persönlichen Bedeutung heran und gibt auf diese Weise der dem Lied innewohnenden Musik endgültig Raum.
Zu den *Gestaltungsmöglichkeiten* zählen auch:
Sich ein Spiel auszudenken, einen Tanz daraus zu machen, es zu einem richtigen Rollenspiel auszubauen, seine Botschaft zu malen, zu kneten oder etwas Passendes dazu zu basteln, ein Puppen- oder Kasperl-Spiel daran anzuschließen usw. Gestalten kann ich nur etwas, wenn ich dieses bis zu einem gewissen Grad als meinen Besitz erachte, also ein gewisses Maß an Können erreichen konnte.
Das ist ein Grund, warum man mehr oder weniger spontanes Singen, entstehend aus verständlicher Zufälligkeit, zumindest für geistigbehinderte SchülerInnen kritisch hinterfragen soll. Nur das Sichere nährt die "Ich-kann-Gefühle" und weckt gleichzeitig Lust an der Übernahme sog. Gestaltungsaufgaben.
Gestaltung ist letztlich ein "vielfältiges Umgehen", etwas "aus einer Sache zu machen". Mit solchem Ansinnen übersteigen wir herkömmlichen Unterricht und betreten das Land der Kreativität und Fantasie. Doch genau hier beginnt die Musik dann zu klingen, ein Lied zu tönen und zu einem wirklichen Ereignis sich auszudehnen.

Phase V: Die Anwendung

Lieder sind nur dann ein wirklicher Besitz, wenn sie in die *Lebenswirklichkeit* eines Kindes oder Jugendlichen hineinwirken, ja selbst zur Lebenswirklichkeit sich emporentwickeln. (Geistig)behinderte SchülerInnen erwerben im Laufe ihres Lebens eine ganze Menge höchst unterschiedlicher Fähigkeiten und Fertigkeiten, Kenntnisse und Einsichten. Viele erfüllt das alles auch mit ganzem Stolz, und dennoch kommen nur wenige von ihnen auf die Idee, daraus für sich "Kapital zu schlagen". Ihr Besitz gewinnt selten jene lebensanregende Lebendigkeit, ihr Können bleibt vom Umfeld meist ungefragt, und sie selbst entdecken ihre Schätze zu wenig, um daraus für sich Lebenskraft zu schöpfen.
Auf diesem Hintergrund darf das "Einüben eines Liedes" nicht nur zur konkreten Vermittlung zusammenschrumpfen, auch wenn beste Vorarbeit geleistet wurde. Vielmehr geht es immer auch um eine gezielte *Anwendung* (als eigener Lernschwerpunkt) und eine entschiedene *Bewußtmachung* des gewonnenen Besitzes bzw. des neu erworbenen Könnens. Erst dann erfüllt sich, daß Singen

rundum Freude bereitet und die gesamte Person mit Haut und Haaren erfaßt.

Die Möglichkeiten der Anwendung sind ebenso vielgestaltig wie zahlreich:

- beim Morgenkreis - zum Geburtstag oder zu sonstigen festlichen Anlässen - beim Elternnachmittag - zum Sport- oder Schulfest - als Überraschung anläßlich eines Besuchs im Altenheim oder in einem Krankenhaus - als Geschenk zuhause für die Mutter, die Oma, den Opa.

Grundvoraussetzung für ein alle befriedigendes Gelingen beim "Einüben eines Liedes" ist die Freude an der Musik, am Musizieren und am Singen des Heilpädagogen selbst.

Bedenken Sie: Musik ist Lebensprinzip, eigentlich noch mehr - Lebens-Elexier, besonders im Zusammenhang mit (geistig)behinderten Kindern.

Schon bald habe ich Musik schätzen *und* fürchten, lieben *und* hassen gelernt

(1990)

Wie selbstverständlich, ja achtlos beziehen wir doch immer wieder Musik in unsere heil- bzw. sonderpädagogische Arbeit ein und fügen sie in ein Leben, das mit einer Behinderung zu leben und zu bestehen ist. Fast könnte man die Formel wagen: Je schwieriger die pädagogische Aufgabe, desto mehr bedürfen wir der Musik. Kaum eine Unterrichtsstunde vergeht, an deren Anfang oder Ende nicht gesungen wird; keine Aktion in der Werkstatt für Behinderte, wo nicht das Radio pausenlos läuft. Musiktherapie soll dort noch etwas bewirken, wo andere Mittel bislang versagten (z.B. in der Aufwachphase nach schwerer Bewußtlosigkeit); und von Musik erhoffen wir dort Entspannung und Lösung, wo nur noch Medikamente Einfluß haben. Erfahrungen ähnlicher Art kann jeder aus seinem Alltag berichten.

Nähen, Bügeln, Kochen - nichts läuft im Haushalt ohne Musik. Am Morgen weckt der Radio-Wecker vom Dienst, am Abend spielt er uns in den Schlaf. Die Kinder erledigen ihre Hausaufgaben nur noch bei Musik; und kaum ein Kind aus 'gutem Hause' fühlt sich nicht zu Blockflöte, Geige oder Klavier gezwungen. Frontsoldaten trugen ihre Mundharmonika wie einen kostbaren Schatz in ihrem Rock; und mancher Tramper zieht mit seiner Blockflöte aus Kindertagen durch die Weiten Südamerikas. Alte Menschen fahnden über den Rundfunk nach dem Lied ihrer Heimat; und schwerbehinderte Kinder schlafen, wenn überhaupt, am besten bei Klängen aus *Haydns* "Schöpfung" ein. Selbst gehörlose Menschen verzichten nie ganz auf Musik. Musik dringt eben nicht nur an unsere Ohren. Sie geht unter die Haut. Musik überschwemmt nicht nur den Schallplattenmarkt. Sie erobert sich auch einen bevorzugten Platz in unserem Herzen.

Für Musik reisen manche kilometerweit und opfern den letzten Fünfzigmarkschein aus ihrer Tasche. Für den Musikgenuß riskieren nicht wenige die Kündigung der eigenen vier Wände. Selbst die Suppe kann anbrennen, und Freunde müssen warten - alles für die Musik. Und der Musik zuliebe werfen wir uns in Schale, um den Alltag zu vergessen und in eine "bessere Welt" zu fliehen.

Ganze Vermögen investieren wir in die eigene CD- oder Schallplattensammlung, in exklusive Abspielgeräte und ausgefallene Fachzeitschriten. Man versammelt sich in kalten Kirchen oder zu Tausenden unter freiem Himmel -immer nur wegen dieses Phänomens Musik. Das riskante Starten und Landen des Urlaubsjets wird - begleitet von einschmeichelndem Sound - zu einer sanften Angelegenheit; und selbst die in Aussicht stehende Zahnbehandlung verliert ihre Schrecken mit dem Kopfhörer auf den Ohren und bei Klängen, die einem lieb, teuer und eben Heimat sind. Aus Fremden werden Freunde - durch Musik. Und Musik treibt das Böse aus dem letzten Winkel unserer Seele, denn "böse Menschen haben keine Lieder". Kirchen transportieren ihre Botschaft über Choräle, Orgelgebraus und Litaneien zu den Gläubigen. Kaufhäuser hofieren ihre Kunden mit Musik und zaubern die "richtige" Einkaufsatmosphäre. Die an sich harmlos scheinende Volksmusik souffliert reaktionäre Texte und frauenfeindliche Gesinnung. Man sitzt und hört, klatscht und läßt sich's gefallen.

Musik verdreht Wirklichkeiten und Welten - ungefragt und ungebremst.

Und wir sind ihre Opfer.

Mitglieder von Orchestern leiden nicht selten an ihrem Beruf. Hohe Töne und irritierende Rhythmen, besonders bei moderner, avantgardistischer Musik, lösen nachweislich gesundheitliche Schäden aus. Discos und Parties, Rock- und Popkonzerte werden von vielen als zu laut empfunden - doch der einzelne scheint dagegen machtlos. Er fühlt sich magisch angezogen und setzt sich dem allem letzten Endes kritiklos aus.

Nicht nur als geige-lernender Schüler habe ich Musik als Pflichtaufgabe des Nachmittags gründlichst verwünscht, um sie Augenblicke später wieder herbeizusehnen und mich in sie zu flüchten. Als Mitglied eines Orchesters lernte ich die Anstrengung eines Reisenden 'in Sachen Musik' kennen; doch kaum war ein Konzert zu Ende, freute ich mich schon auf das nächste. Als Lehrer in der Schule erlebte ich, daß Kinder gerne singen. Fiel das Filmgerät aus, gab es selten etwas Schöneres, als ein improvisiertes "Wunschkonzert" - selbst gesungen und begleitet von der Gitarre des Lehrers. MusiklehrerInnen an Höheren Schulen haben es schwerer. Ihre SchülerInnen möchten zwar Musik genießen, sie in sich "hineinziehen", ihr aber nicht als Unterrichtsfach begegnen. Dennoch finden sich erstaunlich viele Kinder und Jugendliche bei Wettbewerben wie "Jugend musiziert" ein und verblüffen die skeptischen Erwachsenen mit respektablen Leistungen. Und nicht wenige Eltern haben sogar Mühe, die notwendigen Hausaufgaben und sonstigen häuslichen Pflichten gegenüber jener Leidenschaft, ein Instrument zu erlernen oder sich in bestimmte Richtungen von Musik zu vertiefen, durchzusetzen.

Musik wurde zur allumfassenden Macht des gesamten Lebens.

Nahezu 24 Stunden tönt sie rund um die Uhr und kommentiert schier jedes Ereignis unseres Lebens: als Hochzeitsmarsch oder als Trauermusik, als Wiegenlied oder als Sterbegesang, als Lied der Soldaten oder als Chanson der Befreiungsbewegung, als Konzertarie oder als Song der Umweltgruppe während einer Aktion. Unser Leben scheint gefaßt in Musik, unsere Zeit dokumentiert durch Musik - und unsere Welt präsentiert durch Musik. Kein Wunder, wenn sich immer mehr Menschen immer häufiger in dieses Wunderland Musik begeben und sich nur noch dort letztlich zuhause fühlen. Die Alten sehnen sich in die "gute alte Zeit" zurück, singen mit Hingabe die Lieder ihrer Kindheit oder schwelgen bei Schlagern aus früheren Zeiten. Die Jungen dagegen setzen den Walkman auf und sind auf diese Weise taub gegenüber den Forderungen dieser unserer Welt. Stundenlanges Liegen auf der Couch mit Klängen von André *Heller* oder Mile *Davis* in den Ohren macht stumpf gegenüber sozialen Impulsen jeglicher Art, unempfänglich für andere Formen von Sinnlichkeit und schließlich passiv, wenn es um die notwendige Bewältigung von Problemen im Heute geht. Schon länger hat mich die Allgegenwart von Musik und ihre ungehinderte Verfügbarkeit in jeder Lebenslage nachdenklich und hellhörig zugleich gemacht. Musik ist eben nicht nur "Gottes Gabe", die "sanfte Trösterin" oder auch nicht nur die "edle Kunst".

Zumindest ich habe die Musik schon immer schätzen *und* fürchten, lieben *und* hassen gelernt. Musik besitzt eine kaum erkannte Macht, die "dazwischenfährt", einem den Hals abschnürt, Tränen ins Gesicht treibt, die eigenen Beine in Gleichschritt versetzt, das klare Denken raubt und einen zu Handlungen veranlaßt, die man so weder geplant noch vorgehabt hat.

Musik rüttelt wach und sie schläfert ein; sie reißt einen vom Stuhl und sie stellt einen wieder auf die Füße; sie schlägt einen in Bann und sie überzieht einen mit furchterregendem Schauder.

Sie verzaubert und sie veredelt; sie trennt Generationen und Familien und sie führt Getrenntes wieder zusammen ... und sie läßt uns Dinge verarbeiten, "die man sonst gar nicht ertragen könnte!" (aus einem Interview mit Kurt *Masur*, dem GMD des Gewandhauses in Leipzig).

Musik gilt als die große Verführerin und Herrscherin, als Bezwingerin und Kämpferin, als zerstörende und als versöhnende Kraft. Sie tut nicht selten körperlich weh und sie heilt Wunden; sie martert das Gehirn und sie streichelt zärtlich über die Haut; sie liegt einem in den Ohren und sie setzt sich stellvertretend auf die Lippen; sie besetzt das Denken und sie bindet die Erinnerung; sie treibt einem den Schweiß auf die Stirn und sie läßt die Hörenden in ihrem Frösteln zurück; sie gräbt sich in unser Bewußtsein und sie verführt zum Wahnsinn. Selbst high-tech-Welten hält sie stand.

Um sie "herzustellen", muß man nicht mehr *Bach* oder *Mozart* heißen. Bald werden es Computer und Maschinen tun. Nur balsamreich, nur harmoniesetzend und nur dem Menschen wohltuend ist sie nicht, die Musik, die hochgepriesene. Die Werbepsychologie kennt nicht als einzige ihre menschenverändernde Wirkung und setzt sie entsprechend ihren Diensten ein. Nur die Heil- und Sonderpädagogik handhabt Musik wie ein Kind das brennende Feuer - angezogen, fasziniert, doch den Gefahren gegenüber mehr als blind.

Sie ahnt vielleicht ihre "Höllenmacht", doch preist sie bis heute allein die "Himmelskraft".

Dabei ist es gut, sich der anthropologischen Grundtatsache zu erinnern:
Der Mensch als wahrnehmendes Wesen ist der Musik als akustisches Ereignis weitgehend ausgeliefert, manchmal sogar zum Hören von Musik verdammt.

Leicht kann man seine Augen verschließen und so sich von der optischen Welt für eine gewisse Zeit entziehen; im Hinblick auf das Hören geht das weitaus weniger gut. Zusätzlich ist die Welt des Menschen eine Welt der Geräusche und Klänge, der Rhythmen und des Takts. Eine stumme Welt erschiene uns als eine tote Welt. Ergebnisse der Isolationsforschung lenken den Blick auf die Wirkung einer ton- und geräuschlosen Welt auf Menschen. Es lassen sich so schwerste psychische Störungen auslösen, die leicht in eine Psychose führen können. Demgegenüber ist eine laute, tonreiche, musikgefüllte Welt noch lange keine Wohltat. Es sollte uns zu denken geben: In letzter Zeit engagieren sich immer wieder Menschen für "weniger Musik" in unserem Leben. So machten im Herbst 1989 Vertreter von Kirchen mit dem Einspruch aufmerksam, Käufer wie Verkäufer endlich vor der permanenten Weihnachtsmusik-Beschallung zu verschonen.

Terror durch Musik finden wir nahezu in allen Lebenszusammenhängen.

Da werden schwerstbehinderte Kinder und Jugendliche auf die Musikwürfel gelegt oder über Kopfhörer mit Musik der persönlichen Wahl "beschallt" und ungefragt, oft sogar unbeobachtet Klängen der Zufälligkeit oder des persönlichen Dafürhaltens ausgesetzt.

Auf Kranken- und Pflegestationen tönt über die allgemeine Lautsprecheranlage von morgens bis abends die gleiche leicht-seichte Schlagermusik aus den 3. Programmen der jeweiligen Sender. Fragt man nach dem Sinn solch einer Dauerberieselung, wird auf die jungen MitarbeiterInnen verwiesen. Der Beruf sei so anstrengend, da bringe wenigstens Musik die richtige Stimmung und damit auch die notwendige Entlastung auf die Station. Für Trauern, für ein Bei-sich-Sein oder für den bewußt gelebten Schmerz bleiben weder Raum noch Zeit.

Die Entfremdung durch Musik kennt viele Ebenen und Facetten - und gegenüber dem Individuum und der jeweiligen Persönlichkeit schier keine Grenzen. Die Seele - von Haus aus fein gestimmt - muß sich diese Vereinnahmung, vollzogen über das Ohr, gefallen lassen. Selten kann sie sich entziehen, eher wird sie ein bereitwilliges Opfer. Zwangsläufig wird sie antworten im Schmerz oder auch in Verzückung, selten aber eine persönliche Stimme finden. Musik bringt zwar Farbe in unser Leben, dafür aber organisiert sie auch unsere Lust und Laune. Klangwelten bauen sich um uns auf - dumpfe und helle, schrille und laute, festliche und gewöhnliche, meditative oder leise, monotone und auch herausfordernde.

Wir kommen nicht umhin, unsere persönliche Musik zu entdecken. *Nicki's* Lieder oder Songs von Konstantin *Wecker* haben nur eine begrenzte Bedeutung in unserem Leben, wie auch Musik von Gustav *Mahler* oder Richard *Wagner* nur Teilaspekte unseres autiviten-musikalischen Lebens darstellen wird. Wir müssen lernen, unseren Weg durch die Musik und unseren Weg mit Musik als selbstbewußte, selbst entscheidende und selbst gestaltende Menschen zu gehen. Eine verantwortliche Erziehung und Bildung wird dabei unentbehrliche Hilfe leisten können und müssen.

Hermann *Regner* gibt in seinem so sorgfältig erarbeiteten und gleichzeitig liebenswerten Büchlein "Musik lieben lernen" (*Herder*-TB) gerade in der Arbeit mit Kindern eine anmutende und ermutigende Fährte vor.

Die Musiktherapie kennt die schöne Übung, den "eigenen Ton" zu finden. Damit ist zum einen das Herausspüren der eigenen Stimmlage gemeint, zum anderen das Entdecken der jeweiligen Gestimmtheit mit dem Ziel, das persönliche Stimmigsein als Wohltat zu erleben. Wir werden aber auch in die Welt der Instrumente eintauchen und unter ihnen nach unseren persönlichen Freunden suchen. Für den einen ist es das Horn in seinem markanten, strahlenden Ton, für den anderen die Harfe mit ihrem verzaubernden und sphärenhaften Klang. Es ist immer gut, mehrere "Freunde" zu haben und ausschließliches Fixiertsein auf das eine oder das andere Instrument zu vermeiden. Der brausende Orgelklang in seinem festlichen Jubeln findet dann eine Ergänzung im zarten Schweben eines Geigentons oder in dem strengen Akkordspiel des Klaviers. In sich einzuwurzeln und seine Welt auch zu einer persönlichen Welt des Tönens und Schwingens weiterzuführen, gehört mit den reizvollen Aufgaben, die ein Mensch in seiner Lebens- und Entwicklungsgeschichte im Hinblick auf und in Partnerschaft mit Musik zu nehmen weiß.

Wie ärmlich mutet dagegen das rein passive Konfrontieren behinderter Menschen mit einer mehr oder weniger zufällig vorhandenen Musikkonserve an. Auf diese Weise kann weder die persönliche Geschichte eines einzelnen Menschen mit Musik beginnen, noch eine begonnene sich ausdifferenzieren und vollenden.

Für den Wissenden sind Klang-Welten immer auch Welten-Klang.

Ernstes oder vital-bäuerliches Mittelalter, festlich-heiterer Barock, neckisches Rokoko und Schäferidylle, impressionistisches Schweben und Flimmern, avantgardistisches Experimentieren und neutönendes Suchen - das sind Welten, die uns Musik entgegenbringt.

Per Knopfdruck schaukeln wir uns durch dieses musikalische Weltenpanorama, meist nur antippend, selten uns ganz einlassend, um am Ende auch hier nirgendwo ganz zu Hause zu sein.

Mit Genuß servieren wir uns Musik aus aller Welt und damit stellvertretend gelebte oder auch erinnerte oder erahnte Welten:
afrikanisches Trommeln und Stampfen, indisches Klingen und Zupfen, ungarisches Tempo oder asiatisches Verlorensein. Manchmal schätzen wir aber auch spanischen Bolero, französische Musette oder griechischen Syrthaki. Je nach Lust und Laune.

Welten-Bummler oder Geschichts-Fan zu sein, dank musikalischer Welten, stellen jene unverwechselbaren Reize dar, die eben nur Freunde der Musik erleben können. Sie tauchen dann in die Klänge der Heimat ein, hören die Stimmen der Völker oder lernen den Geist einer Epoche erahnen - vorausgesetzt, sie wissen etwas von Völkern, von Heimat und von Geist. Die Rückkehr in die eigene Welt bleibt keinem erspart. Wen wundert es, wenn das eigene Zuhause, die eigene Welt, seltsam leer, unbelebt und unerfüllt, die Zurückkommenden dann wieder überfällt. Viele begnügen sich ein Leben lang mit fremden Tönen. Sie singen "das Lied der Berge", die "Sehnsuchtsmelodie" oder beteiligen sich am "Protestsong" der anderen.

Nicht immer kann man seine eigenen Lieder schreiben, persönliche Melodien auf einem Stückchen Papier festhalten, einem Instrument Akkorde entlocken - oder auch nur sein persönliches Dur oder Moll zum Klingen bringen. Aber in Ergänzung zur großen "fremden Welt" die eigene kleine musikalisch zu finden, erlebt der Mensch als hohe Befriedigung und als ein durch kaum etwas anderes zu ersetzendes Glück.

So atmen dann das Zimmer eines kranken Menschen plötzlich eine andere Atmosphäre oder die Schule für geistigbehinderte Schüler eine wohltuende Frische. Hier sind persönliche Klänge, Töne und Melodien zu Hause. Wenn dann noch zusätzlich *J.S. Bach* oder *W.A. Mozart* zu Gast sein darf, *H. Belafonte* oder *C. Valente* ihre Lieder singen oder *Fr. Gulda* oder *A.S. Mutter* ihre Instrumente meisterlich spielen, fühlt man sich gleich "doppelt" wohl. Man kann sich verständigen.

Hier entstehen viele Chancen, seinen eigenen Lebensstil zu entwickeln, der immer auch ein klingender, tönender und vor allem ein selbstbestimmter ist.

Solche Erträge muten glückhaft an, doch sind sie an Voraussetzungen gebunden. Immer werden es Begegnungen sein, die den Menschen zur Musik hinführen. Ein Kind ist auf seine Mutter angewiesen, die ihm die Lieder seiner Kindheit singt; und später bahnt manche Einladung von Tante oder Onkel den weiteren Weg zu Theater, Oper und Konzert. Als Jugendlicher entdeckt man sein Idol, das seine Meinung zu singen traut; und zu erleben, wie ein gebeugter Mensch sich unter Musik wieder aufzurichten weiß, zählt ebenfalls zu den unvergeßlichen Erlebnissen wohl jedes Menschen. Unser ganzes Leben lang sind wir auf solche Begegnungen, Herausforderungen und Begleitungen angewiesen, damit immer wieder neue Türen zum Reich der Musik sich öffnen werden und unser In-der-Welt-Sein ein erfülltes wird.

In der Geigenbauer-Werkstatt zu stehen, das dort verarbeitete Holz zu riechen, die komplizierten Verleimungsvorgänge zu beobachten, die gespannte Stille beim Aufziehen der Saiten mitzuerleben und bei den ersten Klangproben dabei zu sein, gleicht einem Sonnenaufgang am frühen Morgen. Musik, nicht als Kulisse ist gefragt und auch nicht als Stimulanz für einen sonst vielleicht tristen Alltag, sondern als Herausforderung und als Chance für den Menschen, sich zu entwickeln und Persönlichkeit zu werden.

Ihrer ungeahnten Tiefenwirkung wegen sind bewußtes Auswählen und Entscheiden ebenso angesagt wie behutsames Hinführen zur Musik.

Wie bei anderen zentralen Möglichkeiten des Erlebens und Erleidens muß der Mensch ein souveränes Ja oder auch ein entschiedenes Nein erst formulieren lernen. Als Seelentrost für nebenbei entzieht sie sich in ihrer Kraft.

Erst in ehrfurchtsvoller Annäherung eröffnet Musik dem Menschen Dimensionen seines Seins und Werdens. Mit den Mitteln der Ration sind diese ebenso wenig zu fassen, wie sich intensives, meist sehr persönliche Hörerlebnisse nur schwerlich über das Wort einem anderen vermitteln lassen.

Musik bewirkt nahezu gleichermaßen wohltuendes Bei-sich-Sein wie auch schmerzlich empfundene Einsamkeit.

Stellt sich zufällig "gleiche Wellenlänge" ein, vermag sie Gemeinschaft zu stiften und zum schieren Verschmelzen zu verführen.

AN DIE MUSIK

Du holde Kunst,
in wieviel grauen Stunden,
wo mich des Lebens wilder Kreis umstrickt,
hast du mein Herz zu warmer Lieb' entzunden,
hast mich in eine bessere Welt entrückt!

Oft hat ein Seufzer, Deiner Harf' entflossen,
ein süßer, heiliger Akkord von dir,
den Himmel besserer Zeiten mir erschlossen,
du holde Kunst, ich danke dir dafür,
du holde Kunst, ich danke dir!

Es gibt Bereiche, die scheinen der Musik verschlossen. Kaum eine Vorlesung wird singend gehalten, und auch kein Arztbesuch - ausgenommen in *Mozarts* Oper "Cosi fan tutte!" - findet begleitet von Orchesterklängen statt.

Manchmal wünschte ich mir, es sei ein wenig anders. Zumindest an den Ausbildungsstätten für Heil- und Sonderpädagogik sollte Musik nicht nur jenen StudentInnen vorbehalten bleiben, die dieses als Didaktik-Fach studieren. Musik in der heil- und sonderpädagogischen Arbeit ist zu wichtig und für das Leben behinderter Menschen und deren BegleiterInnen zu bedeutsam, als daß man sie weder der subjektiven Handhabung noch dem zufälligen Mögen und Vermögen einzelner überlassen könnte und dürfte.
    Ein Freund, der mit Heilpädagogik nichts zu tun hat, riet mir, ich solle doch einmal meine Gutachten und Berichte in Töne fassen und sie singen. Ein seltsamer Rat - zugegebenermaßen. Doch würde man es tun, was würde sich verändern? Liebeslieder, für einen Menschen ausgedacht und gesungen, sind wohl den meisten noch einigermaßen nachvollziehbar. Aber eine Diagnose oder ein Gutachten mit seinen nüchternen Informationen dem anderen singend vorgetragen, grenzt an Illusionen. Vielleicht würden sich manche Formulierungen doch ändern und mehr Mitmenschlichkeit in sie einfließen - denn wer kann sich auf Dauer singend distanzieren?

Fragt man nach der Bedeutung all dieser bisherigen Überlegungen für die Heil- und Sonderpädagogik, ließe sich ein ganzer Katalog von Zielen, Aufgaben und Wünschen ausbreiten. Ausgehend von der harmonisierenden Wirkung der Musik auf den Menschen, seinen Körper, seinen Geist und seine Seele einerseits und ausgehend von den geschilderten Erfahrungen mit Musik im alltäglichen wie im fachlich geordneten Leben andererseits, kann wohl niemand im Rahmen von Heil- und Sonderpädagogik auf eine ernsthafte Auseinandersetzung mit diesem Medium und Phänomen Musik verzichten.
    Nur dann darf man sie aufgreifen, sie zu Dienste bitten und sich ihrer dankbar auch bedienen. Musik ist ein Signal des Lebens, ein Zeichen des Himmels, eine Botschaft des Herzens, die von Menschen kommt und zu Menschen will. Das Erleben eines einzelnen ruhigen, wohltuenden Tons, das Verfolgen einer kleinen Melodie, das Sich-Ducken bei einem überraschenden Akkord und auch ein Sich-Auf-geschreckt-Fühlen von einem kräftigen Trommelwirbel - das alles sind Ereignisse, die den Menschen herausrufen aus seinem bloßen Dasein und Weiterschreiten im Alltagstrott.
    Begegnungen dieser Art können nur mit Behutsamkeit, mit Achtung und letztlich "liebend" (vgl. *Regner*, Musik lieben lernen) gewagt und angeregt werden. Musik vermag Daseinsräume zu erschließen und zu mehren, wie sie auch Welten eröffnet und dem einzelnen Menschen seiner Fantasie zur Verfügung stellt.
    So kann man die Musikstadt Leipzig oder Dresden kennenlernen, bevor man einen Fuß dorthin setzte und Länder musikalisch bereisen, ohne sie je selbst in Augenschein genommen zu haben. Durch Musik lernt man Instrumente kennen, erfährt von Stilrichtungen und von der Möglichkeit des Berufs. Schließlich erlebt man, was gesungene Sprache, was letztlich Lieder und damit was Singen für den Menschen existentiell bedeuten.
    Behinderte Menschen sind, auf diesem Hintergrund gesehen, entschieden und überzeugt aus ihrer Konsumentenrolle zu befreien. Ihr Objekt-Sein im Zusammenhang mit permanenter Musikberieselung ist auszutauschen gegen ein begleitetes, absichtsvolles und selbstbestimmtes Musik-Hören und Musik-Begegnen.

Die Last einer zumindest für geistigbehinderte Menschen reservierten "lebenspraktischen Bildung" legt das Erlernen von selbständigem Schuhebinden oder das gewohnheitsbedingte Naseputzen näher als eine Begegnung mit Musik von *Wagner, Mozart* oder *Bach*.
    Ähnliche Bedeutung hat aber auch die Partizipation an Musik "von heute".

Heavy-metal-Musik zählen ebenso dazu wie die Songs von *Michael Jackson*. Auch daran sollten behinderte Menschen, wenn sie möchten, wie selbstverständlich Anteil haben.

Daneben gibt es Musik "zur guten Laune", zur Entspannung und zur Unterhaltung - altersmäßig gekoppelt mit Kneipe, Tanz und Fitnessprogramm. Musik ohne diesen Background ist dann immer nur halbes Vergnügen. Ich plädiere für ein ganzes - damit eben auch für Kneipe, Tanz und Fitness-Studio.

Angeblich bevorzugen geistigbehinderte Jugendliche Musik mit einfachen Texten, anrührenden Melodien und schlichten Rhythmen. Sänger wie *Heino* oder Interpretinnen wie *Nicki* seien 'in'. Ob sich hier nicht erneut ein Bildungsproblem auftut? Ob hier nicht wieder schlichtweg Begegnungen und Berührungen fehlen, wenn es allein bei diesen Wünschen bleibt?

Musik für behinderte Menschen eigens "herzurichten", entwickelte sich zur Mode. Noch lange nicht ist diese überwunden.

Ich denke, wir brauchen keine eigens als heilpädagogisch ausgewiesene Musik. So wie es keine Sonnenblumen von *van Gogh* nur für Kinder gemalt geben wird, so erscheint auch Musik ursprünglich und umfassend genug, daß sie alle erreicht, die sich ihr stellen, große und kleine, begabte und weniger begabte, gesunde und kranke, behinderte und nichtbehinderte Menschen.

Unvergessen ist mir die Begegnung mit einem jungen Mann, Schlosser von Beruf, auf der Station für Rückenmarkverletzte eines Unfallkrankenhauses. Durch einen Autounfall, von seinem Freund als Fahrer verschuldet, erlitt der Achtzehnjährige eine hohe Querschnittlähmung, die auch die Funktion der Hände außer Kraft zu setzen schien. Als ich ihn eines Abends besuchte, hatte er mir schon seine Musikkassette bereit legen lassen. Ich solle sie ihm gegen "passendere" umtauschen. Diese Musik hier nerve ihn. Seine Seele solle nicht auch noch querschnittgelähmt werden, war sein Wunsch. Welch ein Glaube, welch eine Hoffnung, welch ein Vertrauen in Musik!

Ist Musik tatsächlich stark genug, um gegen eine Querschnittlähmung anzutönen, sich gegenüber einer Behinderung durchzusetzen und fähig, trübe Gedanken zu vertreiben und Sinn ins Leben zu holen - selbst dann, wenn man im Querschnittbett zu liegen oder im Rollstuhl zu sitzen hat?

Wenn der "Komponist" in der Oper "Ariadne auf Naxos" von *Richard Strauss* fragt: "Was ist denn Musik?", und darauf emphatisch antwortet: "Musik ist eine heilige Kunst, zu versammeln alle Art von Mut wie Cherubin um den strahlenden Thron - und darum ist sie heilig unter den Künsten - die heilige Musik!" (Text: *Hugo von Hofmannsthal*), dann bestätigt sich darin die Hoffnung jenes jungen Mannes, die letztlich unser aller Hoffnung ist.

Musik ist eben nicht nur jener vernebelte Trost, jene enteignende Kraft oder jenes handlungsweisende Medium, nein Musik vermag Unüberwindbares zu bezwingen, Unversöhnliches zu vereinen und Bruchstückhaftes zu einem Ganzen zu wandeln: Musik ist eine *heilige* Kunst. Ein Leben lang kann man an ihr arbeiten, sie entdecken und enträtseln, ein Leben lang wird man von ihr gespeist und kommt nicht von ihr los. Man erlebt sich erfrischt, beflügelt und getragen.

Allerdings: bezwungen muß sie werden, und nicht nur nebenbei gehört. Dann kann man sie auch genießen.

Der sich bewegende Mensch - ein bewegter Mensch?

- Zur Einweihung von Sportstätten für geistigbehinderte Menschen -

(1988)

> Und alle, vor die es kam, wunderten sich der Rede, die ihnen die Hirten gesagt haben.
>
> Maria aber behielt alle diese Worte, und *bewegte* sie in ihrem Herzen.
>
> Luk. 2, 19

Vorbemerkungen

Jeder von uns hat *seine* Erfahrungen mit der Bewegung, dem Sport und dem damit im Zusammenhang stehenden Körper: Erinnerungen an frühere Sportstunden tauchen auf - für den einen immer noch abstoßend und schrecklich, für den anderen jeweils der Höhepunkt der sonst mehr oder weniger lästigen Schulwoche. Aber auch Erfahrungen aus dem Hier und Jetzt sind in uns. Während der eine nahezu bei jedem Wetter seine Runden durch das Schwimmbad zieht, trabt der andere vergnügt und selbstvergessen durch den Wald - sein Jogging-Programm absolvierend. Nicht wenige allerdings raffen sich höchstens noch zu einem gelegentlichen Saunabesuch auf oder muten sich mit letzter Kraft ein paar Streck- und Dehnübungen für die morgendlich noch schlaffen Glieder auf Balkon oder Terrasse zu. Ansonsten scheint Bewegung aus unserem alltäglichen Leben weitgehend verschwunden zu sein. Der Kampf um die Pfunde ist vielen geläufiger. Manche haben auch schon eine Reihe berechtigter Sorgen um die Gesundheit ihres Körpers hinter sich oder mußten schwierige Operationen mit anschließenden langwierigen Heilverfahren durchstehen. Eingerahmt aber sind all jene Erfahrungen von unserem passiven Sportkonsum. Die wenigeren besuchen ein Fußballspiel life im Stadion oder einen Judowettkampf in der Halle. Unbestritten hat das TV-Sport-Geschehen bei uns Hochkonjunktur. Noch nie schien uns die Wahl so schwer zu fallen, ob wir nun Boris Becker oder Steffi Graf, Franz Beckenbauer oder Markus Wasmeier den Rangplatz 1 in unserer persönlichen Sportler-Hitliste zusprechen sollen.

Auflistungen dieser Art ließen sich unschwer fortsetzen. Die Frage, inwieweit das alles mit uns persönlich zu tun hat, inwieweit wir das alles wollen oder uns dieses "Sportler-Leben" nur diktiert ist, wird dadurch nicht leichter zu beantworten sein. Dabei geht es um niemanden anderen als um uns selbst, denn *wir* bewegen uns, oder noch deutlicher gesagt: *Ich* bin es, der sich bewegt und Treppen steigt; *ich bin* es, der zusieht oder zuhört; *ich bin* es, der ißt oder abnimmt - *ich bin* es, der lebt und Leben zu gestalten, zu lieben und zu verantworten hat.

Obwohl die Tatsache, einen Körper zu haben und sich dank seiner zu bewegen, zu den personnähesten Angelegenheiten und faszinierendsten Bedingungen menschlicher Existenz gehört, gibt es kaum ein Lebensfeld sonst, in dem sich so viele Fremdinteressen einnisten und gleichzeitig Verfremdungen ereignen. So bleibt es eben nicht beim vorhin zitierten Lauf durch den Wald. Wir machen aus ihm einen 'Termin', lassen uns dafür extra Sportkleidung verkaufen, vergleichen unsere Laufaktivitäten mit einer Punktetabelle oder treffen uns mit anderen Lauf-Interessenten zu einem überörtlich organisierten Lauf-Treff - wie sich eben auch Wanderer mit noch größerer Begeisterung und Leidenschaft auf den Weg machen, Eintrittsgeld bezahlen und sich bestimmten Reglements unterwerfen, wenn ein Internationaler Volkswandertag ausgeschrieben ist und Medaillen als Belohnung für die erbrachte Anstrengung winken. Der aufatmende und Dankbarkeit ausstrahlende Satz von *Peter Handke* - "Endlich sah ich einen Laufenden, der kein Läufer war, sondern einfach übermütig dahinlief" (aus: 'Phantasien der Wiederholung' - ed. suhrkamp 1168), scheint ein solitärer Satz zu sein, der viele eher exotisch anmutet, als daß sie ihn auf sich bezogen bestätigen können.

Es gibt tatsächlich immer weniger Menschen, die ihr Bewegen-Mögen und ihre Bewegungsfähigkeit "einfach übermütig" genießen.

Wir sind, so scheint es, der Verflachung und Inflation einer richtiggehenden Bewegungsindustrie erlegen. Wir kennen entweder nur noch den Bewegungskonsum oder - im Gegenstück - die Bewegungsleistung als Fremddiktat samt allen sich daraus ergebenden Verkrampfungen.

Aus dem Laufen wird das *Jogging*, aus dem gelösten Sich-Bewegen ein *Leistungsakt*, aus der einfachen Übung ernsthaft betriebene *Gymnastik* und aus der puren Freude an der Bewegung ein selbst auferlegtes *Trainings-Programm*.

Wie banal und unbedeutend erscheinen dagegen Bewegungsleistungen, wie wir sie täglich praktizieren oder auch beobachten können - seine Kleider ausziehen; eine Leiter benützen; Kartoffeln für Mittagessen schälen; eine Türe aufschließen; sich die Schuhe binden; ein Rad wechseln oder mit dem Schlitten vergnügt den Berg hinunterbrausen.

Solche Tätigkeiten in Erinnerung gebracht, bewirken kaum mehr als ein mildes Lächeln. Das kann doch jeder - vermag der Mensch nicht ganz andere Leistungen zu vollbringen? Zum Beispiel über glühende Kohlen gehen, Achttausender ohne Sauerstoff-Gerät besteigen oder auf dem Hochseil Salti schlagen?

Das Besondere an diesen *Alltags-Tätigkeiten* liegt ebenso verborgen, wie jenes, was aprallel dazu über den Menschen und dessen Möglichkeiten, sich zu bewegen, auszusagen ist. Ihm aber lohnt es nachzugehen, es aufzuspüren.

Solange wir unsere Zunge nur noch mit der 'feinen Küche' oder mit exotischen Speisen konfrontieren, uns psychisch nur noch von brickelnden Grenzsituationen 'ernähren' und uns nur noch mit der schier endlosen Sehnsucht befassen, die eigene Fähigkeitspalette auszudehnen, vielleicht sogar zu überlisten, sind und bleiben wir immun für das Eigentliche, das Wesentliche und das tragend Einfache in unserem Leben. Wir werden es nicht mehr spüren, nicht mehr wahrnehmen und auch nicht mehr erleben - und in der Folge davon auch nicht mehr wertzuschätzen wissen, uns nicht mehr weiter darum bemühen und dieses auch nicht mehr pflegen, gestalten und verantworten. Alles Elementare scheint augenblicklich seinen Reiz zu verlieren, obwohl in vielen Menschen ein Verlangen dafür vorhanden ist; vielleicht gewinnt es als unpopuläres Gegen-Programm zum derzeit bevorzugten Außergewöhnlichen und Exklusiven bald wieder eine Chance.

Die davon eigentlich Geschädigten sind weniger die Nicht-Behinderten - für sie gibt es zahlreiche Tummelplätze zur Realisierung jener bevorzugten Aktivitäten und Wünsche, wenn auch in meist organisierter und vermarkteter Form; die wirklich Betroffenen dieser Verarmung sind jene Menschen, die mit einer Behinderung leben müssen, die weder am allgemeinen Bewegungs-Konsum teilhaben, noch beim derzeitigen Bewegungs-Kommerz mitmachen können. Für sie sind die einfachen Bewegungsmöglichkeiten des Menschen Hochformen persönlichen Selbstseins. Der Preis, den sie dafür zu zahlen haben, ist fehlende Anerkennung dieser Lebensleistung und das Gemessen-Werden mit Maßstäben, die nicht ihrem Leben, sondern der Lebenspraxis der nicht-behinderten Menschen entspringen.

Ehrlichkeitshalber darf aber auch die 'andere Seite' dieser Medaille nicht verschwiegen werden. Auch in der Sympathie für das Extreme erkennen wir eine den Menschen charakterisierende Dimension seiner Existenz. Er hat Lust auf Ausweitung, Übersteigerung und Überwindung, er liebt das Risiko und sucht die Bewährung - und damit zum einen Bestätigung, zum anderen wohl auch das Erleben von Macht. Allerdings stehen diese Möglichkeiten der Daseinsgestaltung nicht jedem Menschen offen, so nützlich sie auch für die Selbstentwicklung und für die Bewältigung von Leben insgesamt sein mögen.

Das Über-sich-Hinausgehen lebt von der Entsprechung - konkret der Verwurzelung im Einfachen, im Urgrund, der uns trägt. Beides bedarf der Verantwortung, der Pflege und Gestaltung.

Die *Einweihung* eines Sportzentrums mit Schwimmbad, Turnhalle, Sport- und Spielplätzen, mit Therapiebecken, Fitness-Räumen und Sauna im Rahmen einer Schule für Geistigbehinderte verlockte darüber nachzudenken, (1) wie denn jene derzeit hoch im Kurs stehenden sportlichen Tätigkeits-, Freizeit- und Leistungsfelder des modernen Menschen auch für geistigbehinderte Menschen erfolgreich zu erschließen wären. Auch ist zu überlegen, (2) ob sich mit diesen neuen Gestaltungsmöglichkeiten nicht weitere Gelegenheiten für die allerorts gewünschte und auch notwendige Integration auftun könnten. Und nicht zuletzt lohnte sich darüber zu sprechen, wo wir ja viele Erfahrungen mit körperlichen Schwächen und Defiziten geistigbehinderter Schülerinnen und Schüler sammeln konnten, (3) inwieweit durch neue Sport- und Fitness-Programme deren persönliche Lebenskraft psychisch und physisch nicht doch neu zu aktivieren und auch zu stabilisieren sei.

Genau diesen so wichtigen Momenten wollen wir heute nicht nachgehen. Sie sollten einem Fachgesprächskreis zur Bearbeitung übertragen werden. Ich möchte vielmehr dazu einladen, sich dem voraus geschilderten Bewegungskommerz gegenüber zu distanzieren und dem damit möglicherweise verbundenen high-life-Gefühl zu entsagen, zusätzlich ermuntern, dem nachzuspüren, was *Bewegung* und das *Sich-Bewegen-Können* für den einzelnen Menschen und für dessen Existenz wirklich bedeuten, was ihm diese Möglichkeiten an Leben erschließen und wie auf diesem Hintergrund mit dem Phänomen 'Bewegung' im Hinblick auf geistigbehinderte Menschen neu umzugehen ist.

Ich sehe davon eine größere Integrationskraft ausgehen als von manchem sozial getönten gemeinsamen Spiel- und Sportnachmittag. Zusätzlich erhoffe ich einerseits für die behinderten Mitbürgerinnen und Mitbürger unserer Gesellschaft mehr Solidarität durch größeres Verstehen und andererseits für uns sog. Nicht-Behinderte mehr Sympathie für das eigene Bewegen und mehr Lust am alltäglichen Vollzug: Treppen zu steigen, anstatt den Aufzug zu benützen oder die Balkonkästen wieder selbst zu bepflanzen, anstatt dies auf dem Markt vom Gärtner tun zu lassen - kurzum einfach wieder einmal selbst "übermütig dahinzulaufen", wie es *Peter Handke* so einladend formulierte. Nicht die Reckstange oder der Volleyball, nicht die Schwimmstaffel oder die Squash-Halle sollten die anzusteuernden Ziele sein. Sie sind die nächsten Schritte nach den ersten, dann allerdings von vielen hoch willkommen.

Sich-bewegen-Können - ein Kennzeichen menschlicher Existenz

"Bewegung, gleich welcher Differenziertheit oder Undifferenziertheit, ist grundlegende Bedingung der Möglichkeit, *Unabhängigkeit* zu erleben." (*Thalhammer* 1981, 23)

Sich bewegen heißt demnach, als Mensch einen Standort aufzugeben und einen neuen einzunehmen bzw. jemanden oder etwas zu verlassen und auf etwas Neues bzw. einen anderen zuzugehen.

Mit dieser Bewegungsfähigkeit vermag sich der Mensch all jenem zu entreißen, was ihn festhält und sich von all dem zu befreien, was Macht über ihn auszuüben droht.

Gleichzeitig befindet er sich in der Lage, sich selbst der Welt zu bemächtigen, sich in sie einzumischen und diese - mit Hilfe der Bewegung - sich zugänglich zu machen. Bewegungen erlauben bei gleichzeitiger Distanz erneute Annäherung. So können Schaden abgewehrt werden und neue Bedeutungen entstehen.

Der Mensch ist also seinem Standort nicht in der Weise ausgeliefert, wie das z.B. eine Pflanze ist. Diese findet alles Lebensnotwendige an ihrem Lebensort vor; wird ihr dieser vorenthalten, ist sie unweigerlich in ihrer Existenz gefährdet. Der Mensch dagegen muß sich auf die Suche nach allem Notwendigen machen. Er trifft es selten in seinem unmittelbaren Umkreis an. Und wenn es vorhanden ist, bedarf es der zusätzlichen Auf- oder Vorbereitung, der Erschließung. Oft steht er darüber hinaus vor der Aufgabe, das Vorgefundene noch nach Bedeutsamkeiten zu sortieren. Die Ahnung von einer "besseren Welt" und nicht nur die Notwendigkeit des nackten Überlebens bestimmen sein Suchen entscheidend mit (vgl. *Popper* 1987, 28 f) und helfen ihm beim Finden. So sichert sich der Mensch sowohl sein Überleben wie er auch für sich auf diese Weise erst Bedeutsamkeiten und damit Lebensqualitäten schafft. Wünsche erfüllen, Bedürfnisse befrieden, Sehnsüchte stillen, aber auch Ziele anstreben und Macht ausüben sind Bausteine für diese von ihm nur zu erbringende, nicht einfach vorzufindende Lebensqualität. Mit jeder großen Bewegungsaktion schlägt der Mensch eine neue Seite seines Lebensbuches auf, wie er auch durch jede kleine, alltägliche Bewegungsaufgabe sich eine neue Zeile darin erschließt.

Kein gelesenes Buch, kein betrachtetes Bild, keine in sich aufgenommene Zeile läßt den Mensch so, wie er voraus war. Sehen, Hören, Lesen und eben auch *Bewegen* verändern den Menschen in seiner Existenz. Sie setzen Energie frei, rufen Befindlichkeiten wach und formen seine Vorstellungen und inneren Bilder, die ihn tragen. Kraft jenes Sich-Bewegens hat der Mensch Anteil an der besonders ihn auszeichnenden Möglichkeit, sich zu verändern - und damit sich zu bilden. Er gibt den vorgefundenen, vielleicht steinigen Boden auf - um im Bild der Pflanze zu bleiben - und tauscht ihn gegen ein fruchtbares Ackerland. Auf die mildtätige Gießkanne des Gärtners kann er verzichten. Er ist des Wartens enthoben. Wer sich bewegen kann, wer sich bewegen mag und wem Sich-Bewegen erlaubt ist, hat die Chancen der Selbst-Bildung und weist so die den Menschen ebenfalls auszeichnende Abhängigkeit in Grenzen.

Allerdings ist eine solche "curriculare Voraussicht" (*Loch* 1979, 101) an unverzichtbare Voraussetzungen gebunden; an das Vorhandensein eines Standortes, an die Fähigkeit, diesen bewußt wahr- bzw. einzunehmen, an das Bedürfnis, sich davon zu entfernen, sich ein Ziel zu setzen, sich für dieses wie für Wege dorthin zu entscheiden und sich letztendlich im konkreten wie im übertragenen Sinne darauf *zuzubewegen*.

Eine solche sinnbezogene Betrachtungsweise widerspricht der an sich üblichen Definition menschlicher Bewegung als rein funktional-physiologisches Geschehen: "Menschliche Bewegung ist eine Orts- und Zustands-Veränderung des Körpers und seiner Teile". (vgl. *Tamboer* 1979, 15)

Definitionen dieser Art erfassen den "physikalischen Aspekt" (ebd.) menschlicher Bewegung. Beispiele von Bewegungen aus dem alltäglichen Leben besagen jedoch ganz anderes, denken wir nur an das Schneiden von Tomaten, das Schälen von Erbsen, das Drehen von Zigaretten, das Zusammensetzen von Bauteilen, das Einpacken von Geschenken oder auch an das liebevolle Umarmen. Sich-Bewegen ist immer auch *Bezugnahme* des Menschen auf etwas außerhalb seines Körpers - von gewissen Selbst-Bewegungen abgesehen. Der Körper und seine Gliedmaßen sind - einschließlich der an sie gebundenen Funktionen wie das Greifen, das Sitzen, das Stehen, das Beugen oder das Drehen - hierbei das Vehikel oder auch das Medium, das das Wollen ausführt, innere Befindlichkeiten ausdrückt, ein angestrebtes Ziel erreichen läßt und auf diese Weise immer auch "neue Welten" schafft.

In diesem Sinne verstehe ich die Aufforderung des holländischen Pädagogen *Tamboer*, wenn er anmahnt, "nicht die Bewegung, sondern den sich *bewegenden* Menschen" ins Blickfeld zu nehmen (vgl. a.a.O.). Ich selbst würde jedoch dringend ergänzen wollen: den sich bewegenden Menschen *in* seiner jeweils ihn umgebenden und einbindenden Welt.

In diesem Sich-Bewegen begegnet uns der Mensch als "unteilbares Ganzes" bzw. als "Personeinheit", so wie er ist und wie er sein kann, wie er sich fühlt bzw. wie er zu sein anstrebt. Die ganze Kraft eines Menschen, sein ganzes Fühlen, seine gesamte Konzentration, sein ungeteiltes Sehen, Hören und Verstehen, sein Hoffen und Wünschen fließen in jedes Bewegen mit ein, das der Mensch augenblicklich ganz konkret vollbringt. Sich in dieser Welt frei, ungehindert oder auch angepaßt und flexibel zu bewegen, stellt für jeden Menschen eine nahezu einmalige Chance des Selbst-Seins dar. Die Erinnerung an den als "Volksweisheit" gehandelten Satz "der Körper lügt nicht" klingt dabei mit. Gleichzeitig darf nicht versäumt werden, davor zu warnen, das Bewegungs- und Ausdrucksverhalten eines Menschen vorschnell und damit falsch zu interpretieren. Die unheilvolle Parallelisierung von einem "verkrüppelten Körper" mit einer vermuteten, keineswegs aber nachweisbaren "Krüppelseele" hat schon viel Schaden angerichtet und vor allem körperbehinderte Menschen endlos belastet.

Das Erklärungsmodell der Neurophysiologie stellt die eine Seite der Bewegungs-Wirklichkeit dar, das der Psychodynamik und das der Anthropologie die andere:

Der Mensch gilt, was immer er auch tut oder läßt, als mitfühlendes, erlebendes, hoffendes und sinnschaffendes Wesen. Diese schlägt sich auch in seinem Bewegen nieder, und dies erfährt der Mensch durch sein Bewegen.

Das, was für ihn Chance ist, signalisiert gleichzeitig seine Gefährdung und seine Verletzlichkeit. Die gegebene Beeinflußbarkeit wie auch die fehlende Selbstbestimmung sind Ergebnis wie auch Ansatzpunkt für eine durch äußere Mächte erreichte Verfremdung, wenn sich der Mensch den Verlockungen der Bewegungs-Industrie ausliefert oder sich von ihm nicht gerecht werdenden Erwartungen bedrängt erlebt. Beidemale handelt es sich um ein Einmischen, ja um einen folgenschweren Eingriff in das Selbstsein des einzelnen Menschen. Die Tragik liegt allein nicht nur in der Tatsache selbst, sondern in dem häufigen Nicht-Gewahr-Werden der eigenen Selbstaufgabe durch die erfolgte Fremdbestimmung.

Über die tatsächlich gesetzten Narben können wir derzeit nur mutmaßen, immer aber sollten wir mit ihnen rechnen.

Der menschliche Körper erlaubt ungeahnte Bewegungsvielfalt

Durch die schier unerschöpfliche "Ausstattung" des menschlichen Körpers mit Bewegungspotentialen ist der Mensch zu einer großen, meist aber voneinander abgegrenzten Bewegungsvielfalt fähig.

Mit den Füßen kann er stehen, sich einwurzeln in diese Welt. Fester Halt erst erlaubt ihm das Bücken, Beugen und Strecken. Mit den Armen vermag der Mensch zu umschließen, zu umfassen und festzuhalten, sich aber auch zu schützen, sich zu öffnen und zu empfangen, abzustützen und Stütze zu gewähren. Seine Hände erlauben ihm eine kaum mehr zu beschreibende Vielfalt - bis hin zu kleinsten Bewegungen, der Gitarre einen Ton zu entlocken, Pfennige aufzunehmen oder auch Schneebälle zu formen. Mit seinem ganzen Körpergewicht vermag der Mensch sich gegen etwas zu stemmen, ein Auto anzuschieben oder auch einen schweren Koffer zu tragen und dabei dennoch das Gleichgewicht nicht verlierend.

Unser Körper ist wie eine große "Bewegungslandkarte" besetzt mit "Hauptstädten" und weniger relevanten "Vororten"; jedes Moment aber ist auf seine Weise wichtig und besitzt eine ihm zugedachte und durch Übung dann abrufbare

Funktion. Wie schwer es ist, sog. Funktionstausch vorzunehmen, wissen wir von Arm- oder Beinamputierten. Durch intensiven Einsatz aller Kräfte sind Kompensationsleistungen möglich, doch müssen sie extra erlernt und eisern geübt werden, sollen sie wirklich den Alltag bewältigen helfen. Contergangeschädigte Menschen sind uns hier ein bewundernswertes, eindrückliches Beispiel.

Fehlende oder ungenügende Augenbewegungen sind nicht ersetzbar. Hier muß der gesamte Kopf in Aktion treten. Ähnliches gilt für die Beweglichkeit der Zunge.

Wer seine Bewegungslandkarte nicht kennt oder auch nur einseitig gebraucht, lebt letztlich benachteiligt, auch wenn er dies möglicherweise selbst nicht merkt. Die Alternativen sind klar: Entweder muß er sich erneut ertüchtigen, oder er ist auf Hilfe angewiesen, will er nicht ganze Tätigkeitsbereiche in seinem Leben ausblenden - wie zum Beispiel kleine Reparaturen selbst zu bewerkstelligen oder sich bzw. Gäste mit einfachen Gerichten selbst zu bewirten.

Letztlich reduziert sich bei fehlender Beweglichkeit das Maß des persönlichen Bezogenseins zur jeweiligen Welt samt allen sozialen Nachfolgelasten. Demnach gestaltet sich für jenen Menschen der *Dialog mit der Welt* äußerst vielseitig und zusätzlich auf mehreren Ebenen wie des Greifens, Fühlens und Tastens, des Sehens und Hörens, des Schmeckens und Riechens, wenn er dazu Gelegenheit hat bzw. sich um diese auch bemüht.

Daß eine Bewegung als dialogischer Akt erst durch die Differenzierung wie auch durch die Realisierung sensorischer Bahnen zu einem Mehr an Lebensqualität führt, ist nur wenigen Menschen bewußt, für die schulische Arbeit mit behinderten Schülern jedoch von hervorgehobener Bedeutung. So gesehen kann sich eigentlich kein Mensch - vorausgesetzt, er ist für Bewegungen empfänglich bzw. er will diese - von der Welt völlig abgeschnitten erleben. Welch tröstlicher Gedanke nicht nur für Pädagogen, Therapeuten oder andere professionelle Helfer, sondern für uns alle!

Eine *Behinderung* jedoch greift massiv in die Dialogmöglichkeit des Menschen mit der Welt ein, wie auch eine bewegungsarme, entsinnlichte und handlungsreduzierte Lern- und Förderarbeit der Entwicklung menschlicher Dialogfähigkeit eher im Wege steht, als daß sie diese voranbringt. Der/die einzelne von der Behinderung betroffene und zusätzlich durch einen ausgedörrten Unterricht gegangene Schüler/in werden nicht nur weniger geschickt daraus hervorgehen, sondern gleichzeitig einen nur ausgedünnten Standort für sich und ihr Leben gewinnen. Er/sie wird mit bescheidenen Verankerungen auskommen müssen und mit einseitigen und eindimensionalen Bildern, Vorstellungen und Erfahrungen von dieser Welt in und mit ihr leben. Dies betrifft in erster Linie nicht nur die kognitiven Leistungen, sondern allem voran das Selbstsein und das Selbsterleben.

Verstehen wir Bewegung als Ausdruck einer unnachahmlichen "Personeinheit", lassen sich die geschilderten Auswirkungen in ihrer ganzen Umfänglichkeit ohne Mühe nachvollziehen. Zudem hat reduzierte Bewegungsmöglichkeit fast immer auch soziale Isolation zur Folge. Die Selbstbehauptung im sozialen Umfeld gelingt ohne ausreichende Beweglichkeit nur mit großer Mühe und unter vermehrter Anstrengung.

Bewegungen des Menschen sind dessen Selbsterzeugnisse

Aus einer solchen Sicht erst wird verständlich, daß es nicht darauf ankommt, *wie* eine Bewegung ausgeführt wird, sondern *wozu* sie erfolgen soll(te) und vor allem aber, *wer* diese vollzogen hat bzw. wer diese leisten will. Bewegung gilt demnach nicht als Dialog schlechthin, als Dialog des Menschen mit der Welt. Bewegung ist immer ein *persönlich* geführter Dialog mit "meiner" Welt. Der einzelne Mensch teilt sich in seiner Art zu leben ebenso mit wie in seinem augenblicklichen Befinden und Zumutesein. Angespanntsein klingt ebenso durch wie mögliche Lockerheit, Traurigkeit ebenso wie Lebensfreude, Angst in gleicher Weise wie Entlastetsein, Geübtheit ebenso wie Befremdung. Bewegung hat eben nicht nur funktionellen oder instrumentellen Charakter, der sich meist recht gut schulen läßt; sie selbst überrascht immer wieder durch ihre expressive Stellung wie auch durch existentielle Wirkung.

Diesem Aufmerksamkeit zu schenken, dürfte kein Zögern hervorrufen; bei dem Versuch, sie ins Blickfeld zu nehmen, zeigen sich allerdings bald Schwierigkeiten. Die unterschiedlichen Interpretationen der gleichen Beethoven-Sonate von Schülern des gleichen Lehrers sind dafür Beweis genug. Ähnliches gilt für das Tanzen wie für das Schwimmen, für das Schreiben wie für das Tonen, für das Radfahren wie für das Laufen.
Jene individuelle Sichtweise der menschlichen Bewegung blendet mögliche objektive Anforderungen an das Sich-Bewegen ebenso wenig aus wie das Kontrollieren, Beurteilen oder Messen der gezeigten Bewegungsleistung. Allerdings schützt eine individuelle Interpretation menschlicher Bewegung den einzelnen Schüler/die Schülerin vor gleichgeschalteten und damit unmenschlichen Anforderungen. So steht *Thomas* das Recht zu, auf seine Weise den Ball zu werfen - trotz allgemein verbindlicher Spielregeln - und damit sich anders zu bewegen, als es *Gerald* tut; und *Sabine* nimmt die Unebenheiten des Waldweges anders als *Anja*, die einen Rollstuhl benützen muß und mit den Krücken von *Sabine* nicht zurecht käme. Das jedoch alle Menschen - so auch Thomas, Gerald, Sabine und Anja - gemeinsam Verbindende ist das *Bezogensein* auf die jeweilige Umwelt als etwas außerhalb der eigenen Person Existierendes.

Bezogensein meint letztlich Zuwendung. Zuwendungsleistungen zu erbringen, ist ein menschlich anspruchsvoller Akt. Es setzt Bedürfnisse und in einem fortgeschrittenen Entwicklungsstadium auch Bewußtheit voraus, andererseits lockende und Aufmerksamkeit wachrufende Angebote von außen. Zuwendungsleistungen realisieren sich nicht nur im Bereich der Motorik. Sie vollziehen sich auch als Zu-Schauen, Zu-Hören, Zu-Rufen, Zu-Sprechen und Zu-Trauen. Immer ist die Bündelung aller Aktivitäten einer Person gefordert auf etwas hin. Der einzelne Mensch verbucht solche Tätigkeiten als wohltuende Ereignisse; er erlebt sich als stark und mächtig zugleich, letztlich in hohem Maße mit sich identisch.

Zusammengefaßt lassen sich aus dem bisher Gesagten erste *Voraussetzungen* ableiten für ein "erfolgreiches", d.h. gleichzeitig befriedigend erlebtes wie auch funktional reibungsloses Bewegen (wobei Voraussetzungen immer auch Gefahrenpunkte aufzeigen):

1) der eigene zur Bewegung befähigte Körper

2) das Vorhandensein eines Nicht-Ichs (als etwas außerhalb der Person) als Bewegungs-Ziel

3) das Wahrnehmen eines solchen "Objekts" als Konkretisierung jenes Nicht-Ichs (verstanden als Mensch wie als Gegenstand)

4) das Sich-angeregt-Fühlen und der gleichzeitig entstehende Wunsch, dieses Objekt "haben" (streicheln, fühlen, betrachten usw.) zu wollen (als Asdruck von Neugierde, Interesse oder Strebung)

5) Initiative und Kraft zur Realisierung dieses Wunsches (z.B. Hindernisse zu überwinden, den Hang emporzuklettern oder die Zielmarke zu treffen).

Jeder, der Erfahrung in der Begegnung mit geistigbehinderten Menschen hat, kennt die zahlreichen Störmomente, die sich in dieses Sich-Beziehen einschleichen können und so jenes fundamentale Bezogensein des einzelnen Menschen hin zur Welt ernsthaft gefährden.

Bei der Ermittlung möglicher Ursachen kann man nicht sorgfältig genug vorgehen, nicht allein wegen einer möglichen Verbesserung der funktionellen Anteile, sondern wegen der sich einstellenden Nachfolgelasten, die im Ergebnis fast immer eine Minderung möglicher *Lebensqualität* insgesamt zur Folge haben. Sträflich wäre es, wollte man eine mögliche Schuld für das Nicht-Gelingen vor allem dem geistigbehinderten Menschen selbst zusprechen, auch wenn dies augenscheinlich der Fall sein mag, während sich die eigentlichen Auslöser jener Schwierigkeiten verdeckt und geschützt im Verborgenen halten. Es seien an dieser Stelle nur wenige Möglichkeiten von Störquellen genannt:

Bewegungen mißlingen zum Beispiel,

(a) wenn die Entfernung zwischen dem *Bewegungs-Auslöser* und dem sich bewegen-wollenden und zur Bewegung fähigen Menschen zu groß ist;

(b) wenn die *Bewegungs-Situation* keinen subjektiven Bewegungs-Anreiz beinhaltet;

(c) wenn jegliches *Bewegen-Wollen* von Anfang an unter fremdbestimmtem oder auch selbstgemachtem Erwartungsdruck steht;

(d) wenn das *Bewegungs-Produkt* nicht als subjektiv befriedigend erlebt werden kann, eventuell als solches auch nicht erkannt wird;

(e) wenn mir mein Körper die jeweils notwendigen *Bewegungs-Abläufe* nicht (noch nicht) erlaubt.

Diese Reihe ließe sich unschwer fortsetzen.

Es sollte deutlich werden:
Personhaftes Bewegen ist in seinem Anspruch weitaus komplexer und damit als Prozeß weitaus gefährdeter bzw. störbarer, als dies bei einer rein funktional geführten oder motorisch gesehenen Tätigkeit der Fall wäre.
Für den Pädagogen heißt das:
Wer sich mit bewegenden Menschen befaßt, trifft immer auf ganzheitlich lebende, sich persönlich äußernde und sich individuell mitteilende Personen. Sie über ihre Bewegung und aufgrund ihres Bewegtseins zu verstehen, entwickelt sich für all jene als nicht einfache Aufgabe. Es setzt eine persönliche Umpolung der Wahrnehmung von einer leistungsbezogenen Einschätzung der Bewegung hin zur existentiellen Wertschätzung voraus.

Sich bewegen und dessen Erträge für den einzelnen Menschen

Was aber erbringt ein solch anspruchsvolles und wertgeschätztes Bewegen dem sich bewegenden Menschen, versteht man es als Dialog zwischen ihm und der Welt?

J. Tamboer beschreibt in seinem gleichnamigen, eindrucksvollen Aufsatz den Sinn menschlichen Bewegens letztlich als "*Befragen* dieser Welt" bei gleichzeitiger Hoffnung, "eine befriedigende *Antwort* zu erfahren" (vgl. *Tamboer* 1979, 16). Der sich bewegende Mensch befragt jenes Nicht-Ich (das andere/den anderen) auf dessen *Bedeutung* hin und dessen Bedeutung *für* ihn.
  Wenn wir einen Ball schlagen, befragen wir ihn z.B. bzgl. seiner Eigenschaft zu

springen, zu hüpfen oder zu rollen, seiner Schnelligkeit und Wucht. Wir entscheiden dann meist in Windeseile - und dies ist dann unsere Antwort - über seine Brauchbarkeit für diesen oder jenen Zweck. Wer sich in diesem Sinn bewegt, geht schon mit Vorstellungen und Bildern, mit Zielen oder Erwartungen an die Welt heran. Komme ich den Berg hinunter? Fährt mein Schlitten schnell? Kann ich meinen Roller lenken? Schneidet das Messer dünn genug die Schalen ab? Gelingt mir das Aufpumpen des platten Hinterrades meines Mofas? Wenn wir einen Apfel ergreifen, fühlen wir dessen Konsistenz, und wenn wir hineinbeißen - ebenfalls eine sensorische und motorische Leistung - dann befragen wir ihn auf seinen Reifezustand und seine Geschmacksqualitäten hin. Erst durch Verzehren, d.h. durch Kauen und Schlucken, entscheiden wir über das Schmecken einer Speise. Auch hier noch sind wir auf Bewegungen angewiesen.

Durch Bewegungen als Ausdruck und Mitteilung, als Wollen oder in Zufälligkeit, befragt der Mensch den jeweiligen Weltausschnitt, auf den die Bewegung zielt, nach jenen *Bedeutungen*, die sich für den Menschen erst durch Bewegen erschließen lassen.

Das heißt, unsere Welt "kennt" bzw. beinhaltet neben den uns eher bekannten emotionalen, sozialen, physikalischen und werthaften Bedeutungen auch "*motorische* Bedeutungen" (*Tamboer*, ebd.). Sie sind nur über die Bewegung zu erfahren, nicht aber durch Anschauen oder Hinhören und auch nicht durch Erlesen oder Bedenken. So kann man zum Beispiel die Größe eines Raumes durch Rufen akustisch "erfragen", diese sich aber auch erlaufen oder errollen, sie ausmessen, ein Seil durchspannen oder einen Ball in den Raum werfen, um seine Größe als "motorische Bedeutung" zu erfahren. "Motorische Bedeutungen" - und das muß jetzt als Einschränkung vermerkt werden - reichen selten aus, um Situationen des Lebens weitgehend selbständig zu bewältigen. Andere Bedeutungserträge müssen dazukommen und jene "motorische Bedeutungen" ergänzen. Diese Feststellung gilt aber genauso für soziale, emotionale oder physikalische Bedeutungen.

Erschwerend kommt hinzu, daß "motorische Bedeutungen" selten objektiven, d.h. allgemein-gültigen Wert annehmen. Bewegungen sind immer subjektive Akte, demnach sind auch die zu erhaltenden und wahrgenommenen Antworten *subjektiv*. Das heißt: "Motorische Bedeutungen" besitzen demnach immer eine persönlich-subjektive Tönung. Nur durch viel Übung entwickelt sich so etwas wie eine "objektive Spur". Jeder erfahrene Handwerksmeister kennt diesen mühevollen Weg hin zur schließlich erreichten Meisterschaft. Entsprechend der Treffsicherheit unterscheidet sich dann auch das Können vom Bemühten.

Für den Pädagogen schält sich damit ein weiteres Moment heraus, Bewegungs-Abfolgen und Bewegungs-Arbeit nicht nur funktional zu sehen, sondern sie nach ihren *Bedeutungen* für den einzelnen hin zu analysieren. Damit bahnt er sich einen relativ sicheren Weg, den einzelnen (behinderten) Menschen in seinem Selbst-Sein und seinem Selbst-Wollen besser zu verstehen wie auch zu fördern und zu stützen. Aufgrund vielfältiger Erfahrungen aus dem Alltag läßt sich der bislang geschilderte Sachverhalt ohne Mühe ins Gegenteil verkehren. *Bedeutungen* sind es, die den Menschen zu bestimmten Bewegungen, ja zu seinem gesamten Bewegungsverhalten veranlassen: meilenweit gehen angeblich manche für eine Camel-Zigarette oder stehen stundenlang für eine Opern-Karte in Salzburg an; werfen sich Menschen auf die staubige Straße, um so büßend zum Altar ihres Gottes zu gelangen; schürfen Menschen bis zur Erschöpfung im kanadischen Sand nach Winzigkeiten von Gold oder tupfen mit schier endloser Geduld den Schweiß von der Stirn ihres schwerkranken Angehörigen.

Bewegungen ohne die sie bedingende Motivation sehen oder gar verstehen zu wollen, führt uns zumindest sonderpädagogisch ins Abseits. Leistungsmessung einzelner Bewegungsabläufe dienen der Vervollkommnung, nicht aber der inhaltlichen, letztlich Befriedigung setzenden Füllung.

Die Frage, wie für den einzelnen Menschen solche Bedeutungen entstehen, ist für den *unterrichtlichen Vollzug* von hoher Relevanz. In diesem Zusammenhang müssen wir uns mit dem Hinweis begnügen, daß das Erlernen von "motorischen Bedeutungen" sich in der Spannung zwischen dem sog. "realistischen Aspekt", der den Ziel-Objekten primär Eigenqualität zuschreibt, einerseits und dem sog. "idealistischen Aspekt" andererseits vollzieht, der den Menschen als autonomen, freischaffenden Sinn-Geber und als Bedeutungs-Verleiher anerkennt.

Beide Aspekte haben grundsätzliche Bedeutung für die Bewegungs-Arbeit mit geistigbehinderten Schülerinnen und Schülern. Bedeutungen entstehen fast immer erst im Zusammenspiel von mehreren Faktoren, so der (1) *sachlichen* Komponente (der Ball 'rollt'), der (2) *persönlichen* Komponente (ich brauche heute einen leichten Ball) und der (3) *gesellschaftlichen* Komponente (Bälle sind allgemein wertgeschätzte Spielobjekte). Gerade auf diese Mehrschichtigkeit kommt es bei der *Erarbeitung* von Bedeutungen entscheidend an, unwichtig, ob motorische, soziale oder wertbezogene Bedeutungen gemeint sind. Ein Leben *ohne* solche mehrschichtig gewonnenen Bedeutungen schmälert das Erleben von Sinn in eindrücklich-dramatischer Weise.

Nur wer Bedeutungen in sein Leben einfügen kann, hat auch etwas zu sagen. Gleichzeitig gewinnt er selbst an Bedeutung für die anderen.

Menschen mit nur wenigen in sich angesammelten Bedeutungen fühlen sich leicht übergangen. Sie werden dies im konkreten Lebensalltag auch. Bedeutungen kann man sich weder sagen noch lehren lassen. Man muß sie selbst für sich gewinnen. Entsprechend der bislang gelebten Lebensgeschichte entfalten sie die von uns beschriebene subjektive Färbung und erhalten ihr spezifisches Gewicht. Man muß den Wald durchwandert, die Wiesen durchstreift und den Garten bearbeitet haben - um mit den Beispielen im Bereich der 'motorischen Bedeutungen' zu bleiben -, will man den Wald, die Wiese oder den Garten persönlich schätzen und mögen. Vom Zuschauen oder über das Medium 'Fernsehen' allein bleiben diese Lebensbereiche unverbindlich, abständig, letztlich sogar fremd - eben ohne jene mehrschichtige, reichhaltige und das Leben tragende bzw. bereichernde Bedeutung.

In der gleichen Vielfalt könnte man Beispiele aus der Küche, dem Sport, der Musik oder der Werkstatt anführen. Immer gilt das Gleiche:
Das Leben muß man *tun*, sich in ihm bewegen, seinen Weg dorthin suchen und mit ihm umgehen - konkret den Berg besteigen, den Kuchen verspeisen, vor dem Altar knieen oder einen Brief schreiben -, will man die Vielschichtigkeit des Lebens erfahren und dieses Leben - entsprechend der herausgefundenen Bedeutungen - auch lieben.

Der menschliche Körper und dessen Funktionen

Träger menschlicher Bewegungen ist der Körper.

Nicht jeder ist mit seinem Körper zufrieden. Das betrifft sowohl das Aussehen als auch dessen Leistungen. Die Klagen unterscheiden sich von Person zu Person. Der eine wäre gerne größer, der andere kleiner; der eine dunkelhaarig, der andere blond. Der eine vermißt Kraft, der andere Weisheit und Sensibilität.

Wir merken, Aussehen und Funktionen bedingen sich gegenseitig - auch unsere Beurteilung betreffend. Klagen oder auch Wünsche entspringen selten einem isolierten Beobachten der einen oder anderen Körperfunktion, sondern fast immer einem Beziehungsgeflecht von Auslöser, Motiv und Vorstellung bzw. Erwartung. Nicht umsonst warnt *J. Tamboer* davor, den Körper "isoliert" zu betrachten und ihn damit aus dem Gesamtzusammenhang herauszulösen.

Der Körper des Menschen ist in das dialogische Geschehen - von uns als "Bewegung" beschrieben - voll eingebunden. Das Gesamtzusammenhang "Leben" wird durch das Sein repräsentiert und nicht nur durch das Haben. "Körper ist das, was ich habe - und Leib ist das, was ich bin" (vgl. *Merleau-Ponty* 1966 bzw. *Buytendijk* 1956). Der Körper ist jenes Medium, das mich als Ich hin zur Welt "transportiert". Letztlich aber bin ich in meinem *Leib* Partner der Welt. Will der Mensch sich wirkungsvoll auf sein Ziel hin bewegen, benötigt er eine "intentionale Leiblichkeit" (*J. Gordjin*, in: *J. Tamboer* 1979, 17, 18). Der "intentionale Leib" ist mein Körper, den ich durch meine Bewegungen *überschreite*. Im Vollzug des Sich-Bewegens - und dies gilt wohl für das gesamte Handeln des Menschen - geht dieser über seinen Körper hinaus als das Objekt, das er hat; dadurch fühlt er sich in einem leiblichen Dasein weitgehend uneingeschränkt und erlebt Freisein kraft jener "initiativen Leiblichkeit". Oder mit den Worten von *J. Gordjin* gesprochen: "Die intentionale Leiblichkeit ist eine Daseinsweise, in der ich meinen Körper als Objekt überschreite" (vgl. *Tamboer* ebd.). In den Dimensionen des Leibes bin ich unversehrt und gleichzeitig ganz ICH *in* und *bei* der Welt.

Erlebte Leiblichkeit, unabhängig vom Ergebnis, gilt als zentraler Baustein der aufzubauenden und zu gewinnenden Identität (vgl. *Miessler* 1984).

Im Verbund mit der Leiblichkeit aber stehen weitere Faktoren von ähnlich hoher Relevanz:
  (1) die Leiblichkeit
  (2) soziale Kontakte
  (3) Arbeit und Leistung
  (4) materielle Sicherheit und Besitz
  (5) Werte und Normen

Ich-Identität bildet sich nicht allein durch innere Erfahrung oder schon gar nicht durch Abkapselung von der Welt. Sie ist auf jenes dialogische Geschehen *mit* der Welt und damit auch auf eine möglichst große Vielfalt vorhandener Bewegungsmöglichkeiten angewiesen. Ein Bewegen in diesem Sinne kann alltägliches Handeln sein, kann Etwas-Herstellen meinen oder auch schlicht nur Reisen ("Bleib nicht sitzen in dem Nest, reisen ist das Allerbest'") bedeuten.
Diese nur scheinbar theoretisch wirkenden Hinweise haben letztlich im Rahmen sonderpädagogisch überzeugender Arbeit mit geistigbehinderten Menschen hohe Relevanz. Wenn Sonderpädagogik für ihre Adressaten - in unserem Fall geistigbehinderte Kinder, Jugendliche und Erwachsene - *mehr* Freisein anstreben möchte, als diesen bislang - aufgrund ihrer Behinderung und den sie zusätzlich eingrenzenden Lebensumständen - möglich war, dann spielt jenes permanente *Überschreiten* der eigenen Körperlichkeit und nicht dessen Be-Trachtung, Be-Handlung oder Be-Übung die entscheidende Rolle.
Viele unserer Schülerinnen und Schüler fühlen sich durch ihre Körperlichkeit festgehalten und damit auch in zusätzlicher Weise psychisch festgelegt - sei es in Form von Bewegungsmangel, durch körperliche Unförmigkeit, durch andere krankheitsverursachende Verbildungen oder durch schädigungsbedingte Verformungen. Fehlende Vitalität ist meist ein summarischer Ertrag aus jenen Lebensbedingungen, zu denen der Körper in besonderer Weise und die mit ihm im Zusammenhang stehende Beweglichkeit beitragen. Gemessen an solchen Situationen hat *L. Marcuse* zweifelsohne recht, wenn er u.a. den Körper "als Ursprung der großen Trauer" sieht (1981, 57).
Verstärkt erfahren diese Situation körperbehinderte Menschen, die von einem Rollstuhl abhängig sind, den größten Teil des Tages liegen müssen oder sogar auf künstliche Beatmung angewiesen sind. Sie erleben sich in ihrem Körper "gefangen". Dieses tatsächliche oder auch nur so erlebte "Leibgefängnis", von dem *L. Marcuse* so eindrucksvoll spricht (ebd.), gilt es im Rahmen jeglicher sonderpädagogischer Arbeit - und nicht nur im Sport-Unterricht oder in der Bewegungs-Erziehung - zu *über*schreiten. Jeder, aber wirklich auch jeder Bewegungsanlaß im Sinne eines *Dialoges* mit dieser Welt liefert ungeahnte Möglichkeiten hierfür. Man muß sie nur sehen *und* zu nutzen verstehen. Herkömmliche

Aufforderungen zum 100 m Lauf, zum Weitsprung oder zu einem Fußballspiel sind auf diesem Hintergrund keine primär geeigneten Bewegungsangebote, jene gegebene und gleichzeitig so belastende Körperlichkeit zu überschreiten. Gut gemeinte Aufforderungen, sich doch ein wenig mehr oder schneller oder gezielter zu bewegen, genügen wahrhaft nicht. Und dies ist auch nicht mit dem voraus formulierten Appell gemeint.

Bewegen muß ein gewolltes, selbst initiiertes Geschehen bleiben, ein eigenverantwortliches *Befragen* und *Antwort*-Suchen bei den Objekten, konkret bei Menschen, Dingen und Situationen, denen die einzelne Bewegung und damit die durch sie erbrachte Zuwendung gilt.

Ohne diese *motivationale* Grundvoraussetzung kann kein erfüllendes Bewegen stattfinden. "Initiative Leiblichkeit" ist auf persönliche Initiative verwiesen und ermöglicht dann, (motorische) Zuwendungsleistung vorausgesetzt, den angestrebten *Kontakt* in Form von ersten Berührungen oder wiederholenden Bestätigungen, in Form von Erprobung oder auch von Neugestaltung. Dennoch ist mit diesen Hinweisen der Mensch in seinen Möglichkeiten noch nicht ausreichend beschrieben. Neugierde, Interesse und Strebungen auf der einen Seite, Initiativ-Werden als Folge und Kontakt als Ergebnis davon auf der anderen Seite, sind wichtige motivationale Momente in jedem Bewegungsprozeß.

Der Mensch in seiner "initiativen Leiblichkeit" erfährt sich darüberhinaus und gleichermaßen als *Erlebender* (vgl. *Fischer* 1981, 125 ff). Wir können nahezu nichts tun, ohne daß nicht jene "Schiene des Erlebens" - als erlebnismäßiges Wahrnehmen oder Registrieren - "mitläuft". Die hier stattfindende Parallelität ist verblüffend direkt, wenn wir uns bei kleinen Bewegungen als 'klein' und bei ausladenden, großen Bewegungen entsprechend als 'groß' und 'weiträumig' erleben. Erlebter Gleichschritt weckt Solidarität, löscht aber gleichzeitig das Erleben von Individualität im Denken wie im Fühlen; und erlebtes Bewegungschaos kann augenblicklich befreien, drängt aber dann - um des eigenen Befindens willen - auf Struktur und Gleichmaß.

Um es nochmals zu wiederholen - der kaum vermuteten Bedeutsamkeit wegen: *Jede Bewegung, die wir vollziehen, erleben wir innerlich mit.*

Schnelles Schreibmaschineschreiben macht nervös; das selbst mühevolle Umgraben feucht-schwerer Gartenerde bringt ein sattmachendes Gefühl von Müdigkeit wie auch Zufriedenheit, und das gemütliche Traben durch den Wald schenkt Ruhe und Gelassenheit. Sich-körperlich-Bewegen setzt sich unmittelbar in *inneres* Bewegtsein um. Dieses Phänomen, durch Bewegung Befindlichkeit auszulösen bzw. auch zu verändern, kennen nicht nur die Jogging-Freunde, sondern auch all jene Schülerinnen und Schüler, die sich und ihre Erzieher mit Auto-Aktivitäten in Beschlag nehmen. Sie setzen sich quasi künstlich in Stimulation - wie eben auch mancher Extrem-Kletterer dies tut oder ein Disco-Besuch auf viele Gäste ähnliche Wirkung hat. Wer mit autistischen oder autoaggressiven Schülern arbeitet, weiß, wie schwer solche Selbst-Stimulationen oder Selbst-Bewegungen zu durchbrechen sind. Auch Jogging kann für den einen oder anderen zur heimlichen Lust werden.

Anstatt den Dialog mit der Welt aufzunehmen, wird diese, obwohl sie häufig "Anlaufpunkt" für jene Aktivitäten ist, eher ausgeblendet, nicht befragt und auch kaum um eine Antwort ersucht. Eher dient sie als Projektionsfläche oder als Bühne für eigenes Bedürfen. Dialog setzt Partnerschaft voraus. Diese gelingt nur, wenn sich eine Zäsur zwischen Subjekt und Objekt erreichen läßt bzw. einstellt und die sich daraus ergebende Spannung durchgehalten wird.

Exkurs: Zum Bewegen geistigbehinderter Menschen

Es wurde in der Fachliteratur immer wieder versucht, typisches Bewegungsverhalten geistigbehinderter Menschen herauszustellen und zu katalogisieren (vgl. Beiträge im Sammelband, hrsg. von *St. Grössing* 1981). Ich denke, das ist nicht unser Weg, und es erscheint mir auch kein sonderpädagogischer, eher ein therapeutsicher Weg zu sein. Natürlich kennen wir jene leer scheinenden Bewegungen unruhiger Kinder, ohne Anfang und ohne Ende. Wir wissen auch von manch früher Ermüdbarkeit und geringer Durchhaltefähigkeit, von fehlender oder unzureichender Koordination und von immer wieder anzutreffendem Verharren in gleichen Bewegungsmustern. Oft liegen die Ursachen für dieses gerne als 'pathologisch' eingeschätzte Bewegungsverhalten gar nicht im Kind und dessen organischen Gegebenheiten, sondern in der nicht geeigneten Umgebung, innerhalb deren sich ein Kind vorfindet und dementsprechend bewegt. Meist polen sich solche Bewegungen in der Begegnung mit dem jeweiligen Objekt, das im wörtlichen Sinne Gegen-*Stand* ist, in anders getönte oder geformte um. Aus einem Zupacken entwickelt sich allmählich ein Streicheln, aus dem hastigen Klopfen ein neugieriges, längerwährendes Erkunden, aus dem Wegschieben ein Sich-Anlehnen.

Das heißt nichts anderes als die Bestätigung jener Tatsache: Der sich bewegende Mensch als bewegter Mensch läßt sich innerlich von dem anrühren, was auf ihn trifft und setzt diese Botschaft in der Weise um, daß der Dialog nicht in Zerstörung endet, sondern in leben-anregender Fortsetzung und Weiterentwicklung. Solche Um-Formungen und Um-Wandlungen im Vollzug von Bewegungen sind für die Selbstverwirklichung eines Menschen von herausgehobener Bedeutung. Einerseits bedarf der Mensch für seine Lebensbewältigung festgelegter und auch bewährter Bewegungsmuster, andererseits ist er in seinem Alltag auf flexibles Bewegungsverhalten angewiesen. Wann das eine und wann das andere zu lehren ist, muß im Team einer Schule entschieden werden, und wann das eine oder das andere von Nutzen ist, gilt es zu lernen. In diesem Verbund erst erfährt der sich-bewegende Mensch beides: einmal Auskunft über die Welt in Form von "motorischen Bedeutungen", zum anderen Hinweise zur eigenen Person in Form detaillierter Botschaften bzgl. der eigenen Körperlichkeit und seiner "initiativen Leiblichkeit".

Sinnvolles Bewegen-Lernen ist dialogisches Bewegen-Lernen

J. Tamboer spricht vom "Bewegungs-Dialog" als eine der wesentlichen Formen der "Ur-Verbundenheit des Menschen mit der ihn umgebenden Welt" (vgl. 1979, 19).

Vieles trifft auf ihn und berührt den Menschen ohne dessen Zutun. Optische, akustische oder olfaktorische Reize erreichen ihn ungefragt; die Erdanziehung wirkt auf ihn und zwingt ihn eigentlich zur Erde hin, hätte er nicht die Möglichkeit, durch sein Bewegungs- und Kraftpotential sich von ihr zu befreien und sich kraft seines Bewegens gegen sie zu wenden.

Wer sich bewegt, überläßt sich nicht den Ereignissen, sondern ganz im Gegenteil - er spannt seine Muskeln, strengt sich an, konzentriert sich, erhebt sich, steht auf, greift zu und vollbringt Schritte nach vorne. Er realisiert jene Urverbundenheit - zum einen durch Offensein und Bereitschaft, zum anderen durch Entschluß und Initiative.

Diese frühen körperbedingten Bewegungserfahrungen entwickeln sich in andere Formen des Verbundenseins weiter, ohne je aus der Lebensgeschichte eines Menschen und dessen Dasein völlig zu verschwinden. Sie können allerdings zugedeckt oder auch zurückgedrängt über lange Zeit brach liegen. Dialogisches Bewegen überschreitet also jene "imaginäre Grenze" zwischen dem Ich und dem, was sich als Nicht-Ich zeigt.

Bewegungen sind letztlich permanente *Grenz*-Überschreitungen des jeweiligen Menschen. Dementsprechend können Bewegungen auch auf diese Weise erlernt werden (vgl. *Tamboer* 1979, 17/18):

(1) als *direkte* Überschreitung
(2) als *erlernte* Überschreitung
(3) als *kreative* Überschreitung

Zur "direkten" Überschreitung (1)

Sie vollzieht sich spontan und unmittelbar als problemloses Eingehen auf die Welt - gefüllt mit motorischen Bedeutungen. Der Mensch benützt dabei das, was er als bislang lebender Mensch intuitiv zu wissen glaubt: Bälle lassen sich nicht stapeln; Papier weicht auf oder zerreißt; Glasscherben haben spitze Ecken und scharfe Kanten, die Verletzungsgefahr durch sie ist groß.

Solch ein intuitives Wissen wird im Vollzug direkter Überschreitungen jener "imaginären Grenze" zwischen Mensch und Welt bestätigt, geklärt oder auch korrigiert und vor allem permanent erweitert. Dazu sind relativ *offene* Lern- und Unterrichtssituationen notwendig, unwichtig ob im Sportunterricht, in der Bewegungserziehung oder im lebenspraktischen Unterricht sonst. Der Lehrer/die Lehrerin verzichtet dabei auf direkte Aufforderungen an das Bewegen des Schülers, sondern konfrontiert den Schüler/die Schülerin vielmehr mit dem Aufforderungscharakter der Dinge, denen die zu erbringende Bewegungsleistung gelten soll. So entstehen dann Situationen, in denen sich Kinder z.B. bemühen, auf ihnen liegende Decken wegzuziehen, sich mit Sand zu überschütten oder einzugraben, dem Wasserstrahl durch Entfliehen zu entkommen (denn aufhalten kann man ihn nicht, das "weiß" man) oder auf der Schaukel durch Eigenbewegung bzw. Gewichtsverlagerung des gesamten Körpers sich selbst in Schwung zu bringen. Gerade für (geistig-)behinderte Kinder, die eher therapeutisches Üben und Behandeln gewohnt sind, erscheinen solche "direkte" Begegnungen und damit auch die Herausforderung zu "direkter Grenzüberschreitung" wichtig. Methodisch bietet sich hierfür das "Freie Aktionsfeld" an (vgl. *Fischer, D.*: Eine methodische Grundlegung. Würzburg ²1981), um nur ein konkretes Unterrichts-Modell zu nennen.

Zu den "erlernten" Überschreitungen (2)

Viele motorische Bedeutungen können nicht mehr "direkt" erfragt bzw. als Antwort gefunden werden. Hier muß der Schüler/die Schülerin konkrete und festumschriebene Verhaltensmuster durch gezieltes Lernen erwerben, um weder sich noch dem Gegenüber zu schaden.

So wird er/sie gezielt lernen müssen, mit japanischen Papierbällchen möglichst zart umzugehen, sie weder zu sehr zu drücken, noch mit einem zu festen Zugriff sie zu zerstören. Aber auch der kräftige Anschlag muß gelernt werden, will man sein Papierbällchen erfolgreich dem Nachbarn zuspielen (= zuschlagen).

Mag man sich bezüglich des Erlernens eines sachgerechten Umgangs mit Papierbällchen noch streiten, so sind die Fronten beim Erlernen von Tennis oder von Geige-Spielen klar. Hier versagt der Weg "direkter Grenzüberschreitung" völlig seinen Dienst. Der (Bewegungs-)Unterricht macht, wenn es um "erlernte Überschreitungen" geht, konkrete Vorschläge; dies wird immer dann erforderlich, wenn der "direkte Weg" keinen ausreichenden Erfolg mehr bringt. Von da aus müssen wir mit fließenden Übergängen rechnen, die nicht immer von der Sache her, sondern oft vom einzelnen Kind aus zu klären bzw. zu regeln sind. Lernvorschläge repräsentieren sich konkret durch Handlungsvorgaben, durch Bilder, aber auch durch Erklärungen.

Dem Schüler müssen meist Hilfen zur Übernahme gegeben werden, wenn seine Nachahmungsfähigkeit (noch) nicht ausreicht und seine stützende Verstehensfähigkeit nicht hinreichend Ersatz bietet.

Nachahmungsleistungen können auf *zwei Ebenen* erfolgen: Zum einen als rein motorische Nachahmungs-Tätigkeit, zum anderen als primär verstehende, also die jeweilige Absicht der Aufgabe betreffend und nicht den konkreten Vollzug selbst.

J. Tamboer betont noch zusätzlich, daß Schülern beim Erlernen sog. "erlernter" Überschreitungen bewußt gesetzte Distanz-Erfahrungen zwischen Mensch und Welt zugemutet werden müssen bzw. durch absichtliche Trennung hervorzurufen sind: Hier bist Du - und dort ist der Ball!

Auf diese Weise entwickelt sich eine fruchtbare Spannung zwischen Subjekt und Objekt, von der dann jene beschriebene "initiative Leiblichkeit" profitieren wird. Die Einheit von Wissen *und* Können (als Ergebnis aus Lernakten im Zusammenhang mit "direkter" Überschreitung) läßt sich erst nach gewisser Übungszeit erreichen. Sie mündet in die "angemessene Lösung" des einzelnen Bewegungsproblems, das es zu bearbeiten gilt.

Ich darf wiederholen: Bewegungsprobleme müssen häufig *erarbeitet* werden. Sie sind selten als Zufallsleistungen zu haben, aber auch nicht nur funktionell-instrumentell oder nur motivational-existentiell zu gewinnen.
Es geht immer um das Erlernen der Form der Bewegung selbst *und* um das Verstehen der damit verbundenen Absicht.

Zu den "kreativen", d.h. den schöpferischen Überschreitungen (3)

Kreative Grenzüberschreitungen gehören zu den "fortgeschrittenen" Bewegungslösungen. Der einzelne wirft sein (intuitives) Wissen *und* sein (erlerntes) Können in die Waagschale - und entwickelt daraus für sich die jeweils notwendigen Bewegungslösungen für das anstehende Bewegungs-Problem. Das Ergebnis sind meist qualitativ hochstehende Bewegungsleistungen, zusätzlich komplexer und vernetzter Struktur. Solche Leistungen sind im Turnen ebenso gefordert wie im Werken, in der Hauswirtschaft ebenso wie bei anspruchsvollen lebenspraktischen Aufgaben.
Die Notwendigkeit "kreativer Lösungen" entwickelt sich aus der jeweiligen Einsicht, daß der Welt letztlich nur im flexiblen Bewegungsverhalten souverän zu beggnen ist bzw. wir sie häufig nur auf diese Weise erfolgreich befragen und beantworten können. Dies beginnt bei anfallenden häuslichen Arbeiten und endet beim Autofahren. Es geht hierbei nicht nur um eine motorische Anpassungsleistung, sondern auch um die psychische Fähigkeit des Sich-Einfindens, des Mit-Schwingens und Mit-Gehens - also eine Leistung, die man der Intuition zurechnen wird. Von da aus gewinnt die "lebenspraktische Förderung" an Schulen für Geistigbehinderte einen zusätzlichen Akzent. Nicht Gewöhnung allein ist gefragt, sondern in gleicher Weise Flexibilität - das jeweilige Bewegen wie auch das psychische Verhalten eines Menschen betreffend. Als Konsequenz ergibt sich daraus, Bewegungen einerseits in festgelegte Formen münden zu lassen, wie sie bei Versorgungs-, Herstellungs- oder Sortier-Arbeiten notwendig sind, andererseits genauso 'freies Tätigsein' zu ermöglichen als Grundbedingungen für Spielen, musisches Gestalten und kreatives Schaffen.
Diese Feststellung allein läßt die allzu enge, bisher aber meist praktizierte, oft ausschließliche Zuordnung des Phänomens 'Bewegung' zu bestimmten Fachgebieten oder auch ihre Zuteilung zu bestimmten, herkömmlichen schulischen Fächern ernsthaft in Zweifel ziehen.

Bewegungsarbeit und Sportunterricht - ein Gegensatz?

Ich verstehe die Ungeduldigen unter den Hörern bzw. Lesern, wenn sie fragen: Was hat das bisher Gesagte mit Sportunterricht bei Geistigbehinderten zu tun? Schließlich weihen wir heute ja Sportstätten für die Schüler der St. ELISABETH-Schule in Steinfurt ein.

Sport gilt nach wie vor - parallel zum Fußball - als schönste, vielleicht auch nützlichste Nebensache der Welt. Ob diese Aussage auch geistigbehinderte Mitbürgerinnen und Mitbürger in unserem Land teilen können, wäre allerdings zu untersuchen. Mir liegt fern, auch wenn ich selbst kein guter Sportler bin, den Sport als Fach bzw. als Disziplin in irgendeiner Weise schmälern zu wollen - von seinen kommerziellen Auswüchsen einmal abgesehen. Wie sehr Sport geistigbehinderte Schülerinnen und Schüler "lebendiger" zu machen imstande ist, hat L. *Faltermeier* in seinem beeindruckenden Buch (^{2}1985) anhand vieler Anregungen und Beispiele nachgewiesen. Dies trifft vor allem dann zu, wenn eine gewisse Spontaneität aufkommen darf und Konventionen überwunden werden.

Aus der Sicht eines Sonderpädagogen aber seien dennoch ein paar kritische Anmerkungen erlaubt. Sie sollen unsere Sensibilität für das Leben geistigbehinderter Menschen steigern helfen. Sport betreiben viele. Er hat sich inzwischen zu einem genormten Tun und einer auch gern prämierten Angelegenheit entwickelt. Die geforderten Leistungen sind exakt vorgegeben und mit Regeln belegt. Das Dialogische lassen sie dagegen weitgehend vermissen, bzw. der mögliche Dialog ist durch die jeweils verwendeten Sportgeräte äußerst eingeschränkt, man denke nur an den Absprungbalken beim Weitsprung, den schnellen Squash-Ball oder die schmalen Holmen eines Barrens. Die damit in enger Beziehung stehende Normierung und Formung der Bewegungsleistung hat ihre Berechtigung; für die Arbeit mit (geistig-)behinderten Schülerinnen und Schülern ist sie als motivationale Basis nicht ausreichend, und die Bewegungsaufgaben selbst sind zu eng.

Als Sporttreibender steht man ungewollt in permanentem Vergleich. Unseren Schülerinnen und Schülern dient weder ein Mitleids- oder Nachsichtsbonus, noch das immer wiederkehrende Erleben, doch nicht mithalten zu können. Erfolgreichen Sport treiben aus ihrer Sicht fast immer die anderen. Wir dagegen suchen für sie jene Bewegung und damit auch jenen Sport, der ein neues, ein stabiles Selbstwertgefühl entwickeln hilft. Bewegung sollte selbstbestimmte Aktivität sein, ausgehend von der voraus beschriebenen "initiativen Leiblichkeit". Während Sport sich immer mehr zu einem Bereich des Gesundsein-Müssens, des Schlanksein-Wollens und der Fitness-Prozedur entwickelt, vermittelt frohgestimmtes, selbst-initiiertes Bewegen eher die Erfahrung spontaner Lebensfreude, innerer Freiheit und Unabhängigkeit. Man muß es sich nur bildlich vor Augen führen, was es bedeutet, stolz und aufrecht einen großen Raum zu durchschreiten, mit seinem Rollstuhl voller Erwartung über einen Platz zu rollen oder selbstbewußt in eine Diskussion einzugreifen, weil man für eine Sache auch öffentlich einstehen will. Wir brauchen - zumindest für geistigbehinderte Schülerinnen und Schüler - nicht *mehr* Sport im herkömmlichen Sinne an unseren Schulen, sondern allem voran mehr und gleichzeitig eine neue innere *Freiheit* zur selbstgewollten und selbstgestalteten Bewegung.

(Dennoch soll mit dieser Forderung der Leistungsaspekt nicht völlig aus unserer Arbeit verbannt werden. Er gehört dazu, weil er Menschsein mit ausmacht.)

In diesem Sinne steht bzgl. menschlicher Bewegung an erster Stelle weder ein Richtig oder Falsch noch ein Können oder Nicht-Können, sondern eine alles erfassende Lust, mit seinem Körper und in steter Korrespondenz mit der Welt tätig zu sein.

Somit geht es in der Bewegungsarbeit mit geistigbehinderten Schülerinnen und Schülern nicht ausschließlich um das *Erlernen* normierter Bewegungsleistungen, sondern in gleicher Weise um die *Ausweitung* des bisher gelebten Bewegungsraumes und um eine *Vertiefung* bislang gesammelter Bewegungserfahrungen. Auch wenn wir alle, Gäste, Eltern, Schüler und Mitarbeiter dieser Schule, von den rundum gelungenen Sportstätten in Steinfurt beeindruckt sind und man sich gut vorstellen kann, daß es Spaß machen wird, hier Sport zu treiben, so bewegen mich dennoch *drei* Ängste, die nicht ungenannt bleiben sollen:

(1) Geistigbehinderte Schüler werden zu schnell und zu einseitig im Hinblick auf rein sportliche bzw. sportive Tätigkeiten geschult.

Im Hinblick auf den Integrationsgedanken mag dies verlockend sein, sich quasi ungefragt aufdrängen. Doch dient eine solche Absicht und ein solches Ziel wirklich unseren Schülerinnen und Schülern? Viele unserer Schüler bedürfen vielmehr einer *grundlegenden Aktivierung* und Vitalisierung. Sie sollen mit Sinnlichkeit und durch Bewegung die Welt leiblich-sinnlich entdecken und erleben und sich so mit einem stabiler werdenden Selbst auf den Weg in die noch unbekannte Welt und in ihr Leben machen.

Die Lust an Leib und Seele erfrischender Bewegung kann nur in eröffneten bzw. zugestandenen Freiräumen wachsen. Die Formierung jener freien Aktivitäten zu gebundenen, geübten und dann auch abrufbaren Bewegungsleistungen (Bewegung als geformte Aktivität, *Fischer*) wird unter diesem Gesichtspunkt jeweils den Rang 2 einnehmen.

(2) Wir stehen in Gefahr, das Sich-Bewegen(-Dürfen) geistigbehinderter Menschen in die Halle, in das Schwimmbad oder auf den Sportplatz "einzusperren".

Das selbstverständliche Recht aller Menschen nach individuellem Vermögen, nach Lust und Laune, nach Können und persönlichem Dafürhalten, sich überall dort zu bewegen, wo andere Menschen dies auch tun - auf der Straße, im Kino, im Café, im öffentlichen Schwimmbad oder in Geschäften - ist für geistigbehinderte Menschen alles andere als eine Selbstverständlichkeit.

Dies müßte aber als Pendant zum herkömmlichen Sportunterricht mit geistigbehinderten Schülern gewährleistet sein. Wo dies noch nicht der Fall ist, hat eine sonderpädagogisch überzeugende Arbeit Zugang zu schaffen und zur o.g. Selbstverständlichkeit anzuregen.

Sport an Sonderschulen würde auf diese Weise zu einer 'exterritorialen Angelegenheit' werden; er darf nicht nur der schul-internen Ertüchtigung und auch nicht nur der Energie-Bündelung im Rahmen eines Faches dienen.

(3) Ich habe Sorge, die Schule für Geistigbehinderte packt - entsprechend dem alten Realien-Prinzip - "Leben lernen" und damit Bewegung in Fächer.

Konkret würde dies bedeuten:
Geistigbehinderte Schülerinnen und Schüler sitzen 20 Stunden pro Woche - von einigen schulisch bedingten Unterbrechungen abgesehen - an Tischen und Stühlen (wobei der Tisch und der Stuhl nicht der primäre Arbeits-, Lern- und Lebensort geistigbehinderter Schüler ist) und erhalten dafür - quasi als Ausgleich - pro Woche *zwei* Stunden Sport und *eine* Stunde Schwimmen.

Diese Art, geistigbehinderte Kinder auf ihr Leben vorzubereiten, erscheint mir weitgehend unbefriedigend. Dialogfähigkeit mit der Welt muß anders errungen und anders erarbeitet werden. Für uns gilt dabei folgende Maxime:

Die *Schule* für *Geistigbehinderte* ist eine *körper-* und *bewegungs*orientierte Schule. In ihr darf Leben *getan* und muß Lernen *gelebt* werden.

Motorischer und körperorientierter Umgang mit Lernaufgaben ist nicht Voraussetzung, sondern vielmehr als durchgängiges Prinzip beabsichtigt und wird als verbindlich angestrebt. Die eigentliche Begründung liegt dabei nicht primär im Methodischen, sondern in der Form von *Kultur*, die jene Menschen praktizieren, denen Erziehung und Bildung gelten soll.

Nach unserer Beobachtung ist für geistigbehinderte Schüler der Gebrauch und die Auseinandersetzung mit der sog. "schriftlichen Kultur" keineswegs ihre Form, das Leben zu gestalten. Nur wenige von ihnen können Schreiben, Lesen und

Rechnen insoweit erlernen und praktizieren, als daß sich daraus für sie Lebensqualität ableiten ließe.

Aber auch der Einsatz moderner Technologien wird rasch dann an Grenzen stoßen, wenn diese schriftliche Zeichen- und Signal-Systeme zur Grundlage haben.

Selbst die "mündliche Kultur" wird nur von einem gewissen Teil unserer Schülerschaft als tragende Kulturform in Frage kommen. Sie setzt eine Wertschätzung des Erzählens und Mitteilens voraus.

Viele geistigbehinderte Schülerinnen und Schüler haben darüber hinaus mit therapeutisch oft nur schwer anzugehenden Sprach- und Sprechproblemen zu kämpfen.

Der größte Teil unserer Schülerschaft erlebt die Welt *sinnlich-wahrnehmend* und begegnet ihr *taktil-kommunikativ.* Sie leben im Hier und Jetzt. Ihre Erfahrungen sammeln sie innerhalb konkret gestalteter und ebenso personnaher Situationen - vorausgesetzt, sie lassen sich von der Welt einbeziehen, bzw. sie selbst bringen sich in das "Weltgeschehen" um sie herum mit ein. Hierbei vermögen geistigbehinderte Menschen erstaunliche Leistungen zu vollbringen bei gleichzeitig bewundernswertem Engagement und sichtlicher Begeisterung.

Leider finden sie hierbei nicht immer die ihnen gebührende Beachtung und Wertschätzung durch die mitagierende oder auch nur aus Distanz beobachtende soziale Umgebung.

Von einer Schule für Geistigbehinderte als einer *Schule der leiblich-sinnlichen Kultur* sind wir - um die bisherigen Gedanken in eine brauchbare Zielsetzung umzuformulieren - noch meilenweit entfernt, trotz vereinzelter, eindrucksvoller Ansätze. Hier müßten auch gesellschaftliche Veränderungsprozesse geleistet werden. Die bislang geübte Praktik, die Erziehungs- und Bildungsarbeit mit geistigbehinderten Menschen als "lebenspraktische Bildung" zu umschreiben, erwies sich als nicht befriedigend und von der Sache her weder als stimmig noch tiefgreifend. Geistigbehinderte Menschen sind nicht in besonderer Weise *praktisch* bildbar. Sie lernen mehr und anderes, als daß man ihren Lernbedarf und ihre Lernleistungen überzeugend mit diesem Begriff der "praktischen Bildbarkeit" fassen dürfte. Geistigbehinderte Schüler sind befähigt und - wie sie uns erleben lassen - gewillt, sich uns in einem "leiblich-sinnlich geführten Dialog" mitzuteilen und auf diese Weise für sie lebendigen Kontakt zur Welt aufzunehmen. Konkretisierung hierzu erleben wir in nahezu allen Lebens- und Lernfeldern - dem lebenspraktisch-orientierten wie dem werktechnisch angelegten, dem künstlerisch gestaltenden oder auch im trainierend-einübenden, dem sinn-stiftenden wie auch im sinn-empfangenden Unterricht.

Obwohl wir alle eine Ahnung von dem haben, was *leiblich-sinnliche Kultur* meint, gelingt es bislang noch nicht, diese in ein didaktisch überzeugendes Konzept zu fassen. Der Lernprozeß diesbezüglich hat wohl erst begonnen.

Von *zwei* Aufgaben sei stellvertretend noch gesprochen:
Auf der einen Seite besteht für den sonderpädagogisch Tätigen die nicht leichte Aufgabe darin, sich selbst aus den Wirkungen und Verlockungen einer "schriftlichen Kultur" zu befreien; auf der anderen Seite gilt es, die lästige Verunsicherung zu ertragen, immer noch nicht letztgültig zu wissen, *wie* und *was* geistigbehinderte Schüler 'aus sich heraus' lernen möchten und möglicherweise auch könnten.

Unsere bislang ausgeübte Initiatoren-Rolle sollten wir sehr gründlich auf ihre tatsächliche Gültigkeit hin befragen und mögliche Anpassungsabsichten reduzieren. Diese Rolle scheint in ihrem Duktus ein Produkt der 'schriftlichen Kultur' zu sein - strukturiert von entwicklungspsychologischen Einsichten, lernpsychologischen Erkenntnissen und sozialpsychologischen Gesetzmäßigkeiten - und im Gegensatz dazu wenig angereichert durch eigene, erfüllende Erfahrungen mit einem praktisch-handelnden und sinnlich-gestalteten Leben.

In diesem Sinne wäre dann Bildungs- und Erziehungsarbeit mit geistigbehinderten Schülerinnen und Schülern *Bildung* über das Medium *Bewegung* - Bewegung verstanden als leiblich-sinnlich initiierter Dialog mit der Welt.

Felder der Realisation und Konkretisierung wären alle Lebensbereiche des täglichen Lebens wie die Küche, der Garten, die Werkstatt, aber auch der Verkehr oder der Gottesdienst - und alle persönlich bedeutsamen Lebensbereiche wie die Pflege, die Grundversorgung oder Erlebnisse in allen nur denkbaren Schattierungen.

Der Grundgedanke hierfür ist ein doppelter:
Die Existenz des Menschen ist nicht an das Vorhandensein oder an das Gebrauchen von Begriffen gebunden; gleichzeitig besitzt eine "leib-orientierte Arbeit" unmittelbare Nähe zu allem Schöpferischen - gerade dann, wenn kein leichtfüßiger Austausch von Wörtern mehr möglich ist. Hier kündigt sich die Chance einer qualitativ anderen Nähe an als jene, die schulisches Lernen im herkömmlichen Stil sog. didaktischer Veranstaltungen praktiziert. So wenig Konkretes wir bislang schon zur Charakterisierung einer 'leiblich-sinnlichen Kultur' formulieren konnten, so bahnt sich doch eine Vorstellung von der Umfänglichkeit der zu fordernden Um-Orientierung bzw. Um-Stellung für Begleiter und Betreuer, für Angehörige wie für Freunde geistigbehinderter Menschen an.

Wer die Welt vorwiegend leiblich-sinnlich wahrnimmt, lebt im Hier und Heute, entwickelt deutlich Sympathien für den Augenblick und entwirft selten große und gleichzeitig praktizierbare Perspektiven für die Zukunft. Die Teilnehmer leiblich-sinnlich gestalteter Lernsituationen drängen eher auf Wiederhholung als auf Vertiefung, Verdichtung und bleibende Aufarbeitung genossener oder wahrgenommener, erfahrener oder auch begriffener Erlebnisse.

Sonderpädagogen müssen sich immer wieder neu an jene Kurzatmigkeit gewöhnen und den damit einhergehenden schnellen Wechsel von Sympathie für die eine Situation bei gleichzeitig rascher Abkehr von einer anderen, oft voraus geschätzten.

Lernen unter diesen Bedingungen erfüllt sich nicht im Erreichen bleibender Kenntnisse und Einsichten, Fähigkeiten und Fertigkeiten, Haltungen und Interessen, sondern realisiert sich eher als durchgängige Hilfe zur Verlebendigung, inhaltlichen Füllung und Strukturierung der jeweils gelebten Gegenwart.

Eine weitere Forderung läßt sich in dieses Konzept gut einbinden: *Die Relativierung der Bedeutung von Fachbegriffen* - vor allem dann, wenn diese in der Hauptsache pathologische Zustände beschreiben. Fachbegriffe dieser Art gehen vom Bild sog. "normaler Bewegung" aus und meinen dann meist nur den funktionellen Anteil. Unser Versuch, den "habituellen Anteil" von Bewegung in den Mittelpunkt zu stellen, konzentriert sich auf das Wesenhafte des Sich-Bewegens von Menschen ohne weitere Beurteilung des konkreten Bewegungsvollzugs. Fachbegriffe als präzises Wissen sind für die Planung und die Durchführung exakter Lernprozesse in therapeutischen Zusammenhängen mit Sicherheit dienlich; sie dürfen aber nicht zu einem voraus wirkenden Bescheid-Wissen führen, gegen das anzukommen der/die einzelne geistigbehinderte SchülerIn keinerlei Chance mehr hat. In der Folge lastet Erwartungsdruck auf jedem gewagten Schritt hin zu einer Begegnung ebenso wie auf jedem Bemühen um mehr Mitmenschlichkeit und Vorurteilsfreiheit. Geistigbehinderte Menschen benötigen nicht nur jenes Voraus-Wissen, sondern sind in besonderer Weise des Schutzes würdig - nicht ihrer Schwäche, wohl aber ihrer Unmittelbarkeit, ihrer Offenheit und ihrer Verletzlichkeit wegen. Für geistigbehinderte Mitbürgerinnen und Mitbürger unseres Landes wurde in den letzten Jahren manches erreicht. Das Schwerste und gleichzeitig Schönste liegt noch weitgehend unbewältigt vor uns: die selbstverständliche, unangestrengte, unproblematisierte und genußvolle Begegnung mit ihnen.

Der hier vorgeschlagene Weg, die "gelebte" und nicht nur die "bemerkte", später auch die "geübte Leiblichkeit" wahrzunehmen, scheint einen starken

Impuls hin zu mehr Solidarität mit ihnen als Menschen und eben nicht nur als Behinderte in sich zu tragen. Schließlich sind auch geistigbehinderte Menschen unter dem gleichen Gesetz des Lebens angetreten wie ihre nicht-behinderten Zeit- und Altersgenossen auch. So sehr uns der Kampf um motorische Funktionen beschäftigen darf - letztlich tragen ja verbesserte Funktionen zu einem sich differenzierenden Dialog bei-, so sehr sind aber auch Raum und Zeit für "direkte Überschreitungen" zu gewähren. Hierbei sind dann die Lösungen nicht vorgedacht; der Behandlungsplan liegt nicht fest; und die (motorischen) Bedeutungen müssen selbst gefunden und anschließend auch sortiert werden. Für uns gilt: Die Verfügbarkeit über seinen Leib und das daraus erwachsende Bewußtsein, mit ihm etwas tun zu können, ist Ausdruck jener Initiative, die wir als "Grundbefähigung des Menschen" schätzen ... (nach *Buytendijk*) - und pädagogische Aktionen daran anzuknüpfen suchen.

Karl R. Popper schreibt im Vorwort zu seinem Buch "Auf der Suche nach einer besseren Welt" (München 1987):

"Alles Lebendige sucht nach einer besseren Welt.

Menschen, Tiere, Pflanzen, sogar Einzeller sind immer aktiv.
Auch im Schlaf erhält der Organismus den Schlafzustand
aktiv aufrecht:

Er wehrt sich gegen Störungen, gegen die Umwelt.
Jeder Organismus ist dauernd damit beschäftigt,
Probleme zu lösen.

Und die Probleme entstehen aus Bewertungen
seines Zustandes und seiner Umwelt,
die er zu verbessern sucht.

Der Lösungsversuch stellt sich oft als irrig heraus,
er führt zu einer Verschlechterung.
Dann folgen weitere Lösungsversuche,
weitere Probierbewegungen.

So kommt mit dem Leben - schon mit dem Einzeller -
etwas völlig Neues in die Welt,
etwas, was es vorher noch nicht gab:

Probleme und aktive Lösungsversuche;
Bewertungen und Werte;
Versuch und Irrtum."

In diesem Sachverhalt des Lebens - verstanden und von *Popper* herausgearbeitet als 'Lebensgesetz' - liegt wohl jener ureigenste Motivgrund menschlichen *Bewegens*. Bewegen ist letztlich Suchen, Finden und Bewirken. Nichts anderes will 'leiblich-sinnliche Kultur', als sich diesem Lebensmotiv anzuschließen, es für pädagogische Zusammenhänge - besonders im Hinblick auf behinderte Menschen - zu nutzen und gleichzeitig praktikabel zu machen. Eine solche Zielsetzung und deren Realisierung sind vor allem auf das Vorhandensein von *Freiheit* in einem umfassenden Sinne angewiesen, wobei die Suche nach jener "besseren Welt" selbst Ausdruck menschlicher Freiheit bei allem Gebundensein dokumentiert.

Freiheit ist in diesem Zusammenhang nicht als beliebiges Tun und Lassen zu interpretieren, sondern als Moment selbstverantworteter und souveräner Haltung dem Leben gegenüber. Ist eine solche Gestimmtheit und eine solche Überzeugung in den Mitarbeiterinnen und Mitarbeitern präsent, übertragen diese beides auf ihre SchülerInnen. Aber auch umgekehrt sind gerade diese Mitarbeiterinnen und Mitarbeiter einer Schule für Geistigbehinderte immer wieder auf jenes Moment der Freiheit und des Freiseins durch Ermutigung hinzuweisen. Ihr Frei-sein konkretisiert sich als ein Suchen und Finden, als das Dialogische und Leiblich-Sinnliche in der Begegnung von Mensch und Welt. Konkret fordern wir Freiheit für die Hände und Füße, für den Rücken und den Bauch, für Kopf, Herz und Hand - dazu Frei-Sein beim Rennen und Springen, bei Spiel und Sport, bei Fest und Feier, beim Aktivsein wie bei der Stille, beim Singen wie beim Gebet.

Nichts anderes benötigt die Schule für Geistigbehinderte mehr als jene innere, selbstbewußte, stolze, kräftige und souveräne Freiheit - als Ausdruck ihrer Suche nach jener "besseren Welt".

So kann der Behinderung das Niederdrückende genommen werden. Nicht mehr das Zwänge setzende Fragen nach dem WARUM bestimmt unser Bewußtsein, sondern die Überzeugung, glaubhafte und brauchbare Antworten auf die Frage nach dem WOZU zu finden. Die Schule für Geistigbehinderte als Stätte 'leiblich-sinnlicher Kultur' ist letztlich ein überzeugender Ort jener gelebten, praktizierten und ansteckenden inneren Freiheit. Sie setzt damit in einer Gesellschaft, die andere Ziele verfolgt, bewußt und deutlich *Gegen*-Zeichen - als Ausgangspunkt für eine neu zu wagende Partnerschaft.

Schlußgedanken

Sportstätten gab es heute an der St. ELISABETH-Schule in Steinfurt einzuweihen. Im Laufe unserer Überlegungen mußten wir erkennen:
Bewegung ist mehr als Sport, und Sich-Bewegen meint mehr als Sport-Treiben. Mit jeder Bewegung greifen wir in die Welt und damit in das Weltgeschehen ein. Die Behinderung selbst wird auf der "Suche nach der besseren Welt" zur Nebensache.

Wer sich bewegt, verläßt seinen Standort und begibt sich auf den Weg.
Wer seinen Weg finden und gehen will, muß ein Ziel haben.
Wer seinen Weg nicht verlieren will, ist auf Orientierungsmarken angewiesen.
Wer seinen Weg gehen und sein Ziel erreichen will, bedarf der "guten Weggenossen".

Geistigbehinderte Menschen fühlen sich bei ihren Lebens-Bewegungen nicht selten allein gelassen. Sie erfahren vielfältig Gelegenheit zu pädagogischen oder didaktischen Fitness-Programmen, selten aber Möglichkeiten der befriedigenden Anwendung. Sie können uns als Mitarbeiterinnen und Mitarbeiter einer Einrichtung fachlich-therapeutisch in Anspruch nehmen, vermissen aber dann außerhalb dieser ihnen wohlwollenden Lebensbegleiterinnen und Lebensbegleiter. Sie sehen sich mit Zielvorgaben und Wegmarken konfrontiert, die nicht ihre Lebensmöglichkeiten und auch nicht ihren Lebensstil im Auge haben. Ihre eigenen Wertigkeiten werden durch Fachbegriffe stigmatisiert und durch derzeit gültige Normen des gesellschaftlichen Kontextes verfremdet, entwertet und so zum Schweigen gebracht. *Ihre* 'bessere Welt' organisieren wir - als ihre selbsternannten Stellvertreter, als Männer und Frauen der Diakonie, der Lebenshilfe oder der Caritas. Dabei übersehen wir, daß geistigbehinderte Menschen selbst zu einer großen *Bewegung* in unserer Gesellschaft herangewachsen sind. Sie haben sich zu einer stillen Demonstration *für* das Leben formiert - für ein Leben *ohne* vorausformulierte Bedingungen, Erwartungen oder Leistungen.

Wie nötig hätte unsere Gesellschaft solche Vorbilder. Wie nötig hätten wir solche Weggenossen.

Geistigbehinderte Menschen leben unter uns; sie müßten nur noch entdeckt und in diesem ihrem Vorbild-Sein angenommen werden. Lassen wir uns durch ihr Bewegen zu einem "leiblich-sinnlich initiativen" Dialog auffordern.

Durchschreiten wir - angeregt von ihrem Lebensstil - unsere Lebensräume neu. Erobern wir uns - überzeugt durch ihre gelebte Sympathien - das Hier und Heute. Genießen wir - herausgefordert durch ihr Verbleiben im Jetzt - vorhandene Sinnlichkeit auch in unserem Leben. Entdecken wir mit ihnen zusammen *mehr* Freiräume in ihrem wie in unserem Leben. Lassen wir uns doch von geistigbehinderten Menschen *bewegen*. Denn nur der sich bewegende Mensch wird zu einem bewegten - und der, der aufsteht, zu einem standhaften.

Literatur

Aschmoneit, W.: Motorik und ihre Behinderungen im Kindes- und Jugendalter. Dornberg/Frickenhofen 1975.

Buytendijk, K.F.J.: Allgemeine Theorie der menschlichen Bewegung. Heidelberg 1956.

Faltermeier, L.: Sport macht lebendiger. Bad Godesberg 2/1985.

Fischer, D.: Aspekte der Erziehung und Bildung geistigbehinderter Kinder und Jugendlicher - bezogen auf den Sportunterricht. In: *Grössing*, s.u.

Grössing, St. (Hrsg.): Bewegungserziehung und Sportunterricht mit geistigbehinderten Kindern und Jugendlichen. Bad Homburg 1981.

Hünnekens, H./Kiphard, J.: Bewegung heilt. Gütersloh 6/1977.

Kapustin, P.: Lebenssituationen als Zielorientierung für Lehrplangestaltung und Unterricht mit geistigbehinderten Kindern und Jugendlichen. In: *Grössing*, s.o.

Koch, K.: Motorisches Lernen. Üben und Trainieren. Schorndorf 2/1976.

Loch, W.: Lebenslauf und Erziehung. Essen 1979.

Maier, W.: Das Problem der Leiblichkeit bei *J.P. Sartre* und *M. Merleau-Ponty.* Tübingen 1964.

Marcuse, L.: Philosophie des Un-Glücks. Zürich 1981.

Maurer, Fr. (Hrsg.): Lebensgeschichte und Identität. Frankfurt a.M. 1981.

Merleau-Ponty, M.: Phänomenologie der Wahrnehmung. Berlin 1966.

Miessler, Maria u.a.: Neues Lernen mit Geistigbehinderten. Das bin ich. Bonn-Bad Godesberg 1984.

Plügge, H.: Der Mensch und sein Leib. Tübingen 1967.

Popper, K.R.: Auf der Suche nach einer besseren Welt. München 2/1987.

Rywerant, Y.: Die Feldenkrais-Methode. Eine neue Bewegungs-Lehre. Heidelberg 1983.

Spranger, E.: Gedanken zur Daseinsgestaltung. München 1963.

Tamboer, J.: Sich-Bewegen als Dialog zwischen Menschen und Welt. Auf der Grundlage des holländischen Pädagogen *C. Gordijn.* In: Z Sportpädagogik. Seelze 1979/2

Thalhammer, M.: Zur Anthropologie der Bewegung in der Geistigbehinderten-Pädagogik. In: *Grössing*, s.o.

Vermeer, A.: Die Bedeutung der Bewegungserziehung für die Entwicklung Geistigbehinderter und ihrer Integration in die Gesellschaft. In: Loccumer Protokolle. Loccum 1982/Nr. 28.

Nachtrag:

Der sich bewegende Mensch = ein bewegter Mensch

Ich denke an den Augenblick zurück, als ich wenige Wochen nach meiner Erkrankung zum erstenmal ohne Hilfe einen Keks aus der Schachtel nehmen und mir in den Mund führen konnte. Was ist das schon: Einen Keks in den Mund führen!? ... das ist ein Triumpfgefühl, das fast etwas von einem Rausch an sich hatte. Ich wüßte keine Leistung zu benennen, die mich in jener Zeit stärker beglückt hat.

U. Bach
(an spinaler Kinderlähmung erkrankt)

Lebenslänglich eingesperrt zu sein, das ist die Erfahrung mit dem Körper.

L. Marcuse

Was der Mensch ist, das ist er durch die Sache, die er zu der seinen macht.

K. Jaspers

Das Leid der Unterlegenen stammt aus dem Vergleich.

L. Marcuse

Letztlich gibt es keinen Sieg über das Leibgefängnis, er ist versagt, auch mit Rohkost und Fußball.

L. Marcuse

Der Mensch besteht aus Beinen und Armen und einem Vorbild.

L. Marcuse

Der Körper ist der Ursprung der großen Trauer.

L. Marcuse

Der Mensch ist ein zum Sinnstiften begabtes Wesen.

V. Frankl

Bewegung ... ist grundlegende Bedingung der Möglichkeit, Unabhängigkeit zu erleben.

M. Thalhammer

Es soll Lehrer geben, denen wäre es am liebsten, ihre Schüler kämen nur mit dem Kopf unter dem Arm in die Schule.

H. Zulliger

Es gibt eine Therapie der Seele durch die Arbeit mit dem Körper.

A. Lowen

Die intentionale Leiblichkeit ist eine menschliche Daseinsweise, in der der Mensch seinen Körper als Objekt überschreitet.

C. Gordijn

Bedeutungen entstehen erst im Dialog.

H.G. Gadamer

Die 'imaginäre' Grenze zwischen dem Menschen und der Welt kann auf verschiedene Weise überschritten werden. Auf direkte, erlernte und kreativ-erfinderische.

J. Tamboer

Sich-Bewegen ist neben der Sprache, dem Denken oder der Wahrnehmung eine der zentralen Formen, in denen sich die Urverbundenheit des Menschen mit der Welt manifestiert.

J. Tamboer

Sich-Bewegen ist eine Urform des Dialogs des Menschen mit der Welt.

C. Gordijn

Das Ich ist vor allem ein körperliches.

S. Freud

Jeder Körper ist anders traurig.

K. Krolow

Der Leib – mein "Halt von unten".

H. Plügge

Die Reflexion befreit, in dem sie durchschaubar macht, von dem, was einen undurchschaubar beherrscht.

H.G. Gadamer

... in Ketten tanzen!

Fr. Nietzsche

Kunst und geistige Behinderung -
Widerspruch oder Chance der Annäherung?

(1986)

Vorbemerkung

Den nachfolgenden Text - gehalten als Eröffnungsvortrag - kann man besser verstehen, wenn man sich die damalige Gegebenheit kurz vergegenwärtigt.

Die Eröffnung der Ausstellung "Sehweisen" (Kunst geistigbehinderter Menschen) in Reutlingen schloß sich nahezu unmittelbar an die vielbeachtete Picasso-Ausstellung in der Kunsthalle Tübingen an.

Beide Städte liegen in unmittelbarer Nachbarschaft, sind aber von ihrem Selbstverständnis wie von ihren tatsächlichen Möglichkeiten höchst unterschiedlich. Reutlingen, als Stadt der Wirtschaft und Industrie, gilt als Stadt des Geldes mit hohem sozialen Engagement; Tübingen schreibt man aufgrund seiner altehrwürdigen Universität mit großer Tradition eher die Kennzeichnung "Stadt der Bildung" zu. Daraus ergeben sich manche höchst fruchtbaren Spannungen.

Diese Spannungen versuchte ich in einem mehrfachen Sinne aufzugreifen und bereits mit einem Faltblatt und zwei äußerst gegensätzlichen Bildern fortzuführen.

Das eine Bild zeigte das skizzierte Portrait eines Jünglings mit einer Rose zwischen den Lippen, das andere Bild das Gesicht eines grübelnden, finster dreinblickenden alten Mannes.

Der Text selbst

Die beiden Bilder unseres Faltblattes (entnommen aus der Zeitschrift RADIUS 3/1979) entfalten ihre Aussage und Widersprüchlichkeit erst durch die Gegenüberstellung.

Sie signalisieren die Spannung des Themas "Kunst und geistige Behinderung". Auf der einen Seite finden wir bereitwilliges Schenken, Offenheit und selbstbewußte Frische, auf der anderen Seite begegnen uns Grübeln, Erschrecken und fragendes Staunen. Keines der Bilder erlaubt eindeutige Zuordnung, wie auch das Thema selbst uns nur bedingt eine klärende Antwort gestatten wird. Wir fühlen uns zwischen beiden Bildern hin- und hergerissen - einmal mehr der Naivität des Jünglings, das anderemal dem grüblerischen alten Mann zugetan. Dies hindert uns aber auch, den anderen festzulegen, in unserem Fall geistigbehinderte Menschen, und ihnen dadurch kategorisierende Merkmale zuzuschreiben.

Vielmehr formiert sich in uns der Aufruf zu einer seltsamen Komplizenschaft, uns auf die Seite der Fragenden, der Zögernden und Verunsicherten zu schlagen. Die "Kunst" gibt uns Rätsel auf - jene "große Stimulanz des Lebens", wie sie *Nietzsche* in seinem "Nachlaß" bezeichnet, noch mehr allerdings, wenn sie aus den Händen geistigbehinderter Menschen uns entgegenkommt.

Klaus *Röhring* beginnt seinen bemerkenswerten Aufsatz "Kunst ist ärgerlich. Wider den Kunstbesitz" (Z Radius 3/1979) mit folgender Schilderung:

"Nachts oder an den Rändern des Schlafs, wenn die Geschäftigkeit des Tages vorüberzieht und ich an das Kaufen und Verkaufen denke, an seine in Zahlen, Noten und Orden meßbaren Leistungen, an die Vernunft, geschäftstüchtig, kühl, berechnend und an ihre kühlen, sachlichen und auf Wirtschaftlichkeit geprüften Produkte - plagt mich manchmal der Gedanke: Es gehe jemand durch die Wohnungen der Menschen, durch ihre Kirchen, über die Plätze und durch alle Museen, durch alle Konzerthallen und Theater, durch Bahnhöfe und Schulen und vernichte alles, was man gemeinhin mit dem Wort Kunst oder Kunstwerk bezeichnet. Nichts bliebe übrig bei diesem großen Bildersturm, sogar die letzte Panflöte würde zerbrochen und den Vögeln das Singen verboten ...
Ein Alptraum?
Ich haben den Eindruck, bei vielen Menschen sei ein solcher Würgeengel durch deren Inneres gegangen. Man sieht es ihnen nicht an. Sie haben sich mit schönen Dingen umgeben. Kunst hängt an ihren Wänden, Musik bevölkert ihren Plattenschrank. Sie haben Kunst. Sie haben einen *Chagall*, sie besitzen *Bach*, sie besuchen bei regnerischem Wetter eine Galerie. Ich spreche von denen, die Kunst haben und Kunst kennen, aber in ihrem inneren Reichtum leer sind, als sei der Würgeengel in der letzten Nacht durch sie hindurchgegangen. Sie haben Kunst - aber sie ist in ihnen tot."

Mich haben diese Zeilen wie aus einem selbstzufriedenen, kulturellen Schlaf gerüttelt. Bislang war ich mir meines Umgangs mit Kunst, der wahrhaft kein "ärgerlicher" ist, sicher. Doch mein Versuch, diesen zu beschreiben, erbrachte eher brüchige und wenig überzeugende Erträge. Zum einen wuchs in mir Dankbarkeit, durch Kunst schon mehrfach satt geworden zu sein, zum anderen fühlte ich in mir die fehlende Verfügbarkeit jener existentiellen Kraft, die Kunst schenken kann, um sich gegen die "Hoffnungslosigkeit des Daseins" erfolgreich anzustemmen - der "bedrohlichen Grundstimmung des Menschen", wie sie *K. Jaspers* einmal beschrieb.

Aber auch dies wurde mir deutlich: Die Kunst klammert in ihrer breiten Lebendigkeit keine Dimension menschlichen Lebens aus; alles fordert sie - anscheinend erfolgreich - zur Bearbeitung heraus: Die Leidenschaftlichkeit und Hinfälligkeit des Menschen ebenso (vgl. "La Boheme" oder "La Traviata") wie dessen schier endlose Versuchlichkeit (vgl. "Cosi fan tutte"); die Sehnsucht des Menschen nach Hingabe findet ebenso ihre musikalisch hinreißende Umsetzung in Töne (vgl. "Der Rosenkavalier") wie die Verklärung des Heldenhaften und der für den Menschen schwierigen Götterwelt (vgl. die Opern von *R. Wagner*). Dabei ergötzt bzw. beeindruckt uns nicht das Abbild, sondern die Um- und Neuschöpfung, in der sich menschliches Leben "tausendfach bricht" und neu zur Botschaft wird.

Wohl nur in dieser durch Kunst geleisteten Umfassung und Widerspiegelung unseres Daseins sind die Gründe unserer Faszination von Kunst zu suchen, konkret bereits vertraute Bilder mehrfach zu betrachten, Ausstellungen zu besuchen oder einem Maler in seinem Atelier über die Schulter zu schauen, selbst einmal wieder den Pinsel in die Hand zu nehmen oder für Freunde ein köstliches Mahl zu bereiten, selbst wieder einmal in einen Gesang einzustimmen oder ein lange vergrabenes Instrument erneut zum Klingen zu bringen, sich selbstvergessen in Poesie zu verlieren oder sich von Gestalten und Geschehnissen eines Romans forttragen zu lassen.

Kunst lediglich zu kennen und sie zu besitzen, mag verführerisch sein, doch darauf käme es nicht an. *Mit Kunst zu leben*, mit ihr in eine lebendige Beziehung einzutreten, das kündigt sich bei unseren ersten Überlegungen als das Entscheidende an. Es geht also um den Umgang des Menschen mit seinen Produkten, mit den Lebensäußerungen von Menschen - mit einer von Menschen geschaffenen Wirklichkeit. Und nur von daher sehe ich mich als Sonderpädagoge berechtigt, einige Überlegungen zum Thema "Kunst und geistige Behinderung" vorzutragen.

In den letzten Wochen (1986) ereignete sich eine seltsame Parallele: In Tübingen drängten sich Menschenschlangen vor der Kunsthalle, um Bilder, Skizzen und

Drucke aus dem Leben und Schaffen des unnachahmlichen Malers und Meisters *Pablo Picasso* zu bestaunen; hier in Reutlingen hat man in dieser Woche Gelegenheit, im Rahmen der Ausstellung "SEHWEISEN" Bildereien geistigbehinderter Menschen zu betrachten und ihnen zu begegnen.

Sie mögen mahnend dazwischen treten, um mich von einem Vergleich abzuhalten: Mich aber lockt er, ja fordert er förmlich heraus - auch wenn er weh tun und Wunden aufreißen sollte. Er wird sicherlich nachdenklich stimmen und bohrende Fragen aufwerfen. Er weist auf Mißstände hin und fordert zu Kurs-Korrekturen auf. Dennoch müssen wir ihn aushalten - jenen Vergleich, wenn wir uns als Lernende im "Umgang mit Kunst" *und* als Lernende im "Umgang mit geistigbehinderten Menschen" neu einüben und neu bewähren wollen.

So halte ich es für unangebracht, aus sachlicher Distanz Sätze zum Bild-Schaffen geistigbehinderter Menschen zu formulieren. Selbst mein fachliches Interesse reichte hierfür nicht aus, und meine Verantwortlichkeit würde es mir nicht erlauben. Ich will dort Klammern lösen, wo wir uns solche - wohl zur eigenen persönlichen Sicherheit - zugelegt haben. Ich mute uns heute ein Auseinanderdividieren zu, wo wir gerne mit einer gewissen Glattheit über schwierige Momente hinweg in das uns bekannte, soziale Terrain flüchten. Zu oft schon hielt uns der soziale Beruf einen Deckmantel zum Nicht-Betroffen-Werden bereit. Behinderte Menschen reagieren empfindlich auf eine Fürsorge, die sich wie ein Mai-Regen über sie ergießt, oft nicht erbeten und den Verursacher weder in seinen Motiven glaubhaft erlebend, noch in seinen Absichten durchschaubar nachvollziehen können.

So werden wir heute von Menschen mit einer geistigen Behinderung (Teil 1) zu reden haben *und* von uns als ihre Partner (Teil 2) *und* von der Kunst (Teil 3) - als ein gemeinsames Terrain neu zu gewinnender Mit-Menschlichkeit und Partnerschaft.

Menschen mit einer geistigen Behinderung - oder was man von ihrem Leben halten soll

Der Würgeengel von *Klaus Röhrings* Horrorvision war ja bereits kräftig tätig. Daß geistigbehinderte Menschen mit Kunst in einen Zusammenhang gebracht werden, ist ein absolutes Novum. Jahrelang - und immer noch - fristeten viele von ihnen ihr Leben in einem von Kunst gereinigten, entleerten Raum. Aufgereihte Anstaltsbetten in gleichbleibendem Weiß gehörten eher zu ihrer Lebensumgebung als Bilder von *van Gogh* oder *Matisse*. Und über die Notwendigkeit, sie mit der Welt von "Tristan und Isolde" vertraut zu machen, besteht bei den sich dafür als zuständig Erklärten ebenso große Uneinigkeit wie über den dringenden Besuch eines Konzerts von *Herbert Grönemeyer*. Daß geistigbehinderte Menschen malen und Bilder ausstellen können, ist weitgehend Folge der schlichten Tatsache, daß sie derzeit wieder unter uns leben. Auf ihre Lebensäußerungen, auf ihr Mit-Denken und Mit-Fühlen, auf ihre Kunst konnten wir über Jahrzehnte hinweg problemlos verzichten. Warum jetzt dieser Boom?

Bilder, die es hier zu betrachten gibt, sind Lebensäußerungen von Menschen in Farbe und Form zu Papier gebracht, in deren Lebensgeschichte das Signum "unwertes Leben" unauslöschlich eingebrannt ist. Beide Wörter sind heute aus unserer gesprochenen Sprache, aus der Sprache der Öffentlichkeit nahezu verschwunden. Selbst sie nur auszusprechen, jagt Schauer über den Rücken. Aber man muß es wohl einmal für sich im Stillen tun, um sich jener Ungeheuerlichkeit zu stellen und die damit verbundene, existentielle Bedrohung wenigstens annähernd nachzuempfinden.

Was die Menschen 'von heute' (1986) in ihrem Herzen denken, bleibt weitgehend verborgen, der Öffentlichkeit zumindest unbekannt. Umso mehr treibt mich die Sorge: An welchen Wörtern arbeiten derzeit die Menschen?

Der Prospekt zur Ausstellung "Sehweisen" verwendet eine freundliche Sprache. Er spricht diese den BesucherInnen, den LeserInnen, den BetrachterInnen quasi vor. Bei aller Skepsis den Aussagen gegenüber sei ihm Erfolg gewünscht: Möge er anregend und modellhaft die Sprache und damit das Denken der Menschen beeinflussen, für sie gleichzeitig zum Prüfstein ihrer persönlichen Sprache werden. Dennoch sollten wir uns nicht täuschen lassen. Menschen mit einer schweren (geistigen) Behinderung sind in unserer Gesellschaft ungesichert wie je zuvor - trotz mancher zur Institution gewordenen Sicherheit, die in letzter Zeit an verschiedenen Orten unseres Landes entstanden ist.

Der Tenor hat sich nicht entscheidend verändert:
Wir feiern zwar Sommerfeste mit ihnen, bauen Schulen für sie, bemühen uns um Integration und organisieren Freizeit-Aktivitäten, schreiben Bücher über sie, entwickeln Lernmaterialien für sie, halten und hören Vorträge. Immer ist es ein Beschäftigen um sie herum im Sinne von Rahmen- oder Bei-Programmen. Doch urplötzlich - so jetzt in Bayern geschehen - werden Klassenmeßzahlen erhöht, Therapiestunden gestrichen, Arbeitslosen-Pauschale statt Beschäftigung oder Arbeit erwogen. Sicherheit bringt nicht allein das Versorgtwerden - schon gar nicht auf der Basis von Brosamen der Besitzenden.
Sicherheit allein garantiert tatsächliches Gebraucht-Werden.
Dieses "Brauchen" hat einen doppelten Aspekt: einen gesellschaftlich-öffentlichen und einen persönlich-privaten. *Rainer Langhans* fragte in einem Interview: "Wohin geht man eigentlich, wenn man in einer Gesellschaft lebt, die man nicht versteht, die Gesellschaft aber umfassend ist?" (vgl. auch *R. Langhans*, Theorie diffua, Nördlingen 1986). Kann man von dieser Gesellschaft gebraucht werden, wenn man diese Gesellschaft für sich nicht "brauchen" kann?
Für uns heißt diese Frage ins Persönliche übertragen:
Benötigen wir Menschen mit geistiger Behinderung für den Vollzug unseres Lebens wirklich? Empfinden wir sie für unsere Gesellschaft als existentiell notwendig? Erwarten wir von ihnen Trost? Können wir uns Fürsorge, durch sie für uns ausgeübt, vorstellen? Sehen wir unsere Lebensziele mit ihnen in irgendeinem unabwendbaren Zusammenhang?
Oder noch konkreter gefragt:
Inwiefern ist mein mongoloider Nachbar, der tetraplegische, im Rollstuhl sitzende Mann, die depressiv verstimmte Frau bei uns im Haus mir förderlich? *Wir* sind umgekehrtes Denken und Handeln gewöhnt: *Wir* sind die Wichtigen für behinderte Menschen - und drängen sie dabei, meist unbemerkt, in jene unmenschliche Ecke, wo sich Mitleid anhäuft und sich Geben nur noch von oben her ereignen kann.
Moltmann (1982) bringt diesen Zusammenhang auf den Punkt, wenn er erinnert: "Erst wenn Fürsorge aufhört, kann Freundschaft beginnen" (220). Solange sich ein solch fundamentales, gegenseitiges Brauchen nicht einstellt bzw. wir nicht daran arbeiten, bleiben alle noch so gut gemeinten, sozialen Formen unseres Tuns und Trachtens zu tiefst fragwürdig, des kritischen Befragens unumgänglich notwendig. Die Zweiteilung unserer sich als sozial verstehenden Gesellschaft vollzieht sich nahezu beängstigend perfekt.
Für unseren Zusammenhang formuliert heißt das: Auf der einen Seite befinden sich jene, die sich als kunstverständig und kunstbesitzend verstehen, Kunst für sich als kulturelle Zutat ihres Lebens leisten und als Dokumentation ihrer Bildung handhaben, auf der anderen Seite versammeln sich jene, die wir mit Hilfe diagnostischer Vorgehensweisen und analysierender Blicke erfassen, gemäß unseres wortschatzreichen Fach-Jargons einordnen, denen wir mit spezialisierten Trainings- und Behandlungsritualen begegnen, nicht selten zu ihrer hautnahen Besichtigung einladen. *Uns* steht die Welt der Technik, die Welt des Fortschritts, die Welt der Künste zur Verfügung; *jene* dagegen müssen sich für diese erst als "würdig" erweisen, sich aus ihrer Behindertenwelt hoch-dienen und Anpassungsleistungen erbringen.

In dieser Woche besteht Gelegenheit, *vor ihren Bildern zu stehen*.

Die dabei von ihnen benützte Sprache ist von merk-würdiger Stille. Dort, wo man einen Aufschrei vermuten würde, treffen wir auf Sonnenuntergang oder friedvolle Szenen aus dem Alltag. "Eigentlich harmlos!" mag mancher denken, oder: "Die malen ja wie Kinder!". Nur ab und zu trifft uns ein Pfeil, nur ab und zu erschrecken wir, wenn grelle Farbmischungen oder zersprengte Formen Hauptthema eines Bildes sind. Der Dialog hat anscheinend noch nicht begonnen; er kommt nur schwer in Gang. Dabei wäre "Lautsein" angezeigt, um auszusprechen, wie die Wirklichkeit ist, um Unrecht anzuklagen und Hören einzuklagen:

"Wir sind hier nicht willkommen. Merkt Ihr es denn nicht? Wir sind hier als eine Gruppe zusammengefaßt - unter dem Kain-Zeichen unserer Schwäche und unserer Begrenzung. Wir werden bei Euch als die Geistigbehinderten vorgeführt, hergezeigt, vorgestellt. So malen geistigbehinderte Kinder, Jugendliche, Erwachsene! Ihr denkt vielleicht: Gar nicht so schlecht! Oder: Hätte ich nicht gedacht! Oder: Manch verborgenes Talent! Aber unsere Lebensgeschichte, die Lebensgeschichte jedes einzelnen von uns, sie bleibt verborgen. Dabei möchten wir gerne aus unserem Leben erzählen. Jeder einzelne von uns. Eine Lebensgeschichte, nahezu lückenlos dokumentiert, die könnt Ihr drüben bei Picasso erleben - der konnte aus seinem Leben erzählen, von den Stierkämpfen und der spanischen Sonne, von den Frauen und den Jünglingen, von den Künstlern und den Harlekins, von den Pferden und der Taube, vom Krieg und vom Frieden."

Geistigbehinderte Menschen mitten unter uns - und doch immer noch in einem personalen Niemandsland ... Ist das das Ergebnis? Sie sind den Umgang mit uns ebenso wenig gewöhnt, wie wir es sind. Wir treffen uns einfach viel zu wenig. Auch heute Abend sind wohl nicht viele da. Wie sollen wir ein Umgehen miteinander lernen, wenn wir sie in ihrem Schaffen und Mitteilen nicht persönlich suchen, ihre Produkte hochstilisieren und sie in ihrer Botschaft nahezu verklären, ihre Arbeit als Kunst bezeichnen, diese aber doch nicht wirklich brauchen? Unser Bemühen um sie ist vielfältig, vielgestaltig und meist von unerschütterlicher Gerechtigkeit getragen. Doch Gerechtigkeit kann doch nicht das Letzte sein, was Menschen miteinander verbindet. Gleiches Recht für alle - theoretisch gedacht, aber praktisch bezeugt: Wir brauchen sie nicht. "Unwert" ist heute nicht mehr unsere Vokabel, aber "unnötig" immer noch in den meisten der Fälle des Lebens als unverdächtig angezeigt.

Die Bilder dieser Ausstellung haben Menschen gemalt - Menschen, die eine Lebensgeschichte als "Geistigbehinderte" bereits hinter sich haben und eine solche - bislang wohl - vor sich. Keiner der MalerInnen dieser Bilder hat sich "geistigbehindert" als Kennzeichnung erbeten oder gar gewünscht. *Wir* haben Menschen eingeteilt, wir haben Bezeichnungen vergeben. Und so hat sich dieser Begriff als Name bereits derart eingebürgert und in unser Vokabular festgefressen, daß wir dabei sind zu vergessen, daß diese Malerinnen und Maler Gabi und Thomas, Monika und Franz heißen.

Von ihrer persönlichen Lebensgeschichte entdecken wir in diesen Bildern wenig. Auch wir selbst als ihre Gegenüber kommen kaum vor. Dabei ist ihre Geschichte eine Geschichte mit uns - unsere gemeinsame Geschichte. Sie haben mit uns gelebt, an unserer Welt teilgenommen und von dieser Welt gegessen. Und doch sind es zwei getrennte Welten geblieben - weder gerecht noch gleich verteilt. Können wir tatsächlich ohne Beschämung vor diese Bilder treten? Jenen "Witz und Charme", von dem der Ausstellungs-Prospekt spricht, auf uns unvoreingenommen wirken lassen? Ohne diagnostischen Blick uns den Details, der Farbgebung und den Linienführungen nähern? Oder hat *W. Biermann* recht, wenn er in einem Gedicht formuliert, "die Milch der Zufrühgekommenen sei willkommen, nicht aber die Zufrühgekommenen selbst".

Demgegenüber steht uneingeschränkt folgende Erfahrung: Gütige Augen sehen das Gute und offene die Wahrheit.

Solche Augen haben in der Ausstellung "Sehweisen" eine Fülle an Kostbarkeiten zu entdecken. Sie treffen auf schöne, heitere und lebensfrohe Bilder. Sie können für sich einen neuen Anfang hin zu einem ersten Dialog erkennen und die Gesellschaft einladen zu anderen Sehweisen der Dinge dieses Lebens.

"Empfangen kommt vor dem Handeln" sagte neulich *Prof. Dr. Zahrnt* in einem Interview. Wir alle sind auf vielfältiges, vorurteilsfreies und erwartungsentbundenes Empfangen angewiesen, soll unser Geist wach und unser Herz zum Leben erweckt werden. Geistigbehinderte Menschen wachsen auch heute immer noch wachsen, ohne daß sie die Herausforderung an ihren Geist hinreichend erleben und erfahren können. Sie stehen ungewappnet durch Bildung und ohne jene innere Kraft, die allein der lebendige Umgang mit Kunst verleiht, den Notwendigkeiten des Lebens gegenüber. Sie sind und bleiben deshalb abhängig von Vermittlern und Begleitern, ausgeliefert dem mildtätigen Zugestehen geschützter Räume und bewilligter Zeiten - immer unter der "Last der Erwartung" (*Thalhammer*) und selten eingetaucht ins Glück einer freimachenden Begegnung. Herkommend von der Ausstellung mit Bildern von *Picasso* fragen wir nach ihrer "spanischen Sonne", nach ihren Erlebnissen "in der Arena des Stierkampfes", nach ihrer Faszination der "Liebe der Frau zum Raben", nach ihrer grenzenlosen Traurigkeit der "Gaukler" oder auch nach ihrer milden Versöhnlichkeit des "Mädchens mit der Taube".

Picasso lehrt uns: Der erlebte Alltag zwingt uns unsere Erlebnisse auf, der Versuch eigenständiger Bewältigung vermehrt unser Betroffensein, und die Liebe zum Leben erwärmt unser Antworten. So scheint zweierlei notwendig:

Ein Hinführen zu den Quellen des Lebens *und* ein verändertes Verstehen der "Sehweisen", einschließlich eines neu gewonnenen Umgehens mit deren "Autorinnen und Autoren". Zuerst zu den *Quellen*:

Ich formuliere hier diese Forderungen für uns alle - nicht nur für jene, die "anders" sind. *Unser* aller Leben bedarf der Auffrischung und Vertiefung durch ein Erleben von mehr Sinnlichkeit - als entscheidender Zugang zu jenen Quellen, aus denen heraus schöpferisches Tätigsein und künstlerisches Schaffen entspringen, besser: sich nähren. Der "Aufruf zu mehr Sinnlichkeit" hat für den schulischen Bereich in beeindruckender Weise *Horst Rumpf* übernommen (vgl. *Rumpf, H.*: Die übergangene Sinnlichkeit. Drei Kapitel über die Schule). Wir können und sollten daraus für das *Leben* lernen. Lassen Sie mich nachfolgend einige wenige Aspekte dieser Quellen beleuchten und anhand von Beispielen entfalten - wohl bewußt der eigenen Begrenztheit, die ganze Fülle und die umfassende, grundlegende Bedeutsamkeit in dürre Worte zu kleiden.

Die Farbe

Die Farbe ist Kraft- und Energiepotential, die allerdings der Formung, der Struktur und der Differenzierung bedarf. Einige Bilder aus dem frühsommerlichen Leben möchte ich im Hinblick auf die Farbe 'gelb' wachrufen:

So zum Beispiel das Eintauchen in das duftende, quietschgelbe Rapsfeld am Hang - das Sich-anmuten-Lassen von beruhigend-versöhnlich wogendem, braungelbem Weizenfeld - das Fasziniert-Werden vom strahlend-gelben Blütenkranz der Sonnenblume, immer kraftsuchend und vertrauensvoll der großen Sonne zugewandt - das Gelangweilt-Sein vom blassen Mode-Gelb in den Auslagen der Fußgängerzone - das Sich-genüßlich-Stimmen vom feinen Getöne eines Riesling-Gelbes im Weinglas zur späten Abendstunde - das Heraussuchen der Bücher mit gelbem Buchrücken in der eigenen Bibliothek.

Sommerfarbe 'gelb' allerorten - doch nur für den, der sie wahrnimmt, sie wahrzunehmen imstande und offen ist.

Die Strukturen

Strukturen gleichen Ordnungen und Fixierungen im Chaos des Lebens, dem lebendigen und gleichzeitig verwirrenden Auf und Ab. Sie sind nicht "einfach da"; sie bedürfen des systematischen, lange einübenden Lernens - bis sie das werden, was sie uns sind: Haltepunkte im Leben. Wiederum seien nur wenige

Beispiele herausgegriffen und uns in Erinnerung, in die innere Vorstellung zurückgebracht: Welch ein Glück, in sich und seinem Bewußtsein die "Linie" oder die "Gerade" als Kante oder Strich fest verankert zu wissen! (Man sollte es durch ein Schließen der Augen und ein allmähliches Einpendeln des Bewußtseins und der Vorstellung einmal selbst ausprobieren und sich von der Intensität der auftauchenden Bilder beeindrucken und überzeugen lassen: eine Linie!) Oder bedenken wir, mit welcher Selbstverständlichkeit wir uns bereitwillig - beim Benützen eines gewöhnlichen Stuhles - auf einem "Quadrat" ausruhen und durch Anlehnen an das "Rechteck", der Stuhllehne, Entspannung finden. Oder: Daß wir ein inneres Bild einer Treppe haben, die uns hilft, eine Höhe - dokumentiert durch zwei Ebenen oder eine Mauer - problemlos zu überwinden. Das gibt Konstanz - Strukturen vermitteln Sicherheit.

Aber auch dies gehört dazu:
Tief innen erfahren zu haben, daß es ein Aufbrechen und ein Zerreißen, ein Durchstoßen und Durchdringen gibt; daß man etwas transparent machen kann und leicht, was vorher fest, glatt und undruchtrennbar schien; daß man sich die Leichtigkeit des Daseins zurückzuholen vermag, wenn man hinwegziehenden Wolken nachträumt (wozu *J. Ringelnatz* in seinem Gedicht "Sommerfrische" empfiehlt: "Zupf Dir ein Wölkchen aus dem Wolkenweiß ..."); daß man sich durch langgezogene Schatten zum Weg-Gehen aus der Wirklichkeit verleiten lassen oder durch die Begegnung mit "Punkt" und "Kreis" neu zur vertieften Konzentration in sich zurückfinden kann. Welche Schätze an Wahrgenommenem haben wir in uns verankert! Und welche neuen Reichtümer können wir daran anschließen und noch hinzufügen! Das alles ist wie selbstverständlich in uns. Es gibt uns Fundament und verhilft uns gleichzeitig zur Formensprache. Mit ihr können wir nach außen treten, künstlerisch tätig sein und unsere alltäglichen Erfahrungen ebenso gestalten wie das persönlich tief innen Erlebte. Wer in dieser Weise wahr-nimmt, darf zuversichtlich sein, daß andere ihn in seinen Spuren verstehen. Seine Sprache wird zu einer Sprache für alle, wie auch er Anteil an der Sprache anderer hat. Er fühlt sich zum Sprechen ermutigt und vom Wahrzunehmenden gehalten und bestätigt.

Die Fähigkeiten

Es besteht berechtigte Gefahr, alles Funktionale, Handwerkliche und Technische nach den vorausgegangenen Überlegungen als zweitrangig verkommen zu lassen. Dabei muß das Halten des Pinsels ebenso gelernt werden wie das Auflösen, Verstreichen und später das bewußte, richtige Setzen von Farbe. Selten ist mit einem VHS-Kurs gedient. Nicht wenige sog. behinderten Künstler unterzogen sich einer fachlichen Ausbildung oder einem Studium, um dem Mitleids-Boom und dessen Auswirkung zu entgehen: Jede noch so bescheidene Lebensäußerung eines behinderten Menschen als "Kunst" zu charakterisieren, damit dem schaffenden Menschen jede ernsthafte Kritik vorenthaltend und jede würdige Auseinandersetzung entziehend. Kunst-Unterricht oder Bildnerisches Gestalten entbehren auch an der Schule für Geistigbehinderte nicht des Lernaspektes - im Gegenteil. Es ist bewußt geplante und systematisch geführte Lernarbeit vonnöten, um die für eine befriedigende Gestaltung notwendigen Fähigkeiten und Fertigkeiten ebenso anzubahnen und einzuüben wie den sachgemäßen Umgang mit dem jeweiligen Material und dem dazugehörigen Werkzeug.

Auf diese Weise kann anschaulich und eindrucksvoll zugleich - auch im Zusammenhang mit Kunst - die von *H. v. Hentig* geäußerte Maxime bzgl. der Aufgabe der Pädagogik eingelöst werden: "Die Sachen klären und den Menschen stärken." Den Menschen durch Umgang mit Kunst zu stärken, gelingt nur durch eine für ihn erkennbare und erfassende Motivation. Er muß als erlebender und erleidender Mensch Zeit und Raum haben, sich zum Ausdruck zu bringen. "Lerne zu schweigen, damit du zu sprechen beginnen kannst" (25) - oder: "Der Dienst am Verborgenen ist der Maßstab. Er bestimmt die Möglichkeit und den Umfang der Beziehungen zu dem offenen Aspekt des Anderen." (14) - so lesen wir bei *R.*

Langhans (1986). Der vermeintlich notwendige Zwang hin zur Ertüchtigung als Vorbereitung auf den absolut nicht gesicherten Arbeitsplatz in einer Werkstatt für Behinderte löscht jeglichen Atem schöpferischen Schaffens.

Begonnene Sinnlichkeit, entdeckte Farbigkeit, in der Vorstellung eingegrabene Strukturen und erstes handwerkliches Geschick bedürfen der Fortführung, der Differenzierung und Kultivierung, sollen gültige Werke entstehen.

Die Ausstellung "SEHWEISEN" ist ein Impuls zu neuem Anfang bzgl. der Entwicklung einer Kultur der Sprache, des Ausdrucks und der Mitteilung; doch dies gelingt nur dann, wenn die einzelnen Bilder aus der von uns geordneten und gefügten Behinderten-Welt heraustreten (dürfen) - und wir unser Wollen und Können des Verstehens neu gewichten.

Wir - die Nicht-Behinderten
oder: Ein verändertes Umgehen mit den "Sehweisen"

Manch einer mag sich gut seines eigenen Zeichenunterrichts erinnern und kann ohne Mühe seine damals erlebte "Behinderung" hervorholen. Vielleicht hat der damalige Kunst-Unterricht tatsächlich nicht alle Möglichkeiten der voraus entfalteten Förderung ausgeschöpft. Ich erlebte an unserem Gymnasium das Fach "Kunst" als äußerst hilfreich, für uns Schüler und für unsere Lebenspraxis als höchst eindrucksvoll gestaltet.

Dem unvergessenen Lehrer, *Fritz Stonner*, gebührt - posthum - aufrichtiger Dank. Wir sahen uns als Schüler nicht vor dem noch leeren Malblock sitzend und zur ordnungsgemäßen Erfüllung des Malauftrages "Zirkuspferde", "Urwald" oder "einsame Fabrikstraße" verdammt. Wir durften von Beginn unserer Schullaufbahn an eine zusätzliche, eine "andere" Rolle als Kunstschaffende erleben und erlernen, nämlich die des "Lesers" oder Betrachters.

Im Vergleich zu den vielen anderen Rollen unseres Lebens wird letztere meist unterschätzt oder dementsprechend vernachlässigt. Dabei ist sie kostbar, wichtig und von unmittelbarer Lebensrelevanz. Zu jedem Kunstwerk und voraus zu jeder Lebensäußerung von Menschen gehört die/der "Leser/in" zwingend dazu, wenn Kommunikation zwischen dem Schöpfer wie dem Betrachter angeregt werden soll. "Lesen" selbst ist ein originärer Schaffensprozeß, auch wenn sich dies als Tatsache erst auf den zweiten Blick erschließt. Hierbei gilt es, die schwere Aufgabe des Verstehens zu leisten - und zwar in einem zweifachen Sinne: verstehen zu können und verstehen zu wollen. Beides hat gleichrangig hohe Bedeutung und ist in einem wechselseitigen Prozeß miteinander verbunden.

Es besteht die Aufgabe wie die Chance, eine Botschaft zu enträtseln, die über ein nach Erklärungen suchendes Fragen eindeutig hinausgeht und hinausweist. Indem wir eine Melodie, ein Bild, ein Gedicht oder eine Bewegung befragen, treten wir selbst in die Situation des Befragt-Seins und des Befragt-Werdens ein. Durch das Einlassen auf das Nicht-Ich klärt sich das eigene Ich - und nicht nur das Kunstwerk bzw. die Lebensäußerung selbst. Für dieses Nicht-Ich stehen nicht nur Kunstwerke aller Art wie der Roman, das Theaterstück, der Tanz, die Plastik oder das Lied, sondern auch Dinge aus dem täglichen Leben wie der Brief, die Speise, der gedeckte Tisch oder der überraschende Besuch am Samstagnachmittag.

Die bereitwillige Konzentration auf das Nicht-Ich und damit gleichzeitig auf das Selbst helfen zur Überwindung einer auf Beurteilung ausgerichteten Distanz. Eine Aufsplitterung unserer Gesellschaft in behinderte und nicht behinderte Menschen ist Ausdruck einer solchen parteinehmenden Distanzierung. Aber auch die Abspaltung des Produkts von seinem Schöpfer rührt aus dieser Haltung. Sie geht einher mit der Zergliederung menschlicher Ganzheit in Kopf und Herz, Bauch und Verstand. Unsere große Scheu vor einer ganzheitlichen Begegnung, unter großzügiger Aufgabe jener Distanzierungen und Abspaltungen, gründet wohl in der fehlenden Sorgfalt und Aufmerksamkeit dem eigenen Selbst gegenüber.

Wir stehen durch eine ganzheitliche Begegnung in der Situation, uns befragen lassen zu müssen und in der möglichen, einhergehenden Notwendigkeit, unser Selbstbild zu korrigieren. So kann die *Picasso*-Ausstellung in Tübingen uns nach unserer Vielgestaltigkeit und unserem Reichtum des Erlebens, unserer Bereitschaft und unserem Mut zur Wandlung befragen, oder die Begegnung mit geistigbehinderten Menschen unsere Ideale als fragwürdig erleben lassen, weil sie nicht den Existenzbedingungen des Menschseins entsprechen: Wir sind nicht angetreten unter der Maxime des ungebrochenen Lebens, der Tüchtigkeit, der Jugendlichkeit, der Gesundheit oder der makellosen Schönheit. Wir leben in einer Gesellschaft, die die Tüchtigen belohnt und die Behinderten und die Schwachen verdrängt (vgl. *Moltmann* 1982, 220). Wir entdecken vielleicht schmerzlich unsere mangelnde Sinnlichkeit, unsere dürftige Genußfähigkeit und unsere Sprödigkeit in der Hingabe und Zuwendung. Wesentliches kommt zu Tage.

"Kunst macht sichtbar" - so war neulich ein Gottesdienst aus dem Sprengel-Museum in Hannover, im ZDF übertragen, betitelt. Wie aber gelingt es uns, das Wesentliche zu heben, aufzuspüren und herauszufiltern?

K. Mollenhauer (1986) empfiehlt als Weg die "dialogische Nachahmung". Nachahmung wird hier nicht verstanden als "bloße Wiederholung der Oberflächengestalt einer Geste, sondern als die Imagination der inneren Bewegung, die der Geste zugrundeliegt". Dabei ist nie sicher, daß "meine innere Bewegung identisch ist der seinen", also ich es bin, der feststellt und antwortet. Mein "Du-Suchen" wird zugleich zu einem "Ich-Sagen" (vgl. 132). So gesehen wird der Verstehensvorgang nie zu einem abschließenden Ende führen. "Das Nicht-Verstehen wird nie aufhören" (*Schleiermacher*; Zit. bei *Mollenhauer* ebd.). Es bleiben Fragen zurück, es bleibt ein "unbekannter Rest". Letztlich aber geht es nicht nur darum, vor allem den anderen zu verstehen, ihn in Gänze zu begreifen, sondern auch um mich zu fassen, dem eigenen Leben auf die Spur zu kommen, ihr zu folgen mit dem Ziel immer größerer Klarheit darüber, wer ich bin. Es gilt, mich als Menschen zu begreifen, zu lieben und zu verstehen. In diesem Sinne sind Künstler/innen und Leser/innen aneinander verwiesen, nicht-behinderte und behinderte Menschen mehr nur als zur Ergänzung aufeinander angewiesen. Hier wird ein *Wir* von einer neuen Dimension begründet, das zu einem Sich-neu-Finden und zu einem Sich-neu-Begreifen Wege zeigt. Das Produkt steht dabei gleichberechtigt neben dem Prozeß des Kunst-Schaffens, die zu beobachtende Lebensäußerung gleichgewichtig neben dem, um dessen Leben es geht bzw. aus dessen Leben sie stammt.

Hans Arp sagte in die Kriegswirren um 1943 hinein - und ich zitiere wieder aus dem vorgenannten Gottesdienst: "Wenn das Körperliche vergeht, erstrahlt das Wesentliche." Wir sind auf der Suche nach dem Wesentlichen. Es ist in uns und es ist im anderen. Es ist in den Bildern geistigbehinderter Menschen verborgen wie auch in den Lithographien, Bildern und Skizzen von *P. Picasso* angesammelt. Wir alle haben Anteile davon in uns. Wir bringen sie nach außen, wenn wir uns äußern, wenn wir schöpferisch, d.h. schaffend wie lesend tätig werden, und wir nehmen es in uns auf, wenn wir mit Kunst um-gehen, d.h. in einen Dialog eintreten und sie nicht nur besitzen. Erst durch jenes Anteilhaben am Wesentlichen scheint Verstehen in Annäherung möglich.

"Sehweisen" wollen das Wesentliche suchende Betrachter; sie sind in ihrer Botschaft auf sie angewiesen.

Selbst die noch so ungeduldige Frage, was denn nun das Wesentliche sei, kann nicht den einen veranlassen, dieses für den anderen zu beantworten. Hier sind persönliche Akte gefordert, Begegnungen angezeigt - und Nachdenken, Aufspüren, Herausfinden. Voran aber gilt es immer wieder zu fragen. Wer Fragen stellt und wer sich befragen läßt, bringt Zeit und damit auch Geduld auf, läßt sich auf Wege ein, die nicht immer die direktesten oder einfachsten sind. So verstehe ich den Titel des Buches von *Klaus Mollenhauer* als herausfordernd und sinnvoll: Umwege.

Es führt uns hin zu dem Teil 3 unserer Überlegungen.

Was ist *Kunst*?
oder: Welche Botschaft, was an Wesentlichem vermittelt sie uns, behinderten und nicht-behinderten Menschen gleichermaßen?

Wer sich der Kunst aussetzt, wer ihr Fragen stellt und sich von ihr befragen läßt, der hofft - kraft seines Denkens - auf Antworten. Aus dem Fragenden wird demzufolge ein Wartender, ein Erwartender, ein Hoffender. *Moltmann* nennt betende und hoffende Menschen "Menschen der Möglichkeiten" (219).
Ich möchte diesen Gedanken auf unser Thema übertragen:
Wer sich mit Kunst einläßt, wird zu einem wartenden und hoffenden Menschen, zu einem Menschen "mit neuen Möglichkeiten". Diese Botschaft dringt durch Kunst zu uns - als existentiell bedeutsam und notwendig zugleich.
Fr. Nietzsche hat in seinen Nachlaßschriften im Kapitel "Die Kunst in der Geburt der Tragödie" folgendes über Kunst ausgeführt (690 f): "Die Kunst ist nichts als Kunst. Sie ist die große Ermöglicherin des Lebens, die große Verführerin zum Leben, das große Stimulanz des Lebens. Die Kunst als einzig überlegene Gegenkraft gegen allen Willen zur Verneinung des Lebens, als das Antichristliche, das Antibuddhistische, das Antinihilistische par excellence.
Die Kunst als die Erlösung des Erkennenden, dessen, der den furchtbaren und fragwürdigen Charakter des Daseins sieht, sehen will, des Tragisch-Erkennenden.
Die Kunst als die Erlösung des Handelnden - dessen, der den furchtbaren und fragwürdigen Charakter des Daseins nicht nur sieht, sondern lebt, leben will, des tragisch-kriegerischen Helden.
Die Kunst als die Erlösung des Leidenden - als Weg zu Zuständen, wo das Leiden gewollt, verklärt, vergöttlicht wird, wo das Leiden eine Form der großen Verzückung ist."

Der hier gegebene Rahmen erlaubt uns weder ein notwendiges Eindringen noch ein kritisches Beschäftigen mit der Gedankenwelt *Nietzsches*. Für uns geht es eher um ein Ahnen und beispielhaftes Aufscheinen von "neuen Möglichkeiten" eines durch den Umgang mit Kunst angerührten wie hoffenden Menschen. Dabei wird jedes Individuum für sich *seine* Botschaft erschließen müssen oder erst durch reflektierte Lebenspraxis dieses als Wesentliches allmählich erkennen.
Neben der Fülle dessen, was Kunst in der ganzen Vielfalt sein, bedeuten und bewirken kann, steht das Zusammenbindende, das Gemeinsame jener Vielfalt - der "objektive Geist", das über alle Unterschiede hinweg Wirkende, das alle Menschen Vereinende und Auszeichnende. Durch Neu-Schaffen - als Maler, Bildhauer oder Komponist - wie durch Nach-Schaffen - als Leser, Hörer oder Betrachter - haben wir Anteil an dem Schöpfungsauftrag und dem Schöpfungsakt in dieser Welt. Mit jedem neuen Werk entsteht Neues, Noch-nicht-Dagewesenes - als Symbol oder nur als Hinweis auf die sich vervollkommnende und auf die sich zur Vollendung hinbewegende Welt. Mit jedem neuen Kunstwerk dämmert etwas auf von dem "Neuen Tag", von dem, was sein wird, wenn alles ganz, "ganz schön" ist (*Schellenberger*, 32 ff), wenn das Wesentliche sichtbar bzw. das Sichtbare wesentlich geworden ist.
Natürlich kann man auch ohne Kunst sein Leben fristen. Allein die tägliche Sorge um den Alltag mit seinen vielfachen Verpflichtungen und Terminen kann jeglichen Raum für Kunst nehmen. Doch immer noch steht mahnend die Vorstellung eines "Würgeengels" (*Kl. Röhring*) vor uns. Wir würden - ohne Kunst - auf die Nacktheit des Daseins zurückverwiesen, wie wir sie in ihrer Unbarmherzigkeit und Kälte uns gar nicht grausam genug ausmalen können. Allein das materielle und funktionale Leben bliebe Ziel und Inhalt unseres Denkens und Trachtens, Wünschens und Hoffens. Ein solches Leben entbehrte jeglicher Möglichkeit des Fragens wie des Antwortens, wohl auch des Trostes wie des

Tröstens; unsere Wirklichkeit bliebe ohne jeden Schimmer jenes anderen Lichtes, das nur Kunst in uns anzuzünden vermag.

Der Hunger nach Kunst meldet sich bekanntlich in Dürrezeiten des Lebens am deutlichsten. Die vollen Konzertsäle nach dem Krieg und die begeisterten Theaterbesucher von damals sind allen Älteren unvergeßlich, uns Nachgeborenen ein rätselhaftes, des Staunens und des Vorbilds würdiges Phänomen. Aber auch durchwachte Nächte am Bett eines schwerbehinderten Kindes gewinnen z.B. durch erlebte Musik neue Qualitäten - über das tapfere Aushalten-Müssen hinaus. Oder im Querschnittbett fragt plötzlich Thomas M. nach "anderer" Musik und "anderem" Lesestoff. Das von früher passe jetzt nicht mehr. Das heißt doch: In Krisenzeiten zumindest brauchen wir andere Bilder, andere Töne und andere Wörter - über das Greifbare, das Sichtbare und Erklärbare hinaus. Für mich ist hier keine Forderung nach "Schönen Künsten" in einem traditionellen oder gar restaurativen Sinn herauszuhören. "Schönheit" hat seine Qualität, nicht jedoch als Zustand entrückter oder unwirklicher Harmonie, sondern als ein Beispiel für Ganzsein, das uns verloren gegangen ist bzw. immer wieder zu verloren gehen droht (vgl. auch *Gadamer* 1977).

"Eines jedenfalls ist Schönheit mit Sicherheit nicht, nämlich das, was deren Verächter von ihr annehmen: Ein seraphimischer, jeder Spannung entrückter Zustand unwirklicher Harmonie, die das Leben entzieht, um nicht zu sagen: die das Leben sich selbst entfremdet. Denn Leben ist Bewegung, und Bewegung ist nur möglich, wo Energie Spannung erzeugt ... Schönheit ist ein kreativer, ein dramatischer Prozeß, der nicht in statische Vollkommenheit mündet und dort 'edel erstarrt', sondern der das Vollkommene wieder in Frage stellt durch die schöpferische Bewegung, die er in Gang hält." So sah es *Heinz Friedrich*, Verleger und Direktor der Bayerischen Akademie der Schönen Künste, bei seinen "programmatischen Bemerkungen" anläßlich der Übernahme seiner Präsidentenschaft (1981). Kunst bringt den Atem zurück - dem, der sie schafft und jenem, der sie "liest". Fragen und Antworten im Zusammenhang mit Kunst sind "friedliche Fragen und friedliche Antworten". Sie wollen nicht endgültig zerschlagen, endgültig zerstören; letztlich sind sie auf Versöhnung angelegt. Kunst kann Versöhnung leisten - auch wenn sie wehtut und zur Veränderung zwingt - in uns und mit unseren Mit-Menschen, versöhnen mit dem Brüchigen und mit den Grenzen, versöhnen mit dem Trieb und dem Aufbegehren, versöhnlich stimmen auch mit jenen Menschen, die uns in ihrem Erleben und in ihren Lebensäußerungen trotz unseres Bemühens fremd bleiben (ders.). Nur so läßt sich *Nietzsche's* Nachsatz verstehen, wenn er sagt "die Kunst können den Ekelgedanken über das Dasein umbiegen in die Vorstellungen des Erhabenen" (a.a.O.). Kunst leistet letztlich eine "Arbeit der Befreiung" - vor allem dann, wenn unser Leben unter die "Herrschaft der Zwecke", konkret unter die Herrschaft der Behinderung, der Lebens- und Weltangst, des Todes wie des Tötens geraten ist. Die Gefahr, vor lauter Intentionalität und Funktionalität, vor lauter Tüchtig-Sein und Machen-Wollen die Befähigung zum Sinn zu verlieren - um nochmals den vorhin genannten TV-Gottesdienst zu zitieren -, jagt all jenen Menschen Angst und Schrecken ein, die sich bewegt und getrieben fühlen von einer großen Sehnsucht nach diesem Sinn. Hierin sehe ich den letzten und tiefsten Grund zur Solidarität für und mit allen Menschen: Zusammen einen tragfähigen Sinn zu suchen - fürs Leben wie zum Sterben.

Kunst wird dann transparent für Transzendales; Göttliches spricht durch sie. Dies spürt sicher nicht nur jener Musikfreund, der in den Kantaten von *J.S. Bach* zuhause ist oder der beeindruckt die neue Oper von *Udo Zimmermann* 'Die weiße Rose' (derzeit in Hamburg uraufgeführt) erleben konnte.

Ich sehe in der Ausstellung "SEHWEISEN" eine Aufforderung zu jener Solidarität: Nicht verstanden als Verbrüderung mit den Menschen, die wir als behindert bezeichnen, sondern für alle zum Ziel, Sinn für unsere Welt und damit für unser Leben neu zu schaffen wie zu finden. Sinn-gefülltes und sinn-getragenes Leben wäre als Ergebnis der Suche nach dem Wesentlichen, das "aufscheint, wenn alles Körperliche vergeht", zu verbuchen.

Auf diesem Hintergrund ist auch *Heinz Friedrich* erneut zu verstehen, wenn er fragt: "Was kann es Vordringlicheres und Vornehmeres geben als - mit *Kafka* gesprochen - durch Kunst für das "Heraustreten aus der Totschlägerreihe" zu plädieren?" (ebd.). Kunst ist dem Vergänglichen, dem Bedrohten, dem Begrenzenden und Einengenden abgerungenes Leben. Und so gestattet sie, bei aller Verletztheit und aller Beängstigung, einen vorsichtigen Blick in das Morgen zu werfen - gründend in der Hoffnung und Zuversicht des Menschen.

Wenn Kunst in diesem Sinne "Nahrung für den Menschen" ist (*Heinz Friedrich*), dann leben wir *alle* davon. Dann leben wir *voneinander* und in einem ganz anderen Sinne *für einander*. Kunst als das Nicht-Gegebene, sondern als das immer neu zu Schaffende zwingt uns und beschenkt uns zum Überschreiten von Grenzen, wie sie im Jung- oder Alt-Sein, im Gesund- oder Krank-Sein, im Behindert-Sein aber auch im Begabt-Sein nahezu naturhaft gegeben scheinen. Nur "Würgeengel" nehmen dem anderen Nahrung weg. Ein grausamer psychischer wie physischer Tod die unausweichliche Folge sind. Selbst die Rolle des "Würgeengels" anzunehmen, ist ein schrecklicher, aber kein nur ferner Gedanke. Auch in diesem Punkt kann man sich selbst der Nächste sein. Ich frage nach der Anzahl bereits so gestorbener Tode in uns. Mich erschrecken aber auch nachträglich noch die zugelassenen Tode bei Menschen mit geistiger Behinderung, zu deren Ausstellung von Bildern, sie zu bedenken und zu würdigen, wir heute zusammengekommen sind.

Fast wie Ironie wirkt die Vermutung von *R. Langhans*, wenn er schreibt: "Kraftschöpfung kann heute anscheinend nur noch da passieren, wo die verachteten Dinge liegen!" (1986, 37). Verbirgt sich in diesem Gedanken möglicherweise eine neue Qualität von Behinderung bzw. ein ungeahnter Sinn in einem von Behinderung geprägten Leben?

Und das zum Schluß

Nehmen wir zum Abschluß die Eingangsfrage nochmals auf:
Kunst und (geistige) Behinderung - Widerspruch oder Chance der Annäherung?

Als vorrangige Aufgabe erwies sich die Notwendigkeit, Distanz abzubauen und Nähe zu wagen, jedoch nicht allein um mehr sozialen Kontext unter Menschen willen, so z.B. zwischen jungen und alten, behinderten und nicht-behinderten, sondern um gemeinsam an der Herausarbeitung des Wesentlichen für uns alle wie für jeden einzelnen zu arbeiten. Die Entdeckung des Lebendigseins in Lebensäußerungen des anderen gibt Anhaltspunkte für die Ermutigung und Klärung des eigenen Selbst - *und* für ein Sehen darüberhinaus. Mehr von der Nahrung in sich aufzunehmen, die Kunst bereithält, sei es als Schöpferisch-Tätiger und/oder als Kunst-Lesender, könnte dem Leben neue Lebens-Räume erschließen, wo bislang höchstens soziale Felder sich entwickelt haben. Dabei zusätzlich das auszuhalten, was Kunst für uns alle wie für den einzelnen sichtbar macht, fordert Mut und Zuversicht gleichermaßen. Die Bilder von *P. Picasso*, in Tübingen zu sehen, waren ein voluminöser Anfang. Die Ausstellung von SEHWEISEN in Reutlingen muß als gleichgewichtige Herausforderung hierfür gelten.

Und wer vorerst nur bescheidene Schritte tun will - z.B. die Sommerfarbe 'gelb' in ihrem ganzen Spektrum neu zu entdecken und zu erleben - bewegt sich auf dem Weg zu vermehrter Sinnlichkeit, ohne die es keinen Zugang zu jenem verborgenen wie zu bergenden Sinn gibt. Jedesmal wird man von Gleichem angemutet: Dem Hinweis und der Vor-Ahnung auf das Schön-Sein und Ganzschön-Werden. Damit läßt es sich gut einreihen in die große Zahl der Hoffenden, den "Menschen mit Möglichkeiten". Die Frage nach behindert oder nicht, nach krank oder gesund, alt oder jung, wird zweitrangig, diesseitig und nachgeordnet - allein durch Kunst.

Kunst als eine versöhnende und friedliche Kraft stellt bohrende Fragen und gibt gleichzeitig weg-weisende Antworten, die sich eingraben in jene, die sich der Kunst aussetzen. Der Würgeengel hat spätestens dann keine Chance mehr.

Literatur

Adamson, E.: Kunst als Heilungsprozeß. Paderborn 1984.

Beckmann, H.: Was bewegt die Kunst? In: Z RADIUS. Eine Vierteljahreszeitschrift der Ev. Akademikerschaft. 3/1979.

Dannowski, H.W.: Kunst macht sichtbar. Predigttext zum Gottesdienst im ZDF, 28. Mai 1986.

Friedrich, H.: Das Schöne als Herausforderung. Vortrag anläßlich der Übernahme der Präsidentschaft der Akademie der Schönen Künste, München 1981. Bericht in der SZ, München. Datum unbekannt.

ders.: Das Sonntagsgespräch. ZDF. 15. Juni 1986.

Gadamer, H.G.: Die Aktualität des Schönen. Stuttgart 1977.

Hentig, H. v.: Aufgeräumte Erfahrung. Stuttgart 1985.

Jaspers, K.: Was ist Erziehung? Ein Lesebuch. Stuttgart 1981.

Langhans, R.: Theoria diffusa. Nördlingen 1986.

Mollenhauer, Kl.: Umwege. Über Bildung, Kunst und Interaktion. München 1986.

Moltmann, J.: Die Kraft der Seele stärken. In: Z DIAKONIE, 1982, 219-222.

Nietzsche, F.: "Aus dem Nachlaß der Achtzigerjahre". München/Wien 1980.

Röhring, K.: Kunst ist ärgerlich: Wider den Kunstbesitz. In: Z Radius 3/1979.

Rumpf, H.: Die übergangene Sinnlichkeit. München 1981.

Schellenberger, B.: Im Acker Gottes. Freiburg i.Br. 1983.

Theunissen, G.: Ästhetische Erziehung bei Behinderten. Ravensburg 1983.

Zerfass, R.: Menschliche Seelsorge. Eine Einladung zur Gastfreundschaft. (Anm.d.V.). Freiburg 1985.

Kataloge:

(1) Zur Ausstellung in Stuttgart "Kunst im 20. Jahrhundert", hrsg. von *Joachimides* u.a. München 1986

(2) Zur *Picasso*-Ausstellung in Tübingen, hrsg. von Götz *Adriani*, Stuttgart 1986.

(3) Falt-Prospekt zur Ausstellung SEHWEISEN. Marburg 1985 - einschließlich der begleitenden Broschüre.

Denk - Anstöße

Die Kunst soll das Ding an sich herstellen; das Unbegreifliche: Aber die Kunst soll die Dinge weder als selbstverständlich noch als unbegreiflich darstellen, sondern als begreiflich, aber noch nicht als begriffen.

Bert Brecht

Unsere Zeit ist ein Fetzen aus Blut und Phrasen. Die Trennung zwischen *Kunst* und Gesellschaft ist abgrundtief. Jedes Wort, jeder Satz, jede Figur, jede Handlung, jede Farbgebung ... werden konsumiert wie das Abtrocknen der Hände. ... Ein Stück, ein Bild ... nur aus einem Schrei gebaut, das wäre ehrlich ... Den Konformismus und die Gewohnheit aus dem Kopf herausreißend, hat es Sinn, in unseren Breiten zu schreiben, wenn man Leib und Hirn den Gesellschaftsordnungen entgegenwirft, um die Wenigen, die noch ein Ohr für Wörter und Augen für Bilder haben, und auch die Vielen, die schon taub und blind gezüchtet sind, an das Fragen zu erinnern. ... Denn *Kunst* ist immer Widerspruch zu dem, was ist.

Stefan Schütz

Die Wahrheit ist dem Menschen zumutbar.

Ingeborg Bachmann

Geliebt wirst Du einzig dort, wo Du schwach Dich zeigen darfst, ohne Stärke zu provozieren.

T.W. Adorno

FRÜHZEIT

Heute morgen, als ich noch wohlig im Bett lag, riß mich ein grober Klingler aus dem Schlaf. Wütend und barfuß lief ich zur Tür und öffnete meinem Sohn, der, da Sonntag war,
sehr früh nach Milch gegangen war.
Die Zufrühgekommenen sind nicht gern gesehen.
Aber ihre Milch trinkt man.

Wolf Biermann

DAS GEDICHT AN DEN LESER (Entwurf)

Was hat uns voneinander entfernt? Seh ich mich in dem Spiegel und frage, so seh ich mich verkehrt, eine einsame Schrift und begreife mich selbst nicht mehr. In dieser großen Kälte sollen wir uns kalt voneinander abgewandt haben, trotz der unstillbaren Liebe zueinander? Ich warf dir rauchende Worte hin, verbrannte, mit bösem Geschmack, schneidende Sätze oder stumpfe, ohne Glanz. Als wollt ich dein Elend vergrößern und dich in meinem Verstand ausweisen aus meinen Landen. Du kannst ja so vertraulich, manchmal plump, nach einem schönfärbenden Wort verlangen; auch getröstet wolltest du sein, und ich wußte keinen Trost für dich. Auch Tiefsinn ist nicht mein Amt.

Aber eine unstillbare Liebe zu dir hat mich nie verlassen, und ich suche jetzt unter Trümmern und in den Lüften, im Eiswind und in der Sonne die Worte für Dich, die mich wieder in deine Arme werfen sollen. Denn ich vergehe nach DIR.

Ich bin kein Gespinst, nicht vom Stoff, der deine Nacktheit bedecken könnte, aber von dem Schmelz aller Stoffe gemacht, und ich will in deinen Sinnen und in deinem Geist aufspringen wie die Goldadern in der Erde, und durchleuchten und durchschimmern will ich dich, wenn der schwarze Brand, deine Sterblichkeit in dir ausbricht.

Ich weiß nicht, was du willst von mir. Zu dem Gesang, mit dem du ausziehen könntest, um eine Schlacht zu gewinnen, taug ich nicht. Von Altären ziehe ich mich zurück. Ich bin der Vermittler nicht. Alle deine Geschäfte lassen mich kalt. Aber du nicht. Nur du nicht.

Du bist mein Ein und Alles. Was möcht ich nicht alles sein vor dir. Nachgehen möcht ich dir, wenn du tot bist, mich umdrehen nach dir, auch wenn mir Versteinerung droht, erklingen möcht ich, das verbleibende Getier zu Tränen rühren und den Stein zum Blühen bringen, den Duft aus jedem Geäst ziehen.

Ingeborg Bachmann

Was kann es Vordringlicheres und Vornehmeres geben, als - nach *Kafka* - durch Kunst für das "Heraustreten aus der Totschläger-Reihe" zu plädieren?

Heinz Friedrich

TRAUERGEBET

HERR du schmerzenreicher
versteckt im firmament der wipfel
behüte uns
bevor die letzte nacht kommt
vom leeren leben ohne musik und ohne lied.

Joszef Czechowics

Eine Betroffene schreibt ...

Und dann entschloß ich mich, eine Schule für künstlerische Therapie zu besuchen. Hier ist das Ziel, physisch und psychisch Kranke, körperlich und geistig Behinderte, Kinder und Erwachsene, auf ihrem Lebensweg zu begleiten und schädliche Unmwelteinflüsse auszugleichen, Gesundungsprozesse dadurch zu unterstützen, daß Menschen Farben und Formen neu erleben und aus ihren Empfindungen heraus einen vertieften Bezug zu Menschen, Tieren, Pflanzen und Jahreszeiten, zum bisher erlebten und eigentlich Erlebbaren gewinnen.

Diese Möglichkeit gezielt genutzt, können Kräfte zur Gesundung stärken, Beruhigung oder Aktivität hervorrufen, lösend und formend wirken.

Hier steht statt Leistung Hingabe, statt Ehrgeiz Versenkung. Künstlerisches Produkt ist nicht mehr Selbstzweck. Künstlerische Therapie ist geopferte Kunst.

Dichten heißt, die Welt wie einen Mantel um sich schlagen und sich wärmen.

Friedrich Hebbel

Ob ein Werk KUNST ist oder nicht, das läßt sich danach beurteilen, ob es in sich selbst Widerstandskraft besitzt und darum zum Standhalten befähigt; ob etwa in ihm nur Worte zusammengefügt sind, um Worte zu machen - oder ob es die Spur Anstrengung, Widerständiges zu bewältigen, besitzt. Wenn etwas KUNST ist, dann widersetzt es sich selbst dem Gängigen und Eingängigen, läßt es sich nicht in die griffigen Vorstellungen des Eindimensionalen vereinnahmen - und dann widersteht es zugleich selbst der eigenen Verklärungssucht, der Selbstverabsolutierung des schönen Scheins. Folglich ist in einem KUNSTWERK, wenn es KUNST ist, immer auch die eigene Grenze und Gebrechlichkeit gegenwärtig. KUNST, alle Kunst, ist dem Chaos und der Leere, letztlich dem Tode abgerungen und dem Leben unaufhaltsam zugetan.

Traugott Koch

Selten nur können sich Menschen mit geistiger Behinderung ein Haus zum eigenen Schutz errichten. Ihre Häuser müssen Menschen sein, bei denen sie sich wohl und sicher fühlen.

Dieter Fischer

Menschsein bedeutet nicht das Für-sich-Sein von Individuen, sondern ist ursprünglich Verbundenheit des Menschen mit dem Menschen.

W. Faber

Jeder neue Mensch, dessen Existenz man anerkennt, verändert einen. Vielleicht ist es die Unumgänglichkeit dieser Veränderung, die man ahnt und gleichzeitig scheut, denn sie geschieht, bevor man ausgeschöpft hat, was vor ihr war.

Elias Canetti

Unter den menschlichen Wesen erkennt man nur denjenigen eine volle Existenz zu, die man liebt ... An die Existenz anderer menschlicher Wesen als solcher zu glauben, das ist Liebe.

Simone Weil

MUSIK soll nicht schmücken, sondern wahr sein.

Arnold Schönberg

Ich begriff, daß ein KUNSTWERK nicht zur Selbstverwirklichung einlädt, sondern zur Selbstvergessenheit, damit ich mich ihm öffne und dabei über mich selbst hinausgelange.

Klaus Röhring

Quellen der Erstveröffentlichungen der aufgenommenen Beiträge

TEIL I
GEISTIGBEHINDERTE MENSCHEN und DER VERSUCH, SIE ZU VERSTEHEN

MEINE SCHÜLERINNEN UND SCHÜLER (1991)

Dieser kleine Beitrag wurde eigens für diesen Band geschrieben. Es sollte absichtlich mit den Menschen begonnen werden, für die die weiteren Texte gedacht, geschrieben oder 'vorgetragen' wurden.

GEISTIGBEHINDERTE MENSCHEN FORDERN UNS HERAUS. WIR - EINE HERAUSFORDERUNG FÜR SIE? (1981)

Dieser Vortrag wurde zur Einweihung des neuen Schulgebäudes der Schule St. Martin (Bruckberger Heime, zum Diakoniewerk Neuendettelsau gehörend) gehalten und als Paperback intern verteilt.
   Die Schule St. Martin wurde 1969 von mir als Schule für Geistigbehinderte initiiert und aus den ersten Bemühungen heraus das Konzept "Leben lernen" entwickelt. Wegen Schülermangel (inzwischen gibt es ausreichend öffentliche Schulen für Geistigbehinderte) wurde diese Schule (1991) in eine Förderstätte für nicht arbeitsfähige geistigbehinderte Erwachsene umgewandelt.

WIE ANDERS SIND SIE? (1976)

Dieser Text versteht sich als Zusammenfassung eines Referats mit anschließendem Seminar anläßlich einer Fortbildungswoche für ReligionslehrerInnen am Katechetischen Institut der Ev. Kirche, Zürich; Erstveröffentlichung in: *Benz, E. (Hrsg.)*, Gott für das andere Kind. Zürich 1976 (Kat.Amt)

THESEN ZUR GEISTIGEN BEHINDERUNG IM LEBEN BETROFFENER (1986)

Diese THESEN wurden anläßlich einer Staatlichen Fortbildung für SonderschullehrerInnen in Springe (Niedersachsen) im Mai 1986 erstmals zur Diskussion gestellt.
   Hier sollen keine Menschen in Thesen gepreßt werden, die diese dann in Fesseln legen; eher galt es den Versuch zu wagen, thesenhaft zu formulieren, wie entsprechend meiner Wahrnehmung die geistige Behinderung in das Leben Betroffener eingreift und welche Aufgaben daraus für die sonderpädagogische Arbeit mit ihnen erwachsen.

WIE SAGT MAN DENN NUN WIRKLICH - "GEISTIG BEHINDERT" ODER? (1983)

Diese Überelgungen sind abgedruckt in der Z Zur Orientierung, Bad Oeynhausen 1983/4.
   Voraus ging ein eher zufälliges Gespräch mit einem mongoloiden Schüler in der FRÖBEL-Schule, Freising.

IDENTITÄT UND LEBENSGESCHICHTE (1988)

Dieser Beitrag wurde für die Z Zur Orientierung zum Heft-Thema "Identität und Lebensgeschichte" verfaßt. 1980/4

ERGÄNZENDE ANMERKUNGEN ZUR 'LEBENSGESCHICHTE' - ALS GRUNDLAGE FÜR SONDERPÄDAGOGISCHES HANDELN MIT GEISTIGBEHINDERTEN KINDERN UND ERWACHSENEN (1989)

Dieser Text war bislang internes Papier für ein Seminar mit gleichem Titel an der Universität Würzburg und nur den TeilnehmerInnen zugänglich (SS 1989)

TEIL II

GEISTIGBEHINDERTE MENSCHEN und SCHULISCHE BILDUNG

ASPEKTE DER ERZIEHUNG UND BILDUNG GEISTIGBEHINDERTER KINDER UND JUGENDLICHER - KONKRETISIERT IM HINBLICK AUF DEN LERNBEREICH 'SPORT' (1981)

Dieser Beitrag wurde für das Handbuch "Bewegungserziehung und Sportunterricht mit geistigbehinderten Kindern und Jugendlichen" (hrsg. von *Stefan Grössing*), Bad Homburg 1981, geschrieben.

DIE SCHULE FÜR GEISTIGBEHINDERTE AUF DER SUCHE NACH INHALT UND ZIEL (1978)

Dieses Papier diente als Grundsatzpapier zur Vorlage am Institut für Schulpädagogik (heute: Bildungsforschung), München, mit dem Ziel, die beginnende Arbeit in der Richtlinien-Kommission in eine didaktisch anerkannte und wertzuschätzende Richtung zu führen. Bislang unveröffentlicht. Wegen seiner Baustein-Funktion zur Schule für Geistigbehinderte 'heute' wurde er trotz seiner starken Curriculums-Lastigkeit gerne aufgenommen.

DIE SCHULE FÜR GEISTIGBEHINDERTE - EINE HOFFENTLICH NICHT ZU KRITISCHE BILANZ (1979)

In: Z Lebenshilfe, 1979, Heft 3 (eine Auftragsarbeit zum 10-jährigen Jubiläum der Lebenshilfe)

SCHULISCHE WIRKLICHKEITEN - AUFGABENFELDER FÜR HEILPÄDAGOGEN? (1990)

Dieser Text ist identisch mit einem Gutachten, das ich im Auftrag der AFET, 1990, geschrieben habe. Es sollten die Aufgabenfelder für Heilpädagogen neu dargestellt, aber auch problematisiert werden. Intern veröffentlicht.

NEUE IMPULSE FÜR DIE SCHULE FÜR GEISTIGBEHINDERTE - ODER: DIE SCHULE FÜR GEISTIGBEHINDERTE ALS "ORT LEIBLICH-SINNLICHER KULTUR" (1988)

Diese Arbeit war ebenfalls eine Auftragsarbeit - abgedruckt in der Z Geistige Behinderung 1988/4

GEISTIGBEHINDERTE MENSCHEN - MENSCHEN "ZWEITER KLASSE"? (1991)

Dieser Text wurde in Anlehnung an einen Vortrag zur Tagung von Lehrerinnen und Lehrern der Schulen für Geistigbehinderte in Niedersachsen (Springe) erstellt. Er wurde im Mitteilungsblatt des VDS, Bremen 1991, Heft 3 und 4 veröffentlicht.

SCHULE FÜR GEISTIGBEHINDERTE ALS ANGEBOTSSCHULE (1991)

Im Zuge der *Integrationsdiskussion*, die sich teilweise vehement *gegen* die Schule für Geistigbehinderte als Sonderschule wendet, erschien es angebracht, eine Standortbestimmung für diese Schule vorzunehmen. Es war das Anliegen, die Schule für Geistigbehinderte als pädagogisch überzeugende Schule darzustellen, sie jedoch nicht als Muß für alle geistigbehinderten Kinder und Jugendlichen zu erklären, sondern ihre Möglichkeiten und Absichten als *Angebot* für geistigbehinderte Schülerinnen bzw. Schüler und deren Eltern zu formulieren und sich als Sonderschule auch so zu verstehen.

Diese Auflistung von Zielaspekten wurde bislang nur intern einzelnen Lehrerinnen und Lehrern dieser Schule zur Diskussion vorgelegt.

TEIL III

GEISTIGBEHINDERTE MENSCHEN und UNTERRICHTLICHE GESTALTUNG

ZUM MENSCHENBILD IN DER PÄDAGOGISCHEN ARBEIT MIT GEISTIGBEHINDERTEN MENSCHEN (1989)

Dieser Beitrag ist eine Auftragsarbeit für die BV Lebenshilfe, Marburg, und wurde in der Z Geistige Behinderung 1989/3 veröffentlicht.

THESEN ZUM SELBSTVERSTÄNDNIS UND ZUR CHARAKTERISIERUNG DER SONDERPÄDAGOGISCHEN ARBEIT MIT GEISTIGBEHINDERTEN MENSCHEN (1989)

Bislang unveröffentlicht; diese Thesen wurden für die Fortbildung von MitarbeiterInnen in Einrichtungen für geistigbehinderte Menschen erstellt und dort auch diskutiert.

PROBLEME DER VERMITTLUNG - EIN BEITRAG ZUR EFFEKTIVEREN GESTALTUNG VON UNTERRICHT MIT GEISTIGBEHINDERTEN MENSCHEN (1979)

Dieser Aufsatz erschien im Sammelband "Beiträge zur Geistigbehindertenpädagogik" (hrsg. von *Hoffmann, Th.*), Rheinstetten ²1981.

RATINGS-SKALA ZUR EINSCHÄTZUNG VON UNTERRICHT MIT GEISTIGBEHINDERTEN SCHÜLERN IM HINBLICK AUF DIE GEZEIGTE LEISTUNG DES/DER UNTERRICHTENDEN (1979)

Diese bislang unveröffentlichte Arbeit entstand im Zuge der Sonderpädagogischen Zusatzausbildung für Erzieherinnen und Erzieher an Schulen für Geistigbehinderte und wurde daran anschließend auch für die Arbeit im Referandariat für LehrerInnen an Sonderschulen G verwandt.

LEBENSPRAKTISCHE FÖRDERUNG GEISTIGBEHINDERTER MENSCHEN - ANSPRUCH UND WIRKLICHKEIT, FORDERUNG UND ÜBERFORDERUNG (1980)

Dieser Text ist die Niederschrift eines Vortrages anläßlich des 75-jährigen Jubiläums des Verbandes Kath. Einrichtungen für geistig und psychisch Behinderte - gehalten in Würzburg 1986.
Erstveröffentlichung intern durch die Caritas Freiburg i.Br. 1980.

"ES GRÜNT UND BLÜHT IM KLASSENZIMMER" - ODER: WAS MAN DOCH ALLES "AN HYAZINTHEN" LERNEN KANN! (1986)

Ausgangspunkt zu diesem Beitrag waren eigene Unterrichtserfahrungen mit mehrfachbehinderten Kindern im Diakonischen Zentrum Coburg.
Erstveröffentlichung in Z Zusammen 1985/4

EINIGE ÜBERLEGUNGEN ZUM LERNZIEL "HOLZARTEN UND DEREN HANDLUNGSFORMEN KENNEN" (1981)

Dieses Papier wurde im Anschluß an einen Schulpraktischen Vormittag im Rahmen der Ausbildung zum Sonderschullehrer, Universität Würzburg, erstellt und für die damals geforderte Aufarbeitung des angeschnittenen Sachverhaltes verwendet.

ZUM PROBLEM DER UNTERSCHIEDLICHEN SCHÜLERSCHAFT EINER SCHULE FÜR GEISTIGBEHINDERTE IM HINBLICK AUF DIE VORGEGEBENEN LERNZIELE AUS DEN RICHTLINIEN (1982)

Erstveröffentlichung in "Neue Richtlinien für den Unterricht in der Schule für Geistigbehinderte" (hrsg. von *Dittmann, W./Hahn, M./Ruoff, E./Sautter, H.)* Stuttgart 1983

MATHEMATISCHE ERZIEHUNG GEISTIGBEHINDERTER SCHÜLER - EIN UNTERSCHÄTZTES UND VERNACHLÄSSIGTES LERNFELD IN DER SCHULE (1979)

Diese Unterrichtsvorbereitung einschließlich einer Anleitung zur Gestaltung eines Seminartages zum Lernfeld "Mathematische Erziehung" erstellte ich als Seminarleiter für meine Seminargruppe 1979. Der Unterricht wurde an der FRÖBEL-Schule, Freising, in einer Unterstufen- und in einer Mittelstufen-Klasse gehalten. Bislang unveröffentlicht.

ZUM SPIEL GEISTIGBEHINDERTER KINDER UND DESSEN GESTALTUNG IM UNTERRICHT AUS SONDERPÄDAGOGISCHER SICHT (1977)

Die Schule für Geistigbehinderte läßt sich unter anderem durch ihre vielen Nahtstellen charakterisieren, an denen Momente zusammenstoßen bzw. zu vereinen sind, die sonst "getrennte Welten" darstellen.
Unterricht als vermittelndes Tun und Spiel als selbstgewählte, erprobende und gestalterische Aktivität zählen hierzu.
Der abgedruckte Text wurde als Arbeitsvorlage für eine Fortbildung verfaßt, die ich 1977 für Lehrer, Heilpädagogen und Erzieher in München gehalten habe. Bislang unveröffentlicht.

BAUEN - ALS SPIELTÄTIGKEIT NICHT NUR FÜR GEISTIGBEHINDERTE KINDER, JUGENDLICHE UND ERWACHSENE (1982)

Dieser Beitrag war Einleitungsartikel für das dem kindlichen Bauen gewidmete Heft der Z Zusammen 1982/1.

AUS DER PRAXIS - FÜR DIE PRAXIS: BEISPIEL EINES "GELENKTEN SPIELS" IM SINNE EINES LERNSPIELS MIT MATERIALIEN (1978/1989/1991)

Der Beitrag ist Ergebnis aus einer länger währenden Fortbildungsreihe für MitarbeiterInnen in der Schulvorbereitenden Einrichtung für geistigbehinderte Kinder - in Zusammenarbeit mit Herrn *Biermann*, SoKR, Bayreuth; bislang nur intern veröffentlicht.

WEITERGABE DES GLAUBENS - ODER: WARUM FÜR BEHINDERTE MENSCHEN DIE ALT-EHRWÜRDIGEN CHORÄLE SO WICHTIG SIND (1989)

Dieser Artikel wurde für Prof. *Dr. G. Adam* zu dessen 50. Geburtstag verfaßt; bislang nur intern in dessen "Geburtstagsschrift" veröffentlicht.

WIE ÜBT MAN EIN LIED MIT GEISTIGBEHINDERTEN SCHÜLERN EIN? (1981)

Dieser Text entstammt der erfahrenen, erlebten und selbstgestalteten Praxis. Es war ein Versuch, die Komplexität eines Liedes nicht dem Zufall zu überlassen, sondern diese durch beste Vorbereitungs- und Gestaltungsarbeit zu reduzieren, mit dem Ziel, damit die Lust am Singen zu erhöhen.
Erstveröffentlicht in Z Zusammen 1982/6.

SCHON BALD HABE ICH MUSIK SCHÄTZEN UND FÜRCHTEN, LIEBEN UND HASSEN GELERNT (1990)

Original-Beitrag für die Z Zusammen 1990, Heft 5

DER SICH BEWEGENDE MENSCH - EIN BEWEGTER MENSCH? (1988)

Der Text gibt den Festvortrag wieder, den ich zur Eröffnung der Sportstätten der Schule St. Elisabeth (Schule für Geistigbehinderte der Caritas in Steinfurt) gehalten habe. Bislang nur intern für die MitarbeiterInnen der dortigen Schule veröffentlicht.

KUNST UND (GEISTIGE) BEHINDERUNG - WIDERSPRUCH ODER CHANCE DER ANNÄHERUNG (1988)

Der Text gibt den Vortrag wieder, den ich zur Eröffnung der Ausstellung "SEH-WEISEN" in Reutlingen 1988 gehalten habe. Bislang nur intern veröffentlicht.

edition bentheim Würzburg

Dieter Fischer
Ich setzte meinen Fuß in die Luft - und sie trug
Leben und Lernen mit geistigbehinderten Menschen
1992. Band 1 und Band 2 je ca. 300 S., kart., je Band
DM 39,50. Best.Nr. 33-3 (Bd. 1), 34-1 (Bd. 2)
35-X (Bd. 3 Herbst 1992), 38-4 (Bd. 1-3, DM 99,-).

Heidemarie Adam
Liebe macht erfinderisch
Ausgewählte Studien zur Geistigbehindertenpädagogik
1990. 272 S., kart., 23 Abb., DM 38,-. Best.Nr. 32-5

Andreas Möckel, Armin Müller (Hrsg.)
Erziehung zur rechten Zeit
Festschrift für Erich Hußlein zum 60. Geburtstag
1990. 208 S., kart., DM 29,50. Best. Nr. 31-7

Wilhelm Pfeffer
Förderung schwer geistig Behinderter
Eine Grundlegung
1988. 313 S., kart., DM 106,-. Best.Nr. 14-7

G. Adam, E. Hußlein, W. Pfeffer (Hrsg.)
Erziehen als Beruf
Festschrift für Andreas Möckel zum 60. Geburtstag
1987. 362 S., kart., DM 39,50. Best.Nr. 11-2

Günther Bittner, Manfred Thalhammer (Hrsg.)
"Das Ich ist vor allem ein körperliches..."
Zum Selbstwerden des körperbehinderten Kindes
1989. 264 S., kart., DM 39,50. Best.Nr. 16-3

Rolf Göppel
"Der Friederich, der Friederich"
Das Bild des "schwierigen Kindes" in der Pädagogik des 19. und 20. Jahrhunderts
1989. 350 S., kart., DM 38,-. Best.Nr. 17-1

Hanns Kern, Bernd Klostermann
Zugangswege zu Menschen
Aspekte humanistischer Arbeit mit Behinderten
1988. 146 S., kart., DM 25,-. Best.Nr. 13-9

Claudia Born u.a.
Du mußt Dich halt behaupten
Die gesellschaftliche Situation behinderter Frauen
1992. ca. 270 S., kart., DM 28,-. Best.Nr. 37-6

Ingeborg Müller, Brigitte Brauner
Stellt den Alltag auf den Kopf
Rhönradturnen mit Behinderten
1990. 153 S., kart., DM 22,-. Best.Nr. 19-8

Wolfgang Drave (Hrsg.)
1. Klasse Regelschule, blind
Eltern und Lehrer blinder Kinder an
Regelgrundschulen berichten
1989. 163 S., 35 Abb., geb., DM 25,-. Best.Nr. 08-2

Wolfgang Drave
Lehrer beraten Lehrer
Beratung bei der Integration von sehbehinderten
Schülern
1990. 356 S., kart., DM 34,-. Best.Nr. 07-4

Lilli Nielsen
Greife und du kannst begreifen
1992. 74 S., kart., 10 Abb., DM 22,-. Best.Nr. 36-8

Lilli Nielsen
Bist du blind?
Die Entwicklungsförderung sehgeschädigter Kinder
1992. 112 S., kart., 20 Abb., DM 24,-. Best.Nr. 39-2